S. CRESCENS ILLUMINAVIT
laÿntzer landt,
uff dem sandt,
wet,
r dein grundt,
hne windt,
vertrawet
Der heütig tag in gutem standt,
Ohn alle klag dich noch erkannt.
Der Phoenix ist unsterblich
O Gottes hauss! o trost, undt frewdt!
Bey Gott machs aus das landt ū leut
Seynd alzeit unverderblich.

BEITRÄGE ZUR MAINZER KIRCHENGESCHICHTE

Herausgegeben von

FRIEDHELM JÜRGENSMEIER

1. Band

DIE BISCHOFSKIRCHE SANKT MARTIN ZU MAINZ

herausgegeben von

Friedhelm Jürgensmeier

DIE BISCHOFSKIRCHE SANKT MARTIN ZU MAINZ

Die Bischofskirche Sankt Martin zu Mainz

Mit Beiträgen zur Geschichte des Domes
und einer bibliographischen Handreichung

Festgabe
für
Domdekan Dr. Hermann Berg
Apostolischer Protonotar

Herausgegeben von Friedhelm Jürgensmeier

VERLAG JOSEF KNECHT · FRANKFURT AM MAIN

CIP-Kurztitelaufnahme der Deutschen Bibliothek

Die Bischofskirche Sankt Martin zu Mainz : mit Beitr. zur Geschichte d. Domes u. e. bibliograph. Handreichung ; Festgabe für Hermann Berg / hrsg. von Friedhelm Jürgensmeier. – 1. Aufl. – Frankfurt am Main : Knecht, 1986.

(Beiträge zur Mainzer Kirchengeschichte ; Bd. 1)
ISBN 3-7820-0534-1

NE: Jürgensmeier, Friedhelm [Hrsg.]; Berg, Hermann: Festschrift; GT

ISBN 3-7820-0534-1

Gesamtherstellung: Wiesbadener Graphische Betriebe GmbH, Wiesbaden

INHALTSVERZEICHNIS

VORWORT

In römischer Zeit wurde Mainz Bischofssitz und erhielt seine erste Bischofskirche. Der heutige Dom, viele Jahrhunderte geistiges Zentrum des nach Rom größten abendländischen Metropolitanverbandes und seit dem 19. Jahrhundert Kathedralkirche der jetzt zur Oberrheinischen Kirchenprovinz gehörenden Mainzer Bischöfe, geht auf Erzbischof Willigis (975 – 1011) zurück. Das römische Bistum, seine Neugestaltung und Wesensart in fränkischer Zeit, die *Sancta Sedes Moguntina* der Erzbischöfe und Kurfürsten und schließlich das neue Bistum in seinen heutigen Grenzen haben im Schicksal der Bischofskirche ihr deutliches Spiegelbild. Eindrucksvoll bestätigt das eine Fülle von wissenschaftlichen Untersuchungen und Darstellungen. Diese Publikationen zur Mainzer Domgeschichte, erweitert um eine Vielzahl von tagesgeschichtlichen Berichten, hat Regina Elisabeth Schwerdtfeger zu einer *Bibliographischen Handreichung* mit über 1700 Titeln zusammengestellt. Sie bildet das Corpus der Festgabe, die dem Dekan des Domes, dem Apostolischen Protonotar Dr. theol. Hermann Berg, anläßlich der Vollendung seines 75. Lebensjahres dankbar überreicht wird.

Geboren wurde Hermann Berg am 26. März 1911 in Weinheim. Am 12. Januar 1936 wurde er im Hohen Dom zum Priester geweiht. Dem Seelsorger, der *als Religionslehrer, Erzieher, Schuldezernent, Förderer katholischer Schulen und Gesprächspartner zwischen Staat und Kirche auf ungewöhnliche und epochemachende Weise die Bildung und Erziehung junger Menschen aus dem Geist des katholischen Glaubens zur Hauptaufgabe seines Lebens gemacht hat*, spricht Bischof Dr. Dr. Karl Lehmann in seinem Beitrag über das christliche Menschenbild den Dank des Bistums aus.

Die Beiträge zur Bau-, Kunst-, Musik- und Frömmigkeitsgeschichte ehren den Domdekan, der von 1977 an mit großem Einsatz und viel Einfühlungsvermogen um den Erhalt und die Ausschmückung der *Bischofskirche Sankt Martin zu Mainz* Sorge trug.

Der Herausgeber und seine Mitarbeiterinnen danken mit der Veröffentlichung dem Jubilar und mit ihm der hohen Bistumsleitung herzlich dafür, daß sie dem *Institut für Mainzer Kirchengeschichte* stets reges Interesse und tatkräftige Unterstützung entgegengebracht haben. Alle verbinden mit ihrer Gabe den Wunsch, Gottes Geist und Kraft möge Hermann Berg auch in Zukunft geleiten.

Mainz, im Advent 1985 Friedhelm Jürgensmeier

I

DAS WORT DES BISCHOFS IN SEINER KIRCHE

IN WELCHEM SINN GIBT ES EIN CHRISTLICHES MENSCHENBILD?

Karl Lehmann

Auf die Frage „Gibt es ein christliches Menschenbild?“ wird fast jeder erstaunt den Zweifel mit einem fast selbstverständlich erscheinenden „Ja“ zurückgeben. In ganz einfacher Form sagte es die Antwort auf die erste Katechismus-Frage: Wozu sind wir auf Erden? Die ganze Theologie redet von der Erschaffung der Welt und des Menschen bis zum Kommen Gottes zum Gericht vom Menschen.

Aber da gibt es andere Töne, die eine solche rasch zupackende Antwort unsicher werden lassen. Sinnschwund und Verlust prägender Leitbilder gehören zur Signatur unserer Zeit. Bei Bert Brecht heißt es in einem Chor: *Es weiß seit langer Zeit / Niemand mehr, was ein Mensch ist.* Wir leben zwischen zerbrochenen Normen und Vorbildern. Zeiten mit großen Leitbildern haben – so wird weiter entgegnet – oft schändlich am Menschen gehandelt und seine Freiheit mit Füßen getreten. Damit die Ideen sich in der Geschichte nicht blamieren, wurden blutige Kriege geführt und unschuldige Menschen bedenkenlos getötet. Der Anspruch auf ein „Menschenbild“ scheint im Tiefsten zweideutig zu sein. Ist es nicht die Diktatur des abstrakten Sollens – „*So* soll der Mensch sein!“ – über das konkrete „Ist“ jedes Einzelnen? Liegt hier nicht die Gefahr des Totalitären in unmittelbarer Nähe? „Bilder“ vom Menschen, und gar Vor- und Leitbilder, können mithelfen, den Mitmenschen einer „Idee“ gemäß zu taxieren, meist negativ. Das „Bild“ von einem anderen kann zu einem Fetisch, zu einem starrsinnigen „Leitbild“ oder zu einem Götzenbild werden. *Wir selber sind die letzten, die sich verwandeln. Wir halten uns für den Spiegel und ahnen nur selten, wie sehr der andere seinerseits eben der Spiegel unseres Menschenbildes ist, unser Erzeugnis, unser Opfer* (Max Frisch).

Die Frage bleibt: Gibt es ein christliches Menschenbild? Wir wollen die Frage in zwei Teilen beantworten. Zuerst versuchen wir dies mit sechs Grundthesen. Dann wollen wir im zweiten Teil einige inhaltliche Richtpunkte des christlichen Verständnisses vom Menschen entwerfen.

I

Wir können nicht elementar genug ansetzen: Wollen wir manchmal nicht zu viel vom Menschen wissen? Es ist ja zuerst die Frage an den Menschen selbst, wie er sich erfährt und versteht. Es ist gefährlich, vom Menschen reden zu wollen, ohne die ganze Last und Fülle seiner Erfahrungen über sich selbst einzubeziehen; nicht bloß die großen Stunden des Glücks und der Liebe, die dunkle Zeit des zermarternden Schmerzes und des einsamen Sterbens, sondern auch das Bestialisch-Dämonische in ihm, die öde Langeweile und Banalität, den blinden Zufall im Leben, die vielen raffinierten Lügen und Enttäuschungen, die Habgier, das Menschenunmögliche in vielen Dingen. Nichts davon darf ausgelassen oder vorschnell übergangen werden, wenn der Theologe nach dem Menschen fragt. Sieht man alles „nur" mit der vermeintlichen geschichtsenthobenen Optik des Auges Gottes selbst, dann hat man schon für ein bestimmtes Menschenbild optiert: Das Zeitliche und Leibliche des Menschen stammt zwar von Gott, aber es bleibt im letzten in der Sphäre des Nichtigen. Daraus wird ersichtlich, daß man höchst vorsichtig sein muß, im Umkreis des Menschen etwas als „unwesentlich" und un-menschlich anzusehen. Auch in den alltäglichen Dingen, z.B. des Schlafens, des Stehens und Gehens, des Grüßens und des Sichdahintreibenlassens, verbergen sich tiefe und oft ungeahnte Einblicke in das, was der Mensch ist.

Darum ein *erster Satz*:

Nur wenn die Theologie den Menschen in allen seinen Erfahrungen zu Wort kommen läßt und zur Sprache bringt, kann sie wissen, wer und was er ist.

Vieles weiß die Theologie über den Menschen nicht von Gott oder von dem im Offenbarungsgeschehen gewonnenen Selbstverständnis, sondern von den menschlichen, endlichen und darum auch überholbaren Aussagen des „homo sapiens" über sich selbst. Schon weil die Theologie Gottes Wahrheit über den Menschen in seiner eigenen Sprache sagen muß, entrinnt er sich nicht. Überall nimmt die Bibel solche Selbsterkenntnis mit auf. Wenn die frühchristliche Theologie z.B. vom endzeitlichen Schicksal des Menschen spricht, greift sie in der Rede von der Läuterung auf platonisches Gedankengut zurück. Wir sehen heute, wie verschieden die Griechen und die Bibel vom menschlichen „Leib" sprechen und wie verschieden das Wort „Seele" gebraucht wird. Warum kann das Alte Testament durch eine lange Zeit hindurch von Gott und von der Errettung des Menschen reden, ohne unmittelbar von einem „Jenseits" für den Menschen Zeugnis abzulegen?

Wenn schon in der Offenbarungszeit das Menschenverständnis sich so sehr im „Wort Gottes" selbst bekundet, um wieviel mehr, wenn es in nachbiblischer Zeit um das „Menschenbild" geht. Der Glaube bezieht sich auf die ganze Wirklichkeit des Menschen. Deshalb muß er die Aussagen des Menschen über sich aufgreifen und z.B. nach seiner „Natur" fragen. Aber wir wissen heute, daß die unveränderliche „Natur" des Menschen eine äußerste Anstrengung des Denkens erfordert, immer wieder neu erfragt werden muß und daß es unendlich schwer bleibt, durch alle geschichtlichen Ablagerungen und wechselnden Interpretamente hindurch auf so etwas wie ein stets gleichbleibendes Wesen zu kommen. Denken wir an die Auseinandersetzung über die „Natur" des Menschen, dann sehen wir, daß bisher überzeitlich verstandene Deutungselemente im Naturbegriff einem ganz bestimmten Weltbild entstammen, z.B. der Stoa. Manches, was als „Naturrecht" galt, erweist sich nachträglich als ganz selbstverständlich angenommenes römisches Recht, das Jahrhunderte hindurch tatsächlich zu einer festen, „zweiten Natur" geworden war.

Auch heute ist unser Menschenbild durch spezifische Entdeckungen der Wissenschaften und durch Erkenntnisse der philosophischen Reflexion geprägt:

Die Psychoanalyse zeigt uns, wie tief sich in unsere Seele die verborgene Lebensgeschichte mit ihren Ereignissen und Konstellationen eingezeichnet hat; die Verhaltensforschung erinnert uns, daß wir auch biologisch von weither kommen und wie wir noch die Verhaltensschemata unserer Vorzeit als Rest einer früheren „Natur" in uns tragen und uns damit auseinandersetzen müssen. – Fazit: Das theologische Menschenbild ist immer schon geschichtlichen Ausprägungen eines bestimmten Verständnisses des Menschen verpflichtet. Es gibt gar nicht das chemisch reine, theologische Bild des Menschen, denn selbst die Interpretation z.B. der Gottesebenbildlichkeit trägt ganz deutlich die Spuren einer bestimmten Zeit.

Darum ein *zweiter Satz*:

Jedes theologische Menschenbild ist bis in seine innersten Aussagen hinein geschichtlich bestimmt, weil es in Rezeption und Auseinandersetzung mit dem jeweiligen Selbstverständnis des Menschen entsteht und stehen muß.

Diese Überlegungen führen zu einem weiteren Problem: Gibt es unter diesen Voraussetzungen überhaupt ein Menschenbild und erst recht ein theologisches Bild vom Menschen? Wenn wir den Begriff „Bild" in einem sehr allgemeinen Sinn nehmen, gibt es freilich umrißhafte Konturen und darin einzelne Aussagen über den Menschen. Aber gibt es das Bild des Menschen, das gleichsam sämtliche Wesenszüge in einer Gestalt in sich vereinigt? Der Ausdruck „das Menschenbild" zielt auf einen normativen Anspruch, nicht nur auf Feststellung und Deutung von Bestehendem. Es wird ein Soll aufgezeigt, nach dem sich jeder Mensch zu richten hat. Der ethische und erzieherische Aspekt, die Sorge um ein maßgebendes Bild vom Menschen, das Willkür ausschaltet und Recht ermöglicht, der im voraus zu allen partikulären Interessen erblickte Maßstab – dies alles sind hilfreiche Dimensionen, die auf die Rettung des Menschlichen zielen. Wer weiß heute jedoch schon um das ganze Bild des Menschen? Wir sind immer neu auf der Suche nach uns, nach dem, was wir sind und sein können. Dies ist mit ein Grund, warum die Menschenbilder heute vielen ideologisch vorkommen.

Nun ist die Situation für den christlichen Glauben nicht einfach: Wenn schon das philosophische Menschenbild immer in diesem Sinne „offen" bleiben muß, haben nicht wenigstens die theologisch-dogmatischen Aussagen vom Menschen unverrückbare Gültigkeit? Sicher, die Botschaft Jesu Christi ist nach der Überzeugung des Christen Gottes letztes Wort zum Menschen. Es gibt kein größeres Wort als die Sendung des Sohnes und seine Selbsthingabe in Liebe für die Vielen. Ist das nicht ein letztes Bild vom Menschen? Aber so sehr es um die bleibende Kraft dieses Evangeliums Jesu Christi geht, so wenig darf das Werk und die Person Jesu zu dem einen „idealen" Menschenbild emporgesteigert werden, das nur noch alle sklavisch und ohne Rücksicht auf ihre Situation zu kopieren hätten. Gott will, daß die Menschen auch in der Nachfolge Jesu Originale bleiben.

So wäre ein *dritter Satz* gewonnen:

Die Treue zum Evangelium Jesu Christi und zur Lehre der Kirche verlangt nicht das ungeschichtliche Festhalten an abstrakten Menschenbildern. Die Nachfolge Jesu Christi und die Sendung in eine bestimmte Situation hinein zerbrechen alle jene Menschenbilder (auch theologischer Art), die nur einen vorausfabrizierten „idealen Menschen" als typische Norm gelten lassen.

Man muß sogar noch weiter gehen: Die Kirche hat sich in ihrem konkreten geschichtlichen Gang an kein einzelnes „Menschenbild" geklammert. Ein Menschenbild als reine Theorie mit einem erschöpfenden Anspruch, alle Aspekte des Menschen einzubeziehen, gibt es weder dogmatisch noch moraltheologisch. Immer wieder wurden einzelne Elemente oder Strukturen richtungweisend verteidigt oder hervorgehoben, aber nie das Ganze in den Griff genommen (vgl. z.B. auch die Pastoralkonstitution *Gaudium et spes* des Zweiten Vatikanischen Konzils, Art. 12–22). Augustinus, Pascal, Thomas von Aquin, Teilhard de Chardin – sie haben eine ziemlich verschiedene Vorstellung vom Menschen. Und was ist mit dem Menschen bei Franz von Assisi, Bernhard von Clairvaux, Don Bosco? Es gibt offenbar innerhalb der Orthodoxie zahlreiche Deutungen des christlichen Menschen. Ja, die Existenz der Heiligen – einmal auf ihrem theologischen Goldgrund gesehen, nicht in den folkloristischen Verzeichnungen – bezeugt, daß das Christentum nicht die Aufstellung eines bestimmten konkreten Menschenbildes verlangt, daß es vielmehr die Absolutsetzung eines einzigen Menschenbildes gerade nicht fördert und darum auch verschiedene konkrete „Humanismen" in sich zuläßt. Selbstverständlich kann man sich über einige abstrakte formale Daten der christlichen Anthropologie einigen (Gottesebenbildlichkeit, Verantwortung der Freiheit usw.), aber diese reichen eben noch nicht aus für ein konkretes Menschenbild.

So folgt ein *vierter Satz*:

Gerade weil der Glaube auch die Freiheit des Menschen zu ihrer eigenen Dynamik entbindet, gibt es kein – zahlenmäßig – einziges konkretes theologisches Menschenbild. Es gibt deren unendlich viele, was nicht heißt, es gäbe keine gemeinsame Struktur.

Im folgenden sei versucht, einige Richtpunkte zu entwerfen, welche die Kraft des christlichen Menschenverständnisses im Gespräch mit anderen Humanismen bewähren sollen. Es kann dabei nicht um Vollständigkeit gehen oder gar um die erschöpfende Behandlung der wenigen Momente, die genannt werden. Die Öffnung zum kritischen Gespräch offenbart nämlich eine wichtige Einsicht, die unseren *fünften Satz* darstellt:

Weil es – christlich gesehen – nicht ein einziges normatives, konkretes Menschenbild gibt, kann der christliche Glaube mit allen jenen Humanismen in das Gespräch kommen, die nicht selbst ein exklusives, reduziertes und so totalitäres Menschenbild vertreten.

Dabei gibt es freilich nicht bloß Grenzen in Einzelfragen, sondern bereits in der formalen Vorskizzierung eines Menschenbildes. Die Unverträglichkeitsgrenze zwischen der christlichen Auffassung vom Menschen und einem zuletzt menschenfeindlichen „Humanismus" scheint in folgenden Grundlinien zu liegen:

1. Man kann nicht leugnen, daß der Mensch – wegen des Überschreitenkönnens der Faktizität – sinnvoll über sich hinausfragt. Der Christ ist überzeugt,

daß der Mensch dabei nicht nur auf sich selbst zurückfallen kann. Er ist ein Wesen der Transzendenz. Damit ist auch begründet, warum der Mensch ein Wesen der Freiheit ist, dem deswegen Würde, Eigenwert und Menschenrechte zukommen.

2. Der Mensch ist zwar ein vielschichtiges und plurales Wesen, dennoch ist er substantiell einer, also kein Bündel verschiedener Aggregate. Wo er in dieser Pluralität (z.B. Leib-Seele, Sinnlichkeit-Geistigkeit, Tradition-Revolution) falsch vereinfacht und reduziert wird, nimmt man ihm seine wesentliche Ganzheit.

3. Wegen der Gemeinsamkeit der menschlichen Natur und ihrer alle Partikularismen übergrenzenden Auszeichnung im Ganzen der Welt ist die Universalität des Menschseins absolut zu respektieren. Es gibt keine Minderung des Menschseins durch die Zugehörigkeit zu einer bestimmten Rasse, Klasse, Nation, Partei oder Religion. Implizit ist damit auch ein Minimum menschlicher Solidarität und Brüderlichkeit gegeben.

Damit kommen wir abschließend zu einem wichtigen Kriterium als *sechsten Satz*:

Die drei Gesichtspunkte der Transzendenz, Ganzheit und Universalität der menschlichen Natur sind ein Kriterium dafür, ob ein Menschenbild grundsätzlich sich im Bereich des christlichen Glaubens ansiedeln oder wenigstens mit diesem in ein fruchtbares Gespräch kommen kann.

Diese Grundlinien sind so etwas wie dem Glauben vorauslaufende, aber doch in ihm beschlossene Kriterien für jedes theologische Menschenbild. Von diesen Überlegungen her sollen nun einige konkrete Richtpunkte für ein gegenwärtiges Menschenbild herausgestellt werden. Es ist deutlich geworden, daß ein solches Bild

1. keineswegs „erschöpfend" sein kann,

2. sich von den zeitgenössischen Anschauungen über den Menschen nicht völlig und interesselos distanzieren darf und

3. situationsbezogen bleibt, sich aber nicht von der Situation allein durchgreifend bestimmen lassen darf.

Die Situation ist zwar die Herausforderung und die Angriffsspitze, aber gerade darum eben nicht auch schon die Antwort. Ohne diesen beständigen Prozeß zwischen Situation und „Evangelium" gibt es keine wirklich theologische Aussage über den Menschen.

II

Im zweiten Teil sollen nun wenigstens einige Grundpfeiler des christlichen Verständnisses vom Menschen skizziert werden. Ich möchte drei Strukturelemente nennen und erläutern: Transzendenz und Gott, der Mensch als Person, Jesus Christus als der Mensch.

1. Transzendenz und Gott

Wenn man nicht elementar genug ansetzen kann, darf man erste Schritte im Vorletzten nicht geringschätzen: Der Mensch, der sich nicht einfach einfügt in die „Realitäten“ und vor ihnen nicht schlechthin kapituliert, das Vorfindbare nicht als letzten Maßstab nimmt, hat eine mindestens partielle Erfahrung seiner Freiheit. Nüchternheit besteht nicht im Sichbeugen unter die „Macht der Tatsachen“. Das Nichtaufgehen im Faktischen, Manipulierbaren und Empirischen ist die Voraussetzung und der Anfang aller Transzendenzbewegung. Der Mensch erfährt sich in solcher Selbsterkennntis und Entscheidung für andere Möglichkeiten in seinem Bedingtsein: Er erkennt die Herausforderung durch ein Größeres als er selbst. Ein solches Transzendieren kann verschiedene konkrete Namen erhalten: „Fortschritt“, „bessere Welt“, „Gerechtigkeit“, „Einheit“, „Brüderlichkeit“, „Freiheit“, „Gemeinschaft“, „Hoffnung“. Freilich zerbrechen diese Leitbilder wieder oft, weil sie sich z.B. als Gerechtigkeit nur für eine Gruppe, Freiheit nur einer Elite usw. erweisen. Sie sind selbst Bedingungen unterworfen. Und viele solcher Programme zeigen, daß sie die Steigbügel der nun Herrschenden waren – und sonst nichts. Im Vorgang des Transzendierens liegt die Möglichkeit der Illusion, des Getäuschtwerdens durch den schönen Schein, der Überrumpelung durch fremde Interessen – soll man sich die „bessere Welt“ also überhaupt „vorstellen“ oder imaginativ entwerfen? Ist nicht alles nur ein Traum, ein Wunschbild, ein unerreichbares und falsch vertröstendes Ideal? Oder ist es besser, eine ideale Gerechtigkeit „an sich“ und ein der Verwirklichung unerreichbares Ideal der Güte zu denken? Oder gar an eine konkrete Utopie, eine „Heimat“, die jeder wünscht und sucht und niemand hat?

Diese Fragen sind schwer zu beantworten. Vielleicht reicht auch eine rein rational vorgehende Schlußfolgerung am Ende nicht aus, ohne daß deswegen die „Lösung“ schon irrational zu nennen wäre. Es zeigt sich jedenfalls der menschlichen Erfahrung, daß es diesen Bereich des zuerst nur negativ Anzunähernden (nämlich zu sagen, was es nicht ist...), Unplanbaren, zunächst „leeren“ Unendlichen und Unsagbaren gibt: Er ist „jenseits“ aller unmittelbar planbarer und habbarer Ziele. Und dennoch gibt es für seltene Augenblicke der Erfahrung diesen abgründigen Grund reiner Freiheit, dem sich das Glück, das Leben, die Liebe und das Gute bis in das Letzte verdanken. Die Menschen und die Christen im besonderen nennen dieses unfaßbare Geheimnis von Welt und Mensch beim Namen und heißen es „Gott“. Für den Glauben ist dieser nicht nur der immer fernbleibende, immer nur asymptotisch angezielte Fluchtpunkt des Daseins; er ist nicht nur von ferne aufrufender und bewegender Gott. Freilich ist er auch schon als solcher derjenige, der das Leben des Menschen erhellt, der den Lohn des Guten für bitter erlittenes Unrecht verheißt, der immer wieder neue Impulse der Liebe und der Hoffnung setzt. Aber noch mehr: Er wird als ein personal begegnendes Gegenüber der Geschichte erfahren, der handelt und sich um die Sorgen und das Elend des Menschen kümmert. *Ich bin der, der ich immer für euch da sein werde* (Ex 3,14). Er ist die Hoffnung und Zukunft des Menschen, ja er wird als solcher, indem er sich in dieser Zuwendung dem Menschen schenkt, zum „Inhalt“ des menschlichen Lebens. Hier gibt es z.B. reine Vergebung, die nicht wieder nachträgt, sondern – wie das Wunder der Schöpfung – alles neu macht wie am Anfang.

Mainzer Dom, Kuppelentwurf von Paul Meyer-Speer

2. Der Mensch als Person

Der Mensch lernt, in der Begegnung mit Gott die verschiedenen Situationen der Bedrohung und des Unheils zu bestehen. Dieser Gott bedeutet vor allem Rettung. Er bewahrt vor Knechtschaft. Sich ganz auf ihn und seinen Weg einzulassen, heißt Glauben. Dies heißt zugleich, die ständigen Götzenbilder, die sich immer wieder dazwischenschieben, zu durchschauen und zu entmächtigen. Es gibt einen Weg zu Gott nur durch die Kritik der Idole und der ständig wiederkehrenden Versuchungen, ihn mit anderem als ihm selbst zu verwechseln. Das Bilderverbot bleibt die Erinnerung dafür, daß es stets dieses Auszugs aus dem Gewohnten und Vertrauten bedarf. *Du sollst Dir kein geschnitztes Bild machen!* Die Götter und Dämonen verschwinden aus einer Welt, die als Schöpfung des in der Geschichte wirkenden Gottes angenommen wird.

Unter den Geschöpfen nimmt der Mensch eine einzigartige Sonderstellung ein. Von allen Geschöpfen ist allein der Mensch zum Bild Gottes geschaffen und bestimmt. In diesem Ebenbild kann Gott seinen Partner, sein Echo finden. Im Bild des Menschen will Gott auf Erden gegenwärtig sein, und sein Ebenbild soll in seinem Namen handeln. Der Mensch ist nicht einfach Schöpfung Gottes, sondern „Bild" Gottes: Er ist ein Spiegel dessen, der die Freiheit ist. Die unendliche Ferne des Schöpfers von seinem Geschöpf findet sich im Menschen wieder als die Freiheit gegenüber allen endlichen Dingen und Verhältnissen. Der Glaube an diese Bestimmung verleiht eine eigene Würde. Diese Würde hat einen eminent kritischen Sinn: Sie verbietet jede Vergottung eines Herrschers, Führers, Genies, einer Nation, einer Rasse, einer Gesellschaft. Nicht weniger gilt dies für die Politik. Weil der Mensch in diesem Sinne das Ebenbild Gottes ist, darf er auch nicht zum Mittel für einen Zweck gemacht werden. In diesem „Bild" soll man Gott selbst begegnen. Das Leben des Menschen ist darum in dieser Hinsicht letzter Zweck. In seiner Erkenntnis und in seiner Entscheidungsmöglichkeit liegt ein letzter unverfügbarer Grund, der zwar in alle Handlungen eingeht, aber dennoch nie verfügbar wird. In der Freiheit zum Guten wurzelt die Personalität des Menschen. Und da Gott selbst schöpferischer Partner für alle Menschen ist, hat er jeden auch beim Namen gerufen.

3. Jesus Christus als der Mensch schlechthin

Jesus Christus zeigt uns in besonderer Weise, wer und was der Mensch ist. In ihm sehen wir die letzte Größe und Würde des Menschen, daß er nicht nur gottebenbildlich ist, sondern daß er in der Wurzel seines Wesens sogar die Möglichkeit hat, Gottes eigenes Wesen zu empfangen, „capax Dei" ist. In ihm wird aber nicht bloß der wahre Gott, sondern auch der wahre Mensch offenbar. „Ecce homo!" Seht, welch ein Mensch! – Seht, was der Mensch ist! Wie aber wird in ihm das Menschliche offenbar?

Von Anfang bis zum Ende seiner öffentlichen Tätigkeit kommen Menschen zu ihm mit allen möglichen Bitten, Fehlern, Sünden und Krankheiten. Er hat nicht ein neues „Menschenbild" gepredigt, sondern er hat das Evangelium vom kommenden Gottesreich den Armen gebracht, Kranke geheilt, Randsiedlern der damaligen Gesellschaft Heimat gewährt und Trauernde, Weinende, Hungernde selig gepriesen. Es sind Menschen, die gar nicht mehr beachtet werden, mit denen kein Staat und auch keine Revolution zu machen ist. Aber er hat in ihrem erbärmlichen Leben das Wort „Gott“ als die einzige Befreiung zur Sprache gebracht. Es sind seine „geringsten Brüder“. Gott hat die Menschen auf jene Weise angenommen, die uns Jesus offenbarte. Indem er ganz für die Menschen da ist, ohne die geringste Möglichkeit und den Willen der Einschränkung (denn er gibt sein Leben für alle!), wird er schlechthin zu dem Menschen für alle, ja zum Inbegriff der Menschheit, zum letzten Menschen, nach dem kein größerer mehr gedacht werden kann. Aber auch in dieser letzten Erfüllung des „Menschenbildes“ wird deutlich, daß dies etwas anderes ist als ein „,totaler‘ Humanismus“, obgleich Jesus ganz Mensch ist. Die Tiefendimension des Menschen ist nicht durch den Menschen oder auch die Menschheit allein auszufüllen. Dieser Mensch kann nur in dieser Weise so vorbehaltlos und radikal der Mensch für andere sein, weil er zugleich in der Macht des Menschensohnes und des von Gott gesandten Messias kommt. Im Gekreuzigten kommt beides zum Höhepunkt: *Darum sagt der Glaube über den Gekreuzigten beides: Ecce homo – Sehet den Menschen in der Wirklichkeit seiner ganzen Verlassenheit. Und: Ecce Deus – Sehet Gott in der Wirklichkeit seiner unendlichen Liebe, mit der er sich selbst verläßt, um der Verlassenen Gott und der sich selbst Aufgebenden Vater und der sich selbst Verklagenden Freisprecher, aber auch der sich selbst Rühmenden Richter zu sein* (J. Moltmann).

In diesem Aufriß sollte deutlich werden, in welchem Sinne es ein „christliches Menschenbild“ gibt. Diese Seiten sind dabei in Dankbarkeit jenem Mann gewidmet, der die Bildung und Erziehung junger Menschen aus dem Geist des katholischen Glaubens zur Hauptaufgabe seines Lebens gemacht hat: Domdekan Apostolischer Protonotar Dr. theol. Hermann Berg. Er hat als Religionslehrer, Erzieher, Schuldezernent, Förderer katholischer Schulen und Gesprächspartner zwischen Staat und Kirche auf ungewöhnliche und epochemachende Weise diesem Ziel gedient. Dafür gebührt ihm zur 50. Wiederkehr seiner Priesterweihe und zur Vollendung des 75. Lebensjahres der Dank des Bistums Mainz und aller Menschen, die ihre Erziehung und Bildung seinem Lebenswerk schulden.

II

BEITRÄGE ZUR GESCHICHTE DES DOMES

DAS LANGHAUS DES MAINZER DOMES

Baugeschichtliche Überlegungen

Dethard von Winterfeld

Die Baugeschichte des Mainzer Domes ist wie bei den meisten großen Sakralbauten seit der Mitte des 19. Jahrhunderts Gegenstand intensiver Forschungen gewesen.[1] Im Gegensatz zu anderen Kirchen dieses Ranges sind diese Bemühungen in Mainz nicht immer vom Glück begleitet worden. Die großen Restaurierungen der siebziger Jahre des 19. Jahrhunderts erfolgten vor einer gründlichen Untersuchung und verwischten viele Spuren. Besonders unglücklich für die Forschung verliefen die außerordentlichen statischen Sicherungen an den Fundamenten, aber auch am aufgehenden Mauerwerk vor 1914 und in den zwanziger Jahren.[2] Die Gefährdung des Domes und die Schwierigkeiten der Arbeiten an den neuen Fundamenten erlaubten sicher nur begrenzte Einblicke, dennoch gibt es kaum einen Großbau, dessen Fundamentunterseiten so vollständig freilagen. Wir verdanken dem wichtige Erkenntnisse, auf die sich noch heute jeder Forscher stützen muß. Die wissenschaftlichen Bearbeiter, Dombaumeister Ludwig Becker und Johannes Sartorius[3], haben ihre Untersuchungen anschließend mit so fragwürdigen Folgerungen verbunden, daß sie sich damit als Dilettanten zu erkennen gaben.[4] Dieser Umstand erschüttert das Vertrauen in ihre faktischen Beobachtungen so sehr, daß man sie nur mit Vorbehalten zur Grundlage weiterer Überlegungen machen kann. Zwischen 1920 und 1975 war der Dom innen wie außen mindestens zweimal vollständig eingerüstet. Trotzdem muß sich die Forschung mit Plänen begnügen, die alle mehr oder weniger aus Umzeichnungen der sehr schönen, aber völlig idealisierten Zeichnungen von vor 1870 hervorgegangen sind.[5] Steingerechte Aufnahmen gibt es so gut wie gar nicht. Im Grunde ist das ein untragbarer Zustand. Selbst ein so glänzender Architekturhistoriker wie Rudolf Kautzsch hat es offenbar nicht ermöglichen können, von Frankfurt bzw. Darmstadt aus die Sicherungsarbeiten mit Hilfe der Grabungsstollen und Gerüste regelmäßig zu Bauuntersuchungen zu nutzen, sonst hätte er 1937 nicht so lebhaft Irrtümer von Becker/Sartorius beklagen müssen.

[1] Die wichtigste ältere Literatur genannt und verarbeitet bei R. Kautzsch / E. Neeb: Der Dom. 1919 (= Bibl. Nr. 149; Bibl. bedeutet: Die vollständige bibliographische Angabe ist in der Bibliographischen Handreichung in dieser Festschrift unter der nachfolgenden Nummer zu finden), S. 2. Aus ihr ist besonders das Werk von F. Schneider: Der Dom. 1886 (= Bibl. Nr. 168) hervorzuheben.

[2] Bericht Herstellungsarbeiten 1909–1912. 1913 (= Bibl. Nr. 1219); L. Becker: Bau-Bericht II 1913–1925. 1925 (= Bibl. Nr. 1239); G. Rueth (Hrsg.): Sicherungsarbeiten. (1928) (= Bibl. Nr. 1263); A. Strempel: Die Rettung. 1928 (= Bibl. Nr. 1270).

[3] L. Becker / J. Sartorius: Baugeschichte der Frühzeit. 1936 (= Bibl. Nr. 221).

[4] R. Kautzsch: Zur Baugeschichte. 1937 (= Bibl. Nr. 239).

[5] Vgl. die Besprechungen der Bauaufnahmen bei R. Kautzsch / E. Neeb: Der Dom. 1919 (= Bibl. Nr. 149), S. 3–7, besonders S. 7.

Auch nach dem Zweiten Weltkrieg hat man weder die Wiederherstellung noch die große Außenrenovierung zu gründlichen Forschungen benutzt. Der gesamte Obergaden des Mittelschiffs wurde außen torkretiert und verputzt, ohne daß systematisch fotografiert und aufgemessen wurde. Selbst 1972/73 wurden aus den Osttürmen hölzerne Gerüstriegel entfernt[6] und offenbar vernichtet, ohne sie einer dendrochronologischen Bestimmung zu unterziehen – und dies 15 Jahre, nachdem Ernst Hollstein[7] im benachbarten Trier mit dieser Methode seine ersten Triumphe exakter Datierung feiern konnte. Bei der umstrittenen Frage, ob diese Türme unter Willigis oder Bardo entstanden sind, kann dieser Vorgang nur als tragisch bezeichnet werden. Das Zumauern der charakteristischen Gerüstlöcher, die 950 Jahre offen gewesen und auf alten Ansichten immer wieder dargestellt worden sind, ist eher perfektionistischen denn denkmalpflegerischen Überlegungen zu verdanken. Trotz dieser wenig glücklichen Ausgangssituation in der Forschung seien im folgenden Überlegungen zur Entstehung des heutigen Domes zur Diskussion gestellt.

Die Baugeschichte des Langhauses ist scheinbar in wesentlichen Punkten geklärt, auch wenn einzelne Fragen etwa nach dem Bauvorgang im Mittelschiff noch offen sind. Demnach entstand das Langhaus vor der relativ sicher auf 1137 datierten Gothardkapelle als Gewölbebau nach vereinfachtem Speyerer System. Kurz vor oder um 1200 wurden dann die Gratgewölbe des Mittelschiffs durch modernere Rippengewölbe ersetzt, weil die ersten durch Brände und Ausweichen der Obergadenmauern schadhaft geworden seien. Daß sie im 12. Jahrhundert bereits vorhanden waren, werde durch das Fehlen von Brandschäden im Inneren bewiesen. Außerdem wurden die Seitenschiffsmauern und mit ihnen die Gewölbe um 1200 erneuert, was nach Ausweis der Basen mit Eckblättern und der Kapitelle der zwischen den Kapellen stehengebliebenen Halbsäulenvorlagen sicher zutrifft, auch wenn die Formen keineswegs einheitlich sind.[8]

Diese Baugeschichte beruht weitgehend auf formanalytischen Beobachtungen, die es erlauben, die einzelnen Bauelemente stilistisch einzuordnen und zu datieren. Jede der Bauphasen wird dabei zu einem in sich abgeschlossenen und vollendeten Zustand rekonstruiert – die in der Architekturforschung übliche Methode. In dem speziellen Fall des Mainzer Domes muß jedoch verwundern, daß man ca. 60 bis 70 Jahre nach der ersten Ausführung wesentliche Teile abbrach und nur mit Veränderungen im Detail – Kapitelle, Basen, Rippen – in gleicher Form wieder aufbaute. Einige Forscher halten sogar den ganzen Obergaden für eine formgetreue Erneuerung.[9] Das ist vor allem dann merkwürdig, wenn statische Schäden die Ursache gewesen sein sollten; denn man sollte

[6] K. Leuck: Restaurierungsarbeiten. 1981 (= Bibl. Nr. 1452), S. 61 – 62; J. Stockinger: Domrenovationen. 1975 (= Bibl. Nr. 1428), S. 535.

[7] Die zusammenfassende Darstellung zahlreicher verstreuter älterer Publikationen in: Ernst Hollstein: Mitteleuropäische Eichenchronologie. Mainz 1980.

[8] Diese Zusammenfassung beruht auf den Arbeiten von F. Schneider: Der Dom. 1886 (= Bibl. Nr. 168), vor allem aber von R. Kautzsch / E. Neeb: Der Dom. 1919 (= Bibl. Nr. 149) und F. Arens: Der Dom. 1982 (= Bibl. Nr. 33).

[9] Dieser Gedanke von L. Becker / J. Sartorius: Baugeschichte der Frühzeit. 1936 (= Bibl. Nr. 221), S. 67 – 68 durch R. Kautzsch: Zur Baugeschichte. 1937 (= Bibl. Nr. 239), S. 214 widerlegt, dennoch aufgegriffen von F. Arens: Der Dom. 1982 (= Bibl. Nr. 33), S. 46, der sich dabei offenbar auf W. Jung: Beobachtungen. 1962 (= Bibl. Nr. 1423), S. 33 stützt.

meinen, nach diesen Erfahrungen hätte man durch Veränderungen Vorkehrungen getroffen. Bei dem fragmentarischen Zustand der Seitenschiffsmauern und dem Fehlen jeglicher Hinweise am Obergaden wird man kaum beweisen können, daß diese Baugeschichte so nicht stimmt. Dennoch sind Zweifel erlaubt, ja sogar naheliegend. Die Hauptfrage ist natürlich, ob das Mittelschiff vor den Rippengewölben von 1200 jemals ausgeführte Gratgewölbe besessen hat[10] und ob die zugehörigen Seitenschiffe mit ihren Gewölben jemals vollendet worden waren. War der Neubau des Langhauses vor 1137 überhaupt abgeschlossen?

Im Blick auf die Außenmauern der Seitenschiffe muß es verwundern, daß sie mit den zugehörigen Gewölben etwa 60 bis 70 Jahre nach ihrer Entstehung abgerissen worden sein sollen, um dann genau in der gleichen Form lediglich mit modernisierten Kapitellen und Basen wieder aufgerichtet zu werden. Es ist natürlich denkbar, daß statische Schäden dies erforderlich gemacht haben, doch sind solche weder an den gegenüberliegenden Mittelschiffspfeilern noch an den Fundamenten zu beobachten, die weitgehend diejenigen des Willigis-Bardo-Domes vom Anfang des 11. Jahrhunderts sind.[11] Verstärkungen der Mauer oder Strebepfeiler, wie sie unmittelbar darauf im ganzen Westbau üblich sind und als Konsequenz zu erwarten wären, sind nicht angetroffen worden. Die heute zu beobachtenden Verformungen mit einem Ausweichen der Pfeiler im oberen Teil sind ganz natürliche Vorgänge und vermutlich erst als Folge der Kapellenanbauten eingetreten. Darüber hinaus haben sich am Ostende des nördlichen Seitenschiffs zwei Halbsäulenbasen mit dem mächtigen unteren Wulst erhalten, die genau zu denen der Mittelschiffspfeiler passen. Sie stehen zwar nicht auf dem gleichen Niveau, halten sich aber an die gleichen Höhen wie im Ostbau, wo innerhalb der Eingangshalle schon die unterschiedlichen Sockelhöhen anzutreffen sind. Daraus folgt, daß man die Niveauhöhen von Ost nach West durchfluchtend festlegte und nicht quer dazu in Nord-Süd-Richtung. Außerdem ist damit ziemlich eindeutig bewiesen, daß die beiden Halbsäulen- und Pfeilervorlagen – nicht jedoch ihre Kapitelle – zum Neubau des Langhauses vor 1137 gehören.[12] Warum aber verschonte man sie bei der Erneuerung um 1200? Warum beseitigte man um 1200 sämtliche anderen geformten Werkstücke aus der Zeit vor 1137 – und dies nur bei den Außenmauern, nicht aber bei den Mittelschiffspfeilern? Modernisierung in so bescheidenem Umfange kann bei der Ökonomie des Mittelalters nicht der entscheidende Grund gewesen sein, verwendete man doch sogar bei den gotischen Kapellen die romanischen Werkstücke mit dem Sockelprofil ohne Bedenken weiter.

Die Antwort auf diese Fragen stellt sich beinahe von selbst ein. Vermutlich hat es entgegen der bisherigen Annahme niemals ein mit dem Neubau vor 1137 vollendetes Seitenschiff gegeben und folglich auch keine Seitenschiffsgewölbe.

[10] Diese Frage zieht sich wie ein roter Faden durch alle Beiträge mit wechselnden Antworten. Erneute Zweifel äußerte jüngst D. Großmann: Zur Baugeschichte. 1984 (= Bibl. Nr. 33*), S. 298.

[11] Eingeschlossen die Verstärkungen für das neue Mittelschiff vor 1137 mit „Einzelfundamenten“ für die Pfeiler. Ob die Verbreiterung der Seitenschiffsfundamente damals oder erst um 1200 erfolgte, ist unklar. Dort fehlten Pfahlroste. Vgl. die Pläne bei L. Becker / J. Sartorius: Baugeschichte der Frühzeit. 1936 (= Bibl. Nr. 221).

[12] So schon R. Kautzsch / E. Neeb: Der Dom. 1919 (= Bibl. Nr. 149), S. 118.

Im Anschluß an den Ostbau und wie üblich dem Mittelschiff vorauseilend hatte man nur auf der Nordseite die ersten beiden Joche ausgeführt. Auf der Südseite hatte man wohl nicht einmal dies vollzogen, weil sich dort der romanische Kreuzgang anlehnte, den man weiter benutzen wollte. Im übrigen stand vermutlich ziemlich unversehrt die glatte ungegliederte Seitenschiffsmauer des Willigis-Bardo-Domes aufrecht und trug die Seitenschiffsdächer mit flacher Decke oder offenem Dachstuhl. Es ist durchaus denkbar, daß man zunächst überhaupt nicht vorhatte, sie abzureißen, sondern ihr nur die Gewölbeträger aus Halbsäule und Pfeiler vorlegen wollte.

Erst um 1200 nahm man das 70 bis 80 Jahre ältere Vorhaben wieder auf und machte nun Nägel mit Köpfen, indem man die Mauer einheitlich hochführte. Die Reste dieser Mauer über dem Marktportal mit Teilen ihrer Außengliederung weisen eindeutig in die jüngere Zeit.[13] Gleichwohl ist es nicht ganz ausgeschlossen, daß die Mauerabschnitte, die den Kapellen weichen mußten, immer noch Teile jenes ältesten Domes enthalten haben.

Folgt man dieser im strengen Sinn nicht zu beweisenden These, dann wird auch die Ausführung der ersten bisher angenommenen Mittelschiffsgewölbe höchst fragwürdig. Außer den gestelzten halbkreisförmigen Schildbögen, die ihre Planung klar bezeugen, haben sie ja keine Spuren hinterlassen. Selbst wenn diese Gewölbe stark beschädigt gewesen sein sollten, so war ihr Abbruch doch ein aufwendiges Unterfangen. Dazu mußte man nämlich fast genau wie bei der Ausführung Lehrbögen und Schalungen verwenden, damit nicht alles unkontrolliert und gefahrbringend in den Innenraum stürzte. Oberhalb der Kämpfer hätte man sogar die Anfängersteine der Gurtbögen entfernt, denn die heutigen sind mit den Rippenanfängern aus denselben Werkstücken. Von der Ausführung abweichende Krümmungsradien besagen angesichts der unregelmäßigen, ja zum Teil unbeholfenen Form der heutigen Gurte wenig, zumal in jedem Falle die unteren Schichten noch ohne Lehrbögen versetzt werden mußten.[14]

Man darf also sehr wohl davon ausgehen, daß die heutigen Mittelschiffsgewölbe des Domes die ersten sind. Davor war die Wölbung zwar vorbereitet, aber nicht ausgeführt.[15] Der Bau war selbstverständlich unter Dach und benutzbar. Ob man eine provisorische Flachdecke eingezogen oder den Dachstuhl offen sichtbar gelassen hatte, ist im Bereich derartiger Hypothesen nicht zu entscheiden.

Die Frage nach Form und Ausführung der ersten Gewölbe ist oft diskutiert worden. Projektiert waren selbstverständlich Gratgewölbe mit runden Gurten, die Schildbögen wegen der queroblongen Joche deutlich gestelzt. Die Scheitel sollten vermutlich wie in Speyer deutlich überhöht, die Kappen gebust oder gestochen werden. Die ältere Theorie, nach der frühe Gewölbe gerade Scheitel

[13] R. Kautzsch / E. Neeb: Der Dom. 1919 (= Bibl. Nr. 149), S. 54, Abb. 25 und 26. – Die Reste über der Memorie sind heute nicht mehr zu sehen.

[14] Auch in diesem Punkt irren L. Becker / J. Sartorius: Baugeschichte der Frühzeit. 1936 (= Bibl. Nr. 221), S. 98 und 103.

[15] F. Schneider: Der Dom. 1886 (= Bibl. Nr. 168); W. Grein: Baugeschichte. 1912 (= Bibl. Nr. 300), S. 49; R. Kautzsch / E. Neeb: Der Dom. 1919 (= Bibl. Nr. 149), S. 115; R. Kautzsch: Zur Baugeschichte. 1937 (= Bibl. Nr. 239), S. 214; F. Arens: Der Dom. 1982 (= Bibl. Nr. 33) sind von der Existenz der ersten Gewölbe überzeugt.

Mainzer Dom, Langhaus mit Blick zum Westchor und *Teilansicht*

ACCIPITE COMEDITE

①

②

③

④

⑤

⑥

⑦

⑧

haben müßten[16], läßt sich in keiner Weise aufrecht erhalten. In der Form wie in der statischen Wirkung hätten sich diese Gewölbe wohl kaum von den später ausgeführten unterschieden.

Es ist eine Reihe von Argumenten dafür vorgetragen worden, daß die Gewölbe schon im 12. Jahrhundert vorhanden gewesen sein müßten. Es wird dabei auf Nachrichten von Bränden hingewiesen, deren erster für 1137 überliefert ist, während der zweite nicht genau datiert ist, sich aber zwischen 1163 und 1183 ereignet haben muß, wie aus einem Brief um 1196 hervorgeht.[17] Da Brandspuren im Langhaus nicht zu beobachten seien, müsse es bereits durch Gewölbe geschützt gewesen sein.[18] Über Umfang und Ausdehnung dieser Brände ist nichts bekannt. Will man die spärlichen Nachrichten nicht als solche anzweifeln, so sind doch die Aussagen so allgemein, daß sie kaum als konkrete Anhaltspunkte dienen können. Vor 1183 war der Dom verwüstet und ohne Tür und Dach (sine tecto), wie Erzbischof Konrad I. ihn bei Antritt seines zweiten Pontifikats vorfand, wobei letzteres auch „ohne Gewölbe" heißen könnte.

Brandschäden sind im unteren Bereich der Pfeiler in der Tat nicht zu sehen, und es scheint so, daß keine Auswechslungen hier das Bild verwischen. Es ist kaum zu entscheiden, ob man daraus Schlüsse ziehen darf. Schwere Brandschäden weist dagegen der Obergaden im Inneren von den Blendbögen an aufwärts auf. Sie sind heute mit Mineros, Putz und Übermalungen so gut ausgeglichen, daß man sie kaum ahnen kann, aber die Fotos aus der Zeit der Domsicherung in den zwanziger Jahren belegen sie eindeutig.[19] Es fragt sich nur, aus welcher Zeit sie stammen, denn schwere Dombrände ereigneten sich auch 1767 und 1793. Da Rippen, Gurte und Kappen des Gewölbes ebenfalls sehr beschädigt sind, könnten die Schäden am Obergaden erst lange nach der Einwölbung eingetreten sein. Andererseits lehrt der Brand von 1942, daß im Inneren keine größeren Beschädigungen am Stein zu verzeichnen waren. Die starken Zerstörungen an den Rippen und Gurtbögen[20] können durch Kantenpressungen infolge statischer Beanspruchungen verursacht sein, zumal die Gewölbe durch das Ausweichen der Obergadenmauern verformt und eingesunken sind. Die Gurte sind geklammert und geschient mit Durchbohrungen und Verschraubungen, ebenso sind die Rippen z.T. geklammert. Vieles davon ist heute unter dicken Mörtelauflagen verschwunden, so z.B. die Stirnseiten der Gurtbögen.

Auf statische Ursachen können die Steinschäden am Obergaden nicht zurückgeführt werden, doch bleibt es unklar, welcher der Brände ausgerechnet diesen oberen Partien zugesetzt haben mag. Ausglühen der Mauern durch das Feuer in den Seitenschiffsdächern, brennende Gerüste im 12. Jahrhundert vor der Einwölbung? Die Tatsache von Brandschäden bleibt festzuhalten, Schlußfolgerungen für die Wölbungsfrage können aus ihnen jedoch nicht abgeleitet werden.

Als weiteres Argument für die Existenz von Gewölben bereits im 12. Jahrhundert ist das Ausweichen der Obergadenmauern herangezogen worden. Man

[16] R. Kautzsch / E. Neeb: Der Dom. 1919 (= Bibl. Nr. 149), S. 115.

[17] Vgl. die Regesten zur Baugeschichte bei R. Kautzsch / E. Neeb: Der Dom. 1919 (= Bibl. Nr. 149), S. 17–19.

[18] R. Kautzsch / E. Neeb: Der Dom. 1919 (= Bibl. Nr. 149), S. 115.

[19] A. Strempel: Die Rettung. 1928 (= Bibl. Nr. 1270), Abb. 26a und 28.

[20] A. Strempel: Die Rettung. 1928 (= Bibl. Nr. 1270), Abb. 22–27.

Mainzer Dom, Langhaus mit Blick zum Ostchor und *Kapitelle: 1 Ostapsis, Galerie; 2,3 Südseitenschiff, Pfeiler; 4,5,6 südliche Außenwand; 7,8 nördliche Außenwand*

vertraut in diesem Punkt auf Messungen und Schlußfolgerungen des Dombaumeisters Ludwig Becker[21], der sie freilich zu einer so abwegigen Baugeschichte mit willkürlichen Rekonstruktionsvorschlägen verwendet hat, daß diese auf allgemeine Ablehnung stießen. Die Aufmaße vor allem der Grundrisse sind zu ungenau, um die Angaben prüfen zu können. Dem Augenschein nach zu urteilen sind die Verformungen in Mainz nicht bedeutsamer als bei anderen Gewölbebauten, wenn man die Fundamentschäden durch absinkende und faulende Pfahlgründungen mitberücksichtigt. Die gravierenden Schäden an den bestehenden Gewölben machen zudem deutlich, daß der Verformungsprozeß sich wohl kaum zwischen 1137 und 1200, sondern doch wohl eher in den anschließenden siebenhundert Jahren mit ihren Beanspruchungen vollzogen haben dürfte.

Dagegen ist nun geltend gemacht worden, daß das Ausweichen besonders über den Arkaden, also bei der sogenannten Sargwand, zu verzeichnen ist, nicht aber beim Obergaden, der wiederum fast senkrecht stehe.[22] Man hat daraus den Schluß gezogen, der Obergaden sei später erneuert worden, und fühlte sich durch den Befund bestärkt: besteht doch das Mauerwerk abgesehen von den Fenstergewänden nicht aus großen Quadern, sondern aus mit dem Hammer zugerichtetem, lagerhaftem Kleinquaderwerk.[23] Wann diese Erneuerung erfolgt sein soll – zugleich mit den späteren Gewölben um 1200? – wird nicht näher erläutert.

Es gibt allerdings keinen einzigen archäologischen Befund, der diese Annahme stützen würde, sondern zahlreiche Hinweise für das Gegenteil. Vorausgesetzt, die Maßangaben entsprechen den Tatsachen, so dürfte es sich um ein Ausbauchen der Obergadenmauer an der statisch kritischen Stelle oberhalb der Kämpfer handeln, ein Vorgang, der auch anderen Ortes zu beobachten ist.[24]

Der Wechsel in der Mauertechnik bedeutet nichts. Auch in Speyer sind beim Bau II große Wandflächen genau wie beim Bau I in hammerrechtem Kleinquaderwerk ausgeführt worden, so in den Querarmen innen, der gesamte Obergaden oberhalb der Blendarkaden von Bau I, sämtliche Galerierückwände, der Vierungsturm und die Osttürme, die Afrakapelle und das kleine Paradies innen. Genau wie in Mainz sind die Architekturglieder und Fenstergewände dabei aus großen Quadern, die oft weit in das Kleinquaderwerk eingreifen. - Mainz steht auch darin dem Bau II in Speyer besonders nahe. Unter der dicken Torkret- und Putzschicht besteht der Mainzer Obergaden außen teilweise aus Kleinquaderwerk in den Flächen, während die Lisenen – nicht aber die Bogenfriese – große Quader aufweisen wie bei den Speyerer Osttürmen oder dem Vierungsturm.

Gegen die Erneuerung des Obergadens sprechen vor allem seine Schildbögen, die fest im Verband mit ihm stehen und in ihrer Form nicht zu den heutigen

[21] L. Becker / J. Sartorius: Baugeschichte der Frühzeit. 1936 (= Bibl. Nr. 221), S. 75, Abb. 44 und S. 67, Abb. 35; L. Becker: Bau-Bericht II 1913–1925. 1925 (= Bibl. Nr. 1239), Tafel 3.

[22] L. Becker / J. Sartorius: Baugeschichte der Frühzeit. 1936 (= Bibl. Nr. 221), S. 67.

[23] W. Jung: Beobachtungen. 1962 (= Bibl. Nr. 1423), S. 33; F. Arens: Der Dom. 1982 (= Bibl. Nr. 33), S. 46.

[24] Genau das hat R. Kautzsch: Zur Baugeschichte. 1937 (= Bibl. Nr. 239), S. 213 gegen L. Becker / J. Sartorius vorgetragen. Es ist unverständlich, warum diese Behauptung trotzdem bis in jüngste Zeit wiederholt wird.

Gewölben passen. Gerade sie hatten ja u. a. für uns das Zeugnis eines älteren, wenn auch nicht realisierten Gewölbeplanes abgelegt.

An dieser Stelle muß ein weiterer technischer Befund besprochen werden. Wilhelm Jung[25] hatte an den Außenseiten der Sargmauern, also unter den Obergadenfenstern in den Dachräumen über den Seitenschiffen, einen regelmäßigen Wechsel von gequaderten Pfeilern und dazwischen gesetzten Flächen von Kleinquaderwerk ohne verzahnenden Verband miteinander entdeckt. Er und ihm folgend Fritz Arens und Hans E. Kubach[26] schlossen daraus auf eine Skelettbauweise von tragenden Pfeilern und füllenden Flächen, fast wie beim Fachwerkbau und genau entsprechend der Speyerer Konstruktion an gleicher Stelle, die in dieser Höhe noch ganz Bau I zuzurechnen ist. Allein die in Mainz innen in dieser Höhe angeordneten Blendbögen, von denen außen nichts zu sehen ist, widersprechen einer solchen Deutung, abgesehen von der Maßdifferenz zwischen den Arkadenpfeilern unten (1,90 m) und den „Pfeilern" darüber (1,30 m), die zudem noch etwas vorspringen.

Es handelt sich tatsächlich um die in Mainz ungewöhnlich breiten Lisenen des Obergadens, die nicht am Dachanschlag der Seitenschiffsdächer enden, sondern in die Dachräume hinuntergeführt sind[27] und dort unmittelbar über den Gewölben auf einem Rücksprung stehen. Das Gleiche ist auch in Worms zu beobachten. Es bleibt allerdings bemerkenswert, daß zwischen den Quadern der Lisenen und den Mauerflächen kein Verband hergestellt wurde, auch wenn es sich dabei nur um die Mauerschale und nicht um das Füllmauerwerk selbst handelt. Die wenigen Teilaufnahmen, die den Obergaden ohne Putz zeigen, erlauben keine Schlüsse, ob sich diese Besonderheit bei den Lisenen nach oben fortsetzt. Die durchgehenden Lisenen in der Höhe der inneren Blendarkaden dürfen aber als Beweis für die vollständige zeitliche Einheit von Sargwand und Obergaden angesehen werden. Von einer Skelettstruktur darf allerdings nicht gesprochen werden, auch wenn innen die Flächen zwischen Gesims und Blendbögen, die hinter den Fresken des 19. Jahrhunderts verborgen sind, aus Kleinquaderwerk bestehen, wie Fritz Arens sicher zu Recht vermutet.[28] Darüber hinaus geben die Sargwände, die als einzige Teile gut erreichbar sind und offen liegen, wichtige Hinweise auf die Baugeschichte. So sind in ihnen abgesehen vom Ostende keine Abschnittsfugen zu erkennen. Theoretisch könnten solche senkrecht entlang den Lisenen verlaufen, doch ist das von der inneren Gliederung her unwahrscheinlich. Man darf daraus den vorsichtigen Schluß ziehen, daß das Mittelschiff in dieser Höhe in ganzer Länge und in einem Zuge errichtet wurde, ähnlich wie in Speyer bei Bau I. Über den Gewölben sind einige völlig zerstörte Kragsteine als Auflager für das Dachgerüst erhalten. Sie wirken wie nachträglich in größere Löcher eingesetzt. Banden hier einst die Lagerbalken des Dachstuhls ein? Als Hinweise für eine flache Decke in den Seitenschiffen reicht der Befund einstweilen nicht aus.

[25] W. Jung: Beobachtungen. 1962 (= Bibl. Nr. 1423), S. 31 – 32 mit genauer Befundbeschreibung.

[26] F. Arens: Der Dom., 1982 (= Bibl. Nr. 33), S. 41; Hans Erich Kubach / Walter Haas: Der Dom zu Speyer. 3 Bde. (= Die Kunstdenkmäler von Rheinland-Pfalz, 5). München 1972. Bd. 1, S. 167, Anm. 35.

[27] Vgl. F. Arens: Der Dom. 1982 (= Bibl. Nr. 33), Abb. 28.

[28] F. Arens: Der Dom. 1982 (= Bibl. Nr. 33), S. 41.

Am Ostende beginnt die Lisenengliederung erst westlich des ersten Fensters. Unter Dach besteht dieser ganze Wandabschnitt bis zum Ostbau aus Großquaderwerk. Etwa drei Meter westlich des Winkels ist auf der Nord- und Südseite eine klare Verzahnungsfuge mit springenden Lagerfugen erkennbar, die sich oben leicht nach Osten zurücktreppt. Sie ist in gleicher Weise auch innen zu sehen, auf der Südseite deutlicher als auf der Nordseite. Das ist der eindeutige Beweis dafür, daß der Ostbau vor dem Langhaus entstand und mit ihm der Ansatz des Mittelschiffs mit der Mauerzunge bis zur ersten Arkade. Dieses pfeilerartige Stück erweist sich auch hinsichtlich der Steinmetztechnik als zum Ostbau gehörig, weil die Quaderspiegel rauher sind und teilweise deutlich gegenüber den Randschlägen vortreten. Das entspricht den Beobachtungen von Walter Haas in Speyer, wo die Randschläge z.T. nach dem Versatz nachgearbeitet wurden, um Ungenauigkeiten zwischen den Quadern auszugleichen.

Die zeitliche Reihenfolge von Ostbau und Langhaus ist zwar heute allgemein akzeptiert, doch war sie lange umstritten[29] und ist nie mit Baubefunden erhärtet worden, sondern stets mit stilistischen Argumenten und Materialunterschieden. Die von den übrigen Jochen abweichenden Maße des Ostjochs sowie seine uneinheitliche Gliederung haben das ihrige zum Streit beigetragen. Zuletzt meinte Fritz Arens[30], dieser Ansatz des Langhauses hätte wie ein Strebepfeiler den östlichen Chorturm absichern sollen. Das ist nicht auszuschließen, doch da der Turm seitlich nicht auf Längsbögen, sondern auf den zwar durchbrochenen, aber doch tragfähigen Mauern des Ostbaus steht, war dies keineswegs notwendig.

Bei derartigen Überlegungen muß man berücksichtigen, daß etwa ein Viertel der Jochtiefe durch die Kryptenzugänge beansprucht wird und damit nicht zum Langhaus, sondern zum Ostchor gehört, der um dieses Maß in das Mittelschiff eingreift. Es ist denkbar, daß direkt oder indirekt dieser Umstand für die abweichende Gestaltung der östlichen Jochhälfte innen wie außen verantwortlich ist.[31] Wegen ihres Zusammenhangs mit der Krypta müssen die beiden östlichen mauerzungenartigen Halbpfeiler des Mittelschiffes schon zu Beginn der Arbeiten am Ostbau ausgeführt worden sein, also um 1100 oder kurz danach, mit einem erheblichen zeitlichen Abstand zu den folgenden Pfeilern. Das mag die deutlichen Unterschiede erklären.

Die Sargwände des Mittelschiffs bestehen wie der ganze Bauteil einheitlich aus dem porösen Muschelkalk mit vielen Versteinerungen – ein Material, das sicher nicht sehr hitzebeständig ist. Die Schäden sind groß. Der Materialwechsel vollzieht sich in Höhe der Dachräume genau im Winkel zum Ostbau. Dieser weist zwar in seiner Westmauer einzelne Quader und Schichten aus Muschelkalk auf, besteht aber sonst aus Sandstein. Da die Ansätze der Obergadenmauern zeitlich noch dem Ostbau zuzuordnen sind, muß der Materialwechsel geplant

[29] Erstmals hat Kautzsch diese Bauabfolge begründet: R. Kautzsch: Der Ostbau. 1911/12 (= Bibl. Nr. 302) mit weiteren Argumenten in den nachfolgenden Arbeiten R. Kautzsch / E. Neeb: Der Dom. 1919 (= Bibl. Nr. 149), S. 124–128; R. Kautzsch: Zur Baugeschichte. 1937 (= Bibl. Nr. 239), S. 211–212. Dennoch ließ F. Arens: Mainzer Dom und Dom-Museum ³1948 (= Bibl. Nr. 35), S. 8 und 17 die Frage zunächst offen.

[30] F. Arens: Der Dom. 1982 (= Bibl. Nr. 33), S. 41.

[31] Schon P. Metz: Dom. 1927 (= Bibl. Nr. 52), S. 22–23 äußerte ähnliche Vermutungen.

und kann keine ökonomische Zufälligkeit gewesen sein. Das schließt wirtschaftliche Gründe nicht aus, doch war man sich ihrer in anderer Weise bewußt als bisher angenommen.

Die asymmetrische Anordnung von Arkaden und Fenstern im ersten Mittelschiffsjoch ist auf die Verbindung mit dem Ostchor zurückzuführen. Für das Fehlen der Blende über dem jeweils östlichen Arkadenbogen wie auch des Bogenfrieses außen hat schon Rudolf Kautzsch den zeitlichen Abstand und damit eine ältere Planung verantwortlich gemacht.[32] Da die Abschnittsgrenze schräg verläuft, sind der überwiegende Anteil des Mauerwerks über der Arkade und das erste Fenster dem jüngeren Zeitabschnitt zuzurechnen, so daß eine Korrektur des ersten Planes möglich gewesen wäre, aber man verzichtete darauf. Nimmt man eine ältere Planung und nicht die Kennzeichnung des Chores gegenüber dem Mittelschiff als Grund für das einfachere System an, dann hat sich dieses wohl auch auf den noch stehenden Willigis-Bardo-Dom bezogen. Wollte man überhaupt ein neues Mittelschiff bauen oder vielleicht das alte nur einwölben über neuen Vorlagen wie in Speyer? Das ist nicht unwahrscheinlich, bedeutete aber, daß der alte Dom in Seiten- wie Mittelschiff fast schon die Höhe des heutigen gehabt haben müßte. Vielleicht sind so die gedrungeneren Proportionen von Mainz gegenüber Speyer zu erklaren. Auf der Südseite rechnete man bei Anlage des östlichen Schildbogenschenkels mit einem etwas niedrigeren Verlauf, denn die Leibung des Bogens mußte später als Ausgleich nachgearbeitet werden. Als man sich dann doch für einen Neubau mit reicherem Blendensystem entschied, führte man zunächst nur das Mittelschiff ohne Gewölbe aus, das man gleichsam in den alten Dom hineinstellte.

Von den Seitenschiffen wurden offenbar nur die beiden Joche der Nordseite ausgeführt. Ob sie auch gewölbt wurden, erscheint angesichts der später aufgesetzten Kapitelle eher fraglich. Jedenfalls sah man keinen Anlaß, diese beiden Joche um 1200 umzugestalten. Das Fehlen einer Seitenschiffsmauer des 12. Jahrhunderts läßt es verständlicher erscheinen, daß man bei der Anlage der Memorie (Kapitelsaal) im Winkel zwischen Südseitenschiff und Südquerarm für diesen Gewölbebau rundum neue Fundamente legte und das entsprechende Stück der Seitenschiffsmauer neu errichtete. Diese erhielt von vornherein aus Rücksicht auf die Memorie keine Fenster. Der obere Mauerteil wurde noch um 1200 in Kleinquaderwerk ausgeführt, weil man noch mit Verputz rechnete. Erstmals verkröpfen sich hier die Basen der Halbsäulen auch um die Pfeilervorlagen.

Die Baugeschichte der Seitenschiffe am Ende des 12. Jahrhunderts ist vorerst unklar, weil die Basen- und Kapitellformen nicht einheitlich sind. Der Grundtyp des Langhauskapitells vor 1137 ist das einfache Würfelkapitell ohne abgesetzte Schilde. Es wirkt darin fast archaischer als die Würfelkapitelle von Bau I in Speyer. In der Distanz erscheinen beide sehr ähnlich, doch diese Verwandtschaft täuscht, weil die Entwicklung der Kapitellformen im Mainzer Ostbau dazwischen liegt. Hier kommen zwar auch Bossen als Rohform für korinthische Kapitelle wie in Speyer vor, die dann leicht mit Würfel- oder Polsterkapitellen verwechselt werden können. Daneben erscheint aber in Mainz als Fries und als

[32] R. Kautzsch / E. Neeb: Der Dom. 1919 (= Bibl. Nr. 149), S. 127.

Kapitell die Polsterform, die im ausgearbeiteten Zustand mit Rankenwerk belegt wird und damit sich grundsätzlich von der antikisierenden Form unterscheidet. Als Säulenkapitell würde man dies am besten als Korbkapitell bezeichnen. Im Mainzer Ostbau gibt es zahlreiche Bossen dieses Kapitelltyps, bei denen man mit Sicherheit auch im Rohzustand den Unterschied zum antikisierenden Kapitell ausmachen kann. Die Korbform in der Bosse nähert sich aber dem Würfelkapitell ohne Schild, und hier ist die Wurzel für die Mainzer Langhauskapitelle zu suchen.

Sie haben sich unverändert im Mittelschiff und bei den Pfeilerkapitellen des südlichen Seitenschiffs erhalten. Im nördlichen Seitenschiff findet man sie bei den drei westlichen Pfeilern und dem ersten und sechsten von Osten. Die übrigen zeigen abgesetzte Schilde mit dekorierter Einfassung, Diagonalstegen und flachen Palmetten und Ranken auf den Spiegeln. Rudolf Kautzsch rechnete sie dem Neubau vor 1137 zu[33], doch ist das beim Fehlen jeglicher Bauzier im Mittelschiff sehr unwahrscheinlich. Bei Würfelkapitellen sind diese Dekorationsformen vor der Mitte des 12. Jahrhunderts kaum anzutreffen. Sie bleiben bis in das 13. Jahrhundert aktuell genauso wie undekorierte Würfelkapitelle, die ja schließlich die Standardform des gesamten Inneren des Mainzer Westbaues bilden. Sie können also durchaus zum Umbau Ende des 12. Jahrhunderts gehören, vielleicht als Umarbeitung der einfachen Rohform. Nachträglich eingesetzt sind sie anscheinend nicht. In Einzelfällen sind sie an der nördlichen Außenmauer zu finden. Als Sonderform gehört auch das Kapitell mit den vier kleinen Schilden dazu, das nun sicher spät zu datieren ist. Im übrigen dominiert an den Außenmauern das um 1200 vor allem am Niederrhein gebräuchliche Kelchblockkapitell mit diamantierten Stengeln und Palmetten. Auf der Südseite mischen sich sogar schon Kelchknospenkapitelle und Vorformen gotischer Blattkapitelle darunter. Diese Variationsbreite erweckt den Eindruck eines sehr langen Ausführungsprozesses, doch müßten hier genauere Studien folgen.

Der enge formale Zusammenhang des Mainzer mit seinem Vorbild, dem Speyerer Dom, ist bekannt und immer wieder hervorgehoben worden. Dies gilt nicht nur für die Ostteile, sondern auch für das Langhaus, das man als vereinfachte und von Anfang an auf Wölbung hin konzipierte Wiederholung im Ganzen zutreffend charakterisierte. Bei nahezu gleichen Dimensionen des Unterbaus entwickelt es wegen der Wölbung eine um fünf Meter reduzierte Höhe. Der Obergaden ist niedriger und die Gewölbekämpfer liegen in Höhe der Fenstersohlbänke, so daß die Fenster selbst ganz in den Schildwänden und damit in der Gewölbezone angeordnet sind, wie dies bei fast allen rheinischen Gewölbebauten des 12. und frühen 13. Jahrhunderts der Fall ist. Dazu gehört auch das paarige Zusammenrücken der Fenster, die damit nicht mehr die Arkadenachsen aufnehmen können. In Mainz wird dies wegen der bis unter die Fenster geführten Blenden besonders spürbar. Die Abänderung des Speyerer Systems, die Blenden nicht mehr als Kolossalordnung um die Fenster herumzuführen, sondern sie darunter enden zu lassen, hat hierin sicher ihre Ursache.[34] Die offensichtlichen Probleme, die man nur wenig später bei der nördlichen

[33] R. Kautzsch / E. Neeb: Der Dom. 1919 (= Bibl. Nr. 149), S. 121 – 122.

[34] F. Arens: Der Dom. 1982 (= Bibl. Nr. 33), S. 41.

Hochwand des Wormser Domes mit dem Speyerer System hatte, bestätigen dies. Die Mainzer Variante der Blendarkatur bewirkt natürlich markante Unterschiede: sie tritt sehr viel deutlicher als in Speyer nach dessen Einwölbung in Erscheinung, weil sie ein isoliertes Motiv darstellt, das weder mit den Fenstern noch mit den Gewölben in Zusammenhang gesehen wird. Darüber hinaus entsteht eine Art von dreigeschossigem Aufriß, wobei der obere Teil der Blenden über dem Horizontalgesims die Rolle eines Blendtriforiums übernimmt. Zwei bis drei Jahrzehnte später sind ähnliche Bemühungen zur Gliederung der Sargwand in Worms zu beobachten. Einzigartig und an keiner anderen Stelle wiederholt ist jedoch in Mainz die durch das System gegebene Verbindung der Zwischenzone nicht wie üblich mit dem Obergaden, sondern mit der Arkadenzone, gleichsam als würde diese stufenartig von unten nach oben ausgreifen.

Bei dem Vergleich mit dem Dom in Speyer wird dieser immer als eine Einheit angesehen und nicht als sekundäre Umformung des frühsalischen flachgedeckten Baus I durch den spätsalischen Gewölbebau des Baus II. Das ist historisch gesehen sicher richtig, weil für Mainz im ersten Drittel des 12. Jahrhunderts jenes Endergebnis vor Augen stand. Um so überraschender und bisher wohl noch nicht recht gewürdigt ist es, in Mainz nicht nur Einzelformen, sondern Grundhaltungen anzutreffen, die in Speyer Bau I zu eigen und damit frühsalisch, d.h. ca. 60 bis 80 Jahre früher entstanden sind. Hier ist vor allem das charakteristische Kämpferprofil aus Platte und Schräge zu nennen, das für einen so anspruchsvollen Bau des 12. Jahrhunderts schon fast anachronistisch wirkt. In Speyer wird es zwar auch von Bau II verwendet, aber nur dort, wo es um das Einfügen und Anpassen neuer Bauglieder an das Bestehende ging: über den Gewölbevorlagen und an den Pfeilerkämpfern. Sonst werden durchweg reiche Profilierungen mit Vorformen des Polsterkapitells verwendet. In Mainz sind Platte und Schräge als Gesims- und Kämpferprofil bereits an verschiedenen Stellen des Ostbaus anzutreffen, doch sind es im Langhaus besonders markante Punkte: die Kämpfer der Mittelschiffsgewölbe, der Blendarkaden und das Horizontalgesims, das wie in Speyer I ohne Verkröpfung in die Blenden gesetzt ist. Nach den östlichen Halbpfeilern zu schließen, war dieses Profil auch für die Pfeiler vorgesehen. An Speyer I erinnert auch der Verzicht auf Gesimsverkröpfungen bei den Hauptpfeilern, wo ein Zusammentreffen mit den Halbsäulen vermieden werden sollte. Gerade in diesem Punkt hatte man bei Speyer II eine Korrektur an Bau I vorgenommen. Die in Mainz fast befremdlich wirkenden kleinen Kämpferstücke der Blendbögen, die eine freistehende Bogenfolge suggerieren, sind in Speyer nur aus der Vorhalle des Westbaus (Bau I) überliefert, aber sie passen vorzüglich zur Denkweise der frühsalischen Zeit. Das wichtigste in diesem Zusammenhang ist aber die Tatsache, daß Mainz die Pfeilerform (mit einfacher Halbsäule) von Bau I als Hauptstütze für seinen Gewölbebau wählt, während sie in Speyer II durch den Wölbungsvorgang zur Zwischenstütze geworden war. Würfelkapitell und Kämpfer über diesen Halbsäulen erinnern in Mainz besonders nachdrücklich an Speyer I.

Es offenbart sich also ein eigentümlich verschränktes Verhältnis zu den beiden Speyerer Bauperioden. Vor einem voreiligen Rückschluß auf archaisierende Tendenzen in Mainz muß allerdings gewarnt werden. Der Vorgang ist wohl eher so zu verstehen, daß die Vereinfachung einerseits und die Eliminierung der besonders ausgeprägt antikischen Formen andererseits zurückführen zum Bau I und damit eine Kontinuität innerhalb der salischen Architektur darstellten. Ähnliches läßt sich ja auch an den spätesten Speyerer Bauteilen, den Osttürmen und dem Vierungsturm, feststellen.

Auf die gegenüber Speyer weiter entwickelten Erscheinungen ist in der Literatur immer wieder aufmerksam gemacht worden.[35] Hier sind vor allem die mächtigen Pfeilersockel zu erwähnen, die in Speyer wohl auch zu finden wären, wenn man nicht durch die älteren Pfeiler festgelegt gewesen wäre. Im Querhaus sind sie dort jedenfalls vorhanden. Ob das nicht ausgeführte Umbauprojekt in Speyer II bereits Elemente eines dreigeschossigen Aufrisses wie in Mainz enthielt, wird sich nicht mehr klären lassen. Wie es im Ostjoch abzulesen ist, war dies anfänglich für Mainz nicht geplant.

Die Mainzer Obergadenfenster sind die kleinsten der drei rheinischen Dome. Gegenüber den riesenhaften Öffnungen von Speyer I sind sie etwa um 2/5 reduziert. Die umlaufende rechtwinklige Gewändestufe kann man auf zweierlei Weise erklären: Zum einen besitzen fast alle großen Fenster des Speyerer Querhauses innen rechtwinklige Gewändestufen mit schrägem Trichter, zum anderen verbinden sich die Speyerer Obergadenfenster von Bau I so eng mit den rahmenden Blenden, daß letztere wie eine rechtwinklige Gewändestufe gesehen werden können.

Nur der Vollständigkeit halber sei noch erwähnt, daß die Mainzer Seitenschiffe wie die Wormser auf das von Speyer I formulierte System zurückgehen, wenn auch mit ganz anderen räumlichen Abmessungen. Allerdings werden in Mainz die gewaltigen Pfeilerarkaden der Außenwand zu einer normalen Rücklage hinter den Halbsäulen reduziert, so daß man vor Anbau der gotischen Kapellen den Eindruck einer klaren Trennung von Wand und vorgelegtem Gewölbesystem gehabt haben muß, wie das noch heute in Worms der Fall ist. Dies ließ sich nicht mehr wie in Speyer als vom Gewölbesystem unabhängige Pfeilerarkade lesen. Die Symmetrie innerhalb der Seitenschiffe zwischen freistehenden und aufgelegten Pfeilern war damit aufgegeben und folglich verkröpfen sich die Halbsäulenbasen auch nicht um die Pfeilervorlagen. Dem Anbau der gotischen Kapellen kam dies sehr entgegen, weil sich sehr viel größere Mauerdurchbrüche herstellen ließen.

[35] Es besteht nicht der geringste Anlaß, die zeitliche Priorität von Speyer vor Mainz anzuzweifeln und erneut zu untersuchen wie H.E. Kubach: Der Dom zu Speyer. 1972 (wie Anm. 26), S. 804, Anm. 22, vorschlägt.

Mainzer Dom, Aufriß und Fensterreihe von Paul Meyer-Speer

RELIQUIEN IM MAINZER DOM

Friedhelm Jürgensmeier

Nur beiläufig sprechen die offiziellen Texte des Zweiten Vatikanischen Konzils von Reliquien. Fast spröde heißt es im 5. Kapitel der Konstitution über die heilige Liturgie: *Die Heiligen werden in der Kirche gemäß der Überlieferung verehrt, ihre echten Reliquien und ihre Bilder in Ehren gehalten* (Nr. 111). Hier wird die Reliquienverehrung für berechtigt erklärt und zugleich eingegrenzt auf die echten Reliquien. Nicht von Reliquienkult ist die Rede, sondern schlicht davon, Reliquien in Ehren zu halten.

Es ist nicht zu übersehen, daß seit einigen Jahren die Hagiographie wieder stärkere Beachtung findet. Das ändert jedoch nichts an der Tatsache, daß Reliquien und Reliquienverehrung für die Theologie und für den Großteil auch der Katholiken weiterhin eher Randerscheinung des religiösen und kirchlichen Lebens geblieben sind. Wenn dennoch das Thema *Reliquien im Mainzer Dom* behandelt wird, gilt das nicht dem Ziel, den Reliquienkult wieder in den Vordergrund zu rücken oder das nicht unumstrittene Problem historisch und theologisch umfassend aufzuarbeiten. Vielmehr soll in einem konkreten Raum mit dem Aufspüren von Reliquien und der Frage nach deren Aussagen über Frömmigkeitsformen und Kultbeziehungen das auch für die Kirchengeschichte beachtenswerte Feld der religiösen Realien beschritten werden.

Wie in den meisten Kathedralkirchen wurden auch im Mainzer Dom jahrhundertelang Reliquien des *Herrn*, seiner Mutter *Maria* und der *Heiligen* gesammelt und verehrt. Bedingt durch das Ausufern des Reliquienwesens im späten Mittelalter und den Umstand, daß die meisten dieser Reliquien und frommen Gegenstände längst verlorengegangen sind, läßt sich deren genaue Zahl nicht einmal annähernd bestimmen. Der Bestand der bekannten Reliquien ist allerdings so groß und deren Verteilung auf die einzelnen Zeitepochen so abdeckend, daß er durchaus wichtige Erkenntnisse für die Kult-, Frömmigkeits- und Kirchengeschichte von Mainz vermitteln kann. Dabei ist die Frage, ob die Reliquien echt oder unecht sind, kaum relevant. Sie kann daher unbeachtet bleiben. Auch ist es nicht erforderlich, selbst der letzten Nachricht über Reliquien nachzugehen, denn das vorliegende Material ist bereits aussagestark genug.

1. Die Anfänge des Reliquienkultes

Seit der Antike gehört in der christlichen Kirche zur liturgischen Verehrung der Heiligen in den Offizien, Meßfeiern und Kirch- und Altarweihen auch die Verehrung der Reliquien. In der Verfolgungszeit bis 313 wurden die gemarterten Leiber der Blutzeugen ehrfurchtsvoll bestattet und als kostbarer Schatz der Kirche gehütet. Zum Jahresgedächtnis der Märtyrer versammelten sich die Gläubigen an deren Gräbern. Kapellen und Altäre wurden errichtet und nach

Mainzer Dom, Grundriß von Paul Meyer-Speer

den heiligen Blutzeugen benannt. Erste Märtyrerverzeichnisse und Kalendarien entstanden im 4. Jahrhundert. Als zu dieser Zeit aus der verfolgten Christenheit im römischen Reich durch Kaiser Konstantin († 337) und seine Nachfolger die römische Reichskirche geworden war und damit das Martyrium schwand, dehnte sich das Heiligkeitsideal des Blutzeugen auf das des bekennenden Asketen und Bischofs aus. Auch deren Gräber verehrte man. Ihre Viten, zumeist mehr Legende denn historisch-biographischer Bericht, wurden zur frommen Lektüre aufgeschrieben.

Mit dem erweiterten Heiligkeitsideal mehrte sich die Zahl der Heiligen. Noch rascher wuchsen die christlichen Gemeinden und in ihnen der Wunsch und das Begehren, sterbliche Überreste der heiligen Vorbilder, Fürbitter und Schutzpatrone in eigenem Besitz zu haben.

Die Reliquienverehrung als Sonderform der Märtyrerverehrung hatte sich bei den Christen im 2. Jahrhundert in Anlehnung an antike und jüdische Traditionen entwickelt. Zunächst veranlaßte Ehrfurcht einzelne Gläubige, in Tüchern aufgefangenes Blut von Märtyrern zu Hause aufzubewahren. Schon bald wurde den Reliquien eine besondere Kraft zugesprochen. Ihr Besitz galt als persönlicher Schutz und Unterpfand des eigenen ewigen Heils.[1] Das galt sowohl beim öffentlichen Kult als auch in der privaten Frömmigkeit. Alle wollten an der Macht und der Hilfe der Heiligen teilhaben. Jede Gemeinde suchte ihre Fürbitter und Schutzpatrone. Zunächst im griechischen Osten und in Nordafrika, dann auch in Italien und in Rom setzte der Brauch ein, die Gräber der Märtyrer und Heiligen zu erheben, die Gebeine zu transferieren und gegebenenfalls auch zu teilen.

Diese Sitte verstärkte sich, als es im 6. und 7. Jahrhundert üblich und dann allgemeine Vorschrift wurde, alle Altäre mit Reliquien zu versehen. 619 ordnete eine fränkische Synode an, nur noch solche Kirchen zu konsekrieren, die den Leib eines Heiligen besäßen.[2] Das führte zu einer solchen Ausuferung von Translationen gesuchter und neu aufgefundener echter oder vermeintlicher Märtyrer und Heiligen und zu solch weitgehender Reliquienteilung, daß z.B. 813 die Synode von Mainz verbieten mußte, ohne Erlaubnis des Fürsten, der Bischöfe oder der Synoden heilige Leiber von einem Ort an einen anderen zu bringen.[3]

2. Reliquien im alten Mainzer Dom

Die früheste Mainzer Bischofskirche dürfte um die Mitte des 4. Jahrhunderts erbaut worden sein. Ob und welche Reliquien in diesem Gotteshaus aufbewahrt wurden, kann nicht einmal vermutet werden. Die Geschichte legt über die Frage völliges Schweigen.

Erheblich mitteilsamer zeigt sich die fränkische Epoche. Ein wichtiger Hinweis ist eine Schenkung von Bischof Gewilib (743–745) an den Dom, in der

[1] Vgl. LThK[2] VIII, Sp. 1219; Ernst Niermann: Reliquien. In: Sacramentum mundi IV. Freiburg-Basel-Wien 1969. Sp. 281–286.

[2] Carl Joseph von Hefele: Conciliengeschichte. Nach den Quellen bearb. 3. Bd. Freiburg i.Brsg. 1877. S. 70.

[3] Hefele: Conciliengeschichte (wie Anm. 2), 3, S. 763.

um 745 erstmals dessen St. Martinspatrozinium bezeugt ist.[4] Eingeführt wurde dieses Patrozinium möglicherweise bereits unter Bischof Sidonius. Dieser stammte aus dem Rhône-Loire-Gebiet, restaurierte in der zweiten Hälfte des 6. Jahrhunderts den Dom und andere Gotteshäuser von Mainz und brachte die Stadt zu solchem Glanz, daß sie von Venantius Fortunatus († vor 610) in seinen Liedern rühmend besungen wurde.[5]

In diesem Jahrhundert hatte der Kult des heiligen *Martin* († 397), Bischof von Tours und erster großer Repräsentant des abendländischen Mönchtums, im Frankenreich seinen Höhepunkt erreicht. Es ist nicht ausgeschlossen, daß mit dem Martinspatrozinium die ersten wie auch immer gearteten Reliquien des fränkischen Reichsheiligen nach Mainz gekommen sind. In späteren Inventarlisten und Verzeichnissen des Domes finden sich gleich mehrere Reliquien von ihm, darunter sein Finger, der in einem kostbaren Reliquiar aufbewahrt und öffentlich verehrt wurde.[6]

In einem anderen Reliquienbehälter, er war aus Glas und nach Art einer Kapelle geformt, befand sich außer einer *Martinus*reliquie eine Reliquie von *Hilarius von Poitiers* († um 367)[7], der wie Martin zum besonders vom Königshaus geförderten Heiligen aufgestiegen war. In Mainz wurde ihm früh die Grabesbasilika der Bischöfe im Heiligen Tal geweiht.

Sicherer ist der historische Befund jener Reliquie, die 754 als wertvoller Schatz in die Mainzer Bischofskirche kam. Am 5. Juni hatte der große Missionar und Kirchenorganisator *Bonifatius*, erster Erzbischof auf dem Heiligen Stuhl von Mainz, auf einer nochmaligen Missions- und Pastoralreise zu den Friesen nahe Dokkum das Martyrium erlitten. Seine sterblichen Überreste wurden rhein- und mainaufwärts und dann auf dem Landweg in sein Lieblingskloster Fulda überführt. Bei der Zwischenstation in Mainz wurde der ermordete Oberhirte ein letztes Mal in seinem Dom aufgebahrt. Zuvor hatte man den Leichnam nochmals gewaschen. Bischof Lul (754–786), sein Schüler und Nachfolger in Mainz, ließ die blutgetränkten Waschtücher in der Bischofskirche, der heutigen St. Johanniskirche, eingraben. Über diesem Grab errichtete Erzbischof Gerlach von Nassau (1346–1371) eine Tumba, die mit einer Grabplatte abgedeckt war. Die Inschrift der Platte gibt an, hier seien auch die Innereien des heiligen Märtyrers und Erzbischofs niedergelegt worden. Grab und Tumba fielen 1740 Baumaßnahmen zum Opfer. Ein Reliquiar mit nicht mehr bestimmbaren Reliquien wurde im Stiftsarchiv deponiert. Als Stiftsherren später um die Erlaubnis nachsuchten, diese „Bonifatiusreliquie" zur öffentlichen Verehrung auszustellen, untersagte dies die erzbischöfliche Behörde. Die bei den Umbauten nicht zerstörte Tumbaplatte wurde 1823 im Mittelschiff des Domes nahe der früheren

[4] Vgl. Eugen Ewig: Der Martinskult im Frühmittelalter. In: Archiv für mittelrheinische Kirchengeschichte 14 (1962) S. 11–30; E. Ewig: Die ältesten Mainzer Patrozinien. 1962 (= Bibl. Nr. 228; Bibl. bedeutet: Die vollständige bibliographische Angabe ist in der Bibliographischen Handreichung in dieser Festschrift unter der nachfolgenden Nummer zu finden.)

[5] Venantius Fortunatus: Carmina 2,11.

[6] Ordinarium (= Bibl. Nr. 1540), fol. 170.

[7] Ordinarium (= Bibl. Nr. 1540), fol. 171v.

Bonifatius- bzw. heutigen Marienkapelle angebracht.[8] Der jetzige Dom barg lange Jahrhunderte auch eine Armreliquie von *Bonifatius*[9], die im Martinichörlein ausgestellt war.

Kamen bis Bonifatius, der die fränkische Kirche nach römischem Vorbild organisiert und ausgerichtet hatte, die meisten Reliquien der Mainzer Kirchen aus dem gallischen Raum, so mehrten sich jetzt die Reliquien aus der Ewigen Stadt oder aus Italien. Eine besonders rege Translation von Gebeinen der Heiligen herrschte offensichtlich unter Erzbischof Otgar (826 – 847). Aus Pavia brachte er 836 die Gebeine von den heiligen *Severus*, *Vincentia* und *Innocentia* mit.[10] Die Reliquien der beiden Frauen, Mutter und Tochter, schenkte er dem Mainzer Kloster St. Alban. Die Gebeine von *Severus*, Gemahl und Vater der Frauen, überführte er nach Erfurt. Im Dom blieben, wie aus späteren Verzeichnissen ersichtlich, lediglich Reliquienteile des Heiligen.[11] Auch in Rom hatte Erzbischof Otgar um Körper von Heiligen nachgesucht.[12] Papst Gregor IV. (827 – 844) vertröstete ihn. Sobald ein neuer Heiliger gefunden werde, solle er ins Erzbistum transferiert werden. Offensichtlich hat der Papst Wort gehalten, denn nach einigen Berichten erhielt Otgar aus Rom die Gebeine der heiligen *Sergius*, *Bacchus*[13] und *Justinus*[14]. Die beiden letzteren brachte er nach Heiligenstadt. Die Reliquien von *Sergius* vermachte er seiner Domkirche.

Otgars erzbischöflicher Nachfolger Rhabanus Maurus (847 – 856)[15], später selbst Heiliger der Mainzer Kirche, ließ dem neuen Fürbitter und Schutzpatron einen kostbaren Schrein anfertigen.

3. Reliquien im neuen Mainzer Dom

Bald nachdem Willigis (975 – 1011) den Heiligen Stuhl von Mainz bestiegen hatte, begann er, seinem großen und bedeutenden Kirchensprengel eine neue Kathedralkirche zu bauen. Als nach fast dreißig Jahren Bauzeit der Willigisdom eingeweiht werden sollte, brannte er am Vorabend der Feierlichkeiten ab.[16]

[8] Vgl. u.a. F. Falk: Bonifatiusfest. 1883 – 1884 (= Bibl. Nr. 1663), Sp. 3 – 8. 37 – 40; A. Brück: Zur Bonifatiusverehrung. 1954 (= Bibl. Nr. 224), S. 506 – 513.

[9] Ordinarium (= Bibl. Nr. 1540), fol. 171.

[10] Böhmer / Will: Regesta. 1877 (= Bibl. Nr. 116), I, S. 57, Nr. 17.

[11] Ordinarium (= Bibl. Nr. 1540), fol. 170; Bischof von Ravenna; nahm an der Synode von Sardika (342/43) teil; Lexikon der christlichen Ikonographie. Hrsg. v. Wolfgang Braunfels. 8 Bde. Rom – Freiburg 1968 – 1976 (im folgenden zitiert als Lex. Ikonogr.) VIII, Sp. 341.

[12] Böhmer / Will: Regesta. 1877 (= Bibl. Nr. 116), I, S. 61, Nr. 44.

[13] Sergius zumeist gemeinsam mit Bacchus, beide Märtyrer in Syrien im Jahre 303; Lex. Ikonogr. VIII, Sp. 329 – 330. Nach Joannis (= Bibl. Nr. 119), II, S. 22 wurden gleichzeitig Reliquien von *Vincentius* und *Theodorus* nach Mainz überbracht.

[14] Böhmer / Will: Regesta. 1877 (= Bibl. Nr. 116), I, S. 63, Nr. 58 und 59. – Nach Mainzer Tradition hieß die Schwester von Bischof Aureus Justina; beide haben dieser Tradition nach in Mainz das Martyrium erlitten. Nach Heiligenstädter Tradition floh der Bischof mit seinem Diakon Justinus nach Thüringen, wo beide von den Hunnen getötet worden sein sollen. Die Translation eines heiligen Justinus von Rom nach Mainz bzw. nach Heiligenstadt dient wohl der Harmonisierung der Legenden.

[15] F. Falk: Heiliges Mainz. 1877 (= Bibl. Nr. 144), S. 270. Rhabanus Maurus, gebürtig aus Mainz und von 822 – 844 Abt von Fulda, gilt als „Praeceptor Germaniae"; Fest am 4. Februar mit Proprium in Mainz, Fulda und Limburg.

[16] Böhmer / Will: Regesta. 1877 (= Bibl. Nr. 116), I, S. 141, Nr. 164.

Diese Tragödie macht es müßig, darüber zu streiten, ob der Erzbischof die neue Domkirche St. Martin, dem Patron der alten Bischofskirche, oder dem Erzmärtyrer Stephanus[17] weihen wollte, zu dessen Ehre er wenig später in Mainz ein Kollegiatstift gründete.

Als Erzbischof Bardo (1031 – 1051) den wiedererbauten Dom 1036 endlich einweihen konnte, konsekrierte er ihn zu Ehren des heiligen Martin.[18] Stephan blieb Mitpatron. Gemeinsam mit Martin war ihm später der Hauptaltar des Ostchores geweiht.[19]

Am Tage der Domweihe hatte der Erzbischof alle Gerechtsame und Dotationen von der alten Domkirche auf die neue Kathedralkirche übertragen. Darunter befand sich auch ein Großteil der Reliquien. Zu diesen gehörte wahrscheinlich eine *Martins*reliquie, denn Bardo ließ über dem neuen Hochaltar einen Baldachin aus Gold und Silber errichten, der dem des alten Domaltars nachgestaltet war.[20]

Erzbischof Bardo fand im Dom seine letzte Ruhestätte. An seinem Grab in der Martinuskapelle wurde bis um das Jahr 1300 Nacht für Nacht eine Laterne angezündet.[21] Obwohl *Bardo* schon bald als Heiliger verehrt wurde, scheint es einen größeren Bardokult nicht gegeben zu haben. Reliquien von ihm treten erst in der neueren Zeit auf.

Die Weihe des Martinusaltares 1239

Am Bardodom richteten Sturm- und Brandkatastrophen 1081, 1137 und 1190/91 schwere Schäden an. 1200 mußte mit einem umfassenden Wiederaufbau begonnen werden. Als nach Fertigstellung des imposanten Westchores der letzte Bauabschnitt abgeschlossen war, konsekrierte Erzbischof Siegfried III. von Eppstein (1230 – 1249) am 4. Juli 1239 den westlichen Hauptaltar zu Ehren der Gottesmutter Maria, des heiligen Martinus und weiterer Heiliger.[22] Hauptpatron der Kathedrale blieb St. Martin.

In einer Abschrift des 16. Jahrhunderts[23] ist die Konsekrationsurkunde von 1239 mitsamt der Dedikationsnotiz erhalten. Darin heißt es: *Das sind die im Altar des heiligen Martin aufbewahrten Reliquien: vom Unterschenkelknochen*

[17] Ordinarium (= Bibl. Nr. 1540), fol. 176, auch 174v. In der großen Sammlung von Reliquien der Domkirche war sogar der Protomärtyrer *Stephanus* vertreten; man glaubte u. a. einen der Steine zu haben, mit denen er getötet worden war.

[18] Böhmer / Will: Regesta. 1877 (= Bibl. Nr. 116), I, S. 169, Nr. 25.

[19] F. Falk: Kunstthätigkeit. 1869 (= Bibl. Nr. 324), S. 3 und 8; F. Schneider: Der Dom. 1886 (= Bibl. Nr. 168), S. VII, Anm. 3.

[20] K.G. Bockenheimer: Der Dom. 1879 (= Bibl. Nr. 37), S. 2.

[21] F. Falk: Kunstthätigkeit. 1869 (= Bibl. Nr. 324), S. 8. Der Brauch war auch vor anderen Reliquien üblich, z. B. vor dem Kilian- oder vor dem Kreuzaltar inmitten des Domes. Ebd. S. 19 und 25.

[22] Böhmer / Will: Regesta. 1886 (= Bibl. Nr. 116), II, S. 256, Nr. 334.

[23] Ordinarium (= Bibl. Nr. 1540); vgl. auch F. Schneider: Der Dom. 1886 (= Bibl. Nr. 168), S. XIX, Anm. 2.

des heiligen Apostels Petrus[24], *Reliquien von Andreas*[25], *Matthäus, Laurentius*[26], *dem Evangelisten Markus*[27] *und von Hippolyt*[28], *von den thebäischen Märtyrern Abdon und Sennen*[29], *von den 11000 Jungfrauen*[30], *von Augustinus, Maximin*[31], *dem heiligen Ägidius*[32] *und von den heiligen Jungfrauen Cäcilia und Lucia*[33]. *Dazu vom Haar und vom Kleid der heiligen Elisabeth.*[34]

Diese kleineren Reliquien für das Altarsepulcrum mußten vorschriftsmäßig in Kästchen oder Glas- bzw. Metallröhrchen eingeschlossen und mit dem Namen der Heiligen versehen werden. Die meisten werden dem Reliquienschatz des Domes entnommen worden sein. Neu kamen hinzu die *Elisabeth*reliquien. Diese große Frau aus dem Bereich des Bistums Mainz, Tochter des Königs von Ungarn und Gemahlin des 1227 auf dem Kreuzzug verstorbenen Landgrafen

[24] Von seinen Hauptpatronen *Petrus*, *Paulus*, *Laurentius* und *Demetrius* gab Rom nie Körperreliquien ab, sondern nur Reliquien zweiter Ordnung, so Gegenstände, mit denen der Heilige in Berührung gekommen war, z. B. Kleider, Ketten, Marterrost usw. oder einfache Kontaktreliquien. Beliebt waren der von Rom oft als Auszeichnung verschenkte „Petrusschlüssel" und Kettenreliquien (Petrus ad vincula). Wenn dennoch, wie hier in Mainz, Reliquien „ex ossibus" dieser Heiligen aufgezählt werden, spricht das für die Beliebtheit, nicht für ihre Echtheit.

[25] Bereits im 5. Jahrhundert war der Andreaskult in Gallien verbreitet; von dort kam er nach Mainz. Gemeinsam mit Reliquien der heiligen *Wibert*, *Gallus*, *Erasmus*, *Lazarus* u. a. wurde in einem kristallenen Reliquiar auch eine *Andreas*reliquie im Dom aufbewahrt; vgl. Ordinarium (= Bibl. Nr. 1540), fol. 174v.

[26] In einem mittelgroßen vergoldeten Kristallreliquiar war mit Reliquien von *Stephanus*, *Constans*, *Vincentius* und *Klara* auch eine Reliquie von *Laurentius* gefaßt; vgl. Ordinarium (= Bibl. Nr. 1540), fol. 174v.

[27] Neben Venedig war das Münster in Mittelzell auf der Reichenau ein Zentrum der Reliquienverehrung des Apostels *Markus*. Die Reliquien sollen 830 von Bischof Ratold von Verona dem Abt Erlebald überbracht worden sein: Lex. Ikonogr. VII, Sp. 550; die Altarreliquie dürfte von hier über die Erzbischöfe Liutbert (863 – 889), vormals Mönch und Lehrer auf der Reichenau, oder Hatto I. (891 – 913), auch Abt der Klöster Reichenau und Ellwangen und *Ausschmücker seiner Domkirche durch ansehnliche Baumaßnahmen* (Widukind von Corvey MG SS III, S. 428), nach Mainz gekommen sein.

[28] Die Reliquien des Märtyrersoldaten waren durch Abt Fulrad von St. Denis († 784) von Rom zunächst in sein Heimatkloster und dann teils nach Fulradsweiler, d. i. St. Pilt im Elsaß, und teils nach St. Hippolyt in Paris gebracht worden. Lex. Ikonogr. VII, Sp. 538 – 542.

[29] Wahrscheinlich Märtyrer unter Kaiser Diokletian (284 – 305).

[30] Eine Lapidarinschrift des 4. oder 5. Jahrhunderts bekundet ein Martyrium von Jungfrauen ohne Namen- oder Zahlenangabe. Die Zahl 11000 geht auf einen Lesefehler zurück und tritt erstmals um die Wende zum 10. Jahrhundert auf. Durch die „Revelationen" der Elisabeth von Schönau (1129 – 1164), fand die Legende reiche Ausschmückung und Eingang in die „Legenda Aurea" des Jacobus von Voragine († 1298). Lex. Ikonogr. VIII, Sp. 521.

[31] Hier handelt es sich mit großer Wahrscheinlichkeit um Bischof Maximin von Trier († 346).

[32] Auf Ägidius († um 720), einen der 14 Nothelfer, geht die Gründung des westfränkischen Klosters St. Gilles zurück, als dessen erster Abt er starb.

[33] Ein Silberreliquiar des Domes enthielt einen Schädel, der *Cäcilia* zugeschrieben wurde: in einem goldenen Kelch bewahrte man eine Reliquie von *Lucia*; Ordinarium (= Bibl. Nr. 1540), fol. 170v und 176v.

[34] F. Schneider: Der Dom. 1886 (= Bibl. Nr. 168), S. 31 (= S. XX), Anm. 2: *Hec sunt reliquiae recondite in altari beati Martini. De tibia beati petri Apostoli. Andree Mathei Laurentii Marci evangeliste Hypoliti. Sanctorum thebeorum martirum Abdon et Sennen Undecim millium virginum Augustini. Maximini. Egidii. Cecilie virginis Lucie virginis, de capillis et Veste sancte Elisabeth. Et aliorum.*

Ludwig von Thüringen,[35] war erst am 27. Mai 1235 durch Papst Gregor IX. (1227 – 1241) heiliggesprochen worden. Elisabeth, Zeitgenossin von Franz von Assisi († 1226) und herausragende Repräsentantin der Armutsbewegung in Deutschland, starb 1231 im von ihr gegründeten Marburger Siechenhaus in konsequent übernommener Armut. Am Heiligsprechungsprozeß, der sofort nach ihrem Tod eröffnet und nach den jüngst erlassenen kirchenrechtlichen Bestimmungen durchgeführt wurde, war der Mainzer Erzbischof als der zuständige Ordinarius mitbeteiligt.[36] Als nach der feierlichen Kanonisation ihre sterblichen Überreste erhoben und am 1. Mai 1236 unter großem Gepränge in die neue Marburger Spitalkirche überführt wurden, nahm mit Kaiser Friedrich II. († 1250) und vielen geistlichen und weltlichen Großen des Reiches auch Erzbischof Siegfried III. an den Feierlichkeiten teil.[37]

Elisabeth war nicht die einzige ihrer ungarischen Familie, die im Rufe der Heiligkeit stand. Auch ihre Nichte Margareta, die am 18. Januar 1271 als Dominikanerin im heutigen Budapest starb, wird als Selige und seit 1943 als Heilige verehrt. Die Kopfreliquie dieser seligen *Margareta von Ungarn* war lange Zeit Teil des Mainzer Domschatzes.[38] Über Peter von Aspelt (1306 – 1320) war sie in Mainzer Besitz gelangt. Der Erzbischof hatte am 7. Februar 1311 Johann von Luxemburg in Prag zum König von Böhmen gekrönt. Zum Dank dafür erhielt er als Geschenk neben 1000 Mark Silber einen kostbaren, mit Gold und Edelsteinen ausgestatteten Sessel. In diesen Sessel, in Mainz als Sitz des heiligen Martin verehrt und bei Prozessionen mitgeführt und von vier Domvikaren getragen, waren Reliquien von *Severus* und *Bonifatius* und ein Handschuh der seligen *Margareta* eingelassen.[39] Nach Peter von Aspelts Tod klagte Königin Elisabeth von Böhmen bei Papst Johannes XXII. (1316 – 1334) auf Zurückgabe dieser Handschuhreliquie und des Hauptes der seligen *Margareta*, das rechtmäßig in den Besitz ihres Vaters und ihres Bruders gekommen sei und das Erzbischof Peter von Aspelt nach Mainz gebracht habe.

Die Reliquien wurden nicht zurückgegeben. Als wegen der Mainzer Stiftsfehde (1461 – 1476) am 8. Februar 1462 ein Teil des Domschatzes verpfändet werden mußte, war darunter *Zum ersten sant Margarethen haupt wieget drutzehen marck goldes und ist zu Bingen.*[40] Über das fernere Schicksal des Hauptes ist nichts bekannt.

[35] In einer Fronleichnamsmonstranz waren mit Reliquien von *Nicomedis*, dem Schüler des Apostels Petrus, auch Reliquien von *Elisabeth* und ihrem Mann, Landgraf *Ludwig*, eingelassen, der zeitweilig als Heiliger verehrt wurde; vgl. Ordinarium (= Bibl. Nr. 1540), fol. 174v.

[36] Siehe u. a. F. Jürgensmeier: Elisabeth von Thüringen in ihrer Zeit. Kirchliche, religiöse und geistige Strömungen. In: So also, Herr. Elisabeth von Thüringen 1207 – 1231. Hrsg. v. Friedhelm Jürgensmeier. Frankfurt 1982. S. 16; hier auch die Elisabeth-Patrozinien.

[37] Böhmer / Will: Regesta. 1886 (= Bibl. Nr. 116) II, S. 242, Nr. 216.

[38] F. Falk: Das Haupt der hl. Margareta. 1906 (= Bibl. Nr. 1665).

[39] Der vergoldete und mit Kristallen und Schmuckbildern versehene Sessel enthielt als weitere Reliquie einen Teil vom Hemdchen der *Unschuldigen Kinder*; solche Kuriosa wurden ab dem 13. Jahrhundert nicht selten gehandelt; Ordinarium (= Bibl. Nr. 1540) fol. 170, 175 und 176v.

[40] F. Falk: Das Haupt der hl. Margareta. 1906 (= Bibl. Nr. 1665), S. 61.

Die mittelalterlichen Domaltäre und -kapellen

Wertvolle Hinweise auf im Dom vorhanden gewesene Reliquien vermögen die zahlreichen mittelalterlichen Domaltäre und -kapellen[41] zu geben. Das gilt, obwohl viele Dedikationsnotizen verlorengegangen sind, und die Patrozinienforschung weiß, daß, unabhängig von den vorhandenen Reliquien, die Wahl des Patroziniums häufig aufgrund der besonderen Verehrung eines Heiligen oder als symbolischer Ausdruck erfolgt, so etwa bei den Salvator-, Marien-, Petrus- oder Johannespatrozinien[42].

Auf Altarreliquien vom alten Mainzer Dom weisen offensichtlich einige Reliquienzettel hin, die Franz Falk entdeckte und veröffentlichte.[43] Die in der Aschaffenburger Schloßkirche gefundenen Pergamentstreifen enthalten Schriften, die zu den ältesten von Mainz gehören. Es waren Authentiken für Reliquien. Solche Zertifikate sind bereits aus merowingischer Zeit bekannt und erhalten. Unter Papst Innozenz III. (1198 – 1216) wurden sie Vorschrift[44]. Wohl unter Erzbischof Bardo waren die Reliquien in den neuen Dom gekommen. Später verloren sie sich. Erhalten sind die Namen der Heiligen, deren Reliquien im mittelalterlichen Mainzer Dom aufbewahrt und verehrt wurden. Es sind: *Austregisil*[45], *Avitus*[46], *Benedikt*[47], *Bonitus*[48], *Dionysius*[49], *Germanus*[50], *Gregorius*[51], *Hieronymus*[52], *Leodegar*[53], *Maxentius*[54], *Severus*, *Sulpitius*[55] und *Symphorianus*[56]. Dazu eine Reliquie vom Grab des Herrn, eine jener vielen

[41] Zu den Altären und Kapellen vgl. Gudenus: Codex. 1747 (= Bibl. Nr. 117), II; F. Schneider: Der Dom. 1886 (= Bibl. Nr. 168); R. Kautzsch / E. Neeb: Der Dom. 1919 (= Bibl. Nr. 149); F. Arens: Inschriften. 1958 (= Bibl. Nr. 482); F. Arens: Mainzer Inschriften. 1982 (= Bibl. Nr. 483); F. Arens: Raumaufteilung. 1975 (= Bibl. Nr. 322); F. Arens: Neue Forschungen. 1975 (= Bibl. Nr. 1).

[42] Vgl. dazu Anton Ph(ilipp) Brück: Probleme der Patrozinienforschung. In: Zts. für Volkskunde 62 (1966) S. 3 – 19; hier auch weiterführende Literatur.

[43] F. Falk: Reliquienzettel. 1904 (= Bibl. Nr. 1667), S. 472 – 474.

[44] Heinrich Fichtenau: Zum Reliquienwesen im früheren Mittelalter. In: Mitteilungen des Instituts für österreichische Geschichtsforschung 60 (1952) S. 63.

[45] Abt von St. Nicier und 612 – 624 Bischof von Bourges; die Reliquie aus dem ehemaligen Mainzer Domschatz befindet sich vielleicht noch in der Sakristei der Schloßkirche von Aschaffenburg; dazu F. Falk: Heiligthümer. 1880 (= Bibl. Nr. 1666), S. 194.

[46] Möglicherweise Bischof Avitus von Vienne oder Bischof Avitus von Clermont; beide 6. Jahrhundert.

[47] Vielleicht Benedikt von Nursia.

[48] Bischof von Clermont († 706); LThK^2 II, Sp. 602; Lex. Ikonogr. V, Sp. 437.

[49] Ordinarium (= Bibl. Nr. 1540), fol. 171v; Bischof von St. Denis, Paris; Martyrium durch Enthauptung im 3. Jahrhundert; starke Legendenbildung: LThK^2 III, Sp. 408; Lex.Ikonogr. VI, Sp. 61 – 67.

[50] Wohl der Bischof von Auxerre (418 – 448).

[51] Vielleicht Bischof Gregor von Tours (573 – 594), der die Basilika über dem Grab des Martin erbaute, neben dem er beigesetzt wurde; Lex. Ikonogr. VI, Sp. 452.

[52] Wohl der Kirchenlehrer Hieronymus.

[53] Bischof von Autun († 678); verwandt mit Odilia.

[54] Abt zu Poitiers (6. Jahrhundert); F. Falk: Reliquienzettel. 1904 (= Bibl. Nr. 1667), S. 474.

[55] Bischof von Bourges († 647); Kult im Frankenreich weit verbreitet; Lex. Ikonogr. VIII, Sp. 414.

[56] Aus Autun; der am meisten verehrte Märtyrer des 3. Jahrhunderts im Frankenreich; Lex. Ikonogr. VIII, Sp. 416.

Mainzer Dom, Ostkrypta mit Reliquienschrein und Bonifatiusreliquiar

Herrenreliquien, die der Mainzer Dom über alle Jahrhunderte hinweg als besonders wertvolle Schätze hütete.[57]

Da die meisten der genannten Heiligen dem gallisch-aquitanischen Raum entstammen, dürften die Reliquien im 7. und 8. Jahrhundert nach Mainz gekommen sein.

Die Gotthardkapelle

Noch bevor im 13. Jahrhundert der Dom durch den Neubau der gotischen Kapellenreihen auf fünf Schiffe erweitert wurde, entstand unter Erzbischof Adalbert I. von Saarbrücken (1110–1137) auf der Nordseite die romanische Gotthardkapelle. Der Erzbischof starb kurz vor Fertigstellung seiner Stiftung. Er fand in der Kapelle seine letzte Ruhestätte.[58] Wenige Monate später weihte der Wormser Bischof Buggo von Ahorn (1120–1143) das zweistöckige Bauwerk zu Ehren des Herrn, der Gottesmutter, der heiligen Paulus[59], Laurentius, Martin, Godehard und Allerheiligen ein.[60] Dominierendes Patrozinium war das des erst 1131 kanonisierten Hildesheimer Bischofs *Godehard* (1022–1038), dessen Kult gerade in Mode kam.[61] Da nach Auffassung des mittelalterlichen Gläubigen Kirchen- und Kapellenstiftungen ohne segensbringende Reliquien nur unvollkommen waren, ist nicht daran zu zweifeln, daß der Gotthardkapelle auch Reliquien des neuen Heiligen geschenkt wurden, zumal Hildesheim ein Suffraganbistum von Mainz war. In späteren Reliquienverzeichnissen des Domes fehlt der Name von *Godehard* nicht.[62]

Die Memorie

Als Kapitelsaal des St. Martinusstiftes und als Ort für kurze Totengedächtnisse der Domherren wurde um 1200 mit dem Bau des Westquerhauses an der Südseite des Domes die sogenannte Memorie errichtet.[63] In ihr war ein Altar zu Ehren von *Ägidius* aufgestellt. Dieser seit der fränkischen Zeit in Mainz verehrte Heilige erfreute sich offensichtlich großer Beliebtheit, denn Reliquien von ihm wurden nicht nur 1239 dem Hauptaltar im Westchor beigegeben, ihm zu Ehren wurde um 1440 auch noch im Ostchor ein Altar gestiftet.[64]

[57] Außer mehreren Kreuzreliquien in größeren und kleineren Gold- und Silberreliquiaren und auf den Kreuzaltären waren im Mainzer Reliquienschatz Teile vom Kleid des Herrn, ein Teil seines Schweißtuches, eine Dorne der Marterkrone, Blut, das vom Kreuz herabgetropft war, Reliquien von der Krippe, vom Abendmahlssaal, vom Calvarienberg, vom Grab usw. Ordinarium (= Bibl. Nr. 1540), fol. 171v, 173v und 174; siehe auch F. Falk: Heiligthümer. 1880 (= Bibl. Nr. 1666), S. 191–194.

[58] Das Grab des Erzbischofs wurde 1850 wieder aufgefunden; F. Falk: Kunstthätigkeit. 1869 (= Bibl. Nr. 324), S. 11.

[59] Von *Paulus, erwähltes Gefäß und aller Kirchen Licht*, hütete der Domschatz als Reliquie in einem silbernen Armreliquiar einen Finger; Ordinarium (= Bibl. Nr. 1540), fol. 172v.

[60] Gudenus: Codex. 1747 (= Bibl. Nr. 117) II, S. 732.

[61] Lex. Ikonogr. VI, Sp. 415.

[62] Ordinarium (= Bibl. Nr. 1540), fol. 171v.

[63] F. Arens: Raumaufteilung. 1975 (= Bibl. Nr. 322), S. 203–205.

[64] Vgl. Kupferstich aus Gudenus: Codex. 1747 (= Bibl. Nr. 117) II; im Domschatz befand sich ein Elfenbeinreliquiar mit seiner Reliquie; Ordinarium (= Bibl. Nr. 1540), fol. 175v.

Nikolauskapelle

Hier sei beigefügt, daß sich seit dem 14. Jahrhundert der Memorie die Nikolauskapelle anschließt. Der Domherr Nikolaus von Oberstein († 1382) und seine Mutter hatten sie gestiftet. In einem bereits im 11. Jahrhundert nachweisbaren Nikolausaltar und in einem Nikolausoratorium am Dom besaß die Kapelle frühe Vorläufer. Über die byzantinische Prinzessin Theophanu († 991), seit 972 mit Kaiser Otto II. († 983) vermählt, war der Kult des in der Ostkirche hochverehrten Bischofs von Myra in Deutschland verbreitet und besonders gefördert worden. Den Leichnam des heiligen *Nikolaus* brachten 1087 Kaufleute als kostbare Reliquie nach Bari in Unteritalien.[65] Wann und wie *Nikolaus*reliquien in den Mainzer Dom gelangten, ob über die mit Willigis befreundete Kaiserin, für deren unmündigen Sohn Otto III. († 1003) der Erzbischof zeitweilig die Regentschaft führte, oder später aus Bari, entzieht sich der Kenntnis. In einer Abschrift des Inventars der Kleinodien und Reliquien des Domes vom Jahre 1418 werden mehrere *Nikolaus*reliquien aufgezählt. Eine davon soll in dem kostbaren Zepter Karls des Großen († 816) gewesen sein, in das Reliquien eingelassen waren.[66]

Das erwähnte Nikolausoratorium am Dom wurde wie die Oratorien zu Ehren der heiligen Remigius[67], Amandus[68] und Ferrutius bei der Errichtung der gotischen Seitenkapellen abgebrochen.[69] Von diesen Heiligen stand der während der diokletianischen Verfolgung in Mainz-Kastel gemarterte *Ferrutius* dem Bistum besonders nahe. Seine Reliquien hatte Erzbischof Lul um 778 in das von ihm gegründete Benediktinerkloster Bleidenstadt im Taunus transferieren lassen.[70] Das Ferrutiusoratorium am Dom deutet darauf hin, daß auch die Bischofskirche eine Reliquie des Heiligen besaß, obwohl die späteren Verzeichnisse seinen Namen ebenso unerwähnt lassen wie die der heiligen *Marcellinus und Petrus*[71], deren Gebeine der berühmte Einhard († 840) 827 in Rom entwendet und dem von ihm gegründeten Kloster Seligenstadt am Main geschenkt hatte.[72]

[65] Lex. Ikonogr. VIII, Sp. 46.

[66] Ordinarium (= Bibl. Nr. 1540), fol. 172; F. Falk: Reliquienverzeichnis. 1883 – 1884 (= Bibl. Nr. 1662), S. 83.

[67] Ordinarium (= Bibl. Nr. 1540), fol. 175v; Bischof von Reims († um 533); Lex. Ikonogr. VIII, Sp. 261 – 263.

[68] Entweder der Bischof von Maastricht (647 – 649) oder Bischof *Amandus von Worms*, dessen Gebeine nach Salzburg transferiert wurden; Fest im Mainzer Proprium am 26. Oktober; Lex. Ikonogr. V, Sp. 110 – 111.

[69] F. Schneider: Der Dom. 1886 (= Bibl. Nr. 168), S. XXI, Anm. 2.

[70] Nach dem 30jährigen Krieg wurden die Reliquien nach Mainz zurückgebracht; später kamen sie in den Wirren der französischen Revolutionskriege abhanden; Fest im Bistum Mainz am 29. Oktober.

[71] Römische Märtyrer unter Kaiser Diokletian (284 – 305); Fest im Mainzer Proprium am 2. Juni.

[72] Von Einhard selbst beschrieben (MG SS XV, 238 – 264); Übersetzung von K. Esselborn, Darmstadt 1926. Offensichtlich über den römischen Diakon Deusdona gelangte Einhard an die Gebeine; später belieferte der Diakon auch Rhabanus Maurus mit Reliquien; Heinrich Fichtenau: Zum Reliquienwesen im früheren Mittelalter. In: Mitteilungen des Instituts für österreichische Geschichtsforschung 60 (1952) S. 77.

Die gotischen Seitenkapellen

Im 13. Jahrhundert explodierte förmlich der Reliquienkult. Mehr und mehr wurden die Heiligen aus ihren Krypten und Gräbern geholt und allen sichtbar auf den Altären aufgestellt oder in Reliquienkästen eingearbeitet. Gleiches geschah auch im Mainzer Dom, an den ab 1279 gotische Seitenkapellen angebaut wurden.

Die östlichste Kapelle der Nordseite war als erste fertiggestellt.[73] 1284 weihte Bischof Witigo von Meißen (1266 – 1283)[74] den Kapellenaltar zu Ehren Viktors und seiner Gefährten und der heiligen Georg[75] und Wenzeslaus.[76]

Bei *Wenzeslaus*[77] handelt es sich um den Herzog von Böhmen, der bei der Christianisierung seines Landes und dessen engerem Anschluß an das Reich um 929 von seinem Bruder Boleslaw I. ermordet worden war. Wenige Jahrzehnte später konnte das von Regensburg aus missionierte böhmische Bistum Prag gegründet werden. Es wurde unter Erzbischof Willigis der Mainzer Kirchenprovinz unterstellt und blieb bis Mitte des 14. Jahrhunderts mit ihm verbunden. Ausdruck dieser Verbundenheit ist das Mitpatronat von *Wenzeslaus* in der Domkapelle. Reliquien von dem als Märtyrer verehrten böhmischen Herrscher waren im Westen weit verbreitet. Auch der Mainzer Dom zählte solche zu seinem Besitz.[78]

Nicht so eindeutig auszumachen ist, um welchen *Viktor* es sich handelt. Es könnte der von Solothurn sein, aber auch jener von Xanten, beide römische Märtyrer und der thebäischen Legion beigezählt. Wahrscheinlich ist es jedoch der legendäre Mainzer Märtyrer Viktor, auf dessen Grab und Kult das Stift in Weisenau zurückgeht. Von dort werden die Reliquien in den Dom gekommen sein, denn die Pfründe der Kapelle war eine Stiftung von dortigen Kanonikern.

Schon zuvor hatte der Domdekan Ludwig, auch Propst des St. Viktorstiftes,[79] im Dom jenen Altar gestiftet, den Bischof Christian von Samland (Deutschorden)[80] 1279 zu Ehren Jesu Christi, der Gottesmutter, des Apostels Johannes, der heiligen Paulus und Laurentius und vieler anderer weihte und in den hinein die Reliquien des Evangelisten *Johannes*[81], des Apostels *Andreas*, von *Nazarius*,

[73] Vgl. E. Vetterlein: Auftreten der Gotik. 1902 (= Bibl. Nr. 425).

[74] D. Rattinger SJ.: Die Mainzer Weihbischöfe des Mittelalters. In: Der Katholik 75 (1895) I (= 3.F. 11. Bd.), S. 150.

[75] Hier sei auf das sehr frühe Georgspatrozinium in Mainz-Kastel hingewiesen.

[76] F. Falk: Kunstthätigkeit. 1869 (= Bibl. Nr. 324), S. 21; F. Schneider: Der Dom. 1886 (= Bibl. Nr. 168), S. XXII, Anm. 3.

[77] Lex. Ikonogr. VIII, Sp. 595.

[78] Ordinarium (= Bibl. Nr. 1540), fol. 172; die Reliquie war bereits im 16. Jahrhundert nicht mehr auffindbar.

[79] Joannis (= Bibl. Nr. 119), II, S. 217.

[80] D. Rattinger SJ.: Die Mainzer Weihbischöfe des Mittelalters. In: Der Katholik 75 (1895) I (= 3.F. 11. Bd.), S. 148 – 149.

[81] In den mittelalterlichen Reliquienlisten des Domes sind zwar mehrfach Reliquien von *Johannes dem Täufer* zu finden, von *Johannes Evangelist*, dem „jungfräulichen Jünger des Herrn", jedoch nur eine, und zwar gemeinsam mit *Agatha*, *Lucia*, *Barbara*, *Elisabeth*, *Margarete*, *11000 Jungfrauen*, *Verona*, *Ursula* und *Cordula* in einem goldenen Kelch; Ordinarium (= Bibl. Nr. 1540), fol. 176.

der *11000 Jungfrauen*, des Märtyrers *Quirinus*, ein Teil vom Zahn von *Georg.*[82], Reliquien des Märtyrers *Antonius*, ein Teil vom Gewand *Mariens*[83], Reliquien der heiligen *Godehard, Gervasius und Protasius, Silvester, Kalixt*[84] und *Sigebert*[85], des Evangelisten *Markus*, des heiligen *Felix*, des Abtes *Benedikt*, der heiligen *Cäcilia* und vieler anderer gelegt wurden.[86]

Franz Falk glaubt, diese Weihehandlung auf den Altar der Nazariuskapelle, später nach den Partenheimern benannt, beziehen zu können.[87] Sie liegt unweit der Viktorkapelle neben der Barbarakapelle[88]. Zu *Nazarius*, Märtyrer in Rom oder Mailand, hatte Mainz einen besonderen Bezug. Seine Gebeine waren 765 von Bischof Chrodegang von Metz (743–766) dem eben gegründeten Benediktinerkloster Lorsch geschenkt worden.[89] Das Grab wurde bald von frommen Pilgern gerne besucht, die St. Nazariuskirche von vielen Wohltätern reich beschenkt. Als später das Kloster in Verfall kam, inkorporierte es Papst Gregor IX. (1227–1241) 1232 dem erzbischöflichen Stuhl von Mainz.[90] Das löste einen lang anhaltenden Streit mit der Pfalz aus. In dieser Situation kam es den Interessen des Erzstifts entgegen, daß 1266 durch die Neueinweihung der Lorscher Klosterkirche und die Wiederauffindung der dort lange verschollenen *Nazarius*reliquien dessen Kult erneut belebt wurde. Darauf deutet auch eine *Nazarius*armreliquie[91] hin, die der Dom in einem vergoldeten Reliquiar aufbewahrte.

Die Lambertuskapelle des Domes, deren Konsekration 1291 stattfand,[92] dürfte ebenfalls Kultbeziehungen zum Kloster Lorsch gehabt haben, denn die Benediktiner gaben der Kirche ihres früh in der Bischofsstadt errichteten Hofes[93]

[82] Vielfach waren Zähne von Heiligen im Reliquienhandel; so führte der Mainzer Dom auch Zähne von *Dorothea* in seinen Reliquienlisten auf; Ordinarium (= Bibl. Nr. 1540), fol. 174v.

[83] Im Mittelalter mußte eigentlich jeder Dom, der etwas auf sich hielt, Teile der Kleidung *Mariens* in seinem Reliquienbestand haben; auch besaß Mainz Teile vom Hemd, vom Gewand und vom Haar *Mariens*: Ordinarium (= Bibl. NR. 1540), fol. 170 und passim; Körperreliquien außer „Liebfrauenmilch" fehlten, da der Glaube an die leibliche Aufnahme Mariens in den Himmel solche Reliquien nicht zuließ.

[84] Die Namen von *Godehard, Gervasius und Protasius, Silvester* und *Kalixt* treten zum Teil mehrfach in den Reliquienlisten des Domes auf.

[85] In die Mainzer Kultlandschaft passen sowohl König Sigibert III. von Austrien, der 656 die Klöster Stablo, Malmédy und St. Martin zu Metz gründete, als auch der Benediktinermönch von Disentis, dessen Kult seit dem 8. Jahrhundert besteht; Lex. Ikonogr. VIII, Sp. 349.

[86] F. Falk: Kunstthätigkeit. 1869 (= Bibl. Nr. 324), S. 21.

[87] F. Falk: Kunstthätigkeit. 1869 (= Bibl. Nr. 324), S. 21.

[88] Die überaus beliebte Nothelferin war auch über mehrere Jahrhunderte Patronin des Mainzer St. Barbaraspitals. Obwohl sie geschichtlich so wenig faßbar ist, daß ihr Fest (4. Dezember) bei der Liturgiereform des II. Vatikanum aus dem Kalendarium der Kirche genommen wurde, führte der Mainzer Dom gleich vielen anderen Kirchen in seinen Reliquienverzeichnissen auch ihren Namen.

[89] Franz Falk: Geschichte des ehemaligen Klosters Lorsch a.d. Bergstraße. Mainz 1866. S. 99 und 209; Klaus Derstroff: Zur Person und Verehrung des Lorscher Patrons. In: Laurissa Jubilans. FS zur 1200-Jahr-Feier von Lorsch 1964. S. 77–90.

[90] Anton Ph(ilipp) Brück: Lorsch und Mainz im Mittelalter. In: Laurissa Jubilans. FS zur 1200-Jahr-Feier von Lorsch 1964. S. 145–152.

[91] Ordinarium (= Bibl. Nr. 1540), fol. 171.

[92] F. Schneider: Der Dom. 1886 (= Bibl. Nr. 168), S. 33; der Lambertaltar kam im 18. Jahrhundert in die Kirche auf dem Laurenziberg.

[93] Karl Glöckner (Hrsg.): Codex Laureshamensis. Darmstadt 1929–1936. Kap. 134 b, Z. 95.

das Patrozinium dieses Märtyrerbischofs von Maastricht († 705), dessen Verehrung rasch bis an den Mittelrhein gelangt war.[94]

Es mag dahingestellt bleiben, ob die Errichtung der genannten Kapellen, der Magnuskapelle[95], die etwa zur gleichen Zeit gestiftet wurde, oder all der Seitenkapellen, die bis 1319 entstanden und als Patrone die heiligen Bonifatius, Peter und Paul, Michael, Andreas, Laurentius, Margareta, Johannes Baptist, Thomas und Dionysius sowie Allerheiligen erhielten, dem Umstand ihr Entstehen verdankten, daß ab der zweiten Hälfte des 13. Jahrhunderts viele im Bistum gelegene Klöster und Stifte freiwillig oder gedrängt Domvikarien als Pfründen einrichteten[96], so etwa die Klöster Seligenstadt, Bleidenstadt, Sponheim, Limburg a.d.H., Hersfeld[97] und St. Alban und St. Jakob in Mainz. Dieser bisher wenig erforschten Fragestellung kann jetzt nicht das Augenmerk geschenkt werden, sondern nur den Domreliquien und ihren Aussagen über Kirchen-, Kult- und Frömmigkeitszusammenhänge.

Bekannt ist, daß der Altar zu Ehren des heiligen *Kilian* († 689) im Ostchor des Domes eine Vikariestiftung des Benediktinerklosters Seligenstadt war.[98] Die Reliquie des Heiligen, die auch in der Inventarliste des Domes verzeichnet ist,[99] weist jedoch weniger auf diese Verbindung hin, sondern vielmehr auf die engen Verknüpfungen, die seit dem 8. Jahrhundert zwischen dem 741 von Bonifatius gegründeten Suffraganbistum Würzburg und der Metropolitankirche in Mainz bestanden.

Der Bartholomäusaltar

Den Altar zu Ehren des Apostels *Bartholomäus*[100] im nördlichen Querschiff des Westchores stiftete 1228 mitsamt einer Vikarie Domdekan Christian von Weisenau († 1259), von 1249 bis 1251 Erzbischof von Mainz.[101] Die Reliquien des Apostels, den der Herr einen „wahren Israelit ohne Falsch" nannte, hatten ein wechselreiches Schicksal. Bartholomäus soll am Schwarzen Meer das Martyrium erlitten haben. Von dort aus gelangten Reliquien von ihm an mehrere Orte der Ostkirche. 983 wurden *Bartholomäus*reliquien unter Kaiser Otto II. auf die Tiberinsel in Rom geflüchtet. Es war im für Mainz so wichtigen Jahr der „Veroneser Schenkung". Damals hatte der Kaiser seinem engsten Mitarbeiter und Erzkanzler Willigis auf dem Reichstag zu Verona den Raum um Bingen und damit den Grundstock für das Mainzer Territorium geschenkt. Wichtige Reichsgeschäfte zwangen Willigis kurz darauf, nach Deutschland zurückzukehren. Deshalb konnte der Erzbischof die feierliche Translation der Gebeine

[94] Lex. Ikonogr. VII, Sp. 363; dazu auch Ernst Collofond und Hans Fell (Hrsg.): 1000 Jahre Lambrecht. Chronik einer Stadt. Lambrecht 1978. S. 39–78.

[95] Später Bassenheimer Kapelle genannt; zu Magnus († 772), Benediktiner zu Füssen; Lex. Ikonogr. VII, Sp. 471.

[96] F. Falk: Kunstthätigkeit. 1869 (= Bibl. Nr. 324), S. 19.

[97] Reliquien der alten Patrone von Hersfeld, *Simon und Judas*, befanden sich auch im Mainzer Dom; Ordinarium (= Bibl. Nr. 1540), fol. 174v und 175v.

[98] F. Falk: Kunstthätigkeit. 1869 (= Bibl. Nr. 324), S. 19.

[99] Ordinarium (= Bibl. Nr. 1540), fol. 175.

[100] Lex. Ikonogr. V, Sp. 320–334.

[101] F. Falk: Kunstthätigkeit. 1869 (= Bibl. Nr. 324), S. 15. Der Altar hieß später Petrus ad vincula.

des heiligen *Bartholomäus* persönlich nicht miterleben. Noch im gleichen Jahr 983 starb Otto II. Für dessen unmündigen Sohn Otto III. führte der Mainzer zeitweise die Regierungsgeschäfte. Allein für seine Regentschaftstätigkeit in der Lombardei soll Willigis eine Jahresvergütung von 1200 Pfund Gold erhalten haben. Das berühmte Benna-Kreuz des Domes, in das hinein *Kreuzes*reliquien gelegt waren, wurde aus diesem edlen Metall gegossen. Schon damals könnten auch *Bartholomäus*reliquien in Mainzer Besitz gelangt sein. Denn wie König Arnulf († 899) den Märtyrer *Pankratius*[102] zu seinem bevorzugten Heiligen machte und Otto I. († 973) die Verehrung von *Mauritius*[103] besonders förderte, erkor Otto III. *Bartholomäus* zu seinem besonders verehrten Patron.[104] In den Reliquienverzeichnissen des Domes sind die Namen aller drei Heiligen zu finden.[105]

Möglicherweise kam die Reliquie von *Bartholomäus*, dessen hohes Lob schon Rhabanus Maurus gesungen hatte,[106] aber auch erst 1238 nach Mainz. Damals nämlich wurde die Hirnschale des Heiligen in das von König Ludwig dem Deutschen († 876) gegründete Salvatorstift in Frankfurt transferiert, das seitdem den Namen des Apostels trägt.[107] Als Sitz eines Mainzer Archidiakonats war das Stift eng mit der Kathedralkirche verbunden. Die Wege, auf denen die Hirnschale nach Frankfurt kam, sind recht verschlungen.

Altar zu Ehren der heiligen Anna

Bekannter ist, wie die Armreliquie von *Anna*[108] nach Mainz kam. 1212 hatte sie der Kreuzzugsprediger und Scholaster von St. Stephan, Theobald, in Jerusalem von einem Prior erhalten.[109] Wann diese Reliquie in den Besitz des Domes kam, ist nicht bekannt. Sie wurde dadurch aufgewertet, daß die Kopfreliquie von *Anna*, die im Stift St. Stephan aufbewahrt wurde, 1500 von einem Maurer entwendet und über Aachen nach Düren gebracht worden war.[110] Trotz eines lange geführten Prozesses konnte Mainz die Kopfreliquie nicht mehr zurückerhalten. Wohl als Reaktion auf diese Vorgänge und auf die lebhafte Verehrung der Heiligen in Düren wurde 1624 im Mainzer Dom an profilierter Stelle ein Anna-Altar errichtet. Mit dem 1610 aufgestellten Drei-Königs- und Hieronymusaltar flankierte er den Hauptaltar des Westhauses.[111]

[102] Römischer Märtyrer unter Diokletian († 304); zählt zu den 14 Nothelfern; Ordinarium (= Bibl. Nr. 1540), fol. 176.

[103] Märtyrer der Thebäischen Legion; Kult seit dem 4. Jahrhundert; Ordinarium (= Bibl. Nr. 1540), fol. 176; in Mainz wurde im 9. Jahrhundert das St. Mauritius-Stift gegründet.

[104] Anton Ph(ilipp) Brück: Probleme der Patrozinienforschung. In: Zts. für Volkskunde 62 (1966) S. 12.

[105] Ordinarium (= Bibl. Nr. 1540), passim.

[106] PL CX, S. 1164.

[107] Lex. Ikonogr. V, Sp. 322; dazu auch Günter Rauch: Pröpste, Propstei und Stift von St. Bartholomäus in Frankfurt. Frankfurt 1975.

[108] Ordinarium (= Bibl. Nr. 1540), fol. 176 und 176v; ein Schrein enthält Reliquien von *Anna*, der Gemahlin von Joachim und der Mutter Mariens.

[109] Franz Falk: Marianum Moguntiacum. Geschichte der Marienverehrung und der Immaculata-Tradition im Bistum Mainz und am Mittelrhein. Mainz 1906. S. 98.

[110] Erwin Gatz (Hrsg.): St. Anna in Düren. Mönchengladbach 1972.

[111] Gudenus: Codex. 1747 (= Bibl. Nr. 117) II; R. Kautzsch / E. Neeb: Der Dom. 1919 (= Bibl. Nr. 149), S. 179.

Reliquienausstellung

In diesem westlichen Dombereich war, ähnlich wie in anderen Kathedralkirchen, der bevorzugte Aufbewahrungsplatz für die bedeutenderen Reliquien bzw. Reliquienschreine. Im Wächterhäuschen des Nordquerhauses sieht Fritz Arens den Beleg dafür, daß dies in Mainz schon seit dem Mittelalter so gewesen sein muß. Gemäß alter Tradition waren die Reliquien allen sichtbar hoch postiert.[112] Ein Reisebericht von 1660 beschreibt es so: *Vor dem Altar steht ein ehernes Gestell auf vier höheren und schlankeren Säulen aus hervorragendem Erz, um unter ihm hindurch den Blick auf den Altar frei zu lassen. Dieses Gestell trägt drei silberne Schreine alter Arbeit, in denen sich Gebeine befinden.*[113]

Alle genannten drei Schreine waren wahrscheinlich Teile des kostbaren Heiltums[114], das Erzbischof Albrecht von Brandenburg (1514 – 1545) zwei Jahre vor seinem Tod wegen der seit 1541 in Halle siegreichen Reformation aus dem von ihm dort 1519 gegründeten Neuen Stift in seine Mainzer Bischofskirche hatte transferieren lassen.[115] Die Überführung dieses wertvollen Reliquienschatzes war ihm Anlaß, im Dom ein achttägiges „Fest der Reliquien“ mit eigenem Festoffizium anzuordnen[116], das jährlich am letzten Sonntag des August eröffnet wurde und mit einer großen Reliquienausstellung verbunden war.

Ähnliches gab es in Mainz schon seit dem Mittelalter. Alle sieben Jahre wurden im Dom am 4. Juli, dem Fest der Kirchweih, die kostbarsten Reliquien, Reliquiare und Schreine ausgestellt. Die Inventarliste von 1418, die alle gezeigten Stücke nennt, wurde als Beleg für im Dom vorhandene Reliquien schon mehrmals erwähnt. Folgende bisher noch nicht genannte Reliquien zählt das Verzeichnis auch noch auf: die Kopfreliquien der heiligen *Merkurius*[117], *Cäcilia* und *Afra von Augsburg*, deren Martyrium um 304 durch das im 5. Jahrhundert entstandene Martyrologium Hieronymicanum bezeugt ist.[118] Auch vom Mainzer Bischof *Aureus*[119], dessen Martyrium die Überlieferung mit dem Einfall der Hunnen 451 in Verbindung bringt, besaß der Domschatz eine Hauptreliquie. Sie war nach Erhebung der Gebeine 1297 mitsamt der Armreliquie von *Justina*[120], nach Mainzer Tradition Schwester des Bischofs und Blutzeugin für Christus, vom Kloster St. Alban in den Dom gebracht worden.[121]

[112] F. Arens: Raumaufteilung. 1975 (= Bibl. Nr. 322), S. 194.

[113] F. Arens: Mainz im Jahre 1660. 1947 (= Bibl. Nr. 660), S. 53.

[114] Die umfangreiche Literatur zum Halleschen Heiltum siehe Bibl. Nr. 486, 633, 1522, 1527, 1534, 1535, 1538, 1538a, 1539, 1540, 1543, 1544, 1547, 1555.

[115] Ordinarium (= Bibl. Nr. 1540), fol. 187v bis 217v.

[116] Joannis (= Bibl. Nr. 119) I, fol. 833 und 842; F. Falk: Reliquienfest. 1906 (= Bibl. Nr. 1670), S. 240.

[117] Wohl jener Märtyrer von Eclanum in Süditalien, dessen Fest am 26. August gefeiert wird; Ordinarium (= Bibl. Nr. 1540), fol. 170v.

[118] Augsburg war Suffraganbistum von Mainz; Reliquien von *Afra*, deren Gebeine in einem 1064 entdeckten Sarkophag gefunden worden sein sollen, waren sehr begehrt; Ordinarium (= Bibl. Nr. 154), fol. 171; Lex. Ikonogr. VI, Sp. 39.

[119] Lex. Ikonogr. VI, Sp. 293. Das Bistum Mainz begeht das Fest des heiligen Aureus am 27. Juni gemeinsam mit den als heiligen Mainzer Bischöfen verehrten Crescens, Theonest und Maximus.

[120] Die sehr legendäre Justina ist in das Proprium Moguntinum nicht aufgenommen.

[121] F. Falk: Heiligthümer. 1880 (= Bibl. Nr. 1666), S. 195.

Reliquien von *Alban*[122], der am Dissemerort des römischen Mainz um 406 das Martyrium erlitt und im Gräberfeld südlich der Stadt beigesetzt worden war, sowie von dessen Gefährten und Schüler *Theonest*[123], dem bereits in früher fränkischer Zeit eine Mainzer Kirche geweiht war, zählt das Verzeichnis ebenfalls auf.[124]

Im Domschatz waren des weiteren Reliquien von fast allen *Aposteln*, von *Maria Magdalena*, *Martha*, *Marcellus*, *Agatha*, *Narcissus*, *Apolonia*, *Candidus*, *Euphronia*, *Vincentius*, *Cosmas und Damian*, *Florentius*, *Agapit*, *Sixtus*, *Silvester*, *Gorgorius*, dessen Gebeine Bischof Chrodegang von Metz in Rom erhalten und seiner Klostergründung Gorze geschenkt hatte, von *Antonius*, *Gallus*, *Christophorus*, *Eustachius*, *Leonhard*, *Hubert*, von dem northumbrischen König *Oswald*, vom Angelsachsen *Wigbert*, der im Gefolge von Erzbischof Bonifatius in Hessen und Thüringen missionierte und im von ihm gegründeten Kloster Fritzlar sein Grab fand, von *Ulrich*, *Bernhard* und schließlich von *Valentin*, Bischof von Terni und Märtyrer in Rom, dessen Verehrung im Bistum so groß war, daß sein Fest am 14. Februar in das Diözesanproprium aufgenommen wurde.[125]

Die lange Liste der Heiligen enthält Namen, die mit der Kirchen- und Frömmigkeitsgeschichte von Mainz seit Jahrhunderten verbunden waren. Eine große Anzahl der Reliquien verdankt ihre Anwesenheit im Mainzer Dom aber auch dem Zeitgeschmack und der Passion vieler Reliquiensammler. Solche Sammelleidenschaft setzte vor allem seit dem 13. Jahrhundert ein. Im 15. Jahrhundert geriet sie nicht selten in fast zügelloses Ausarten. Dem kam noch entgegen, daß die damalige Kirche die Reliquienverehrung mit Ablaßgewährung verknüpfte. Die Aufreihung von Reliquien im Dom ließe sich schier endlos weiterführen, nähme man die außergewöhnlich große Zahl der 1543 von Halle nach Mainz gebrachten Stücke noch hinzu. Da diesem Heiltum jedoch der eigentliche Bezug zum Mainzer Dom fehlt, kann darauf verzichtet werden.

Altarweihen im 17. und 18. Jahrhundert

Über Reliquien im Mainzer Dom geben auch einige Altarweihen des 17. und 18. Jahrhunderts Auskunft.[126] 1678 konsekrierte Weihbischof Gottfried Volusius (1676 – 1679) den neu errichteten und von Erzbischof Damian Hartard von der Leyen (1675 – 1678) dotierten Laurentius- und Damianaltar im südlichen Seitenschiff[127]. Welche Reliquien man ins Altarsepulcrum legte, wird in

[122] Lex. Ikonogr. VI, Sp. 68 – 70; dazu auch: Alban von England. In: Lex. Ikonogr. VI, Sp. 67 – 68, mit dem Verwechslungen vorkommen; das Mainzer Bistum begeht sein Fest am 21. Juni.

[123] Theonest, auch Theomast geheißen, den eine späte Legendenbildung den Mainzer Bischöfen zurechnet, soll in Poitiers gestorben sein; sein Fest im Bistum Mainz am 27. Juni.

[124] Ordinarium (= Bibl. Nr. 1540), fol. 175.

[125] Ordinarium (= Bibl. Nr. 1540), passim.

[126] Vgl. die Weihebücher *Liber Pontificalium. Ordinationes ab anno 1676 usque ad annum 1702* im DDAMz (im folgenden zitiert als: Liber); dazu S. Duchhardt-Bösken: Pontifikalhandlungen. 1972/73 (= Bibl. Nr. 1641); sowie *Consecrationes Ecclesiarum dioecesis Moguntinae* mit einem Extrakt des Weihebuches von Edmund Gedult von Jungenfeld im Bischöflichen Ordinariat in Mainz (im folgenden zitiert als: Consecrationes).

[127] Liber (wie Anm. 126), S. 29; S. Duchhardt-Bösken: Pontifikalhandlungen. 1972/73 (= Bibl. Nr. 1641), S. 230.

der Weihenotiz nicht vermerkt, wohl aber, daß die alten Reliquien der heiligen *Jakob* und *Laurentius* dem neuen Altar nicht mehr beigegeben wurden.

Am 23. Dezember 1683 konsekrierte Weihbischof Matthias Stark (1680–1703) im Ostchor fünf Altäre.[128] Die Weihe hing mit Umbaumaßnahmen zusammen, denn fast alle Altäre waren bereits vor dem Konsekrationsjahr aufgestellt. Dem *Martinus*altar am Ende der Apsis wurden Reliquien vom Patron selbst und von den heiligen *Innocentius*, *Aureus*, *Johannes und Paulus*, vom Märtyrer *Leo* und den *Thebäischen Märtyrern* beigegeben. Reliquien der heiligen Patrone kamen in den *Kilian*- und in den *Ägidius*altar. In den Christophorusaltar legte man Reliquien von *Christophorus*, *Sebastian*, *Valentin* und vom Märtyrer *Theodor*. In das Sepulcrum des Kreuzaltares wurde nicht nur ein *Kreuz*partikel gegeben, sondern auch noch Reliquien von *Stephan*, *Katharina*, dem Märtyrer *Aemilianus* und vielen anderen. Dem vom Domdekan Johann Philipp von Greiffenclau († 1719) gestifteten und fundierten Marienaltar im Westen des nördlichen Seitenschiffes wurden Reliquien von *Martin*, *Bonifatius*, *Lazarus* und *Crescens*[129] beigegeben.[130] Crescens, ein Schüler des Apostels Paulus wird von der Legende und von sehr späten vorbonifatianischen Bischofslisten zum ersten Oberhirten von Mainz gemacht. Das hätte durchaus Grund sein können, Reliquien von ihm auch im Dom zu führen, zumal der Legende nach 935 mit den Gebeinen der vorbonifatianischen Bischöfe auch die von *Crescens* von der Hilariusbasilika im Heiligen Tal in die Klosterkirche von St. Alban übertragen worden sein sollen. In den aufgefundenen älteren Dedikationsnotizen und in den benutzten mittelalterlichen Reliquienverzeichnissen ist aber auffallenderweise sein Name nicht zu finden. Wenn nun eine Reliquie von *Crescens* in den Marienaltar gelegt wird, könnte sie dem Halleschen Heiltum entnommen sein, denn zu dem gehörte *ein schon gros silbern Sarch mit Maswerck gleich einer Kirchen formirt*, der neben anderen Reliquien auch den *Corpus sancti Crescentii disciputi Pauli* beherbergte.[131]

Unter Erzbischof Lothar Franz von Schönborn (1695–1729) konsekrierte Weihbischof Edmund Gedult von Jungenfeld (1703–1727) am 18. September 1712 erneut den Haupt- und die Seitenaltäre im Westchor.[132] Der Hauptaltar, jetzt zu Ehren der heiligen Martin, Stephanus und Bonifatius geweiht, erhielt Reliquien vom Apostel *Petrus*, von *Stephanus*, *Sebastian*, *Erasmus*, *Oswald*, dem Märtyrer *Quirilius*, der Jungfrau *Cordula* und von weiteren ungenannten Heiligen. Auffallend ist, daß keine Reliquie von *Martin* erwähnt wird. Daß eine Reliquie von *Cordula* hinzukam, die den 11000 Jungfrauen zugerechnet wird, könnte damit zusammenhängen, daß auf der Evangelienseite vor dem Hauptaltar ein vergoldeter Schrein aus dem Halleschen Heiltum stand, in dem mit vielen anderen Reliquien *17 ganzer Heiliger Cörper der 11000 Jungkfrawen* aufbewahrt wurden.[133]

[128] Liber (wie Anm. 126), S. 35–36; S. Duchhardt-Bösken: Pontifikalhandlungen. 1972/73 (= Bibl. Nr. 1641), S. 230–231.

[129] Das Bistum Mainz feiert sein Fest am 27. Juni.

[130] Liber (wie Anm. 126), S. 467; S. Durchardt-Bösken: Pontifikalhandlungen. 1972/73 (= Bibl. Nr. 1641), S. 231.

[131] Ordinarium (= Bibl. Nr. 1540), fol. 189.

[132] Consecrationes (wie Anm. 126), S. 8.

[133] Ordinarium (= Bibl. Nr. 1540), fol. 188.

In den Anna-Altar kamen außer einem *Kreuz*partikel Reliquien von *Petrus*, *Joachim*, *Anna*, *Barbara*, *Willibald* und *Lioba*. Beide letzteren Heiligen hatten während ihres Lebens engen Bezug zu Mainz. Willibald († 787)[134], mit Erzbischof Bonifatius verwandt, wurde 741 durch diesen Bischof von Eichstätt, das seit 782 zur Mainzer Kirchenprovinz gehörte. Lioba[135], ebenfalls eine Verwandte von Bonifatius und von diesem aus ihrer angelsächsischen Heimat zur Missionsarbeit auf das Festland berufen, wirkte seit 735 als Äbtissin in dem zum Mainzer Sprengel gehörenden Kloster Tauberbischofsheim. Sie starb 782 in Schornsheim bei Mainz, wohin sie sich zurückgezogen hatte.

Dem anderen Seitenaltar, er wurde den heiligen Drei Königen und Hieronymus geweiht, fügte man Reliquien von *Nazarius*, den *Thebäischen Märtyrern*, von *Ambrosius*, *Antonius* und von *Walburga*[136], der 779 verstorbenen Schwester von Bischof Willibald und Schülerin von Lioba, bei.

Die letzten Altarweihen in der erzbischöflichen Kathedralkirche vollzog am 29. Juni 1751 Weihbischof Christoph Nebel (1734–1769).[137] Im Ostchor konsekrierte er die beiden Nebenaltäre des für den Pfarrgottesdienst benutzten Marienaltares (Beata Maria Virgo assumpta), nämlich den südlichen Christophorusaltar, der jetzt der Schmerzensmutter (Mater dolorosa) mitgeweiht wurde, und den nördlichen Ägidiusaltar, von nun an auch dem Leiden Jesu Christi (Ecce homo) geweiht. Da in der Weihenotiz keine Altarreliquien genannt werden, ist anzunehmen, daß die alten Reliquien in den Altären belassen wurden. Am gleichen Tag wurde der Altar der Lambertuskapelle im nördlichen Seitenschiff ebenfalls neu konsekriert. In ihn legte man laut Weiheeintragung Reliquien von *Bonifatius*, *Benignus* und *Felicitas*. Das Hinzunehmen der Reliquie von *Benignus*[138], Patron von Dijon und der Legende nach als Schüler des heiligen Polykarp Glaubensbote und Blutzeuge in Burgund, könnte Ausdruck der Verbundenheit der Mainzer Kirche mit Dijon sein, das erst 1731 als Bistum eingerichtet wurde. Die Reliquien der römischen Märtyrerin *Felicitas*[139], Mutter der legendären sieben römischen Märtyrer, darunter *Alexander*, dessen Gebeine das spätere Stift Neuwerk in Halle über Kaiser Otto II. erhalten haben soll[140], waren mit großer Wahrscheinlichkeit dem Halleschen Heiltum entnommen. Dazu gehörte nämlich der kostbare Schrein auf bzw. vor dem Hochaltar des Westchores, der neben anderen Reliquien *das halb corpus sancte felicitatis* enthielt.[141]

Verlust der Heiltümer

Die 1792 bis nach Mainz getragenen französischen Revolutionskriege, die Eroberungszüge Napoleons und die radikale Säkularisation der kirchlichen Territorien und Güter ließen das Mainzer Erzbistum und das Erzstift nach rund tausendjähriger Geschichte für immer zusammenbrechen.

[134] Lex. Ikonogr. VIII, Sp. 615.
[135] Lex. Ikonogr. VII, Sp. 409; Fest im Bistum Mainz am 28. September.
[136] Lex. Ikonogr. VIII, Sp. 585–588.
[137] Consecrationes (wie Anm. 126), S. 35.
[138] Lex. Ikonogr. V, Sp. 366.
[139] Lex. Ikonogr. VI, Sp. 221–223.
[140] Auch das oldenburgische Wildeshausen beansprucht diese Reliquien; Lex. Ikonogr. V, Sp. 87.
[141] Ordinarium (= Bibl. Nr. 1540), fol. 188.

Das eher plötzliche Ende kam mit viel Zerstörung und Schrecken. Vor allem durch das Bombardement am 28. Juni 1793 wurde auch der Dom Opfer dieser Zeit. *Die Ruine des Domes mit den verwüsteten Stiftsgebäuden zu seinen Füßen überragt(e) wie ein ausgebrannter Krater die unglückliche Stadt*, beschreibt der bekannte Kunsthistoriker Domkapitular Friedrich Schneider das Erscheinungsbild des vorher so stolzen Baues um das Jahr 1800.[142] Mit dem Erzstift und mit dem Dom waren auch der Domschatz und das Heiltum verfallen. Vom bis dahin so großen Reliquienbestand verblieb der Bischofskirche nur ein ärmlicher Rest. Schatz und Heiltum waren gerade noch rechtzeitig in das zu Mainz gehörende Aschaffenburg und nach Prag geflüchtet worden. Bedingt durch die Zeitereignisse ging der kostbare Bestand dennoch verloren. Nur geringe Überbleibsel in der Aschaffenburger Schloßkapelle wurden gerettet.[143] Dazu gehören außer einem Dorn der Leidenskrone Christi und einem Stück des Sudariums (Schweißtuch), beide lange Zeit im Dom verehrte *Herren*reliquien[144], eine *Oswald*reliquie, die Kopfreliquie von *Afra*, die Armreliquie von *Justina*, eine Fußreliquie von *Rupert von Bingen*[145], die Armreliquie von *Bonifatius*[146] und schließlich ein Meßgewand von Erzbischof *Willigis*, der im 17. Jahrhundert unter Erzbischof Johann Philipp von Schönborn (1647–1673) aufgrund der jahrhundertealten Verehrung offiziell als Heiliger in das Mainzer Proprium aufgenommen worden war.[147]

4. Reliquien im heutigen Mainzer Dom

Der aus dem elsässischen Straßburg stammende und von Napoleon zum Bischof von Mainz ernannte Joseph Ludwig Colmar (1802–1818) hatte maßgeblichen Anteil daran, daß die französische Besatzungsregierung ihren Beschluß zurückzog, mit der Liebfrauenkirche auch den stark zerstörten Dom abzutragen. Er wurde wieder Bischofskirche und 1804 notdürftig für den Gottesdienst hergerichtet.

Domaltäre und Reliquien im 19. Jahrhundert

Im Westchor wurde der alte Hauptaltar abgerissen und durch einen in der Mitte der Vierung postierten und gewesteten Holzaltar ersetzt.[148] Patron blieb

[142] F. Schneider: Der Dom. 1886 (= Bibl. Nr. 168), S. 131.

[143] F. Falk: Heiligthümer. 1880 (= Bibl. Nr. 1666).

[144] F. Falk: Heiligthümer. 1889 (= Bibl. Nr. 1666), S. 191–194; vorübergehend beherbergt die Ostkrypta des Domes das früher in St. Emmeran und dann in St. Peter aufbewahrte andere Mainzer Sudarium.

[145] Er gehörte zu den Gaugrafen von Bingen; im 8. Jahrhundert gestorben. Hildegard von Bingen baute 1150 auf Rupertinger Besitz am Zusammenfluß von Nahe und Rhein ihr Kloster.

[146] Sie hat inzwischen auf verschlungenen Wegen nach Fulda zurückgefunden. Prinzregent Luitpold von Bayern schenkte sie dem Fürsten Karl zu Löwenstein, der sie wieder an Fulda abtrat. Dazu auch: A. Brück: Zur Bonifatiusverehrung. 1954 (= Bibl. Nr. 224), S. 510, Anm. 19.

[147] F. Jürgensmeier: Das Fest des hl. Willigis von Mainz. In: Willigis und sein Dom. 1975 (= Bibl. Nr. 136), S. 424–435; sein Fest begeht das Bistum am 23. Februar; zum Besitz des Dommuseums gehört eine weitere Kasel von Erzbischof Willigis.

[148] S. Duchhardt-Bösken: Der Mainzer Dom. 1975 (= Bibl. Nr. 760), S. 444.

St. Martin. Es fehlt jedoch die Nachricht darüber, welche Reliquien der neue Altar führte.

Von den Altären des Ostchores wurden auf Drängen Colmars der Maria geweihte Pfarraltar und die Seitenaltäre Mater dolorosa (und Christophorus) und Leiden Christi (und Ägidius) für den erneuten Gebrauch instandgesetzt. Bei diesen Altären dürften die alten eingelegten Reliquien ebenso erhalten geblieben sein wie beim Laurentiusaltar im südlichen Seitenschiff und dem 1652 errichteten Marienaltar in der nordseits gelegenen Bonifatiuskapelle, die ebenfalls sogleich wieder gebrauchsfähig gemacht und notdürftig restauriert werden konnten.

Abhanden gekommen waren dagegen die Reliquien der in den Wirren der französischen Besatzungszeit untergegangenen Domaltäre zu Ehren der heiligen Nazarius[149], Thomas und Dionysius, Margareta und Peter und Paul.[150]

Nur für kurze Zeit konnte damals Gottesdienst im Dom stattfinden. 1813/14 wurde die Kathedrale zunächst Lazarett für die massenweise verwundet oder typhuskrank aus Rußland zurückkehrenden Soldaten Napoleons und dann Abstellplatz für Schlachtvieh. Es ist erstaunlich, daß der größere Teil der Domaltäre diese chaotischen Zustände zumindest in der Hauptsubstanz überstand. Das geht aus den Aufzeichnungen des Mainzer Domherrn Franz Werner bis 1826 hervor.[151] Verloren gegangen war lediglich der Lambertusaltar. Sein Schicksal mußte noch der Andreasaltar teilen, der bei den Erweiterungsarbeiten zwischen 1828 und 1830 abgerissen wurde.

Erklärungen, Authentiken und Urkunden belegen, daß sich in der zweiten Hälfte des 19. Jahrhunderts der Reliquienbestand des Mainzer Domes geringfügig aufstockte. Einige Reliquien kamen eher zufällig in den Dombesitz wie etwa das Haupt des römischen Märtyrers *Antoninus*, das seit dem 18. Jahrhundert von der Mainzer Bruderschaft von den heiligen Nothelfern in der St. Blasiuskapelle im Kirschgarten aufbewahrt und vor allem am 26. April, dem Festtag des Heiligen, verehrt worden war. Nach dem Abbruch des Kirchleins 1803 nahm der Dreher Kühn[152] aus der Augustinerstraße, Mitglied der Bruderschaft, die Reliquie an sich und vererbte sie später dem Hausknecht Hubert im Priesterseminar. Von ihm erhielt sie der Mainzer Karl Theodor Walter, der sie 1864 Bischof Wilhelm Emmanuel Frhr. v. Ketteler übergab.[153]

Ähnlich war es mit jenen Stücken, die zwischen 1877 und 1888 von Italien- bzw. Romreisenden mitgebracht wurden. Dazu gehören die Kleiderreliquien des 1648 in Rom gestorbenen und 1767 heiliggesprochenen *Josef von Calasanza*[154], Gründer der besonders im Schuldienst tätigen Piaristen, sowie die Reliquien ex ossibus von *Angelus de Acri* († 1739), einem 1825 seliggesprochenen Kapuziner[155], von *Paul vom Kreuz*, dem 1775 verstorbenen Gründer der Passio-

[149] E. Herzog / A. Rees: Justus Glesker. 1962 (= Bibl. Nr. 707), S. 125 – 127.

[150] S. Duchhardt-Bösken: Der Mainzer Dom. 1975 (= Bibl. Nr. 760), S. 448.

[151] F. Werner: Dom von Mainz. 1827 (= Bibl. Nr. 176) I, S. 326 und passim.

[152] Möglicherweise Eberhard Kühn, Haus zum Kirscheck 148; vgl. Adressenbuch Mainz, 1853.

[153] DDAMz: B 10. 13c, Bl. 58; Lex. Ikonogr. V, Sp. 204.

[154] DDAMz: B 10. 13c, Bl. 13; die Urkunde stellte im Auftrag des Generalobern der Sakristan und Kustos Carlo Perugetti am 24. März 1874 in Rom aus; Lex. Ikonogr. VII, Sp. 205.

[155] DDAMz; B. 10. 13c, Bl. 9: Fr. Amedeus, der Generalprokurator des Ordens, stellte die Urkunde am 18. Januar 1884 in Rom aus; Lex. Ikonogr. V, Sp. 163.

nisten[156], von *Johannes von Gott* († 1550), auf den die Regel des Ordens der Barmherzigen Brüder (Fatebenefratelli) zurückgeht, vom seligen *Johannes Grande von Xérez, gen. Pecador* († 1600), Mitglied der Barmherzigen Brüder[157], von *Kamillus de Lellis*, dem 1614 in Rom verstorbenen und 1746 kanonisierten Gründer der in der Krankenpflege und Gefangenenfürsorge tätigen Kamillianer, und von der vor allem in Spanien als Jungfrau und Märtyrin verehrten *Marina von Orense*[158]. Diese mitgebrachten Reliquien waren Ausdruck persönlicher bzw. individueller Frömmigkeit und Verehrung. Sie könnten jedoch auch gewollter Bezug zum caritativen, schulischen und sozialen Engagement sein, das im Bistum Mainz besonders von Bischof Ketteler angeregt wurde.

Stärker an der Mainzer Geschichte und kirchlichen Gegenwart orientiert waren dagegen einige andere Reliquien, die seit der Mitte des 19. Jahrhunderts wieder in den Dom gelangten. Eine Reliquie von *Bonifatius*, die laut der am 14. Januar 1851 ausgestellten Authentik des Fuldaer Bischofs Christoph Florentius Koett dem Grab des erzbischöflichen Märtyrers entnommen worden war, ließ der Mainzer Generalvikar und Domdekan Franz Adam Lennig 1864 in ein kleines Reliquiar fassen und zur Verehrung ausstellen.[159] Im selben Jahr erhielt Bischof Ketteler eine Reliquie der heiligen *Drei Könige* aus Köln.[160] Der äußere Anlaß war die 1864 im fertiggestellten Kölner Dom glanzvoll gestaltete 700-Jahr-Feier zur Übertragung der *Drei-Königs*-Reliquien. Der tiefere Grund der frommen Gabe an den Mainzer Bischof war die bewußt gesetzte Geste des guten Einvernehmens; denn wie der aus dem sog. Ersten Mainzer Kreis stammende und seit einiger Zeit an Krebs erkrankte Kölner Erzbischof Johannes von Geissel († 8. September 1864), sah die Mehrheit des Kölner Domkapitels in Ketteler den Wunschkandidaten für den erwartungsgemäß bald wieder zu besetzenden Kölner Erzstuhl.

Kaum so hintergründig waren die Reliquiengaben aus Rom, die 1871 und 1874 der Jesuit Andreas Steinhuber, damals Rektor des Collegium Germanicum et Hungaricum, testierte. Es sind eine Körperreliquie des 1146 durch Papst Eugen III. (1145–1153) kanonisierten Kaisers *Heinrich II.* (1002–1024), der 1007 das der Mainzer Kirchenprovinz angegliederte Bistum Bamberg gegründet hatte, und eine Gewandreliquie von *Petrus Canisius*[161], der sich im Pfarrhaus von St. Christoph zu Mainz dem Jesuitenorden angeschlossen hatte und dessen Fest (27. April) in das Proprium Moguntinum aufgenommen ist.

[156] DDAMz; B 10. 13c, Bl. 8: die Urkunde wurde vom Generalobern des Ordens Bernhard Maria von Jesus am 14. März 1884 in Rom ausgestellt; Lex. Ikonogr. VIII, Sp. 148.

[157] DDAMz: B 10. 13c, Bl. 6: die Urkunde über beide Reliquien wurde vom Generalprior des Ordens Fr. Johannes Maria Alfieri am 10. November 1887 in Rom ausgestellt; Lex. Ikonogr. VII, Sp. 132 und 135.

[158] DDAMz; B 10. 13c, Bl. 7: die Urkunde über beide Reliquien stellte Weihbischof Nikolaus von Bologna am 12. Juni 1888 aus; Lex. Ikonogr. VII, Sp. 266 und 546.

[159] DDAMz: B 10. 13c, Bl. 66.

[160] DDAMz: B 10. 13c, Bl. 2.

[161] DDAMz: B 10. 13c, Bl. 5 und 12; wahrscheinlich gelangten die Reliquien der beiden Heiligen erst später in den Besitz des Domes, denn eine der Authentiken trägt den Besitzvermerk von Pfarrer Wilhelm Jäger († 1963), Darmstadt.

Zu den großen Heiligen des Bistums gehört auch *Hildegard von Bingen* (1098–1179).[162] 1886 bestätigte der Mainzer Generalvikar und Domdekan Johann Baptist Heinrich für den Dom den Besitz einer Körper- und einer Gewandreliquie von ihr und empfahl sie der frommen Verehrung.[163]

Die heilige Äbtissin Odilia (10. Jahrhundert) stand nicht wie Hildegard in persönlicher Beziehung zu Mainz. Bischof Joseph Ludwig Colmar, dessen nach Mainz berufener elsässischer Landsmann Bruno Franz Leopold Liebermann und der von diesem 1812 aus Straßburg ins Mainzer Seminar geholte Andreas Räß hatten nicht nur die an der Neuscholastik orientierte Theologie der elsässischen Jesuitenschule nach Mainz gebracht, die Grundlage der einflußreichen „Mainzer Schule" wurde, sondern auch die Verehrung der seit 1632 als Patronin des Elsaß gefeierten Odilia. Auf diese im 19. Jahrhundert gewachsene enge Verbindung zwischen Mainz und dem Elsaß weist die Reliquie von *Odilia* im Knauf des Kreuzes vom mittleren Ostturm hin, das nach Vollendung der großen Umbaumaßnahmen seit 1871 am 26. Juli 1875 von Bischof Ketteler gesegnet und in Anwesenheit der Diözesanbischöfe Andreas Räß von Straßburg und Franz Leopold von Leonrod aus Eichstätt unter großer Anteilnahme der Bevölkerung feierlich aufgerichtet wurde. *In den Strahlen der sinkenden Sonne leuchtete es von der Höhe des neuen Thurmes als weitkündendes Zeugnis, daß das große Werk vollendet war*, schließt Friedrich Schneider etwas stimmungsvoll seinen Bericht.[164]

Konsekration der Domaltäre seit 1928

1924 mußten erneut umfangreiche Sanierungs- und Baumaßnahmen am Dom in Angriff genommen werden. Als sie vier Jahre später abgeschlossen waren, wurden am 16. Oktober 1928 in Anwesenheit des Apostolischen Nuntius Eugenio Pacelli, dem späteren Papst Pius XII., feierlich elf Domaltäre neu konsekriert, von Bischof Ludwig Maria Hugo der Hauptaltar St. Martin im Westchor, von Erzbischof Karl Fritz aus Freiburg im Breisgau der Marien- und Stephanusaltar im Ostchor, von Bischof Joseph Damian Schmitt aus Fulda der Bonifatiusaltar (Nassauer Altar), von Bischof Augustinus Kilian aus Limburg der Marienaltar im nördlichen Seitenschiff, von Bischof Franz Rudolf Bornewasser aus Trier der Petersaltar (Saulheimer Altar), von Bischof Ludwig Sebastian aus Speyer der Michaelsaltar (Greiffenclauer Altar), von Bischof Johannes Baptist Sproll aus Rottenburg der Heilig-Kreuz-Altar, vom französischen Militärbischof Paul Rémont der Laurentiusaltar, von Abt Ildephons Herwegen aus Maria Laach der Bardo-Altar in der zwischen 1872 und 1874 wieder errichteten

[162] Anton Ph(ilipp) Brück (Hrsg.): Hildegard von Bingen 1179–1979. FS zum 800. Todestag der Heiligen. (= QAMrhKG, 33) Mainz 1979: F. Jürgensmeier; St. Hildegard von Bingen (1098–1179). Eine große Frauengestalt aus dem 12. Jahrhundert. Mainz 1979.

[163] DDAMz: B 10. 13c, Bl. 17; 1882 hatte J. Heinrich auch eine Authentik für Reliquien von *Lucanus von Brixen*, den *Unschuldigen Kindern*, den Bischöfen *Erhard* und *Albinus von Brixen* und *Fidelis von Sigmaringen* ausgestellt; DDAMz: B 10. 13c, Bl. 4.

[164] F. Schneider: Der Dom. 1886 (= Bibl. Nr. 168), S. 177 und S. LXXIV und LXXV, Anm. 1 und 2; nach Aussage von Dombaumeister Jakob Stockinger führte die unsachgemäße Anbringung eines Blitzableiters dazu, daß die Knaufreliquie mitsamt den eingelegten Dokumenten vernichtet wurde.

Ostkrypta, von Abt Eberhard Hoffmann aus der Zisterzienserabtei Marienstadt der Johannes-Baptist-Altar (Fürstenberger Kapelle) und von Abt Willibald aus Metten der Altar der Gotthardkapelle. Dabei erhielten außer dem Bonifatiusaltar, in den Reliquien von *Bonifatius*, *Odilia* und *Gaudentius* eingelassen wurden, alle Altäre Reliquien von *Castus*, *Gaudiosus* und *Grata*[165]. Zu keinem dieser drei mehr oder weniger legendären Heiligen aus alter Zeit hatte Mainz einen besonderen Kultbezug. Daß sie in die Altäre eingebracht wurden, war lediglich die Erfüllung einer Vorschrift.

Die nächste große Altarkonsekration im Dom fand 1960 nach der grundlegenden Gesamtrestaurierung des Dominneren statt. Zunächst weihte Domdekan Ludwig Haenlein am 26. Oktober in der Domsakristei 20 Tragaltäre, denen er Reliquien von den *Trierer Märtyrern*, von *Bonifatius*, *Prosper*, *Coelestin*, *Casta* und einigen unbekannten Heiligen beilegte.[166] Die Weihen des neuen Hauptaltares im Westchor durch Bischof Albert Stohr mit beigelegten Reliquien von *Castus*, *Gaudiosus*, *Grata* und *Bonifatius*[167], des Altares der Westkrypta zu Ehren des Mainzer Erzbischofs Lul durch Abt Basilius Ebel aus Maria Laach mit Reliquien von *Pius*[168], *Zenon und Gefährten*, *Felicitas* und *Lullus*[169], des Bardo-Altares in der Ostkrypta durch Weihbischof Josef Maria Reuss mit Reliquien von *Casta*, *Gaudiosus*, *Grata* und *Gottfried von Kappenberg* († 1127), der mit seinem Bruder Otto als Prämonstratenser die Klöster Kappenberg, Varlar und Ilbenstadt gegründet hatte[170], des Ägidiusaltares in der Memorie durch Bischof Karl Josef Leiprecht aus Rottenburg und des Allerheiligenaltares durch den Würzburger Bischof Josef Stangl, je mit Reliquien von *Pius*, *Zenon und Gefährten* und *Grata*, erfolgten am 12. November. Die Reliquien von *Bonifatius*, *Lullus* und *Gottfried* deuten an, daß wieder stärker Mainzer Heilige herangezogen weren. Der Reliquienkult bleibt der zeitgenössischen Theologie und Frömmigkeitsform entsprechend im Hintergrund. Hervorgehoben werden die Persönlichkeit und ihr Wirken für die Kirche von Mainz.

Das zeigt sich auch an den Altarreliquien der Gotthardkapelle. Nach der Restaurierung dieser Kapelle konsekrierten am 1. April 1964 Bischof Dr. Hermann Volk den Heilig-Kreuz-Altar im Erdgeschoß und Weihbischof Josef Maria Reuss den Godehardaltar im Obergeschoß. In den unteren Altar kamen Reliquien von *Castus*, *Gaudiosus* und *Grata* und in den oberen Altar Reliquien von

[165] Consecrationes (wie Anm. 126), S. 62 – 63.

[166] Consecrationes (wie Anm. 126), S. 90; am 11. Februar 1969 konsekrierte er in der Domsakristei erneut 30 Tragaltäre, denen Reliquien von *Justinus*, *Virginia* und *Timotheus* beigegeben waren; Consecrationes (wie Anm. 126), S. 101.

[167] Anläßlich dieser Konsekration wurde auch ein Holzpartikel, den Bischof Ketteler aus einem alten Altar in Rom als Zeichen der Verbundenheit mit Mainz erhalten hatte, einem Stipesfuß des neuen Altares eingefügt; DDAMz: B 10. 13c.

[168] Es dürfte sich um den als Märtyrer verehrten römischen Bischof Pius (2. Jahrhundert) handeln; allerdings bleibt zu bedenken, daß der Dom eine am 12. September 1960 beglaubigte Reliquie von dem 1954 heiliggesprochenen Papst *Pius* X. erhalten hatte; DDAMz: B 10. 13c, Bl. 1.

[169] Fest am 16. Oktober; LThK² VI, Sp. 1213; nach der grundlegenden künstlerischen und baulichen Umgestaltung der als Bischofsgruft hergerichteten Westkrypta konsekrierte Bischof Hermann Volk den Lullusaltar erneut am 27. September 1972. Die Reliquien wurden nicht ausgewechselt; Consecrationes (wie Anm. 126), S. 105.

[170] Fest am 19. Januar; Lex. Ikonogr. VI, Sp. 424; im Diözesanproprium von Mainz und Münster als Heiliger verehrt; Rom erlaubte 1614 den Kult des Seligen.

Ägerius, einem Abt *Jakob* und *Goar*, dem bekannten Einsiedler und Missionar, der um 500 am Mittelrhein lebte.[171] Die abermalige Konsekration des unteren Kapellenaltares nahm Bischof Dr. Dr. Karl Lehmann am 17. Dezember 1983 vor. Es war der feierliche Schlußpunkt unter eine umfassende Neugestaltung des gesamten Bauwerkes. In das Altarsepulcrum wurden jetzt Reliquien von den heiligen Mainzer Erzbischöfen *Lullus* und *Willigis* eingesetzt.[172] Unter dem einen hatte Mainz 782 begonnen, nach Rom die größte Kirchenprovinz des christlichen Abendlandes zu werden. Unter dem anderen war der Grundstein des Domes gelegt worden, der über Jahrhunderte geistiges Zentrum des Metropolitanverbandes blieb und noch heute die Mitte des Bistums ist.

Reliquienschrein und Reliquiare

Die Wiederherstellung des Domes und die 25. Wiederkehr des Tages der Bischofsweihe von Albert Stohr nahmen die Gläubigen des Bistums 1960 zum Anlaß, der Bischofskirche für die Heiligen der Mainzer Kirche einen wertvollen Reliquienschrein zu stiften. Der Mainzer Goldschmied und Juwelier Richard Weiland schuf ihn. Beraten hatten ihn Domdekan Haenlein und der Kirchenhistoriker Anton Philipp Brück.[173] Das künstlerisch ideenvolle Reliquiar fand auf einer Sandsteinstele in der Apsis der Ostkrypta Aufstellung. Zunächst wurden die Reliquien von 15 im Bistum besonders verehrten Heiligen in den Schrein gegeben.[174] Den Partikel einer Kopfreliquie von *Martin* hatte Erzbischof Louis Ferrand von Tours am 28. Oktober 1960 gestiftet. Die Reliquie von *Bonifatius* war ein Geschenk von Bischof Johannes Baptist Dietz aus Fulda vom Jahre 1954. Eine Reliquie von *Aureus*, die der Mainzer Weihbischof Johannes Friedrich von Lasser (1748 – 1769) dem 1764 konsekrierten Marienaltar in der St. Ägidiuskirche beigelegt hatte, übersandte am 20. Dezember 1960 Pfarrer Dirk aus Heiligenstadt/Thüringen. Mehrere Reliquien hatte Domdekan Ludwig Haenlein 1960 den entsprechenden Orten entnommen: die Reliquien von *Petrus und Marcellinus* dem Schrein in Seligenstadt, die Reliquie von *Rupert* dem Schrein in Bingen, die Reliquie von *Bilhildis*[175] dem Reliquienaltar in der Mainzer Karmeliterkirche und die Reliquie von *Willigis* dem Kopfreliquiar in der Mainzer St. Stephanskirche. Reliquien von *Gottfried* hatte Bischof Dr. Albert Stohr bereits 1951 aus Ilbenstadt mitgebracht. Die Authentik für die dem Schreine beigegebene Reliquie von *Hildegard* hatte 1933 Bischof Ludwig Maria Hugo ausgestellt. Die Reliquie von *Petrus Canisius* testierte und übergab am 2. Dezember 1960 Bischof François Charrière von Lausanne (Schweiz). Die Reliquien von *Amandus* und *Rupert von Worms* stammen, wie aus einem

[171] Consecrationes (wie Anm. 126), S. 95; zu Goar auch Lex. Ikonogr. VI, Sp. 414.

[172] Consecrationes (wie Anm. 126), S. 113.

[173] A. Brück / R. Weiland: Schrein. 1960 (= Bibl. Nr. 1440).

[174] Die Urkunden und Authentiken sind den Reliquien im Schrein beigelegt; Abschriften im DDAMz 10. 13c.

[175] Die Mainzer Kirche feiert das Fest der um 734 gestorbenen Gründerin des Frauenklosters Altmünster in Mainz am 27. November. Die Mainzer Domkirche bewahrt eine Kopfreliquie und einen Oberschenkelknochen von *Bilhildis* auf. Das barocke Reliquiar wird nach der Renovierung der Mainzer St. Peterskirche dorthin zurückgeführt.

Mainzer Dom, Bilhildisreliquiar

SANCTA·BILHILDIS
ORA PRO NOBIS.

Sr. Exz.

Dr. Aug. Kilian Bisch. v. Limburg — Dr. Carl Fritz Erzb. v. Freyburg — Dr. Eug. Pacelli Apost. Nuntius — Dr. Damian Schmidt Bisch. v. Fulda — Dr. Ludw. Sebastian Bisch. v. Speyer

Ildefolz Abt v. Maria Laach — Centos Nuntiatur Rat — Dr. Bornewasser Bisch. v. Trier — Dr. Maria Hugo Bisch. v. Mainz — Dr. Sproll Bisch. v. Rottenburg — Abt v. Marienstadt — Abt v. Metten

Elisma Französ. Armeebischof

beigelegten Schreiben vom 24. Oktober 1960 ersichtlich, aus der Benediktiner-Erzabtei St. Peter zu Salzburg. Ein der Kopfreliquie von Erzbischof *Lul* entnommener Partikel kam aus dem Jesuitenkolleg in Ingolstadt; er war über Eichstätt in den Mainzer Dom gelangt. Die Reliquie von *Lioba* schließlich schenkte 1960 der Fuldaer Bischof Adolf Bolte. 1963 fügte Bischof Dr. Hermann Volk dem Schrein noch eine Reliquie von *Alban* ein. Der gebürtige Mainzer Abt Alban Schachleiter hatte sie 1913 vom Prager Erzbischof Leo Kardinal von Skrbensky erhalten und seinem Heimatbistum zum Geschenk gemacht.[176]

Ein Geschenk aus Fulda ist die *Bonifatius*reliquie, die im Bardo-Altar der Ostkrypta zu sehen ist.[177] Anläßlich der Altarkonsekration am 12. November 1960 wurde sie in einem von der Aachener Goldschmiedewerkstatt Schwerdt und Förster gearbeiteten Reliquiar dort im Altarstein sichtbar eingemauert.[178]

Als Zeichen der besonderen Verbundenheit der Mainzer Kirche mit Rom erhielt Kardinal Dr.Dr. Hermann Volk eine Reliquie des um 250 enthaupteten Papstes *Fabianus*. Es war ein Geschenk, das ihm 1977 anläßlich seines goldenen Priesterjubiläums vom Pfarrer seiner römischen Titelkirche St. Fabianus und Venantius gemacht wurde.[179]

Mit anderen Reliquien des Domes, teils ebenfalls Geschenke, wie etwa die in einem neugotischen Monstranzreliquiar gefaßte Reliquie von *Bonifatius*, die 1857 Bischof Ketteler aus Fulda erhalten hatte, oder die Reliquie von *Albertus Magnus* († 1280), die der Kölner Erzbischof Kardinal Joseph Frings seinem Amtsbruder Albert Stohr überreichte[180], und teils zusammengetragene Stücke werden im Tresor der Domsakristei und im Obergeschoß der Gotthardkapelle aufbewahrt. Einigen der Reliquien sind Authentiken beigegeben. Vor allem Ludwig Haenlein hatte 1963 und 1976 Sorge getragen, daß diese Reliquien würdig aufbewahrt und registriert wurden.

Die Namen, die diese Reliquien tragen, reichen von *Anna* und dem Apostel *Paulus* über *Alban*, *Lullus*, *Elisabeth von Thüringen*, *Philipp Neri* und *Vinzenz Palotti* bis hin zu *Johannes Maria Vianney* und *Maria Goretti*, die von Papst Pius XII. als Märtyrin der Unschuld heiliggesprochen worden war. Sie spiegeln im Kleinen jene Frömmigkeits- und Kirchengeschichte wieder, von der über die seit rund fünfzehnhundert Jahren in der Mainzer Bischofskirche gesammelten und verehrten Reliquien mehr als nur Beiläufiges zu erfahren ist.

[176] DDAMz 10. 13c.
[177] DDAMz 10. 13c.
[178] S. Duchhardt-Bösken: Der Mainzer Dom. 1975 (= Bibl. Nr. 760), S. 522.
[179] DDAMz 10. 13c, Bl. 71.
[180] DDAMz 10.13c., Bl. 3.

Mainzer Dom, Memorienportal: Darstellung des heiligen Martin
Mainz, Domweihe 1928: Die weihenden Bischöfe

DIE MAINZER DOMKAPELLMEISTER DER BAROCKZEIT

Friedrich W. Riedel

Die Geschichte der Musikpflege im Mainzer Dom bis zum Ende des Kurstaates ist bisher nur in geringem Maße erforscht worden.[1] Die Ursache liegt nicht nur in dem Mangel an Quellenmaterial[2], sondern auch in der Tatsache, daß die Dommusik offensichtlich im Schatten der Kirchenmusikpflege am kurfürstlichen Hof stand. Das traf jedoch nicht nur für Mainz, sondern allgemein für die Verhältnisse im alten deutschen Reich zu, in dem die Bischöfe zugleich Landesfürsten waren. Träger der Kultur des Barockzeitalters waren ja allenthalben die geistlichen und weltlichen Fürsten, die entscheidend an den Glaubensspaltungen des 16. Jahrhunderts mitgewirkt hatten und die nach dem Grundsatz „cuius regio eius religio" die Konfession in ihrem Territorium bestimmen konnten. So entwickelten sich die Fürstenhöfe zu den wichtigsten Zentren für die Kunst- und Musikpflege.[3]

An den Hofkapellen wirkten die bedeutenderen Komponisten. Hier entstand in der Regel das neue und qualitativ am höchsten stehende Repertoire, das von den übrigen Trägern der Kirchenmusik (Dom-, Ordens-, Pfarr- und Wallfahrtskirchen) übernommen wurde oder als Vorbild für Nachahmungen diente. In Mainz war demnach die Hofkirche St. Gangolf Zentrum der Kirchenmusikpflege, erst in zweiter Linie der Dom, dessen riesige Dimensionen der Aufführung mehrstimmiger, polyphoner Musik ohnehin einige Probleme bereiteten.

Während der einstimmige Choral bei sinngemäßem Vortrag selbst in großen Räumen ästhetisch befriedigend und verständlich zur Wirkung kommen kann, bedarf es zur Aufführung figuraler, vor allem polyphoner Musik eines auf ein bestimmtes Maß begrenzten Raumes.[4] Die Polyphonie der niederländischen und italienischen Meister des 15. und 16. Jahrhunderts kam nur in kleineren und einigermaßen geschlossenen Räumen zur Wirkung, also in Kapellen und kleineren Kirchen oder in abgeteilten Bezirken großer Gotteshäuser. Die zunehmende Abschließung des Presbyteriums gegen das Langhaus im späten Mittelalter und in der Renaissance sowie der Einbau von Kapellen und die Ausstattung

[1] A. Gottron: Musikgeschichte. 1959 (= Bibl. Nr. 1675; Bibl. bedeutet: Die vollständige bibliographische Angabe ist in der Bibliographischen Handreichung in dieser Festschrift unter der nachfolgenden Nummer zu finden) widmet ihr einzelne Abschnitte.

[2] Das Aktenmaterial wurde nach dem Ende des Kurstaates verstreut. Von den Domkapitelsprotokollen der fraglichen Zeit existiert noch keine Regestenausgabe.

[3] Friedrich W. Riedel: Die katholische Kirchenmusik vom Tridentinum bis zur Enzyklika „Annus qui". In: Die Musik in Geschichte und Gegenwart 14 (Kassel 1979) Sp. 962–969.

[4] Franz Ronig: Der architektonische Ort der Kirchenmusik vom 4. Jahrhundert bis in die Gegenwart. (= Kirchenmusik eine geistig-geistliche Disziplin, 4). Stuttgart 1980; Friedrich W. Riedel: Kirchenmusik am Hofe Karls IV. (1711–1740). Untersuchungen zum Verhältnis von Zeremoniell und musikalischem Stil im Barockzeitalter. (= Studien zur Landes- und Sozialgeschichte der Musik, 1). München-Salzburg 1977. S. 58–60 (Zum Verhältnis von Raum und Musik).

der Kirchenräume mit Bildern, Epitaphien, Gobelins und anderen Kunstwerken wirkten sich günstig auf die Akustik aus.

Die Stellung der Kantorei innerhalb des Kirchenraumes wurde durch zwei Faktoren bestimmt: einen liturgischen und einen künstlerischen. Die liturgische Funktion der Kapelle erforderte ihre Aufstellung in der Nähe des amtierenden Klerus. Aber auch das künstlerische Moment spielte keine unwesentliche Rolle, da ja die Musik zugleich der Erbauung einer anwesenden Gemeinde dienen sollte. War dies ein Fürst mit seinem Gefolge, mußte die Kapelle eine zu dessen Platz akustisch und möglichst auch visuell günstige Stellung einnehmen.

Solange die Praxis vorherrschte, aus einem großen Choralbuch zu singen, also etwa bis zur Mitte des 17. Jahrhunderts, scharten sich die Vokal- und Instrumentalmusiker um das große Pult. Zunächst stand dieses zu ebener Erde in der Mitte des Presbyteriums bzw. des Kapellenraumes. Ein Orgelpositiv oder Regal wurde – wenn erforderlich – unmittelbar daneben aufgestellt. Hans Weiditz' Darstellung der Hofkapelle Kaiser Maximilians I. während eines Hochamtes in Augsburg bietet hierfür ein gutes Beispiel.[5]

Eine andere Möglichkeit bot die Aufstellung der Figuralkantorei im rückwärtigen Teil einer Kapelle oder eines Presbyteriums gegen die Chorschranken oder Chorstufen, meist seitlich und zuweilen erhöht. Diese Praxis empfahl sich besonders dann, wenn der Chorraum schon durch den Klerus oder andere Personen stark besetzt war. Hierdurch wurde besonders in größeren Räumen eine günstigere akustische Wirkung erzielt, weil der Klang besser reflektiert werden konnte.[6]

Die Tendenz zur Verlegung der Figuralkapelle von der Mitte oder Seite des Presbyteriums auf seitlich oder rückwärtig angebrachte Emporen stand im Zusammenhang mit der Ausbreitung des konzertanten, vor allem des mehrchörigen Stils in der Kirchenmusik. Das Wachsen und die Trennung der Musiziergruppe machte eine stärkere räumliche Ausdehnung und klangliche Differenzierung notwendig. In den älteren Kirchen errichtete man daher zunächst bei besonderen Feierlichkeiten Gerüste für die Musik und ging allmählich im Zuge der Barockisierung der Inneräume dazu über, eine Musikempore an die Rückwand des Langhauses zu bauen und zugleich die Hauptorgel an diesen Platz zu verlegen.

Wie hat man nun im Mainzer Dom mit seiner doppelchörigen Anlage versucht, diese Frage zu lösen? Daß man sich über die akustischen Probleme im Dom Gedanken machte, beweist die Tatsache, daß der berühmte, universalgelehrte Jesuit Athanasius Kircher zwischen 1624 und 1628 hier Untersuchungen über die Schallreflexion durchführte.[7] Leider haben wir keine vollständige Kenntnis von der Inneneinrichtung und ihrem Wandel vom späten Mittelalter bis zum Ende des 18. Jahrhunderts.[8] Da die Stiftsgottesdienste im Westchor

[5] Abbildung in Ludwig Wegele (Hrsg.): Musik in der Reichsstadt Augsburg. Augsburg 1965. S. 48.

[6] Z.B. in der Sixtinischen Kapelle des Vatikanischen Palastes.

[7] Ulf Scharlau: Athanasius Kircher (1601–1680) als Musikschriftsteller. Phil. Diss. Frankfurt am Main 1969. S. 31.

[8] Der Grundriß von Gudenus: Codex. 1747 (= Bibl. Nr. 117) vermittelt eine vage Vorstellung; vgl. den Abdruck in A. Brück: Willigis und sein Dom. 1975 (= Bibl. Nr. 136), S. 192.

stattfanden, dürfte die Figuralkapelle auf dem Lettner musiziert haben. Allerdings scheint die polyphone Musik erst spät, frühestens unter Kardinal Albrecht von Brandenburg (1514 – 1545) ihren Einzug in den Mainzer Dom gehalten zu haben.[9] Zunächst dürfte sie auf die bischöflichen Gottesdienste beschränkt gewesen sein, in denen die kurfürstliche Hofkapelle mitwirkte. Erst im Jahre 1570 ist von einem *gross pergamen buch quatuor vocum* zum Gebrauch an Weihnachten und Ostern die Rede.[10] Seit der Mitte des 16. Jahrhunderts waren Sänger zur Ausführung der Unterstimmen Alt, Tenor und Baß angestellt worden, zu denen die Knaben der „Kinderschule" den Diskant zu singen hatten.[11] 1547 war auf dem Westchorlettner eine neue Orgel erbaut worden,[12] die der Begleitung der Domkantorei dienen konnte.

Während der Besetzung der Stadt Mainz durch die Schweden (1631 – 1635) wurde der Dom geplündert.[13] Erst unter Kurfürst Johann Philipp von Schönborn (1647 – 1673) setzte die Renovierung ein, bei der nach barocker Manier viel Holz zur Ausstattung hinzugekommen sein dürfte, wodurch eine Verbesserung der Raumakustik erzielt wurde. 1682/83 riß man den Lettner ab und baute stattdessen 1687 die seitlichen Chorbühnen.[14] Auf der nördlichen wurde 1702 eine neue Orgel fertiggestellt, die bis 1926 stand.[15] 1741 zog man eine hölzerne Rückwand zur besseren Schallreflexion gegen das nördliche Querschiff. Auf der südlichen Chorbühne stand ein Orgelpositiv.[16] Damit war die Möglichkeit des doppelchörigen Musizierens auf beiden Chorbühnen des Westchores gegeben.[17] Bei besonderen Anlässen wurden im Langschiff Emporen eingerichtet, wie die Zeichnung von der Konsekration des Kurfürsten Friedrich Karl von Ostein 1743 zeigt.[18]

Es ist bemerkenswert, daß der erwähnte Umbau im Westchor zu einer Zeit erfolgte, da der erste namentlich bekannte Domkapellmeister hier wirkte.[19] Zuvor ist nur die Rede von den Domkantoren, die dem Kapitel angehörten und adeliger Abstammung waren. In ihre Zuständigkeit fiel der Choralgesang. Hingegen lag die Leitung der Figuralmusik in den Händen der Domkapellmeister. Diese waren bürgerlicher Herkunft und in der Regel Domvikare. Mehrere dieser Domkapellmeister gehörten zugleich als Musiker oder Kapläne dem kurfürstlichen Hofstaat an. Von 1684 bis zum Ende des Kurstaates sind die nachstehend genannten Kapellmeister am Dom zu Mainz nachweisbar:

[9] A. Gottron: Musikgeschichte. 1959 (= Bibl. Nr. 1675), S. 12 – 13.
[10] A. Gottron: Musikgeschichte. 1959 (= Bibl. Nr. 1675), S. 16.
[11] A. Gottron: Musikgeschichte. 1959 (= Bibl. Nr. 1675), S. 16.
[12] A. Gottron: Älteste Mainzer Domorgeln. 1950 (= Bibl. Nr. 1682), S. 118 – 120.
[13] A. Brück: Verlust der Stadtfreiheit. 1972 (= Bibl. Nr. 6), S. 43 – 57.
[14] E. Neeb: Geschichte der Chorbühnen. 1916 (= Bibl. Nr. 387).
[15] A. Gottron: Die Orgeln. 1937 (= Bibl. Nr. 1685), S. 54 – 58; A. Gottron: Musikgeschichte. 1959 (= Bibl. Nr. 1675), S. 108; F. Bösken: Quellen und Forschungen. 1967 (= Bibl. Nr. 1679) (Abbildung ebenda und bei Gottron). Das schöne Gehäuse ist im Depot des Dommuseums erhalten und sollte bei einem Neubau wieder Verwendung finden.
[16] F. Bösken: Quellen und Forschungen. 1967 (= Bibl. Nr. 1679), S. 82.
[17] Diese Praxis war im 17. und 18. Jahrhundert allgemein üblich.
[18] Karl Schweickert: Die Musikpflege am Hofe der Kurfürsten von Mainz im 17. und 18. Jahrhundert. (= Beiträge zur Geschichte der Stadt Mainz, 11). Mainz 1937. Tafel 1.
[19] A. Gottron: Musikgeschichte. 1959 (= Bibl. Nr. 1675), S. 69.

1684 – 1691: *Philipp Jakob Baudrexel*, zugleich Hofkapellmeister und Hofkaplan
1691 – 1704: *Heinrich Rudolf Dantzer*, zugleich Hofmusiker und Hofkaplan
1705 – 1726: *Jakob Zorn*, zugleich Hofmusiker
1726 – 1739: *Johann Michael Breunich*
1739 – 1774: *Johann Adam Zang*
1774 – 1796: *Anton Lauer*, zuvor Sänger
1796 – 1799: *Johann Friedrich Stark*, zugleich Domorganist
1799 – 1809: *Caspar Joseph Lizius*, zugleich Musiklehrer.

Nur *Lauer* und *Lizius* kamen aus dem Laienstande, alle übrigen Kapellmeister waren Geistliche. Die Verbindung mit der Hofmusik hatte den Vorteil, daß die kleine Schar fest angestellter Dommusiker nach Bedarf durch Hofmusiker verstärkt werden konnte. Auf der anderen Seite mußten diese das Amt jedoch vorzeitig verlassen, wenn in St. Gangolf Hofgottesdienst war.[20] Die ganze Hofkapelle musizierte immer dann im Dom, wenn der Kurfürst dort selbst zelebrierte oder dem Gottesdienst beiwohnte.

Noch unter Kurfürst Johann Philipp von Schönborn scheint die Dommusik nicht nur in ihrem Personalstand, sondern auch in ihrem Repertoire sehr bescheiden gewesen zu sein. Vermutlich hat man sich damals noch damit begnügt, mehrstimmige Musik unter der Leitung des Domorganisten aufführen zu lassen. Erst 1684 taucht in den Domkapitelsprotokollen der Name eines Domvikars auf, der als „Director musices“ bezeichnet wird: *Philipp Jakob Baudrexel*. Anlaß war seine Beschwerde darüber, daß er an hohen Festen bei der Weinverteilung an die Musiker leer ausgegangen sei. Das Domkapitel beschloß daraufhin, obwohl er als Vikar keinen Anspruch habe, solle er künftig das Weindeputat erhalten.

Baudrexel wurde am 2. Mai 1627 als Sohn eines Schullehrers zu Füssen im Allgäu geboren.[21] Durch Vermittlung des Augsburger Domherrn Johann Rudolf von Rechberg kam er am 28. September 1644[22] in das Collegium Germanicum in Rom, das er am 17. November 1651 als geweihter Priester und als Doktor der Theologie verließ. Im gleichen Jahr wurde er Kanoniker ohne Stimmrecht am Dom zu Augsburg, 1654 Pfarrer in Kaufbeuren, ein Jahr später Dekan.

Obwohl er viele Kämpfe um die Rechte der katholischen Gemeinde auszufechten hatte, komponierte Baudrexel hier seine zwei einzigen nachweisbaren gedruckten Kompositionen:[23]

Pro primitiis musicalibus continentibus: Te Deum laudamus, Missas, Requiem, Mutettas sedecim de Communi, quinque & octo vocum concertantium, cum duobus violinis subinde necessariis, saepius ad libitum, quinis vocibus semper adjuncto secundo choro cum suo organo, si placet. – Innsbruck, Michael Wagner, 1664.

[20] A. Gottron: Musikgeschichte. 1959 (= Bibl. Nr. 1675), S. 215.

[21] Zum Folgenden A. Gottron: Dr. Philipp Jacob Baudrexel. 1940 (= Bibl. Nr. 1735); Ernst Fritz Schmid: Philipp Jacob Baudrexel. In: Die Musik in Geschichte und Gegenwart 1 (Kassel 1949 – 1951) Sp. 1416 – 1418.

[22] Gottron gibt irrtümlich den 28. Oktober 1645 an.

[23] Nachweise in: Einzeldrucke vor 1800 (Répertoire International des Sources Musicales A/I/1). Kassel 1971. S. 233 – 234 (B 1326/1327); Abbildung des Titelblattes der *Primitiae* bei Gottron und Schmid (vgl. Anm. 21).

Psalmi Vespertini de Dominica, de B. Virgine, Apostolis et festis totius anni in primis et secundis Vesperis, cum Hymnis de Communi & aliquibus, quos erga sanctissimos fundatores ordinum debita dictavit devotio, additis pro varietate, quatuor Magnificat, Completorio & quatuor Antiphonis, quae omnia pro felice fine claudit Te Deum laudamus. Octo, quinque, plerumque quatuor vocum concertatarum, cum duobus violinis & secundo choro, cum suo organo ad libitum. – Kempten, Rudolph Dreher, 1668.

1672 resignierte Baudrexel als Pfarrer und Dekan, um als Hofkaplan und Hofkapellmeister in den Dienst des Fürstabtes von Fulda, des Kardinals Bernhard Gustav von Baden-Durlach zu treten. Nach dessen Tod wandte er sich 1678 nach Mainz, wo er zunächst eine Anstellung als Pagenhofmeister beim Kurfürsten Damian Hartard von der Leyen (1675 – 1678) fand. Dessen Nachfolger Karl Heinrich von Metternich (1679) übernahm ihn als Hofkaplan und ernannte ihn zum Hofkapellmeister. Baudrexel begleitete den Kurfürsten auf seinen Huldigungsreisen nach Erfurt, in den Rheingau sowie ins Oberstift und hatte die traurige Pflicht, den Leichnam des auf der letzten Reise in Aschaffenburg Verstorbenen auf dem Schiff nach Mainz zu geleiten und an jedem Ort mit seiner Kapelle eine Trauermusik zu singen.

Es ist anzunehmen, daß Baudrexel, der unter Kurfürst Anselm Franz von Ingelheim (1679 – 1695) wiederum Hofkapellmeister und bald darauf zugleich Domkapellmeister wurde, entscheidenden Einfluß auf die Neugestaltung des Westchores hatte. Durch ihn hielt ein neuer musikalischer Stil Einzug in den Dom. Die zwei im Druck erschienenen Werke entsprechen genau den räumlichen Verhältnissen, d.h. der doppelchörigen Aufführungsmöglichkeit auf den zwei Choretten mit je einer Orgel.

Baudrexel war am Collegium Germanicum in Rom geschult worden, dessen hochstehende Musikpflege unter dem berühmten Kapellmeister Giacomo Carissimi (1605 – 1674) die stilistische Entwicklung der hochbarocken Kirchenmusik entscheidend beeinflußt hat. Mehrere bedeutende Kapellmeister, Organisten und Komponisten waren Schüler von Carissimi, so Johann Kaspar Kerll in München und Wien, Vincenzo Albricci in Dresden, Kaspar Förster in Danzig und schließlich Baudrexel in Mainz.

Mit diesem ersten Domkapellmeister von bedeutendem musikgeschichtlichem Rang begann die fünfzigjährige Glanzzeit der Dommusik. Baudrexel hatte musikalisch und organisatorisch den Grundstein gelegt, Dompropst Johann Wilhelm von Metternich schuf 1696 durch eine Stiftung in Höhe von 1000 Gulden eine bescheidene materielle Basis. Weitere Stiftungen folgten.[24] Die kleine Schar der fest besoldeten Dommusiker konnte nach Bedarf durch Stadtmusikanten verstärkt werden. Baudrexels Nachfolger, die Vikare *Dantzer* (1691 – 1704) und *Zorn* (bis 1726) trugen mit großem Fleiß und zum Teil auf eigene Kosten ein umfangreiches Repertoire an Kirchenstücken zusammen.[25]

In der glanzvollen Ära des Kurfürsten und Erzbischofs Lothar Franz von Schönborn (1695 – 1729) erfolgte hinsichtlich der kulturellen und künstlerischen Einflüsse eine Orientierung im wahrsten Sinne des Wortes: eine Ausrichtung

[24] A. Gottron: Musikgeschichte. 1959 (= Bibl. Nr. 1675), S. 108.
[25] A. Gottron: Musikgeschichte. 1959 (= Bibl. Nr. 1675), S. 108 – 109.

nicht mehr nach dem Süden, sondern nach dem Osten, d.h. am imperialen Stil, der im Gefolge der siegreichen Türkenkriege und unter dem Eindruck seiner neuen Reichsidee vom Wiener Kaiserhof seinen Ausgang nahm.[26] Daß auch der Westen des Reiches hiervon berührt wurde, war in erster Linie ein Verdienst des Hauses Schönborn. Zentraler Umschlagplatz dieser Ideen war Würzburg durch seine Fürstbischöfe Johann Philipp Franz und Friedrich Karl. Allmählich wurde dieser Einfluß auch in Mainz wirksam. Lothar Franz verstand wenig von Musik, seine Vorliebe galt der Blasmusik für Trompeten und Hörner. Und doch scheint er die Hand im Spiel gehabt zu haben bei der Berufung jenes Domkapellmeisters, der den Wandel vom „Jesuitenbarock" zum „Imperialstil" vollzog und der zweifellos die bedeutendste Erscheinung unter den Leitern der Mainzer Dommusik gewesen ist: *Johann Michael Breunich.*

Leben und Schaffen dieses Künstlers sind bisher nur teilweise gewürdigt worden.[27] Geboren wurde er als Schullehrerssohn in Bürgstadt am Main am 30. Mai 1699, also im Mainzer Oberstift, jener Landschaft, die innerhalb des Kurstaates wohl die meisten künstlerisch begabten Menschen hervorgebracht hat und immer wieder das Kräftereservoir für die Kapellen des kurfürstlichen Hofes und des Stiftadels bildete. Aufgewachsen ist Breunich seit seinem fünften Lebensjahr in Klingenberg am Main, wohin der Vater versetzt wurde. Über seine Schul-, Universitäts- und musikalische Ausbildung fehlt bisher jegliche Nachricht. Zwei Jahre, nachdem Johann Philipp Franz von Schönborn Fürstbischof von Würzburg geworden war, taucht der Name des zweiundzwanzigjährigen Breunich in den Protokollen des Neumünster-Stiftes in Würzburg auf. Sein Gesuch um Aufnahme in das Stift wurde am 27. März 1721 angenommen. *Weil er ... im Orgelschlagen wohl exerziret ...*, erhielt er eine Pfründe in Höhe von 100 Gulden. Im April wurden ihm die Tonsur und die niederen Weihen erteilt, im September die Subdiakonatsweihe. Das Gesuch um Priesterweihe wurde 1722 wegen des nicht erreichten kanonischen Alters und Nachlässigkeit im Choralsingen zweimal abschlägig beschieden. Als Anfang 1723 eine Vikarsstelle frei wurde, bewarb sich Breunich sofort mit Erfolg, erhielt auch alsbald die Diakonats- und Priesterweihe. Ob er im Sommer dieses Jahres 1723 – wie der französische Lexikograph Fetis[28] berichtet – in Prag bei der böhmischen Königskrönung Karls VI. zugegen war und bei der Aufführung der Festoper *Costanze e Fortezza* von Johann Joseph Fux mitwirkte, ist nicht erwiesen. Sollte dies der Fall gewesen sein, wäre Breunich hier mit der kaiserlichen Hofkapelle in persönlichen Kontakt gekommen.

Jedenfalls erlaubte sich der junge Vikar und Stiftsorganist von jetzt an mancherlei Freiheiten, so daß er häufig mit seiner Umgebung in Konflikt

[26] Hans Sedlmayr: Die politische Bedeutung des deutschen Barocks (Der Reichsstil). In: Gesamtdeutsche Vergangenheit. Festgabe für Heinrich Ritter von Srbik zum 60. Geburtstag. München 1938. S. 126 ff.; Friedrich W. Riedel: Der „Reichsstil" in der deutschen Musikgeschichte des 18. Jahrhunderts. Bericht über den Internationalen Musikwissenschaftlichen Kongreß Kassel 1962. Kassel 1963. S. 34–36.

[27] A. Gottron: Johann Michael Breunich. 1947 (= Bibl. Nr. 1736).

[28] François-Joseph Fetis: Biographie universelle des musiciens et bibliographie générale de la musique. Bd. 1. Paris [2]1860. S. 52.

geriet.[29] Mag Breunich in jüngeren Jahren zuweilen über die Stränge geschlagen haben, er ist dem Priesterberuf bis an sein Lebensende treu geblieben. Eine Ursache seines selbstherrlichen Verhaltens mag darin zu suchen sein, daß er sich anscheinend allerhöchster Protektion erfreute, nämlich durch das Haus Schönborn.

Im Juli 1726 verließ er Würzburg heimlich unter Mitnahme aller Musikalien und berichtete am 6. August aus Mainz, das Hohe Domstift habe ihn als Vikar aufgenommen.[30] Was war geschehen? Am Fest des heiligen Jakobus, 25. Juli 1726, hatte Breunich im Westchor des Domes beim Stiftsamt eigene Kompositionen aufführen dürfen, die den Beifall des Kapitels fanden.[31] Man sagte ihm die durch den Tod des Domkapellmeisters Zorn freigewordene Vikarie St. Petri et Pauli zu. Drei Tage darauf hielt er Chorprobe, zu welcher der Domdekan Emmerich Joseph von Breidbach-Bürresheim (1763 – 1774), der spätere Kurfürst, persönlich erschien. Offenbar hatte Kurfürst Lothar Franz hier seinen Einfluß geltend gemacht, um den begabten Musiker in seine Nähe zu ziehen. Enge Beziehungen Breunichs zum Hause Schönborn sind damals durch Honorarzahlungen des Grafen Rudolf Franz Erwein an ihn wegen gelieferter Kompositionen bezeugt.[32] Lothar Franz hatte offensichtlich noch einen besonderen Grund, Breunichs Dienst in Anspruch zu nehmen: In einem Aufsatz *Was versteht Ivo Salzinger unter lullistischer Musik* berichtet Adam Gottron[33] über den aus Günzburg an der Donau stammenden Stiftsherrn Ivo Salzinger, einen universalgelehrten Mann, der zunächst am Düsseldorfer Hof Johann Wilhelms von Pfalz-Neuburg, später am Mainzer Hof Lothar Franz von Schönborns lebte und von diesem wegen seiner alchimistischen Neigungen geschätzt wurde.

Salzinger war Herausgeber der lateinischen Werke von Ramon Lull und Begründer eines in Mainz bis 1802 bestehenden lullistischen Instituts.[34] Einer der spanischen Schüler Salzingers berichtete am 15. April 1728 in seine Heimat, der hiesige Kapellmeister studiere bei Salzinger lullistische Musik. Gottron interpretierte diese Äußerung dahin, daß Breunich sich durch Salzingers Anregung dem strengen A-cappella-Stil nach dem Vorbild Palestrinas zugewendet habe. Da aber Salzingers musiktheoretische Äußerungen sich vorwiegend auf die damals aktuellen Probleme der musikalischen Temperatur[35], d.h. der verbesserten Stimmung der Tasteninstrumente beziehen, so kann jener Bericht nur so gedeutet werden, daß Breunich sich ebenfalls mit diesen Fragen beschäftigte. Denn ein Stilwandel in der von Gottron angedeuteten Richtung ist aufgrund der Quellenlage nicht festzustellen.

[29] A. Gottron: Johann Michael Breunich. 1947 (= Bibl. Nr. 1736), S. 67.

[30] Protokoll des Würzburger Neumünster-Stiftes vom 6. August 1726 (Staatsarchiv Würzburg).

[31] Mainzer Domkapitelsprotokolle vom 27. und 29. Juli 1726 (Staatsarchiv Würzburg).

[32] Fritz Zobeley: Rudolf Franz Erwein Graf von Schönborn (1677 – 1754) und seine Musikpflege. (= Neujahrsblätter, hrsg. von der Gesellschaft für Fränkische Geschichte, 21). Würzburg 1949. S. 55.

[33] In: Miscellania en Homenaje a Monseñor Higinio Anglés. Vol. 1. Barcelona 1958 – 1961. S. 361 – 368.

[34] Anton Ph(ilipp) Brück: Der Mainzer „Lullismus“ im 18. Jahrhundert. In: Jahrbuch für das Bistum Mainz 4 (1949) S. 314 – 338.

[35] Wilhelm Dupont: Zur Geschichte der Musikalischen Temperatur. Nördlingen 1935.

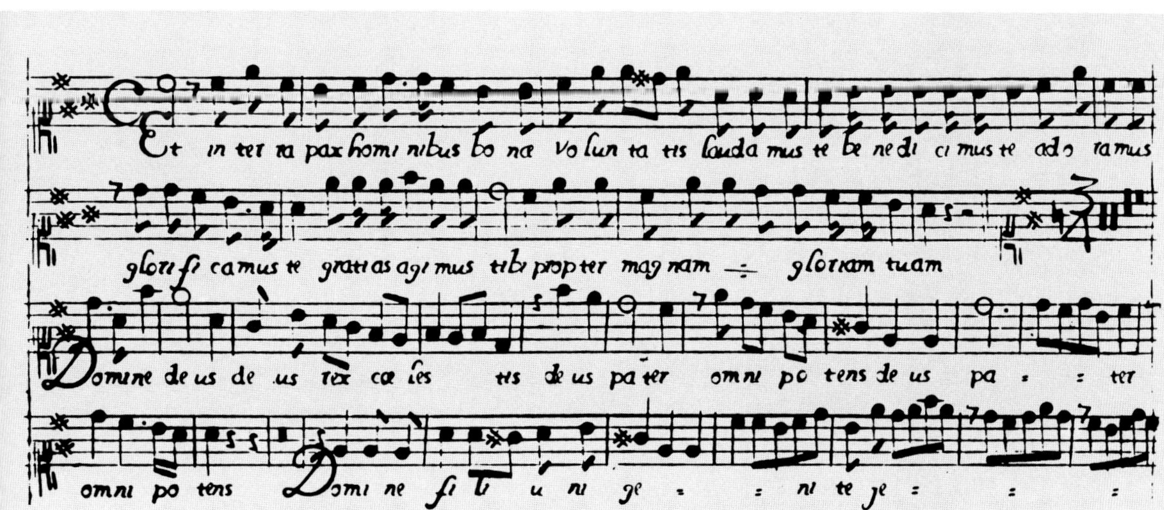

Johann Michael Breunich, Opus 1: Titelblatt und *Notenbeispiel*

Breunich kam nicht mit leeren Händen nach Mainz: Dem Domkapitel widmete er, wahrscheinlich anläßlich seiner Aufnahme, einen Zyklus von sechs Messen, den er als Opus 1 von Anton Cöntgen in Mainz stechen und mit einem prächtigen Titelkupfer versehen ließ. In einer Zeit, da kirchenmusikalische Werke fast nur handschriftlich verbreitet wurden, war eine derart prunkvolle Edition eine Seltenheit.[36]

Der Dommusik scheint sich Breunich mit großem Eifer gewidmet zu haben. Aber seine Ziele waren weiter gesteckt. Aus dem zitierten Brief des spanischen Franziskaners vom 15. April 1728[37] erfahren wir, daß der *mestre de capella* die Absicht habe, nach Italien zu gehen, *um sich in der Musik zu perfektionieren.* Der Tod des Kurfürsten Lothar Franz am 20. Januar 1729 bot dazu willkommenen Anlaß. Breunich ersuchte das Domkapitel um Urlaub mit der Bitte, er habe in Würzburg in schwerer Krankheit das Gelübde einer Wallfahrt nach Rom getan. Die Domherren gewährten ihm zwei Jahre Urlaub, wohl ahnend, daß dahinter andere Absichten steckten. Aber auch hier stand die Protektion der Schönborns im Hintergrund.

Im Juli 1729 zahlte der Wiesentheider Graf an Breunich ein Honorar für acht Messen.[38] Vom 12. Oktober desselben Jahres datiert ein Empfehlungsschreiben des Reichsvizekanzlers und Würzburger Fürstbischof Friedrich Karl von Schönborn – der kurz zuvor in Mainz konsekriert worden war – gerichtet an den kaiserlichen Gesandten Kardinal Cienfuegos in Rom.[39] Am 28. Januar 1730 bestätigt der Kardinal Breunichs Ankunft in Rom und verspricht, ihn nach Kräften zu fördern.[40] Wie lange Breunich in Rom blieb, ist ungeklärt. Nach Angabe der Domkapitelsprotokolle war er am 31. Dezember 1732 noch dort, obwohl der Urlaub bereits um ein Jahr überschritten war. Bis 1739 hielt man seine Vikarie frei, doch kehrte er niemals zurück.

Offenbar wandte sich Breunich nach den habsburgischen Ländern. 1735 hielt er sich anscheinend in Prag auf. In der Prager Universitätsbibliothek ist das gedruckte Textbuch eines Oratoriums von ihm erhalten, das am 8. April dieses Jahres in der Salvatorkirche bei der Jesuitenuniversität aufgeführt wurde. Auf dem Titelblatt bezeichnet sich Breunich noch als *Sanctae Metropolitanae Ecclesiae Moguntinae Capellae Magister*. Auffallend ist die Überlieferung der meisten erhaltenen Werke im österreichisch-böhmischen Raum. Im Benediktinerstift Seitenstetten ist der seltene Mainzer Originaldruck der sechs Messen vorhanden. Hatte er ihn persönlich überreicht? Das im Stift Göttweig als Unikat überlieferte *Te Deum* ist mit 1739 datiert.[41] Hatte der aus Mainz stammende Abt Gottfried

[36] Abb. nach S. 64.

[37] A. Gottron: Ivo Salzinger (wie Anm. 33), S. 361.

[38] F. Zobeley: Rudolf Franz Erwein Graf von Schönborn (wie Anm. 32), S. 55.

[39] Wien, Haus-, Hof-, und Staatsarchiv, Akten der k.u.k. Gesandtschaft zu Rom, 125, 132, 136, 152.

[40] Wien, Haus-, Hof-, und Staatsarchiv, Akten der k.u.k. Gesandtschaft zu Rom, 125, 132, 136, 152.

[41] Friedrich W. Riedel: Der Göttweiger Thematische Katalog von 1830. (= Studien zur Landes- und Sozialgeschichte der Musik, 2/3). München-Salzburg 1979. S. 272, Nr. 1727 (unter Preinich).

Bessel[42] dem reiselustigen Mainzer Domkapellmeister Gastfreundschaft gewährt oder war dieser im nahen Schloß Göllersdorf bei Friedrich Karl von Schönborn auf Besuch gewesen?

Seinen Beziehungen zu dem Letztgenannten dürfte Breunich es verdanken, daß er um diese Zeit[43] Hofkaplan der Tochter Kaiser Josephs I., der sächsischen Kurfürstin und polnischen Königin Maria Josepha, wurde. 1737 gehörte er bereits zum Gefolge des Kurfürstenpaares, als dieses mit der Mutter der Kurfürstin, der Kaiserinwitwe Wilhelmine Amalia, im Schloß Neuhaus in Böhmen zusammentraf. Zu diesem Anlaß vertonte Breunich ein Pastorale *Timandra*, das von den Prinzen und Prinzessinnen aufgeführt wurde. Den Text hatte der sächsische Hofpoet Stefano Benedetto Pallavicino geschrieben, der vorher am Düsseldorfer Hofe Johann Wilhelms gewirkt und dessen Libretto *Teofano* kein geringerer als Händel für seine Oper *Ottone* verwendet hatte.

1746 wurde Breunich in Dresden zum Hofkirchenkomponist ernannt. Als solcher hatte er Musik für die Hochämter in der neuerbauten katholischen Hofkirche zu schreiben. Nebenbei komponierte er Opern und Oratorien für Dresden und Warschau, aber auch für den fürstbischöflichen Hof in Bamberg. Am 27. Oktober 1755 starb Breunich 56jährig in Dresden.[44]

Der sächsische Hofmusikhistoriograph Moritz Fürstenau nennt 1862 Breunich abfällig *ein mittelmäßiges Talent*, das seine *Beförderung wahrscheinlich nur seiner geistlichen Stellung zu verdanken* habe.[45] Allerdings waren Fürstenau nur wenige Werke von Breunich zugängig, und diese hat er offenbar nicht näher untersucht. Gottron[46] kommt zu einem positiveren Urteil, doch lagen auch ihm nur eine beschränkte Anzahl Kompositionen vor. Die Bestandsaufnahme von Gottron[47] ergab 32 Werke, davon zehn erhaltene. Inzwischen sind etwa hundert nachweisbar, von denen ein Drittel nach vorläufigen Ermittlungen noch existieren. Nach dem jetzigen Stand umfaßt das Oeuvre Breunichs nachstehende Werkgattungen:

Kirchenmusik: 14 Messen und Requiem, 16 Offertorien, 8 Vespern und Vesperpsalmen, 16 Marianische Antiphonen, 6 Litaneien und Verwandtes, 1 Te Deum, 3 Miserere.

Dramatische Werke: 10 Opern, 6 Oratorien, 1 Arie.

Instrumentalwerke: 1 Flötenkonzert, 3 Triosonaten, 13 Partiten und Sonaten für Klavier.

Daß die Kirchenwerke von keinem mäßig talentierten Komponisten stammen, beweist ihre mehrfache Überlieferung und ihr Weiterleben nach Breunichs Tod. So wurden im Stift Kremsmünster (Oberösterreich) bis 1829 Vespern von

[42] Friedrich W. Riedel: Musikpflege im Stift Göttweig unter Abt Gottfried Bessel. In: Gottfried Bessel (1672–1749). Diplomat in Kurmainz – Abt von Göttweig – Wissenschaftler und Kunstmäzen. (= QAMrhKG, 16). Mainz 1972. S. 141–172.

[43] Der genaue Zeitpunkt ist nicht zu ermitteln.

[44] Totenbuch der katholischen Hofkirche in Dresden; vgl. A. Gottron: Johann Michael Breunich. 1947 (= Bibl. Nr. 1736), S. 74; der von Gottron erwähnte Einmarsch der preußischen Truppen fand allerdings erst im Jahre 1760 statt.

[45] Moritz Fürstenau: Zur Geschichte der Musik und des Theaters am Hofe des Kurfürsten von Sachsen und Königs von Polen. Dresden 1862. S. 182–183.

[46] A. Gottron: Johann Michael Breunich. 1947 (= Bibl. Nr. 1736), S. 74.

[47] A. Gottron: Johann Michael Breunich. 1947 (= Bibl. Nr. 1736), S. 68–72.

ihm aufgeführt.[48] Daß Breunich auf dem Gebiet der Klaviersonate neue Wege einschlug, zeigt der überraschende Fund von zehn Sonaten, über den an anderer Stelle berichtet wird.[49]

Zweifellos gehört Breunich zu den fähigsten Komponisten, die in Mainz gewirkt haben, auch wenn seine Tätigkeit nur drei Jahre lang währte. Nach seinem Fortgang geriet die Dommusik wieder in den Schatten der zu einem bedeutenden Niveau aufsteigenden Hofmusik.[50] Die Glanzzeit der Domkapelle, die sich von der Neugestaltung des Westchores bis zum Ende der Schönborn-Ära erstreckte, war vorüber. Sie war verbunden mit den Erzbischöfen Anselm Franz und Lothar Franz sowie mit den Kapellmeistern Baudrexel und Breunich, die zu den herausragenden Persönlichkeiten der Mainzer Kulturgeschichte gezählt werden können.

[48] Altman Keller: Musikgeschichte des Stiftes Kremsmünster. Kassel-Basel 1956. S. 599.

[49] Friedrich W. Riedel: Die Klavierkompositionen von Johann Michael Breunich (1699 – 1755). In: Festschrift für Lothar Hoffmann-Erbrecht. Tutzingen (im Druck).

[50] A. Gottron: Musikgeschichte. 1959 (= Bibl. Nr. 1675), S. 107 – 108.

DER MAINZER DOMBRAND VON 1767

Helmut Mathy

Heinrich Schrohe, der verdiente Erforscher der Mainzer Stadtgeschichte[1], hat sich wiederholt auch mit den Schicksalen des Martinsdomes beschäftigt und neben dem, was seine geistlichen „Zunftgenossen“ Domdekan Werner und Prälat Friedrich Schneider[2] und in neuerer Zeit das Werk von Rudolf Kautzsch / Ernst Neeb[3] sowie die Forschungen von Fritz Arens[4], Wilhelm Jung[5] und Anton Ph. Brück[6] auf baugeschichtlichem, kunsthistorischem und liturgischem Sektor zutage gefördert haben, die eine oder andere Quelle zu diesem Bauwerk von abendländischem Rang erschlossen. Dies tat er nicht nur in wissenschaftlichen Publikationsorganen, sondern auch in Zeitungsbeilagen, wobei er auch in letzteren seine Detailkenntnisse und Quellenbelege ausbreiten konnte; eine Tatsache, welche die Redakteure heutiger Zeitungen überraschen dürfte, die immer mehr auf die sogenannten Heimat-Beilagen verzichten, weil sie der begründeten Auffassung sind, Geschichte habe erst dann ihren eigentlichen Stellenwert in der Gegenwart gewonnen, wenn ihre Probleme und Themen integrativ im gesamten Zeitungs-Ensemble zur Geltung kämen.

Besonders in der täglichen Beilage zum Mainzer Journal, der „Feierstunde“, hat sich Schrohe mit der in neuerer Zeit nicht wieder behandelten Geschichte des Mainzer Domes im 18. Jahrhundert befaßt und in zwei Serien im Jahre 1917 sowohl über den Dombrand von 1767 als auch über die Zerstörungen und Veränderungen, die in der französischen Epoche seit dem Einmarsch Custines diesem Bauwerk widerfuhren, aufgrund städtischer Akten berichtet.[7] Doch sind seit diesen Ausführungen über den Dombrand von 1767 einige Quellenstücke zum Vorschein gekommen, die unsere Kenntnisse vermehren und erweitern.

Zunächst hat Schrohe selbst aus dem Nachlaß Friedrich Schneiders einen Reisebericht über Mainz im Jahre 1769 veröffentlicht[8], den der ehemalige Herzoglich Braunschweigisch-Wolfenbüttelische Artillerie-Hauptmann J.C. Stövesandt verfaßte, welcher damals zum dritten Mal an den Rhein kam, nachdem er bereits 1743, nach dem ersten Schlesischen Krieg, an der Seite der österreichischen Armee in Bretzenheim vor Mainz mit der Szenerie am

[1] Über ihn H. Mathy: Heinrich Schrohe (1864–1939). In: Mainz. Vierteljahreshefte für Kultur, Politik, Wirtschaft, Geschichte 3 (1983) Heft 3, S. 67–70.

[2] Vgl. etwa F. Schneider: Der Dom. 1886 (= Bibl. Nr. 168; Bibl. bedeutet: Die vollständige bibliographische Angabe ist in der Bibliographischen Handreichung dieser Festschrift unter der nachfolgend angegebenen Nummer zu finden).

[3] R. Kautzsch / E. Neeb: Der Dom. 1919 (= Bibl. Nr. 149).

[4] Sein neuestes zusammenfassendes Werk: Der Dom. 1982 (= Bibl. Nr. 33).

[5] W. Jung (Hrsg.): 1000 Jahre Mainzer Dom. 1975 (= Bibl. Nr. 147).

[6] A. Brück (Hrsg.): Willigis und sein Dom. 1975 (= Bibl. Nr. 136).

[7] H. Schrohe: Ein Gedenktag. 1917 (= Bibl. Nr. 673). H. Schrohe: Die Schicksale des Mainzer Domes. 1917 (= Bibl. Nr. 778).

[8] H. Schrohe: Bilder aus der Mainzer Geschichte. Friedberg 1922. S. 23–49: Ein Reisebericht über „Mainz im Jahre 1769“.

Mittelrhein vertraut worden war. 1769 bemerkt er über den Mainzer Dom: *Diese Kirche hat sich also seit meinem letzteren Dasein inwendig sehr verschönert, von auswendig aber durch den vor zwei Jahren am 22. Mai entstandenen Brand etwas verringert. Das Gewitter schlug mitten in der Nacht in den großen Turm, welcher über dem hohen Chor stehet, und verzehrte binnen kurzem die Spitze mit den Glocken und das silberne Meßglöcklein. Bei dem Herunterstürzen fiel ein Teil durch ein gesprungenes Gewölbe seitwärts im hohen Chor und stürzte zwei der messingenen Säulen, deren vier an dem hohen Altar stehen, um. Doch dieses war der Schaden allein, so von inwendig geschah, da man mit aller Vorsorge die Ausbreitung des Feuers zu verwehren suchte und durch Rettung äußerlich es dahin brachte, daß auch das hohe Dachwerk erhalten wurde, und die Flamme, die seitwärts lief, nur die niedrigen Dächer über den Kapellen verzehrte, welches doch aber alles wieder hergestellt sich befindet und, wie man sagt, bedacht ist, auch wiederum die Spitze oder vielmehr ein pyramidalisches Dachwerk auf das gebliebene Turmgemäuer zu setzen. Also siehet man diese Kirche in voller Zierde, die nach meinem vorigen Dasein (= Aufenthalt in Mainz) geweißt, ja sogar bei der Reparatur auch darin hergestellet, daß man die abgeschlagenen Ecken an den Fußgesimsen, welches die Schweden getan, mit Stein und Gips ergänzet ...*[9] Im weiteren Bericht werden dann einzelne Baudenkmäler des Domes geschildert.

Bislang ist über den Dombrand nur ein einziger Augenzeugenbericht veröffentlicht worden.[10] Er stammt aus der Feder des letzten Bursarius der Zisterzienser-Abtei Eberbach im Rheingau, P. Christophorus Lacroix, der möglicherweise in jener Schreckensnacht des 22. Mai 1767 im Mainzer Hof seines Klosters weilte oder von seinen dortigen Mitbrüdern im Detail informiert worden sein dürfte. Nach einer sehr plastischen Schilderung des *schröckvollen Donnerwetters*, das am Freitagabend seine Blitze in das Westwerk zucken und einschlagen ließ, und der unzulänglichen Löschvorkehrungen faßt Lacroix die Auswirkungen der Katastrophe zusammen: *Es mußte indessen dieser so herrliche Turm nicht allein dem Feuer unterliegen, sondern die von dem Turm herabgefallenen feuervollen Balken zündeten alles übrige Dachwerk auf dem hohen Chor an und verwandelten selbiges in die Asche. Desgleichen sind auf denen zwei an den hohen Chor stoßenden Kreuzflügeln alle Dächer, item jene auf dem Paradeis, nebst etlichen 1000 Malter Domherrn-Früchten wie auch sämtliche im Paradeis gestandenen Kaufmannsladen vom Feuer völlig verzehret worden, welches so grausam wütete, daß an allem von puren Quadratsteinen aufgeführten Gemäuer große Stücke gesprenget worden. An der Marktseite wurde sämtliches Dachwerk auf denen vielen Kapellen der Domkirch bis an den Pfarrchor durch das Feuer verzehrt. (...)*

In Summa: Was sozusagen denen Flammen ausgesetzt war, hat des Morgens 7 Uhr in seinem Nichts gelegen und einer Verwüstung gleich gesehen, welche in der hohen Domkirch selbst dergestalten groß gewesen, daß in Ansehung dessen alle Herzen gerühret wurden. Man sahe nichts als Wasser, Ruß, Kohlen, Kot gleichsam flutend; Feuerspritzen, Schlauch, Eimer, Leitern, Haken stunden

[9] H. Schrohe: Bilder (wie Anm. 8), S. 29–30.
[10] A. Schmidt (Hrsg.): Der Mainzer Dombrand. 1923 (= Bibl. Nr. 672).

und lagen da; alle Fenster gegen die Marktseite zerbrochen, überhaupt spectaculum horrendum visu. Die Werkleute samt einer Menge Volks haben diesen ganzen Tag zu tun gehabt, die hier und da in den Winkeln verborgene Glut zu dämpfen und in denen folgenden bis den 5ten Junii als in festo S. Bonifacii, die Kirch zu säubern, an welchem Tag der erste Gottesdienst in dem Pfarrchor anwieder gehalten wurde. Im hohen Chor jedoch wurde zuerst in festo Sancti Martini mittelst Absingung des Asperges zum Gottesdienst der Anfang gemacht, in welchem er die Stadt und Land bis zum End der Zeiten gnädiglich erhalten wolle.[11]

Aber der Berichterstatter hebt wie andere zeitgenössische Quellen auch das Glück im Unglück hervor: *Bei diesem Unglück ware das größte Glück, daß der Turm nicht von unten entzündet worden, ansonsten der ganze Last notwendig auf eine Seite der Stadt hätte zusammenfallen und die ganze Stadt in Gefahr ihres gänzlichen Untergangs setzen müssen.*[12]

Aus den Untersuchungen von Schrohe wissen wir, wie sich das Domkapitel bei jenen dankbar und erkenntlich zeigte, die in dieser schrecklichen Nacht und danach rastlos tätig waren, um eine noch größere Katastrophe abzuwenden.[13] Belohnung der Mainzer Garnison und der Bürgerschaft sowie der Zünfte mit einigen Stück Wein und mit Weißbrot, aber auch Danksagung an den Fürsten von Nassau für das Herüberschicken einer Feuerspritze sowie auch den Bürgern von Biebrich und Mosbach, die ebenfalls mit ihren Löschgeräten über den Rhein geeilt waren, und neben den Naturalien Ehrenbezeigungen, Beförderungen, Gunsterweise[14]; immer wieder war der Gedanke vorherrschend, daß alles noch viel schlimmer hätte kommen können.

An erster Stelle aber, noch bevor die Wiederherstellung der Kathedrale beschlossen wurde, stand der Dank an *die unendliche Güte und Barmherzigkeit Gottes.* Der Kurfürst Emmerich Joseph von Breidbach-Bürresheim (1763–1774) verordnete ein allgemeines und öffentliches Dankfest, womit, noch ganz im barocken Sinn, dokumentiert werden sollte, wie eng Leben und Tod, Errettung und Verderbnis in der Hand des Allerhöchsten liegen und Eitelkeit wie Vergänglichkeit auf Erden auf der anderen Seite aber kein Gegensatz zu lebensvoller, sinnenfreudiger Repräsentation darstellen muß, weil eben Gott in allen Werken zu verherrlichen sei.

In der Sitzung des Generalvikariats vom 28. Mai 1767 wurde folgender Tagesordnungspunkt abgehandelt: *Das wegen abgehaltenem größerem Unglück bei jüngsthin in Brand geratenen Domkirche anzustellende Dankfest.* Der bisher unveröffentlichte Eintrag sei in vollem Wortlaut wiedergegeben:

Ihro Kurfürstliche Gnaden erlassen anhero ein höchstes Rescript, inhalts dessen Höchstdieselben gnädigst befehlen, daß wegen abgewendetem größeren Unglück von der Kurfürstlichen Residenz dahier bei vorgewesenem letztern schweren Brand dem Allerhöchsten mittelst eines den 31. dieses anzustellenden Dankfest(es) der schuldigste Dank erstattet werde.

[11] A. Schmidt (Hrsg.): Der Mainzer Dombrand. 1923 (= Bibl. Nr. 672), S. 13–14.
[12] A. Schmidt (Hrsg.): Der Mainzer Dombrand. 1923 (= Bibl. Nr. 672), S. 14.
[13] H. Schrohe: Ein Gedenktag. 1917 (= Bibl. Nr. 673), S. 3 ff.
[14] H. Schrohe: Ein Gedenktag. 1917 (= Bibl. Nr. 673), S. 3.

Conclusum: Demnach Ihro Kurfürstliche Gnaden in Erwägung genommen, was für ein Unglück einem großen Teil Höchstihro Residenzstadt, dessen Einwohnern und Bürgern fast ohnvermeidlich bevorgestanden seie, wann die Wut des Feuers, so den 22ten dieses die Hohe Dom- und erzbischöfliche Mutterkirch entzündet, weiter um sich gegriffen hätte, und Höchstdieselbe die Abhaltung dieses Unglücks der ohnendlichen göttlichen Güte und Barmherzigkeit lediglich beimessen, sofort gnädigst befehlen, daß dem Allerhöchsten für die mildeste Abwendung sothanen Unglücks mittelst eines auf dem nächst einstehenden Sonntag als dem 31ten des zu End gehenden Monats anzustellenden allgemeinen und öffentlichen Dankfest(es) der schuldigste Dank erstattet werde; als wird solches dem gesamten hiesigen Clero tam saeculari quam regulari hiermit bekannt gemacht, mit dem Befehl, sich auf eben benanntem Tag morgens frühe 7 Uhr in der Collegiat-Stiftskirche zu unserer lieben Frauen dahier mit ihren Kreuzen ohne Fahnen einzufinden, die von da ausgehende vorgängige Bittprocession zu begleiten und dem hiernächst folgenden, dem Allerhöchsten zu erstattenden Dankopfer und abzusingenden Te Deum etc. in obgedachter Collegiat-Kirche beizuwohnen. Den gesamten Pfarrern und Predigern hiesiger Residenzstadt wird insbesondere anbefohlen, in ihren den Nachmittag obbemeldeten Tags oder (an) nächstfolgenden Tagen (zu) haltenden Predigten das christliche Volk zu besonderer Dankerstattung für die der hiesigen Residenzstadt und Einwohnern durch Abhaltung größeren Unglücks zugeflossene himmlische Gnad anzufrischen.

Im übrigen wäre allen Vorgesetzten deren hiesigen Stifts-, Pfarr- und Klosterkirchen zu bedeuten, daß bei Anstimmung des Te Deum auf gegebenes Zeichen in der Collegiat-Kirche zu unserer lieben Frauen mit allen Glocken deren hiesigen Kirchen zu läuten seie.

An Kurfürstliche Regierung – Conclusum (...) Als wäre eine hochlöbliche Regierung von dieser Kurfürstlichen höchsten Anordnung die Nachricht per extractum protocolli zu dem Ende geziemend zu erteilen, damit sowohl dieselbe die weitere Verfügung dahier beliebig mache, daß sämtliche übrige Kurfürstliche Dicasteria sowohl als hiesige Bürgerschaft in Gefolg Kurfürstlich gnädigsten Willens diesem Dankfest beiwohnen und in der Collegiatstifts-Kirche zu unserer lieben Frauen dahier auf oben benanntem Tag morgens nach 7 Uhr sich einfinden.[15]

Einen Tag nach dem Dankgottesdienst in Liebfrauen wurde in der Sitzung des Generalvikariats ein Brief an den offensichtlich bei dem Gottesdienst nicht anwesenden Kurfürsten beschlossen, in dem dieser noch einmal darüber unterrichtet wurde, *daß diesen allgemein und öffentlichen Feierlichkeiten nicht allein hiesiger Clerus saecularis et regularis, sondern auch der sich allhier befindliche Kurfürstliche Hofstaat, die Kurfürstlichen Dicasteria, die gesamte Bürgerschaft und hiesige Garnison beigewohnet habe.*[16]

[15] Dom- und Diözesanarchiv Mainz (Generalvikariats-Protokolle): Protokoll vom 28. Mai 1767. S. 209 – 210. Wiedergabe in Rechtschreibung und Zeichensetzung weithin modernisiert.
[16] Dom- und Diözesanarchiv Mainz (Generalvikariats-Protokolle): Protokoll vom 1. Juni 1767. S. 210.

Von Mitte 1767 bis zur Mitte des darauf folgenden Jahres dauerte die provisorische Wiederherstellung der Dächer am Mainzer Dom. Beim Wiederaufbau des Turms kamen dann zunächst die Vorstellungen des einheimischen Architekten Johann Valentin Thomann, des Ingenieur-Lieutenants Schneider und des Ingenieur-Majors Johann Christoph Eickemeyer in die Diskussion; zum Tragen kam aber schließlich der Plan des Franz Ignaz Michael von Neumann, Sohn des genialen Würzburger Barockbaumeisters Balthasar Neumann. Nach vielerlei Kontroversen, in denen auch auswärtige Gutachten aus Straßburg und Paris eine Rolle spielten, erging am 25. Mai 1771 der endgültige Beschluß des Domkapitels, daß der Westturm nach dem Riß von Neumann aus Stein erbaut werde. Die Einweihung konnte Kurfürst Emmerich-Joseph noch am 7. Februar 1774 selbst vollziehen, während er bei der letzten Arbeit am Turm, beim Anstrich von 1777, bereits drei Jahre verstorben war.[17] Neumanns Schöpfung, die bei den Zeitgenossen und auch im 19. Jahrhundert kaum Anerkennung fand, steht in der Kunstgeschichte von heute in größtem Ansehen. Fritz Arens, der gegenwärtig beste Kenner der verwickelten Baugeschichte des Mainzer Domes, schreibt: *Durch diese Anpassung und durch die doch wieder neuartigen Ideen einer Turmbekrönung hat Neumann der Westgruppe den originellsten und malerischsten Abschluß gegeben, über den eine deutsche Kathedrale verfügt. Er hat dem spätromanischen Bau gewissermaßen die Krone aufgesetzt.*[18] – Von daher kann man am Schluß die Frage stellen: Was wäre der Mainzer Dom heute ohne den Brand von 1767 und das durch ihn herausgeforderte Neumann'sche Westwerk?

[17] H. Schrohe: Ein Gedenktag. 1917 (= Bibl. Nr. 673), S. 6 ff., und F. Schneider: Der Dom. 1886 (= Bibl. Nr. 168), S. 47 ff.

[18] F. Arens: Das Goldene Mainz. 1969 (= Bibl. Nr. 4), S. 40.

Prospect der Stadt.
MAINZ.

Taf. XV.

H. Sturm lith.

ANSICHT DES DOMES IM JAHR 1767.

Den 22ten Mai 1767 zündete der Blitz den hohen zugespitzen Hauptthurm des Domes, und legte denselben nebst der ganzen Kirche und den umliegenden Gebäuden in Asche. Nur durch große Anstrengung wurde das Langhaus, der Pfarrthurm, das Dach und der kleine Thurm nach dem Kreuzgange zu, so wie dieser selbst gerettet.

DER MARIENALTAR IM MAINZER DOM

Eine Stiftung des Bischofs Wilhelm Emmanuel Frhr. v. Ketteler zu seinem silbernen Jubiläum am 25. Juli 1875

Wilhelm Jung

Bei meinen Domführungen geleite ich die Teilnehmer nach einer Einführung am Marktportal in die Marienkapelle mit dem Marienaltar. Kein anderer Ort im vielgestaltigen Dom bietet eine so intensive, augenfällig sichtbare Einführungshilfe in seine Geschichte, seine kunsthistorische Bedeutung und seine religiöse Dimension. Von hier aus erkennen wir Baugestalt und Raumstruktur des salisch-staufischen Südseitenschiffs und Hochschiffs. Von hier aus begreifen wir den dramatischen Wandel vom Staatsdom des ersten Reichs der Deutschen während der Kaiserzeit der Ottonen, Salier und Staufer zur Kathedrale des Mainzer Erzbischofs und seines mächtiger werdenden Domkapitels. Die Aussonderung von Räumen für Privatgottesdienste, das ist der Bau der Kapellen auf der Nordseite beginnend im Osten mit der St. Victorkapelle 1279, offenbart uns etwas vom dramatischen Ringen der beiden Universalmächte Papsttum – Kaisertum, dem Untergang der Staufer, dem Aufkommen neuer Orden, neuer Frömmigkeitsformen und neuer theologischer Systeme im 13. Jahrhundert. Gestalten wie Friedrich II., Franziskus, Elisabeth und Thomas v. Aquin treten vor unsere geistigen Augen. Diese dynamischen Wandlungen der alten politischen und kirchenpolitischen Strukturen, des Religiösen, des Menschenbildes spiegelten sich in gleichen Wandlungen der Kunst und Kultur. Auch dies wird sichtbar in der Marienkapelle, gebaut im „stile nuovo“, den wir seit dem 16. Jahrhundert Gotik nennen. Das angrenzende Südseitenschiff und das Hochschiff zeigen sich in den Formen des älteren Stils, den wir seit dem 19. Jahrhundert Romanik nennen[1].

Und der Marienaltar selbst! Welche Fülle an Erkenntnissen, Einsichten und Erfahrungen eröffnet er den Dombesuchern bei der Betrachtung seiner Holzbildwerke, unseres Dompatrons St. Martinus (ca. 316 – 397) und des Begründers der kirchenpolitischen Bedeutung der Mainzer Metropole St. Bonifatius (746 – 754). Welche Tröstungen vermittelt er den gläubigen Betern mit dem mittleren Holzbildwerk des Dom-Gnadenbilds der „Schönen Mainzerin“. Immer brennen hier Kerzen, immer knien hier Beter. So war es fast zwangsläufig, daß auch der Hl. Vater Papst Johannes Paul II. bei seinem Deutschlandbesuch am 17. November 1980 hier niederkniete und betete. Der Marienverehrer aus Polen hatte schon zweimal vorher hier gekniet: 1977 als Erzbischof von Krakau, dem von der Theologischen Fakultät der Johannes Gutenberg-Universität aus Anlaß der 500-Jahr-Feier die Ehrendoktorwürde verliehen worden war, und 1978 im Gefolge seines Primas zum Versöhnungsbesuch einer Delegation des polnischen

[1] Umfangreichere, weitergehende Ausführungen hierzu in W. Jung: Die Steine reden noch. 1981 (= Bibl. Nr. 327; Bibl. bedeutet: Die vollständige bibliographische Angabe ist in der Bibliographischen Handreichung dieser Festschrift unter der nachfolgend genannten Nummer zu finden).

Episkopats. Ganz sicher aber galt sein dreimaliger Besuch der Marienkapelle, mit Gebet vor dem Gnadenbild, auch unserem hochverehrten, unvergessenen Bischof Wilhelm Emmanuel Frhr. v. Ketteler (1850 – 1877), der als Stifter des Marienaltars auf der Evangelienseite in einem Wandgrab ruht.

Mit der Einführung in die Lebensgeschichte und die Wirksamkeit dieses bedeutenden Bischofs auf dem ehrwürdigen Mainzer Stuhl erfahren die Dombesucher etwas über die Geschichte des 19. Jahrhunderts, Untergang des alten Erzbistums, über das Bistum Mainz der Napoleonzeit in den Grenzen des Departement Mont-Tonerre und über das neue Bistum Mainz von 1821/27 in den Grenzen des Großherzogtums Hessen, heute noch unser Bistumsbereich. Sie erfahren von den Schwierigkeiten der katholischen Sache im 19. Jahrhundert, vom unerschrockenen Einsatz Kettelers, von seinem aufrüttelnden Predigen, Schreiben und Tun für die Arbeiterschaft. Zu seinen Ehren brennt hier seit 1934 die Lampe der katholischen Arbeiterbewegung, 1942 im Bombensturm erloschen, nach dem Krieg neu entzündet.

Im krassen Gegensatz zur Bedeutung der Marienkapelle und des Marienaltars im Ensemble unseres tausendjährigen Doms steht der bescheidene Umfang an wissenschaftlichen Publikationen. Die bibliographische Handreichung von Regina Elisabeth Schwerdtfeger[2] macht dies offenkundig. Der Kunstdenkmäler-Inventarband[3] über unseren Dom von 1919 – immer noch das wissenschaftliche Standardwerk – informiert lediglich über die Kapelle und die drei kunsthistorisch wertvollen Bildwerke im Marienaltar aus der Zeit um 1510 – 20. Um die Meisterzuschreibung der Holzbildwerke von Martinus, Bonifatius und Maria mühten sich mehrere Kunstforscher ohne erkennbaren Erfolg und ohne allgemeine Anerkennung. Ganz stiefmütterlich wurde der 1875 geschaffene Marienaltar selbst bisher bedacht. Über ihn gibt es keine wissenschaftliche Publikation. Aus der Erkenntnis um die Bedeutung unseres Marienaltars soll hier ein erster Versuch vorgelegt werden.

1. Zur Geschichte von Marienkapelle und Marienaltar

Der Marienaltar steht auf einem einstufigen 1924 – 28 verlegten Marmorpodest[4] (Ungarisch-Rot) an der Ostwand der Marienkapelle[5]. Diese Ostwand ist wie die übrigen Trennwände der Kapellen im unteren Teil bis

[2] Siehe Bibl. Nr. 601 – 607 und Nr. 1092 – 1095.

[3] R. Kautzsch / E. Neeb: Der Dom. 1919 (= Bibl. Nr. 149), S. 199 – 202.

[4] Über die umfänglichen Sicherungs- und Restaurierungsarbeiten 1924 – 28, in deren Verlauf der gesamte Fußboden des Domes um 43,5 cm abgesenkt und erneuert wurde, in rotbuntem Marmor aus dem Donautal im römischen Verband von Rechteck und Quadratplatten verlegt, berichtet A. Strempel: Die Rettung. 1928 (= Bibl. Nr. 1270), S. 75 und S. 79.

[5] Die erst seit der Errichtung des Marienaltars 1875 neu benannte Marienkapelle entstand aus der Zusammenlegung der ursprünglichen St. Bonifatius- und St. Peter und Paul-Kapelle. Diese neue, heutige Marienkapelle darf nicht verwechselt werden mit der alten Kapelle „Beatae Mariae Virginis" vom Ende des 15. Jahrhunderts; das waren die beiden Joche auf der Nordseite zwischen Marktportal und Querhaus. Seit 1960 wurde hier mit der Versetzung des Kreuzaltars aus der Barbarakapelle und der Anbringung von Gittern zum Seitenschiff hin eine stille Stätte für Beter und zur Aufbewahrung des Hl. Altarsakraments geschaffen.

2,20 m Höhe in roten Sandsteinquadern aufgemauert. Darauf sitzt ein vierbahniges 1874/75 erneuertes, offenes Maßwerk, das mit seinem spitzbogigen Abschluß in den Gewölbegurtbogen einbindet. In der ursprünglichen Anlage war jedes Gewölbejoch durch eine solche, unten im Altarbereich geschlossene, oben offene Maßwerkwand als eigene Kapelle eingerichtet. Auf der Nordseite im Osten beginnend: 1. Joch: St. Victorkapelle (gew. 1279), 2. Joch: St. Barbarakapelle (erb. um 1280), 3. Joch: St. Nazariuskapelle (erb. nach 1280), 4. Joch: St. Magnuskapelle (erb. nach 1280), 5. Joch: St. Lambertuskapelle (gew. 1291), 6. Joch: St. Bonifatiuskapelle (erb. nach 1290), 7. Joch und Halbjoch vor dem Marktportal: St. Peter und Paul-Kapelle (erb. nach 1290), 8. Marktportal, 9. und 10. Joch: St. Marienkapelle (erb. vor 1498). Entsprechend erfolgte die Anlage der Kapellenreihe auf der Südseite, hier allerdings um 1300 mit der St. Michaelskapelle im Westen, eineinhalbjochig, beginnend und im Osten mit der Allerheiligenkapelle 1319 abschließend. Als der alte Glanz des „Goldenen Mainz" und die Macht seiner Metropoliten als Reichserzkanzler in der französischen Besetzung 1792/93 und den folgenden Ereignissen erloschen waren, wurde auch unser Dom schwer in Mitleidenschaft gezogen. Profaniert, auf Abbruch bestimmt, konnte er durch den Bischof des französischen Bistums Mainz (Departement Donnersberg) Joseph Ludwig Colmar (1802 – 1818) mit Hilfe Napoleons gerettet werden. 1813/14 nach den schweren Niederlagen Napoleons öffnete Colmar den Dom als Lazarett und Notquartier für die kranken und verwundeten Soldaten seiner großen Armee. Nach der Einrichtung des neuen Bistums Mainz begann der amtierende Kapitularvikar Johann Jacob Humann (1818 – 1830) gegen 1820 mit der notwendigen Behebung der größten Schäden am Dom. 1830 erfolgte die Installierung eines neuen Domkapitels – einst bis zu 24 adelige Domherrn, jetzt Domdekan und 6 Domherren. Kurz vorher war es nach schwierigen Verhandlungen mit dem evangelischen Landesherrn gelungen, sich mit Rom auf einen neuen Bischof zu einigen, Joseph Vitus Burg (1829 – 1833). Danach steigern sich die Bemühungen der neuen Diözese und ihrer Leitungen auf allen Gebieten. Auch unser Dom partizipierte am neuen Elan. Auf eine genauere Darstellung all dieser Ereignisse und deren Folgen kann hier verzichtet werden, weil hervorragende wissenschaftliche Arbeiten dazu erschienen sind[6]. Im Zuge der Restaurierungen und Renovierungen unseres Domes wurden 1828 – 30 die Trennwände einiger Kapellen niedergelegt und je zwei Joche zu einer Kapelle vereinigt, nicht zuletzt eine Folge der Reduzierung des Domkapitels und verminderter Bedarf an Altären. So wurden auf der Nordseite außer zwei weiteren, die Trennwand zwischen der St. Peter und Paul-Kapelle und der Bonifatiuskapelle niedergelegt. Unser Marienaltar steht also an der Ostwand der ehemaligen Bonifatiuskapelle. Über den an gleicher Stelle

[6] Ludwig Lenhart: Joseph Ludwig Colmar aus Straßburg, der religiöse Bischof einer Mainzer Zeitenwende (1802 – 1813). In: Jahrbuch für das Bistum Mainz 1 (1946) S. 76 – 94; Ludwig Lenhart: Bischof Joseph Burg (1830/33) oder eine grundsätzliche staatskirchliche Episode auf dem neuen Mainzer Bischofsstuhl. In: Jahrbuch für das Bistum Mainz 2,1 (1947) S. 62 – 98; Ludwig Lenhart: Johannes Jacob Humann, der langjährige Bistumsverweser (1818 – 1830) und der kurzfristige Mainzer Bischof (16. Juli – 19. August 1834) in der Geisteshaltung Colmars. In: Jahrbuch für das Bistum Mainz 3,1 (1948) S. 37 – 54 und 3,2 (1948) S. 186 – 213.

einst stehenden Vorgängeraltar haben wir einige gesicherte Nachrichten[7]. Es war ebenfalls ein Marienaltar, 1652 aus Holz errichtet in den üppigen Formen des Mainzer Hochbarock. Er ähnelte dem Saulheimer Altar – seit 1963 in der Barbarakapelle der Nordseite – einst gestiftet 1664 von Dompropst Adolph Hundt v. Saulheim für die Marienkapelle zwischen Marktportal und Nordquerhaus. Stifter unseres barocken Marienaltars war der Dompropst von Mainz und Speyer, Propst von St. Alban, nachher Bischof von Worms Georg Anton v. Rodenstein, der nach seinem Tode 1652 vor seinem Altar beigesetzt worden ist. Nach der ersten Ausbesserung der umfangreichen Schäden im Dominnern und am Domäußern, verursacht durch die Besetzung von 1792/93, der Rückeroberung durch das Reichsheer mit der vernichtenden Kanonade 1793, der Abtrennung an Frankreich 1797, der Profanierung bis zum ersten Gottesdienst des Bischofs Colmar 1804 war dann dieser barocke Marienaltar an der Reihe. 1807 hatte ihn der Mainzer Vergolder Wolf aufwendig gereinigt, seinen Aufsatz schwarz gestrichen und einige Teile vergoldet. Die durch den verdienstvollen Domdekan Franz Anton Werner geförderten und finanzierten Arbeiten umfaßten auch die braune Fassung des Marienbildes, Vergoldung der Säume und die Vergoldung der Stäbe der beiden Bischöfe. Der Domdekan soll dabei das Marienbild vom hohen Chor auf den Altar verbracht haben. Unzweifelhaft gehören die drei wertvollen Holzbildwerke zusammen. Sie sind nunmehr seit 1807 bezeugt im barocken Marienaltar der Bonifatiuskapelle und dürften einem älteren Vorgängeraltar der Zeit um 1510–20 entstammen. Nachdem alle bisherigen Zuschreibungen an einen Meister oder eine Werkstatt gescheitert sind, weil keine gesicherten archivalischen Belege beigebracht werden konnten und keine Zuschreibung allgemeine Zustimmung gefunden hat, erscheint mir eine neuerliche Anregung von F. Arens[8] bedenkenswert. Er schlägt vor, die drei Holzbildwerke auf ihre Zugehörigkeit zu drei nachgewiesenen Altären mit gemalten Tafeln des Mathis Gothard Nithard gen. Grünewald zu prüfen. Die für unseren Dom im Auftrag des Erzbischofs-Kurfürsten Uriel v. Gemmingen (1508–14) oder seines Nachfolgers Albrecht v. Brandenburg (1514–45) gefertigten Altäre, sollen nach Sandrart (Teutsche Akademie I, 1675) von den Schweden im 30jährigen Krieg aus drei Kapellen unseres Domes geraubt und auf dem Schiffstransport nach Schweden 1631/32 in der Ostsee versunken sein. Die in diesem Zusammenhang von F. Arens erwähnten 1974 neuaufgetauchten Grünewald-Zeichnungen, Skizzen für die Mainzer Domaltäre, erworben vom Cleveland-Museum/Ohio, sind inzwischen als Fälschungen entlarvt worden. Dennoch neige ich dazu, unsere drei qualitätvollen Bildwerke der Zeit um 1510–20 mit den verschollenen Grünewald-Altären des Mainzer Domes in Verbindung zu bringen. Das heißt noch lange nicht, Grünewald sei der Bildschnitzer. Bei der spätgotischen Altarfertigung arbeiteten bekanntlich[9] mehrere

[7] R. Kautzsch/E. Neeb: Der Dom. 1919 (= Bibl. Nr. 149), S. 199–201; S. Duchhardt-Bösken: Der Mainzer Dom. 1975 (= Bibl. Nr. 760), S. 445–446. Hier erstmals der archivalisch belegte Nachweis, daß die drei Holzbildwerke schon 1807 im barocken Marienaltar von 1652 aufgestellt waren (vgl. Anm. 45); F. Arens: Neue Forschungen. 1975 (= Bibl. Nr. 1), S. 106–140. Zum Marienaltar s. S. 111–112; J. Stockinger: Domrenovationen. 1975 (= Bibl. Nr. 1428).

[8] F. Arens: Neue Forschungen. 1975 (= Bibl. Nr. 1), S. 111–112.

[9] Hans Huth: Künstler und Werkstatt in der Spätgotik. Darmstadt [2]1967.

Spezialhandwerker und Werkstätten zusammen. Ja, es produzierten schon in einer Art Serienfertigung zu der Zeit die großen „Altarfabriken" in Brügge und Antwerpen. Bei meiner über 30jährigen intensiven Beschäftigung mit den Arbeiten unseres ehrsamen Hofbildhauers Hans Backoffen († 1519), seiner Werkstatt und seinen Schülern[10] muß ich deren Urheberschaft ausschließen. Freilich, Kenntnisse der Backoffen-Werke, auch der des großen Würzburgers Tilmann Riemenschneider, muß der unbekannte Bildschnitzer unserer drei Bildwerke gehabt haben. Auch seine Herkunft und Verwurzelung im Mainfränkischen und Mainzer Raum erscheinen unzweifelhaft. Respektieren wir seine Anonymität und erfreuen uns an seinen durch alle Fährnisse geretteten Werken!

2. Beschreibung des Marienaltars von 1875

Rechteckiger massiver *Altarunterbau* (Stipes) aus scharrierten rechteckigen, roten Sandsteinquadern in fünf Lagen, 86 cm hoch, 192 cm lang, 118 cm breit. In der Vorderfront drei rote Sandsteinplatten hochkant, scharriert, 86 × 63 × 16 cm. Auf diesem Unterbau liegt die *Mensaplatte* auf, profiliert mit Plättchen und einer 8 cm hohen Kehle. Die glatte Mensa aus rotem Sandstein mißt in der Länge 218 cm, in der Breite 77 cm bei 14 cm Stärke. In den vier Ecken der Oberfläche je ein Weihekreuz 4 × 4 cm hoch. In der Mitte eingelassen Sacrariumsplatte über Reliquien aus rotem Verona-Marmor 20 × 20 cm mit Weihekreuz in der Mitte. Ein weiteres Weihekreuz etwa in der Mitte der Mensaplatte. Hinter der Mensaplatte aus einem Stück ist eine weitere Platte von 52 cm Breite angestückt, auf welcher der hölzerne Schreinaltar ruht. Die 4 cm starke obere Plattenkante der Mensa ist in einen Holzrahmen eingefaßt, der von vier Eisenbändern übereck gehalten wird. Der Holzrahmen dient zur Befestigung eines kostbaren *Antependiums* aus Seide mit Seide- und Brokatstickerei. Das Antependium verhüllt die Vorderseite des Altarunterbaus und ist seitlich schalartig 52 cm breit herumgeführt. Auf der Vorderseite drei gestickte Bilder: in der Mitte im Vierpaßrahmen Marienkrönung, rechts und links je ein kniender, harfespielender Engel im Vierpaß. Die Engel umgeben von einem weiteren hochrechteckigen Rahmen mit neugotischer Schrift, links „Mater purissima. Mater Christi. Mater castissima. Ora pro nobis" und rechts „Sancta Dei genetrix. Sancta Maria. Sancta virgo virginum. Ora pro nobis" – Anrufungen aus der lauretanischen Litanei. Zwischen den drei Bildern der Vorderfront zwei hochrechteckige Rahmen mit Dreipaßmaßwerk, darinnen Lilien und Rosen. Auf ganzer Länge oben und unten Rahmen mit Ranken. Unten auf ganzer Länge Goldfransen. Auf der rechten Seite vom Betrachter her, zum nördlichen Seitenschiff, erscheint auf dem 52 cm breiten Seitenteil des Antependiums im ovalen Rahmen mit vier Halbkreisrosetten die Inschrift:

[10] W. Jung: Die Wiederaufrichtung der Kreuzigungsgruppe des Hans Backoffen bei St. Ignaz. In: Mainzer Almanach. Beiträge aus Geschichte und Gegenwart 1959, S. 137; I. Lühmann-Schmid: Peter Schro. 1975 (= Bibl. Nr. 616).

Memoriam
Reverendissimi Episcopi
Guilelmi Emmanuelis
Liberi
Baronis de Ketteler
venerantes complures fideles
dedicaverunt
MCMXI

Auf dem Altarunterbau mit Mensaplatte, verhüllt vom Antependium, ruht auf dem hinteren Teil zur Ostwand hin der Altaraufsatz (Predella), darüber Mittelschrein mit je einem Seitenflügel und dem bekrönenden Maßwerkgesprenge. Dieser gesamte Altar ist aus bestem Eichenholz gearbeitet. Nur wenige Schmuckteile, etwa die durchbrochenen Ranken unter den Podesten der Bildwerke, und diese selbst sind aus Weichholz (Linde) gearbeitet. Altarrahmenwerk und Bildwerke sind weitgehend mit Ölfarben und Ölgold gefaßt.

Die Predella, 217 cm lang, 82 cm hoch, 61 cm breit, ist auf der Vorderseite mit einem Ölgemälde geziert: zwei kniende Engel halten das Schweißtuch der Veronika mit Christi Antlitz. Rahmende Kanten sind zinnoberrot, Kehlen blau und Käntchen gold gefaßt. Auf den geschweiften Seitenteilen erscheinen schwarze Kornblumen auf grünem Grund. Der kräftige zinnoberrote Predella-Sockel trägt die verstümmelten Inschriften:

(Linke Seite:)
Sollemnem recolentes diem quo amantissimus Episcopus
(Vorderseite, Zeile 1:)
Guilelmus Emmanuel festo S. Jacobi Apostoli quinque ante lustra Cathedram Moguntinam ascendit ipsius diocesios
(Vorderseite, Zeile 2:)
fideles ut altare hoc Beatae Mariae Virginis sacrum pristino splendesceret decore
(Rechte Seite:)
... effecerunt anno Dm̄ MDCCCLXXV.

1875 war das Jahr des 25jährigen, silbernen Bischofsjubiläums Kettelers.

Über der Predella erhebt sich der *Altarschrein* mit je einem Seitenflügel rechts und links. Der rechteckige Kasten (198 cm hoch, 193 cm breit, 47 cm tief) hat in der Mitte eine rechteckige Überhöhung (22 cm hoch, 66 cm breit). Durch zwei vorne auf dem Kastenrahmen aufgestellte Säulen mit Knospenkapitellen entstehen im Schreinskasten drei hochrechteckige Fächer von je 66 cm Breite. Mit zwei weiteren Säulen am rechten und linken Schreinskastenrand tragen die zwei mittleren Freisäulen ein kielbogengeformtes, durchbrochenes Rankenmaßwerk als Schmuck und gestaltete Füllung der sonst oben leeren Kastenhöhlung. Die leere, glatte Rückwand im Innern des Kastenschreins ist liebevoll in Öltechnik ausgemalt. Vom Boden bis zum oberen Drittel eine glattgespannte Damasttapete mit Granatapfelmuster, oben zwei Engelsbüsten, die ihre rechte bzw. linke Hand auf dem Tapetenrand wie auf einer Brüstung abstützen. *Rechts*, stehend in Pontifikaltracht mit Mitra, Hirtenstab in der rechten und Evangelienbuch in der linken Hand, unser Dom- und Diözesanpatron *St. Martinus*[11]. Lindenholz, hinten ausgehöhlt, Sockelplatte 2 cm hoch erneuert, Höhe 142 cm, Breite vorne in der Mitte 46 cm, Tiefe 30 cm, Pontifikaltracht überwiegend matt vergoldet mittels Anlegeöl, Antlitz Inkarnatfarbe, am Halstuch und an den Säumen unbestimmte, vergilbte Farben. Auf der Mitra ist in Flachrelief die Begebenheit aus der Heiligenlegende dargestellt, die den heiligen Martin so volkstümlich und beliebt gemacht hat. Als junger Mann, römisch-senatorischer und panonischer Herkunft, um 316 in Sabaria geboren, tat er Dienst als römischer Offizier in den gallischen und germanischen Provinzen. An einem kalten Wintertag zerschnitt er seinen Offiziersmantel mit dem Schwert und reichte einen Teil dem Bettler an der Lagerpforte. In der Nacht erschien ihm Christus mit dem Mantelteil und verkündete: „Was du dem geringsten meiner Brüder getan, das hast du mir getan.“ Martinus wurde überzeugter Christ, quittierte den Dienst und wurde 371 von Volk und Klerus zum Bischof von Tours gewählt. Gründer des Klosters Marmoutier, Kämpfer gegen Arianismus und Heidentum, starb er selig im Herrn 397. Die beliebtere Darstellung ist zweifellos die als Reiter bei der Mantelteilung. Wegen des hochrechteckigen Faches in unserem Altarschrein blieb der Zwang, Martinus als Bischof von Tours darzustellen. Dieser Sachzwang ist auch für den originalen, spätgotischen Altar anzunehmen, aus dem dieses Bildwerk stammt. In unserem Falle bot die Mitra Platz, das beliebtere Reiterbild als Relief darzubieten.

Links, stehend in Pontifikaltracht mit Mitra, Hirtenstab in der Linken, Evangelienbuch vom Schwert durchbohrt in der Rechten, der Begründer der überragenden kirchenpolitischen Stellung von Mainz im frühen Mittelalter *St. Bonifatius*[12]. Lindenholz, hinten ausgehöhlt, Sockelplatte aus Eichenholz 2 cm hoch erneuert, Höhe 138 cm, Breite vorn in der Mitte 48 cm, Tiefe 30 cm, überwiegend matt vergoldet mittels Anlegeöl, Antlitz Inkarnatfarbe, Mantelfutter rot, verblaßt. In der Mitra als Flachrelief Christus der Schmerzensmann umgeben von Leidenswerkzeugen. Nach F. Arens[13] hat dieser Reliefdarstellung ein Kupferstich Albrecht Dürers (B 20) als Vorlage gedient. Sicher weist sie hin auf Leiden und Märtyrertod des Heiligen, der in Christi Vorbildleiden Trost und Heil gefunden hat. Winfried, um 672/73 in Wessex/Südengland geboren, als Knabe (= puer oblatus) den Benediktinern in Essex übergeben, hier und im Kloster Nursling erzogen und ausgebildet, wird Lehrer in seiner Heimat, um 716 Missionar in Friesland, 719 – 737 mit Schwerpunkt Hessen und Thüringen. Entscheidend drei Romreisen! Auf seiner ersten (719) erhielt er den römischen

[11] Zu Leben, Werk und Darstellungen in der bildenden Kunst s. Joseph Braun: Tracht und Attribute der Heiligen in der Deutschen Kunst. Stuttgart 1943. Sp. 509 – 520; S. Kimpel: Martin von Tours. In: Lexikon der christlichen Ikonographie. Hrsg. v. Wolfgang Braunfels. Bd. 7: Ikonographie der Heiligen. Rom, Freiburg 1974. Sp. 572 – 579; F. Arens: St. Martin. 1982 (= Bibl. Nr. 71), insbes. S. 42 – 43.

[12] Die beste wissenschaftliche Biographie wird meinem Lehrer Theodor Schieffer verdankt: Winfrid-Bonifatius und die christliche Grundlegung Europas. Freiburg 1954. – Allgemein zu Leben, Werk und Darstellungen in der bildenden Kunst vgl. Joseph Braun: a.a.O. (wie Anm. 11) Sp. 148/49; G. Kiesel: Bonifatius-Winfrid. In: Lexikon der christlichen Ikonographie. Hrsg. v. Wolfgang Braunfels. Bd. 5. Ikonographie der Heiligen. Rom, Freiburg 1973. Sp. 427 – 436; F. Arens: Bonifatiusdarstellungen. 1954 (= Bibl. Nr. 486), S. 603 ff.

[13] F. Arens: Neue Forschungen. 1975 (= Bibl. Nr. 1), S. 111, Sp. 2.

Namen Bonifatius mit Sendungsauftrag für Germanien, auf der zweiten (722) die Bischofsweihe und auf der dritten (732) die Bestellung zum Legaten für die Neuordnung im römisch-kanonischen Sinne der z.T. arianischen oder verwahrlosten Christengemeinden in Bayern, Alamanien, Hessen und Thüringen. 746/47 übernimmt er, seit 732 mit der persönlichen Würde des Missionserzbischofs ausgezeichnet, nach Absetzung des unwürdigen Gewilib den alten Bischofssitz Mainz mit seiner günstigen Verkehrslage. Nach weiterer rastloser Tätigkeit, insbesondere der Anbindung aller Gemeinden und der politischen Kräfte im untergehenden Merowinger- und aufstrebenden Karolinger-Reich an das römische Papsttum, wurde er am 5. Juni 754 bei Dokkum/Westfriesland auf einer Missionsreise erschlagen. In der Todesnot hielt der etwa 80jährige ein Buch über sein Haupt zur Abwehr der tödlichen Schwertstreiche. Buch und Leichnam wurden über Mainz laut seinem Testament zur Benediktinerabtei seines Lieblingsschülers Abt Sturmius in Fulda überführt. Seinem Wirken und seiner kirchenpolitischen Bedeutung verdankt der Stuhl von Mainz seit seinem Nachfolger und Schüler Lullus (754–786) die Erhöhung zum Metropolitansitz, Erzstuhl mit der besonderen päpstlichen Auszeichnung „sancta sedes Moguntina, ecclesiae Romae specialis filia“.

Es erscheint als besonderer Gnadenfall, daß diesen überragenden Heiligen der Kirche Christi und seiner Mutter Maria in unseren drei Holzbildwerken so überzeugend Gestalt gegeben worden ist. Schönheit und Qualität der Bildwerke erscheinen den heiligen Personen adäquat. Dies erkannt zu haben ist das besondere Verdienst der Planer und Stifter unseres Marienaltars von 1875, sonst hätten sie, anstatt die „altmodischen“ Bildwerke in ihren neuen Altar zu übernehmen, neuere, „schönere“ im Nazarener-Stil für den Altar herstellen lassen. Für die beiden Seitenflügel gab es keine wertvollen, älteren Bestände, die hätten übernommen werden können. Beide Flügel sind Neuanfertigungen von 1875. Der *linke Seitenflügel*, eine 5 cm starke, hochrechteckige Platte aus Weichholz, mit einer erkennbaren Brettfuge ist gerahmt von einem 10 cm starken Eichenrahmen, profiliert nach innen mit Platte-Kehle-Plättchen (6 cm breit). Gesamtmaße: 216 cm Höhe, 97 cm Breite, 10 cm Tiefe. Auf der Innenfläche bzw. -platte aufgeleimt, gestückt ein 12 cm starkes Hochrelief „Christi Geburt in Bethlehem“. Das Material ist Weichholz in der gleichen Ölgold- und Ölfarbfassung der drei älteren Bildwerke. Vor einer Stallruine, eher ein perspektivisch aufgeschnittenes Haus mit Doppelrundbogenfenster mit Mittelsäule in der Rückwand, mit offenem Dachstuhl, kniet Maria bzw. steht Josef anbetend vor dem vorne liegenden, neugeborenen Jesuskind. Eine durchbrochene Maßwerkfüllung am oberen Flügelrahmen füllt als Pendant zum Maßwerk im Mittelschrein mit zwei Viertel-Bögen die leere Fläche zwischen Relief und Rahmen. Auf der *Flügelrückseite* ein Ölgemälde aus der Domgeschichte. Neben dem Kirchengebäude erscheint die Jahreszahl A.D. 1009. Dies ist das Jahr der Weihe des neuen Mainzer Domes, den Erzbischof Willigis 975 zu bauen begonnen hatte. In sehr freier Erfindung nimmt das Gemälde wohl auf dieses wichtige Ereignis Bezug. Der *rechte Seitenflügel* ist aus gleichem Holz, mit gleicher Technik und gleichen Maßen hergestellt (216 cm Höhe, 97 cm Breite, 10 cm Tiefe) wie der beschriebene linke Flügel. Auf der Innenfläche bzw. -platte das 12 cm starke Hochrelief

Gelnhausen, Marienkirche: Anna-Altar

Mainzer Dom, Marienaltar

Gelnhausen, Marienkirche: Anna-Altar *Mainzer Dom, Marienaltar*

1009

Mainzer Dom, Marienaltar: Seitenflügel, Domweihe und *Bischof Ketteler (vorhergehende Tafeln)*
Mainzer Dom, Marienaltar: Mittelstück der Predella

aus Weichholz mit Ölgold und Ölfarbfassung, zusammengesetzt aus mehreren gestückten Teilen, zeigt die „Anbetung der Heiligen Drei Könige". Vor der Stall-Haus-Ruine, perspektivisch geöffnet über Eck, sitzt links Maria mit dem Jesuskind, rechts vorn kniet Kaspar mit dem Goldkästchen, rechts daneben steht der Mohr Melchior mit Myrrhe in der Kugelvase, und in der Mitte im Hintergrund steht Balthasar mit dem Weihrauch im Horngefäß. Auch hier übernimmt durchbrochenes Maßwerk die Füllung oben zwischen Relief und Rahmen. Auf der *Flügelaußenseite* ein buntes Ölgemälde mit der szenischen Darstellung des Altarstifters Bischof Wilhelm Emmanuel Frhr. v. Ketteler in Begleitung weiterer geistlicher Herren bei der Prozession am 26. Juli 1875 zur feierlichen Segnung und Kreuzaufrichtung auf dem neugebauten Osthauptturm unseres Domes. Die Seitenwände und die Rückwand des Schreinskastens sind in Öltechnik farbig gefaßt und ornamental dekoriert. Die rechte Seitenwand, die sichtbare, weil zum Schiff hin, ist aufwendiger bemalt mit Putten, Tieren, Jägern in einem Rankenwerk von Blütenzweigen. Die linke Seitenwand zur Nordfensterwand, die unsichtbare für die Dombesucher, ist schlichter bemalt mit einfachen Blütenranken. Die Rückwand des Schreinskastens zur östlichen Maßwerk-Kapellentrennwand ist ausstaffiert mit schwarzem Brokatmuster auf grünem Grund gemalt in Öltechnik. Als *Altarabschluß nach oben* ist dem Schreinskasten *ein Gesprenge* aufgesetzt. Dieses durchbrochene Maßwerkgesprenge setzt konsequent die Schreinseinteilung in drei hochrechteckige Segmente fort. Das 22 cm hohe Mittelteil des Schreins trägt den 280 cm hohen, durchbrochenen Maßwerkmittelturm mit Kreuzblumenabschluß. Wie Seitenvoluten rahmen diesen Mittelturm niedere durchbrochene Maßwerkaufsätze die 198 cm hohen Seitenteile des Schreinskastens. Das Maßwerk-Gesprenge ist in gleicher solider Schreinertechnik und gekonnter Holzbildhauermeisterschaft aus Eichenholz gearbeitet wie der gesamte Altar.

3. Zur Planung und Herstellung des Marienaltars

Ein glücklicher Fund im Mainzer Diözesanarchiv[14] macht es zum erstenmal möglich, gesicherte Aussagen über Planung und Planer unseres Marienaltars zu machen. Zur Herstellung und zu den Herstellern, d.h. Schreiner und Holzbildhauer, können nunmehr erste, wenn auch noch nicht erschöpfende Angaben gemacht werden. Das aufschlußreiche Schriftstück, dem wir dies verdanken, ist ein handschriftlicher Planungsvorschlag bzw. eine Planerläuterung für unseren Marienaltar. Eine sicher dazugehörige Planskizze ist leider nicht erhalten. Verfaßt, geschrieben und unterzeichnet auf zwei Bogen Papier (27 × 16,5 cm) mit Feder und Sepiatinte in lesbarer deutscher Schrift hat das Dokument Dombaumeister Cuypers am 22. April 1875. Petrus Josephus Hubertus Cuypers (* 1827 in Roermond, † 1921) hatte nach gründlicher Schul- und Fachausbildung zunächst in seiner Heimatstadt ein selbständiges Büro eröffnet und seit 1850 größere Aufträge ausführen können. Seit etwa 1863 wagte er den Sprung nach

[14] Hinweis und Lichtpause verdanke ich Frau Dr. Sigrid Duchhardt-Bösken, Leiterin unseres Domarchivs, die bei der Vorbereitung ihres Beitrags Der Mainzer Dom. 1975 (= Bibl. Nr. 760) auf dieses wichtige Schriftstück (Signatur DDAMz : B 4,5) gestoßen war.

Amsterdam. Hier entstanden dann seine bedeutendsten Neubauten, die ihm internationale Anerkennung und Beachtung einbrachten: das Reichsmuseum (1877–1885) und der Zentralbahnhof (1881–1889, gemeinsam mit A. L. van Gendt). Gleichzeitig plante und baute er Kirchenneubauten in Leuwarden, Bussum, Amsterdam, Delf, Nymwegen, Groningen und einigen anderen Orten. Souverän bediente er sich dabei der europäischen historischen Stile Romanik, Gotik, Renaissance und Barock. Zugleich entstand jedesmal ein Neubau von Cuyper'scher Prägung. Die gelungene, umfassende Restaurierung der mittelalterlichen Münsterkirche in Roermond und andere bedeutende Restaurierungen hatten seinen Ruhm nach Mainz getragen, so daß er hier mit der großen Aufgabe der Restaurierung und teilweisen Erneuerung des Ostbaues seit Juni 1873 beauftragt wurde. Gestaltung und Ausbau der Ostkrypta, Hauptturmneubau, Giebelgestaltung und obere Aufbauten der Ostseitentürme löste er, wenn auch damals nicht ohne harte Diskussion, so überzeugend, daß uns seine Zutaten am Ostbau heute wie eh und je vorhanden vorkommen. Der Architekturkenner freilich erkennt die neuromanischen, etwas steif und zu rechtwinklig geratenen Cuypers'schen Zutaten an bestimmten Gestaltungsprinzipien, an Details der Formen und an der handwerklich-technischen Ausführung. Cuypers' große Leistung für unseren 1000jährigen Dom darf man dennoch nicht abqualifizieren als kopierende, kraftlose Neuromanik. Unser Dom-Ostbau hat in der Romanik nie so ausgesehen. Cuypers hat seine schöpferische Vision vom Ostbau gestaltet, dabei historische Gegebenheiten respektierend und die mittelalterlichen Formen souverän beherrschend. Sein Werk in Mainz verdient mehr Beachtung und mehr Lob, als ihm bisher zuteil geworden ist. Unser Marienaltar eröffnet den Zugang zu einer weiteren umfassenden Tätigkeit Cuypers', heute würden wir sagen als Innenarchitekt oder Designer. Zu seiner Zeit war es üblich, daß der planende und bauleitende Architekt alle Details, alle Ausstattungen mitplante. Salopp könnte man sagen, Kirchenneubau schlüsselfertig. Die führenden und meistbeschäftigsten Architekten besorgten die Herstellung dieser Ausstattungen in eng verbundenen Werkstätten oder, wie in unserem Falle, im eigenen Atelier.[15]

Der Wortlaut des Cuypers'schen Schreibens:

An das Comité zur Feier des 25jährigen Jubiläums des Hochwürdigsten Bischofs von Mainz. Dahier.

Dem gefalligen Auftrag entsprechend, welches das Comité unterm 26. Januar (dieses Jahres) an mich hat gelangen laßen, beehre ich mich hierbei den Entwurf zu dem Altar in der Mutter Gottes Kapelle des Domes vorzulegen.

Ich darf als bekannt voraus setzen, daß von dem Domkapitel die Beibehaltung der drei auf dem früheren Altaraufsatze befindlichen Holzstatuen zur Bedingung gemacht ward. In folge deßen vereinfacht sich die Aufgabe und wird zugleich die Ausführung in bestim̃te Grenzen gewiesen. Der Charakter der Bildwerke bestimmt die Gesam̃te Stylrichtung des Schreines welcher die Statuen aufzunehmen hat, sowie den Charakter der übrigen Ausstattung.

[15] Über diesen vielbeschäftigten Baumeister und Architekten aus Roermond gibt es sicher in seinem Vaterland Niederlande neuere Forschungen und Publikationen. Wegen der Knappheit an Zeit für die Vorbereitung dieses Beitrags konnten leider weitere Einzelheiten dazu nicht ermittelt werden. Besonders aufschlußreich wäre es, den offenen Fragen nach seinem Atelier nachzuspüren.

Der Ueberlieferung der deutschen Kunsttradition gemäß ist für den Aufbau die Schreinform gegeben.

Den Mittelgrund nehmen die drei alten Bildwerken ein, so daß das Marienbild etwas höher gestelt wird. Der ganze Raum wird durch eine freien Architektur untertheilt und durch das oben zusammenlaufende Maaßwerk bekrönt.

Ueberdieß der plastischen Ausstattung des Mittelgrundes angemeßen sind die Darstellungen auf der Innenseite der Flügel in flachem Relief mit vergoldung und Malerei vorgesehen.

Für die Außenseite der Flügel möchte ich die Bemalung in Grisaillemanier in Vorschlag bringen. Hier dürfte es sich empfehlen, die gesichtliche (geschichtliche?) Beziehungen, welche sich an diese Stiftung knüpfen, in geeigneter Weise zur Darstellung zu bringen.

Ich erlaube mir, für denn einen Flügel eine Erinnerung an die 900 Jahrige Gründung des Domes durch den hl. Willigis und auf dem anderen die feierliche Aufrichtung des Kreuzes auf dem neuen Thurme durch unseren Herrn Bischof in Vorschlag zu bringen.

Der oberen Abschluß des Altars würde aus durchbrochenen Maßwerk bestehen, welches mit der Anordnung im Innern des Schrein in Verbindung steht und von einem bekrönenden Ornamente zu Seiten begleitet ist.

Zu Seiten der Predella treten schmiedeiserne Kerzenhalter heraus, an welchen die üblichen Behänge anzubringen sind.

Für die Wahl des Gesammtform wie der Einzelheiten waren sehr vorzügliche Vorbilder maßgebend, welche sich aus der mittelalterlichen Kunst unseres engeren Kreises erhalten haben. Ich glaube die Bemerkung nicht unterlaßen zu sollen, daß ein höheres hinaufführen der durchbrochenen Bekrönung des Schreines, von den Kosten ganz abgesehen mit Rücksicht auf die Stellung des Altars vor dem freien Maßwerk ungeeignet und völlig wirkungslos sein würde. Zudem wäre eine bedeutendere Größe des ganzen Aufbaues mit den räumlichen Verhältnißen und der Bestimmung eines Seitenaltars nicht recht in Einklang zu setzen.

Was die Kosten betrifft so beziffern sich dieselben auf fl. 2500. um welchen Preis ich die Herstellung des ganzen in meinem Atelier zu übernehmen mich bereiterkläre

Mit vollkom̄ener Hochachtung zeichnet

P.J.H. Cuypers

Dombaumeister

Aus dem oben abgedruckten Dokument lassen sich folgende gesicherte Schlüsse ziehen:

1.) Planverfasser ist der niederländische, international renommierte Architekt und Baumeister Petrus Josephus Hubertus Cuypers, der seit 1873 in Mainz tätig war.

2.) Das Mainzer Domkapitel hatte für die Altarneuplanung die Übernahme der drei spätgotischen Holzbildwerke aus dem barocken Altar der Bonifatiuskapelle zwingend vorgeschrieben. Cuypers sieht in dieser Vorschrift keinen einengenden Zwang, sondern eine schöpferische Anregung, die seine Planung in eine bestimmte „Stylrichtung“ (= neugotisch) zu lenken erlaubte.

3.) Cuypers' Vorschlag, für den Altaraufbau die „Schreinform" zu wählen, begründet er mit dem „Charakter der Bildwerke" und mit der „Überlieferung der deutschen Kunsttradition".

4.) Für die Hochreliefs „Christi Geburt" und „Anbetung der Hl. Drei Könige" in den Innenseiten der Seitenflügel[16] hat Cuypers „sehr vorzügliche Vorbilder" ausgesucht, „welche sich aus der mittelalterlichen Kunst unseres engeren Kreises erhalten haben". Leider hat er in seinen geschriebenen Planerläuterungen die Bildthemata nicht genannt. Er konnte wohl deshalb darauf verzichten, weil er seinem Schreiben eine maßstabgerechte Planskizze mitgegeben hatte. Nach Anfrage bei unserem Dombauamt kam von Dombaumeister Jakob Stockinger die betrübliche Mitteilung, daß die Planskizze, wenn bis dahin erhalten, 1942 mit dem gesamten Archiv des Dombauamtes im Kreuzgangobergeschoß verbrannt ist.

Mit Sicherheit können wir davon ausgehen, daß die ausgeführten Hochreliefs mit den geplanten identisch sind. Die mittelalterlichen Vorbilder aus unserem engeren Umkreis können nun erstmals hier benannt werden. Es sind zwei Temperagemälde auf den Innenseiten der beiden Flügel des spätgotischen St. Annenaltars in der Marienkirche von Gelnhausen, einer reichsfreien Stadt mit starken politischen und kirchlichen Bindungen an das alte Mainz. Beim Bildvergleich ergeben sich schlagende Übereinstimmungen. Die wenigen Abweichungen erklären sich unschwer aus der Umsetzung einer gemalten Vorlage in ein Hochrelief. Die Vorlage diente zudem mehr als freie Anregung, denn als verpflichtendes Vorbild für eine getreue Kopie.

5.) Für die beiden Gemälde auf den Außenseiten der Seitenflügel hat sich die ausführende Werkstatt genau an die Inhaltsangaben Cuypers' gehalten, seine maltechnische Vorgabe aber nicht beachtet. Statt in vorgeschlagener „Grisaille-Manier" sind sie in leuchtend bunten Ölfarben gemalt.

6.) Für die Ausführung unseres Marienaltars hat Cuypers sein „Atelier" vorgeschlagen. Da trotz intensiver Nachforschungen bisher keine andere Werkstatt benannt werden konnte, müssen wir als Hersteller das Cuypers'sche Atelier akzeptieren.

7.) Als Kostenvoranschlag werden 2.500 Goldgulden genannt. Da keine Planabweichungen im vollendeten Altar festzustellen sind, dürfte es nach damaligem Brauch exakt bei dieser veranschlagten Kostensumme geblieben sein.

4. Kunsthistorische Würdigung

Den drei spätgotischen Holzbildwerken unseres Marienaltars hat es zu keiner Zeit an Verehrung gemangelt. Auch die Kunsthistoriker haben sich mit ihnen beschäftigt, seitdem sie ihr Fach im 19. Jahrhundert wissenschaftlich etabliert hatten. Bildnerische und ästhetische Qualitäten wurden ihnen durchgängig

[16] W. Medding hat in seinem Beitrag, Der Meister der spätgotischen Madonna im Marienaltar. 1966 (= Bibl. Nr. 604), trotz meiner damaligen Warnung die Hochreliefs als spätgotisch deklariert und sie mit dem Marienbildwerk, St. Martin und St. Bonifatius dem Meister Hans Wydyz zugeschrieben. Dieser Meister war zwischen 1497 und 1512 urkundlich nachweisbar in Freiburg/Brsg. tätig.

bestätigt. Wir sollten heute noch entschiedener ihren Wert herausstellen. Sie verdienen auf eine Stufe gestellt zu werden mit den reifsten Schöpfungen der Zeitgenossen Tilmann Riemenschneider (ca. 1460 – 1531) in Würzburg und Hans Backoffen († 1519), Hofbildhauer in Mainz. Sie sind uns Zeugnisse der gesegneten Rhein-Main-Landschaft. Sie künden uns vom treuen Beharren ihrer Menschen an Maria und den Heiligen, allen Unruhen und reformatorischen Wirren der Zeiten um 1520 zum Trotz. Unserem Marienaltar selbst ist bis heute keine kunstwissenschaftliche Beachtung widerfahren. Den einen galt er als Kitschprodukt spätnazarenischer-neugotischer Prägung, den anderen bestenfalls als simples Werk der Schreinergotik. Nach einer wissenschaftlichen Aufarbeitung und Neubewertung von Musik, Philosophie und Literatur, ja auch von Technik, Wirtschaft und Politik des 19. Jahrhunderts folgt nun seit etwa 20 Jahren dasselbe auf dem Gebiet der Kunst und der Denkmalpflege. Ursachen sind erforscht, Wirkungen aufgezeigt und sichtbar gemacht. Möge dieser Beitrag ein Mosaiksteinchen sein zum neuen, reicheren, farbigeren Bild der Kunstproduktion der zweiten Hälfte des 19. Jahrunderts, zu der dieses solide, qualitätvolle Meisterstück des Cuypers'schen Ateliers, entworfen von einem Meisterarchitekten europäischen Ranges, gezählt werden muß. Wie am Tag der Konsekration am 25. Juli 1875 war und ist unser Marienaltar mehr als liturgisches Dommöbel. Er ist Opfer- und Feiertisch beim Hl. Meßopfer, er ist Ziel stiller Beter, Gnadenort für Beladene und Betrübte, Dankesstätte für Liebende und Getröstete, der meistbesuchte Ort in unserem 1000jährigen Dom, wo immer Kerzen brennen.

FARBLICHE GESTALTUNG DES DOMES ZU MAINZ

Paul Meyer-Speer (†)[1]

Die farbliche Gestaltung des Innenraumes des Mainzer Domes ist das Hauptwerk Professor Meyer-Speers. Er konnte sich dieser Aufgabe zweimal stellen: In den Jahren 1927/28 galt es, den Dom, der durch Grundwasserspiegel-Veränderung sehr gelitten hatte, vollständig zu renovieren. In diesem Rahmen wurde aufgrund eines Wettbewerbes dem gerade 30jährigen Künstler der Auftrag für die farbliche Gestaltung des Innenraumes erteilt. Im 2. Weltkrieg wurde der Dom schwer beschädigt. Der nun schon 60jährige erhielt wiederum den Auftrag, den Innenraum farblich zu gestalten. Diese Arbeiten wurden in den Jahren 1958/60 durchgeführt.

Der Dom, dessen Baubeginn in das Jahr 978 zurückreicht, hatte im Verlauf der Jahrhunderte ein wechselvolles Schicksal. Am Tage der Einweihung 1009 abgebrannt und später mehrmals durch Feuer und Kriegseinwirkungen zerstört, wurde er immer wieder hergestellt, und jede Zeit gab ihm ihre Prägung. Das Ziel der farblichen Gestaltung des Domes mußte es daher sein, die baulichen und geschichtlichen Entwicklungen und Gegebenheiten klarzustellen und dabei die gewordene, auch künstlerisch wertvolle Kontinuität der Stile harmonisch in eine übergreifende Ordnung zu bringen. Diese Aufgabe war nur zu erfüllen durch die farbige Klärung und Zusammenordnung alles dessen, was die Gestalt einer solchen Architektur mitbestimmt, nämlich Baustoffe, Baukörper, Baukonstruktion, Raum-und Lichtwirkungen. Es wurden zunächst die teilweise zerstörten romanisierenden, in Ölmaltechnik ausgeführten Verzierungen des 19. Jahrhunderts sehr vorsichtig entfernt, die den Innenraum verunklärten und den Baukörper und die Konstruktion verdeckten. Man entschied sich lediglich für die Erhaltung der Nazarener-Bilder im Mittelschiff.

Bei diesen Arbeiten entdeckte man Reste von Farbanstrichen, die vermutlich aus dem 13. Jahrhundert stammen. Offenbar handelte es sich nicht um Teile von bildlichen Darstellungen, sondern um Tönungen der verwendeten Baustoffe. So

[1] Paul Meyer-Speer ist 1983 im 87. Lebensjahr in Murnau verstorben. Als langjähriger Mitarbeiter des Nobelpreisträgers Wilhelm Ostwald hat er dessen Werk auf dem Gebiet der Farbforschung über sechs Jahrzehnte gepflegt, angereichert und mit den jeweiligen neuen Erkenntnissen integriert. Sein großes Anliegen war *Die Gestaltende Kraft der Farbe im Dienste des Lebensraumes.* Seine richtungsweisenden Farbraumgestaltungen der Dome zu Mainz, Fulda, Breslau und Frankfurt fußen auf tausenden, exakt errechneten Farbstandards, die er in räumlichen Modellen erprobte und objektivierte. Bei neuzeitlichen Bauwerken harmonisierte er im Wahrnehmungsbereich, Werkstoff, Fläche, Körper, Raum und Licht zu einer ökopsychologischen Ganzheit. Sein Lebenswerk als Forscher umfaßt neben 150 großformatigen Farbtafeln auch Modelle und über 6000 Farbstandards. P. Meyer-Speer hat neben seiner Lehrtätigkeit an der Akademie München auch langjährige intensive Kontakte durch den Unterzeichner mit der Universität Salzburg gepflegt, die ihm für sein Gesamtwerk das Ehrendoktorat verlieh. – Der Beitrag ist ein authentischer Kommentar von Prof. Dr. Paul Meyer-Speer zu seinem Werk anläßlich der permanenten Ausstellung in den Räumlichkeiten der Theologischen Fakultät der Universität Salzburg (Prof. Dr. Sepp Steiner, Institut für Farbenpsychologie an der Universität Salzburg).

Mainzer Dom, Westchor von Paul Meyer-Speer

fand man über den Langhausarkaden in den Rundnischen Reste eines 10 bis 12 cm breiten gemalten grauen Streifens, der den gemauerten Rahmen der Rundnischen begleitete. Die plastische Wirkung des Bogens war dadurch erhöht; der gemalte Streifen dürfte etwa wie ein vertiefter Schatten gewirkt haben.

Prof. Meyer-Speer wurde durch diese Funde in seinen Vorstellungen über die farbliche Gestaltung bestätigt. Er strebte jedoch nicht die genaue historische Rekonstruktion an, ein Unterfangen, das wegen der vielfachen Veränderungen des Baukörpers ohnehin aussichtslos war. Vielmehr sollte der Raum unter Beibehaltung der wertvollen Bausubstanz zu einer Einheit zusammengefaßt werden. Diesen Zweck suchen Restauratoren häufig dadurch zu erreichen, daß sie einen einheitlichen Anstrich wählen, meistens reines Weiß. Das Ergebnis ist in der Regel ein toter, steriler Raum, der nur mit der Zeit durch die insoweit wohltätigen Wirkungen der Verwitterung wieder lebendig wird. Offensichtlich ist, daß dieses Verfahren den Baustoffen mit ihren vielfältigen Farbabstufungen nicht gerecht wird. Aber auch eine Klärung der Raumverhältnisse wird durch Einheitlichkeit des Anstriches nicht erreicht.

Prof. Meyer-Speer ging einen anderen Weg: Er hatte zusammen mit Prof. Wilhelm Ostwald dessen Farbsystem weiter ausgebaut und verfeinert. Es zeigte sich dabei, daß die seit langem bekannten räumlichen Wirkungen der Farbwerte (Aufhellung, Verdunkelung, Vergrauung) durch feinstgeordnete, systematische Abstufungen genau gesteuert werden konnte. Diese Erfahrungen machte Prof. Meyer-Speer sich zunutze. Er wählte Grundfarben, die den Grundfarben der Baustoffe des Domes entsprachen. Im äußeren Ring einschließlich der Choranlage befand sich vorwiegend Rotsandstein in mehreren Farbstufen, nach innen und nach oben zunehmend gelblicher Kalkstein, in der Kuppelhöhe kam hellgelber Puffstein hinzu. Dieses farbliche Grundordnungsprinzip betonte einerseits die Weite und Höhe der Kuppeln und der Gewölbedecke, andererseits die Schwere der tragenden Grundmauern und entsprach damit genau den Farbraumvorstellungen des Künstlers. Er wählte den kräftigen rötlichen Farbton des Mainsandsteins zur Betonung der Pfeiler des Langbaues, der es umschließende Kapellenkranz erhielt ein stärker vergrautes Rot, durchsetzt mit Violettrot. Mit zunehmender Höhe hellten sich diese Farben auf bis zum hellen Gelbgrau der Kuppeln. Durch Hunderte von Abstufungen wurden so stetige Übergänge vom Dunkleren zum Helleren, vom gesättigten Farbton zum verhüllten geschaffen, so daß das Auge des Betrachters ruhig durch die Architektur geführt wird, die sich auf diese Weise klar und deutlich in allen ihren Nuancen zeigt. Die feinen Farbabstufungen bewirken ferner eine Polychromie, die der Lebendigkeit des natürlichen Baustoffes mit seiner Patina entspricht.

In der zweiten Ausmalung 1958/59 wurde darüber hinaus noch den architektonischen Gesetzen des Tragenden und Lastenden in der Weise verstärkt Rechnung getragen, daß das romanische Wand- und Kuppelgliederungssystem durch wenig sattere Farbstufen betont wurde.

Die ausgestellten Entwürfe[2] wurden für die erste Ausmalung angefertigt und für die zweite geringfügig überarbeitet.

[2] Vgl. die Abbildungen nach S. 16, 32 und 86

Mainzer Dom, Ostchor von Paul Meyer-Speer

MEINE TÄTIGKEIT FÜR DEN MAINZER DOM

Fritz Arens

Als Bewohner der Altstadt und geborener Mainzer war ich schon als Gymnasiast regelmäßiger Besucher des großartigen Domes sowohl zu den Gottesdiensten als auch zum Studium seiner Architektur und Denkmäler. Schon während der Wiederherstellung 1925 bis 1928 führte ich mehrfach als damals 15- bis 16jähriger größere Gruppen durch die Baustelle und erklärte besonders die Arbeiten, die zur Rettung notwendig waren. Als Student habe ich öfters als Aufseher im Dommuseum ausgeholfen, wenn der frühere Domküster Nikolaus Krost wegen Krankheit oder Besorgungen nicht anwesend war.[1]

Die folgenden Schilderungen sind vierzig Jahre nach dem Kriege aus dem Gedächtnis niedergeschrieben, wobei sicher viele Einzelheiten, aber auch wichtigere Erlebnisse inzwischen vergessen wurden. Irgendwelche Aufzeichnungen oder Tagebuchnotizen liegen mir nicht vor. Wenn ich solche vor 1942 aufgeschrieben hätte, wären sie mir damals durch das Abbrennen der Wohnung abhanden gekommen. Es muß auch betont werden, daß diese Erinnerungen aus der persönlichen Sicht des Verfassers geschrieben sind. Aktenstudien, die vielleicht Aufschluß über die Planungen und Ereignisse gegeben hätten, wurden wegen der kurzen Zeit, die für die Niederschrift zur Verfügung stand, nicht unternommen. Das hat den Vorteil, daß nicht zu viele Einzelheiten in den Text eingeflossen sind. Etwas an Literatur, besonders gedruckte Jahresberichte[2], wurde zur Gedächtnisstütze herangezogen.

1938 forderte mich der Rheingold-Verlag in Mainz-Mombach auf, einen *Domführer* zu schreiben, der dann 1941 und 1948 noch zwei Auflagen haben sollte.[3] Die Festschrift für den Domkustos Georg Lenhart habe ich 1938 als Schriftleiter auf Bitten seines Neffen Ludwig Lenhart betreut. Wegen des Dommuseums hatte ich schon länger mit dem Domkustos Bekanntschaft geschlossen und Gespräche geführt. 1939 erschien dann die *Festgabe Prof. Georg Lenhart, Domkapitular zur Vollendung des 70. Lebensjahres gewidmet*, in der ebenfalls eine Anzahl von Aufsätzen sich mit dem Dom und dem Dommuseum beschäftigten, zum Beispiel der ausgezeichnete Beitrag von dem geborenen Mainzer Otto Schmitt, Kunstgeschichtsprofessor in Stuttgart, *Das Mainzer Dommuseum und die deutsche Bildhauerkunst des 13. Jahrhunderts*[4].

[1] Seit meiner Promotion im Sommersemester 1936 und meiner Anstellung als Stipendiat der Deutschen Forschungsgemeinschaft am 15. Dezember 1936 als Inventarisator der Kunstdenkmäler von Mainz zur Unterstützung des alten Prof. Ernst Neeb († 23. April 1939) war ich ununterbrochen in Mainz tätig.

[2] F. Arens: Denkmalpflege. 1950/1951 (= Bibl. Nr. 1417; Bibl. bedeutet: Die vollständige bibliographische Angabe ist in der Bibliographischen Handreichung in dieser Festschrift unter der nachfolgenden Nummer zu finden), S. 271 – 272; vgl. auch: Bibl. Nr. 1416 und 1418.

[3] Vgl. F. Arens: Der Mainzer Dom. 1938 (= Bibl. Nr. 35); zuletzt F. Arens: Der Dom. 1982 (= Bibl. Nr. 33).

[4] Vgl. Bibl. Nr. 393.

Mit der Mainzer *Inschriftensammlung* bis 1650 wurde ich 1938 von der Heidelberger Akademie der Wissenschaften betraut. Da der Mainzer Dom trotz großer Verluste in den Kriegs- und Säkularisationsjahren um 1800 einen großen Reichtum an Inschriften besitzt (mit 647 Stück mehr als der ganze Kreis Wertheim, der 1942 veröffentlicht wurde), mußte ich wochenlang den Dom und seinen Kreuzgang aufsuchen, um alle Inschriften zu verzeichnen und zu fotografieren. Damals lagen die meisten Grabsteine im Kreuzgang noch an alter Stelle, wie man aus dem Vergleich mit der Inschriftensammlung des Domvikars Jakob Christoph Bourdon von 1727 feststellen konnte. Inzwischen ist dieser Bestand dadurch gestört, daß 1969 bei einer Neuverlegung des Pflasters viele m.E. überflüssigerweise herumgedreht, abgemeißelt (mindestens 23 Stück) oder im Sakristeihof aufgestellt wurden, wo sie jetzt allmählich verwittern.[5]

Das Inschriftenbuch hatte noch ein besonderes Schicksal: Vor einer Reise im Sommer 1942 schloß ich das Manuskript in unseren alten Kassenschrank ein. Als ich nach Hause kam, war der Fliegerangriff vom 12./13. August 1942 über Mainz hereingebrochen, und der Kassenschrank lag auf den Trümmern meiner bisherigen Wohnung bei den Eltern in der Gymnasiumstraße 4. Ich konnte ihn mit Hilfe eines Schlosserlehrlings aufschweißen lassen. Die Ordner mit etwa fünfhundert verkohlten Manuskriptblättern, die meisten über den Dom, entnahmen wir vorsichtig, denn ich sah, daß die Schreibmaschinenschrift auf dem verkohlten Papier noch zu lesen war. Meine Frau schrieb den Text Blatt für Blatt ab. Sobald eine Seite umgedreht war, zerfiel diese und man konnte die nächste abschreiben. Wir kontrollierten nochmals anhand der Literatur, im Dom, in den Kirchen und in den Bauwerken, ob an Texten nichts verloren gegangen sei.

Das Manuskript wurde von mir 1948/49 zur Habilitation an der neugegründeten Mainzer Universität benutzt und erschien bis 1958 in Lieferungen im Druck.[6] Der nur dem Dom gewidmete erste Teil des Bandes umfaßt rund 350 Seiten, das Gesamtwerk 740 Seiten. Die oberste Grenze der Inschriftensammlung war von der Akademie auf 1650 festgesetzt. Da ich diese Zeitgrenze gerade für Mainz für unsinnig hielt, habe ich 1982 die Inschriften des Domes[7] und 1985 die Kirchen- und Profaninschriften[8] von 1651 bis 1800 ediert. Deren Bearbeitung führte mich abermals tagelang in den Dom und seinen Kreuzgang.

Inzwischen hatte der Krieg begonnen. Ich mußte aber nicht als Soldat einrücken, da ich durch eine frühere Nierenerkrankung vom Militärdienst befreit war. Deswegen konnte ich auch in der Heimatstadt tätig sein.

Die *Karmeliterchorbücher* und die *gotischen Wandteppiche* verschwanden zu Kriegsbeginn aus dem Dommuseum. Zunächst wurde ein großes Geheimnis über ihren Verbleib gemacht. Es gelang mir im Gespräch mit den Domsakristanen zu erfahren, daß sie auf dem Altar der Bischofsgruft unter dem Westchor

[5] F. Arens: Neue Forschungen. 1975 (= Bibl. Nr. 1), S. 134.
[6] F. Arens: Inschriften. 1958 (Bibl. Nr. 482).
[7] F. Arens: Mainzer Inschriften. 1982 (= Bibl. Nr. 483).
[8] Fritz Arens: Mainzer Inschriften von 1651 bis 1800. 2. Kirchen- und Profaninschriften. Deutsche Übersetzung von Franz Weinzinger. (= Beiträge zur Geschichte der Stadt Mainz, 27). Mainz 1985.

niedergelegt und dann durch eine Wand vor dem Altarraum eingemauert worden waren. Es war mir sofort klar, daß durch den Luftabschluß und die Feuchtigkeit in diesem unterirdischen Raum höchstwahrscheinlich Schimmel und Zersetzung am Pergament, den Malereien und den Bildteppichen entstünden. Ich entschloß mich, zum Domkustos Edmund Gedult von Jungenfeld zu gehen und ihm meine Besorgnisse mitzuteilen. Daraufhin wurde das Geheimversteck aufgebrochen und heraus kamen die angeschimmelten Bildteppiche und die – besonders in den Einbänden, wo der Leim zersetzt war – beschädigten Karmeliterhandschriften. Noch jahrelang roch man den Schimmel in der Domsakristei, wo man die Teppiche und Handschriften zum Trocknen ausgelegt hatte. Wer den Fehler gemacht hatte, die Gegenstände einzumauern, weiß ich nicht genau. Der Grundgedanke war wohl, sie vor Fliegerbomben zu schützen und sie vor der eigenen Regierung als auch vor Feinden zu verbergen. Ein halbes Jahr später wären die Karmeliterchorbücher und die Bildteppiche nicht mehr zu retten gewesen.

Die Bewertung der *Kirchenglocken* mußte zu Kriegsbeginn erfolgen, weil die Regierung wie im Ersten Weltkrieg auf die Idee gekommen war, daß sie als Materialreserve abgehängt und eingeschmolzen werden müßten. Zuvor sollten sie aber auf ihren denkmalpflegerischen Wert geprüft werden. Sehr alte Glocken oder reich mit Reliefs geschmückte sollten verschont werden, wobei meines Erinnerns eine Anzahl von neunzig Stück in ganz Rheinhessen unter Schutz gestellt werden durfte. Eine sehr geringe Anzahl, wenn man bedenkt, wie viele schöne Glocken allein schon in den Städten Mainz, Worms und Bingen vorhanden waren. Mir wurde Rheinhessen als Bezirk zugewiesen, in dem ich alle Türme zu ersteigen und die Glocken zu beurteilen hatte, ob sie schutzwürdig seien. Es war selbstverständlich Ehrensache, daß die vier Domglocken mit ihren schönen Reliefs, Gedichten und Inschriften, 1809 von Joseph Zechbauer gegossen, erhalten bleiben mußten.[9] Dabei verschwiegen wir, daß sie aus dem Metall preußischer Kanonen gegossen waren, die Napoleon in der Schlacht bei Jena und Auerstedt erbeutet und dem Mainzer Dom geschenkt hatte. Sonst wären die Glocken vielleicht doch noch von übereifrigen Nazis aus unserer Liste gestrichen worden. Nur ein Glöckchen von 1748, das in der oberen romanischen Galerie des Westturms hing, mußte geopfert werden.

Als der *Fliegerangriff* am 12./13. August 1942 die Mainzer Innenstadt in ein Trümmer- und Flammenmeer verwandelte, war nichts zur Abwendung größerer Schäden geschehen. Offenbar hatte kein kompetenter Mainzer Köln oder Lübeck gesehen, wo Monate vorher die Altstädte und Kirchen in ähnlicher Weise zerstört worden waren. So brannte das Gebiet zwischen Dom, Karmeliter- und Christophskirche, Schusterstraße und Schillerplatz nieder. St. Stephan, St. Quintin, St. Christoph, Armklaren, das Bischöfliche Palais, Altes Gymnasium, Bassenheimer und Schönborner Hof, die Golden Roßkaserne mit dem Museum, das Kurfürstliche Schloß gehörten auch zu den Brandruinen. Trotz vorheriger Anmahnung der Landesregierung waren die Pläne des Dombauamtes nicht feuersicher untergebracht; sie verbrannten alle. Auch war kein Domdenkmal unseres einzigartigen Bestandes eingemauert. Selbst im Dommuseum waren nur

[9] R. Kautzsch / E. Neeb: Der Dom. 1919 (= Bibl. Nr. 149), S. 505–506.

vierzig Stücke hauptsächlich der Lettnerplastik in der Westkrypta geborgen worden.[10]

Das *Dommuseum* hatte Glück in dieser Katastrophe. Sein Dach brannte nicht ab, obwohl es mit dem zerstörten Dach des Kreuzgangs zusammenhing. Ob hier jemand Wasser auf das Museumsdach spritzte, um ein Weiterfressen des Brandes zu verhindern, konnte ich nicht feststellen. Wenn das Museum damals abgebrannt wäre, wären das Hattofenster, die beiden Säulen des Ostlettners, die Gemälde, das Brendelsche Chorgestühl, die Ölbergfiguren von St. Ignaz zu Grunde gegangen. Das Magazin des Museums im Obergeschoß des Kreuzgangs verbrannte zum größten Teil mit einer Anzahl wertvoller Stücke.

Ich selbst war während des Fliegerangriffs nicht in Mainz, sondern auf einer Reise durch das Elsaß, wo ich für die Bearbeitung der Pfalz in Wimpfen kunstgeschichtliches Material sammelte. Auf der Heimreise besuchte ich in Freiburg den Professor für christliche Kunst und Konservator der kirchlichen Kunstdenkmäler Prälat Joseph Sauer, von dem unsere Familie noch eine Biographie unseres Onkels, des Domkapitulars Dr. Friedrich Schneider, erhoffte, die aber dann doch nicht mehr zustande kam. Er teilte uns die Schreckensbotschaft der Angriffe auf Mainz mit, in den Zeitungen im Elsaß hatten wir kein Wort gelesen. Wir fuhren eilends nach Hause und standen vor der Ruine unseres Wohnhauses, in dem ich dreißig Jahre mit meinen Eltern gehaust hatte und in dem mein ganzes wissenschaftliches Material und meine Fotonegative untergegangen waren. Glücklicherweise fand ich schnell eine Unterkunft: Der Pfarrer der St. Ignazkirche, in der ich kurz vorher geheiratet hatte, bot mir die Kaplanswohnung im 2. Stock des Pfarrhauses an. Es war mir klar, daß ich nach einem siegreich beendeten Krieg mit dem Pfarrer an derselben Laterne aufgehängt würde.

Nach dem ersten Schrecken verschaffte ich mir einen Überblick über das, was zu bergen wäre. Die Ostkrypta des Domes wurde als Bergungsraum zur Verfügung gestellt. Es war zunächst das Dommuseum auszuräumen. Bei schwergewichtigen Gegenständen halfen dem Gemälderestaurator und Maler Joseph Löwe und mir die Gymnasiasten Hans Karl Christgen und Edgar Heyden. Unser Transportfahrzeug war entweder der Handkarren Löwes oder ein kleiner niedriger Rollwagen, der noch von den Fundamentierungsarbeiten des Domes übriggeblieben war und auf dem die zentnerschweren Steine auch über Unebenheiten hinweggerollt werden konnten. So schafften wir allein 175 Stücke des Dommuseums, die zur Zeit des Fliegerangriffs unverantwortlicherweise noch im Museum waren, in die Krypta und die Nassauer Unterkapelle.

Ebenso räumten wir die Kirchen aus, zum Beispiel den riesigen Sakristeischrank von St. Quintin, den wir zerlegen mußten, die Altarfiguren von St. Christoph, den spätgotischen Hochaltar der Karmeliterkirche, der damals noch im südlichen Seitenschiff stand und deswegen nicht verbrannt war, während die Nordseite im Kircheninneren durch die herabfallende brennende Orgel zugrunde ging. In ähnlicher Weise zerlegten wir die vier Messingkandelaber um den Hochaltar von St. Stephan und brachten sie mit anderen Stücken in die

[10] A. Schuchert: Luftschutzmaßnahmen. 1946 (= Bibl. Nr. 1414), S. 25 – 26. Die S. 26 bis 28 genannten Kunstwerke wurden von F. Arens und seinen Helfern geborgen.

Domkrypta.[11] Es war, wie gesagt, in den Kirchen fast nichts geborgen, als würden wir noch im tiefsten Frieden leben und nie Flieger nach Mainz kommen.

Dann gab es noch die vielen *Häuserfiguren*, die an Ruinen standen oder im Straßenschutt lagen, der wahrscheinlich bald mit der Bauplastik zusammen abtransportiert werden würde. Auch sie wurden in den Domkreuzgang gebracht. Später gingen wir auch an die Restbestände des Altertumsmuseums, die wir mit dem Handkarren Löwes und den genannten Helfern in die Domkrypta fuhren. Für die mühevolle und schwere Arbeit konnte ihnen kein Pfennig gegeben werden, da es in dem herrschenden Chaos nicht möglich war, an Geld heranzukommen. Ein Transportauto und Benzin gab es auch nicht, weil angeblich alles an der Front gebraucht wurde. Der einzige Vorteil, den wir für ein paar Wochen ergattern konnten, waren Lebensmittelkarten für Schwerarbeiter, also ein paar Gramm Fleisch und Brot mehr als für die Normalverbraucher. Ich wundere mich noch heute, daß ich meine zehn Finger bei dem Transport und Verladen der schweren Steinfiguren und des Karmeliteraltars unzerquetscht behalten habe.

Zwischendrin packten wir eine ungewöhnliche Arbeit an, nämlich die Beseitigung des eisernen *Dachreiters der Karmeliterkirche*. Dieser hatte sich bei dem Abbrennen des Daches völlig verbogen und lag auf dem Gewölbe, das nur aus einer einzigen Backsteinschicht bestand. Ein ungeheueres Gewicht, das die Gewölbe eines Tages zum Einsturz bringen mußte. Mit Hilfe des bereits genannten Schlosserlehrlings wurde der Dachreiter in Stücke geschnitten. Jeweils zu zweit warfen wir die Teile hinab in die Ruine eines Hauses neben dem Chor der Kirche. Dabei mußten wir dauernd auf einem Gewölbe herumlaufen, dem nicht recht zu trauen war.

Mit meinen zwei bis drei ehrenamtlichen Helfern konnte ich natürlich keine großen Bergungsarbeiten durchführen. Durch eifrigen Briefwechsel mit Berlin, mit Konservatór Robert Hiecke, erreichte ich zusammen mit anderen, daß der Bergungstrupp des preußischen Finanzministers Johannes Popitz, der die preußischen Schlösser ausgeräumt hatte, nach Mainz geschickt wurde. In ihm waren Bildhauer, Schreiner, Zeichner und Fotografinnen und ähnlich fachkundige Personen vertreten, und es war erstaunlich, in welch kurzer Zeit große Gegenstände wie die Kanzeln von St. Emmeran und St. Peter und der hervorragend schöne Drehtabernakel von St. Emmeran, jetzt im Dommuseum, fachmännisch ausgebaut und in den Dom verlagert waren.[12] Sie wären sicher am 27. Februar 1945 noch verbrannt. Damals wurden auch die Fassadenfiguren von St. Ignaz und von der Seminarkirche, die letzteren sind Kopien von 1895/96, abgenommen. Die Kreuzigungsgruppe bei St. Ignaz von Hans Backoffen († 1519) wurde 1942 in den Keller durch eine Mainzer Steinmetzfirma gebracht, die die Sockel der Standfiguren dadurch schwer beschädigte, daß sie die Statuen durch Rütteln aus ihren Dübeln herausriß, was später noch zu weiteren Schäden führte. Wahrscheinlich geschah diese Schnellabnahme morgens um sieben Uhr nur, um bald vor dem nächsten Fliegerangriff wieder im Keller zu sein.

[11] Aufzählung der geborgenen Objekte aus Kirchen und Museen vgl. A. Schuchert: Luftschutzmaßnahmen. 1946 (= Bibl. Nr. 1414), S. 26 – 28.

[12] A. Schuchert: Luftschutzmaßnahmen. 1946 (= Bibl. Nr. 1414), S. 31.

Ich weiß nicht mehr, warum das Riesenaltarbild von Franz Anton Maulbertsch in St. Emmeran nicht vom Bergungstrupp abgehängt, sondern später von Löwe und mir abgenommen und auf einem Pferdefuhrwerk liegend in den Dom gebracht wurde. Wir wollten das Gemälde, das erst 1937 restauriert worden war, nicht schon wieder vom Keilrahmen abspannen, weswegen wir es oben im Ostchor niederlegten. 1943 konnte es dort gesichert, doubliert und restauriert werden.[13] Heute ist es uns in St. Quintin erhalten, wo sich auch die Emmeranskanzel befindet. Manche Gegenstände mußten auf Anordnung der Pfarrer und Kirchenvorstandsmitglieder in den Kirchen bleiben. Ich denke da besonders an das Chorgestühl von St. Peter, das ohne weiteres ausgebaut hätte werden können. So ist es leider durch kurzsichtige Entscheide verbrannt. Die Altarfiguren von St. Peter kamen in die Petersgruft, der Hochaltarbaldachin in den Dom.

Große Sorge machte uns das *Domchorgestühl*. Nach manchen Überlegungen blieb es schließlich im Dom, weil einfach kein auswärtiger Auslagerungsort zu finden war, wo man es in zusammengepacktem Zustand hätte deponieren können. Wenigstens wurden die Statuen über dem Gesims wie Martinus und seine Bettler, Willigis, Crescens, Bonifatius und Bardo abgenommen und in die Krypta verbracht, wobei alles sorgfältig und gut fotografiert wurde.

Inzwischen waren die gotischen Domdenkmäler von einem alten Maurer aus Darmstadt eingemauert worden.

Rühmend hervorgehoben werden muß die Tätigkeit des *Caritasdirektors Aloys Strempel*. Er hatte sich schon bei der Domrenovierung 1925–1927 als Organisator bewährt und brachte es jetzt zusammen mit den hessischen Denkmalpflegern Prof. Karl Gruber und Oberbaurat Diefenbach fertig, Dächer in der richtigen Höhe, also keine Notdächer, auf den Dom[14], St. Quintin und St. Stephan und ein Notdach auf die Armklarenkapelle zur Erhaltung ihrer Gewölbe, obwohl sie damals nicht in Kirchenbesitz war, aufzubringen. Das Dach von St. Christoph kam nicht mehr zustande, weil inzwischen ein Denunziant in Berlin Krach geschlagen hatte, wie hinterher zu erfahren war. Das neue Dach von St. Stephan ging am 27. Februar 1945 abermals durch Bomben zugrunde. Die Dachkonstruktionen waren Nagelbinder – mit Holzzementplatten wurde die Schalung hergestellt –, so daß nicht viel Brennbares an den Dächern war. Die Organisationsleistung von Strempel mitten im Krieg war enorm.

Nebenher betrieb Aloys Strempel noch eine *Plansammlung und Veröffentlichung der Dom- und Kirchenpläne*[15], nachdem im Dombauamt 1942 alles

[13] F. Arens: Ein wenig bekanntes Altarbild von Maulbertsch in Mainz. In: Das Münster 11 (1958) S. 170: F. Arens: Kunstdenkmäler. 1961 (= Bibl. Nr. 1596), S. 220.

[14] Die zu flachen Dächer auf den Seitenschiffen und Kapellen des Domes wurden bei der Erneuerung der Dachkonstruktionen 1956 leider beibehalten, obwohl eine Lösung mit Satteldächern hinter den wiederhergestellten Wimpergen der Kapellen oder Walmdächer wie vor 1942 ästhetisch die bessere Lösung gewesen wäre. Hier wurde am falschen Platz gespart.

[15] Veröffentlicht und in kleiner Auflage gedruckt wurden die Bild- und Planmappen von: A. Strempel: Die Rettung. 1944 (= Bibl. Nr. 1271); B. Hundeshagen: Das Domgebaeude. 1819 (= Bibl. Nr. 65); A. Strempel (Hrsg.): Die Karmeliterkirche zu Mainz. Eine Sammlung von Zeichnungen, Plänen und Bildern. Mainz 1943. – Ein Rest der unveröffentlichten Klischees wurden von F. Arens in: Mainzer Zeitschrift 77/78 (1982/83), Tafel 1–24, publiziert.

Planmaterial verbrannt war. In der Hauptsache wurden im Maßstab 1:1 die Pläne des Denkmalarchivs in Darmstadt und des Stadtarchivs reproduziert. Dieses Büro wurde von dem Maler Josef Plum und von meiner Frau betreut, die die Originalpläne entliehen und reproduzieren ließen. Architekt Karl Usinger steuerte seinen Rat bei. Für die Zukunft ist diese Plansammlung von enormem Wert, weil durch Schlamperei 1944 das Hessische Denkmalarchiv in Darmstadt verbrannte, übrigens m.W. das einzige Denkmalarchiv, das nicht nach auswärts verlagert war. Auch das Staatsarchiv im gleichen Hause erlitt große Verluste.

Nach dem Fliegerangriff von 1942 war mir klar, daß noch weitere Bombardierungen folgen würden. Man müßte also die noch stehenden Altstadtgebäude und Kirchen fotografieren. Außer einem 6x9 cm Apparat, der bei der Elsaßreise dabei war, hatte ich keine Fotoausrüstung mehr. Durch eine Zeitungsannonce verschaffte ich mir mehrere Apparate und Dunkelkammergeräte. Mein alter Fotohändler Meintzinger auf dem Flachsmarkt lieferte mir die Filme; von einer Art Ramschhandlung in Berlin bezog ich viele Platten 9/12, die allerdings nicht immer gut waren. Mit 14 Ausweisen bewaffnet zog ich durch die ganze Altstadt und die Kirchen, fotografierte nochmals die Denkmäler und die Ausstattung des Domes sowie den ganzen Domschatz. So machte ich viele hundert Aufnahmen. Gleichzeitig ließ ich alle Neeb'schen Aufnahmen, die im Museum erhalten geblieben waren, kopieren und verteilte die Abzüge an das Stadtarchiv, das Dommuseum und an mich, so daß wenigstens ein Abzug irgendwo erhalten bleiben würde.

Ein kleines Erlebnis ist mir noch im Gedächtnis geblieben, das dem Dommuseum mit seinen Restbeständen leicht gefährlich hätte werden können. Nach einem kleinen Tagesangriff im Herbst 1944 – es könnte am 21. September 1944 gewesen sein, an dem die Altmünsterkirche abbrannte – ging ich mit meiner Frau durch die Stadt, um zu sehen, was geschehen war. Ich kam am Domkreuzgang vorbei, in dessen Hof eine plaudernde Gruppe stand, die sich über den neuen Angriff unterhielt, der dem Dom nicht geschadet hätte. Vorsichtshalber stieg ich die Treppe an der Südwestecke des Kreuzgangs hoch in das Dach des Dommuseums. Gegenüber explodierte gerade in einem brennenden Schuppen am Nasengäßchen die Munition der Standortkompanie, die im ehemaligen Konvikt in der Grebenstraße 9, jetzt Dombauamt, lag. Das *Dach des Dommuseums* fing gerade Feuer. Mit dem vorhandenen Löschwasser und einer Spritze löschten wir den Brand. Die Gesprächsrunde unten im Kreuzgangshof konnten wir nicht herbeirufen, weil schnelles Handeln geboten war. Während des Löschens gesellte sich Bischof Dr. Albert Stohr zu uns, der eifrig mithalf. Vielleicht hat dieses kleine Erlebnis auch bewirkt, daß ich später bei denkmalpflegerischen Fragen Zugang und Gehör beim Bischof fand.

Nach dem Krieg war eine meiner ersten Aufgaben, nachdem ich als „Wissenschaftlicher Hilfsarbeiter“ in den Dienst der Stadt Mainz getreten war und die städtische Denkmalpflege betreute, die Bergung der restlichen Hausfiguren aus dem Schutt. Diesmal mußte ich nicht meine treuen freiwilligen Helfer aus den

Kriegsjahren bemühen, sondern man konnte sich von der Polizei zur Aufräumungsarbeit verpflichtete Nazis holen, die im Stadthaus am Pulverturm zugeteilt wurden. Wir brachten die teilweise sehr großen Hausfiguren in den Domkreuzgang und begannen mit der Reparatur von St. Ignaz, wo durch eine Bombe auf der Südseite die Aufschieblinge des Langhauses abgerutscht waren. Später kam noch die Karmeliterkirche an die Reihe.

Trotz sparsamer Verwendung von Altholz wie in St. Ignaz war es doch notwendig, auch neues zu beschaffen. Mein damaliger Sekretär, Lehrer Jakob Hattemer, hatte Beziehungen zu einem Sägewerk in Laudenbach am Main. Es war nur noch das Problem, wie man das Holz nach Mainz transportierte. Es wurde ein alter Lastwagen mit Anhänger aufgetrieben. Für den Transport an den amerikanischen Wachtposten auf der Brücke Kastel-Kaiserstraße vorbei erbat ich ein Schreiben mit Unterschrift und Stempel des Mainzer Bischofs, das tatsächlich seine Wirkung tat. Ob allerdings der amerikanische Soldat begriff, was das für eine Dienststelle war, die auf dem Blättchen Papier mit schönem Stempel zu lesen war, bezweifle ich etwas. Ich selbst hatte mein ganzes Spargeld eingesetzt, um das Holz bar in Laudenbach bezahlen zu können. Wäre der Schmuggel auf der Mainzer Brücke beschlagnahmt worden, wäre ich es los gewesen.

Nach dem Krieg bestand meine Tätigkeit für den Dom hauptsächlich in der Beratung des *Dombaumeisters Heinrich Schneider*, der durch die Fülle seiner Aufgaben fast erdrückt wurde. Die anfängliche Mitarbeit des Architekten Philipp Böswetter im Dombauamt war von großem Nutzen. Selbstverständlich hätten meine Gespräche und Anregungen keine Wirkung ohne die gleichgestimmte Aufnahme durch die Architekten, die Bauherren und auch die Kollegen der Denkmalpflege gehabt. Es gehört vielleicht zu den Eigenschaften dieser ersten Nachkriegsjahre, daß mit vernünftigen Argumenten viel bewirkt wurde, daß auch in baukünstlerischen Fragen eine selbstverständliche Übereinstimmung waltete.

Da ich 1949 das städtische Altertumsmuseum mit der Gemäldegalerie übernehmen mußte, konnte ich mich nicht mehr so intensiv der Denkmalpflege und damit dem Dom widmen. Ab 1952 trat ich in das Amt des Landeskonservators ein, wo ich dann wieder einzelne denkmalpflegerische Aufgaben wahrnehmen konnte.

Ein Teil der berühmten *Domumbauung*, die die Monumentalität der Kathedrale steigert und die, soweit sie aus dem 18. Jahrhundert stammt, selbst von hohem ästhetischen Reiz ist, wurde im letzten Krieg beschädigt oder sogar zerstört. Ich erinnere mich an eine Sitzung in den ersten Nachkriegsjahren, in der die Weglassung der zerstörten Häuser vor dem Marktportal als wünschenswert bezeichnet wurde. Auch viele Mainzer haben aus Unkenntnis städtebaulicher Prinzipien ähnlich gedacht. Es gelang allerdings, die fehlende Umbauung des Domes wieder zu ersetzen.[16] Zerstört waren auf der Nordseite des Domes die

[16] F. Arens: Zur Freilegung. 1947/48 (= Bibl. Nr. 1159); enthält einen Zeitungsartikel des Domkapitulars Dr. Friedrich Schneider von 1896, der damals schon mit vernünftigen Argumenten vor einer Freilegung warnte.

beiden flankierenden zweistöckigen Häuser zu beiden Seiten des Zugangsgäßchens zum Marktportal (Markt 8, 10, 12, 14), ferner das Haus Markt 16 (= Spielwaren Comes), das volkstümlich mit einem Zahnstocher verglichen wurde, weil es hoch über die barocken Nachbarhäuser hinausragte, dann das westlich hinter der Gothardkapelle vorspringende Geschäftshaus Markt 2 (= früher Mendel, nach dem Wiederaufbau Beckmann und Wortmann) zwischen Markt und Höfchen und der lange Trakt zwischen diesem Markt 2 und der Ecke Schöfferstraße, der im 19. Jahrhundert mit zu großen Fensteröffnungen und Stockwerkshöhen gebaut worden war.[17] Ferner war die Bautengruppe längs des Kreuzgangwestflügels am Leichhof 20–24, die auch die zu großen Maßstäbe des 19. Jahrhunderts hatte, ausgebrannt.

Eine wesentliche Verbesserung war 1952 der Ersatz des häßlichen Hauses Markt 16 (bisher Spielwaren Comes, jetzt Eingang zum Domcafé) durch eine Barockkopie, die sich genau nach dem nebenstehenden Haus Markt 20–26 (= Schickert und Dombuchhandlung) richtete. Vielleicht nicht so günstig war die Weglassung der Obergeschosse der beiden Häuser rechts und links des Zugangsweges zum Marktportal, die man hauptsächlich deswegen auf das Erdgeschoß beschränkte, um darüber die Zwerggalerie der Gothardkapelle zeigen zu können. Das zeitlich letzte Haus an der Ecke Höfchen – Schöfferstraße (= Commerzbank) ist nicht so geglückt, weil man soviele moderne Details wie die silbernen Fensterbrüstungen und das eingesunkene Dach verwirklicht hat.

Für die Bebauung der ausgebrannten Häuserzeile zwischen Knewitz und der Bank am Höfchen hatte ich auch einen Entwurf gemacht, der dann 1953 vom Dombauamt am Leichhof mit dem großen langen Bau zwischen Leichhofportal und Nasengäßchen verwirklicht wurde (Leichhof 20–24).[18]

In der ehemaligen *Johanniterkommende Heilig Grab* hatten damals die Franziskanerinnen ihr Kloster und Unterbringungsmöglichkeiten für Mädchen. Sie wollten die beiden Vorderhäuser (Kavaliersbauten) aufstocken, wobei die ganze Ausgewogenheit der Baugruppe verloren gewesen wäre. Ich konnte das damals verhindern, indem ich den Domkapitular informierte, der für das Bauwesen des Domes zuständig war.[19]

Das *Priesterseminar* hatte durch Aufstockung im 19. Jahrhundert an der Rückseite nach dem Garten zu und an dem Augustinergäßchen (Bibliotheksflügel) sehr gelitten. Es gelang, die beiden Aufstockungen wegzunehmen und dadurch das äußere Aussehen sehr zu verbessern.[20] An dem Flügel, der später am Augustinergäßchen nach der Weintorstraße hin erbaut wurde, bin ich unschuldig.

[17] F. Arens: Denkmalpflege. 1950/1951 (= Bibl. Nr. 1417), S. 172; F. Arens: Denkmalpflege. 1952/1953 (= Bibl. Nr. 1416), S. 291; A. Schuchert / G. Bayer: Zur Gestaltung. 1948 (= Bibl. Nr. 1168), S. 333; K. Gruber: Architektonisches Bild. 1949 (= Bibl. Nr. 1165).

[18] F. Arens: Denkmalpflege. 1954/1955 (= Bibl. Nr. 1418), S. 218.

[19] F. Arens: Denkmalpflege. 1950/1951 (= Bibl. Nr. 1417), S. 285–286.

[20] F. Arens: Denkmalpflege. 1950/1951 (= Bibl. Nr. 1417), S. 274.

Das sog. Wunschkindhaus oder Ihm'sche Haus am *Karmeliterplatz 3* wurde auch vom Dombaumeister Heinrich Schneider 1950 wiederhergestellt, wobei er das ganze Haus abbrach und neu aufführte.[21] Das gefiel mir nicht so sehr.

Leider wurde die schöne Zusammenarbeit durch den Abbruch des Bischofspalais im Sommer 1962 gestört, für den der Dombaumeister wahrscheinlich nichts konnte. Er starb noch im gleichen Jahr am 24. September 1962.

Bei der *Wiederherstellung des Inneren* des Domes 1958 bis 1960 war ich beratend in einer Baukommission mit anderen Fachleuten tätig. Es ging in der Hauptsache um die farbige Gestaltung des Raumes. 1959 wurde erwogen, ob die barocken Chorbühnen, die sog. Choretten, seitlich des Westchoraltares entfernt werden sollten, um einen freien Blick aus den Querhausarmen auf den Altar zu ermöglichen. Ich nahm 1959 in einem ausführlichen Gutachten dagegen Stellung, das den künstlerischen Wert und die Bedeutung dieser Einbauten für das Raumbild hervorhob. Glücklicherweise wurde diese Idee einer „Freilegung" des Hochaltars dann aufgegeben.

[21] F. Arens: Denkmalpflege. 1950/1951 (= Bibl. Nr. 1417), S. 287.

DER MAINZER DOM

Bau- und Arbeitsbericht des Dombauamtes und der Dombauhütte 1977 – 1985

Jakob Stockinger

Der jahrhundertealte Komplex der Mainzer Kathedralkirche bedarf ständig sorgfältiger Bau- und Sicherungsarbeiten. Über die vielen im 20. Jahrhundert getroffenen Maßnahmen ist detailliert berichtet worden[1]. Ich selbst stellte in mehreren Publikationen die Renovierungsarbeiten von 1955 bis 1977 vor[2]. Der vorliegende Beitrag listet als Fortsetzung der bereits erschienenen Veröffentlichungen das Arbeiten am Dom in den Jahren von 1977 (Nachtrag) bis 1985 auf. Dieser Zeitraum ist deckungsgleich mit der Amtszeit des jetzigen Domdekans und Domkustos, Prälat Dr. Hermann Berg, der am 1. September 1977 in beiden Ämtern durch die Wahl des Domkapitels und die Ernennung durch den damaligen Diözesanbischof Kardinal Dr. Dr. Hermann Volk dem verdienstvollen Prälaten Ludwig Haenlein (gest. am 5. August 1977)[3] nachfolgte.

1977 (Nachtrag)

Die Bau- und Steinversetzungsarbeiten am *Westchor*, der *Zwerggalerie* und an den *Strebepfeilern* wurden fortgeführt. Die Strebepfeilerschrägen wurden – entgegen früheren Ausführungen – aus Haltbarkeitsgründen nicht mehr mit Schiefer, sondern mit Kupferblech abgedeckt. Diese Instandsetzungsarbeiten waren infolge von Setzschäden vor der Fundamentsicherung 1925 – 28 und hauptsächlich infolge der Kriegseinwirkung 1942/45 nötig. – Aus Sicherheitsgründen für die Domkirche und das Dommuseum erhielt der Zugang zum *Kreuzgang* von der Domstraße her Eisengitter.

1978

Nach Abklingen der Frostperiode konnten im Frühjahr die Steinversetzungsarbeiten, hauptsächlich am südlichen *Westchor* und südwestlichen *Querhaus*, wieder aufgenommen werden. Am nördlichen *Seitenschiff* wurden die Steinpartien im Bereich der Fenstersohlbänke mit den aufsitzenden Fensterrahmenprofilen ausgewechselt, die in Winterarbeit vorgerichtet wurden. Das aufgehende Mauerwerk bis zum Traufgesims, gleichfalls stark zerstört, mußte aber aus Kostengründen noch zurückgestellt werden.

[1] Vgl. Bibliographische Handreichung in dieser Festschrift (im folgenden abgekürzt als Bibl.) Kap. XI.

[2] Vgl. J. Stockinger: Domrenovationen. 1975 (= Bibl. Nr. 1428); J. Stockinger: Renovierung. 1975 (= Bibl. Nr. 1454); J. Stockinger: Sicherungs- und Wiederherstellungsarbeiten. 1977 (= Bibl. Nr. 1455).

[3] Domkapitelsprotokoll.

Ganz neu ins Blickfeld rückte die *Gothardkapelle*, die Hof- und zugleich Grabkapelle Adalbert I. von Saarbrücken (1111–1137). Auf Anregung von Domdekan Prälat Dr. Berg wurden zunächst Voruntersuchungen und Lösungsvorschläge für die äußere Renovierung erarbeitet. Ein erstes diesbezügliches Gespräch vor Ort mit den Fachvertretern vom Landesamt für Denkmalpflege, Stadt- und Domverwaltung erfolgte am 18. Februar.[4] Es sollte geklärt werden, ob eine Rekonstruktion des Turmaufbaues, so wie er bis zum Brand von 1767 bestand, möglich sei; weiter wurde die Freilegung zweier zugemauerter Bogenfelder des Galerieumganges an der Chorsüdseite, eine Tieferlegung des 1901 zu hoch angesetzten Apsidendaches und die gesamte Außengestaltung nach Beseitigung der starken Schmutzkruste erörtert. Vorerst sollten keine Lösungen aus Kostengründen ausgeklammert werden.

Schon in den Vorgesprächen war zu erkennen, daß bei allem Respekt für die Schaffung des historischen Zustandes, die Schwierigkeit des Tuns nicht zu übersehen war. Die Vor- und Unterlagen[5] waren zu dürftig, auch sollte die Entwicklung der Jahrhunderte nicht verfälscht werden. Letztlich war auch zu bedenken, daß bei den Renovierungsarbeiten 1901 unter Domkapitular Friedrich Schneider eine Rekonstruktion nicht aufgegriffen wurde, sondern in einem steilen Walmdach eine dem Bau geeignete und annehmbare Lösung gesehen worden war. In den Fragen der Galerie- und der Chorgestaltung herrschte Übereinstimmung, doch bei der Ausführung wurde von Verputz und aufgemalter Quadrierung abgesehen. Dem Wunsch des Landesamtes für Denkmalpflege wurde somit nicht entsprochen.

Bei Farbprobeuntersuchungen[6], entnommen an der Chorsüdwand, ergaben sich keine konkreten Hinweise auf eine frühere Farbgestaltung. Da in allen anderen Bereichen keine Spuren zu erkennen waren, mußte man vielmehr davon ausgehen, daß aus Zwecken der Lichtreflektierung für das davor gestandene Wohnhaus, Markt 8–10, Farbanstriche vorgenommen wurden. – Der für die Renovierung erstellte Kostenvoranschlag wies DM 250.000,– aus.

Nachdem 1977 die erste Hälfte des Domgestühls schon in den Werkstätten der Dombauhütte umgearbeitet wurde, erfolgte nun der Umbau für das restliche Gestühl. Die vorhandenen Sitzbänke der Westchoretten erhielt St. Quintin in Mainz; durch Neuanfertigung – im Stil der Gesamtbestuhlung – wurde Ersatz geschaffen. Im Auftrag des Domdekans wurden in den weitbekannten Werkstätten für kirchliche Textilkunst Josef Plum in Mainz 12 Kaseln eines weißen Pontifikalornates angefertigt.

1979

In diesem Jahr wurden die Steinerneuerungsarbeiten am *Westchor*, an den *Westchorgiebeln* und an der Westseite des *südlichen Querhauses* sowie die Kupferblecharbeiten an den Strebepfeilern, Gesimsen, Gurten und den Brüstungen der *Zwerggalerie* abgeschlossen. Wegen der Taubenplage mußten sämtliche

[4] Aktenvermerk Dombauamt vom 22. Februar 1978.

[5] Lithographie von H. Sturn: Ansicht des Domes im Jahre 1767. Abb. vor S. 73.

[6] Wilhelm Jung: Putz- und Farbuntersuchungen im Dom- und Diözesanmuseum, Mainz (Masch.); Bericht Restaurier-Werkstätte Menna, Würzburg (Masch.).

Öffnungen der westlichen *Flankierungstürme* und des *Galerieumganges* mit kupfernem Maschendraht geschlossen werden. Als Abschluß der Erneuerungsarbeiten erhielten die gesamten Steinflächen eine lasierende Rotfärbelung in Keim- und Mineralfarbtechnik.

In größerem Umfang konnten Steinquader für das nördliche *Seitenschiff* – und da vor allem für den zweiten Strebepfeiler links vom Marktportal – vorgerichtet werden. Für den Galerieumgang der *Gothardkapelle* entstanden sieben Säulen mit Kapitell und Basen sowie Quader für die südliche Apsisecke.

Durch Umrüstung der Dom-*Innenbeleuchtung* von Normalglühlampen auf Quecksilber-Dampflampen verbesserte sich die Lichtausbeute um das 5fache, der Stromverbrauch selbst wurde auf ein Drittel gesenkt.

Zur Vervollständigung der *liturgischen Ausstattung* erhielt das vorhandene violette Ornat zwei Kaseln, das Pontifikalornat eine weiße Dalmatika für den Kreuzträger.

1980

Im Berichtsjahr wurden keine größeren Bauarbeiten eingeleitet, da der Wallfahrtsbesuch des Hl. Vaters, Papst Johannes Paul II., in Deutschland angesagt war, der auf seinen Stationen auch Mainz (am 16. – 17. November) besuchen wollte. Die Vorbereitungen liefen schon Mitte August an und beschäftigten Dombauamt und Dombauhütte gleichermaßen.

Nachdem sich immer öfter, vor allem in den letzten beiden Jahren, der *Ostchor* an Stelle der Memorie für das sonntägliche Terz-Gebet angeboten hatte, regte der Domdekan die Versetzung der restlichen drei Chorstühle[7] aus der St. Gangolfkirche in die Ostapsis des Domes an, die bis dahin in der Nikolauskapelle aufgestellt waren. Sie waren zudem stark überholungsbedürftig. Bischof und Domkapitel gaben ihre Zustimmung zur Renovierung. Die Ausführung erfolgte durch die Schreinerei der Dombauhütte.

Der anstehende Besuch des Kirchenoberhauptes war Anlaß, auch in der *liturgischen Ausstattung* des Domes nachzuholen, was schon länger anstand. So erhielt der *Hauptaltar des Westchores* ein sehr feierlich wirkendes Handwebe-Antependium und der Traghimmel für die Prozessionen einen roten Samtbaldachin mit Silberborten nach dem Vorgängermodell. Verantwortlich zeichnete die bekannte Textil-Werkstätte Fa. Josef Plum, Mainz, im Zusammenwirken mit der Raum-Ausstattungsfirma H. Winkler, Mainz-Gonsenheim.

1981

Die Finanzmittel-Rückstellung aus dem Vorjahre, die bereitgestellten Mittel des Jahres-Etats und ein Landeszuschuß von 65.000,– DM[8] ermöglichten, die Bauarbeiten an der *Gothardkapelle* in vollem Umfang einzuleiten. Nach

[7] F.V. Arens: Der Mainzer Dom [3]1941 (= DB Nr. 35)
[8] Schreiben Landesamt für Denkmalpflege vom 21. Juli 1980, 466/79.

Einrüstungs- und Vermessungsarbeiten setzte im Monat Mai die volle Bautätigkeit ein. Ein großes Problem bildete die Steinreinigung. Weder mit Handreinigung noch mit Dampfstrahl oder Reinigungspaste war die schon gesinterte Schmutzschicht zu entfernen; erst in Verbindung mit Wasser- und Sandstrahl war der Erfolg gegeben. Nun zeigte sich, daß die Gebäudeschäden weit größer waren, als ursprünglich zu ersehen war. So mußten an der Marktseite die linke Gebäudeecke unter dem Rundbogenfries völlig und am rechten Fenster eine große Partie der linken Fensterleibung und Mauerwerk darunter ausgewechselt werden. Die Portal- und Fensterveränderung war 1964 durchgeführt worden. Der Rundbogenfries unter dem Galerieumgang, zum größten Teil noch aus der Erbauungszeit (1137 vollendet), war aus Tuffgestein und sehr mürbe, so daß er bis auf die beiden linken Bögen gänzlich ersetzt werden mußte. Ebenso auch die darüber aufgelegten Geschoßgurtsteine. Allein in diesem Bereich waren vom Auswechseln betroffen: drei Säulenbasen, vier Kapitelle, fünf Säulenschäfte und sieben von den neun Arkaden-Wölbungsbögen.

Durch Brandeinwirkung (weniger durch Verwitterung) der davor stehenden Geschäftshäuser, Markt 8 – 10, waren Chor, Apsis und ganz besonders die südöstliche Gebäudeecke in Mitleidenschaft gezogen worden. Zwei Bogenfelder der Galerie hatte man wegen Einsturzgefahr vermauert. Insgesamt wurden in diesen Bereichen acht komplette Säulen, 13 Galeriebögen mit Hinterwölbung und neun Bogenfriesfelder ersetzt.

Das *Apsidendach am Chorgiebel* erfuhr eine Tieferlegung um 80 cm, wobei die verbrannten Ortgangsteine erneuert und eine neue Schalung mit Schieferdeckung aufgelegt wurde. Die Steinverfugung mußte erneuert werden, soweit sie durch die Steineinblendung nicht betroffen war. Als Fug-Material kam Trass-Kalkmörtel, steinflächig verfugt mit Quastenverstrich, zur Ausführung. Das heutige gelbgräuliche Erscheinungsbild ist rein natürlich und ohne Nachbehandlung. Kupferblechverwahrungen gegen Verwitterung erfuhren die Überstände der Gebälksteine an den Arkadenbögen sowie der gesamte Galerieumgang. Zum Schutz gegen die Taubenverkotung wurde eine elektrische Taubenschreckanlage installiert. Diese Bauarbeiten waren unter der Leitung von Dipl.-Ing. (FH) Paul Marouelli, Dombauamt, bis Dezemberanfang abgeschlossen.

Die Ausbesserungs- und die Aufarbeitungsarbeiten am Brendel'schen Chorgestühl gingen in den Werkstätten der Domschreinerei zügig voran. Mit dem Wappen des Diözesanbischofs verziert wurde es in der Ostapsis aufgestellt.

Die vorhandenen *Pontifikalornate* wurden ergänzt: das weiße Ornat durch eine besonders lang gearbeitete, mit festlichen Motiven geschmückte Kasel, das rote Ornat durch einen langen Chormantel und das violette Ornat durch zwei Kaseln.

1982

Die Dringlichkeit der anstehenden Renovierungsarbeiten erforderte erneut eine große Finanzzuwendung für den Dom. So standen die Steinerneuerungen am *nördlichen Seitenschiff* von den Fenstersohlbänken bis hoch unter das Traufgesims an. Bei den geringen Strebepfeiler-Querschnitten und den bereits um die Jahrhundertwende eingetretenen Fundamentsenkungen sowie den damit verbundenen Lotausweichungen der Strebepfeiler (bis zu 26 cm) war große Vorsicht geboten. Man beschloß, allgemein eine Steinoberflächenverblättelung und nicht eine Quaderauswechslung vorzunehmen. Vom Steinzerfall besonders betroffen waren Pfeiler 2 und 3 links vom Marktportal. Hier dürfte der unmittelbar angrenzende Backbetrieb im Haus Markt 14–16 mit seinen jahrzehntelangen und großen Schornsteinabgasen mitverantwortlich sein. Für Pfeiler 3 kann zusätzlich gelten, daß Oberflächengestein aus den Steinbrüchen zur Verwendung gelangte. Die Mauerzwickel zwischen Strebepfeilern und Spitzbogenfenstern sind teilweise erneuert, wohingegen die Pfeilerabdeckungen mit den barocken Ziervasen von der Domrenovierung 1955–58 stammen. Die Neuverfugung erfolgte nach Abdampfen der Steinoberflächen.

Nachdem die äußeren Sicherungs- und Wiederherstellungsarbeiten an der *Gothardkapelle* im Vorjahr abgeschlossen waren, gingen die Überlegungen des Domdekans nach Verbesserung für den Innenraum. Es sollte, trotz der Enge von Altarraum und Apsis, nach einer Lösung gesucht werden, die durch Neugruppierung von Altar, Tabernakel, Hängekreuz, Priestersitz und Verkündigung die Gottesdienst-Zelebration auch „versus populum“ ermöglichte.

Durch eine großherzige Zuwendung eines Pfarrmitgliedes an die Domkirche konnte ein von vielen Seiten langgehegter Wunsch, eine bessere musikalische Umrahmung gottesdienstlichen Geschehens in der Gothardkapelle (bis dahin stand ein altes Harmonium zur Verfügung) mit Initiative des Domdekans verwirklicht werden. Unter Hinzuziehung der Fachgremien zur Mitberatung wurde die Orgelbaufirma Gebr. Oberlinger, Windesheim, zur Unterbreitung von Vorschlägen aufgefordert. Nach Vorgesprächen erfolgte am 2. April 1982 die Vorlage[9] über eine zwei-manualige *Orgel* mit elf Registern, mit Pedal und Brustwerk, die mit geringen Abänderungen letztlich im Juli in Bauauftrag ging.

Nach dem Wechsel der Mikrofonanlage im Jahre 1978 war das elektrische Versorgungsnetz erneuerungsbedürftig, so daß ein Kabelwechsel vorgenommen werden mußte.

Die *Meßgewänder* im Dom wurden durch eine festlich geschmückte, handgewebte Kasel für das rote Ornat und je zwei einfache weiße und violette Kaseln ergänzt. Alle Nebenaltäre erhielten Leinen-Altartücher mit grünen und violetten Schutzdecken.

1983

Waren noch am nördlichen Seitenschiff die Vergitterungsarbeiten an den Fenstermaßwerken und die Steinfärbelung auszuführen, so stand an erster Stelle doch die Innenrenovierung und Neuaustattung der *Gothardkapelle*[10]. Hier wurden zur Raumgewinnung die Chorstufen um 60 cm vorgezogen und das Kommuniongitter versetzt. Ein Sakramentshäuschen am Triumphbogenpfeiler ersetzt nun den Altartabernakel und ein kleinerer, neu gestalteter Altar in Verbindung mit der Senkrechthängung des Udenheimer Kreuzes ergab den notwendigen Raumbedarf.

[9] Schreiben Fa. Oberlinger vom 2. April 1982, Angebot Nr. 1180, Zeichnungen Nr. 3138 und 3139.
[10] W. Jung: Die Gotthardkapelle. 1983 (= DB Nr. 1520).

Mangels eines gesicherten Farbbefundes im Raum und an den Architekturteilen wurde eine Farbgebung gewählt, die die romanische Architektur unterstützt und zusammenfaßt, zugleich aber ihren Bezug im zeitgenössischen, historischen Stil hat. Vorgenommen wurden noch Verbesserungen in der Raumbeleuchtung, neu installiert eine Liedanzeige und die Versorgungsleitungen für die Orgel.

Nachdem im Frühjahr das Orgelgehäuse, die Form der Schleierbretter und der Farbton des gesamten Holzwerkes festgelegt war, konnte mit Herbstbeginn die Ortsmontage beginnen, die bis November – einschließlich Intonation – abgeschlossen war.

Im Beisein seines Vorgängers im Bischofsamt Kardinal Dr. Dr. Hermann Volk, des gesamten Domkapitels und einer großen Schar Gläubiger konsekrierte Diözesanbischof Dr. Dr. Karl Lehmann am 17. Dezember den neuen Altar und weihte das Sakramentshaus und die *Orgel*.

Die Orgel-Disposition[11] ist folgende:

I. Manual, C – g''' (Hauptwerk)

Rohrflöte	8'	Principal	4'
Gedackt	4'	Schwiegel	2'
Mixtur	4-fach	Trompete	8'

Gegenüber dem Erstvorschlag änderte sich der Vorabzug des 2'Registers aus der Mixtur, dafür wurde der Schwiegel 2' als zusätzliche Pfeifenreihe eingebaut und Trompete 8' kam hinzu.

II. Manual, C – g''' (Brustwerk mit Glasjalousien)

Gemshorn	8'	Blockflöte	4'
Principal	2'	Sesquialter	2-fach
Vox humana	8'	Tremulant	
Cymbelstern			

Pedal, C – f'

Subbass	16'	Octavbass	8'

Koppel

Hauptwerk – Pedal = I – Pedal
Brustwerk – Pedal = II – Pedal
Brustwerk – Hauptwerk = II – I

Im 2. Manual kam anstelle Siliconal 8' noch zusätzlich Gamshorn 8' und der Cymbelstern.

Die Orgel ist auf eine mechanische Register- und Spieltraktur ausgelegt, das Gehäuse mit Rahmenwerk und gestemmten Füllungen in Massiv-Eichenholz holzsichtig gebeizt, Schleierbretter natur, Lindenholz handgeschnitzt.

Auf Vorschlag des Domdekans und in Absprache mit dem Domkapitel konnte der schon jahrzehntelang betriebene, aber immer störend wirkende, im nördlichen Seitenschiff des Domes untergebrachte Domkarten- und Schriftenverkaufsstand in die freigewordenen Geschäftsräume Markt 10 verlegt und zum Informationsstand erweitert werden.

[11] Fa. Oberlinger: Rechnung L 4 vom 1. Februar 1984.

1984

Nachhängend zu den Renovierungsarbeiten am südlichen *Westquerhaus* der 50er Jahre konnten nun nach Abschluß der Bauarbeiten am nördlichen Seitenschiff und der Gothardkapelle, die Westseite der Memorie- und Nikolauskapelle sowie die an den Domchor-Singsaal angegliederte südwestliche Kreuzgangpartie (zum Nasengäßchen hin) fertiggestellt werden. Ausbesserungen im Quadermauerwerk erfolgten in Minerosmörtel, Strebepfeiler-Ergänzungen im Miltenberger Sandstein, Kalkmörtelputz und die Haussteinquader sind mit Keim-Mineralfarbe gefärbelt.

Zur Arbeitsvorbereitung für 1985 wurden das nördliche Seitenjoch am Kreuzgang Westseite, das anschließende Ägidiechörlein und Memorie sowie die ersten fünf südlichen Seitenschiffenster zur Steinbestandsaufnahme im *Kreuzgang* eingerüstet.

Zur besseren Schonung und zur Sicherung des Geweberückens erhielt der kleine *Ketteler-Teppich* (350 × 238 cm) eine Spannrahmenaufhängung über dem Marktportal im Dom.

An *Liturgiegewändern* gingen in Auftrag: 13 Dalmatiken ohne Schmuck, vorgesehen für die Diakonatsweihen, eine Bischofskasel zum weißen Pontifikalornat, eine Mitra, sechs grüne Kaseln einfacher Art für Konzelebration, je ein größerer und ein kleinerer Wappen-Wandbehang für die Bischofs-Cathedra am West- und Ostchorgestühl.

1985

Zehn Jahre nach der 1000-Jahr-Feier des Domes reichten nicht aus, die Schäden am Dombau zu beheben. So stehen erneut am südlichen Seitenschiff und an den Innenseiten des Kreuzganges Baugerüste, wahrscheinlich noch für mehrere Jahre.

Bei den Vorüberlegungen zur Schadensbehebung am *Seitenschiff* wurden Ergänzungen der Windpergen-Stümpfe und der damit verbundenen Faltdächer in Erwägung gezogen, doch wie schon 1958/59 wegen deren Undurchführbarkeit und der Zweifelhaftigkeit des Tuns abgelehnt.

Die Gestaltung der verbliebenen Windpergen-Giebelfelder und der Zwischenräume konnte sich entweder nach der analogen Gestaltung der nördlichen Außenschiffswand um 1800 oder ähnlich der Bauten in Putztechnik mit Färbelung nach freier Vorgabe richten. Eine historische Lösung war wegen der Veränderung nach 1793 nicht möglich. Die Entscheidung stand in Abhängigkeit zur Bausubstanz.

Die Wandausbuchtungen im ersten Fensterfeld über dem Memoriendach und dem Rücksprung vom gotischen Seitenschiff zum ursprünglich romanischen Seitenschiffmauerwerk sowie im Zwischenfeld vom Fenster zwei und drei waren schon bei den Vermessungsarbeiten augenfällig.

Der Aufbruch bestätigte die Vermutung, daß das Mauerwerk in seiner Stärke von 45 cm wohl stark genug sei zur Aufnahme des Traufgesimses und des geringen Dachlastenteils, jedoch durch die Spaltung von Außen- und Innenmauerschale mit dem verbrannten Fugenmörtel (1942) keine Standfestigkeit mehr

besaß. Die Mauerwerksmassen bestanden aus Abbruchmaterialien der Windpergen mit den Ortganggesimsen, Ziegel- und Tuffgestein (3. Giebelfeld). Hierauf aufgebracht war in Stampf-Betontechnik Traufgesims mit Hohlkehle und Platte des ursprünglichen Gesimses, wobei das Unterglied von Wulst mit Unterkerbung fehlte – vermutlich aus schaltechnischen Gründen 1942 unterlassen. Die Betonsichtfläche ist rot eingefärbelt und steinmetzmäßig mit Stockhammer bearbeitet.

Das neu aufgerichtete Mauerwerk besteht aus Kalksandstein und ist mit 6 bis 8 cm starken Steinplatten mit gebeilter Oberfläche verblendet. Das Unterglied des Gesimses ist in Sandstein dem Betongesims unterschoben und ergänzt dies. Steinauswechslungen im Pfeiler-Quadermauerwerk sowie an den Fenster- und Fensterbogenprofilen erfolgten nur, soweit Kriegszerstörungen oder Verwitterungen vorlagen. Inwieweit dieses System in den restlichen drei Fensterfeldern angewendet wird, ist abhängig von der vorhandenen Bausubstanz. Die beiden letzten nehmen eine Sonderstellung ein. Dies ist ersichtlich an den Blendmaßwerken, welche den anderen fehlten.

Der große Schaden und die akute Absturzgefahr am *Giebelmauerwerk* – zwischen Memorien- und Nikolauskapelle, Kreuzgang und Westflügel – zeigten sich erst nach der Einrüstung. Auch hier wurde, wie im vorher beschriebenen Seitenschiffbereich, das verglühte Mauerwerk (1942) belassen und nicht abgetragen, die Dachkonstruktion einfach davorgestellt. Die unterschiedlichen Dachhöhen und die Windschubkräfte führten zu einem Mauerwerkabriß etwa 1,00 – 2,00 m unter der Mauerkrone. Ein zufälliger Steinnocken verhinderte letztlich den Abbruch der Gesteinsmassen.

Die Abtragung des gesamten Giebels war aus baulicher Gegebenheit nicht möglich. So wurde die mürbste Bausubstanz (Kreuzgangseite bis 1,50 m, Leichhofseite bis 2,50 m) abgetragen und mit Kalksandstein in der vorhandenen Stärke wieder aufgeführt. Die Mauerkrone ist mit stahlarmiertem Beton abgedeckt, mit Kupferblech gegen Tagwasser gesichert und beidseitig verputzt. Eine zusätzliche Verspannung der Giebelschrägen und der Betonbalkenenden untereinander war aus baulicher Gegebenheit gleichfalls nicht möglich.

Zur *Innenausstattung* des Domes sind zwei Ambonen-Antependien in Auftrag gegeben.

Zusammenfassung

In der Berichtszeit 1977 – 1985 sind wesentliche Sicherungsarbeiten zur Erhaltung des Dombauwerks durchgeführt worden. So am Westchor, dem nördlichen und südlichen Westquerhaus, an den beiden gotischen Seitenschiffen, an der Memorien- und Nikolauskapelle und ganz besonders an der Gothardkapelle im Außen- wie im Innenbereich.

Sehr erfreulich dürfen die Aufwendungen im liturgischen Bereich gesehen und bewertet werden. Hier ist kontinuierlich das Vorhandene ergänzt und vervollständigt worden, wobei sicherlich die neue Innenausstattung der Gothardkapelle mit Altar, Sakramentshaus und Orgel – in Bälde noch ein Lesepult – die herausragende ist.

Die Bauausgaben und die Aufwendungen für die liturgische Ausstattung der einzelnen Rechnungsjahre können folgender Tabelle entnommen werden:

Mainzer Dom, Gothardkapelle: Oberlingersche Orgel

Jahr	Ausgaben
1977	DM 278.119,00
1978	DM 242.284,78
1979	DM 127.954,95
1980	DM 49.100,12
1981	DM 323.454,64
1982	DM 439.609,88
1983	DM 531.645,01[12]
1984	DM 213.647,79
1985	DM 400.000,00[13]

Mit der Beschreibung dieser Bauausgaben sind die Aufwendungen für den Dom bei weitem nicht vollständig. Hinzuzuzählen sind noch die Kosten für Musik, Chor, Heizung, Strom, Reinigung, Aufsicht, Blumenschmuck, Schrifttum, Information und vieles mehr.

So bleibt zu wünschen und zu hoffen, daß es weiterhin dem Bischof und dem Domkapitel möglich ist, die vornehmste Diözesankirche in der erforderlichen Weise so unterhalten und sichern zu können, daß sie in der Tradition der Überlieferung auch den kommenden Geschlechtern weiterhin wohl erhalten übergeben werden kann – zum Lobpreis und zur Ehre Gottes, wozu Er seinen Segen geben möge!

[12] Darin sind noch nachlaufende Rechnungen des Vorjahres enthalten. Die Kosten der Orgel jedoch sind nicht enthalten; diese sind durch die erwähnte Stiftung beglichen worden.

[13] Kostenvoranschlag

III

BIBLIOGRAPHISCHE HANDREICHUNG

DER DOM ZU MAINZ

Eine bibliographische Handreichung

Regina Elisabeth Schwerdtfeger

Vorwort

Die Bedeutung der Mainzer Kathedralkirche für die romanische Baukunst, für die exemplarische Betrachtung von Denkmälern aller Jahrhunderte ist unumstritten. Baumeister und Künstler aus den verschiedensten Zeitepochen trugen dazu bei, daß viele Stilrichtungen zu einem harmonischen Ganzen in diesem Dom vereinigt sind.

Die hier vorgelegte bibliographische Handreichung, Teil einer Großbibliographie zur Geschichte des Erz- und heutigen Bistums Mainz, will Anregungen und Hilfen für die Beschäftigung mit der Geschichte des Domes, dem Herzstück eines Bistums, geben. Sie will aufzeigen, was bereits sorgfältig erforscht wurde und weist dadurch gleichzeitig nach, daß vieles noch einer gründlichen und/oder neueren Bearbeitung bedarf.

Eine Reihe von Vorarbeiten für diese Handreichung war bereits von anderen geleistet: Kautzsch/Neeb, Nr. #149, verwiesen bereits auf die ihnen bekannte Literatur. Die Mainzer Stadtbibliothek weist ihre Buch- und Zeitungsbestände über den Dom in ihrem Moguntinenkatalog nach. F. Knies, Nr. #2, zeigte die Neuerscheinungen in den Kriegs- und Nachkriegsjahren bis 1954 an. Der beste Domkenner der Gegenwart, Fritz Viktor Arens, zitiert in seinen zahlreichen Veröffentlichungen (siehe Autorenregister) auch abgelegene Literatur, deren Titel oft keine Beziehung zum Mainzer Dom vermuten läßt. Die Mitarbeiter Heide-Marie Fink von der Pressestelle des Bischöflichen Ordinariats und Herr Wiese vom Archiv der Allgmeinen Zeitung (Mainz) katalogisierten die tagesgeschichtlichen Zeitungsartikel ab ca. 1970 und stellten mir ihre Nachweise freundlicherweise zur Verfügung.

Alle bibliographischen Angaben wurden durch Autopsie der Werke bzw. Artikel überprüft, so weit nötig korrigiert und mit Anmerkungen zum Inhalt ergänzt. Kontroverse Auffassungen wurden gekennzeichnet. Darüber hinaus wurde das Mainzer Journal, die von 1848 bis 1942 in Mainz und Umgebung führende katholische Tageszeitung, bibliographisch erfaßt und durch Artikelnachweise anderer Mainzer Tageszeitungen ergänzt. Dies ermöglicht unter Heranziehung des auf unveröffentlichten Quellen basierenden Beitrages von Sigrid Duchhardt-Bösken, Nr. #760, eine weitgehende Rekonstruktion der Restaurierungsarbeiten im 19. Jahrhundert. Auch die Arbeiten am Dom im 20. Jahrhundert können chronologisch verfolgt werden.

Meine bibliographische Handreichung strebt keine Vollständigkeit an; sie ist Teilstück der o.g. großen Bibliographie. Daher fehlen hier alle Biographien der Personen, die am Dom gearbeitet haben, im Dom begraben und/oder durch ein Monument geehrt worden sind. Gerade die Literatur über einzelne Künstler, wie z.B. Albrecht Dürer oder Grünewald, ist so umfangreich, daß hier höchstens eine exemplarische oder auch nur eine zufällige Auswahl getroffen werden konnte. Lexika-Artikel fehlen ganz, Handbücher zur Kunstgeschichte wurden nur vereinzelt genannt.

Im Anhang werden Themenkomplexe „rund um den Dom“ bibliographisch gestreift. So kann die Literatur zu den reichen Beständen des Dom- und Diözesanmuseums erst dann sinnvollerweise zusammengestellt werden, wenn ein vollständiges Inventar der Ausstellungsobjekte veröffentlicht ist. Dann aber würde sich eine eigene Bibliographie anbieten. – Die Liturgie im Dom bedarf noch einer gründlichen Erforschung; die Veröffentlichungen zur Musik sollten von einem Musikwissenschaftler erweitert werden. Auch ein Germanist ist gefragt, um den Mainzer Dom in der Dichtung bibliographisch nachzuweisen. Kap. I,7 ist nur ein dürftiger Anfang.

Die Register weisen nur die Stichworte nach, die im Titel oder in der Anmerkung der angeführten Nummer erwähnt sind. Sie bieten in keiner Weise Anhaltspunkte über die Bedeutung des genannten Objekts; sie sind keine Register der betreffenden Werke. So wird z.B. schon in jedem Domführer der Willigis-Bardo-Bau ausführlich behandelt, im nachfolgenden Sachregister werden jedoch nur wenige Ziffern genannt. Die chronologisch-systematische Gliederung der bibliographischen Handreichung möge dazu beitragen, die Baugeschichte des Domes und die Entwicklung seiner Ausstattung zu verfolgen, kontroverse Interpretationen kennenzulernen und Anregungen für eine Beschäftigung mit der Mainzer Kathedralkirche zu gewinnen.

Redaktionsschluß: 1984

Abkürzungsverzeichnis

Allgemeine Zeitung (Mainz): 1945–1947: Neuer Mainzer Anzeiger; ab 1948: Allgemeine Zeitung / Mainzer Anzeiger: ab September 1984; Allgemeine Zeitung Mainz.

AR:	Autorenregister
Bearb.:	Bearbeiter
Bs:	Bischof
EB:	Erzbischof
FS:	Festgabe / Festschrift
HR:	Heiligenregister
Hrsg.:	Herausgeber
Jh.:	Jahrhundert
Kg.:	König
Ks.:	Kaiser
ND:	Neudruck
OR:	Ortsregister
PR:	Personenregister
QAmrhKG:	Quellen und Abhandlungen zur mittelrheinischen Kirchengeschichte
Rez.:	Rezension
SD:	Sonderdruck
SR:	Sachregister
Verf.:	Verfasser
WBs:	Weihbischof
#:	kennzeichnet die Nummern, auf die innerhalb dieser bibliographischen Handreichung verwiesen wird.

INHALTSVERZEICHNIS

ANHANG

I. DER MAINZER DOMSCHATZ – DAS DOM- UND DIÖZESANMUSEUM

II. DOMARCHIV UND DOMBIBLIOTHEK

III. LITURGIE, BRAUCHTUM UND RELIQUIEN

IV. DOMMUSIK

REGISTER

I. PRÄLIMINARIA

1. Bibliographien

1. Arens, Fritz (Viktor): Neue Forschungen und Veränderungen an der Ausstattung des Mainzer Domes. In: Mainzer Zeitschrift 70 (1975) S. 106 – 140.

   Als Ergänzung zu Kautzsch/Neeb, Nr. # 149, gedacht mit einer Fülle von Hinweisen zu neuerer Literatur, die Künstler und ihre Kunstwerke betreffend.

2. Fink, Heide-Marie: Veröffentlichungen zur 1000-Jahr-Feier des Mainzer Domes. In: Neues Jahrbuch für das Bistum Mainz. Beiträge zur Zeitgeschichte der Diözese 1977, S. 47 – 48.

3. Knies, Hans: Mainz und Rheinhessen. Eine Bibliographie für die Jahre 1939 – 1954. (= Mainzer Zeitschrift 51 (1956)). Mainz 1956.

   Dom: S. 76 – 77.

2. Der Dom in der Stadtgeschichte

4. Arens, Fritz: Das goldene Mainz. Bauten und Bilder aus zweitausend Jahren. Mainz 1952. 2. geringfügig veränderte Auflage: Schwäbisch Hall 1969.

   Ausgabe Mainz 1952: Der Dom: S. 24 – 115. Zeittafel zur Baugeschichte: S. 24. – Die Baugeschichte des Domes: Der erste Bauabschnitt in romanischer Zeit um 1000: S. 25 – 28. Der zweite Bauabschnitt um 1100: S. 28 – 37. Der dritte Bauabschnitt nach 1200 (Der Westchor, Westturm, Portale, Memorie): S. 37 – 37. Die ursprüngliche Einrichtung des Westchores: S. 57 – 61. Das Chorgestühl (18. Jh.): S. 61 – 65. Die gotischen Seitenkapellen: S. 65 – 66. – Die Denkmäler des Domes nach Gruppen geordnet (Tumbengräber, Wanddenkmäler, Renaissancedenkmäler, der niederländische Manierismus, Denkmäler und Altäre von 1600 – 1680, Die Grabmäler bis 1700): S. 66 – 107. – Der Kreuzgang: S. 109 – 112. – Das Mainzer Dommuseum: S. 114 – 115. – St. Johannis, der alte Dom: S. 116 – 118.

5. Aubert, Marcel: L'Art religieux en Rhénanie. Paris 1924.

   Mayence, Cathédrale: S. 77 – 127. Histoire: S. 77 – 84. Plan: S. 84 – 86. Choeur oriental: S. 86 – 88. Nef: S. 88 – 92. Choeur occidental: S. 92 – 94. Chapelles: S. 95. Extérieur: S. 96 – 104. Chapelle Saint-Gothard: S. 104 – 106. Cloître et Memorie: S. 106 – 109. Jubés: S. 109 – 110. Stalles (= Chorgestühl, 18. Jh.): S. 111 – 112. Fonts baptismaux: S. 112. Peintures et vitraux: S. 112 – 113. Sculptures (Grabdenkmäler): S. 113 – 126.

6. Brück, Anton Ph(ilipp) / Falck, Ludwig: Mainz vom Verlust der Stadtfreiheit bis zum Ende des dreissigjährigen Krieges 1462 – 1648. / Mainz um 1620 historischer Stadtplan mit alphabetischem Index. (= Geschichte der Stadt Mainz, 5). Düsseldorf 1972.

   Dom: vgl. Register S. 67.

7. Brühl, Heinrich: Mainz, geschichtlich, topographisch und malerisch dargestellt. Mainz 1829.

   S. 236: Zammelß schuf das Denkmal von Gymnich. – Aus dem angegebenen Werk die S. 227 als Neuabdruck unter dem Titel: Der Brand des Mainzer Domes 1793. In: Mainzer Journal Nr. 24 vom 29. Januar 1896.

8. Busch, Rudolf: Tausend Jahre Mainzer Kunst. In: Mainz. Ein Heimatbuch. Hrsg. von Heinrich Wothe. Bd. 2. Mainz 1929. S. 14 – 49. Auch ND Mainz 1977.

9. Esser, Karl Heinz / Schmidt-Glassner, Helga (Aufnahmen): Mainz. Deutsche Lande – Deutsche Kunst. (München, Berlin) 1961. [2]1969.

   Dom (Baugeschichte): S. 19 – 30. Abb. 12. 16 – 29. 42 – 46. 48. 50 – 52. 68 – 72. – Abb. 14: Albansmissale aus dem Mainzer Domschatz, 2. Hälfte des 10. Jahrhunderts.

10. Fabricius, Wilhelm: Beiträge zur kirchengeschichtlichen Geographie von Hessen. In: Beiträge zur Hessischen Kirchengeschichte. (= Ergänzungsband zum Archiv für Hessische Geschichte und Altertumskunde) 4 (1911) S. 171 – 186.

    § 3 Stadt Mainz: S. 179 – 184. Dom: S. 179 – 180. – Die weiteren Beiträge a.a.O. 4 (1911) S. 239 – 247; 5 (1913) S. 160 – 169; 6 (1917) S. 47 – 61. 149 – 168 sind hier nicht relevant.

11. Falck, Ludwig: Mainz im frühen und hohen Mittelalter. (Mitte 5. Jahrhundert bis 1244). (= Geschichte der Stadt Mainz, 2). Düsseldorf 1972.
Dom: vgl. Register S. 228.

12. Falck, Ludwig: Mainz in seiner Blütezeit als freie Stadt (1244 bis 1328). (= Geschichte der Stadt Mainz, 3). Düsseldorf 1973.
Dom: vgl. Register S. 206.

13. Faustmann, K(arl): Christkönigsthing zu Mainz. Reichstag Gottes im Schatten gottesgeschichtlicher Denkmale. In: Der Katholik Nr. 44 vom 29. Oktober 1933, S. 1 – 2.

14. Jung, Wilhelm / Zapp-Berghäuser, Hanne (Fotos): Mainz zwischen Dom, St. Stephan und Holzturm. Ein Führer durch die Mainzer Altstadt. Mainz 1971. [3]1976.
Bildband mit kurzen Erläuterungen. Dom passim (bes. S. 31).

15. Reis, Eduard: Mainz wie es ist, oder neues und vollständiges Panorama von Mainz. (Ein Führer für Freunde und Einheimische). Mainz 1844.
Dom: Baugeschichte: S. 59 – 62. Denkmäler: S. 62 – 67.

16. Schaab, K(arl) A(nton): Geschichte der Stadt Mainz. 2 Bde. Mainz 1841 – 1844.
Bd. 2: S. 16 – 138: Baugeschichte und Beschreibung der Denkmäler des Domes. Auch Glocken, Taufbecken, Portale (2, S. 37: Verf. meint, wie Becker/Sartorius, Nr. #221, daß die bronzenen Türen ursprünglich den westlichen Haupteingang des Domes geschlossen haben).

17. Schadt, Ph.: Die Lage des Mainzer Domes. Der Parallelkreis des 50. Breitengrades geht mitten durch den Westturm. In: Mainzer Anzeiger Nr. 273 vom 24. November 1934.

18. Schrohe, Heinrich: Mainz in seinen Beziehungen zu den deutschen Königen und den Erzbischöfen der Stadt bis zum Untergang der Stadtfreiheit (1462). (= Beiträge zur Geschichte der Stadt Mainz, 4). Mainz 1915.
Fülle von Daten zur Baugeschichte des Domes: vgl. das ausführliche Register Mainz, Dom: S. 244 – 246. – Sonderausführungen (= Exkurse): IV. Die angebliche Einweihung der Stiftsgebäulichkeiten des Mainzer Domes am 27. Juni 1243: S. 215. – VI.: Das Grabdenkmal eines vom Turm im Mainzer Dom: S. 216 – 217. Betr. das dem Kämmerer Arnold vom Turm oder einem seiner nächsten Angehörigen gewidmete Denkmal, das im Kreuzgang aufbewahrt wird. Ursprüngliche Lage des aus dem 13. Jahrhundert stammenden Grabsteines war vor der Barbara-Kapelle.

19. Schuchert, (August Bernhard): Das Goldene Mainz. In: Mainz am Rhein in Wort und Bild (= Katholisches Deutschland, 3). Köln o.J. (nach 1946). S. 5 – 25.
Passim Baugeschichte des Doms.

20. Severus, Johann Sebastian: Moguntina ecclesiastica hodierna. Wertheim 1763.
Dom: S. 28 – 30 (auch alte Bischofskirche St. Hilarius).

21. Severus, Johann Sebastian: Parochiae Moguntinae intra urbem. Aschaffenburg 1768.
Dom: S. 1 – 3.

22. Volbach, W. F.: Mainz. Berlin 1928.
Dom: S. 7 – 11. Domlettner (1239 – 1243): S. 14.

3. Allgemeine Kunstführer

23. Dehio, Georg / Gall, Ernst: Handbuch der deutschen Kunstdenkmäler, Pfalz und Rheinhessen. München-Berlin 1951.
Dom: S. 4 – 20.

24. Dehio, Georg: Handbuch der deutschen Kunstdenkmäler: Rheinland-Pfalz, Saarland. Bearb. von Hans Caspary, Wolfgang Götz und Ekkart Klinge. München-Berlin 1972. 2. erweiterte Auflage bearb. von Hans Caspary und Martin Klewitz. 1984. Sonderausgabe Darmstadt 1985.
1. Auflage: Dom: S. 488 – 503. – Dom- und Diözesanmuseum: S. 503 – 504.

25. Dehio, Georg / Bezold, Gustav: Die kirchliche Baukunst des Abendlandes. Historisch und systematisch dargestellt. 2 Bde. und Atlasband. Stuttgart 1892 – 1901. ND Hildesheim 1969: 2 Textbände und 5 Atlasbände.
Dom: Bd. 1: S. 117. 215. 464 – 465. 474. 566. 569. 579. 699; Bd. 2: S. 28; Tafeln Nr. 164. 171. 173 – 174. 188. 218 – 219. 296. 302. 307. 580. – Gothardkapelle: Bd. 1: S. 460. 472. 691; Tafel Nr. 170.

26. Hempel, Eberhard: Geschichte der deutschen Baukunst (= Deutsche Kunstgeschichte, 1) München 1949. ^{2}1956.
Dom (in ^{2}1956): S. 62 – 66. Abb. 55 – 57; und passim: S. 176. 572.

27. Hootz, Reinhardt: Deutsche Kunstdenkmäler. Ein Bildhandbuch. Rheinland-Pfalz, Saar. München 1958. ^{2}1969. 3. neubearbeitete Auflage 1982.
Dom: Abb. 134 – 146. Text: S. 397 – 399.

28. Kirchen, Dome und Klöster. (= Kunst und Kultur in Rheinland-Pfalz, 2). Mainz 1982.
Dom: S. 16 – 19 und passim, vgl. Register S. 190.

29. Kunstwanderungen in Rheinland-Pfalz und im Saarland. Bearb. von Magnus Backes, Hans Caspary, Regine Dölling. Stuttgart 1971.
Dom: S. 15 – 32.

30. Moller, Georg: Denkmaehler der deutschen Baukunst. 1ter Theil (= Beiträge zur Kenntnis der deutschen Baukunst des Mittelalters, enthaltend eine chronologisch geordnete Reihe von Werken, aus dem Zeitraume vom achten bis zum sechzehnten Jahrhundert). Darmstadt 1821.
Enthält folgende den Dom betreffende Kupfertafeln nebst ihrer Beschreibung: 6. Die südöstliche Thüre am Dom zu Mainz (zwischen 978 und 1009 erbaut). 9. Details der Säulen in dem Kapitelsaale am Dom zu Mainz. (12. Jh.). 12. Thüre der Sakristei im Dom zu Mainz. 13. Zwei Taufbecken (Taufbecken aus der Liebfrauenkirche, 1328 gegossen, jetzt im Dom). 44. Details des Fensters aus der Kapelle Allerheiligen im Dom zu Mainz (1317, gotisches Maßwerk). 45. Grabmal des Erzbischofs von Mainz Peter von Aspelt. 54. Thüre im Dom zu Mainz mit der perspectivischen Ansicht des Kapitalhauses (sic!) und Kreuzganges (rechts der hl. Martin, Eingang Memorie).

31. Reclams Kunstführer. Deutschland, 6: Rheinland-Pfalz/Saarland. Kunstdenkmäler und Museen. Bearb. von Herbert Brunner, Hans Caspary, Alexander von Reitzenstein, Fritz Stich u. a. Stuttgart ^{7}1980.
Dom: S. 254 – 265.

4. Domführer

32. Alisky, Jean-Baptiste: La Cathédrale Saint-Martin de Mayence. Guide de la Cathédrale. Mayence 1939.

33. Arens, Fritz (Viktor): Der Dom zu Mainz. Darmstadt 1982.
Rez. Dieter Großmann: Zur Baugeschichte der Dome in Mainz und Worms. In: Hessisches Jahrbuch für Landesgeschichte 34 (1984) S. 294 – 308. (Mainz: S. 294 – 300).

34. (Arens, Fritz Viktor): Der Dom zu Mainz (= Lichtbildreihen der Landesbildstelle Rheinland-Pfalz, A 19). Textheft. O.O.u.J. (vor 1959).
Vorbemerkung: Zur Geschichte des Mainzer Domes: S. 5 – 9.

35. Arens, Fritz Viktor: Der Mainzer Dom und das Dom-Museum. Mainz (1938). 2. erw. Aufl. Mainz 1941. – 3. erw. Aufl. Mainz 1948. (Auch in englischer und französischer Übersetzung erschienen).

36. Aus dem katholischen Mainz: Wo bleibt das Mainzer Dom-Buch? Gez.: Diogenes. In: Katholisches Kirchenblatt Nr. 13 vom 19. Mai 1929.
Anregung zur Schaffung eines populären Werkes. – Vorhanden in: Stadtbibliothek Mainz: Mog 2°:66 Nr. 1524.

37. Bockenheimer, K(arl) G(eorg): Der Dom zu Mainz. Mainz 1879.
Rez. in: Mainzer Journal Nr. 197 vom 26. August 1879. 1. Von den ältesten Zeiten bis zum Ende des XI. Jahrhunderts: S. 1 – 21. – 2. Das zwölfte Jahrhundert: S. 22 – 37 (bes. Gotthardskapelle). – 3. Vom XIII. Jahrhundert bis zur Neuzeit: S. 38 – 53 (Der Ostchor: S. 45 – 48. Das Langhaus: S. 48 – 50. Der Westchor: S. 50 – 52. Die Eingänge: S. 52 – 53). – 4. Die Ergebnisse der kunsthistorischen Forschungen: S. 54 – 64. Beilagen: S. 65 – 71.

38. Busch, Rudolf: Der Dom zu Mainz. Kurzer Führer. Vorwort von (Georg) Lenhart. Mainz 1929.
„Erster Führer durch den, zwischen den Jahren 1925 und 1928 in seinem Bestand gesicherten und in seiner machtvollen Schönheit erneuerten, Mainzer Dom." (Lenhart, Vorwort).

39. Der Dom zu Mainz und seine Denkmaeler in künstlerischen Aufnahmen. Zugleich als Führer angelegt und mit Orientierungsplan. (Einleitung von Friedrich Schneider). Mainz 1903.

40. Emden, Her(mann): Der Dom zu Mainz und seine bedeutendsten Denkmäler in 36 Original-Photographien. Mit historischem und erläuterndem Texte (deutsch und französisch). Mainz 1858.
Text nach dem Verlagsprospekt von Joh(annes) Wetter. – Rez. unter dem Titel: Kunstgeschichtliches. Gez. V., in: Rheinische Blätter für Unterhaltung und gemeinnütziges Wirken. Ein Beiblatt zum Mainzer Journal Nr. 227 vom 28. September 1858, S. 902. Nr. 228 vom 29. September 1858, S. 906 – 907. Zugleich kritische Anmerkung zu einer Rezension von Franz Kugler über Emden, in: Deutsches Kunstblatt. Zeitschrift für bildende Kunst, Baukunst und Kunsthandwerk. Organ der Deutschen Kunstvereine 9 (1858) S. 194 – 196. – Vgl. auch K(arl) Schnaase, in: Deutsches Kunstblatt. Zeitschrift für bildende Kunst, Baukunst und Kunsthandwerk. Organ der Deutschen Kunstvereine 9 (1858) S. 173.

41. Der Erklärer im Dom zu Mainz. Mainz 1833.
Kleiner Domführer. Erbauung und Schicksale der Domkirche zu Mainz (von 978 bis 1833): S. 3 – 12. – Merkwürdigkeiten und Monumente in der Domkirche: S. 13 – 25. – Memorie und Kreuzgang: S. 26 – 30. – Text der „Erzernen Thüre": S. 31 – 32.

42. Esser, Karl Heinz: Der Mainzer Dom. In: Mainz. (= Führer zur vor- und frühgeschichtlichen Denkmälern, 11). Mainz 1969. ³1975. S. 155 – 170.

43. Gall, Günter: Dom St. Martin und St. Stephan zu Mainz. Baugeschichte. (= Grosse Baudenkmäler, 146). München, Berlin 1956.
Umschlagtitel: Der Dom zu Mainz.

44. Gottron, A(dam Bernhard): Der Dom zu Mainz. Kurzer Führer zu seiner Betrachtung. (Mainz 1949).

45. Gottron, Adam (Bernhard): Der Dom zu Mainz. (= Schnell, Kunstführer Nr. 608). München 1955. ¹¹1974.

46. Jung, Wilhelm: Der Dom zu Mainz. (Schnell, Kunstführer Nr. 608 von 1955). München ¹⁵1979. 17. überarbeitete und erweiterte Auflage 1983.

47. Jung, Wilhelm: St. Martinus-Dom zu Mainz. Hrsg. vom Bischöflichen Domkapitel (Domdekan Dr. Berg). Mainz 1978.
Sehr kurzer Führer mit Faltplan.

48. Jungnitz, Ingobert: Im 1000jährigen Mainzer Dom. Fotos von Winfried Georg Popp. Tübingen 1975.

49. Jungnitz, Ingobert: Menschen in Gottes Haus: Bildmeditationen über Gesichter im Mainzer Dom. Mit Fotos von Winfried Georg Popp. Mainz 1975.

50. Jungnitz, Ingobert / Stapf, Aloys: 1000 Jahre Mainzer Dom. Tonbildschau zum Domjubiläum im Jahre 1975: Bilder von Winfried Georg Popp. Ton: Wilhelm Glückert.

51. Klein, Karl: Der Dom in Mainz nebst einem Blicke auf die übrigen Sehenswürdigkeiten der Stadt. Mainz 1863.
Dom: S. 3 – 70. Geschichte und Beschreibung des Baues.

52. Metz, Peter: Der Dom zu Mainz. (= Kunstführer an Rhein und Mosel, 3. Hrsg. von Egid Beitz). Köln, Augsburg, Wien 1927.
Negative Rez.: Rudolf Kautzsch, in: Jahrbuch für Kunstwissenschaft 1928. S. 213 – 215. Gegen diese Kritik: Metz, Peter: Der Trikonchos und andere Fragen des Mainzer Domes. Zugleich eine Erwiderung. In: Jahrbuch für Kunstwissenschaft 1930. S. 84 – 89. (Mit einem Schlußwort von Rudolf Kautzsch, S. 89). Betr. Baugeschichte des „alten" und des „Willigis-Domes", auch Westlettner u. a.; Kautzsch erwidert, „daß wir alles, was er (Metz) wirklich gefunden, gesehen und festgestellt hat, gebührend berücksichtigen werden." (S. 89).

53. Müller-Malten, Heinrich Karl Gottlieb: Die vorzüglichsten christlich-gottesdienstlichen Gebäude am Rhein: Der Dom zu Mainz. In: Länder- und Völkerkunde, o. O. u. J., S. 185 – 196.
Baugeschichte, Portale, Denkmäler, Memorie, Kreuzgang, Dombibliothek und -schatz.

54. Neeb, E(rnst): Der Dom zu Mainz. Ein kurzer Führer. Heilbronn o. J.

55. Sartorius, Johannes. Der Dom zu Mainz. Kurzer Führer mit 30 Abb. und einem Domplan (Grundriß). (3. Aufl.) Mainz (1938).

56. Schuchert, August: La Cathédrale de Willigis à Mayence et le Musée diocésain. In: Memorial du voyage en Rhénanie de la Société Nationale des antiquaires de France, Juillet 1951. Paris 1953. S. 71 – 76.

57. Schuchert, August (Bernhard): Der Dom zu Mainz. Ein Handbuch. Mainz 1951. 2. erweiterte Auflage 1953. 4. erweiterte Auflage 1963.
Inhalt: I. Baugeschichte. II. Die Denkmäler. III. Kreuzgang und Dommuseum. IV. Die Mainzer Bischöfe und Erzbischöfe (Liste; auch eine solche der Weihbischöfe). V. Verzeichnis der nachweisbaren Meister und Künstler am Dom. (Ab ^{2}1953 mit Literaturverzeichnis).

58. Schuchert, August (Bernhard) (†) / Jung, Wilhelm: Der Dom zu Mainz. Ein Handbuch. – Mainz 1972. 2. Aufl. Mainz 1975. 3. Aufl. Mainz 1984.
Inhalt (1984): 1. Der Dom (Lage – Geschichtliche Bedeutung – Grundriß und Baugestalt – Maße – Bauidee – Ein Rundgang): S. 7 – 25. – 2. Die Denkmäler, 1 – 99: S. 26 – 68 (S. 68: Glocken). – 3. Die Mainzer Bischöfe und Erzbischöfe: S. 70 – 74. – 4. Die Weihbischöfe der Erzdiözese Mainz: S. 75 – 77. – 5. Verzeichnis der nachweisbaren Meister und Künstler am Dom: S. 78 – 81. – 6. Zeittafel zur Geschichte und Baugeschichte des Domes: S. 82 – 93. – 7. Bildteil: S. 94 – 126. – 8. Literaturhinweise und Fotonachweise: S. 127.

59. Schuchert, August: Die Mainzer Kirchen und Kapellen. 25 Sammelmappen. Mainz o. J. (1939 oder 1940).
Sammelmappe Nr. 3: Baugeschichte des Domes. – Sammelmappe Nr. 4: Innen-Ausstattung des Domes (vorwiegend Altäre und Denkmäler). – Sammelmappe Nr. 5: Kreuzgang u. Dom-Museum. – Sammelmappe Nr. 12: St. Johanniskirche (Darin auch zur Frage nach dem „alten Dom"). – Rez.: H(einrich) E(duard) Miesen, in: Mainzer Journal Nr. 117 vom 21. Mai 1940.

5. Domansichten

60. Arens, Fritz (Viktor): Eine neugefundene Ansicht des Mainzer Domes. In: Mainzer Almanach. Beiträge aus Geschichte und Gegenwart 1957, S. 57–70.

    Stich (von Nicolaus Person?) um 1700. – Auch Hinweise zur Domumbauung.

61. Darstellungen der Stadt Mainz und ihrer Denkmaeler. Ausstellung 1879. (Ausstellungskatalog) Mainz 3. Auflage 1879. Mit einem Vorwort von Friedrich Schneider.

    Vgl. P(öllnitz), v(on): Retrospective Ausstellungen. Die Ausstellung von Darstellungen der Stadt Mainz und ihrer Denkmäler. In: Repertorium für Kunstwissenschaft 3 (Stuttgart 1880) = ND Berlin 1968, S. 72–78: „Das Hauptinteresse nehmen die äusserst zahlreichen Darstellungen des Domes in Anspruch ... Sie stellen uns den Dom in seinen verschiedenen Phasen dar: vor der Zerstörung, als Ruine und durch die Zeit der Restauration hindurch bis auf den heutigen Tag." (S. 74; Dom: S. 74–75).

62. Ein neues Bild aus dem Mainzer Dom. In: Mainzer Journal Nr. 36 vom 12. Februar 1908.

    Ölgemälde von dem Maler Carl Goebel (Innenansicht des Mainzer Domes), 1908 in Mainz ausgestellt.

63. (Eine Gedenktafel). In: Neuer Mainzer Anzeiger Nr. 215 von 1875.

    Bs Ketteler erhält von Mainzer Handwerkern eine Gedenktafel mit vier Domansichten (1689, 1793, 1860 und 1875).

64. (Frommel, C.): Der Dom zu Mainz. – Mit einer Ansicht in Stahlstich. In: Das Rheinland. Zeitschrift für geistiges und geselliges Leben am Rhein Nr. 105 vom 1. September 1839.

    Auch Baugeschichte.

65. Hundeshagen, B(ernhard): Das Domgebaeude zu Maynz. Architectonisch aufgenommen und dargestellt. (o.O. 1819). Hrsg. v. Aloys Strempel. (Darmstadt 1943).

    1870 wurden fotographische Kopien von einigen Zeichnungen in Mainz hergestellt. Vgl. dazu: Mainz 18. Februar. Gez.: F. In: Mainzer Abendblatt. Beilage zum Mainzer Journal Nr. 41 vom 18. Februar 1870.

66. Mainz 25. August: Stereoskopen des Mainzer Domes. In: Mainzer Abendblatt. Beilage zum Mainzer Journal Nr. 198 vom 26. August 1864.

    Im Institut von Friedrich Renninger wurden 21 Bilder (= Stereoskopen) von interessanten Architekturpartien und Denkmälern hergestellt.

67. (Neeb, Ernst): „Neues aus alten Mainzer Häusern" / Vortrag Geheimrat Neeb. Gez. Dr. Bu. In : Mainzer Jorunal Nr. 42 vom 19. Februar 1937.

    Beschreibung einer Federzeichnung von Johann Andreas Papst, die die Innenansicht des Domes 1743/44 wiedergibt. Sie zeigt die 1565 vollkommen erneuerte Mittelschifforgel, die 1793 verbrannte. – Papst zeichnete auch die Außenansicht, die um 1130 erbaute Gotthardkapelle mit ihrem achteckigen Turm und den um 1690 erbauten prachtvollen Barockbau („Halenzaische Haus") des Kaufmanns Bartello.

68. Parseval und der Mainzer Dom. In: Mainzer Journal Nr. 212 vom 11. September 1909.

    Kuriose Abbildung und kurzer Bericht über das Luftschiff „Parseval" über dem Mainzer Dom.

69. Reis, Eduard: Mainzer Silhouetten und Genrebilder. Ein Panorama des heutigen Mainz. Mainz 1841.

    Der Dom in Mainz: S. 62–65. Sehr kurzer Bericht über das Aussehen des Domes im Jahre 1841.

70. S(chneider), F(riedrich): Ein bisher unbekannter Prospekt von Mainz. In: Mainzer Journal Nr. 78 vom 2. April 1898.

    Holzschnitt (ca. 1740–1756) mit Domansicht.

6. Dompatrone

71. Arens, Fritz (Viktor): St. Martin, der Mainzer Dom und das Erzstift. In: Neues Jahrbuch für das Bistum Mainz. Beiträge zur Zeitgeschichte der Diözese 1982, S. 9 – 56.

    S. 11 – 13: Begründungen, daß die Johanniskirche der ursprüngliche Dom der spätromanischen Zeit ist. – S. 13 – 17: Die Martinsaltäre des Mainzer Domes (Hauptaltar im Stiftschor; Martinschörlein am Ostende des Mittelschiffs im 2. Joch, 1683 abgebrochen; barocker Martinsaltar in der Ostapsis, heute in Nackenheim). – S. 17 – 19: Die ältesten Martinus-Darstellungen des Domes. – S. 19 – 23: St. Martinus zu Pferd als Hoheitssymbol des Erzbistums und Domkapitels im Mainzer Dom. – S. 23 – 29: Abbildungen des hl. Martinus als Patron des Domkapitels am und im Kapitelsaal. – S. 35 – 45: St. Martin auf Grabdenkmälern des Mainzer Domes. – S. 45 – 49: Die Martinusdarstellungen der Barockzeit (S. 48 – 49: auch Glocke).

72. Bruder, Peter: Die liturgische Verehrung des hl. Bischofs Martinus von Tours in der ehemaligen Metropolitankirche zu Mainz während des Mittelalters. In: Der Katholik 81 (1901) II (= 3.F. 24. Bd.), S. 223 – 240. 289 – 304. 425 – 443.

    Verf. behandelt passim auch Baugeschichte und vermutet richtig: „Die 836 erwähnte Martinskirche ist nicht identisch mit der St. Marienkirche, die später nach St. Johann benannt wurde, sie ist die eigentliche bischöfliche Kirche.“ (S. 227). „Wann der alte Martinsdom beseitigt wurde, bleibt ungewiß, dagegen ist bekannt, daß (wahrscheinlich anstelle desselben) der jetzige Westchor im 13. Jahrhundert erbaut und am 4. Juli 1239 eingeweiht wurde.“ (S. 230).

73. Brück, Anton (Philipp): Die Dompatrone. In: 1000 Jahre Mainzer Dom (975 – 1975). Werden und Wandel. Ausstellungskatalog und Handbuch. Hrsg. von Wilhelm Jung im Auftrag des Diözesanbischofs und des Domkapitels. Mainz 1975. S. 187 – 189.

    1. St. Martinus. 2. St. Stephanus.

74. Ewig, Eugen: Die Kathedralpatrozinien im römischen und im fränkischen Gallien. In: Historisches Jahrbuch 79 (1960) S. 1 – 61.

    Martinspatrozinium ist für den Mainzer Dom seit dem 8. Jahrhundert bezeugt (S. 51). – Vgl. Edmund E. Stengel, Urkundenbuch des Klosters Fulda. Bd. 1. Marburg 1958. Nr. 18 von 752.

75. Faustmann, K(arl): Des Domes drei Patrone. In: Mainzer Journal, Sonder-Nr. vom 15. Oktober 1928.

    Petrus, Martinus, Stephanus.

76. Hinkel, Helmut: St. Martin – Patron des Bistums Mainz. In Bistumspatrone in Deutschland. FS für Jakob Torsy zum 9. Juni / 28. Juli 1983. Hrsg. von August Leidl. München-Zürich 1983. S. 174 – 181.

    S. 174, Abb.: St. Martin vor dem Westturm des Doms zu Mainz (nach 1767, erneuert 1928).

77. Jungnitz, Ingobert: Zum 11.11. Martinus zu Ehren. In: Mainz. Vierteljahreshefte für Kultur, Politik, Wirtschaft, Geschichte 1 (1981) Heft 4, S. 54 – 55.

    Vesperhymnus in lateinischer und deutscher Sprache. Abb. des hl. „Martinus in der Mainzer Domsakristei“. Unbekannter Meister, vermutlich aus der Dombauhütte, um 1520.

78. Ledroit, Johannes: St. Martin, der fromme Reitersmann auf dem Mainzer Dom. In: Der Katholik. Beilage: Aus Bischofsstadt und Diözese Nr. 19 vom 13. Mai 1934.

79. St. Martin auf dem Domfirst. In: Mainzer Warte. Wochenblatt für Kultur und Sport, Kritik und Leben 1 (1924/25) Nr. 38 vom 21. August 1925, S. 6.

80. Sartorius, Joh(annes): St. Martin, der Schutzherr des Mainzer Domes. In: Rheinischer Volkskalender 52 (für das Jahr 1929) S. 17 – 18.

    Kurzer Überblick über die verschiedenen Gefahren, die dem Dom zugestoßen sind. Erbauliche Betrachtung.

81. Schwarz, Christel: Die Darstellungen des heiligen Martin im Mainzer Dom. Staatsexamensarbeit. Mainz 1960. (Masch.)

    Vorhanden im Mainzer Dom- und Diözesanmuseum.

82. Spang, Franz Joseph: Sankt Martin und seine Kirchen, ihre siedlungsgeschichtliche Bedeutung. In: Mainzer Journal Nr. 263 vom 10. November 1928.
Mit einer Karte der Patrozinien in Rheinhessen in karolingischer Zeit. Dom: passim.

83. Sulpicius Severus: Leben und Thaten des heiligen Martinus (Vita Martini, dt.), Bischof von Tours in Keltenfrankreich ersten und vornehmsten Schutzheiligen der Exprimitalkirche Deutschlandes zu Mainz. Aus dem Latein. d. Sulpitius Severus übersetzt und mit historisch-philosophisch-kritischen Anm. vers. von einem kath. Pfarrer aus Deutschlothringen. T. 1. Saarlouis 1791.
Diese Ausgabe ist nachgewiesen in der Seminarbibliothek des Priesterseminars in Trier. Neue kritische Ausgabe der Vita: Fontaine, Jacques (Ed.): Sulpice Sévère: Vie de Saint Martin (= Sources Chrétiennes, 133). 3 Bde. Paris 1967 – 1969.

7. Der Dom in der Dichtung

84. Der Dom im Urteil der Jahrhunderte. In: Lebendiges Rheinland-Pfalz 12 (1975) S. 56 – 59.
Johann Wolfgang von Goethe, Franz Grillparzer, Alfred Döblin, Ricarda Huch, Elisabeth Langgässer, Anna Seghers und Heinz Behn über den Dom und seine Bedeutung.

85. F(alk), F(ranz): Mainzer Domsagen. In: Kirchenschmuck. Ein Archiv für kirchliche Kunstschöpfungen und christliche Alterthumskunde 12 (1868) Bd. 23, S. 46 – 48.

86. Faschon, Susanne: Im Dom. (Gedicht). In: Mainz. Vierteljahreshefte für Kultur, Politik, Wirtschaft, Geschichte 1 (1981) Heft 1, S. 94.

87. Gottron, Adam (Bernhard): Der fremde höhere Offizier. Mainz 1951. ND 1970.
Historische Erzählung von dem „Bordeer" Bieger, einem Mainzer Domschweizer aus den vierziger Jahren des 19. Jahrhunderts, der mit seiner pompösen Uniform sogar dem damaligen Festungskommandeur Prinz Friedrich Wilhelm von Preußen imponierte.

88. Gottron, Adam Bernhard: Geschichten um den Mainzer Dom. Mainz (1941) Baden-Baden u. Mainz 1953.
Historische Erzählungen und Anekdoten.

89. Gottron, Adam (Bernhard): Im Schatten des Domes. In: Mainzer Kalender 1947 (Mainz 1946) S. 61 – 69; 1948 (Mainz 1947) S. 119 – 126; 1949 (Mainz 1948) S. 133 – 149; 1951 (Mainz 1950) S. 75 – 88; 1954 (Mainz 1953) S. 103 – 113; 1955 (Mainz 1954) S. 139 – 149. Auch als SD. Auszug als Manuskript gedruckt. Mainz 1960. ND unter dem Titel: Ein Leben im Schatten des Domes: Zum Gedächtnis an Adam Gottron. Textredaktion Walter Heist. (= Kleine Mainzer Bücherei, 6). Mainz o.J. (ca. 1973).
Erinnerungen des Mainzer Prälaten.

90. Heist, Walter: Dichter im Umkreis des Mainzer Domes. In: Willigis und sein Dom. FS zur Jahrtausendfeier des Mainzer Domes 975 – 1975. Hrsg. v. Anton Ph(ilipp) Brück. (= QAMrhKG, 24). Mainz 1975. S. 501 – 534.
Heinrich Josef Koenig (1790 – 1869), Ida Gräfin Hahn-Hahn (1805 – 1880), Philipp Wasserburg (1827 – 1897), Conrad Kraus (1833 – 1886), Wilhelm Holzamer (1870 – 1907), Nikolaus Schwarzkopf (1884 – 1962), Richard Knies (1886 – 1957), Carl Zuckmayer (1896 – 1977), Elisabeth Langgässer (1899 – 1950), Anna Seghers (1900 – 1953), Franz Herwig (1880 – 1931), Ina Seidel (1885 – 1974), Adam Bernhard Gottron (1889 – 1971), Jakob Hohmann (1891-). Diese hier genannten Dichter „lassen die ‚prägende Kraft' (des Domes) erkennen". (S. 514). Auch Hinweise zu ihren Werken, in denen der Dom eine Rolle spielt.

91. Hohmann, Jakob: Kindheitserinnerungen: Der Pfiff im Dom. In: Mainz Magazin, August/September 1975, S. 22 – 23.
Über die Bedeutung des Domes für Hohmann.

92. Hohmann, Jakob: Nächtliche Versuchung. Eine Domlegende mit geschichtlichem Hintergrund. In: Glaube und Leben. Katholische Kirchenzeitung für das Bistum Mainz 31 (1975) Nr. 20 (Pfingsten) S. 13.

Über den Erneuerungsbau des Westturmes durch Franz Ignaz Michael Neumann nach dem Dombrand vom 22.5.1767.

93. Jungnitz, Ingobert: Domlegende. In: Mainz. Vierteljahreshefte für Kultur, Politik, Wirtschaft, Geschichte 5 (1985) Heft 1, S. 4.

94. Jungnitz, Ingobert: Im Schatten des Domes. In: Mainz. Vierteljahreshefte für Kultur, Politik, Wirtschaft, Geschichte 4 (1984) Heft 3, S. 15.

95. Justus (= Ledroit, Johannes): An der Jahrhundertwende. Dom-Novelle. O.O. u. J. (ca. 1907) (unvollständig).

Betr. den Besuch Napoleons in Mainz am 20.9.1804 und dessen Begegnung mit Bs Colmar.

96. Kühn, Herbert: Der Dom. (Gedicht). In: Mainzer Kalender 1948. Auch in: Der Mainzer Dom. DJK. Deutsche Jugendkraft. Hauptverband. Verbandstag 1956 vom 10. bis 13. Mai in Mainz.

97. Ledroit, (Johannes): Die Benna. Eine historisch-novellistische Schilderung. In: Der Katholik. Beilage: Aus Bischofsstadt und Diözese Nr. 38 vom 16. September 1934. S. 2.

Ein durch Strafgelder der Juden unter EB Willigis errichtetes Kreuz.

98. Ledroit, (Johannes): Die Eselstreppen. Volkstümliche Sage. In: Der Katholik. Beilage: Aus Bischofsstadt und Diözese Nr. 37 vom 9. September 1934. S. 2.

99. Ledroit, (Johannes): Fastrada. (Eine Mainzer Domsage). In: Der Katholik. Beilage: Aus Bischofsstadt und Diözese Nr. 21 vom 27. Mai 1934, S. 6 – 7, und Nr. 22 vom 3. Juni 1934, S. 4. Auch in: Beilage: Kirchenzeitung für Worms und Umgebung Nr. 22 vom 3. Juni 1934, S. 4.

100. Ledroit, (Johannes): Die große Mainzer Weihnacht Anno 1102. Dom-Novelle*. In: Mainzer Journal Nr. 299 vom 22. Dezember 1928. Nr. 300 vom 24. Dezember 1928.

*„Im Kerne steht unsere Novelle auf historischem Boden, das Beiwerk ist novellistischer Art": Ks Heinrich IV. verordnet 1102 und 1103 die „Treuga Dei" im Dom.

101. Ledroit, (Johannes): Königs-Krönung im Dome. Eine novellistische Schilderung. In: Der Katholik. Beilage: Aus Bischofsstadt und Diözese Nr. 36 vom 2. September 1934. S. 1 – 2. Auch: Beiblatt „Kirchenzeitung" (Worms)

102. Ledroit, (Johannes): Der Teufelstein. In: Der Katholik. Beilage: Aus Bischofsstadt und Diözese Nr. 33/34 vom 19. August 1934. S. 2.

103. Nachtwandler's Abenteuer. In: Neuer Mainzer Anzeiger. Beilage: Moguntia – Unterhaltungsblatt Nr. 24 vom 12. März 1876.

Gedicht: Schieferplatten fallen vom neugedeckten Ostturm.

104. Neus, J(akob): Der Dom zu Mainz. In: Die Ameise. Unterhaltungsblatt für alle Stände Nr. 29 vom 9. April 1828, S. 225 – 226.

105. (Presser, Helmut): Stimmen über den Mainzer Dom. Gesammelt von Helmut Presser. In: Glaube und Leben. Katholische Kirchenzeitung für das Bistum Mainz 31 (1975) Nr. 20 (Pfingsten) S. 4.

Carl Gustav Carus (1789 – 1869); Wolfgang Müller (1816 – 1843); Alfons Paquet (1881 – 1944); Johann Kaspar Risbeck (1754 – 1786); Arthur Schopenhauer (1788 – 1860); Karl Korn (geb. 1908); Rudolf Krämer-Bardoni (geb. 1913); Kasimir Edschmid (1890 – 1966); Karl Schramm (1906 – 1969); Nino Erné (geb. 1921).

106. Rögner, Ernst: Der Hahn in der rheinhessischen Volkssage. In: Mainzer Journal Nr. 142 vom 21. Juni 1932.

Zur Ausstattung des Mainzer Domes gehörten zwölf große Apostelfiguren aus Silber, die im Dreißigjährigen Krieg verschwanden. Der Sage nach liegen sie im Domgarten vergraben. Wer sie finden will, muß in einer mondhellen Nacht dort graben, wo der Wetterhahn des Domes seinen Schatten hinwirft.

107. Sartorius, J(ohannes): Deutsche Könige im Mainzer Dom. In: Mainzer Journal, Beilage: Wandern und Schauen. Mittelrheinische Heimatblätter für Volks- und Brauchtum Nr.3 (März) 1936, S. 2–4. Mai 1936 (vom 7. und vom 23. Mai).

Zusammenstellung von 1036 bis 1793. Auch: Grabstein von EB Peter von Aspelt.

108. Sartorius, J(ohannes): Eine Neujahrsnacht im Dom. In: Mainzer Journal Nr. 304 vom 31. Dezember 1927.

Erzählung zur Geschichte des Domes. Mit Abb. des Domes und des Verf.

109. Sartorius, (Johannes): Kaiser und Dom. Erzählung. In: Rheinischer Volkskalender 52 (für das Jahr 1929) S. 53–55.

Über Ks Heinrich IV.

110. Scholz, Wilhelm von: Dom zu Mainz (Gedicht). In: Mainzer Journal Nr. 124 vom 27. Mai 1941.

111. Scholz, Wilhelm von: Der gerettete Mainzer Dom. In: Rheinisch-Pfälzische Monatshefte 5 (1954) H. 4, S. 5.

112. Schwarzkopf, Nikolaus: Erlebnis des Domes. In: Mainzer Anzeiger Nr. 72 vom 26. März 1932.

113. Seghers, Anna: Die Nacht im Mainzer Dom. (Erzählung). In: Das Neue Mainz 1963, Heft 4, S. 8–10.

114. Stamm, Karl: Karfreitag im Mainzer Dom. Eindrücke. In: Der Katholik Nr. 17 vom 23. April 1933, S. 2.

115. Zuckmayer, Carl: Beim Anblick des Mainzer Doms. In: Kranz, Gisbert: Dome im Gedicht. Eine Anthologie. (= „Strom und Ufer" – Eine Reihe für Dichtung und Bildende Kunst, 8). Mit Zeichnungen von Ursula Kranz. Köln 1975. S. 22.

II. ZUR BAUGESCHICHTE ALLGEMEIN

1. Quellenwerke

116. Böhmer, Johannes Friedrich / Will, Cornelius: Regesta Archiepiscoporum Maguntinensium. Regesten zur Geschichte der Mainzer Erzbischöfe von Bonifatius bis Uriel vom Gemmingen 742 ? – 1514. Mit Benützung des Nachlasses von Johann Friedrich Böhmer bearb. und hrsg. von Cornelius Will. 2 Bde.: Bd. 1: Von Bonifatius bis Arnold von Selehofen 742 ? – 1160. Bd. 2: Vom Konrad I. bis Heinrich II. 1161 – 1288. Innsbruck 1877–1886. ND Aalen 1966.

117. Gudenus, Valentin Ferd. Frh. von: Codex Diplomaticus sive anecdotorum res Moguntinas ... illustrantium. Tom. 1. Goettingiae 1743. Tom. 2 – 5. Francoforti et Lipsiae 1747 – 1768.

II, bei S. 728: Grundriß des Domes um 1745. – II, S. 729 ff.: Elenchus vicariarum ecclesiae metrop. Moguntiae. (Altäre). – II, S. 815 ff.: Monumenta Aedis Metropol. Moguntinae sicut et in peristylio sepulchralia. (Grabdenkmäler-Inschriften). – Bodmanns Handexemplar in der Mainzer Stadtbibliothek enthält eine Reihe wertvoller Zusätze. – Vgl. Arens, Nr. #482, S. [22]-[23].

118. (Herrmann, Fritz / Knies, Hans): Die Protokolle des Mainzer Domkapitels. Bd. 1: Die Protokolle aus der Zeit 1450 – 1484. In Regestenform bearbeitet von Fritz Herrmann. Text der Regesten mit den Originalen der Protokolle verglichen und zum Druck vorbereitet von Hans Knies. Darmstadt 1976. – Bd. 3: Die Protokolle aus der Zeit des Erzbischofs Albrecht von Brandenburg 1514 – 1545 in Regestenform bearbeitet und hrsg. von Fritz Herrmann. Paderborn 1932.

119. Joannis, Georg Christian: Rerum Moguntiacarum Scriptores. Vol. 1 – 3. Francofurti 1722 – 1727.

Johanniskirche, der „alte Dom": Bd. 2 (1722) S. 692 – 693. – Die von Joannis angekündigte Sammlung der Epitaphien veröffentlichte er jedoch nicht. Vgl. dazu Arens, Nr. #482, S. [22].

120. Mainzer Urkundenbuch. Bd. 1: Die Urkunden bis zum Tode Erzbischof Adalberts I. (1137). Bearb. von Manfred Stimming. Darmstadt 1932. Bd. 2 in 2 Teilen: Die Urkunden seit dem Tode Adalberts I. (1137) bis zum Tode Erzbischof Konrads (1200). Bearb. von Peter Acht. Darmstadt 1968 – 1972. (= Arbeiten der Hessischen Historischen Kommission Darmstadt).

121. Regesten der Erzbischöfe von Mainz 1289 – 1396. Hrsg. von Goswin von der Ropp. Abt. 1, Bd. 1: 1289 – 1328. Bearb. von Ernst Vogt. Leipzig 1913. ND Berlin 1970. – Abt. 1, Bd.2: 1328 – 1353. Bearb. von Heinrich Otto. Darmstadt 1932 – 35. ND zusammengestellt von F. Knöpp. Aalen 1976. – Abt. 2, Bd. 1: 1354 – 1371 unter Einschluß der 16. Lieferung 1371 – 1374. Bearb. von Fritz Vigener. Leipzig 1913 – 1914. ND Berlin 1970. – Namensverzeichnis zu Band 1,1; 1,2; 2,1. Bearb. von W. Kreimes. Darmstadt 1958.

122. Serarius, Nicolaus: Moguntiacarum rerum ab initio usque ad archiepiscopum Joannem Schwichardum libri quinque. Moguntiae 1604.

Johanniskirche, der alte Dom: S. 114. 734 – 735. – Verf. verzeichnet die Grabstätten im Dom und gibt vielfach die Standorte der Denkmäler an.

2. Chroniken

123. Beck, Otto: Die Brände des Mainzer Doms. In: Mainzer Journal Nr. 113 vom 15. Mai 1911. – Auch in: Neuester Anzeiger Nr. 140 von 1911.

124. Daten aus der Baugeschichte des Domes. In: Mainzer Journal, Sonder-Nr. vom 15. Oktober 1928.

125. Hürkey, Edgar J.: Zeittafel 1000 Jahre Mainzer Dom (975 – 1975). In: 1000 Jahre Mainzer Dom (975 – 1975). Werden und Wandel. Ausstellungskatalog und Handbuch. Hrsg. von Wilhelm Jung i.A. des Diözesanbischofs und des Domkapitels. Mainz 1975. S. 190 – 273.

126. Mainzer Domchronik. In: Mainzer Journal Nr. 159 vom 11. Juli 1932.

978 – 1865; besonders ausführlich: 18. und 19. Jahrhundert.

127. Des Mainzer Domes Unglück und Glück. In: Martinus-Blatt. Katholisches Volksblatt für alle Stände Nr. 42 vom 14. Oktober 1928.

Aufzählung der „Glücks- und Unglückstage“ des Domes.

128. Schmidt, (Jakob Wilhelm): Große Tage in der Geschichte des Mainzer Domes. In: Mainzer Journal Nr. 229 vom 1. Oktober und Nr. 233 vom 5. Oktober 1928. – Auch in: Martinus-Blatt. Katholisches Volksblatt für alle Stände Nr. 42 vom 14. Oktober 1928.

Baugeschichte ab 1002.

129. Sartorius, Joh(annes): Der Mainzer Dom als Künder der Zeiten. In: Mainzer Journal, Sonder-Nr. vom 15. Oktober 1928.

Betr. die Dombrände, jeweils zwei im 11., 12. und 18. Jahrhundert.

3. Gesamtgeschichte

130. Arens, Fritz (Viktor): Der Dom zu Mainz. In: Das Münster. Zeitschrift für christliche Kunst und Kunstwissenschaft 11 (1958) S. 6 – 10.

1. Baugeschichte: S. 6 – 7. – 2. Zerstörungen: S. 7 – 8. – 3. Wiederherstellungen: S. 8 – 10. (Hier auch Domumbauung: S. 8).

131. Bader, Karl: Geweihte Stätten in Hessen. Eine Wallfahrt zu Denkmälern und Erinnerungsstätten. (= Hessische Volksbücher, 51). Friedberg 1923.

S. 5 – 7: Der Dom zu Mainz (Baugeschichte). – S. 22 – 24: Fastradastein im Dom zu Mainz. – S. 57 – 58: Bonifatiusstein. – S. 83 – 84: Frauenlobdenkmal.

132. Becker, L(udwig): Der Mainzer Dom. In: Mainzer Journal. Sonder-Nr. zur Rheinischen Jahrtausendfeier, Mainz, 11. bis 19. Juli 1925.

Baugeschichte und Restaurierungsarbeiten im 20. Jahrhundert.

133. (Bendix, Karl): Vom Mainzer Dome. (Vortrag). In: Mainzer Journal Nr. 57 vom 8. März 1906.

134. Börckel, A(lfred): Der älteste rheinische Dom und seine Schicksale. In: Kölnische Volkszeitung Nr. 1017 vom 28. Dezember 1920.

135. Börckel, A(lfred): Der Mainzer Dom und seine Schicksale. In: Börckel, Alfred: Das Goldene Mainz in seinen Hauptsehenswürdigkeiten. Dom, Kurfürstliches Schloß, Deutschhaus und Stadtpark, nebst einem Rundgang durch die Stadt und Aussprüchen ihrer berühmten Besucher. Mainz 1921. – Neuabdruck in: Mainzer Anzeiger Nr. 89 von 1921. – Auch in: Mainzer Anzeiger Nr. 162 von 1926. – Auch in: Mainzer Wochenschau Nr. 42 vom 14. Oktober 1928.

Der Dom: S. 1 – 10. Baugeschichte. S. 10: Gedicht: „Frauenlobs Begräbnis“.

136. Brück, Anton Ph(ilipp) (Hrsg.): Willigis und sein Dom. FS zur Jahrtausendfeier des Mainzer Domes 975 – 1975. (= QAMrhKG, 24). Mainz 1975.

Zusammenfassung der wichtigsten Ergebnisse vgl. Friedhelm Jürgensmeier: Das Schrifttum der Jahre 1971 bis 1975 zur mittelrheinischen Kirchengeschichte bis 1500. In: Archiv für mittelrheinische Kirchengeschichte 27 (1975) S. 281 – 328, hier: S. 294 – 295.

137. Clemen, Paul: Der Mainzer Dom in der deutschen Kunstgeschichte. In: Mainzer Anzeiger. Sonder-Beilage zu Nr. 241 vom 15. Oktober 1928.

138. Dahl, (Johann Konrad): Neue Beiträge zur Geschichte und Beschreibung alter Dom- und anderer Kirchen am Rhein. 1. Heft: Der Dom zu Mainz. Manuskript in Folio in der Mainzer Stadtbibliothek.

139. Der Dom zu Mainz. In: Mainzer Unterhaltungsblätter Nr. 52 vom 21. Februar 1842, S. 205 – 207. Nr. 53 vom 22. Februar 1842, S. 210 – 211. Nr. 54 vom 23. Februar 1842, S. 214 – 215. Nr. 56 vom 25. Februar 1842, S. 221 – 223.
Schilderung der Baugeschichte und der Denkmäler.

140. Der Dom zu Mainz und die katholische Kirche. In: Katholische Sonntagsblätter zur Belehrung und Erbauung Nr. 9 vom 28. August 1842, S. 68 – 71.
Erbauliche Abhandlung über den Dom, der ein fester, sicherer, großer und wohl eingerichteter Bau ist und so zum Symbol der Kirche Christi wird.

141. Ein Gang durch den Mainzer Dom. (Vortragsreferat). Gez.: J. Ss. In: Mainzer Journal Nr. 179 vom 3. August 1908.

142. Falk, (Franz): Der Dom zu Mainz, seine Geistlichkeit und Festlichkeiten, Schätze und Bibliothek. Vortrag, gehalten am 21. Jan. 1896 im „Frankfurter Hof" zu Mainz. In: Mainzer Journal Nr. 18, 19, 20 und 21 vom 22., 23., 24. und 25. Januar 1896.

143. Falk, F(ranz): Geschichte des Domes zu Mainz. Aufgrund der neuesten Forschungen populär dargestellt. Gau-Algesheim 1875.
Der erste Dom: S. 4 – 5. – Der alte Dom: S. 6 – 9. – Der neue Martinsdom: S. 9 – 10. – Der Willigisbau: S. 10 – 13. – Der Umbau im 12. Jahrhundert: S. 13 – 15. – Die letzten großen Brände (1767, 1793): S. 15 – 18. – Der Domschatz: S. 18 – 23. – Die Reliquien: S. 24 – 29. – Die Dombibliothek: S. 29 – 32. Die Domschule: S. 32 – 34. – Dom- und andere Archive: S. 34 – 36. – Domsagen: S. 36 – 40. – Alte Gebräuche (Die Armenseelenlotterie. Die Protzer): S. 41 – 42. – Die Denkmäler: S. 43 – 54. – Maße des Doms: S. 55.

144. Falk, Val(entin) Alois Franz: Heiliges Mainz oder die Heiligen und Heiligthümer in Stadt und Bisthum Mainz. Mainz 1877.
Der Dom zu Mainz: S. 267 – 294. (Der erste Dom: S. 268 – 269. – Der alte Martinsdom: S. 269 – 271. – Der Willigis- und Bardobau: S. 271 – 273. – Der Umbau im 12. Jahrhundert: S. 273 – 274. – Die letzten großen Brände: S. 274 – 276. – Der Domschatz: S. 276 – 279. – Die Reliquien: S. 279 – 282. – Die Domschule: S. 283 – 284. – Die Dombibliothek: S. 284 – 286. – Dom- und andere Archive: S. 286. – Grundriß und Denkmäler: S. 287 – 294. – Maße des Domes: S. 294). – Die hl. Wilgefort, ehemals im Dome zu Mainz, und die andern Wilgefortisbilder: S. 222 – 224. Wilgefortisbild hing bis 1792/93 in der nördlichen Eingangshalle vom Liebfrauenplatz her. Der bekannte Domsakristan Badoni, gest. 1871, will es noch gesehen haben. Es soll dann nach Elsheim gekommen sein. (Vgl. F(ranz) F(alk): Ausflug nach Kunst und Alterthümern in Rheinhessen. In: Mainzer Journal Nr. 252 vom 29. October 1873).

145. Feigel, August: Zur Baugeschichte des Mainzer Domes. In: Neue Hessische Volksblätter Nr. 283 von 1912.
Im Bibliotheks-Fernleihverkehr nicht mehr nachweisbar.

146. Jung, Wilhelm: Denkmal eines Jahrtausends. Der Martinsdom: Zeuge abendländischer Geschichte, Kunst und Frömmigkeit. In: Mainz. Porträt einer wiedererstandenen Stadt. Hrsg. von Helmut Beichert. Mainz 1984. S. 91 – 116.
Darin: Gedicht von Carl Zuckmayer für Gertrud von Le Fort: Beim Anblick des Domes (S. 91). – Bauabschnitte nach dem II. Weltkrieg (S. 94 – 98). – Die Geschichte des Domes (S. 98 – 114). – Grundriß und Baugestalt heute (S. 114 – 116).

147. Jung, Wilhelm: Der Mainzer Dom als Bau- und Kunstdenkmal. Hauptpatron St. Martin, 11. Nov., Nebenpatron St. Stephan, Kirchweihfest am 4. Juli. In: 1000 Jahre Mainzer Dom (975 – 1975). Werden und Wandel. Ausstellungskatalog und Handbuch. Hrsg. von Wilhelm Jung im Auftrag des Diözesanbischofs und des Domkapitels. Mainz 1975. S. 127 – 160.
Lage: S. 127 – 128. – Geschichtliche Bedeutung: S. 128 – 130. – Grundriß und Baugestalt: S. 130 – 131. – Bauidee: S. 131 – 132. – Ein Rundgang: S. 133 – 136. – Denkmäler und Ausstattung: S. 136 – 160.

148. (Jungenfeld, Edm. Frhr. Gedult von, Hrsg.): Aus Dom und Diözese. Festgabe Georg Lenhart, Domkapitular. Zur Vollendung des 70. Lebensjahres gewidmet. Mainz 1939.

149. Kautzsch, Rudolf / Neeb, Ernst: Der Dom zu Mainz. (= Die Kunstdenkmäler der Stadt und des Kreises Mainz. Bd. 2: Die kirchlichen Kunstdenkmäler der Stadt Mainz. T. 1 = Die Kunstdenkmäler im Freistaat Hessen. Hrsg. durch eine von der Hessischen Regierung bestellte Kommission. Provinz Rheinhessen. Stadt und Kreis Mainz). Darmstadt 1919.

Rezensionen: Anthes, in: Korrespondenzblatt des Gesamtvereins der deutschen Geschichts- und Altertumsvereine 68 (1920) Sp. 119–122. – Noack, Werner, in: Repertorium für Kunstwissenschaft 43 (1922) S. 328–331. – Würth, in: Archiv für hessische Geschichte und Altertumskunde N.F. 13 (1922) S. 281–283. – Vgl. in: Zeitschrift des Vereins für hessische Geschichte und Landeskunde 53 (= N.F. 43) (1921) S. 149. – Vgl. auch unter dem Titel: Der Dom zu Mainz. In: Mainzer Journal Nr. 172 vom 26. Juli 1919.

150. Kautzsch, Rudolf: Der Mainzer Dom und seine Denkmäler. 2 Bde. Frankfurt a.M. 1925.

151. Ledroit, J(ohannes): Unser Dom. In: Die alte Heimat. Blätter für Heimatkunde und Heimatpflege 4 (1928) S. 145–148.

152. Leitermann, Heinz: Der Mainzer Dom als Spiegelbild deutscher Reichsgeschichte. In: Lebendiges Rheinland-Pfalz 1 (1964) S. 25–31.

153. (Lübke, Wilhelm): Deutsche Denkmäler: 1. Der Dom zu Mainz. In: Beilage zur Allgemeinen Zeitung (München) Nr. 109 vom 19. April 1888.

154. Der Mainzer Dom. Reichserzkanzlerschaft und Reichskirchensystem. In: Vergangenheit entdecken. Heimatbuch Rheinland-Pfalz. Hrsg. von der Landeszentrale für politische Bildung Rheinland-Pfalz. Neustadt a.d. Weinstraße 1984. S. 75–76.

155. Metzger, Joh(annes): Der Dom zu Mainz. Seine Erbauer und Schicksale. (= Lose Blätter Mainzer Spezialgeschichte). In: General-Anzeiger Nr. 258 von 1894.

156. Müller, Anton: Die Mainzer Dompfarrei. Erolzheim (1958).

Aus der Geschichte des Mainzer Doms: S. 7–10. – Verzeichnis der Dompfarrer bis zum Untergang des Erzstiftes Mainz (soweit bekannt): S. 12. – Dompfarrer seit Errichtung des jetzigen Bistums Mainz: S. 13. – Eine Abbildung des Domes. (Weitgehend erbauliche Schrift).

157. (Neeb, Ernst): Baugeschichte des Domes und der Liebfrauenkirche. In: Mainzer Journal Nr. 71 vom 25. März 1898.

Zusamenfassung eines Vortrages von E. Neeb.

158. Neeb, (Ernst): Der Dom zu Mainz. Aus: 75 Jahre Mainzer Anzeiger. Mainz 1925. S. 52.

159. (Neeb, Ernst): Vom Mainzer Dom. In: Mainzer Journal Nr. 111 vom 12. Mai 1917.

Inhaltsarme Zusammenfassung des Vortrages zur Baugeschichte und Ausstattung des Domes.

160. (Neeb, Ernst): Vom Mainzer Dom. In: Mainzer Journal Nr. 263 vom 12. November 1917.

Vortrag über die Baugeschichte.

161. Peters, Otto: Der Mainzer Dom. In: Mainzer Anzeiger. Sonder-Beilage zu Nr. 241 vom 15. Oktober 1928.

„In den ... Formen des Domes drückt sich der rheinische Mensch aus ...“ – Betrachtungen.

162. Prestel, J.: Der Dom zu Mainz und seine Bedeutung als deutschnationales Monumentalwerk. In: Festblatt der 58. Generalversammlung der Katholiken Deutschlands zu Mainz 1911. Nr. 3.

163. Sartorius, (Johannes): Ein Beitrag zum Bau des Mainzer Domes. Eine baugeschichtliche Untersuchung der verschiedenen Mainzer Dombauten. In: Martinus-Blatt. Katholisches Volksblatt für alle Stände Nr. 27 vom 2. Juli 1939.

164. Sartorius, Joh(annes): Der Mainzer Dom. Ein Denkmal deutscher Kultur. In: Rheinischer Volkskalender für das Jahr 1927. S. 35 – 37.

Geschichtliche Betrachtung; inhaltsarm mit Aufruf, den Dom zu erhalten, denn: „Immer noch ist der Mainzer Dom, wie ein Phönix aus der Asche entstanden." (S. 37).

165. Schaefer, Karl: Die geschichtlich-politische Bedeutung des Mainzer Domes. In: Mainzer Journal Nr. 167 und 168 vom 21. und 22. Juli 1926.

166. Schmidt, (Jakob Wilhelm): Der Mainzer Dom. In: 1. Reichs-Strom-Meisterschaft des Reichsverbandes Deutsche Jugendkraft am 1. u. 2. August 1926 in Mainz. S. 12 – 17.

167. Schmidt, J(akob Wilhelm): Der Mainzer Dom als Schauplatz und Denkmal deutscher Geschichte. FS zum 700jährigen Jubiläum der Weihe des Domes. Mainz 1939.

Rez.: K. Schrod, in: Mitteilungsblätter des Historischen Vereins für Hessen 1 (1939) S. 315 – 316. – R. Dertsch, in: Mainzer Zeitschrift 34 (1939) S. 119. – Dr.D. in: Mainzer Journal Nr. 157 vom 10. Juli 1939.

168. Schneider, Friedr(ich): Der Dom zu Mainz. In: Zeitschrift für Bauwesen 34 (1884) Sp. 191 – 204. 239 – 260. 403 – 430; 35 (1885) Sp. 149 – 176. 399 – 426. 551 – 592. Atlas zu 1884, Blatt 50 – 58. Atlas zu 1885, Blatt 46. Sonderdruck mit Untertitel: Geschichte und Beschreibung des Baues und seiner Wiederherstellung. Als Folioausgabe mit 10 Tafeln und als Oktavausgabe. Mainz, Berlin 1886.

Rezensionen: St(ephan) Beissel, in: Stimmen aus Maria Laach 1887, S. 464 – 466. – Joh(annes) Graus: Der Dom zu Mainz. In: Wiener Literarischer Handweiser für die katholische Welt Nr. 6 von 1886, S. 87 – 88. – F(ranz) X(aver) Kraus, in: Literarische Rundschau für das Katholische Deutschland Nr. 2 von 1887, Sp. 54 – 56. – P. Albert Kuhn, in: Literarischer Handweiser zunächst für das katholische Deutschland Nr. 400 (1886) Sp. 47 – 49. – Anton Springer, in: Westdeutsche Zeitschrift für Geschichte und Kunst 6 (1887) 1, S. 99 ff. – Vgl. in: De Wetenschappelijke Nr. 14 von 1886, Sp. 226 – 228. (Vorhanden in Stadtarchiv Mainz, Schneider 14, N° 38). – Vgl. unter dem Titel: Das Mainzer Domwerk. Gez.: S. In: Kölnische Volkszeitung Nr. 53 von 1886. – Vgl. unter dem Titel: Der Dom zu Mainz. In: Mainzer Journal. Beilage: Sonntagsblatt zur Unterhaltung und Belehrung Nr. 16 vom 17. April 1887, S. 127 und S. 134 – 135. – Vgl. unter dem Titel: Der Dom zu Mainz. Gez.: St. In: Deutsche Bauzeitung 21 (1887) S. 429 – 431. 447 – 451. 465 – 467.

169. Schneider, Friedrich: Der Dom zu Mainz. In: Deutscher Hausschatz 1875, Nr. 11, S. 167 – 171.

170. (Schreiber, Ernst Martin): Reichsgeschichtliches im Mainzer Dom. (Vortrag). In: Mainzer Anzeiger Nr. 131 vom 8. Juni 1933.

171. Schunk, Joh(ann) P(eter): Kurzgefaßte historische Nachricht von der Domkirche in Mainz. In: (Colmar, Josef Ludwig): Predigt des Herrn Bischofs von Mainz, bei Gelegenheit der feierlichen Glockenweihe in der Domkirche zu Mainz den 24ten September 1809. Mainz (1809). S. 21 – 40.

Neuabdruck der Predigt des Bs Colmar unter dem Titel: Ueber die Weihe der Glocken, in: Katholisches Volksblatt für alle Stände Nr. 39 vom 26. September 1909, S. 1 – 2. Nr. 40 vom 3. Oktober 1909, S. 1 – 2. Nr. 41 vom 10. Oktober 1909, S. 1 – 2. – Schunk fügt zwei „Beilagen nebst kurzen Beschreibungen einiger Denkmäler und Merkwürdigkeiten in der Domkirche" (S. 29 – 40) bei. Aus der zweiten Beilage kann man den Standort der Denkmäler vor den Umsetzungen Ende des 19. Jhs. ersehen.

172. Schwarzbeck, Fritz: Der Mainzer Dom. In: Der Katholik Nr. 7 vom 5. Juli 1931.

173. Vom Mainzer Dom. In: Katholisches Volksblatt für alle Stände Nr. 30 vom 27. Juli 1913, S. 2 – 3. Nr. 31 vom 3. August 1913, S. 4.

Über Aufgaben und Funktionen einer Domkirche (liturgische und rechtsgeschichtliche Aspekte). Enthält auch Tadel des bayerischen Reichstagsabgeordneten Kohl (Domherr in Eichstätt), daß die Mainzer ihren Dom so herunterkommen ließen. (Nr. 30).

174. Von Mainz. In: Die Rheinlande. Monatsschrift für deutsche Art und Kunst 7 (1907) S. 7 – 14.

Philosophisch-geschichtliche Betrachtung, mit vielen Abb. vom Mainzer Dom.

175. Werner, Franz: Denkmäler im Mainzer Dom (Rückentitel). (Mainz 1829).
= Ergänzender Tafelband zu Werner, Franz: Der Dom zu Mainz und seine Denkmäler. Kein gedrucktes Titelblatt vorhanden. Inschriften der Denkmäler lateinisch, deutsch und französisch. Abb. der Denkmäler.

176. Werner, Franz: Der Dom von Mainz und seine Denkmäler nebst Darstellung der Schicksale der Stadt, und der Geschichte seiner Erzbischöfe bis zur Translation des erzbischöflichen Sitzes nach Regensburg. 3 Teile. Mainz 1827–36.
1. Teil (1827): Dom: S. 235–254. Von der Erbauung der jetzigen Domkirche und ihrer Schicksale. – S. 254–328: Von den noch vorhandenen Denkmälern. – S. 328–333: Die bronzernen Thüren gegen den Markt hin. – S. 333–343: Von den Denkmälern in der Memorie und dem Kreuzgange. – S. 343–348: Von dem Domschatz. – S. 349–359: Von der ehemaligen Dombibliothek. – Weitere Nachrichten über den Dom in dem chronologisch nach den Mainzer Erzbischöfen geordneten Werk bei dem jeweiligen Erzbischof; auch im Vorwort zum 2. Teil (1830) und zum 3.Teil (1836) über Ausbesserungsarbeiten am Dom. – Rez.: (Karl Anton) Schaab, in: Neue Mainzer Zeitung. Extra-Beilage zu Nr. 36 vom 5ten Februar 1827. Vgl. dazu wiederum: Fr(anz) Werner: Einige Worte über die Bemerkungen des Herrn Richters Schaab in Betreff des Werkes: Der Mainzer Dom und seine Denkmäler. In: Neue Mainzer Zeitung. Extra-Beilage zu Nr. 45 vom 14. Februar 1827.

177. Wetter, J(ohann): Geschichte und Beschreibung des Domes zu Mainz. Begleitet mit Betrachtungen über die Entwicklung des Spitzbogenstyls, das neugothische Constructionssystem in Deutschland und Frankreich, und den Einfluß der lombardischen und byzantinischen Kunst auf diese Länder. Mainz 1835.
§ 1: Geschichte des Domes: S. 1–74. – § 2: Beschreibung des Domes: S. 75–92. – § 3: Denkmäler und Kunstschätze: S. 93–166. (Domschatz: S. 155–165).

178. Wetter, Jo(hann): Historisches Gemälde des Doms zu Mainz. In: Die Ameise. Unterhaltungsblatt für alle Stände Nr. 77 vom 24. September 1828, S. 620. Nr. 78 vom 28. September 1828, S. 628–629. Nr. 80 vom 5. Oktober 1828, S. 645–646. Nr. 81 vom 8. Oktober 1828, S. 651–654. Nr. 82 vom 12. Oktober 1828, S. 659–661. Nr. 83 vom 15. Oktober 1828, S. 669–670. Nr. 84 vom 19. Oktober 1828, S. 676–677. Nr. 85 vom 22. Oktober 1828, S. 683–685. Nr. 86 vom 26. Oktober 1828, S. 692–694. Nr. 87 vom 29. Oktober 1828, S. 700–701. Nr. 88 vom 2. November 1828, S. 707–709. Nr. 89 vom 5. November 1828, S. 715–718. Nr. 90 vom 9. November 1828, S. 724–726. Nr. 91 vom 12. November 1828, S. 731–734. Nr. 92 vom 16. November 1828, S. 739–741. Nr. 93 vom 19. November 1828, S. 747–750. Nr. 94 vom 23. November 1828, S. 756–759.
Baugeschichte; Denkmäler; Nr. 94: Domschatz.

179. Wohlfahrt, B.: Der Mainzer Dom. In: Illustrierte Deutsche Monatshefte 88 (1900) S. 451–469.
Baugeschichte, auch Denkmäler.

180. Z(ichner), R(udolf) A(rtur): Der Dom zu Mainz. Ein kurzer Überblick über ein fast tausendjähriges Bauschaffen. In: Rheinische Heimatblätter. Zeitschrift des Kreises der Rheinischen Heimatfreunde, Sitz Koblenz, verbunden mit den Mitteilungen der Mittelrheinischen Gesellschaft für alte und neue Kunst, Wiesbaden 9 (1932) Heft 11, S. IV. Ergänzungen: gez.: M.R.: S. V.

4. Der Dom in seiner Beziehung zu anderen romanischen Kirchen

181. (Arens, Fritz Viktor): Romanische Kirchen in Rheinland-Pfalz. (= Lichtbildreihen der Landesbildstelle Rheinland-Pfalz, A. 4). (Koblenz 1954).
Dom zu Mainz: Bild 9, 10, 16. Erläuterungen zu einer Lichtbildreihe.

182. Canestro Chiovenda, Beatrice: L'ambone dell'Isola di San Giulio. (= Monografie e studi d'arte antica e moderna, 10). Roma 1955.

Verf. bestreitet Zusammenhänge zwischen S. Giulio im Ortasee und Speyer sowie Lund. Speyer mit Mainz und Lund seien immer mit Como zu vergleichen (S. 95–96).

183. Cinthio, Erik: Lunds Domkyrka under romansk tid. (= Acta Archaeologica Lundensia. Papers of the Lunds Universitets Historiska Museum, 1). Bonn-Lund 1957.

Speyer-Mainz-Lund: S. 163–167. Deutsche Zusammenfassung: S. 209–216: ... die „durchgeführte Untersuchung der Ornamentik von Speyer und Mainz hat jedoch zu der Auffassung geführt, daß die hier besprochene deutsche Skulptur im allgemeinen in eine zu frühe Zeit datiert worden ist". (S. 213). „Die rheinische Skulptur in den vorgenannten Domen stellt somit kein Vorbild für Lund dar, sondern ist eine Parallelerscheinung, die durch die lombardische, die emilianische und in gewissem Masse auch durch die toskanisch-italienische Skulptur schöpferisch beeinflusst wurde." (S. 214). Die Skulpturen des Mainzer Ostchores werden um, bzw. nach 1130 datiert.

184. Clasen, K(arl) H(einz) / Metz, Peter / Glaßner, Helga (Aufnahmen): Zehn deutsche Dome. Speyer, Mainz, Worms, Bamberg, Naumburg, Magdeburg, Köln, Freiburg, Ulm, Wien. Berlin (1939).

Mainz: S. 5–9. Abbildungen: S. 56–73.

185. Doering, Oscar: Die Dome von Mainz und Worms. (= Die Kunst dem Volke, Nr. 29). München 1917. ND 1925.

Mainzer Dom: S. 2–22.

186. Gall, Ernst: Dome und Klosterkirchen am Rhein. Aufnahmen von Helga Schmidt-Glaßner. München 1956.

Mainzer Dom, Baugeschichte: S. 34–36. 50–51. 68. 90–91; Abb.: 90–99.

187. Hauttmann, Max: Die Kunst des frühen Mittelalters (= Propyläen-Kunstgeschichte, 6). Berlin 1929.

Dom passim: S. 85, 88, 91, 96, 114. Taf. XXII, Text dazu S. 718. – Westlettner (Dom- und Diözesanmuseum): Abb. 569, 572. (Bildband).

188. Illert, Friedrich M(aria): Die Kaiserdome von Mainz, Worms und Speyer. In: Rheinland-Pfalz. Kultur und Wirtschaft. Trautheim über Darmstadt 1953. S. 77–88.

Mainzer Dom: S. 79–81. Essay mit Notizen zur Baugeschichte.

189. Kautzsch, Rudolf: Drei Kaiser Dome. In: Mainzer Anzeiger. Sonder-Beilage zu Nr. 241 vom 15. Oktober 1928.

Speyer, Worms und Mainz.

190. Kautzsch, Rudolf: Die mittelrheinischen Dome zu Speyer, Mainz und Worms als Denkmäler deutscher Geschichte. In: Westdeutsche Monatshefte für das Geistes- und Wirtschaftsleben 1 (1925) S. 313–339.

Baugeschichte des Mainzer Domes im Überblick: S. 315–318 und passim im Vergleich mit den anderen genannten Domen.

191. Meyer-Schwartau, Wilhelm: Der Dom zu Speier und verwandte Bauten (die Dome zu Mainz und Worms, die Abteikirchen zu Limburg a. Hardt, Hersfeld und Kauffungen etc.). Berlin 1893.

Der Dom zu Mainz: S. 15–20. Weitgehend nach Schneider, Nr. # 168.

192. Oswald, Friedrich / Schäfer, Leo / Sennhauser, Hans Rudolf: Vorromanische Kirchenbauten. Katalog der Denkmäler bis zum Ausgang der Ottonen. (= Veröffentlichungen des Zentralinstituts für Kunstgeschichte in München, 3). München 1966.

Dom: S. 191–193. St. Johannis (Alter Dom): S. 196–197.

193. Pinder, Wilhelm: Deutsche Dome des Mittelalters. Königstein im Taunus und Leipzig 1936. Königstein 1977.

Mainz (nur Abbildungen): S. 21. 30–31. 53. Kurze Beschreibung: S. 124.

194. Pinder, Wilhelm: Die Kunst der deutschen Kaiserzeit bis zum Ende der staufischen Klassik (= Pinder, Wilhelm: Vom Wesen und Werden deutscher Formen. Geschichtliche Betrachtungen, 1). Leipzig 1937. Textband: Frankfurt [5]1952. Bildband: Frankfurt [2]1937.

„In der heutigen Erscheinung ist der Mainzer Dom als Ganzes glanzvoller als der Speyerer" (1937: S. 150. 1952: S. 162). – Dom (nach Register, 1952): S. 77. 113. 153. 161–162. 209. 210. 212. 218. 245. 248. – Bronzetüren: S. 123. – St. Godehardkapelle: S. 212. – Westchor: S. 209. 246. – Westseite: S. 245. – Madonna aus der Fuststraße, heute Dom- und Diözesanmuseum: S. 277. – Abb. im Bildband: Dom: 110. 111. Kapitell am SO-Portal: 112. Selige vom Westlettner: 402. Verdammte vom Westlettner: 403. Westbau: 302. Westliche Vierungskuppel: 304. Zwerggalerie am Ostchor: 113. Dom- und Diözesanmuseum: Kopf mit der Binde: 398. Madonna aus der Fuststraße: 390. 391. Bassenheimer Reiter: 400. 401.

195. Quast, F. von: Die romanischen Dome des Mittelrheins zu Mainz, Speier, Worms. Kritisch untersucht und historisch festgestellt. Berlin 1853.

Der Dom zu Mainz: S. 8–24. Passim im Vergleich mit den Domen von Worms und Speyer. – Rez. Karl Schnaase, in: Deutsches Kunstblatt. Zeitung für bildende Kunst und Baukunst. Organ der Deutschen Kunstvereine 4 (1853) S. 393–396. 401–404. – Ergänzungen und Berichtigungen zur Baugeschichte des Mainzer Domes: S. 394–396. Auch Franz Kugler ergänzt Quast's Buch kritisch, in: Deutsches Kunstblatt 5 (1854) Nr. 2–4. – Quast erwidert: Nochmals Mainz, Speier und Worms. In: Zeitschrift für christliche Archäologie und Kunst 1 (1856) S. 59–69. 125–131. Darauf wiederum Schnaase, in: Deutsches Kunstblatt. Zeitschrift für bildende Kunst, Baukunst und Kunsthandwerk. Organ der Deutschen Kunstvereine 9 (1858) S. 145. Vgl. Wetter Nr. #321.

196. Rave, Paul Ortwin: Romanische Baukunst am Rhein. Bonn 1922.

Mainz: S. 7–8. Abb 10–13. Abb. 12: Ostchor vor der Wiederherstellung (1870) mit der Mollerschen Kuppel von 1828.

197. Redtenbacher, Rudolf: Leitfaden zum Studium der mittelalterlichen Baukunst. Formenlehre der deutschen und französischen Baukunst des romanischen und gothischen Stiles auf Grundlage ihrer historischen Entwicklung. Leipzig [2]1888.

Vgl. Ortsregister, S. 262, mit zahlreichen Hinweisen auf den Mainzer Dom in Text und Skizzen.

198. Rivoira, G.T.: Le origini della architettura Lombarda e delle sue principali derivazioni nei paesi d'oltr'Alpe. Milano, 2. korrigierte und erweiterte Auflage 1908.

L'architettura lombardo-renana: S. 659–758. Baugeschichte des Mainzer Domes (11.–13. Jh.): S. 726–731 und passim (vgl. Register: S. 771). – Gotthardkapelle (12. Jh.): S. 730–731.

199. Rydbeck, Monica: Skånes Stenmästare före 1200. (= Arkiv för Dekorativ-Konst, 1). Lund 1936.

Darin ein mit ca. 50 Abbildungen ausgestattetes Kapitel „Lund, Speyer och Mainz". Verf. zeigt die kunstgeschichtlichen Beziehungen, durch welche die Dome der drei Städte miteinander verbunden sind. Sie nimmt an, daß nach dem Tode Heinrichs IV. ein großer Teil der Arbeitskräfte am Speyerer Dom frei wurde und nach Mainz und Lund abwanderte. Der Meister, der bei der Errichtung des Mainzer Ostchores tätig war, soll auch Leiter der Bauhütte in Lund gewesen sein. Nachdem er die Skulpturen im Ostteil des Mainzer Domes geschaffen hatte, zog er 1137 nach Lund. Verf. meint, er habe Regnerus geheißen. (Zusammenfassung nach Hans Knies, in: Mainzer Zeitschrift 33 (1938) S. 90).

200. Schmitt, Otto: Mainz, Worms und die Pfalz. Versuch einer kunstgeographischen Abgrenzung von Mittel- und Oberrhein. In: Wandlungen christlicher Kunst im Mittelalter (= Forschungen zur Kunstgeschichte und christlichen Archäologie, 2). Baden-Baden 1953. S. 359–379.

Passim: Mainzer Dom.

201. Schneider, Friedrich: Ueber die Architektur in Rheinhessen. In: Darmstädter Zeitung Nr. 170 und 171 vom 22. und 23. Juni 1877. Auch in: Mainzer Journal Nr. 146 und 147 vom 26. und 27. Juni 1877. Auch hektographisch für die Teilnehmer des Ausflugs der

freien Vereinigung der Architekten und Ingenieure in Mainz. Auch unter dem Titel: „Rhein-Hessens kirchliche Baudenkmale des Mittelalters", in: Jahrbücher des Vereins von Altertumsfreunden im Rheinland und Bonn 61 (1877) S. 88 ff.

Verf. weist u.a. nach, daß kein entscheidender Einfluß vom Mainzer Dom auf die Architektur des ländlichen Umfeldes ausgegangen ist.

202. Weigert, Hans / Hege, Walter: Die Kaiserdome am Mittelrhein Speyer, Mainz und Worms. Berlin 1933. Berlin ²1938.

Baugeschichte: S. 27–37. – Romanische Skulpturen in Worms und Mainz: S. 52–55. – Die Lettner in Mainz: S. 56–59. – Die gotischen Portale in Worms und Mainz: S. 60–62. – Die Denkmäler der Erzbischöfe in Mainz: S. 66–74. – Spätgotische Bildwerke: S. 75–77 (Mainz: Muttergottesstatue, S. 76). – Barocke Ausstattung: S. 78–79 (Mainz: Gestühl im Westchor, S. 79).

203. Wolff, Paul: Drei Kaiserdome. Mainz, Worms, Speyer. Mit einleitenden Texten von Wilhelm Pinder. Königstein (u. Leipzig 1941). Auch: Königstein i.T. 1958.

Mainz: S. 2–22. (Bildband).

III. DIE BISCHOFSKIRCHE(N) VOR ERZBISCHOF WILLIGIS

1. Erörterungen über das römische Baptisterium

204. ‚Alte oder neue Hypothesen': Steckt ein antikes Baptisterium wirklich im Mainzer Dom? In: Allgemeine Zeitung (Mainz) Nr. 57 vom 8. März 1967, S. 5.

AZ-Interview mit Fritz V. Arens und Karl Heinz Esser.

205. Arens, Fritz (Viktor): Steckt ein antikes Baptisterium wirklich im Mainzer Dom? Prof. Dr. Arens widerspricht Dr. Jacobi. In: Allgemeine Zeitung (Mainz) Nr. 168 vom 23./24. Juli 1966, S. 6.

Gegen die These von Becker/Sartorius, Nr. #221, die von Baudezernent Jacobi erneut aufgegriffen wurde, Nr. #209, im Westchor des Domes stecke ein römisches Baptisterium aus dem vierten Jahrhundert.

206. (Esser, Karl Heinz): Dr. Esser erläutert AZ-Lesern den Befund. Steckt ein antikes Baptisterium wirklich im Mainzer Dom? In: Allgemeine Zeitung (Mainz) Nr. 198 vom 27./28. August 1966, S. 6.

207. Glotzbach, Carl: Mainzer Dom – 1000 oder 2000 Jahre alt? In: Das Neue Mainz 1967, Heft 2, S. 6–7.

Forschungen von Hans Jacobi zur Kathedralgruppe im 4. Jh. – Skizze.

208. (Gottron, Adam Bernhard): „Man redet aneinander vorbei." Steckt ein antikes Baptisterium wirklich im Dom? In: Allgemein Zeitung (Mainz) Nr. 211 vom 12. September 1966, S. 5.

209. Jacobi, (Hans): Das antike Baptisterium von Mainz entdeckt. In: Allgemeine Zeitung (Mainz) Nr. 150 vom 2./3. Juli 1966, S. 11.

Jacobi stellt die These auf, daß im Westchor das römische Baptisterium enthalten sei.

210. (Jacobi, Hans): Dr. Ing. Jacobi antwortet Prof. Dr. Arens: Steckt ein antikes Baptisterium wirklich im Dom? In: Allgemeine Zeitung (Mainz) Nr. 180 vom 6./7. August 1966, S. 6.

211. (Metz, Peter): Prof. Metz (Berlin) unterstützt Jacobi: Steckt ein antikes Baptisterium wirklich im Mainzer Dom? In: Allgemeine Zeitung (Mainz) Nr. 108 vom 8. September 1966, S. 6.

212. Ledroit, Johannes: Früheste Christuszeichen am Rhein. Terra-sigillata-Funde im Mainzer Domgebiet. In: Mainzer Journal. Beilage: Wandern und Schauen. Mittelrheinische Heimatblätter für Volks- und Brauchtum Januar 1937.

213. Ledroit, Johannes: Früheste Christuszeichen am Rhein. Zwei Abhandlungen über die Funde aus der römischen Zeit des Mainzer Domgebietes. Mainz (1937).

1. Terra-sigillata-Funde im Mainzer Domgebiet (S. 1 – 11): Die Scherben wurden während der Domarbeiten von 1910 – 17 und 1925 – 1928 gefunden. Heute sind sie im Dom- und Diözesanmuseum. – 2. Das Domviertel vor und während der Zeit der römischen Besetzung von Mainz. (S. 13 – 19).

214. Schuchert, August: Römische Mauerfunde im Mainzer Domkreuzgang. In: Jahrbuch für das Bistum Mainz 4 (1949) = FS August Reatz, S. 414 – 415.

215. Zeller, Adolf: Das Bauwesen in den Metropolen Germaniens zur Zeit Konstantins des Großen und seine Beziehungen zu Mainz. In: Geistige Arbeit. Zeitung aus der wissenschaftlichen Welt 6 (1939) Nr. 9 vom 5. Mai 1936, S. 3 – 5.

Zeller nimmt an, daß im 4. Jahrhundert ein großer Zentralbau in Mainz gewesen sein muß, der alte Dom.

216. Zeller, Adolf: Zur ältesten Baugeschichte des Mainzer Domes. In: Forschungen und Fortschritte. Nachrichtenblatt der Deutschen Wissenschaft und Technik 16 (1940) S. 123 – 124. Zusammenfassung unter dem Titel: Der älteste Mainzer Dom. Ein Zentralbau aus Konstantins Zeiten / Neue Forschungen Zellers. In: Mainzer Journal Nr. 96 vom 24. April 1940.

Trotz des Widerspruchs, den Ludwig Becker erfahren hat, pflichtet Zeller dessen These bei, daß im Westbau des Mainzer Domes ein konstantinischer Bau stecke.

2. Die Johanniskirche: der „Alte Dom"?

217. Arens, Fritz (Viktor): Eine 1500 Jahre alte Kulturstätte. Die neuen Ausgrabungen in der Mainzer Johanniskirche. In: Allgemeine Zeitung (Mainz) Nr. 65 vom 17. März 1951, S. 3.

„Nach der mutmaßlichen Größe des spätrömisch-frühchristlichen Baues und der Stärke seiner Mauern könnte man sogar auf den Gedanken kommen, an Stelle von St. Johannis habe doch der alte Dom gestanden."

218. Arens, Fritz (Viktor): Funde in der St. Johanniskirche zu Mainz. In: Mainzer Zeitschrift 53 (1958) S. 21 – 28.

Betr. auch Frühgeschichte des Mainzer Domes (bes. S. 21 – 24, 27, Anm. 10). „Ich beweise in dem Mainzer Kunstdenkmälerbuch (Nr. #1596), daß die jetzige St. Johanniskirche der alte, vorwilligische Dom war" (S. 21). „Ich unterlasse dabei die Auseinandersetzung mit den Theorien über den alten Dom von L. Becker und J. Sartorius in deren Abhandlungen über den Westchor des derzeitigen Domes als ursprünglichen Alten Dom ..., weil diese wissenschaftlich nicht ernst zu nehmen sind" (S. 27, Anm. 10).

219. Bauerreiß, Romuald: Fons Sacer. Studien zur Geschichte des frühmittelalterlichen Taufhauses auf deutschsprachlichem Gebiet. (= Abhandlungen der Bayerischen Benediktiner-Akademie, 6). München 1949.

Mainz: S. 29 – 32.91. Verf. sieht in der St. Johanniskirche den alten Dom. Diese „habe das Patrozinium des in merovingischer Zeit schon gefeierten Baptisteriums St. Johann übernommen und das alte des hl. Martin fallen gelassen, nachdem dieses auf den Neubau von 1000 übergegangen war". (S. 91).

220. Bauerreiß, Romuald: Stefanskult und frühe Bischofsstadt. (= Veröffentlichungen der bayerischen Benediktinerakademie, 2. = NF der Abhandlungen der bayerischen Benediktinerakademie). München 1963.

Mainz (S. 11 – 16): „Die ‚ardua aula' (Baptisterium) des Venantius Fortunatus – die Johanniskirche niemals Baptisterium, der ‚Alte Dom' niemals Baptisterium, Lage nur im Westen der Kathedrale möglich, die Patrozinien der Kathedrale, Liebfrauen alte Dompfarrkirche, der Johanneschor und die Berechtigung der neuen These:

Trichonchus des heutigen Chors = Baptisterium, Übergang des alten Johannespatroziniums auf den Chor und den ‚Alten Dom' – das ursprüngliche ‚Kirchenbild'." (= Zusammenfassung S. IV). – Rez. Nottarp, in: Zeitschrift der Savigny-Stiftung für Rechtsgeschichte. Kan. Abt. 1965, S. 277 – 279. Schauerte, in: Theologische Revue 61 (1965) S. 266 – 267.

221. Becker, Ludwig / Sartorius, Joh(ann): Baugeschichte der Frühzeit des Domes zu Mainz. IV.-XIII. Jahrhundert. Mit zahlreichen Zeichnungen, Photographien und zwei Buntdruck-Tafeln. Mainz 1936.

Inhaltsverzeichnis: 1. Teil: S. 1 – 8: Feststellung des Dombaumeisters bei den Sicherungsarbeiten. – S. 8 – 9: Geologische Bemerkungen zur Frage eines Grundwasseranstiegs in spätrömischer Zeit von Dr. Mordziol (Koblenz). – 2. Teil: S. 10 – 11: Römische Siedlung. – S. 12 – 18: Die erste Bischofskirche innerhalb der Stadt. – S. 19 – 32: Nebenbauten des frühchristlichen Domes. – S. 33 – 41: Hattos Bauausführungen am frühchristlichen Dom. – S. 42 – 49: Der Willigis-Dom. – S. 50 – 59: Wiederaufbau des Domes unter Willigis, Erkenbald, Aribo und Bardo. – S. 60 – 70: Heinrich-Adalbert-Bau. – S. 71 – 86: Aufbau des Ostchores nach dem Brand von 1137. – S. 87 – 89: Arnold von Selenhofen und die Liebfrauenkirche. – S. 90 – 105: Konrads-Bau. – S. 106 – 108: Weiterbau der Westgruppe unter Siegfried II. – S. 109 – 113: Vollendung unter Siegfried III. – S. 114 – 115: Die Johanniskirche und der alte Martinsdom. – Anhang: Fundament-Befundpläne. Sachregister. Verzeichnis der eingedruckten Abbildungen. – Rezensionen: Heinrich Otto: Die Problematik des Mainzer Domes. In: Frankfurter Zeitung und Handelsblatt vom 25. Juli 1937, 2. Morgenblatt S. 8. – H.R. Rosemann, in: Mitteilungsblätter des Historischen Vereins für Hessen 1 (1938) S. 154 – 158. Vgl. Nr. #239. – Konrad Schrod, in: Zeitschrift für die Geschichte des Oberrheins NF 51 (1938) S. 300 – 301. – Hans Weigert: Deutsche Kunst- und Denkmalpflege 1937, S. 90 f.; mit einer Erwiderung von Ludwig Becker. – Vgl. letzthin Bringmann, Nr. #1241, S. 191 – 193.

222. Böckmann, Hubert: Das Stift St. Johannes Baptista in Mainz. (Geschichte, Verfassung, Besitz). Diss. Mainz 1955. Masch.

Exkurs: Zur Frage nach dem „alten" Mainzer Dom: S. 126 – 142. Ergebnis: „Kautzsch, der auf dem richtigen Wege war, resignierte schließlich vor seinen Gegnern... Es gibt ... zuverlässige schriftliche Nachrichten genug, seine Meinung zu bekräftigen. Daß auch die Grabungsergebnisse in die gleiche Richtung weisen, ist eine erfreuliche Bestätigung. So könnte die Diskussion um den alten Mainzer Dom nun endlich ihr Ende finden." (S. 142).

223. Brack, C(aspar) A(loysius) († 1838): Geschichte von Mainz bis zum Tode Hatto des I. Vorwort von (Karl) K(lein). I. Von dem Anfange der Stadt Mainz bis zur Gründung ihres erzbischöflichen Sitzes. In: Zeitschrift des Vereins zur Erforschung der rheinischen Geschichte und Altertümer in Mainz 1 (1845 – 1851) S. 365 – 386 (Vorwort), S. 386 – 480.

1. Beilage: Ueber die Bischöfe von Mainz vor dem h. Bonifacius: S. 447 – 462. – 2. Beilage: Ueber die ältesten Kirchen in Mainz: S. 462 – 480. – In der zweiten Beilage haben hier folgende Abschnitte Bedeutung: Sanctae Mariae später Johannis Baptisterium: S. 465 – 466. Baptisterium: S. 466 – 468, das „als bischöfliche Kirche diente" (S. 467). Sancti Martini: S. 468 – 477. Brack kommt zu folgendem Ergebnis: „1. Letzte Hälfte des sechsten Jahrhunderts: Eine auf der Stelle der heutigen Johanniskirche bereits vorhandene Marienkirche dient dem neuen Bischof Sidonius als Hauptkirche. Daneben baut derselbe ein neues Baptisterium (Taufkapelle). 2. Erste Hälfte des siebenten Jahrhunderts: Als König Dagobert die Stadt gegen den Rhein erweiterte, wurde auf der Stelle der heutigen Domkirche eine neue Hauptkirche gebaut, dem heiligen Martinus gewidmet. Das Baptisterium bleibt dasselbe. 3. Letzte Hälfte des zehnten Jahrhunderts: Die alte Martinskirche wird von Grund auf neu erbaut, und die alte Marienkirche dient zum zweiten male als Hauptkirche während der sechzig Jahre jenes Baues. 4. Erste Hälfte des eilften Jahrhunderts: Der neue Dom zu St. Martin wird im Jahr 1037 eingeweiht, und die Marienkirche erhielt bei der Gründung eines neuen Kollegiatstiftes in derselben, den Namen Johanniskirche. 5. Zweite Hälfte des eilften Jahrhunderts: Die neue Taufkirche wurde erst in Jahre 1069 beendet, und dabei auch ein Kollegiatstift der heiligen Jungfrau (B.M.V. ad gradus) neu gegründet." (S. 474 – 475).

224. Brück, Anton Ph(ilipp): Zur Bonifatiusverehrung in Mainz. In: Sankt Bonifatius. Gedenkgabe zum zwölfhundertsten Todestag. Hrsg. von der Stadt Fulda in Verbindung mit den Diözesen Fulda und Mainz. Fulda 1954. S. 506 – 513.

Johanniskirche, die alte Mainzer Bischofskirche: S. 506 – 508. Um 1300 Bau der gotischen Bonifatiuskapelle (heute Marienkapelle), 16.10.1928 Weihe eines Bonifatiusaltares am Taufstein in der Nassauer-Kapelle.

225. (Dahl, Johann Konrad): Die St. Johanniskirche in Mainz. In: Quartalblätter des Vereins für Literatur und Kunst zu Mainz 1 (1830) 3. Heft, S. 17 – 35.

Die Johanniskirche, der alte Dom: S. 20 – 30.

226. Dorn, Johann: Zur Geschichte der Mainzer Marienmünster. In: Quartalblätter des Historischen Vereins für das Großherzogtum Hessen NF 6 Nr. 4 (1915–1920) S. 99–107.

Dorn bedauert, daß Veits Aufsatz, Nr. #249, leider vielfach übersehen wurde, so daß „auch jetzt noch gelegentlich St. Johann als der alte Dom (so Kautzsch, Nr. #237) bezeichnet" werde (S. 103, Anm. 43). „In der Streitfrage Kautzsch-Veit dürfte Veit recht zu geben sein." (S. 104, Anm 47). Dorn publizierte seine Meinung auch in: Annalen des historischen Vereins für den Niederrhein 98 (1916) S. 153, Anm. 1: „In der Streitfrage nach dem ältesten Dom dürfte Veit, Nr. #249, gegen R. Kautzsch, Nr. #237, die richtige Lösung gegeben haben. Danach war die Johanniskirche nie Dom, dieser vielmehr stets dem heiligen Martinus geweiht..."

227. Die ehemalige Dom- und Stiftskirche St. Johann. In: Mainzer Journal Nr. 259 vom 19. Dezember 1906.

228. Ewig, Eugen: Die ältesten Mainzer Patrozinien und die Frühgeschichte des Bistums Mainz. In: Das Erste Jahrtausend. Kultur und Kunst im werdenden Abendland an Rhein und Ruhr. Textband 1. Redaktion Victor H. Elbern. Düsseldorf 1962. S. 114–127.

„... die Diskussion um den älteren Mainzer Dom (gewinnt) einen anderen Aspekt. Die ältere Forschung sah eine Alternative (St. Martin oder St. Marien oder St. Johann), wo wir eine Einheit sehen müssen." (S. 115) „Es besteht eine gewisse Wahrscheinlichkeit, daß Sidonius seine Kathedrale an der Stelle der römischen errichtete, daß es also eine topographische Kontinuität des Dombereichs gegeben hat. Die kultische Kontinuität scheint aber abgerissen zu sein. Wenn es eine Dreiergruppe schon in römischer Zeit gegeben hat, so könnte sich kirchliches Leben allenfalls in Liebfrauen erhalten haben." (S. 117).

229. F(alk), F(ranz): Die alte bischöfliche Kirche in Mainz. In: Kirchenschmuck. Ein Archiv für kirchliche Kunstschöpfungen und christliche Alterthumskunde 12 (1868) Bd. 23, S. 13–14.

Zur Römer- und frühen Frankenzeit. Die alte Bischofskirche war St. Johann.

230. F(alk), F(ranz): Der alte Dom in Mainz. Seine Gründung, Begabung, Reliquien, Archiv und Schicksale. In: Organ für christliche Kunst 21 (1871) S. 148–151

Dom vor Willigis.

231. F(alk), F(ranz): Die ehemalige Taufcapelle zu Mainz. In: Organ für christliche Kunst 22 (1872) S. 10–11.

Entstanden unter Sidonius (?), etwa bis 1100.

232. Falk, Franz V(alentin) A(loys): Das erste Jahrtausend christlicher Bau- und Kunstthätigkeit in Mainz. In: Annalen des Vereins für Nassauische Alterthumskunde und Geschichtsforschung 12 (1873) S. 1–20.

„Alter Dom", die jetzige Johannis-Kirche: S. 6–7. Um 745 die älteste bekannte Schenkung an den Dom von Bs Gewelieb: S. 9. Zur selben Zeit schenkt der Kleriker Adalger (Adalher) dem Dom seine Besitzungen in Amöneburg, Breitenbrunn und Selzheim bei Amöneburg: S. 9. – Muttergottes-, bzw. Bonifatiuskapelle am Dom, 755: S. 9–10. Zwischen 826 und 847 beginnt EB Otgar einen Ciborienaltar zu Ehren des hl. Martin in seiner Bischofskirche zu bauen (S. 16.), der zwischen 847 und 855 von EB Hrabanus Maurus vollendet wird (S. 17). Unter EB Hatto I. wurde zwischen 891 und 893 wahrscheinlich der Dom ausgebaut oder besonders geschmückt (S. 18). Fortsetzung: Nr. #324 und #325.

233. Falk, (Franz): Werth der Urkunden für die Kunstgeschichte. In: Kirchenschmuck. Ein Archiv für kirchliche Kunstschöpfungen und christliche Alterthumskunde 12 (1868) Bd. 24, S. 11–15.

S. 12–13: Die bischöfliche Kirche. (Baugeschichte bis 1000).

234. Die Geschichte des alten Doms von Mainz. Gez.: R. In: Mainzer Journal Nr. 60 vom 12. März 1917.

Zu Schriften und Aufsätzen über den Dom und die Johanniskirche: Nr. #226, #237, #249.

235. Gruber, Karl: Die Baugeschichte der Kirche. In: FS zur Wiederherstellung der evangelischen St. Johanniskirche zu Mainz 1958. Zusammengestellt i.A. der Kirchengemeindevertretung von Fritz Rohrbach. Mainz 1958. S. 11 – 23.

Verf. läßt offen, ob der frühromanische Bau vor 1000 der erste Dom (wofür der Grundriß spricht) oder die Taufkirche (wofür die Weihe an Johannes den Täufer spricht) war.

236. Jacob, Leonhard: Zur Erinnerung an die Einweihung der St. Johanniskirche zu Mainz am 27. Oktober 1907 nach dem Umbau 1906/07. Mainz 1907.

Umschlagtitel: St. Johanniskirche zu Mainz. Zur Feier der Einweihung nach dem Umbau 1906/7. – S. 3 – 8: Johanniskirche, der „Alte dum“ (S. 5) „war zugleich die Hauptkirche (ecclesia cathedralis et baptismatis)“. (S. 4).

237. Kautzsch, R(udolf): Die Johanniskirche, der alte Dom zu Mainz. In: Mainzer Zeitschrift 4 (1909) S. 56 – 70.

238. Kautzsch, R(udolf): Noch einmal der alte Dom zu Mainz. (Eine Erwiderung). In: Mainzer Journal Nr. 133 vom 11. Juni 1910.

Kautzsch faßt Veits Ergebnisse, Nr. #249, zusammen, und legt dar, warum er bei der Ansicht bleibt: „St. Johann ist der alte Dom.“

239. Kautzsch, Rudolf: Zur Baugeschichte des Mainzer Doms (zu dem Buch von L. Becker und J. Sartorius, Baugeschichte der Frühzeit des Domes zu Mainz. Mainz 1936). In: Zeitschrift für Kunstgeschichte 6 (1937) S. 200 – 217.

240. Ledroit, (Johannes): Die Zeit vor dem Willigisdom. In: Mainzer Journal. Sonder-Nr. vom 15. Oktober 1928.

241. Lehmann, Edgar: Der frühe deutsche Kirchenbau. Die Entwicklung seiner Raumanordnung bis 1080. (= Forschungen zur deutschen Kunstgeschichte, 27). 1 Text- und 1 Bildband. Berlin 1949.

Im Textband S. 111 – 113: „Mainz, St. Martin, St. Stephan und St. Maria.“ Überblick über die Baugeschichte des alten Domes und des Willigis-Bardo-Baues. Die wichtigste Literatur zu diesem Fragenkomplex ist kritisch verarbeitet.

242. Lehmann, Edgar: Von der Kirchenfamilie zur Kathedrale. Bemerkungen zu einer Entwicklungslinie der mittelalterlichen Baukunst. In: Variae formae veritas una. Kunsthistorische Studien. FS Friedrich Gerke. Baden-Baden 1962. S. 21 – 37.

S. 22: Karte der frühchristlichen Doppelkathedralen; Mainz ist wie Trier verzeichnet.

243. Otto, Heinrich: Der alte Mainzer Dom. Zusätzliche Bemerkung von Karl Usinger. In: Mainzer Zeitschrift 31 (1936) S. 43 – 45. 45 – 46.

Verf. versucht, wahrscheinlich zu machen, „daß die Johanniskirche nun doch der alte Dom war“ (S. 45). Usinger weist auf die sorgfältige Untersuchung von Caspar Aloysius Brack hin (Nr. #223).

244. Q(uast), (F. von): Baptisterien in Deutschland. In: Zeitschrift für christliche Archäologie und Kunst 1 (1857) S. 31 – 32.

Mainz: „Die ehemalige Stiftskirche S. Johannes, jetzt evangelische Kirche, vor der Westseite des Doms.“ (S. 31).

245. Sartorius, Johannes: Ist die Johanneskirche der alte Martinsdom? In: Aus Dom und Diözese Mainz. Festgabe Georg Lenhart, Domkapitular. Zur Vollendung des 70. Lebensjahres gewidmet. Mainz 1939. S. 25 – 40.

246. Sartorius, Johannes: Ist die Johanniskirche der alte Martinsdom? In: Mainzer Zeitschrift 41/43 (1946/48) (Mainz 1950) S. 76 – 84.

Verf. will mit seiner Untersuchung zeigen, „daß der Satz von Kautzsch: Die Johanniskirche ist der alte Martinsdom, nicht haltbar ist“ (S. 83). Verf. sieht in der Johanniskirche die Pfarr- und Taufkirche des Domes (S. 77 – 78).

247. Sartorius, Johann(es): Was wissen wir von der alten Taufkirche des Mainzer Domes? In: Mainzer Journal Nr. 43 vom 20. Februar 1932.

Verf. vertritt die Auffassung, daß die Johanniskirche nicht der alte Dom sei.

248. Veit, Ludwig Andreas: Die gestifteten Jahrtage der Erzbischöfe von Mainz im Mittelalter. In: Beiträge zur hessischen Kirchengeschichte (= Ergänzungsband zum Archiv für Hessische Geschichte und Altertumskunde – NF) 4 (1911) S. 365–393.

Johanniskirche: alter Dom: S. 372–373. Memorie (15. Jh.): S. 378–379.

249. Veit, (Ludwig Andreas): Ist die Johanniskirche wirklich der alte Dom von Mainz? In: Mainzer Journal Nr. 36 vom 12., Nr. 40 vom 17., Nr. 48 vom 26. Februar, Nr. 58 vom 10. und Nr. 60 vom 12. März 1910. Auch SD Mainz 1910.

Verf. verneint die Frage. In Anlehnung an Bockenheimer, Nr. #37, vertritt Verf. die Ansicht, daß der alte Dom identisch sei mit einer in der Nähe des neuen Domes gelegenen, dem hl. Martin geweihten Kirche, die mit der Zeit in den neuen Bau einbezogen worden und in ihm aufgegangen sei.

250. Vom Mainzer Dom. Seither ungelöste Fragen. Als die Fundamente freigelegt wurden, galt es die Sprache der Steine zu ergründen. In: Mainzer Journal Nr. 34 vom 11. Februar 1931.

Zu den Forschungen von Prof. Ludwig Becker über den Martinsdom.

251. Wagner, Georg Wilhelm Justin: Die vormaligen geistlichen Stifte im Großherzogthum Hessen. Zweiter Band: Provinz Rheinhessen. Unter Mitwirkung von Fr(anz) Al(oys) Falk bearbeitet und hrsg. von Friedrich Schneider. Darmstadt 1878.

Bd. 2, S. 351–356: Das Collegiatstift St. Johannes (der Täufer) in Mainz: a) als Domstift, Alde dum, Alt-Martin; (auch Baugeschichte). – Bd. 2, S. 377–393: Das Collegiatstift zu St. Martin (Domstift) in Mainz (auch Baugeschichte).

252. Weigert, Hans: Geschichte der deutschen Kunst. Bd. 1: Bis zum Ausgang der altdeutschen Malerei. Frankfurt am Main 1963.

S. 64–65. 75: Der Dom in Mainz. Rekonstruktion früherer Zustände. Dom mit dem 1137 geweihten Ostbau. Links oben das römische Baptisterium, unten der 1239 geweihte Westbau. – In Mainz „stand der frühchristliche Dom an der Stelle der heutigen Johanniskirche. Nach H. Jacobi gehörte zu ihm als Baptisterium, durch ein Atrium mit ihm verbunden, ein frühchristlicher Vierkonchenbau. Als Erzbischof Willigis ... nach Süden hin, seinen neuen, noch flachgedeckten Dom baute, schnitt er die Südkonche durch das Querschiff ab und errichtete in dem nunmehrigen Trikonchos, in dem römischer Mörtel nachgewiesen ist, den Martinsaltar, während das Johannispatrozinium von ihm auf den alten Dom überging." (S. 75). – Ost- und Westlettner: S. 144–146. – Bassenheimer Reiter: S. 146. – Vgl. auch Register, Bd. 2., S. 335.

253. Würdtwein, Stephan Alexander: Commentatio historico-liturgica de Baptisterio Moguntino, quod extat in Ecclesia insigni collegiata Beatae Mariae Virginis ad Gradus. Moguntiae (1764).

Johanniskirche, der alte Dom: S. 33–37. – Das gegossene Taufbecken kam erst 1868 an seine heutige Stelle im Dom.

3. Diversa (Auch: Fastrada- und Hattostein)

254. (Falk, Franz): Altarreste. In: Geschichtsblätter für die mittelrheinischen Bisthümer 2 (1884–1885) Sp. 179–180.

Im Mainzer Dom dienen ehemalige Altarteile als Träger des Durchzuges einer Balkendecke. Die Steine entstammen der karolingischen Bauperiode.

255. (Falk, Franz): Grabstätten und Grabsteine in Mainz. In: Organ für christliche Kunst 22 (1872) S. 172–173.

1. Grabstein des EB Erkambold zu Alt-Martin: S. 172. Alt-Martin ist St. Johann. – 4. Stein von 1197 im Dome: S. 173. Der Stein wurde vom Mauritiusstift in den Ostchor des Domes gebracht. Seit 1871 im Kreuzgang.

256. F(alk, Franz): Der Fastradastein im Dom zu Mainz. In: Mainzer Journal. Beilage: Sonntagsblatt zur Unterhaltung und Belehrung Nr. 17 vom 28. April 1889, S. 135. Abb. S. 133.

257. (Fal)k, (Franz): Zum Fastrada-Denkstein. In: Mainzer Journal Nr. 160 vom 12. Juli 1907.

Verf. datiert den Stein ins 15. Jh., „trotz des vermutlichen Bestrebens, die Inschrift als eine viel ältere erscheinen zu lassen."

258. Göbel, Ernst: „Heilige Berge – Heilige Dome" zwischen Lahn, Rhein, Main und Wetter. In: Allgemeine Vermessungs-Nachrichten vereinigt mit Bildmessung und Luftbildwesen (Berlin-Wilmersdorf) 1951, S. 153 – 164.

Göbel glaubt, in der Lage der Dome (Mainz: S. 160, 161 und passim) Beziehungen zu vorgeschichtlichen Sonnenorten zu erkennen. – Ironische Rez.: F. Geisthardt, in: Nassauische Annalen 63 (1952) S. 338.

259. Schneider, Friedrich: Das Hattho-Denkmal im Mainzer Dom. In: Correspondenz-Blatt des Gesammtvereines der deutschen Geschichts- und Alterthums-Vereine 23 (1875) S. 35 – 38.

EB Hatto I.

260. Schneider, Friedrich: Karolingische Reste. In: Correspondenz-Blatt des Gesammtvereins der deutschen Geschichts- und Alterthums-Vereine 23 (1875) S. 6 – 7.

Säulen aus rosafarbenem Granit hinter der Südseite des Kreuzganges. Bis zum Dombrand (1767) diente der zweigeschossige Bau (der jetzt den „Reißboden des Dombaues und die Niederlage für Baugeräthe in sich begreift", S. 6) als Versammlungsräume des Domkapitels. Verf. hofft, daß die Säulen einen vorteilhaften Platz zugewiesen bekommen.

261. Schumacher, K(arl): Kapitäle römischer und frühmittelalterlicher Zeit. In: Altertümer unserer heidnischen Vorzeit 5 (1908) S. 348 – 352.

Säulen: „Ausscheiden aus der karolingischen Gruppe muß dagegen ... das von Schneider, Nr. #260, veröffentlichte und öfters erwähnte, ‚karolingische Kapitäl' aus dem Kapitelhaus des Mainzer Domes; ... es ist nur eine spätere, stümperhafte Nachahmung eines echten karolingischen Kapitäls." (S. 352).

IV. DER DOM IN DER ZEIT DER ROMANIK (bis ca. 1200)

1. Der Willigis-Bardo-Bau (975 – 1036)

262. Arens, Fritz (Viktor): Romanische Türstürze am Mittel- und Oberrhein. In: Mainzer Zeitschrift 75 (1980) S. 62 – 96.

„Vom Willigisdom ... (etwa 975 bis 1009) ist als aufgehendes Mauerwerk noch die Nordwand des Westquerhauses erhalten geblieben, an die die Gothardkapelle (vor 1137) angebaut wurde" (S. 63 mit Skizze).

263. Bandmann, Günter: Mittelalterliche Architektur als Bedeutungsträger. Berlin 1951. 8. Auflage 1985.

S. 216 – 218: Versuch einer Rekonstruktion des Westchores am Willigisdom zu Mainz. Vgl. auch Register: S. 273.

264. (Die Bardo-Kapelle.). Gez.: a. In: Mainzer Journal Nr. 260 vom 7. November 1888.

Notizen über EB Bardo's Arbeiten am Dom, der als erster Bischof im Dom begraben wurde.

265. Bau der Domkirche zu Mainz. In: Rheinischer Antiquarius II, 18 (Coblenz 1870) S. 511 – 514.

266. Baugeschichte des Domes zu Mainz. In: Marburger Jahrbuch für Kunstwissenschaft 11/12 (1938/39; ersch.: 1943) S. 619 – 620.

„Für die romanischen Teile der beiden zu trennenden Bauglieder – Ostchor und Langhaus mit Westchor – sind je drei Bauabschnitte zu unterscheiden" (S. 219): „1. Willigis-Bau (Rekonstruktion); 2.1. Nach 1009 und vor 1071 Umbau des Ostwerks; 2.2 Vor 1137 Umbau des Langhauses und Westbaues; 3. Umbau des Domes von Ost nach West in der zweiten Hälfte des 12. Jahrhunderts zu der heutigen Gestalt der romanischen Teile."

267. Becker, L(udwig): Neue Funde am Mainzer Dom. In: Mainzer Journal Nr. 163 vom 14. Juli 1928.

Fundament der südlichen Mauer der Gotthard-Kapelle und einer Turmmauer des Willigis-Domes.

268. Becker, (Ludwig) / Sartorius, (Johannes): War der Willigis-Dom gewestet oder geostet? Eine Antwort auf den Vortrag von Dr. Kunze im Mainzer Altertumsverein. In: Mainzer Journal Nr. 297 vom 21. Dezember 1932. – Vgl. dazu auch: Mainzer Anzeiger Nr. 4 vom 5. Januar 1933.

Nachweis, daß der Willigis-Bardo-Bau kein westliches Querhaus hatte.

269. Bezold, Gustav von: Zur Geschichte der romanischen Baukunst in der Erzdiözese Mainz. SD aus dem Marburger Jahrbuch für Kunstwissenschaft 8/9 (1936) S. 1 – 88. Marburg 1935.

Die großen Dom- und Klosterkirchen des 11. Jahrhunderts in der Erzdiözese Mainz: S. 21 – 70. Mainzer Dom: S. 21 – 29. (Willigis-Bardo-Bau).

270. Dertsch, Richard: Königskrönungen im Mainzer Dom. In: Mainzer Anzeiger. Sonder-Beilage zu Nr. 241 vom 15. Oktober 1928.

271. Der Dom von Speier. In: Mainzer Journal Nr. 198 vom 28. August 1900.

Betr. ausführlich auch die Beziehungen Konrad II. zum Mainzer Dom. Der König wurde hier im September 1024 geweiht. Der am 30. August 1009 abgebrannte Dom machte „nicht den Eindruck eines vollendeten Bauwerkes". Bei der Neueinweihung am 10. November 1036 nahmen Kaiser Konrad und Kaiserin Gisela mit ihrem Sohn Heinrich und dessen Frau teil. Konrad II. ließ auch seine zweite Frau Agnes von Poitiers 1044 im Mainzer Dom krönen.

272. Ein Jubiläum des Mainzer Domes. In: Mainzer Journal Nr. 199 vom 27. August 1909.

Dombrand von 1009. Überblick über die Baugeschichte bis 1081, als der Dom wieder abbrannte.

273. Esser, Karl Heinz / Paço Quesado, Annibal do: Die Ausgrabungen auf dem Liebfrauenplatz in Mainz. In: Mainzer Zeitschrift 70 (1975) S. 177 – 193.

1. Esser: Voraussetzungen der Ausgrabungen: S. 177 – 178. – 2. Paço Quesado: Verlauf und Ergebnisse der Grabungen: S. 178 – 188. – 3. Esser: Die östliche Vorkirche des Willigisdomes: S. 188 – 193.

274. Esser, Karl Heinz: Der Mainzer Dom des Erzbischofs Willigis. In: Willigis und sein Dom. FS zur Jahrtausendfeier des Mainzer Domes 975 – 1975. Hrsg. v. Anton Ph(ilipp) Brück (= QAMrhKG, 24). Mainz 1975. S. 135 – 184.

275. Falk, F(ranz): Zur Baugeschichte des Mainzer Doms. In: Kirchenschmuck. Ein Archiv für kirchliche Kunstschöpfungen und christliche Alterthumskunde 13 (1869) Bd. 26, S. 60 – 62.

Betr.: Willigis-Bardo-Dom.

276. Interessante Funde am Mainzer Dom. Der Willigisdom hat einen weit über den Ostchor hinausreichenden Chor gehabt. Fund eines Säulensockels aus frühromanischer Zeit. In: Mainzer Journal Nr. 19 vom 23. Januar 1931. – Vgl. auch: Ausgrabungen auf dem Liebfrauenplatz. In: Mainzer Anzeiger Nr. 23 vom 28. Januar 1931.

277. Jung, Wilhelm: Der Bauherr und Förderer der Künste. In: 1000 Jahre Mainzer Dom (975 – 1975). Werden und Wandel. Ausstellungskatalog und Handbuch. Hrsg. von Wil-

helm Jung im Auftrag des Diözesanbischofs und des Domkapitels. Mainz 1975. S. 43 – 54.

Der Dombau: S. 44 – 45. Bronzetür: S. 52 – 53.

278. (Kautzsch, Rudolf): Neues vom Mainzer Dom. (Vortrag). In: Mainzer Journal. Beilage: Feierstunde Nr. 82 vom 9. April 1913. – Siehe auch: Mainzer Tagblatt Nr. 95 von 1913. – Auch: Neuester Anzeiger (Neuer Mainzer Anzeiger) Nr. 83 und 85 von 1913.

279. Kunze, Hans: Der Dom des Willigis zu Mainz. In: Mainzer Zeitschrift 20/21 (1925/1926) S. 39 – 44.

280. (Kunze, Hans): Neue Forschungen über den Willigis-Dom in Mainz. In: Mainzer Anzeiger Nr. 296 vom 20. Dezember 1932.

281. Liebfrauenkirche und ihre Vorgänger: Drei Gotteshäuser vor dem Dom. In: Allgemeine Zeitung (Mainz) Nr. 217 vom 19. September 1974, S. 11.

Die ursprüngliche Willigis-Liebfrauenkirche brannte mit dem Dom 1011 ab.

282. Neeb, (Ernst): Ausgrabungen auf dem Liebfrauenplatz. In: Mainzer Journal Nr. 22 vom 27. Januar 1932.

Ziel, „zu ermitteln, ob und in wie weit diese älteren Mauerzüge mit dem Willigisdom ... zusammenhängen". Finanzierung durch die Notgemeinschaft der deutschen Wissenschaft.

283. Sartorius, Johannes: Der heilige Bardo, Erzbischof von Mainz. In: Mainzer Journal Nr. 54 vom 4. März 1932.

II: Baugeschichte des Domes. – III: Wo ist das Grab Bardos zu suchen?. – Das Grab ist bei den Renovierungsarbeiten nicht gefunden worden.

284. Schmitt, Franz Jakob: Der Dom zu Mainz in frühromanischer Zeit. In: Zeitschrift für bildende Kunst NF 2 (1891) S. 171 – 175.

„Der ursprüngliche Mainzer Dom war eine Anlage von T-Form mit Concha direkt am Querschiffe ... aber ohne Kuppel." (S. 173).

285. Schmitt, Fred: Vom heiligen Bardo. Der Erbauer des Willigis-Bardo-Domes in Mainz. In: Butzbacher Zeitung (Wetterauer Bote) vom 16. Juni 1951.

286. 10 Jahre Ausgrabungen in Mainz 1965 – 1974. (= Mainzer Schriften zur Kunst und Kultur in Rheinland-Pfalz, 3. Hrsg.: Freunde des Mittelrheinischen Landesmuseums Mainz e.V.). Mainz 1975.

(Ausstellung). Die Ausgrabungen auf dem Liebfrauenplatz: 41: Rekonstruktion der Fundamente der „Vorkirche" des „Willigisdomes". – 42: Rekonstruktion des Fundamentbefundes der gesamten Domanlage des EB Willigis. – 43: Apsis der „Vorkirche" des „Willigisdomes", zerstört durch die Fundamente des Neubaus aus dem 11. Jh. – 44: Marktportal des Domes. – 45: Andeutung des Verhältnisses der Domanlage des Willigis zum heutigen Dom. – 48: Rekonstruktion der Fundamente der „Vorkirche" und der Ostseite des Domes mit Eintragung der Maße nach römischem Fuß. – (Ohne Seitenzählung; die Nr. weisen auf Skizzen bzw. Fotos hin).

EXKURS: Die von Erzbischof Aribo geplante Ausmalung: Versus Ekkeharti IV.

287. Ein Programm zur Ausmalung des mainzer Domes aus dem 11. Jahrhundert. In: Organ für christliche Kunst 21 (1871) S. 97 – 100.

= Zusammenfassung von Nr. #294, Anhang.

288. Falk, F(ranz): Zur Kunstgeschichte des Doms in Mainz. In: Kirchenschmuck. Ein Archiv für kirchliche Kunstschöpfungen und christliche Alterthumskunde 12 (1868) Bd. 23, S. 11 – 13.

289. Kieffer, Jos(eph): Ekkeharti IV. Sangallensis uersus ad picturas domus domini Moguntine. Aus dem Codex Sangallensis 393 mit Ekkeharts eigenen Glossen hrsg. und erläutert. (= Programm des Grossherzoglichen Gymnasiums zu Mainz Schuljahr 1880–1881). Mainz 1881.

290. Lehmann-Brockhaus, Otto: Schriftquellen zur Kunstgeschichte des 11. und 12. Jahrhunderts für Deutschland, Lothringen und Italien. 2 Bde. Berlin 1938.
Versus Ekkehardi ad picturas: Bd. 1, S. 557–578. Der Mainzer Domscholaster Ekkehard IV. aus St. Gallen dichtete in leonischen Hexametern ein Programm für die von EB Aribo geplante. jedoch nie ausgeführte Ausmalung. – Nachweis von Schriftquellen zum Dom: Bd. 1, S. 173–179. Die Schriftquellen (im Registerband aufgeschlüsselt) werden hier nicht aufgenommen.

291. Metzner, H(einrich): Älteste Wandmalereien im Mainzer Dom. In: Mainzer Anzeiger. Sonder-Beilage zu Nr. 241 vom 15. Oktober 1928.

292. Rosenbaum, Elisabeth: Die heilige Trinität in den Tituli Eckehards IV. von St. Gallen für den Mainzer Dom. In: Mainzer Kalender 1949 (Mainz 1948) S. 44–52.

293. Schlosser, Julius von: Quellenbuch zur Kunstgeschichte des abendländischen Mittelalters. Ausgewählte Texte des vierten bis fünfzehnten Jahrhunderts. (= Quellenschriften für Kunstgeschichte und Kunsttechnik des Mittelalters und der Neuzeit, NF 7). Wien 1896.
Ekkehard IV. Tituli für den Dom zu Mainz: S. 158–181 (Text). Der Kirchenschatz von Mainz im zwölften Jahrhundert nach dem Chronicon Moguntinum. (Vgl. Böhmer, Fontes Rerum Germ. II, 258: S. 294–298.)

294. Schneider, Friedrich: Der heilige Bardo, Erzbischof von Mainz 1031–1051. Nebst Anhang: Der dichterische Inschriftenkreis Ekkehard's IV. des Jüngeren († 1036) zu Wandmalereien im Mainzer Dome. Mainz 1871.
Dombau: S. 40–43. Ausmalung: Versus ad picturas domus domini Moguntinae veteris testamenti et novi Aribone archiepiscopo iubente modulati. Eligantur qui picturis conveniant: S. 1*–28* (Anhang). – Rez. in: Kölnische Volkszeitung Nr. 201 vom 23. Juli 1871.

2. Der Ostquerbau um 1100

295. Arens, Fritz (Viktor): Die Datierung des Ostchores am Mainzer Dom. In: Zeitschrift für Kunstgeschichte 30 (1967) S. 73–76.
12. Jahrhundert.

296. Arens, Fritz Viktor: Rheinhessische Bauplastiken um 1100 unter lombardischem Einfluss. In: Wandlungen christlicher Kunst im Mittelalter (= Forschungen zur Kunstgeschichte und christlichen Archäologie, 2). Baden-Baden 1953. S. 253–260.
S. 256–258: Bildhauerarbeiten am Ostchor um 1100. Kopien aus der selben Zeit befinden sich in Flonheim.

297. Becker, Ludwig (†) / Zeller, Adolf: Neue Forschungen zur Baugeschichte der Frühzeit des Domes zu Mainz. In: Mainzer Zeitschrift 36 (1941) S. 27–42. 42–48.
Einleitung von (Johannes) Sartorius: Nachruf auf L. Becker: S. 27. Das alte Portal in der Südwand der Gotthardskapelle: S. 31–35. Zeller: S. 42–48: „War die erste Steindecke des Mittelschiffs des Mainzer Domes ein Tonnengewölbe?" Vor 1125 abgeschlossen: Die erste Wölbung war ein Tonnengewölbe mit Stichklappen.

298. Bornheim gen. Schilling, Werner: Fugenmalerei im Mittelalter. In: Deutsche Kunst und Denkmalpflege 19 (1961) S. 5–21.
Dom: S. 6,9,15,17. Im Ostchor markierten rote Fugen auf Weiß den Triumphbogen; um 1200 erhielt der Ostchor eine figurale Bemalung der Apsiswölbung.

299. Gall, Ernst: Zur Frage der „Westwerke". In: Jahrbuch des Römisch-Germanischen Zentralmuseums Mainz 1 (1954) S. 245 – 252.

Verf. weist auf die im Ostchor über den Eingangshallen im Obergeschoß angeordneten Sakristeien hin. (S. 250).

300. Grein, Wilhelm: Zur Baugeschichte des Domes zu Mainz. Neue Untersuchungen über die Bauzeit des romanischen Mittelschiffes. Mainz 1912.

S. 3 – 25: I. Die zeitliche Entstehung des Mittelschiffes. (Fertigstellung des Mittelschiffes spätestens 1097; der Ostchor wurde zwischen 1097 und 1106 gebaut: S. 17 – 25) – S. 25 – 44: II. Die Gewölbekonstruktion des Mainzer Mittelschiffes und ihre Bedeutung. – S. 45 – 51: III. Die Fundamente des Mittelschiffes im Dome zu Mainz. – Zusammenfassung: Der Dom zu Mainz und seine Erneuerung. Eine interessante Bau- und Zeitfrage. Gez.: B.G. In: Mainzer Journal Nr. 271 vom 20. November 1912. – Rezensionen: Bernhard Hertel, in: Zentralblatt der Bauverwaltung 33 (1912) Nr. 3. – Hasak, in: Germania. Wissenschaftliche Beilage 1913, S. 84 – 87. – Alois Kröß S.J., in: Zeitschrift für katholische Theologie 38 (1914) S. 90 – 91. – Heinrich Schrohe: Ein Werk des verstorbenen Baumeisters Wilhelm Grein über den Mainzer Dom. In: Mainzer Journal Nr. 180 vom 4. August 1920. – Vgl. unter dem Titel: Unser Dom. Eine neue Würdigung seiner Baugeschichte. In: Katholisches Volksblatt für alle Stände Nr. 48 von 1912.

301. (Kautzsch, Rudolf): Neues zur Baugeschichte des Mainzer Domes. In: Mainzer Journal Nr. 24 vom 28. Januar 1911.

Aus: Darmstädter Zeitung. Ausführlicher Bericht über einen Vortrag von R. Kautzsch vor dem Historischen Verein für das Großherzogtum Hessen. Kautzsch korrigiert F. Schneider in der späten Datierung des Ostchores und schlägt als Erbauungszeit um 1100 vor.

302. Kautzsch, Rudolf: Der Ostbau des Doms zu Mainz. In: Zeitschrift für Geschichte der Architektur 5 (1912) S. 210 – 220. 7 (1914 – 19) S. 77 – 99.

Verf. läßt Bauzeit offen; Vollendung vor 1137 fraglich.

303. (Kautzsch, Rudolf): Zur Geschichte des Mainzer Domes. In: Mainzer Journal Nr. 85 vom 12. April 1913. – Vgl. auch: Mainzer Tagblatt Nr. 99 von 1913.

Datierung des Ostchores: ca. 1100.

304. Mainz 27. August (Ostchor war bemalt gewesen. „Ueber den Zusammenhang der einzelnen Theile, die Idee des Ganzen sowie das Alter der Darstellung läßt sich etwas Bestimmtes noch nicht angeben."). Gez.: F. In: Mainzer Abendblatt. Beilage zum Mainzer Journal Nr. 200 vom 27. August 1868.

305. Moller-Racke, Rita: Studien zur Bauskulptur um 1100 am Ober- und Mittelrhein. Phil. Diss. Freiburg 1941. Auch in: Oberrheinische Kunst 10 (1942) S. 39 – 68.

Die Bauskulpturen an den Ostteilen des Mainzer Doms: S. 24 – 26 (in Diss.). – S. 60 – 62 (in Zts.).

306. Otto, Heinrich: Aus der Frühzeit des Mainzer Doms. In: Historisches Jahrbuch 59 (1939) S. 432 – 443.

Die deutsche Geschichte der Jahre 1036 – 1109 im Hinblick auf die Baugeschichte des Domes betrachtet.

307. Schwartzenberger, Albert: Der Dom zu Speyer, das Münster der fränkischen Kaiser. 2 Bde. Neustadt a.d.H. 1903.

Bd. 1: Ostkrypta des Mainzer Domes: S. 64 – 65. – Einfluß der Querhausarchitektur (des Speyerer Domes) auf das Judenbad zu Speyer und den Dom zu Mainz. Der Ostchor des Domes zu Mainz, nämlich Krypta, Apsis, Flügelbauten mit den beiden Portalen und die Ostkuppel zwischen 1097 und 1106 durch Kaiser Heinrich IV. von Speyerer Künstlern gebaut: S. 303 – 322. – Giebelwand des Ostchores am Dom in Mainz (vor 1106 fertig gestellt): S. 336 – 337. – Vergleich der Ostkuppel mit den Kuppeltürmen der Dome zu Mainz und Worms: S. 371 (Ostturm). – Das Mittelschiff des Domes zu Mainz: S. 407 – 408. 412. 416 – 418. 421. – Bd. 2.: Abschluß der Mauern des Mainzer Domes durch Säulengalerien: S. 253. Nach dem Vorbilde des Mainzer Domes schlägt Baumeister Tanera für den Speyerer Dom 1866 für die Wiederherstellung des Chorgiebels fünf Nischen vor (Plan wird abgelehnt): S. 389.

308. Die Schwurhand über dem Ostchor des Mainzer Doms. Gez.: E.B., Mainz. In: Der Katholik. Beiblatt: Aus der Bischofsstadt Nr. 22 vom 29. Mai 1932.

3. Das Problem der Doppelchörigkeit

309. Kratz, Johann Michael: Wozu dienten die Doppelchöre in den alten Cathedral-, Stifts- und Klosterkirchen? Lösung der Frage durch eine urkundlich-historische Darstellung. Hildesheim 1876.

Kratz unterscheidet zwischen einem Morgenchor im Osten und einem Abendchor im Westen. Mainzer Dom wird nur S. 4 erwähnt.

310. Mann, Albrecht: Doppelchor und Stiftermemorie. Zum kunst- und kulturgeschichtlichen Problem der Westchöre. In: Westfälische Zeitschrift. Zeitschrift für vaterländische Geschichte und Altertumskunde 111 (1961) S. 149 – 262.

Grundlegende Arbeit über die Bedeutung und Verbreitung von Doppelchören. Mainzer Dom: S. 202 – 203. 239.

311. Metz, Peter: Der Königschor im Mainzer Dom. In: Universitas: Dienst an Wahrheit und Leben. FS für Bischof Dr. Albert Stohr. Im Auftrag der katholisch-theologischen Fakultät der Johannes Gutenberg-Universität hrsg. von Ludwig Lenhart. Bd. 2. Mainz 1960. S. 290 – 323.

Betr. auch frühe Baugeschichte, West- und Ostchor, Westlettner, Kopf mit der Binde. Verf. ist überzeugt, daß die heutige Johanniskirche tatsächlich der Dom vor Willigis gewesen ist (S. 320, Anm. 4.). Verf. vertrat früher die Meinung, im heutigen Westchor den Nachfolger des Chores des ältesten Mainzer Domes sehen zu müssen (ebda).

312. Unterkircher, Franz: Der Sinn der deutschen Doppelchöre. Phil. Diss. Wien 1942. (Masch.).

Dom: S. 17 – 18. 93 – 98: „Der entscheidende Plan für die doppelchörige Anlage von Mainz stammt ... von EB Konrad und ist aus dessen Einstellung zum Reich am besten verständlich... Christus, der Himmelskaiser, der über den gekrönten Häuptern der Engelswelt thront, ist der Herr des Domes, dessen zwei Chöre die beiden Statthalter Christi auf Erden versinnbilden, Kaiser und Papst.“ (S. 97/8).

313. Wallrath, Rolf: Die Choranlage von Basel und Otterberg. In: Oberrheinische Kunst 9 (1940) S. 5 – 16.

„Die Vergleichbarkeit der erkerartigen Apsiden von Mainz und Otterberg erstreckt sich ... nur auf das Innere...“ (S. 13). Dom, Westchor, Grundriß und Längsschnitt im Plan: S. 12 – 13.

4. Die um 1137 fertiggestellte St. Gotthardkapelle

314. Habel, (F. G.): Erwiederung auf die Artikel (Schaabs) im „Mainzer Wochenblatt“ Nr. 87 vom 25. Juli und Nr. 95 vom 13. August 1850, auch abgedruckt in Nr. 61. 63 und 65 des „Anzeigeblattes für Rheinhessen“ vom nämlichen Jahre, die Grabstätte des Erzbischofs Adalbert I. betreffend. Mainz 1850.

Die „Erwiederung“ ist in der Stadtbibliothek Mainz dem Anzeigeblatt für Rheinhessen 1850, zwischen S. 306 und 307 beigebunden. Betr. den Vortrag L. Lindenschmitt, Nr. #319.

315. Habel, F.G.: Das Grab des Erzbischofs Adalbert I. in der Gothardscapelle am Dom zu Mainz. In: P. Hermann Bär's Diplomatische Geschichte der Abtei Eberbach im Rheingau. I.A. des Vereins für Nassauische Alterthumskunde und Geschichtsforschung bearbeitet und hrsg. von K. Rossel. Wiesbaden 1855. S. 86 – 127. Auch als SD Wiesbaden 1850.

Der SD konnte nicht nachgewiesen werden. – Der Artikel in der Ausgabe Wiesbaden 1855 ist S. 86 „vom Herausgeber“, also Rossel, auf S. 127 jedoch mit „H.“ gezeichnet. Habel hatte an der Herausgabe von Bärs Diplomatischer Geschichte gearbeitet: vgl. dazu Vorwort, S. IV. So nennt Arens, Nr. #482, S. 18, Habel als Verfasser. – P. Hermann Bärs Diplomatische Geschichte enthält eine Fülle von Notizen zum Mainzer Dom, vgl. z.B. S. 14 – 15 über die erzerne Willigis-Tür.

316. Jung, Wilhelm: Zur Bedeutung des Zentralraums in der kirchlichen Baukunst von Mainz. In: Mainz und der Mittelrhein in der europäischen Kunstgeschichte. Studien für Wolfgang Fritz Volbach zu seinem 70. Geburtstag. (= Forschungen zur Kunstgeschichte und christlichen Archäologie, 6). Wiesbaden 1966. S. 759 – 778.

S. 762 – 763: Beschreibung der St. Gothartskapelle am Nordarm des Domes, die 1137 von EB Adalbert I. von Saarbrücken als „capella curtis nostrae in Maguncia" erbaut wurde. Adalbert starb vor der Einweihung und fand hier sein Grab.

317. Kautzsch, Rudolf: Die Gothardkapelle am Dom zu Mainz und Kasr ibn Wardan. In: Beiträge zur Kunst und Geschichte des Mainzer Lebensraumes. FS für Ernst Neeb. Mainz 1936. S. 41 – 46.

Verf. weist auf einen Vorläufer der Doppelkapellen in der Steppe des nördlichen Syriens, Kasr ibn Wardan (564 erbaut) hin.

318. Kubach, Hans Erich: Zu den romanischen Kapellen an den Domen von Mainz und Speyer. In: Mainzer Zeitschrift 67/68 (1972/73) S. 118 – 121. Abbildungsnachträge in: Mainzer Zeitschrift 70 (1975) S. 66.

Die Godehardkapelle, 1137 geweiht, als erzbischöfliche Hauskapelle (S. 118 – 119). Die Memorie als Kapitelsaal (passim).

319. (Lindenschmitt, Ludwig): Verein zur Erforschung der rheinischen Geschichte und Alterthümer in Mainz (Vortrag von Lindenschmitt über die Grabstätte des Mainzer EBs Adalbert I, gest. 1137). Gez.: Kl. In: Anzeigeblatt für Rheinhessen Nr. 50 vom 22. Juni 1850, S. 203. – Dazu: Nachträgliche Bemerkungen zu dem Berichte über die Untersuchung der Grabstätte des Mainzer Erzbischofs Adalbert I. In: Anzeigeblatt für Rheinhessen Nr. 54 vom 6. Juli 1850, S. 219 – 220.

Lindenschmitt teilt mit, daß die Untersuchungen von F.G. Habel ausgegangen seien, der sich jedoch weigerte, im o.g. Verein zu referieren.

320. Schaab, (Karl Anton): (Zu der von Archivrat F.G. Habel veranlassten Aufsuchung der Grabstätte Erzbischofs Adalbert I. in der Gotthardskapelle des Domes zu Mainz). In: Anzeigeblatt für Rheinhessen Nr. 61 vom 31. Juli 1850, S. 250. Nr. 63 vom 7. August 1850, S. 258. Nr. 65 vom 14. August 1850, S. 267.

Habel behauptet, in der Gotthardkapelle die Gebeine von EB Adalbert I. gefunden zu haben. Schaab weist nach, daß in der Gotthardkapelle zwar die Gebeine von EB Adalbert II. gefunden wurden; die Überreste von EB Adalbert I. seien jedoch im Kloster Eberbach/Rh.

321. Wetter, J(ohannes): Ueber die Dome zu Mainz und Speier. In: Zeitschrift für christliche Archäologie und Kunst 1 (1857) S. 131 – 134.

Über den Zeitpunkt des Baubeginns der Gotthard-Kapelle; Wetter nimmt 1135 an. Die Notizen wollen den Aufsatz von F.v. Quast, Nr. #195 Anm., untermauern.

5. Der Bau bis zum 13. Jahrhundert

322. Arens, Fritz (Viktor): Die Raumaufteilung des Mainzer Domes und seiner Stiftsgebäude bis zum 13. Jahrhundert. In: Willigis und sein Dom. FS zur Jahrtausendfeier des Mainzer Domes 975 – 1975. Hrsg. v. Anton Ph(ilipp) Brück. (= QAMrhKG, 24). Mainz 1975. S. 185 – 249.

Westchor: S. 186 – 199. – Der Kapitelsaal und die Klosteranlage: S. 199 – 219. – Der Kreuzaltar im Mittelschiff: S. 219 – 225. – Der Ostchor: S. 225 – 233. – Die oberen Kapellen am Ostchor: S. 233 – 249.

323. Essenwein, A.: Die Entwicklung des Pfeiler- und Gewölbe-Systemes in der kirchlichen Baukunst vom Beginne des Mittelalters bis zum Schlusse des XIII. Jahrhunderts. In:

Jahrbuch der Kaiserl.-Königl. Central-Comission zur Erforschung und Erhaltung der Baudenkmale 3 (1859) S. 1 – 105.
Pfeilergliederung im Hauptschiff: S. 23 – 25.

324. Falk, Franz V(alentin) A(loys): Die Kunstthätigkeit in Mainz von Willigisens Zeit bis zum Schlusse des Mittelalters in Regestenform aus gedruckten und ungedruckten Quellen. Mainz 1869.
994 – 1508. Rez. (Friedrich Schneider) in: Rheinische Blätter für Unterhaltung und gemeinnütziges Wirken., Beiblatt zum Mainzer Abendblatt Nr. 232 vom 5. October 1869, S. 927.

325. Falk, F(ranz): Zur Kunstthätigkeit in Mainz. In: Organ für christliche Kunst 21 (1871) S. 93 – 95.
Domweihe: 1036 und 1239; Dombrände: 1081, 1137, 1190 oder 1191.

326. Giesau, Hermann: Eine deutsche Bauhütte aus dem Anfange des 13. Jahrhunderts. Studien zur Geschichte der Frühgotik in Sachsen und Thüringen. (= Studien zur thüringisch-sächsischen Kunstgeschichte, 1). Halle a.S. 1912.
Am Giebel des südlichen Querschiffes des Mainzer Domes (S. 59 – 60, Taf. 7,3) findet sich das Motiv der ansteigenden Dreipaßblendarkaden.

327. Jung, Wilhelm: Die Steine reden noch ... Der Mainzer Dom im Mittelalter. Mit einem Nachwort von M. Grassnick und Umzeichnungen von Kurt Mautschke. Eltville am Rhein 1981.

328. Leitermann, H(einz): Aus der Fabelwelt des Mittelalters. Romanische Bildwerke an Kapitellen des Domes. In: Mainzer Anzeiger Nr. 84 vom 11. April 1942.

329. Noack, Werner: Die Kirchen in Gelnhausen. Ein Beitrag zur Geschichte der Architektur und Skulptur des XIII. Jahrhunderts im Main-Rhein-Gebiet. Diss. Halle 1912.
Mainzer Dom: S. 33 – 34.

330. Nyssen, Wilhelm: Vom Raumsinn romanischer Dome – dargestellt an der Kathedrale von Mainz. In: Kirche aus lebendigen Steinen. Hrsg. von Walter Seidel. Mainz 1975. S. 49 – 67.

331. Sartorius, J(ohannes): Symbolisches und Allegorien an den Plastiken des Mainzer Domes. In: Jahrbuch für das Bistum Mainz 2 (1947) II, S. 251 – 259.
1. Symbolisches an Portalen: S. 251 – 253. – 2. Symbolische Tiere auf den Denkmälern: S. 253 – 255. Vor allem Löwenabbildungen. – 3. Allegorien: S. 255 – 259. S. 259: „Kopf mit der Binde" und „Schwurhand".

332. Schneider, Friedrich: Die Baugeschichte des Mainzer Domes vom Jahre 1159 – 1200. Urkundlich dargestellt und kritisch untersucht. In: Organ für christliche Kunst 20 (1870) S. 121 – 126. 133 – 138. 145 – 150. Auch SD Köln 1870.
Rez. (Cornelius) Will, unter dem Titel: Der Mainzer Dom, in: Theologisches Literaturblatt Nr. 20 von 1871, Sp. 645 – 648.

333. Schneider, Friedrich: Wie wurden unsere Dome gebaut? In: Alte und neue Welt 11 (1877) S. 565 – 568. 582 – 586. Auch in: Mainzer Journal Nr. 159, 160, 162 und 163 vom 13., 14., 16. und 17. Juli 1937.

334. Schneider, Friedrich: Zur mittelalterlichen Bautechnik. Vom Mainzer Dom. In: Anzeiger für Kunde der deutschen Vorzeit NF 19 (1872) Sp. 112 – 114.

335. Stumpf, Karl Friedrich: Acta Maguntina saeculi XII. Urkunden zur Geschichte des Erzbisthums Mainz im zwölften Jahrhundert. Innsbruck 1863.
Dombau: Urkunde Nr. 112 (S. 114 – 118): EB Konrad schildert die Verwüstung, Unterdrückung und Demütigungen des Mainzer Erzbistums und zählt auf, welche Verluste es erlitten hatte: „destructam diximus matrem

ecclesiam maiorem videlicet beati Martini sine hostio, sine tecto, sine omni commoditate desolatam invenimus ...“ (S. 115).

336. Thümmler, Hans: Die Anfänge der monumentalen Gewölbebaukunst in Deutschland und der besondere Anteil Westfalens. In: Westfalen. Hefte für Geschichte, Kunst und Volkskunde 29 (1951) S. 154 – 171.

Mainzer Dom: S. 155 – 156. – 1137 wird die Einwölbung des Mittelschiffes fertig gewesen sein. Vermutlich mußten die Gewölbe wegen mangelhafter Konstruktion zu Beginn des 13. Jahrhunderts erneuert werden, die Pfeilervorlagen brauchten jedoch nicht verstärkt zu werden.

337. Usinger, Karl: Zwei Bauplastiken der Stauferzeit aus dem Mainzer Dom. In: Beiträge zur Kunst und Geschichte des Mainzer Lebensraumes. FS für Ernst Neeb. Mainz 1936. S. 47 – 51.

Löwenkopf als Konsole eines Dienstes in der Westkuppel und Schlußstein des Westchorquadrates.

6. Die Portale

338. Ansicht der Willigistür des Doms in Mainz; gravé par K. M. Ernst à Mayence. 18,8x13,5 cm. 5 Exemplare. (Nachbildung der Inschriften der Willigistür). Kupferplatte 21,5x22,5 cm.

339. Bickel, Wolfgang: Sechs Kapitel über das Marktportal des Mainzer Doms. In: Zeitschrift des Deutschen Vereins für Kunstwissenschaft 17 (1973) S. 3 – 23.

1. Beschreibung, stilistische Einordnung und Datierung (um 1200): S. 3 – 10. – Der gekrönte Kopf mit halbem Bart auf dem Scheitelstein: S. 10 – 12. – 3. Die Taube mit der Oblate: S. 12 – 16. – 4. Die Majestas Domini: S. 16 – 19. – 5. Masken, Löwen und Dämonen: S. 19 – 20. – 6. Die ikonographischen Bezüge: S. 20 – 23.

340. Bickel, Wolfgang: Der thronende Christus mit der Taube des Geistes. Ein Essay zur Ikonologie des Marktportals am Mainzer Dom. In: Mainzer Almanach. Beiträge aus Geschichte und Gegenwart 1972 – 1974, S. 58 – 67.

Mit einer Abbildung des um 1200 entstandenen Portals.

341. Böcher, Otto: Agnus inter bestias. Zur Deutung eines ikonographischen Programms. In: Mainzer Zeitschrift 70 (1975) S. 73 – 79.

Betr. die Skulpturen des Südportals: „Agnus inter bestias ist ... weder eine unspezifische Allegorie auf die Situation der Kirche unter den teuflischen Mächten noch eine beliebige Zusammenstellung dämonischer Figuren zu apotropäischem Schutz. Widder und Löwen, durchaus auch homöopathische Beschützer des Mainzer Domportals ... gehen zurück auf ... die Kapitel 12 und 13 der Johannes-Apokalypse. Sie sind zugleich Teil eines ikonographischen Programms, das die Kirche als himmlisches Jerusalem versteht und ihre Heilsgeschichte in Architektur, Baudekoration und Ausstattung sichtbar darstellt.“ (S. 78).

342. Bruehl, Heinrich: Ueber die ehemalige Liebfrauen-Kirche, ein Vortrag zur ausführlichen Erklärung einer i. J. 1801 nach der Natur gezeichneten Ansicht des Portals dieser Kirche, und des hierauf Bezug habenden Geschichtlichen, gehalten den 30. Oktober 1826, in der Versammlung der Freunde für Litteratur und Kunst. Mainz (1826).

Auch Tabelle über die Brände von Dom und Liebfrauen: S. 12 – 13.

343. Dibelius, Franz: Die Bernwardstür zu Hildesheim (= Studien zur Deutschen Kunstgeschichte, 81). Strassburg 1907.

Willigistür und Bernwardstür: S. 115 – 150.

344. (Falk, Franz): Zur Ikonographie des Gerichts. Die Darstellungen in den Tympanen der drei Domthüren zu Mainz. In: Kirchenschmuck. Ein Archiv für kirchliche Kunstschöpfungen und christliche Alterthumskunde 11 (1867) Bd. 21, S. 55 – 57.

345. Goldschmidt, Adolph: Die deutschen Bronzetüren des frühen Mittelalters. (= Die frühmittelalterlichen Bronzetüren, 1). Marburg 1926.

Domportale: S. 12 – 13. Taf. IX-XI a-b; Portale waren bis 1793 an der Mainzer Liebfrauenkirche.

346. Keim, Anton Maria: Die Bürger und ihr Dom. In: Lebendiges Rheinland-Pfalz 12 (1975) S. 39 – 42. Auch in: Glaube und Leben. Katholische Kirchenzeitung für das Bistum Mainz 31 (1975) Nr. 20 (Pfingsten) S. 10.

Überblick über die Geschichte des Domes. Bedeutung des Willigis-Portals für die Bürger. Der unzerstörte Dom 1945 als Symbol der Beständigkeit.

347. Klewitz, Martin: Das Leichhofportal des Mainzer Domes. In: Mainz und der Mittelrhein in der europäischen Kunstgeschichte. Studien für Wolfgang Fritz Volbach zu seinem 70. Geburtstag. (= Forschungen zur Kunstgeschichte und christlichen Archäologie, 6). Wiesbaden 1966. S. 197 – 218.

Entstand ca. 1200. Das Portal zeigt eine enge Abhängigkeit Gelnhausens von Mainz. Vgl. dazu die unterschiedlichen Ergebnisse von Noack, Nr. #329, S. 53 und passim; Karl Nothnagel: Die Peterskirche in Gelnhausen, in: Oberrheinische Kunst 4 (1929/30) S. 75 – 105. Eine weitere Abhängigkeit zu Aschaffenburg meinten Martin Klewitz: Die Baugeschichte der Stiftskirche St. Peter und Alexander zu Aschaffenburg. Diss. Darmstadt (1952), (= Veröffentlichungen des Geschichts- und Kunstvereins Aschaffenburg e.V., 2). Aschaffenburg 1953. S. 55 – 57. 87 und passim, und Karl-August Wirth: Das Westportaltympanon der Aschaffenburger Stiftskirche. Zur Reliefstruktur der spätromanischen Plastik im Rhein-Main-Gebiet, in: 1000 Jahre Stift und Stadt Aschaffenburg. FS zum Aschaffenburger Jubiläumsjahr 1957 (= Aschaffenburger Jahrbuch 4 (1957)) S. 405 – 437 feststellen zu können. Mainzer Marktportaltympanon: S. 418 – 419. Mainzer Tympanon des Memorienportals: S. 421 – 422. Weitere Vergleiche passim.

348. Klingelschmitt, Franz Theodor: Romanische Umrisszeichnungen im Mainzer Dom. In: Zeitschrift für christliche Kunst 28 (1915) S. 157 – 158.

Zeichnung eines Löwen im Südportal.

349. Klingelschmitt, Franz Theodor: Die Willigistür des Mainzer Domes. In: Mainzer Journal Nr. 144 vom 24. Juni 1910.

Klingelschmitt kommentiert Dibelius, Nr. #343, Kap. 3. Die Erzgießkunst kam aller Wahrscheinlichkeit nach von Mainz aus nach Hildesheim, wo jedoch Bs Bernward die Mainzer Türen durch seinen Reliefguß übertraf.

350. Kraus, Franz Xaver: Die christlichen Inschriften der Rheinlande von der Mitte des achten bis zur Mitte des dreizehnten Jahrhunderts. 2. Theil. Freiburg i.Br.und Leipzig 1894.

Mainzer Dom Nr. 233 – 248, S. 103 – 116. Besonders ausführlich Nr. 239: Broncetüren der ehemaligen (um 982 erbauten) Liebfrauenkirche (seit 1803: Marktportale am Dom).

351. Luthmer, Ferdinand: Romanische Ornamente und Baudenkmäler in Beispielen aus kirchlichen und profanen Bauwerken des XI. bis XIII. Jahrhunderts. 2 Bde. Frankfurt a.M. 1896 und 1903.

Taf. 13: Vier Apostel-Statuen von der romanischen Sakristei, 2. Hälfte des XIII. Jahrhunderts (jetzt im Domkreuzgang); Taf. 14: Domportal an der Ostseite des südlichen Querschiffes.

352. Mende, Ursula: Die Bronzetüren des Mittelalters. 800 – 1200. Aufnahmen Albert Hirmer und Irmgard Ernstmeier-Hirmer. München 1983. Darmstadt 1984.

Die Tür des EBs Willigis: S. 25 – 27. Taf. 6 – 7.

353. Metzger, Joh(annes): Die merkwürdigen Thüren am Markteingange des Domes zu Mainz. (= Lose Blätter Mainzer Spezialgeschichten). In: General-Anzeiger Nr. 280 vom 4. Dezember 1894.

354. Müller, Franz Hubert: Das Portal mit den ehernen Thürflügeln an der Nordseite des Mainzer Domes. In: Beiträge zur teutschen Kunst- und Geschichtskunde durch

Kunstdenkmale mit vorzüglicher Berücksichtigung des Mittelalters 1 (1832) S. 11 – 19. Auch 2. Auflage 1837, S. 8 – 17.

355. (Nostadt): Ueber das von Erzbischof Adelbert I. den Mainzern verliehene Privileg. In: Mainzer Journal Nr. 36 vom 12. Februar 1881.
Ausführliche Zusammenfassung eines Vortrages von Nostadt. Das Privileg, hier in deutscher Übersetzung, ist auf den nördlichen Domtüren eingeritzt.

356. Reiche, Richard: Das Portal des Paradieses am Dom zu Paderborn. Ein Beitrag zur Geschichte der deutschen Bildhauerkunst des 13. Jahrhunderts. Diss. Straßburg. Münster, Regensburg 1905.
Reiche vermutet, daß der Künstler des Mainzer Leichhofportals mit dem Künstler des Paderborner „Domportal des Paradieses" identisch sei. Vgl. dazu die kritischen Bemerkungen von Wilhelm Voege, in: Kunstgeschichtliche Anzeigen 3 (1906) Heft 1, S. 1 – 10. ND in: Bildhauer des Mittelalters. Gesammelte Studien von Wilhelm Voege. Berlin 1958. S. 210 – 218.

357. Schneider, Friedrich: Der Löwe in der plastischen Kunst der Rheinlande zur Hohenstaufen-Zeit. In: Frankfurter Zeitung Nr. 186 vom 7. Juli 1903, 1. Morgenblatt. Auch in: Schneider, Friedrich: Kunstwissenschaftliche Studien. Gesammelte Aufsätze. 1. Bd.: Kurmainzer Kunst. Hrsg. von Erwin Hensler. Wiesbaden 1913. S. 142 – 148.
Löwendarstellungen vom Südportal, Umrißzeichnung.

358. (Schneider, Friedrich): Neue Funde am Mainzer Dom. In: Vom Rhein. Monatsblatt des Alterthumsvereins Worms 1 (1902) S. 3. Auch in: Mainzer Journal Nr. 134 vom 12. Juni 1902.
Betrifft die Paradiespforte am Dom, 1235 im Westchor errichtet, nach 1767 zugemauert, Hoffnung, daß sie wieder freigelegt wird.

359. Schuchert, A(ugust): Das älteste Mainzer Domportal. In: Mainzer Zeitschrift 34 (1939) S. 23 – 27.
Es befindet sich in der Südwand der Gotthardskapelle. Die Entstehungszeit setzt Verf. nicht mit der Spätantike des 4. Jahrhunderts an (so L. Becker / J. Sartorius, Nr. #221), sondern mit den Schöpfungen um das Jahr 1000. Das vom Verf. rekonstruierte Portal ist eine der ältesten nun bekannten Portalanlagen Deutschlands der nachkarolingischen und vorromanischen Zeit.

V. DER NAUMBURGER MEISTER

1. Der Künstler

360. Beenken, Hermann: Der Meister von Naumburg. Aufnahmen von Erich Kirsten. Berlin (1939).
Lettner im Mainzer Dom: S. 15 – 28; (Kopf mit der Binde; S. 26 – 28); Bassenheimer Reiter: S. 28 – 30 (das Relief wurde vielleicht von Kasimir Waldbott von Bassenheim aus dem Mainzer Dom verschleppt). Auch weiterführende Literatur zum „Naumburger Meister".

361. Boeck, Wilhelm: Beobachtungen zum Werk des Naumburger Meisters. In: Mainzer Zeitschrift 70 (1975) S. 85 – 88.

362. Hamann-MacLean, Richard H.L.: Die Burgkapelle von Iben. Beiträge zum Problem des Naumburger Meisters II. In: Mainz und der Mittelrhein in der europäischen Kunstge-

schichte. Studien für Wolfgang Fritz Volbach zu seinem 70. Geburtstag. (= Forschungen zur Kunstgeschichte und christlichen Archäologie, 6). Wiesbaden 1966. S. 233 – 272.

Passim Tätigkeit in Mainz: Lettner (S. 258, Abb. 156: Kopf des Johannes von der Deesis, Abb. 158: Auferstehender vom ehemaligen Westlettner, beide Dommuseum).

363. Hamann-MacLean, (Richard): Die Mainzer Gipsabgußsammlungen einst, jetzt – und demnächst? In: Jahrbuch der Vereinigung „Freunde der Universität Mainz" 19 (1970) S. 108 – 114.

Ziel, Werke des Naumburger Meisters in Gipsabgüssen in Mainz zu sammeln. Auch: Wichtige Literatur und kurze Würdigung seiner Werke im Dom: S. 112 – 114.

364. Hege, Walter / Pinder, Wilhelm: Der Naumburger Dom und der Meister seiner Bildwerke. Aufgenommen von Walter Hege. Beschrieben von Wilhelm Pinder. Berlin 1939. ²1952.

Die erste Fassung dieses Buches erschien unter dem Titel „Der Naumburger Dom und seine Bildwerke." Berlin 1924. – Bassenheimer Reiter: S. 17. 34 und Abb. 71 – 73. – Reste des Weltgerichts vom Mainzer Westlettner: S. 17 – 18. 33. Abb. 64 – 69. – Kopf mit der Binde: S. 33. Abb. 70.

365. Hinz, Paulus: Der Naumburger Meister. Ein protestantischer Mensch des XIII. Jahrhunderts. Berlin (1951). 7. Auflage Berlin 1958.

Der „Bassenheimer Reiter": S. 21 – 23.

366. Jahn, Johannes: Die Erschließung der Bildwerke des Naumburger Meisters. Ein Beitrag zur Geschichte der Kunstwissenschaft. In: Forschungen und Fortschritte 37 (1963) S. 375 – 378.

Forschungsbericht. – Westlettner und „Kopf mit der Binde": S. 376 – 377. – Bassenheimer Reiter: S. 377.

367. Lippelt, Ernst: Das Geheimnis des Naumburger Meisters. In: Zeitschrift für deutsche Geisteswissenschaft 1 (1939) Heft 3 (= 2. Aufl., Salzburg) S. 232 – 251.

Lippelt versucht nachzuweisen, daß der Naumburger Meister Waldenser gewesen sei. S. 240 bis 244: Arbeiten des Naumburger Meisters am Mainzer Domlettner. – S. 251: Beschreibung des „Bassenheimer Reiters" (Abb. 9): „Das Herz des Meisters gehört dem Bettler und nicht dem ‚Heiligen'."

368. Metz, Peter: Der Naumburger Stifterchor und sein Zusammenhang mit der Plastik des Mainzer Doms. Jahresbericht der Görres-Gesellschaft 1950. Köln 1951. S. 43 – 44.

369. Metz, Peter: Stifterchor des Naumburger Doms. Über die Kunst und den Menschen des 13. Jahrhunderts (= Kunstwerk und Deutung, 4). Berlin 1948.

Metz zieht kaum Parallelen zum Mainzer Dom (vgl. S. 11).

370. Schlesinger, Walter: Meissner Dom und Naumburger Westchor. Ihre Bildwerke in geschichtlicher Betrachtung. (= Beihefte zum Archiv für Kulturgeschichte, 2). Münster und Köln 1952.

Arbeiten des Naumburger Meisters am Mainzer Dom: S. 37 – 38. Schlesinger datiert die Arbeiten des Meisters am Naumburger Dom auf etwa 1240. (S. 37 – 45: Bs Engelhard von Naumburg, nicht dessen Nachfolger Bs Dietrich, hatte vielleicht 1235 auf dem Mainzer Reichstag den Naumburger Meister kennengelernt und seine Arbeiten schätzen gelernt und holte ihn bald darauf nach Naumburg).

371. Schmoll gen. Eisenwerth, Josef Adolf: Mainz und der Westen. Stilistische Notizen zum „Naumburger Meister", zum Liebfrauenportal und zum Gerhardkopf. In: Mainz und der Mittelrhein in der europäischen Kunstgeschichte. Studien für Wolfgang Fritz Volbach zu seinem 70. Geburtstag. (= Forschungen zur Kunstgeschichte und christlichen Archäologie, 6). Wiesbaden 1966. S. 289 – 314.

372. (Voege, Wilhelm: Die Deutsche Plastik des 13. Jahrhunderts). In: Sitzungsbericht V. 1905: Kunstgeschichtliche Gesellschaft. Ordentliche Sitzung am Freitag, den 12. Mai

1905, Berlin. S. 29 – 36. ND in: Bildhauer des Mittelalters. Gesammelte Studien von Wilhelm Voege. Berlin 1958. S. 219 – 222.

Verf. geht auf die Einwirkungen des Naumburger Meisters bei Arbeiten im Mainzer Dom (Westlettner, Tympanon an der Ostseite mit Christus als Richter zwischen Maria und Johannes) ein. „Die Mainzer Arbeiten gehören nicht der Hand des Naumburgers“ (S. 32).

373. Wessel, (Klaus): War der Naumburger Meister Waldenser? In: Wissenschaftliche Zeitschrift der Universität Greifswald 1 (1951/52), Gesellschafts- und sprachwissenschaftliche Reihe 1, S. 44 – 52.

Gegen Lippelts These (Nr. #367); betr. u. a. Bassenheimer Reiter: S. 44.

2. Die Lettner

a) Allgemein

374. Back, Friedrich: Ein Jahrtausend künstlerischer Kultur am Mittelrhein. Darmstadt 1932.

Die Mainzer Lettner: S. 55 – 60. 192 – 195. Passim: Bautätigkeit und Grabdenkmäler im Dom (13./14. Jh.): S. 78 – 88.

375. Bergner, Heinrich: Naumburg und Merseburg. (= Berühmte Kunststätten, 47). Leipzig 1909. 2. umgearbeitete Auflage, bearb. v. Haesler. Leipzig 1926.

1. Auflage, S. 31: Mainzer Westlettner; S. 52 – 53: Deesis im Tympanon des Ostportal.

376. Doberer, Erika: Zur Wiederverwendung frühgotischer Lettnerfragmente aus dem Mainzer Dom. In: Mainzer Zeitschrift 70 (1975) S. 89 – 93.

377. F(alk), F(ranz): Symbolik der 4 Cardinaltugenden. In: Kirchenschmuck. Ein Archiv für kirchliche Kunstschöpfungen und christliche Alterthumskunde 12 (1868) Bd. 23, S. 64.

Vgl. Anmerkung bei Schmitt, Nr. #394.

378. Fath, Manfred: Der Weltenrichter der Mainzer Westlettner-Deesis und seine Nachfolge. In: Mainzer Zeitschrift 60/61 (1965/66) S. 97 – 101.

„Zusammenfassend läßt sich feststellen, daß das in Mainz geprägte Motiv für das Sichtbarmachen der Seitenwunde zwar eine verhältnismäßig seltene, aber räumlich weitverstreute Nachbildung gefunden hat“ (S. 100). Verf. beschreibt Darstellungen des Motives von Naumburg, Nürnberg, Bad-Dürkheim, Colmar, Salzburg, Sprendlingen (Plastik aus dem 17. Jahrhundert, heute Dom- und Diözesanmuseum), Freiburg, Marburg, und bringt einige Beispiele der Buchmalerei.

379. Hamann-MacLean, Richard: Der Atlant aus dem Ostchor des Mainzer Domes und Reims. Studien zum Problem des Naumburger Meisters III. In: Jahrbuch der Vereinigung der „Freunde der Universität Mainz“ 20 (1971) S. 22 – 42.

Betrifft auch Westlettner.

380. Hamann-MacLean, Richard: Ein Fragment vom Mainzer Westlettner aus der Sammlung Weihrauch. Neue Überlegungen zur Ikonographie des Weltgerichts-Frieses. Studien zum Problem des Naumburger Meisters IV. In: Kunst und Kultur am Mittelrhein. FS für Fritz Arens zum 70. Geburtstag. Hrsg. von Joachim Glatz und Norbert Stuhr. Worms 1982. S. 48 – 65.

Das Fragment des 1682 abgerissenen Domlettners stammt aus dem Besitz von Hans Robert Weihrauch (gest. 21.9.1980). Es zeigt zwei sich überkreuzende Hände (Abb. 50).

381. Hotz, Walter: Die beiden Johannes. Aus der Werkstatt des Naumburger Meisters. In: Eckart. Eine Monatsschrift (für evangelische Geisteskultur) 15 (1939) S. 126 – 131.

Das Mainzer Weltgericht (Bildwerke vom Lettner des Domes): S. 126 – 128.

382. Jung, Wilhelm: Eine „Transplantation" im Dommuseum. In: Das Neue Mainz 1970, Heft 4, S. 12.

Deesis-Gruppe. Die Figur des hl. Johannes bekam im 19. Jahrhundert einen Kopf aus Gips. Bei der Domrettung von 1924–28 wurde der vom Naumburger Meister geschaffene originale Kopf gefunden. 1970 Entfernung des Gipskopfes und Aufsetzung des Originalkopfes.

383. Kirchner-Doberer, Erika: Die deutschen Lettner bis 1300. Diss. phil. Wien 1946. (Masch.)

Ostlettner (S. 54–56): frühgotisch, wurde im zweiten Viertel des 15. Jahrhunderts beim Einbau eines Pfeilersystems unter dem Triumphbogen durch einen neuen ersetzt. 1870, bei Entfernung der Stützpfeiler, fanden sich Bruchstücke von Kapitellen und Rippen des ersten Ostlettners. Fragmente (Atlant u.a.) befinden sich im Dommuseum. – Westlettner (S. 56–66. 225–231): Frühwerk des Naumburger Meisters; Abbruch erfolgte zwischen 1680 und 1681. – Zusammenfassung der Ergebnisse durch die Autorin selbst in: Mitteilung der Gesellschaft für vergleichende Kunstforschung in Wien 9 (1956) S. 117–122.

384. Kloos, Werner: „Kunstwerke der Heimat" I: Männerkopf aus dem 13. Jahrhundert. In: Volk und Scholle 13 (1935) S. 6–7. – Vgl.: Der „Männerkopf aus Mainz" als das Kunstwerk des Monats Januar. In: Mainzer Anzeiger Nr. 7 vom 9. Februar 1935.

Vermutlich vom Ostlettner des Mainzer Domes. Das Fragment befindet sich heute im Hessischen Landesmuseum Darmstadt. Dagegen: Schmitt (Nr. #393, S. 97, Anm. 5).

385. Kloos, Werner: „Kunstwerke der Heimat" XXIV: Auferstehender vom Mainzer Lettner (13. Jahrhundert). In: Volk und Scholle 14 (1936) S. 356–357.

386. 41. Generalversammlung der Görres-Gesellschaft. In: Mainzer Journal Nr. 212–215 vom 13. bis 16. September 1927.

Bericht enthält u. a. Zusammenfassung eines Vortrages von Ernst Neeb: „Der Westlettner im Mainzer Dom nach den Funden bei den jetzigen Instandsetzungsarbeiten" (Nr. 214 vom 15. September). „Auf Grund der neuen Funde muß ein Versuch einer neuen Rekonstruktion abgewartet werden." (Wiederherstellungsversuch von Kautzsch, Nr. #149, hat seine Gültigkeit verloren.)

387. Neeb, E(rnst): Zur Geschichte der heutigen Chorbühnen und des ehemaligen Lettners im Westchor des Mainzer Domes. Anhang: Die Standorte des Hochaltares im Westchore des Mainzer Domes. In: Mainzer Zeitschrift 11 (1916) S. 38–48. Anhang: S. 46–47.

388. Noack, (Werner): Funde vom Westlettner des Mainzer Domes. In: Zeitschrift für Denkmalpflege 1 (1926/27) S. 136–140.

389. Noack, Werner: Mittelrheinische Lettner des XIII. Jahrhunderts. In: Deutscher Verein für Kunstwissenschaft. Dritter Bericht über die Denkmäler Deutscher Kunst. Berlin 1914. S. 130–139 und Tafel I-XIX.

Mainzer Dom: S. 130–135.

390. Noack, Werner: Neue Beiträge zur Kenntnis mittelrheinischer Lettner des XIII. Jahrhunderts. In: Repertorium für Kunstwissenschaft 45 (1925) S. 98–113.

Westlettner im Mainzer Dom: S. 98–105. 112–113.

391. Peschlow-Kondermann, Annegret: Rekonstruktion des Westlettners und der Ostchoranlage des 13. Jahrhunderts im Mainzer Dom. (= Forschungen zur Kunstgeschichte und christlichen Archäologie, 8). Wiesbaden 1972.

A: Die frühgotische Ostchoranlage: S. 3–15. – B: Der Westlettner des 13. Jahrhunderts: S. 17–123. (Forschungsbericht: S. 19–28). – C: Mainz und Naumburg: S. 125–132. – Rez.: W. Einsingbach, in: Nassauische Annalen 84 (1973) S. 322–323. – W. Haas, in: Deutsche Kunst und Denkmalpflege 1973, S. 165–168. – Dethard v. Winterfeld, in: Zeitschrift für Kunstgeschichte 37 (1974) S. 67–78. Verf. gibt wichtige Revisionen der Ergebnisse. – E. Schubert, in: Deutsche Literaturzeitung 94 (1973) S. 847–851.

392. Reinhardt, Hans: Die gotischen Lettner des Doms zu Mainz. In: Mainz und der Mittelrhein in der europäischen Kunstgeschichte. Studien für Wolfgang Fritz Volbach zu

seinem 70. Geburtstag. (= Forschungen zur Kunstgeschichte und christlichen Archäologie, 6). Wiesbaden 1966. S. 219 – 232.

Verf. datiert die Lettner um 1250; gegen die verbreitete Annahme, die Lettner hätten bei der Weihe des Domes im Jahre 1239 bereits bestanden.

393. Schmitt, Otto: Das Mainzer Dommuseum und die deutsche Bildhauerkunst des 13. Jahrhunderts. In: Aus Dom und Diözese Mainz. Festgabe Georg Lenhart, Domkapitular. Zur Vollendung des 70. Lebensjahres gewidmet. Mainz 1939. S. 67 – 100. Auch selbständig: Mainz 1939.

1. Die Westlettnergruppe: S. 68 – 74. – 2. Die Ostlettnergruppe: S. 74 – 79. – 3. Die Augustinermadonna und ihr Kreis: S. 79 – 84. – 4. Das große Weltgericht (Der Apostelzyklus): S. 84 – 96.

394. Schmitt, Otto: Zur Deutung der Gewölbefigur am ehemaligen Westlettner des Mainzer Doms. In: FS für Heinrich Schrohe. Stadt und Stift. Beiträge zur Mainzer Geschichte. Mainz 1934. S. 70 – 78.

Eine kreuzförmig ausgestreckte menschliche Gestalt, die am Westlettner am Gewölbe angebracht war. Sie war ein Werk des Naumburger Meisters (um 1239). Nach Falk, Nr. #377, ist die Figur eine Symbolik der vier Kardinaltugenden. – Verf. versucht nachzuweisen, daß der „Kopf mit der Binde“ zu der Gewölbefigur gehört, die für ihn „ein Symbol der Königssalbung mit der sinnbildlichen Verleihung der Kardinaltugenden“ ist (S. 75). „Es ist Sache der Historiker nachzuprüfen, ob unser Deutungsvorschlag der Mainzer Gewölbefigur Anspruch auf Gültigkeit hat. Wird dies auch nur als möglich anerkannt, so würden sich auch von der inhaltlichen Seite her alle Bedenken erledigen, die etwa noch gegen die aus anderen Gründen behauptete Zugehörigkeit des ‚Kopfes mit der Binde‘ zur Gewölbefigur am Mainzer Westlettner und zum Werk des Naumburger Meisters bestehen sollten.“ (S. 76 – 77).

395. Schneider, Friedrich: Vom Mainzer Dom. In: Correspondenz-Blatt des Gesammtvereins der deutschen Geschichts- und Alterthums-Vereine 22 (1874) S. 27 – 28.

Dazu Abb.: „Träger und Kapitäle vom frühgothischen Lettner am Ostchor des Mainzer Domes.“ Fragmente des Lettners wurden bei der Pfeilerentfernung 1874 gefunden und im Kreuzgang aufgestellt.

396. Schuchert, August (Bernhard): Der Atlant. Versuch einer Deutung. In: Das Neue Mainz. Wirtschaft-Verkehr-Kultur. Nr. 1 vom 1. – 14. Januar 1954, S. 1 – 3.

Atlant, d.i. die Baumeisterfigur aus dem Ostlettner (13. Jh.), heute im Dom- und Diözesanmuseum.

397. Spang, Franz Joseph: Mainzer Lettner und Ibener Kapelle. Beide Baudenkmäler Werke des unsterblichen Naumburger Meisters. In: Mainzer Journal Nr. 163 vom 13. Juli 1942.

b) Der „Kopf mit der Binde“

398. Bäumer, Gertrud: Das königliche Haupt. In: Die Neue Schau 6 (1944) S. 31 – 34.

Kurze Beschreibung des „Kopfs mit der Binde“, im weiteren jedoch Erzählung, wie diese Plastik entstanden sein könnte.

399. Bäumer, Gertrud: Das königliche Haupt. Eine Erzählung. Tübingen und Stuttgart 1951.

400. Bandmann, Günter: Zur Deutung des Mainzer Kopfes mit der Binde. In: Zeitschrift für Kunstwissenschaft 10 (1956) S. 153 – 174.

„Wir dürfen festhalten: Der Mainzer Kopf mit der Binde und die dazugehörige Figur im ehemaligen Westlettner des Domes finden ihre Deutung als auferstehender, durch Christi Blut gesalbter und in seiner Würde als vollkommener König, Priester und Prophet wieder eingesetzter Adam. Er ist ... biblisches Urbild des vollkommenen Weltherrschers, der durch die Salbung seine geistliche Würde empfängt und ein Abbild des Kosmokrators Adam wird. Die örtliche Fixierung der seltenen Darstellung in Mainz ist auf die Ansprüche des Auftraggebers, Erzbischofs Siegfried III. von Eppstein, zurückzuführen.“ (S. 175).

401. Doberer, Erika: Ein Denkmal der Königssalbung. Die symbolische Bedeutung der Gewölbefigur am ehemaligen Westlettner des Mainzer Domes. In: Wandlungen christlicher

Kunst im Mittelalter. (= Forschungen zur Kunstgeschichte und christliche Archäologie, 2). Baden-Baden 1953. S. 321 – 340.

Verf. untermauert die Darstellung von Schmitt, Nr. #394 und #406.

402. Einem, Herbert von: Der Mainzer Kopf mit der Binde. (= Arbeitsgemeinschaft für Forschung des Landes Nordrhein-Westfalen. Geisteswissenschaften, 37). Köln und Opladen (1955).

Rez.: R. Elze, in: Zeitschrift für Kirchengeschichte 4. F. 6 = 68 (1957) S. 220: „Die überzeugende religiös-kosmologische Deutung des wohl sicher von dem Naumburger Meister geschaffenen Kopfes wird hoffentlich bald die bisher verbreitete Vermutung, es handle sich um ein Denkmal der Königssalbung, vergessen lassen." Von Einem deutet die Plastik als „Darstellung des neuen Adam und zugleich des mystischen Paradieses der Kirche" (Rez. S. 220). – Vgl. auch: Neue Deutung des „Kopfs mit der Binde". In: Das Neue Mainz 1955, Heft 6, S. 9.

403. Kaiser, Wilhelm Bernhard: Zum Mainzer Kopf mit der Binde. In: Zeitschrift für Kunstwissenschaft 14 (1960) S. 155 – 166.

„Devotion und kaiserlicher Anspruch kennzeichnen das Mainzer Denkmal. Neben den italienischen Köpfen von Lanuvio und vom Capuaner Brückentor dürfen wir im Mainzer Kopf mit der Binde ein deutsches Bildnis des Kaisers sehen" (S. 166), vermutlich um 1236 entstanden.

404. Kutsch, Ferdinand: Der Mainzer Kopf mit der Binde. In: Mainzer Zeitschrift 41/43 (1946/48) (Mainz 1950) S. 64 – 69.

405. Pfeill, Karl Gabriel: Rheinische Köpfe. In: Die Neue Saat. Eine Monatsschrift für Kunst und Kultur 3 (1940) S. 118 – 120.

„Kopf mit der Binde: Hier blickt uns ein Antlitz an, darin die Erbschaft der Antike schlummert; ein rheinischer Mensch, der die mögliche Größe jener andeutet, die an den Ufern des Stroms beheimatet sind: ‚allem Süd zunächst'." (S. 118).

406. Schmitt, Otto: Der Kopf mit der Binde. In: Oberrheinische Kunst 5 (1932) S. 3 – 16.

Vermutlich vom Westlettner des Mainzer Domes. Betr. auch den „Atlant vom Ostlettner". „Atlant und Kopf mit der Binde haben formal nicht mehr miteinander gemein, als es bei Werken gleicher Entstehungszeit und verwandter Schulherkunft zu erwarten ist." (S. 5).

407. Stammler, Wolfgang: Allegorische Studien. In: Deutsche Vierteljahrsschrift für Literaturwissenschaft und Geistesgeschichte 17 (1939) S. 1 – 25.

Verf. sieht (S. 4 – 9) in dem „Mainzer Kopf mit der Binde" eine in der Gestalt Adams verkörperte Kosmosdarstellung.

c) Relief „Unterwerfung der Mainzer"

408. Hennes: Ein Monument im Kreuzgang des Mainzer Doms. In: Periodische Blätter der Geschichts- und Alterthums-Vereine zu Cassel, Darmstadt, Frankfurt a.M., Mainz und Wiesbaden 3 (1854) Nr. 1, S. 21 – 30.

Das Denkmal stammt nach Meinung des Verf. aus dem St. Albanskloster in Mainz, kam 1552 ins Kapuzinerkloster und wurde 1839 im Domkreuzgang aufgestellt. „Sinnbildlich sehen wir die Unterwerfung der Mainzer dargestellt"; es zeigt die Vereinbarung und Aufhebung der 1332 von Ludwig dem Bayern verkündigten Reichsacht (S. 30). – Kautzsch/Neeb, Nr. #149, S. 149 – 152, weisen nach, daß diese Reliefs zum einstigen Domlettner des Westchores gehörten. – Vgl. auch Stix, Nr. #1602, S. 115 – 125.

409. Müller, Franz Hubert: Ein plastisches Bildwerk aus dem 14ten Jahrhundert im Dome zu Mainz. In: Beiträge zur teutschen Kunst und Kunstgeschichte durch Kunstdenkmale mit vorzüglicher Berücksichtigung des Mittelalters 2 (1833) S. 63 – 66. Auch 2. Auflage 1837, S. 45 – 48.

3. Der „Bassenheimer Reiter“

410. Bassenheim: Sankt Martin, der Bassenheimer Reiter. In: Vergangenheit entdecken. Heimatbuch Rheinland-Pfalz. Hrsg. von der Landeszentrale für politische Bildung Rheinland-Pfalz. Neustadt a.d. Weinstraße 1984. S. 139; Abb. S. 140.

411. Eichler, Hans: The relief of St. Martin at Bassenheim. In: The Burlington Magazine for connoisseurs 70 (1937) S. 128 – 133.

412. Isserstedt, Dorothea: Der „Bassenheimer Reiter“ des Naumburger Meisters. Versuch einer Rekonstruktion. In: Marburger Jahrbuch für Kunstwissenschaft 16 (1955) S. 181 – 198.

Vor 1244 entstanden. J.A. Schmoll gen. Eisenwerth (Nr. #371, S. 291 – 292, Anm. 9) nimmt an, daß die Darstellungen nicht im Chor angebracht, sondern dem Laienvolk, vielleicht als Tympanon eines schmaleren Portals, sichtbar waren. „Ein überzeugender Nachweis der Verwendung des Reliefs an den Lettnern kann also nicht erbracht werden, deshalb ist aber eine ursprüngliche Anbringung im Zusammenhang der Lettnerbauten oder überhaupt des Domes nicht auszuschließen.“ (Schnitzler, Nr. #414). Es ist auch an die Möglichkeit einer Verwendung an den 1243 geweihten Stiftsgebäuden gedacht worden (so Schmitt, Nr. #393, S. 71 – 74).

413. Pinder, Wilhelm: Bemerkungen zum Funde des Bassenheimer Reiterreliefs. In: XIVe Congrès international d’histoire de l’art 1936. Résumés. S. 210 – 211.

414. Schnitzler, Hermann: Ein unbekanntes Reiterrelief aus dem Kreise des Naumburger Meisters. In: Zeitschrift des Deutschen Vereins für Kunstwissenschaft 1 (1935) S. 399 – 423.

Betr.: Das Reiterrelief des hl. Martin in der Pfarrkirche zu Bassenheim bei Koblenz ist das Retabel des St. Martinsaltars aus dem Mainzer Dom. – Zum Vergleich sind herangezogen: Martinsgruppe des Westlettners und Kopf mit der Binde.

415. (Schwabe): Alt-Mainzer Kunstwerk wird entdeckt. In Bassenheim fand man die Sankt Martins-Plastik des Naumburger Meisters aus dem Mainzer Dom / Amtsgerichtsrat Schwabe-Hochheim hält einen fesselnden Lichtbildvortrag im Mainzer Altertumsverein. Gez.: kli. In: Mainzer Journal Nr. 19 vom 23. Januar 1936.

416. Spang, Franz Joseph: Glanzleistungen deutscher Bau- und Steinmetzkunst in Rheinhessen. In: Katholischer Kirchenkalender der Pfarreien Bingen und Bingen-Büdesheim 25 (1941) S. 20 – 22.

417. Stange, Alfred: Der Bassenheimer Reiter. In: Die Westmark 1937, Heft 10. Auszug in: Mainzer Journal Nr. 174 vom 30. Juli 1937.

418. Stange, Alfred / Wolff Metternich, (Franz) Graf: Der Bassenheimer Reiter. (= Rheinische Meisterwerke, 1) Bonn 1937.

Autoren stützen sich auf die Forschungsergebnisse von Schnitzler, Nr. #414.

419. Wolff Metternich, F(ranz) Graf / Schnitzler, H.: Das Bassenheimer Reiterrelief. 1. Wolff Metternich: Die Sicherung. 2. Schnitzler: Die Herkunft. In: Deutsche Kunst und Denkmalpflege 1936, S. 289 – 295.

VI. DER DOM IN DER ZEIT DER GOTIK (bis ca. 1500)

A. Baugeschichte

1. Übergreifende Beiträge

420. Falk, (Franz): Zur Geschichte des Mainzer Domes im 13. Jahrhundert. In: Monatsschrift für rheinisch-westfälische Geschichtsforschung und Alterthumskunde 1 (1875) S. 293–295.

421. (Schneider, Friedrich): Die Pfeiler im Mainzer Dom. In: Rheinische Blätter für Unterhaltung und gemeinnütziges Wirken. Beilage zum Mainzer Abendblatt, (eine) Beilage zum Mainzer Journal Nr. 38 vom 15. Februar 1870. Auch SD Mainz 1870.
Zusammenfassung unter dem Titel: Zur Geschichte des Mainzer Domes. In: Mainzer Wochenblatt Nr. 52 von 1870. – Der Lettner mit den Altarbauten wurde um 1440 – 45 errichtet. In diese Zeit ist gleichfalls die Entfernung der Krypta zu setzen, und mit großer Wahrscheinlichkeit fällt die Erbauung des Pfeilers mit diesen Veränderungen zusammen. Pfeiler mit Lettnerbau ist als ein organisches Ganzes zu betrachten.

422. Schneider, Friedrich: Die Pfeiler im Mainzer Dom. In: Anzeiger für Kunde der deutschen Vorzeit NF 17 (1870) Sp. 195–199.
Auch Dombaumeister Nikolaus Eseler.

423. Schuchert, A(ugust): Zum Kirchweihfest des Mainzer Domes am 4. Juli (1239 Weihe des Westchores). In: Glaube und Leben. Katholisches Kirchenblatt für das Bistum Mainz Nr. 27 vom 4. Juli 1948, S. 109–110.

424. Veit, Andreas Ludwig: Archivalische Nachrichten über den Dom zu Mainz bis zum 16. Jahrhundert. In: Archiv für hessische Geschichte und Altertumskunde NF 8 (1912) S. 147–171.
S. 163–171: Auszüge aus den Domkapitelsprotokollen von 1463 bis 1570.

425. Vetterlein, Ernst: Das Auftreten der Gotik am Dom zu Mainz. Diss. Darmstadt. Strassburg 1902.
1. Teil: Gotik im Chor und Langhaus. S. 3–22. (1. Der Dom im 12. Jahrhundert und Conrads Bauunternehmungen. S. 3–4. – 2. Der Westchor und seine Portale. S. 4–12. – 3. Die Gewölbe des Langhauses mit der Aufzugsöffnung. S. 12–15. – 4. Der Lettner im Ostchor. S. 15–22). – 2. Teil: Die Seitenschiffkapellen. S. 22–31. (5. Die Kapellen von 1279: St. Victor-, St. Barbara-, Nazariuskapelle. S. 22–26. – 6. Die Kapellen von 1291 und aus dem XIV. Jahrhundert: Magnus-, Lambertus-, Marienkapelle: 1291. Allerheiligenkapelle: 1319. S. 27–29).

2. Bauhütte und Baumeister

a) Die Bauhütte

426. Fischer, Friedrich Wilhelm: Die spätgotische Kirchenbaukunst am Mittelrhein 1410–1520, an charakteristischen Beispielen dargestellt, nach Schulen geordnet und mit historisch topographischen Darlegungen verknüpft. (= Heidelberger Kunstgeschichtliche Abhandlungen, NF 7). Heidelberg 1962.
Madern Gerthener und die Frankfurter Bauhütte: S. 15–50. (Das Memorienportal im Mainzer Dom: S. 22–26, Abb. 8).

427. Janner, Ferdinand: Die Bauhütten des deutschen Mittelalters. Leipzig 1876.
S. 266–271: Konfirmationsurkunde Maximilians I. von 1498, gez. von Erzkanzler EB Berthold von Henneberg über Rechte und Pflichten der Bauhütte.

428. Jung, Wilhelm: Beiträge zur Geschichte der spätgotischen Kirchenbaukunst am Mittelrhein – Anmerkungen zur Arbeit von Friedrich Wilhelm Fischer. In: Archiv für mittelrheinische Kirchengeschichte 15 (1963) S. 415 – 431.

Die Mainzer Dombauhütte unter der Sippe der Eseler: S. 418 – 420. – Verf. schreibt aus stilistischen Überlegungen und wegen der Qualität das Grabmal des EBs Johann II. von Nassau Madern Gerthener zu.

429. Jung, Wilhelm: Die Gottesmutter von Gau-Bischofsheim. Ein Steinbildwerk der Mainzer Dombauhütte aus der Zeit um 1320. In: Kunst und Kultur am Mittelrhein. FS für Fritz Arens zum 70. Geburtstag. Worms 1982. S. 66 – 73.

Madonna weist eine „materielle, formale und stilistische Verwandtschaft zur Grabplatte des Erzbischofs Peter v. Aspelt († 1320) am östlichen Pfeiler der Nordseite (des Domes) auf." (S. 68).

430. Schenk zu Schweinsberg, Gustav Frh.: Mainzer Maler und Steinmetzen. In: Quartalblätter des historischen Vereins für das Grossherzogtum Hessen 1883 (Darmstadt 1884) Nr. 3 und 4, S. 40.

Betr. Friderich Carban (Maler, 1453), Claus Eseler (Steinmetz, 1465), Hans Eseler (1473), Nicolaus Quecke (Steinmetz, Werkmeister des Mainzer Domes, 1481). Notizen aus dem Mainzer Ingrossaturbuch Nr. 39, fol. 129.

431. Schneider, Friedrich: Ueber die Steinmetzzeichen und insbesondere die des mainzer Domes. In: Organ für christliche Kunst 22 (1872) S. 49 – 56. Auch SD Mainz 1872.

Steinmetzzeichen von romanischen Bautheilen des Mainzer Domes. Taf. I: A: 1183 – 1239. B: nach 1239. Taf. II: Steinmetzzeichen des Mainzer Domes. D: vom gothischen Oberbau der Ostkuppel um 1320. E: am Kreuzgange um 1405. F: von der Aegidi-Kapelle. G: von den Statuen St. Mariä und St. Johannes im Kreuzgange. Taf. III: H: vom Stützpfeiler im Dome (1437 – 46). J: vom Brandenburgischen Sakristeibau (1514 – 45).

432. Veit, L(udwig) A(ndreas): Die Mainzer Dombauhütte an der Wende des 15. zum 16. Jahrhundert. In: Mainzer Journal Nr. 297 vom 21. Dezember 1925.

Tätigkeit Nikolaus Eseler; Erbauung der Domschatzkammer.

b) Baumeister*

433. Leitermann, Heinz: Die Baumeister des Mainzer Domes. In: Mainzer Almanach. Beiträge aus Geschichte und Gegenwart 1957, S. 71 – 81.

Bis 1357 unbekannte Meister, darunter der „Naumburger Meister". 1357 Henne Weckerlin. 1436/37 starb Johann Weckerlin. Um 1420 Madern Gertener (gest. 1430), der das Memorien-Portal gestaltete. Um 1437 Peter Eseler aus Alzey. 1493 starb sein Sohn Nikolaus Eseler d. Ältere, der 1461 als „oberster Werkmeister des Steinmetzamtes in Stadt und Stift Mainz" angestellt wurde. Ihm unterstand der Dom-Werkmeister Wißhenne (gest. 1467). 1481 übergab Nikolaus sein Amt Nikolaus Queck (gest. 1514). 1492 – 1509 Nikolaus Eseler d. Jüngere. Im 18. Jahrhundert wirkten am Mainzer Dom: Johann Baptist Barella (gest. 1705), Ritter von Grünstein (1700 – 1765), Franz Ignaz Neumann (1733 – 1785), Joh. Valentin Thomann (1695 – 1777). Im 19. Jahrhundert wirkten Georg Moller (1784 – 1852), Ludwig Metternich, Joseph Wessicken (1867 – 73) und Peter Joseph H. Cuypers, der 1873 den Titel „Dombaumeister" erhielt. 1879 wurde Joseph H.A. Lukas ernannt. Ludwig Becker (1900 bis 1940), Georg Maria Bayer (1940 – 1948) und Heinrich Schneider wirkten im 20. Jahrhundert.

Johann Weckerlin (gest. 1436/37)

434. Braun, G(eorg Christian): Ueber eine Dombaumeister-Familie. In: Neue Mainzer Zeitung Nr. 149 vom 30. Mai 1828.

Auch Johann Baptista Barella „gewesener Maurer des hohen Dohmstiffts gestorben anno 1705".

* chronologisch geordnet.

435. Falk, Franz: Die Steinmetzenfamilie Weckerlin am Dom zu Mainz. In: Mainzer Journal Nr. 109 vom 9. Mai 1888.

Im Domkreuzgang Grabstein (Inschrift: „Hic est sepultura magistri Johannis Weckerlin ac uxoris et parentum nec non omnium progenitorum suorum lapicidarum huius ecclesiae...“). Heinrich Weckerlin wirkte um 1350. Johann Weckerlin könnte der Baumeister des Kreuzganges sein.

436. Herrmann, Fritz: Der Domsteinmetz Johann Weckerlin zu Mainz. In: Nachrichten aus der Familie Weckerling Nr. 25 von 1908. S. 12 – 19.

Grabinschrift auf einer in die Ostwand des Kreuzgangs eingelassenen Steinplatte, ohne Datum. Weckerlin machte sein Testament (hier im Wortlaut) am 27.2.1437. Es enthält u.a. eine Stiftung zugunsten des Mainzer Domes. Über seine geleistete Arbeit erfahren wir jedoch nichts.

Nikolaus Eseler (gest. 1493)

437. Albert, Peter (Paul): Die Eseler von Alzey. In: Volk und Scholle 5 (1927) S. 186 – 190.

Nikolaus Eseler war am Ende des 15. Jahrhunderts Dombaumeister zu Mainz.

438. Albert, Peter P(aul): Das St. Martins- und Veitskirchlein zu Steinbach bei Mudau und seine Meister. In: Freiburger Diözesan-Archiv NF 21 = 48 (1920) S. 107 – 154.

Der Mainzer Dombaumeister Nikolaus Eseler von Alzey: S. 129 – 140. N. Eseler wurde 1463 zum obersten Werkmeister des Steinmetzenamtes in Stadt und Stift bestellt; bereits 1465 kündigte ihm EB Adolf von Nassau, Eseler blieb jedoch im Dienst des Domkapitels. Unter den am 5. August 1468 genannten Werkmeistern des Domes erscheint N. Eseler als erster Steinmetz neben Meister Fritz als zweitem, dem Zimmermeister Johannes More und dem Schmied- und Schlossermeister Johannes Apt. Am 10. Oktober 1470 wurde sein Sohn Johannes vom Domkapitel als Steinmetz eingestellt. Am 9. Juli 1473 wurde der Meister Nikolaus Queck als Vertreter N. Eselers eingesetzt. Wegen heftigen Streitereien um den Bau des großen Ostturms mußte N. Eseler am 14. November 1474 Mainz verlassen.

439. Lergen, Werner: Die Sippe der Eseler, eine rheinhessische Baumeister- und Bildhauerschule der spätgotischen Epoche. Phil. Diss. Frankfurt 1940. Darmstadt 1940.

Ihre Arbeiten in Mainz werden nur passim erwähnt im Urkundenteil: S. 61 – 83.

440. Zülch, Walther Karl: Frankfurter Künstler 1223 – 1700. (= Veröffentlichungen der historischen Kommission der Stadt Frankfurt a.M., 10). Frankfurt 1935. ND 1967.

Eseler: S. 112 – 115. 192 – 193. 196 – 202.

Johann von Hattstein (gest. 1518)

441. Gottron, Adam B(ernhard): Beiträge zur Geschichte der Hattsteiner. In: Usinger Land 1953, Nr. 6; 1954, Nr. 1,2. Auch SD.

Johann von Hattstein (1455 – 1518), Fabrikmeister des Mainzer Domes, ist der „geistige Vater des gotischen Westchorhelms des Mainzer Domes“ (SD. S. 7).

442. Gottron, A(dam Bernhard): Ein Hattsteiner am Dom zu Mainz. Fabrikmeister des Doms zwischen Spätgotik und Renaissance. In: Usinger Land 1959, Nr. 7.

Hattsteins Grabdenkmal ist das erste Renaissancedenkmal im Dom.

443. Gottron, Adam B(ernhard): Johann von Hattstein, ein Mainzer Domherr im Zeitalter des Humanismus. In: Archiv für hessische Geschichte und Altertumskunde NF 24 (1951) S. 37 – 62.

S. 40 – 49: Hattstein als Magister fabriciae. Daten zur Baugeschichte des Domes: 1473 neues Holzdach, 1483 Bau des Ägidienchörleins in der Memorie, 1490 Ausbau des Westturms, 1490 Guß von drei Glocken, 1498 oder 1499 Bau des neuen Sendners (heute Bischofssakristei), Veränderungen der Orgelanlagen.

444. Gottron, Adam (Bernhard): Zur Geschichte des gotischen Westhelms des Mainzer Domes. In: Das Münster. Zeitschrift für christliche Kunst und Kunstwissenschaft 5 (1952) S. 276 – 277.

Nachweis, „daß das gotische Turmgeschoß zwischen 1482 und 1491 und der gotische Westturmhelm zwischen 1491 und 1494 erbaut worden sind." (S. 276). Initiator war Domkapitular und magister fabriciae Johann von Hattstein, der mit dem 1481 zum Domwerkmeister und 1484 zum Domsteinmetz ernannten Nikolaus Queck (= Magister Nicolaus Lapicida) zusammenarbeitete.

3. Die gotischen Seitenkapellen, das Martinschörlein und die Nassauische Unterkapelle

445. Arens, Fritz (Viktor): Bemerkungen zu dem neugefundenen Steinretabel des Mainzer Domes. In: Mainzer Zeitschrift 60/61 (1965/66) S. 105 – 106.

Fortsetzung zu Jung, Nr. #451.

446. Die Christus-Figur aus Undenheim. Ein Meisterwerk gotischer Kunst in der unterirdischen Kapelle des Mainzer Doms. In: Allgemeine Zeitung (Mainz) vom 1. Dezember 1965. Neuabdruck: Festschrift zur Restaurierung der katholischen Pfarrkirche Undenheim 1976 – 1979. Beiträge aus Geschichte und Gegenwart. Hrsg. von der katholischen Pfarrei Undenheim. Nördlingen 1979. S. 197 – 198.

„Nassauer Kapelle" unterhalb des 1417 oder 1418 gestifteten „Martinschörlein" im Mittelschiff vor dem Ostchor. 1965 wurde auf Anregung von Dombaumeister Stockinger ein „Heiliges Grab" für die Karliturgie geschaffen. Aus dem alten Besitz des Dom-Museums wurde eine lebensgroße liegende Gestalt des toten Christus aus gelblichem Sandstein (um 1430 entstanden), die ursprünglich die Hauptfigur eines verlorenen „Heiligen Grabes" in Undenheim war, in der Nassauer Kapelle aufgestellt. – Der Artikel erschien in der Allgemeinen Zeitung bereits am 27./28. November 1965. Autor: Heinz Leitermann.

447. Dahl, (Johann Konrad): Die Crypta des heil. Bardo im Dom zu Mainz. In: Annalen des Vereins für Nassauische Alterthumskunde und Geschichtsforschung 3 (1839 – 1844) Heft 3 (1844) S. 3 – 10.

1417 erbaut.

448. Falk, Franz: Des heiligen Erzbischofs Bardo von Mainz Grabstätte und Gebeine. In: Der Katholik 49 (1869) I (= NF 21. Bd.), S. 719 – 725. Nachtrag in: Der Katholik 49 (1869) II (= NF 22. Bd.), S. 106 – 107.

449. Heiligtümer des Erzengels Michael in Mainz. In: Mainzer Journal Nr. 10 vom 13. Januar 1915.

Betr. den östlichen Schlußstein der Michaelskapelle. Relief, den Erzengel mit einer Seele darstellend. „Interessante Arbeit aus der Wende vom 13. zum 14. Jahrhundert."

450. Imiela, Hans Jürgen: Martinschörlein und Nassauer Unterkapelle im Mainzer Dom. In: Mainzer Zeitschrift 70 (1975) S. 101 – 105.

1320 – 1508.

451. Jung, Wilhelm: Ein neuentdecktes gemaltes Altarretabel aus der Michaelskapelle des Mainzer Domes. In: Mainzer Zeitschrift 60/61 (1965/66) S. 102 – 104.

ca. 1300. Vgl. Arens, Nr. #445.

452. Klingelschmitt, Franz Theodor: Balduin von Trier und die Anfänge der mittelrheinischen Kunst. In: Hessen-Kunst. Jahrbuch für Kunst und Denkmalpflege in Hessen und im Rhein-Main-Gebiet 8 (1913) S. 15 – 22.

Steinretabel mit Gemälden für die Allerheiligenkapelle, eine Lieblingsstiftung von EB Peter von Aspelt (S. 19); Südkapellenreihe am Mainzer Dom (Anfang 14. Jh.: S. 17).

453. Kunze, Hans: Die gotischen Seiten-Kapellen des Mainzer Domes. In: Mainzer Journal Nr. 175 vom 28. Juli 1928.

Verf. sieht einen Zusammenhang mit der Kirche St. Nazaire in Carcassonne. Künstler seien von Carcassonne über Straßburg nach Mainz gekommen.

454. Seeliger, Hartmut: Die Stadtkirche in Friedberg in Hessen. Ein Beitrag zur Geschichte der gotischen Baukunst in Hessen und am Mittelrhein. In: Archiv für hessische Geschichte und Altertumskunde NF 27 (1962/67) S. 1 – 118.

Kunstgeschichtliche Arbeit, die auch Bezüge zum Mainzer Dom herstellt. Vgl. Register und: Die Nordkapellen des Mainzer Doms (1279 – 1291): S. 40 – 44. – Die Südkapellen des Mainzer Doms (1300 – 1319): S. 47 – 51.

4. Der Kreuzgang und sein (1730 entstandenes) Chorgitter

455. Arens, Fritz Viktor: Das Chorgitter der Schlosskapelle St. Gangolph. Dem Andenken von Gisbert Frhr. von Ritter zu Groenesteyn † 23. September 1955. In: Mainzer Kalender 1956 (Mainz 1955) S. 61 – 68.

Um ca. 1730 entstanden; in Folge der Säkularisation wurde ein Teil des Gitters am Eingang des Domkreuzgangs aufgestellt.

456. Geiger, Werner: Im Domkreuzgang. In: Mainzer Journal. Beilage: Sonntagsblatt Nr. 45 vom 9. November 1930.

457. Neeb, E(rnst): Bilder aus dem Domkreuzgang zu Mainz von Steinen und aus alten Urkunden gesammelt. In: Mainzer Journal. Beilage: Wandern und Schauen. Illustrierte Zeitschrift zur Förderung des Wanderns, Pflege der Natur und Heimatkunde Nr. 5 vom 25. November 1921, S. 6 – 11.

Frauenlobstein von 1783; Grabstein Konrads von Kreuznach (1368); Familiengrab des Meisters Johann Weckerlin; Grabplatte von Johann Baptist Barella, gewesener Maurer des Domstifts, gest. Mai 1705.

458. Neeb, E(rnst): Vom Domkreuzgange zu Mainz. In: Mainzer Journal Nr. 104 und 105 vom 5. und 6. Mai 1919.

Über die Denkmäler im Kreuzgang.

5. Die Memorie und der Künstler ihres Portals: Madern Gerthener?

459. Arens, Fritz (Viktor): Kapitelsaal und Sepultur bei deutschen Dom- und Stiftskirchen. In: Würzburger Diözesangeschichtsblätter 18/19 (1956/57) S. 62 – 73.

Memorie: S. 64 – 67.

460. Arens, Fritz (Viktor): Die Klosteranlagen neben Domen, Stifts- und Klosterkirchen in Deutschland (Westquerbau und Kapitelsaal). In: Die Klosterbaukunst. Arbeitsbericht der deutsch-französischen Kunsthistoriker-Tagung (1951). Numéro special du „Bulletin des relations artistiques France-Allemagne". Mayence 1951.

Über die beispielgebende Wirkung der Mainzer Anlage: die Lage des alten Kapitelsaals (Memorie) und der für die vita communis der Domgeistlichkeit bestimmten Gebäude.

461. Bott, Barbara: Gotische Plastik in Frankfurt. Ein Beitrag zur Geschichte der mittelrheinischen Skulptur (1300 – 1450). Diss. phil. Frankfurt 1957. Masch. Auszug unter dem Titel: Die Plastik der Frankfurter Domportale. (= SD aus den Schriften des Historischen Museums Frankfurt am Main, 10: 1962). Frankfurt a.M. 1962.

Die folgenden Angaben beziehen sich auf die maschinenschriftliche Dissertation. Verf. lehnt alle Versuche ab, auch in Mainz Arbeiten von Madern Gerthener nachzuweisen (ihm wurden Beteiligung an der Plastik der Memorienpforte und Grabmal EBs Konrad III. von Daun zugeschrieben, vgl. S. 132 – 133).

462. (Falk, Franz): Todtenschilde in mittelalterlichen Kirchen. In: Geschichtsblätter für die mittelrheinischen Bisthümer 1 (1883 – 1884) Sp. 114 – 117.

In der Memorie hingen nach Gudenus, Nr. #117, Wappenschilder von 1535 – 1720. 1805 – 1806 wurden sie zum Ofenheizen verbrannt.

463. Feulner, Adolf: Der Bildhauer Madern Gerthner. In: Zeitschrift des Deutschen Vereins für Kunstwissenschaft 7 (1940) S. 1 – 26.

Schreibt dem Baumeister der Memorienpforte, Madern Gerthener aus Frankfurt (gest. 1430), auch die Skulpturen des Portals und das Grabmal des EB Konrad von Daun (gest. 1434) zu. Gerthener schuf vermutlich für das Epitaph des EBs ein Modell, das nach dessen Tod durch die Frankfurter Werkstätte als Sandsteindenkmal ausgeführt wurde.

464. Koepf, Hans: Die gotischen Planrisse der Wiener Sammlungen. Wien, Köln, Graz 1969.

S. 19 und S. 51, Nr. 239. Abb. 88 und 431: Memorienportal, Madern Gerthener zugeschrieben.

465. Legner, Anton: Bilder und Materialien in der spätgotischen Kunstproduktion. In: Städel-Jahrbuch NF 6 (1977) S. 158 – 176.

Der Bettler des hl. Martin von der Memorienpforte (Abb. 7) hat in Schädelbau und Physiognomie eine „frappierende Parallele in der markanten Darstellung des Idioten vom Riminialtar“ (Abb. 6, S. 159; vgl. Anton Legner: Der Alabasteraltar aus Rimini. In: Städel-Jahrbuch NF 2 (1969) S. 101 – 168).

466. Lenhart, Ludwig: Die Memorie des Mainzer Domes in ihrer künstlerischen Gestalt und ihrem sakralen Gestaltwandel. In: Mainzer Almanach. Beiträge aus Geschichte und Gegenwart 1962, S. 113 – 122.

467. Lübbecke, Fried(rich): Madern Gertener. In: Frankfurter Zeitung Nr. 331 vom 2. Juli 1940.

Das Grabmal von EB Konrad von Daun wird Madern Gertener zugeschrieben. Lübbecke ergänzt Feulner, Nr. #463.

468. Meckenstock, Heinrich: Das fialenflankierte Portal. Seine Entstehung und Bedeutung. In: Mainzer Zeitschrift 67/68 (1972/73) S. 143 – 146.

„Ein prächtiges, mit figürlichem Schmuck ausgestattetes Beispiel dieses Portaltyps (befindet sich) am Durchgang vom südlichen Seitenschiff des Domes in der Memorie“ (S. 143). Architekt: Madern Gertener.

469. Müller, Franz Hubert: Zwei Figuren an einem Portale im Innern der Domkirche zu Mainz. In: Beiträge zur teutschen Kunst und Kunstgeschichte durch Kunstdenkmale mit vorzüglicher Berücksichtigung des Mittelalters 1 (1832) S. 36 – 37.

Figuren befinden sich am Portal von der Memorie zum Kreuzgang, Ende 14., Anfang 15. Jahrhundert.

470. Müller, Th.: Sculpture in the Netherlands, Germany, France and Spain 1400 to 1500 (= The Polican History of Art, 25). 1966.

S. 31: Verf. nennt im Gegensatz zu Bott, Nr. #461, die Statuetten am Memorienportal im Zusammenhang mit Madern Gerthener.

471. Paatz, Walter: Verflechtungen in der Kunst der Spätgotik zwischen 1360 und 1530: Einwirkungen aus den westlichen Nachbarländern auf Westdeutschland längs der Rheinlinie und deutsch-rheinische Einwirkungen auf diese Länder. (= Abhandlungen der Heidelberger Akademie der Wissenschaften. Phil.-hist. Klasse 1967, 1). Heidelberg 1967.

Verf. nennt die Statuetten am Mainzer Memorienportal im Zusammenhang mit Madern Gerthener: S. 36, Abb. 73. – Adalbert-Meister: S. 48 – 49. Von ihm stammen die Grabplatte des Domdekans Bernhart von Breidenbach (um 1490?), die Beweinung Christi (Abb. 43) und das Monile des Adalbert von Sachsen, Administrator des Erzbistums (Abb. 42).

472. Ringshausen, Gerhard Johannes: Madern Gerthener. Leben und Werk nach den Urkunden. 2 Bde. Göttingen 1968. Göttingen, Phil. Diss. vom 7./9. Juli 1969.

Der Stand der Forschung und die Aufgabe einer Monographie über Madern Gerthener (gest. ca. 1430): S. 1–15. Hier auch Diskussion, ob die Memorienpforte und das Grabmal EBs Konrad III. von Daun Gerthener zugewiesen werden kann. Weiterführende Literatur zum Leben und Werk Gertheners: Literaturverzeichnis im 2. Bd. S. 183–191. – Verf. behandelt jedoch nicht Gertheners Wirken in Mainz.

473. Schoenberger, Guido: Beiträge zur Baugeschichte des Frankfurter Doms (= Schriften des Historischen Museums, 3). Frankfurt a.M. 1927.

Verf. schreibt die Memorien-Pforte im Mainzer Dom Madern Gerthener zu: vgl. S. 160–161.

474. Wallrath, Rolf: Eine Visierung des Baumeisters und Bildhauers Madern Gerthner? In: Jahrbuch der preussischen Kunstsammlungen 64 (1943) S. 73–88.

Verf. greift die Thesen von Feulner, Nr. #463, auf und überprüft daraufhin eine „Werkzeichnung im Berliner Kupferstichkabinett ..., die neuerlich die Fragen um den Werkhüttenzusammenhang, die Personalunion von Baumeister, Bildhauer und Entwurfszeichner sowie um die Künstlerpersönlichkeit Madern Gerthner im besonderen aufwirft.“ (S. 73).

475. Wilm, Hubert: Gotische Tonplastik in Deutschland. Augsburg 1929.

Die Statuetten am Memorienportal werden „mit Recht immer wieder mit den Arbeiten der mittelrheinischen Tonplastik in Verbindung gebracht“ (S. 60). – Verf. datiert das aus mehr als zwölf Stücken zusammengesetzte Ölbergrelief wegen der Rüstungen und Gewandfalten eher auf 1460–1470 (statt 1440–1450): S. 69. – Der reich ornamentierte Rahmen vom Epitaph des Domherrn Theoderich von Knebel (gest. 1457) ist ebenfalls ein schönes Werk der Tonplastik: S. 69.

6. Die Sakristei im Westchor und die Alabasterfiguren

476. Coester, Ernst: Die frühgotische Mainzer Domsakristei, ein Bauwerk aus dem Hüttenkreis der rheinischen Cistercienser. In: Mainzer Zeitschrift 70 (1975) S. 80–84.

1240/1250.

477. Kautzsch, Rudolf: Die Alabastergruppe der trauernden Frauen im schlesischen Museum für Kunstgewerbe und Altertümer. In: Jahrbuch des Schlesischen Museums für Kunstgewerbe und Altertümer (= Schlesiens Vorzeit in Bild und Schrift, NF 7) 7 (1919) S. 176–184.

Verf. zeigt Zusammenhänge zwischen den o.g. Figuren und den zwölf Aposteln in der Domsakristei passim auf.

478. Klingelschmitt, Franz Theodor: Mainzer Seidensticker am Ende des Mittelalters. In: Zeitschrift für christliche Kunst 29 (1916) S. 119–126.

Auch über den Meister Ludwig, Seidensticker am Dom, vgl. Veit, Nr. #481.

479. Swarzenski, Georg: Deutsche Alabasterplastik des 15. Jahrhunderts. In: Städel-Jahrbuch 1 (1921) S. 167–213.

Zwölf Apostel aus der Sakristei, um 1470, Mainz, Domschatz: S. 211, Abb. 124.

480. Swarzenski, Georg: Salve crux laudabilis. (Zur Aufstellung des Kreuzigungsaltars in der Städtischen Skulpturensammlung zu Frankfurt.). In: Die Rheinlande. Monatsschrift für deutsche Kunst und Dichtung 14 (1914) S. 379–385.

Passim Hinweise auf die zwölf Apostel-Figuren aus Alabaster.

481. Veit, Ludwig Andreas: Die Domsakristei, die Domschatzkammer und die Domstiftsseidensticker. Eine archivalische Betrachtung. In: Mainzer Journal Nr. 1 vom 3. Januar 1921.

Am 18. September 1497 beschließt das Domkapitel auf Antrag des Domstiftsfabrikmeisters, Domherrn Johannes von Hattstein, den Bau einer neuen Schatzkammer bei der Sakristei. Die Ausführung übernimmt Baumeister

Nikolaus (Eseler?). Am 3. Dezember 1499 beschließt das Domkapitel, eine Messingtüre für die neue Schatzkammer (= capsa reliquarium) anfertigen zu lassen. Am 6. August 1501 beauftragt das Domkapitel den Meister Ludwig, einen Seidensticker, und seine Gesellen im Sendner (= Sakristei) der Domkirche, an einem neuen (dem Hennebergischen) Ornat zu arbeiten. Veit weist anhand der Domkapitelsprotokolle nach, daß es keinen Baumeister Seydensticker gab. – Vgl. dazu auch: Neeb, (Ernst): Für Freunde des Mainzer Domes. Auch eine archivalische Betrachtung. In: Mainzer Journal Nr. 23 vom 29. Januar 1921. – Neeb wendet sich gegen Veits arrogantes Verhalten und führt in diesem Zusammenhang Veits Ergebnis hinsichtlich des „Seydenstickers" an, das bereits von Rudolf Kautzsch angedeutet worden war.

B. Innenausstattung

1. Inschriften (betr. auch Denkmäler bis 1800)

482. Arens, Fritz Viktor: Die Inschriften der Stadt Mainz von frühmittelalterlicher Zeit bis 1650. (= Die Deutschen Inschriften, hrsg. von den Akademien der Wissenschaften in Berlin, Göttingen, Heidelberg, Leipzig, München und der österreichischen Akademie der Wissenschaften in Wien. 2. Bd., Heidelberger Reihe, 2). Stuttgart 1958.

Den Dom betreffender Inhalt: I. Die Mainzer Inschriftensammler: S. [17] – [26]. – II. Die Mainzer Kirchen und ihre Inschriften: S. [27] – [62]. – A. Der Dom und seine Anbauten. S. [27] – [31]. – B. Die Geistlichkeit des Domes und ihre Grabstätten: S. [31] – [42]. – Bemerkungen zum Plan des Domes und des Domkreuzganges: S. [69] – [70]. – Der Inschriften erster Teil: S. 1 – 340. – Der Mainzer Dom: S. 1 – 330. – Inschriften aus verschiedenen Jahrhunderten ohne Angabe der Jahreszahl: S. 331 – 340. – Betr. auch Glocken, Inschriften im Dommuseum und Kreuzgang. – Rez.: Rudolf M. Kloos, in: Deutsches Archiv 15 (1959) S. 178 – 181. – Hans Jürgen Rieckenberg, in: Göttingische gelehrte Anzeigen 213 (1960) S. 200 – 216.

483. Arens, Fritz (Viktor): Mainzer Inschriften von 1651 bis 1800. 1. Die Inschriften des Domes zu Mainz. Deutsche Übersetzungen von Franz Weinzinger. (= Beiträge zur Geschichte der Stadt Mainz, 26). Mainz 1982.

484. Bourdon, Jakob Christoph: Epitaphia in Ecclesia Metropolitana Moguntina. Manuskript. 1727. Handschriftlich in einer Reihe von Abschriften in Mainz (Stadtbibliothek und Priesterseminar) und München (Staatsbibliothek, Ms Cod. lat. 10447).

Dazu Ernst Neeb, in: Mainzer Zeitschrift 11 (1916) S. 47, Anm. 3: „Für die Geschichte der Denkmäler und der sonstigen Innenausstattung des Domes bildet dieses Werk eine der wichtigsten, wenn nicht geradezu die wichtigste Quelle. Daß es bis jetzt immer noch nicht im Drucke erschienen ist, muß man geradezu als eine Unterlassungssünde ansehen. Eine Herausgabe des Textes von Bourdons ‚Epitaphia' ist übrigens ... geplant." Vgl. zu den Inschriften Arens, Nr. #482, S. [22]: Besonders Geschichts- und Kunstgeschichtsquellen sind „von höchstem Rang. Ihre Auswertung bis zum Stichjahr unseres Inschriftenwerkes 1650 erfolgt hier zum ersten Male, so daß sich künftig eine Publikation des Bourdon, soweit er die Zeit vor 1650 behandelt, erübrigen wird." – Vgl. zu Bourdon: Arens, Nr. #482, S. [15]. [21] – [22].

485. Sartorius, Johannes: Die Inschriften der Denkmäler der Erzbischöfe im Mainzer Dom. In: Mainzer Journal. Beilage: Wandern und Schauen, Mittelrheinische Heimatblätter für Volks- und Brauchtum Nr. 9, 11 und 12 von September, November, Dezember 1935. Auch: Mainz o.J. (vor 1938).

Das 16. Seiten umfassende Heft gibt eine deutsche Übersetzung der lateinischen Inschriften der Denkmäler der Mainzer Erzbischöfe. Lateinischer Text der Inschriften gedruckt in: Werner, Nr. #175, und Kautzsch/Neeb, Nr. #149.

2. Übergreifende Beiträge

486. Arens, Fritz (Viktor): Bonifatiusdarstellungen am Mittelrhein. In: Sankt Bonifatius. Gedenkgabe zum zwölfhundertsten Todestag. Hrsg. von der Stadt Fulda in Verbindung mit den Diözesen Fulda und Mainz. Fulda 1954. S. 586 – 612.

Die ältesten Bonifatiusdarstellungen in Mainz (Dom, Ostchor, Apsiskugel, Leichhofportal, Dionysiuskapelle: Glasfenster, Grabplatte: erst seit 1823 im Dom): S. 588 – 593. – Der hl. Bonifatius auf den Erzbischofsdenkmälern des Mainzer Domes (zum letzten Mal auf dem Denkmal EBs Uriel von Gemmingen, gest. 1514): S. 593–597. – Bonifatiusdarstellungen auf Altären und an anderen Stellen (Dom: Altarschrein von 1875 mit zwei Bischöfen um 1515, Domsakristei mit Schatzkammer, dort Bonifatiusfigur vielleicht vom Halleschen Heiltum stammend: S. 597–599): S. 597–602. – St. Bonifatius auf Altären zwischen Barock und Klassizismus (Altar von 1683, heute in St. Gereon, Nackenheim: S. 602–604. Hl. Bonifatius auf dem Dorsal des Mainzer Domchorgestühls, 1760–1765 von Franz Anton Herman geschaffen: S. 608): S. 602–608. – Bonifatiusglocken (Glocke von 1809, von Josef Zechbauer gegossen); S. 609–610.

487. Arens, Fritz: Gotische Grabmäler mit der Darstellung der „Ewigen Anbetung" in Deutschland. In: Das Münster 25 (1972) S. 333–340.

Verf. zählt zu dieser Gruppe auch das Grabdenkmal von EB Konrad von Weinsberg (gest. 1396), „welches das erste an der Wand aufgestellte Grabmonument des Mainzer Domes nach der langen Reihe von Tumben ist. Wenn es im südlichen Querhausarm am ursprünglichen Aufstellungsort oder in dessen Nähe steht, dann blickte es auf den Dreikönigsaltar am südlichen Vierungspfeiler, vor dem auch der Erzbischof begraben lag." (S. 335).

488. Back, Friedrich: Mittelrheinische Kunst. Beiträge zur Geschichte der Malerei und Plastik im vierzehnten und fünfzehnten Jahrhundert. Frankfurt a. Main 1910.

Grabdenkmal von EB Adolf I. von Nassau (S. 18, Taf. VI), von EB Konrad von Daun (S. 18, Taf. VII); Memorienportal (S. 19–21, T. VIII-XII); Domschatz: Chorbuch des Mainzer Karmeliterbruders Nikolaus von 1432 (S. 50, Taf. L).

489. Beck, Herbert / Beeh, Wolfgang / Bredekamp, Horst: Kunst um 1400 am Mittelrhein. Ein Teil der Wirklichkeit. Ausstellung im Liebighaus Museum alter Plastik. Frankfurt 1975.

Grabmäler der Erzbischöfe (im Mainzer Dom von Adolf I. von Nassau, gest. 1390, bis Konrad III. von Daun, gest. 1434): S. 41–48. – Die Werkstatt Madern Gerthners (auch Memorienportal): S. 49–56.

490. Bock, Fr(anz): Geschichte der liturgischen Gewänder des Mittelalters oder Entstehung und Entwicklung der kirchlichen Ornate und Paramente in Rücksicht auf Stoff, Gewebe, Farbe, Zeichnung, Schnitt und rituelle Bedeutung nachgewiesen und durch zahlreiche Abbildungen erläutert. Mit einem Vorworte von Georg Müller, Bischof von Münster. 3 Bde. Bonn 1859–1871. ND Graz 1970.

Zur Veranschaulichung der Mitra und des Palliums, seiner Anlegungsweise und seiner Größe werden die Grabmäler der EBe Peter von Aspelt und Konrad von Weinsberg herangezogen. Vgl. Bd. 2. Bonn 1866. ND Graz 1970, S. 180. 190–192. 202. Taf. XXVI.

491. Börger, Hans: Grabdenkmäler im Maingebiet vom Anfang des XIV. Jahrhunderts bis zum Eintritt der Renaissance. Diss. phil. Halle an der Saale 1907. Leipzig 1907.

Das 14. Jahrhundert in Mainz: S. 20–26. („Die Werke des Mainzer Doms ... – vom Monument des Peter von Aspelt an bis zu dem des Konrad von Weinsperg herab – zeugen nicht von einer starken bodenwüchsigen Kunst. Erstarrung des Naturgefühls, Unselbständigkeit und am Ende ein offenes Eingeständnis der Inferiorität dem Fremden gegenüber, das sind vielmehr die Dinge, welche wir aus diesen Denkmälern herauslesen müssen." S. 26). Grabmal des EBs Konrad von der Daun (S. 30–33. 37–38). Grabmal des EBs Diether von Isenburg (S. 44. 47: „Man hat noch heute das Gefühl der Modernität"). Grabmal des EBs Berthold von Henneberg (S. 48), des EBs Jakob von Liebenstein (S. 49) und des EBs Uriel von Gemmingen (S. 49–51). Weitere Notizen passim.

492. Busch, R(udolf): Die Plastik des Mainzer Doms. In: Mainzer Anzeiger. Sonder-Beilage zu Nr. 241 vom 15. Oktober 1928.

493. Feulner, Adolf / Müller, Theodor: Geschichte der deutschen Plastik. (= Deutsche Kunstgeschichte, 2). München 1953.

Plastik im Dom: S. 115. 117. 245. 255. 258–259. 264–265. 266. 398–399. 400. 401. 402. 512. 513. Abb. – Plastik im Dommuseum: S. 144. 116–117. 118–119. 121–122. 176. Plastiken von der Romanik bis zum Absolutismus.

494. Fischel, E. L.: Mittelrheinische Plastik des 14. Jahrhunderts. München 1923.

Gerhard-Kopf (Fragment, 1305?): S. 15–23. – Grabmal EBs Matthias von Bucheck: S. 48–50. – Grabmal des hl. Bonifatius: S. 72–75.

495. Holzer, Gerhard: Grabdenkmäler im Mainzer Dom. In: Schule und Museum Heft 2 (1976) S. 44–60. Auch als SD hrsg. vom Bischöflichen Ordinariat Mainz, Arbeitsstelle für Religionspädagogik. o.J. (Mainz 1980).

496. Kerber, Ottmar: Denkmäler des Domes in Mainz. In: Willigis und sein Dom. FS zur Jahrtausendfeier des Mainzer Domes 975–1975. Hrsg. von Anton Ph(ilipp) Brück. (= QAMrhKG, 24). Mainz 1975. S. 393–424.

Von Willigis zu Adalbert I.: S. 393–395 (Baugeschichte). – Die Grabplatte des EB Siegfried III. von Eppstein: S. 396–398. – Grabmäler des 14. Jahrhunderts: S. 399–402. – Das Grabmal des Konrad von Weinsberg in Mainz und das des Gerhard von Schwarzburg in Würzburg: S. 402–405. – Die Rahmungen des Portals der Memorie: S. 405–411. – Das Grabmal des Johann von Nassau: S. 411–416. – Das Grabmal des EB Dieter von Isenburg: S. 416–419. – Das Grabmal des Kurfürsten Bertold von Henneberg: S. 419–421. – Das Grabmal des Kurfürsten Uriel von Gemmingen: S. 421–424.

497. Klingelschmitt, Franz Theodor: Tiere auf den Mainzer Grabmälern des Mittelalters. Ein Beitrag zur mittelalterlichen Tiersymbolik. In: Mainzer Journal. Beilage: Feierstunde Nr. 113 und 114 vom 14. und 15. Mai 1912.

Betr. u.a. die Denkmäler von EB Siegfried III. von Eppstein, von Arnold de Turri (gest. 1268, Denkmal im Domkreuzgang), von EB Peter von Aspelt, von EB Matthias von Bucheck und von Domsänger Konrad Rau von Holzhausen. Ergebnis: Die Tiere auf Grabdenkmälern nehmen Bezug auf Psalm 90,13.

498. Kniffler, Gisela: Die Grabdenkmäler der Mainzer Erzbischöfe vom 13. bis zum frühen 16. Jahrhundert: Untersuchungen zur Geschichte, zur Plastik und zur Ornamentik. (= Dissertationen zur Kunstgeschichte, 7). Köln, Wien 1978.

Die Platte der Tumba Siegfrieds III. von Eppstein (gest. 1249): S. 1–6. – Die verlorene Platte vom Grabe Gerhards II. von Eppstein (gest. 1305): S. 6–11. – Die Platte der Tumba Peters von Aspelt (gest. 1320): S. 11–15. – Exkurs: Mittelalterliche Krönungsdarstellungen...: S. 15–27. – Die Platte der Tumba Matthias' von Bucheck (gest. 1328): S. 27–33. – Die Platte der Tumba Adolfs I. von Nassau (gest. 1390): S. 33–38. – Das Wanddenkmal Konrads von Weinsberg (gest. 1396): S. 38–42. – Das Wanddenkmal Johannes II. von Nassau (gest. 1419): S. 42–47. – Die Platte vom Grabe Konrads III. von Daun (gest. 1434): S. 47–51. – Der Bildhauer Madern Gerthener und die Künstler seines unmittelbaren Umkreises: S. 51–109. – Das Wanddenkmal Diethers von Isenburg (gest. 1481): S. 109–116. – Das Wanddenkmal Adalberts von Sachsen (gest. 1484): S. 116–121 (Hans von Düren: S. 119–121). – Das Wanddenkmal Bertholds von Henneberg (gest. 1504): S. 121–125. – Das Wanddenkmal Jakobs von Liebenstein (gest. 1508): S. 126–128. – Das Wanddenkmal Uriels von Gemmingen (gest. 1514): S. 128–135 (Hans Backoffen: S. 132–135). – Bau und Bautechnik der Grabmäler: S. 136–155. – Die Ornamente der Baldachinen und Konsolen an den Grabmälern der Mainzer Erzbischöfe: S. 155–224. – Das Denkmal als Ornament: S. 225–282.

499. Kugler, Franz: Kleine Schriften und Studien zur Kunstgeschichte. Bd. 2. Stuttgart 1854.

Mainz, Dom: S. 345–347. Liste und kurze Beschreibung der Skulpturen, bzw. Grabdenkmäler.

500. Mainz 18. Februar (Vortrag von Domkapitular Hirschel über die Denkmäler des 15. Jahrhunderts im Mainzer Dom. Hirschel nimmt an, daß diese von der Künstlerfamilie Bleser, die auch in Speyer, Oppenheim u.a. Orten geschaffen hat, erstellt wurden.). In: Mainzer Abendblatt. Beilage zum Mainzer Journal Nr. 40 vom 18. Februar 1869.

501. (Neeb, Ernst): Denkmäler des Mainzer Domes. (Vortragsreferat). In: Mainzer Journal Nr. 38 vom 14. Februar 1908.

502. Panofsky, Erwin: Grabplastik. Vier Vorlesungen über ihren Bedeutungswandel von Alt-Ägypten bis Bernini. Hrsg. von Horst W. Janson. Deutsche Übersetzung von Lise Lotte Möller. (Köln 1964).

Abb. 213: Grabplatte des EBs Siegfried III. von Eppstein. Abb. 214: Grabplatte des EBs Peter von Aspelt. Abb. 215: Grabmal des EBs Johannes von Nassau: Abb. 216: Grabmal des EBs Konrad von Daun. Abb 217: Grabmal von Adalbert von Sachsen. Abb. 223: Grabmal des Bernhard von Breidenbach. Abb. 278 und 279: Grabmal des EBs Uriel von Gemmingen von Hans Backoffen geschaffen. Kurze Erläuterungen zu Abb. 213 bis 223 im Text: S. 60–64. Zu Abb. 278 und 279 vgl. Textteil S. 75.

503. Pinder, Wilhelm: Die deutsche Plastik des vierzehnten Jahrhunderts. München 1925.

Zu Abb. 12: „Vollends aber ist der Mainzer Bischofskopf von dem verlorenen Grabmale Gerhards II. ein ganz wundervoller Rest einer zugrunde gegangenen Gesamtschöpfung, ‚asiatisch' in seiner gern gesehenen Flächenhaftigkeit." (S. 17). – Abb. 4–6 (Beschreibung S. 13) zeigen die Seligen und Verdammten von der Portal-Bogenlaibung der ehemaligen Mainzer Liebfrauenkirche (frühes 14. Jh.). Heute : Dom- und Diözesanmuseum.

504. Pinder, Wilhelm: Die Kunst der ersten Bürgerzeit bis zur Mitte des 15. Jahrhunderts (= Pinder, Wilhelm: Vom Wesen und Werden deutscher Formen. Geschichtliche Betrachtung, 2). Leipzig 1937.

Kopf des EBs Gerhard und Kopf mit der Binde: S. 31–33. – Grabmalkunst in Mainz: S. 119–120. 188–189. 235. – Memorienpforte: S. 166–167. – Bassenheimer Reiter: S. 167.

505. Pinder, Wilhelm: Mittelalterliche Plastik Würzburgs. Versuch einer lokalen Entwicklungsgeschichte vom Ende des 13. bis zum Anfang des 15. Jahrhunderts. Darmstadt 1911. Leipzig [2]1924.

Apostelfiguren vom Weltgericht im Domkreuzgang (13. Jh.): S. 45–47. – Grabmal des EBs Johann von Nassau: S. 128. – Grabmal EBs Konrad von Weinsberg: S. 142. 149. 156. – Passim Vergleiche zu mittelrheinischer Plastik, ohne Werke des Mainzer Domes ausführlich zu würdigen.

506. Schaum-Benedum, Christa: Die figürlichen Grabsteine des 14. und 15. Jahrhunderts in Hessen. Diss.phil. Gießen 1968.

„Unsicher, und von der jüngsten Forschung eher mit Skepsis betrachtet ist die Zuschreibung des Erzbischofgrabes von Konrad v. Daun, † 1434" dem bereits 1430 verstorbenen Frankfurter Bildhauer Madern Gerthener (S. 75; Beschreibung des Denkmals und Vergleich mit einer Flachreliefplatte eines Mainzer Geistlichen im Kloster Eberbach, gest. 1434: S. 75–76).

507. Schmidt, (Jakob Wilhelm): Der Mainzer Dom als Ruhestätte großer Männer. In: Mainzer Journal Nr. 239 vom 12. Oktober und Nr. 246 vom 20. Oktober 1928.

Nr. 239: Über die Erzbischöfe vom 11. bis zum 14. Jahrhundert; Nr. 246 über die Erzbischöfe vom 15. bis zum 17. Jahrhundert.

508. Zimmermann-Deißler, Eva: Vier Meister mittelrheinischer Plastik um 1400. In: Städel-Jahrbuch 3/4 (1924) S. 9–48.

Verf. meint, das Vorbild für das Denkmal des EBs Adolph I. von Nassau (gest. 1390) sei das qualitativ höherstehende Wandgrabmal des Trierer EBs Kuno von Falkenstein (gest. 1388) in der St. Kastor-Kirche in Koblenz gewesen: S. 18. – Um 1400 fällt das Relief mit dem hl. Martin (Taf. III, S. 19–20) im Südflügel über der Tür zur Kapitelstube (Kautzsch/Neeb: S. 400–401). – Memorienportal: S. 33–38 (Taf. X-XII), es wird Friedrich von Saarwerden zugewiesen. – Schlußstein des Kreuzganges (Maria mit dem Kind): Abb. 28, Text: S. 37.

3. Epitaphien

Erzbischof Siegfried III. (gest. 1249) und Erzbischof Peter von Aspelt (gest. 1320)

509. Müller, Franz Hubert: Das Grabmonument des Mainzer Erzbischofs Siegfried III. (des jüngern), im Dome zu Mainz. In: Beiträge zur teutschen Kunst und Kunstgeschichte durch Kunstdenkmale mit vorzüglicher Berücksichtigung des Mittelalters 1 (1832) S. 21–24. Auch 2. Auflage 1837. S. 20–23.

510. Neeb, E(rnst): Ein verschwundenes Erzbischofsdenkmal des Mainzer Domes. In: Mainzer Zeitschrift 3 (1908) S. 111–115.

Verf. vergleicht das Grabdenkmal EB Siegfrieds III. mit den 1804 gefundenen Resten eines Grabdenkmals, das für EB Gerhard II. von Eppstein oder EB Werner hergestellt worden sein könnte.

511. Paatz, Walter: Die Magdeburger Plastik um die Mitte des XIII. Jahrhunderts. In: Jahrbuch der preuszischen Kunstsammlungen 46 (1925) S. 91 – 120.
Verf. vergleicht das Kaiser-Otto-Denkmal in Magdeburg mit dem Grabstein des EBs Siegfried III. v. Eppstein (S. 118 – 120): „... das Eppstein-Monument ist nicht von der Hand des Otto-Denkmal-Meisters, später und beeinflußt von der Magdeburger Gruppe." (S. 120). Entstehungszeit des Eppstein-Denkmals: „bald nach 1249" (S. 119).

512. Schrohe, H(einrich): Die Grabsteine der Erzbischöfe Siegfried III. und Peter von Aspelt im Mainzer Dom. In: Schrohe, H(einrich): Aus der Mainzer Vergangenheit. Aufsätze zur Belebung des Geschichtsunterrichts. (= Beilage zum Jahresbericht des Hessischen Gymnasiums in Mainz 1928/1929). Mainz 1929. S. 19 – 21.
Auszug aus Schrohe, Nr. #513.

513. Schrohe, H(einrich): Reichsgeschichtliches auf Mainzer Denkmälern. In: Zeitschrift des Vereins zur Erforschung der rheinischen Geschichte und Alterthümer Mainz 4 (1893 – 1905) S. 582 – 603.
Die Grabsteine der Erzbischöfe Siegfried III. und Peter: S. 582 – 592.

Heinrich von Meißen, genannt Frauenlob (gest. 1318)

514. Braun, G(eorg) C(hristian): Heinrich Frauenlob's Leben. In: Quartalblätter des Vereines für Literatur und Kunst zu Mainz 3 (1832) S. 8 – 33.
S. 20 – 33: Frauenlobs Tod, Begräbniß und Denkstein. Kritische Beschreibung des Grabsteins im Kreuzgang.

515. F(alk), F(ranz): Der Mariendichter Heinrich Frauenlob. In: Mainzer Journal Nr. 112 vom 14. Mai 1904.
Der Gedenkstein im Domkreuzgang wird nur kurz erwähnt.

516. F(alk), F(ranz): Todestag des Heinrich Frauenlob. Zum 29. November. In: Mainzer Journal Nr. 279 vom 30. November 1901.
Grabsteine im Domkreuzgang. Detaillierte Beschreibung.

517. Heinrich Frauenlob's Grabmal in Mainz. In: Illustriertes Unterhaltungs-Blatt. Sonntags-Beilage zum Mainzer Tagblatt Nr. 21 von 1878, S. 163. Abb. S. 161.

518. Hildebrand, Alexander: Der Erzbischof und sein Chronist. Peter von Aspelt aus der Sicht Ottokars von Steiermark. In: Mainzer Almanach. Beiträge aus Geschichte und Gegenwart 1970/71, S. 66 – 84.
S. 66: Beschreibung und Umschrift des Grabdenkmals. S. 77 – 78: Exkurs zu Frauenlob.

519. Hildebrand, Alexander: „Frauenlob", zu Heinrichs von Meißen 650. Todestag. In: Mainzer Almanach. Beiträge aus Geschichte und Gegenwart 1968, S. 182 – 186.
Kurz auch über Frauenlobs Grabstein im Kreuzgang (S. 182). Weiterführende Literatur zu Heinrich von Meißen (S. 185 – 186).

520. Mathy, Helmut: Namen in Mainzer Straßen. X. Frauenlob (um 12691318). In: Mainz. Vierteljahreshefte für Kultur, Politik, Wirtschaft, Geschichte 4 (1984) Heft 2, S. 72 – 76.
Kurz auch über: Denkmal des EBs Peter von Aspelt (S. 73) und des Dichters Frauenlob im Domkreuzgang (S. 72).

521. Neeb, Ernst: Heinrich Frauenlobs Grab und ältester Grabstein im Domkreuzgang zu Mainz. In: Mainzer Zeitschrift 14 (1919) S. 43 – 46.

522. Otten, Frank: Ludwig Michael Schwanthaler 1802 – 1848. Phil. Diss. München 1967. Masch. Auch: (= Studien zur Kunst des 19. Jahrhunderts, 12). München 1970.
Frauenlobdenkmal: In Diss.: Grabmal des Frauenlobs: S. 153 (keine Abb.). – Ausgabe München 1970: S. 141 und Abb. 22.

523. Peter, Brunhilde: Die theologisch-philosophische Gedankenwelt des Heinrich Frauenlob (= QAMrhKG, 2). Speyer 1957.
Leben und Grabdenkmal: S. 1 – 4.

524. Pfannmüller, Ludwig: Frauenlobs Begräbnis. In: Beiträge zur Geschichte der deutschen Sprache und Literatur 38 (1913) S. 548 – 559.
Denkmal: S. 553 – 554.

525. Rigel, Fritz: Frauenlob. In: Rheinischer Volkskalender 53 (1930) S. 50.
Gedicht und Abb. des Frauenlobdenkmals von L. Schwanthaler im Kreuzgang des Mainzer Domes, 1842 errichtet.

526. Vom Frauenlob-Denkmal in Mainz. Die Meistersinger und Heinrich von Meißen. Gez.: G. In: Mainzer Warte Nr. 6 vom 11. Februar 1928.

527. Werminghoff, Albert: Der Frauenlobstein im Kreuzgang des Mainzer Domes. In: Mainzer Zeitschrift 14 (1919) S. 39 – 43.
1783 angefertigt, nicht 1318.

Konrad von Kreuznach (gest. 1368)

528. Falk, (Franz): Der Minnesinger Conrad von Kreuznach im Mainzer Dom. In: Monatsschrift für rheinisch-westfälische Geschichtsforschung und Alterthumskunde 2 (1876) S. 459 – 460.
Verschollenes Epitaphfragment von Gudenus, Nr. #117, Bd. 2, S. 894, noch beschrieben. Es stand neben einem Grabstein von Henne Neffe, genannt Witzhenne, der wohl als Steinmetz im Dom gearbeitet hat.

529. (Falk, Franz): Die Stiftung des Fiedler's Conrad von Kreuznach am Dome zu Mainz. In: Der Katholik 76 (1896) I (= 3. F. 13. Bd.), S. 93 – 96.

530. Neeb, E(rnst): Der Fiedler Konrad von Kreuznach. In: Festschrift zur Jahrhundertfeier des Gymnasiums und Realgymnasiums zu Kreuznach 1819 – 1919. Bad Kreuznach 1920. S. 83 – 87.
Zeichnung vom Grabstein Konrads von Kreuznach, die 1806 von J. Lindenschmitt angefertigt wurde. Der Grabstein war in der Wand des Ostflügels des Domkreuzganges eingelassen. Der Grabstein gehört „zu den ganz vereinzelten Stücken, die sich aus dem alten romanischen Kreuzgang in den heutigen gotischen hinübergerettet hatten." (S. 86).

Petermann gen. Boderam (gest. 1381)

531. Grabplatte im Domkreuzgang mit dem Wappen der Gensfleisch. In: Mainzer Journal Nr. 144 vom 23. Juni 1900.
Stein stammt aus der abgebrochenen Mauritiuskirche und erhielt 1809 seine neue Stelle in der Memorie. 1870 wurde er in den Kreuzgang geschafft.

Andreas von Hohenlohe (gest. 1391)

532. F(alk, Franz): Das Geschlecht der Hohenlohe am Dome zu Mainz. In: Mainzer Journal Nr. 263 vom 10. November 1893.
Andreas von Hohenlohe liegt unter der südlichen Orgelbühne begraben.

Erzbischof Konrad II. von Weinsberg (gest. 1396)

533. Arens, Fritz (Viktor): Das Würzburger Rationale an einem Mainzer Erzbischofsgrabmal. In: Mainfränkisches Jahrbuch für Geschichte und Kunst 27 (1975) S. 82–86.
Das Grabdenkmal gehört zum Typus der „Ewigen Anbetung" der Grabmalsfiguren vor einem Altar (hier: Dreikönigsaltar am südlichen Vierungspfeiler). Vgl. zum Denkmal auch: Börger, Nr. #491, S. 25, und Pinder, Nr. #505, S. 125–126. Beide weisen auf die überraschend große Ähnlichkeit des Denkmals mit dem Denkmal des Würzburger Bs Gerhard von Schwarzburg (gest. 1400) im Dom zu Würzburg hin. Arens macht besonders auf die falsche Darstellung des Palliums beim Mainzer Denkmal aufmerksam.

534. Kerber, Ottmar: Kunst im Wandel der Zeitalter. Die Gesetzlichkeit ihrer Entfaltung. Stuttgart 1949.
Grabmal: S. 228–229. Abb. 114. – Memorienportal: S. 233–241. Abb. 115–117.

Erzbischof Johann II. von Nassau (gest. 1419)

535. Schmitt, Otto: Des hl. Rufus Denkmal in Gau-Odernheim. In: Hessen-Kunst. Jahrbuch für Kunst- und Denkmalpflege in Hessen und im Rhein-Main-Gebiet 17 (1923) S. 37.
Vergleich mit dem Grabmal des Erzbischofs.

Erzbischof Konrad III. Rheingraf von Daun (gest. 1434)

536. Habicht, V.C.: Die älteren Figuren am Rathaus zu Ulm. In: Zeitschrift für christliche Kunst 25 (1912) S. 169–182.
S. 179: Grabmal.

537. Klingelschmitt, Franz Theodor: Ein neu entdecktes Porträt Kurfürst Konrads III. In: Mainzer Journal. Beilage: Feierstunde Nr. 201 vom 29. August 1912.
Grabdenkmal im Mainzer Dom und eine Kurfürstenstatue in Ulm.

Domdekan Peter von Udenheim (gest. 1448)

538. F(al)k, (Franz): Udenheim in Rheinhessen. (Dorf, Geschlecht, Kirche). In: Mainzer Journal Nr. 207 und 214 vom 6. und 15. September 1902.
Der Domdekan wurde im Ostchor begraben.

Pedell Johannes Ysenecher (gest. 1459)

539. S(chneider), F(riedrich): Eine Mainzer Gerichtsperson aus dem 15. Jahrhundert. In: Rheinische Blätter für Unterhaltung und gemeinnütziges Wirken. Beilage zum Mainzer Abendblatt (= Beiblatt zum Mainzer Journal) Nr. 42 vom 20. Februar 1872. S. 164–166.
Grabinschrift des Pedells am Mainzer Geistlichen Gericht befindet sich am Kreuzganggarten.

Domkantor Ulrich von Bickenbach (gest. 1469)

540. Möller, Walther: Urkundliche Geschichte der Edelherren von Bickenbach. In: Archiv für hessische Geschichte und Altertumskunde NF 16 (1930) S. 87–130. 337–410.
S. 363–364. 377: Er wurde vor dem St. Ägidii-Altar im Kreuzgang beigesetzt.

Erzbischof Diether von Isenburg (gest. 1482)

541. Paatz, Walter: Eine kleine Schnitzfigur aus der Nachfolge des Nicolaus Gerhaert. In: Studien zur Kunst des Oberrheins. FS für Werner Noack. Konstanz und Freiburg 1959. S. 99 – 100.
S. 100 über das Denkmal, das von einem mittelrheinischen Nachfolger des Nikolaus Gerhaert geschaffen worden sei.

Domdekan Bernhard von Breidenbach (gest. 1497)

542. Faerber, Leo M.: Grabmal des Bernhard von Breidenbach im Dom zu Mainz. In: Mainzer Kalender 1947, S. 21.
Gedicht.

543. Müller, Franz Hubert: Das Grabmonument Bernhards von Breidenbach im Dome zu Mainz. In: Beiträge zur teutschen Kunst und Kunstgeschichte durch Kunstdenkmale mit vorzüglicher Berücksichtigung des Mittelalters 2 (1833) S. 3 – 6. Auch 2. Auflage 1837, S. 3 – 6.

4. Adalbert-Meister / Hans von Düren / Magister Valentinus de Moguntia

544. F(al)k, (Franz): Epigramm Sebastian Brant's auf die Grablegungsgruppe im Mainzer Dom. In: Mainzer Journal Nr. 72 vom 26. März 1902. Auch in: Der Katholik 82 (1902) I (= 3. F. 25. Bd.), S. 287 – 288.
Grablegung, von Emicho von Breithart (gest. 1495), für die Liebfrauenkirche gestiftet. Das Epigramm von Sebastian Brant ist erstmals 1498 in Basel publiziert worden. Artikel betrifft auch die aus Stein gefertigte Madonna mit dem Jesuskind, Ende 15. Jahrhundert im Kreuzgang aufgestellt. – Falk zählt außerdem eine Reihe von Bildwerken und Denkmälern auf, die früher im Kreuzgang standen, jetzt aber verschollen sind.

545. Götz, Ernst: Das Steinmetzzeichen des Bildhauers Hans von Düren. In: Wetterauer Geschichtsblätter 7/8 (1959) S. 176.
U.a. am Ägidienchörlein.

546. Gottron, Adam (Bernhard): Die Grablegung im Mainzer Dom. Mainz 1946.
„Um 1495 ließ der Kanonikus Emicho Breithart von einem unbekannten Steinmetz (vielleicht von Valentinus Lapicida) für die Liebfrauenkirche in Mainz eine Grablegung machen." (S. 3). 1828 ließ Domdekan Franz Werner diese Gruppe im Dom aufstellen. Hier meditative Betrachtung der Grablegung mit Gebeten. Detaillierte Abbildungen.

547. Die Grablegung Christi im Mainzer Dom. In: Mainzer Journal. Beilage: Feierstunde Nr. 83 vom 8. April 1909, S. 3.
Beschreibung der gotischen Gruppe. Abb. S. 1.

548. Klingelschmitt, Fr(anz) Th(eodor): Ein Mainzer Madonnenrelief von 1484. In: Hessenkunst. Jahrbuch für Kunst und Denkmalpflege in Hessen und im Rhein-Main-Gebiet 9 (1914) S. 15 – 17.
Adalbert-Meister. Das Relief befindet sich im Kreuzgang. Es stammt aus der zerstörten Liebfrauenkirche.

549. Klingelschmitt, Franz Theodor: Magister Valentinus lapicida de Maguntia. In: Jahrbuch für das Bistum Mainz 2 (1947) II, S. 227 – 233.
Am 22.11.1473 besichtigte der Steinmetz Valentin von Hungen mit anderen Meistern den Ostturm. Über dessen Bau war zwischen dem Zimmermann Morehenne und dem Dombaumeister Nikolaus Eseler Streit entstanden. Das Domkapitel entschied sich für die Ausführungen Valentin von Hungens. Klingelschmitt schließt daraus, daß von Hungen mindestens denselben, wenn nicht einen größeren Ruhm als der berühmte Nikolaus Eseler in Mainz genossen haben muß.

550. Klingelschmitt, Franz Theodor: Magister Valentinus Lapicida de Moguntia. Ein Beitrag zur Mainzer Kunstgeschichte des 15. Jahrhunderts. Phil. Diss. Gießen 1918.

Das Denkmal Adalberts von Sachsen und die Madonna der Palästinafahrer: S. 11 – 21 (Administrator Adalbert von Sachsen, gest. am 1. Mai 1484; Grabmal im Mittelschiff; neben ihm die Darstellung eines Bischofs, d.i. der Stiftspatron St. Martin in einer seltenen ikonographischen Auffassung (S. 11 – 16). Madonna: ursprünglich in der Liebfrauenkirche, jetzt in der Ostwand des Ostflügels des Domkreuzgangs eingelassen (S. 16 – 21). – Die Grabmäler der Sachsengruppe: S. 21 – 32 (im Kreuzganggarten Dammo von Praunheim (gest. 3. November 1483): S. 21 – 22; Salantin von Isenburg (gest. 1482): S. 22 – 23); Grabstein im Ostflügel des Kreuganges, Grabmal des Volpert von Ders (gest. 1478), Domkreuzgang: S. 23 – 24; Grabstein des Domscholasters Gerhard von Ehrenberg (gest. 1498), im Kreuzgang: S. 29 – 30; Denkmal des Domdekans Bernhard von Breidenbach (gest. 1497): S. 30 – 32). – Die Grablegung in Mainz (in der Magnuskapelle): S. 33 – 37. – Die Kunst des Strohhutmeisters und ihre Herkunft: S. 45 – 56 (passim über andere Denkmäler im Dom). – Mögliche Frühwerke und Schulwerke: S. 56 – 66 (Grabstein des Domsängers Konrad Rau von Holzhausen, gest. 1464, das heute mit dem des Gerhard von Ehrenberg zusammen in einem Rahmen gefaßt ist: S. 56 – 58; Grabmal des Kanonikus Peter, gest. 1506, im Kreuzgang: S. 66).

551. Köster, Kurt: Kunstgeschichtliches aus Breithardt. In: Der Untertaunus. Heimat-Jahrbuch des Untertaunuskreises 1953. Idstein 1952. S. 73 – 80.

Emicho von Breithardt als Stifter der Mainzer Grablegung von 1492. Köster weist diese Arbeit dem „Magister Valentinus lapicida de Maguntia“ zu.

552. Neeb, (Ernst): Hans von Dürn, ein mittelrheinischer Bildhauer der Spätgotik. In: Mainzer Journal Nr. 58 vom 10. März 1925.

Zusammenfassung eines Vortrages von Otto Schmitt, Frankfurt: Gegen den Versuch von Klingelschmitt, Nr. #549, #550, den Steinmetzen Magister Valentinus de Moguntia mit dem Adalbert-Meister zu identifizieren. Schmitt sieht jedoch eine enge Verbindung zwischen dem Adalbert-Meister und Hans von Dürn.

553. Pinder, Wilhelm: Die deutsche Kunst der Dürerzeit. (= Pinder, Wilhelm: Vom Wesen und Werden deutscher Formen. Geschichtliche Betrachtungen, 3). Leipzig 1940.

Der Mainzer Adalbert-Meister: S. 169 – 170: „Der Name ‚Valentinus de Moguntia‘ ist ihm ohne völlig sichere Beweise angehängt worden... Unter den älteren (Werken) ist das wichtigste das Grabmal des Verwesers Adalbert von Sachsen, der ... schon 1484 starb.“ Dieses Grabmal fesselt „durch eine fast ‚renaissancehafte‘ Klarheit“. (S. 169). Pinder schreibt die Grablegungsgruppe und die Grabplatte des 1498 verstorbenen Kanonikers Bernhard von Breydenbach dem o.g. Meister zu. „Daß in Werken solcher Art der Hausbuchmeister zu spüren sein soll, vermag der Verfasser nicht nachzuerleben.“ (S. 170). – Matthis Gotthart Nithart, der Grünewald: S. 253 – 275. Notiz, daß allein drei Altäre von ihm durch die Schweden verschleppt in der Ostsee versunken sind (S. 254). – Hans Backoffen: S. 316 – 319, schuf das Grabmal Uriels von Gemmingen (S. 316).

554. Schmitt, Otto: Hans von Düren. SD aus: Schriften des historischen Museums Frankfurt, 1. Frankfurt a.M. 1925.

Schmitt wendet sich scharf gegen die Thesen Klingelschmitt's, Nr. #550, durch den „das schon an sich nicht ganz einfache Problem des Adalbertmeisters durch die Verquickung mit dem Steinmetzen Valentin noch kompliziert worden ist“. (SD, S. 2). Schmitt schreibt u.a. die Figur des hl. Martinus zu Pferd über der Tür zur Schatzkammer Hans von Düren (um 1501) zu. (SD, S. 2 und S. 20, Anm. 42). Dagegen Gottron, Nr. #443, S. 43.

555. Solms-Laubach, Ernstotto Graf zu: Der Hausbuchmeister. In: Städel-Jahrbuch 9 (1935/36) S. 13 – 96.

Kap. II: Der Hausbuchmeister und Deutschland (S. 40 – 69); darin ausführlich das Grabmal von Adalbert von Sachsen (Abb. 72 – 74. 77. 79), Grabmal von Bernhard von Breidenbach (Abb. 82 – 83) und Grablegung aus Liebfrauen, heute im Mainzer Dom (Abb. 85).

556. Spanner, Werner: Die Grablegung im Mainzer Dom. Ein Beitrag zu ihrer ikonographischen und stilistischen Herkunft und Einordnung. In: Mainzer Almanach. Beiträge aus Geschichte und Gegenwart 1958, S. 44 – 60.

1495 für die Liebfrauenkirche gestiftet, nach deren Abbruch in den Dom überführt; heute: an der Schmalwand der Bassenheimer Kapelle aufgestellt; Künstlername unbekannt, nach seinem Grabmal des 1482 gestorbenen Administrators Adalbert von Sachsen ist er als Albertusmeister oder Meister des Adalbertgrabes in die Kunstgeschichte eingegangen.

557. Wertheimer, Otto: Nicolaus Gerhaert. Seine Kunst und seine Wirkung. (= Jahresgabe des deutschen Vereins für Kunstwissenschaft 1929). Berlin 1929.

„...die oberen Seitenfiguren des Grabmals Adalberts von Sachsen ... sind mit Recht mit Gerhaert in Verbindung gesetzt worden.“ (S. 71). Passim: Grabmal des EBs Konrad von Daun: S. 39.

5. Diversa

558. (Falk, Franz): Der „Atzmann“ in mittelrheinischen Kirchen. In: Geschichtsblätter für die mittelrheinischen Bisthümer 1 (1883 – 1884) Sp. 12 – 13.

Ehemals im Dom: festes, steinernes Lesepult in Gestalt eines Leviten. Arens, Nr. #482, S. 334: Schöpfung des Naumburger Meisters?

559. F(alk, Franz?): Friedberg in der Wetterau. In: Mainzer Journal Nr. 237 und 238 vom 11. und 12. Oktober 1907.

Über die gotische Stadtkirche. Passim auch über die Wetzmarken im Mainzer Dom (vgl. Nr. #563). – Nr. 238 ist gez.: -k.

560. (Falk, Franz): Der Glocken- und Kunstgießer Johann von Mainz um 1330. In: Geschichtsblätter für die mittelrheinischen Bisthümer 2 (1884 – 1885) Sp. 146 – 149.

Das 1328 von Johann geschaffene Taufbecken der Liebfrauenkirche, seit 1804 im Mainzer Dom.

561. F(alk), F(ranz): Die Verehrung der hl. Anna im 15. Jahrhundert und die Immaculata-Lehre. In: Der Katholik 83 (1903) II (= 3. F. 28. Bd.), S. 46 – 55.

Darin auch (S. 51) über den Schreinaltar, ehemals in der Barbarakapelle, seit 1928 im Dommuseum, der aus Wechselberg in Sachsen stamme. – Vgl. dazu auch: Allgemeine Zeitung Mainz 18./19. April 1964 und Arens, Nr. #1, S. 110.

562. Hentschel, Walter: Denkmale sächsischer Kunst. Die Verluste des Zweiten Weltkrieges. (= Schriften zur Kunstgeschichte, 15). Berlin 1973.

Die Figuren des Schreinaltars, ehemals in der Barbarakapelle, seit 1928 im Dommuseum, stammen von dem sächsischen Künstler Franz Geringswald (Iheringswalde): vgl. S. 39, 45, 48 und Abb. 141 – 144.

563. Klingelschmitt, Franz Theodor: Wetzmarken an Mainzer Kirchen. In: Mainzer Journal Nr. 267 vom 16. November 1907.

Dom: Am Pilaster links von dem Weihwasserbecken in der südlichen Eingangshalle der Ostseite. Auch an den Strebepfeilern rechts und links von der kleinen Tür, die aus der Margarethenkapelle in den Domgarten führt: Mone und Fr. Schneider meinen, daß die Zünfte beim Ausmarsch gegen die Feinde der Stadt ihre Waffen an den Kirchen geschliffen hätten, um sie dadurch zu weihen. Verf. weist jedoch nach, daß es Wetzmarken auch an weltlichen Gebäuden gab. Dazu: Waller: Die Wetzmarken. In: Mainzer Journal Nr. 270 vom 20. November 1907. Dazu Klingelschmitt, Franz Theodor: Wetzmarken an Mainzer Kirchen. In: Mainzer Journal Nr. 282 vom 4. Dezember 1907.

564. Die Kreuzaltäre in den Stifts- und Klosterkirchen des Mittelalters. In: Mainzer Journal Nr. 256 vom 3. November 1906.

Dom: Kreuzaltar, darüber ein Triumphkreuz.

565. Schneider, Friedrich: Die Brandenburgische Domstifts-Kurie zu Mainz. In: Hohenzollern-Jahrbuch 3 (1899) S. 34 – 48. ND in: Schneider, Friedrich: Kunstwissenschaftliche Studien. Gesammelte Aufsätze. Bd. 1: Kurmainzer Kunst. Hrsg. v. Erwin Hensler. Wiesbaden 1913. S. 104 – 127.

Das Brandenburgische Wappen, heute im Dom beim Fastrada-Stein: S. 121 – 123. – Auch über Darstellung des Hl. Martin, Relief im Domkreuzgang (um 1400): S. 123 – 124.

VII. DER DOM IN DER ZEIT DER RENAISSANCE UND DES FRÜHBAROCK (bis ca. 1650)

1. Übergreifende Beiträge

566. Bruhns, Leo: Würzburger Bildhauer der Renaissance und des werdenden Barock 1540–1650. München 1923.

Literaturverzeichnis (S. 565–572) weist ältere Werke zu den behandelten Künstlern nach. Folgende Werke des Mainzer Domes sind abgebildet und ausführlich beschrieben: Das Brendelsche Chorgestühl aus der abgebrochenen St. Gangolph-Hofkirche, das Verf. Georg Robyn zuschreibt „in dem Sinne, daß er die Entwürfe geliefert und die Ausführung überwacht habe" (S. 151; Chorgestühl: S. 147–152. Abb. 39). – Johann Robyn, Grabmal der Familie v.d. Gablentz, 1590: S. 159–162 (Taf. 2). – Johann Robyn (?), Erhard Barg (?) und Nikolaus Dickhart (?): Dornenkrönung und Geißelung, Alabasterreliefs, Kreuzgang: S. 158–159 (Abb. 50 und 51). – Nikolaus Dickhart: Epitaphaltar des Bischofs Cratz von Scharpfenstein, 1604: S. 265–266 (Abb. 70). – Johannes Juncker: Nassauer Altar, 1603: S. 262–263 (Abb. 69), Aufsatz des Epitaphs des Wennemar v. Bodelschwingh (gest. 1605): S. 269 (Abb. 71), Grabmal des EBs Wolfgang von Dalberg, 1607: S. 269–272 (Abb. 73), Hauptrelief des Epitaphaltars des Theoderich Waltboth v. Bassenheim (gest. 1610): S. 292–294 (Abb. 74). – Johannes Juncker, Peter Osten u.a.: Grabmal des Wormser Bischofs Georg von Schönberg (gest. 1595): S. 137–138 (Abb. 75).

567. Falk, (Franz): Tapezereien im Chor des Domes zu Mainz. In: Zeitschrift für christliche Kunst 1 (1888) Sp. 250. Auch in: Mainzer Journal Nr. 213 vom 13. September 1932.

Teppiche, von EB Albrecht in Auftrag gegeben, von Albrecht Alcibiades 1552 geraubt.

568. F(alk), F(ranz): Zur Geschichte der Glöckner-Schlafkammer im Dome zu Mainz 1573. In: Mainzer Journal Nr. 206 vom 4. September 1897.

569. Hoth, Dietmar: Die Epitaphien in der Memorie des Mainzer Doms. In: Mainz und der Mittelrhein in der europäischen Kunstgeschichte. Studien für Wolfgang Fritz Volbach zu seinem 70. Geburtstag. (= Forschungen zur Kunstgeschichte und christlichen Archäologie, 6). Wiesbaden 1966. S. 425–436.

Betr. die Epitaphien von Konrad von Liebenstein, gest. 1536, von Martin von Heusenstamm, gest. 1550, und von Georg Göler von Ravensburg, gest. 1558, an der Westwand der Memorie.

570. Kahle, Hertha: Studien zu Mittelrheinischen Plastik des 16. Jahrhunderts. (= Kunstgeschichtliche Forschungen des Rheinischen Vereins für Denkmalpflege und Heimatschutz, 5). Bonn 1939.

Denkmal der Familie Specht von Bubenheim, um 1520, Meister: von St. Johannisberg (?): S. 44. – Denkmal des EBs Albrecht von Brandenburg, Meister: Dietrich Schro: S. 80, Abb. 25. – Denkmal des EBs Sebastian von Heusenstamm, Meister: Dietrich Schro: S. 80, Abb. 26. – Denkmal der Familie Brendel von Homburg, 1563, Meister: Endres Wolf: S. 82. – Dommemorie: Denkmal des Konrad von Liebenstein (gest. 1536), Meister: Dietrich Schro: S. 80, Abb. 24. – Denkmal des Georg Göler von Ravensburg (gest. 1558), dat. 1564, Meister: Dietrich Schro: S. 80.

571. Lauer, Julian O.F.M.: Ein unbekannter Retter des Mainzer Domes aus dem Jahre 1552. In: Mainzer Journal Nr. 247 vom 22. Oktober 1928.

Pater Johannes Ferus (Wild), Domprediger zu Mainz, verhinderte die Plünderung des Domes 1552.

572. (Schneide)r, F(riedrich): Alte Wandmalerei im Dom. In: Mainzer Journal Nr. 183 vom 8. August 1902.

Wandgemälde vom Jüngsten Gericht, ca. 16. Jahrhundert, in der Allerheiligen- und Dionysius-Kapelle.

573. Schneider, Friedrich: Ein Mainzer Domherr der erzstiftlichen Zeit. Wennemar von Bodelschwingh 1558–1605. Leben, Haus und Habe. Freiburg i.Brsg. 1907.

S. 59–64 über die Errichtung der neuen Pfarrkanzel 1585–1587 durch Gerhard Wolff. Sie wurde in den dreißiger Jahren des 19. Jahrhunderts entfernt. – Bodelschwingh's Denkmal im Dom: S. 141–143. Taf. 4: Grabstätte ist durch das 1868 hierher aus dem Ostchor übertragene Taufbecken verdeckt. Die mittelalterliche Darstellung des Christus am Ölberg steht in keinem sachlichen Zusammenhang mit dem Denkmal, das auf die Ölberg-Gruppe gesetzt wurde. 1839 Nachbesserung der Farben durch Maler Franz Gräf. – Rez. H(einrich Schrohe) unter dem Titel: „Ein kulturgeschichtliches Werk des Herrn Prälaten Dr. Schneider". In: Mainzer Journal Nr. 190 vom 17. August 1907.

574. Schneider, Friedrich: Künstler und Kunstwerke der Renaissance in Mainz. In: Correspondenzblatt des Gesammtvereines der deutschen Geschichts- und Alterthumsvereine 24 (1876) S. 53 – 55. 61 – 62.

Teppiche mit dem Wappen EBs Albrecht von Brandenburg (S. 61); Denkmal des EBs Sebastian von Heusenstamm (S. 61 – 62); Denkmal des EBs Uriel von Gemmingen (S. 62).

575. S(chneider), F(riedrich): Die Wächterstube im Dom zu Mainz. In: Mainzer Journal Nr. 200 vom 28. August 1897. Auch SD Mainz 1897. ND in: Schneider, Friedrich: Kunstwissenschaftliche Studien. Gesammelte Aufsätze. Bd. 1: Kurmainzer Kunst. Hrsg. v. Erwin Hensler. Wiesbaden 1913. S. 90 – 94. Auch in: Martinus-Blatt Nr. 31 von 1936. „Nach dem Sonderdruck aus dem Mainzer Journal vom 18. (sic!) August 1897, Nr. 200".

Aufzeichnungen aus einem Kalender des Mainzer Domvikars Johannes Krug (14.3.1525 – 22.9.1556), die teilweise von dessen Bruder herrühren, geben Aufschluß über den am 19.2.1572 verbrannten hölzernen Erker: das „Glockners Kammerlin" diente jenem Dombediensteten, dem die Sorge um die Glocken und wohl der Feuer- und Sicherheitsdienst oblag. 1573 wurde der ehemals hölzerne Erker in fester Steinbauweise erneuert. Baumeister: Robin (?).

576. (Schneider, Friedrich): Zur Kunstgeschichte von Mainz. In: Mainzer Journal Nr. 236 vom 9. October 1897. Erstveröffentlichung unter dem Titel „Aus Mainz", in: Blätter für Architektur und Kunsthandwerk 10 (1897) S. 1 – 2. Auch SD Mainz 1897.

Überblick 15. bis 19. Jahrhundert. Nennung der wichtigsten Künstler, ohne Hervorhebung ihrer Arbeiten am Dom.

577. Schrohe, Heinrich: Aufsätze und Nachweise zur Mainzer Kunstgeschichte. (= Beiträge zur Geschichte der Stadt Mainz, 2). Mainz 1912.

Folgende Aufsätze betreffen den Mainzer Dom unmittelbar: 1.: Jakob Major (Maeior) aus Cammerich als Schöpfer des Denkmals, das dem Mainzer Vizedominus Heinrich von Selbold († 1578) im Domkreuzgang errichtet wurde: S. 1 – 2. – 2.: Meister Nikolaus Dickhart und seine Werke im Mainzer Dom: S. 2 – 4 (Denkmal des Domherrn Heinrich von Nassau und des Wennemars von Bodelschwingh; Grabdenkmal des Domdekans Philipp Cratz von Scharfenstein verbunden mit dem Altar in der Allerheiligenkapelle; Bassenheimer Altar; Denkmal des EBs Daniel Brendel von Homburg; Dickhart wurde am 16.9.1624 beerdigt). – 6.: Das heutige Chorgestühl des Mainzer Domes in seiner Entstehungsgeschichte: S. 14 – 32. – 9.: Der Stückgiesser Martin Roth im Dienste des Mainzer Domkapitels (1751 – 1776): S. 70 – 75 (Roth goß nach dem Dombrand vom 22./23. Mai 1767 neue Glocken, die jedoch schon am 29./30. Juni 1793 bei der Beschießung der Stadt Mainz zugrunde gingen). – 10.: Tagebuchartige Aufzeichnungen eines Mainzer Bildhauers: S. 75 – 78 (Name unbekannt, arbeitete vielleicht selbständig unter Nikolaus Dickhart im Mainzer Dom, Anfang 17. Jh.). – 11.: Nachweise zur Mainzer Kunstgeschichte: S. 79 – 182 (Über Bildhauer, Maler, Glasmaler, Kupferstecher, sonstige Künstler und Kunsthandwerker, die tw. auch am Mainzer Dom gearbeitet haben). – 12.: Zur Geschichte des Glockengusses in Mainz: S. 182 – 204 (Auch Domglocken). – Das detaillierte Register (S. 254 – 280), bes. S. 256 – 257: Dom, Domhäuser, ist vor allem für Kap. 11 und die übrigen, hier nicht erwähnten Kapitel heranzuziehen, da nur so die Fülle von Daten zur Domgeschichte und zu seinen Künstlern transparent wird.

578. Veit, Andreas Ludwig: Mainzer Domherren vom Ende des 16. bis zum Ausgang des 18. Jahrhunderts in Leben, Haus und Habe. Ein Beitrag zur Geschichte der Kultur der Geistlichkeit. Mainz 1924.

Veit bringt zahlreiche Angaben über Bildhauer, Maler, Steinmetzen etc., welche Kunstwerke im Dom geschaffen haben oder an ihnen tätig gewesen sind. Betr. auch die Wohnungen der Domherren (S. 83 – 130; Dompropstei: S. 86 – 87).

579. Will, Hans: Der vorweggenommene Jesuitenstil. In: Der Katholik Nr. 13 vom 27. März 1932, S. 4 – 5.

2. Albrecht Dürer und Matthias Grünewald

a) Albrecht Dürer

580. Albrecht Dürer und Mainz. Gez.: R.C. In: Mainzer Warte. Wochenschrift für Kultur und Sport, Kritik und Leben Nr. 15 und 16. vom 14. und 21. April 1928.

581. Anzelewsky, Fedja: Albrecht Dürer. Das malerische Werk. (= Jahresgabe des deutschen Vereins für Kunstwissenschaft 1970 – 71). Berlin 1971.
S. 267 – 268 weiterführende Literatur über „Barmherzigkeit“, ein Ecce-homo-Gemälde, ursprünglich im Mainzer Dom. – Rez.: J.K. Rowlands, in: Zeitschrift für Kunstgeschichte 36 (1973) S. 209 – 212.

582. Burkard, Hans: Eine Copie des verschwundenen Dürerbildes „Barmherzigkeit“. In: Mainzer Zeitschrift Nr. 15/16 (1920/1921) S. 80 – 83.
Kopie heute in der Galerie des Schlosses Weißenstein bei Pommersfelden.

583. Fischer, Klaus: Fränkische Bauern bei der Kreuztragung. Ein Dürermotiv am Bassenheimer Altar des Mainzer Domes. In: Allgemeine Zeitung (Mainz) vom 2. April 1949.
Die Gruppe der drei Bauern in dem Relief der Kreuztragung am Bassenheimer Altar ist von einem Kupferstich Albrecht Dürers übernommen.

584. Heller, Joseph: Die gräflich Schönborn'sche Gemälde-Sammlung zu Schloß Weißenstein in Pommersfelden. Bamberg 1845.
S. 36: Das Ecce-homo-Bild wird der Dürer'schen Schule zugewiesen.

585. Meßmer, (J.A.): Ein Gemälde Albrecht Dürer's zu Mainz. In: Anzeiger für Kunde der deutschen Vorzeit. NF. Organ des Germanischen Museums 23 (1876) Sp. 110.
Brief des Herzogs Maximilian von Bayern an den Domherrn Andlaw zu Mainz. 1615, August 18 aus dem k. Staatsarchiv zu München. – Anfrage des Herzogs, ob das „Ecce-homo“-Bild, das in Mainz anscheinend wenig geschätzt wird („dern man der orten nit ser nachfrage“) nach München ausgeliehen werden könne, um „ein so ähnliche gleichfermige copiam machen und inner solcher Zeit unfelbar an desselben stat lifern zulassen...“

586. Schneider, Friedrich: Albrecht Dürers Tafelgemälde „Barmherzigkeit“ 1523 ehemals im Dom zu Mainz. In: Mainzer Zeitschrift 2 (1907) S. 75 – 87.
Passionsbild, das bis zum 17. Jahrhundert an einem Pfeiler hinter der hohen Kanzel (Südseite) hing. Im Inventarverzeichnis des Domes von Domvikar Bourdon 1727, Nr. #484, ist es nicht mehr aufgeführt. – Vgl. dazu die Rez. von H(einrich Schrohe): Albrecht Dürers Tafelgemälde „Barmherzigkeit“. In: Mainzer Journal Nr. 202 vom 31. August 1907. – Vgl. auch: Ein aus dem Mainzer Dom verschwundener Dürer. Gez.: J.L. In: Mainzer Anzeiger Nr. 196 von 1907. – Vgl. auch: Mainzer Neueste Nachrichten Nr. 196 von 1907.

587. Swarzenski, Hanns: Dürers „Barmherzigkeit“. In: Zeitschrift für Kunstgeschichte 2 (1933) S. 1 – 10.
Swarenski glaubt in dem „Schmerzensmann“ in der Galerie des Grafen von Schönborn auf Schloß Weißenstein, der auf seine Anregung hin restauriert und dabei von Übermalungen befreit wurde, das Original von Dürers „Barmherzigkeit“ zu sehen.

588. Voll, Karl: Neue Beiträge zur Dürer-Forschung. In: Allgemeine Zeitung (München). Beilage zu Nr. 162 von 1907, S. 821 – 824.
Voll weist wohl als erster (so Burkard, Nr. #582, S. 83, Anm. 23) auf den Zusammenhang von der Copie von Dürers „Barmherzigkeit“ in der Galerie des Schlosses Weißenstein bei Pommersfelden mit dem Mainzer Original hin.

b) Matthias Grünewald: die verschollenen Altarbilder – das Fresko im Kapitelsaal – die Marienstatue

Altarbilder

589. Die ‚Abenteuer‘ der heiligen Katharina. Ein verschollenes Mainzer Bild aus dem 16. Jahrhundert in Cleveland? Gez.: M.R. In: Allgemeine Zeitung (Mainz) Nr. 242 vom

18. Oktober 1974, S. 16. – Dazu: Wilhelm Jung: Das Grünewald-Gemälde. In: Allgemeine Zeitung (Mainz) Nr. 243 vom 19./20. Oktober 1974, S. 26.

Das angeblich von Grünewald gemalte und für den Mainzer Dom bestimmte Altarbild erwies sich als Fälschung; so W. Jung (mündlich) im Februar 1985.

590. Behling, Lottlisa: Die Handzeichnungen des Mathis Gothart Nithart genannt Grünewald. Weimar 1955.

S. 52 – 68: Die späten Zeichnungen, die Mainzer Altäre und die Bildnisstudien von 1520 – 1528. Verschollene Kunstwerke aus dem Dom: Marienaltar mit Heiligen, Darstellung des Martyriums von Petrus Martyr oder von St. Alban: S. 52 – 62. – Erwähnt wird auch das Altarbild, die Ermordung des blinden Einsiedlers darstellend (S. 60). Weiterführende Literatur S. 123 – 126.

591. Fischer, Otto: Eine verschollene Altartafel Grünewalds? In: Pantheon. Monatsschrift für Freunde und Sammler der Kunst. Vereinigt mit der Zeitschrift: „Der Cicerone" 14 (1934) S. 237 – 238.

Verf. glaubt in einer Zeichnung mit dem Martyrium des Stephanus eine Spur des untergegangenen Altars Grünewalds aus dem Mainzer Dom gefunden zu haben.

592. Förster, Otto H.: Eine Assunta von Mathis Gothardt? In: Das Münster 3 (1950) S. 207 – 212.

„Der Gedanke der ewigen Liebe ... wäre also das Thema eines jener Altarbilder gewesen, die Mathis Gothardt um 1516 – 20 für den Mainzer Dom geschaffen hat und die wir spurlos verloren glauben mußten, bis uns der Marburger Fund denn doch eine Spur gezeigt hat." (S. 211).

593. Günther, Rudolf: Das Martyrium des Einsiedlers von Mainz. Ein verlorenes Gemälde Grünewalds. Mit Erläuterungen des Gegenständlichen in Grünewalds Kunst. (= Das Neue Münster. Baurisse zu einer deutschen Kultur, 7). Mainz, Wiesbaden 1925.

Beschreibung und Interpretation einer verloren gegangenen Altartafel (um 1520) aus dem Mainzer Dom. Zu Beginn des 19. Jahrhunderts war in Frankfurt noch eine Kopie erhalten. Vgl. dazu: Joachim von Sandrart: Teutsche Akademie der Edlen Bau-, Bild- und Mahlerei-Künste. Nürnberg 1675. S. 236. – Eduard Firmenich-Richartz: Zu Matthias Grünewald. In: Monatshefte für Kunstwissenschaft 5 (1912) S. 96 – 97.

594. Lanckorońska, Maria: Matthäus Neithart Sculptor. Der Meister des Blaubeurer Altars und seine Werke. München 1965.

S. 181 – 194: Grabmäler der EBe Berthold von Henneberg, Jakob von Liebenstein und Uriel von Gemmingen wurden von Dehio, Nr. #611, Backoffen zugeschrieben. Verf. fordert, daß diese Zuordnung neu untersucht werden soll, „um alles auszuscheiden, was nicht ihm (Backoffen), sondern wahrscheinlich Neithart zugehört". (S. 194). – S. 194 – 198: Schöne Madonna mit zwei Bischöfen, ca. 1520, wird ebenfalls Grünewald zugeschrieben. – S. 223 – 230: Literaturnachweise.

595. Rauch, Christian: Mittelrheinische Tonplastik. In: Hessenkunst. Kalender für Kunst- und Denkmalpflege 5 (1910) S. 9 – 13.

Betr. Marienaltar im Mainzer Dom. Statuen sollen in einem „unleugbaren Zusammenhang mit den Skulpturen des Isenheimer Altars stehen" (S. 9, Anm. 1). Dagegen Kautzsch/Neeb, Nr. #149, S. 201, Anm. 2.

596. Ruhmer, Eberhard: Grünewald. Zeichnungen. Gesamtausgabe. Köln 1970.

Zu den Grünewald zugeschriebenen Altären, die 1632 verloren gingen, vgl. (passim): S. 93. 95. 97 – 99; dort auch über den „Marburger Fund" und die Literatur über die dadurch ausgelöste Diskussion. Erwähnt sei hier Friedrich Winkler: Der Marburger Grünewaldfund. In: Zeitschrift für Kunstwissenschaft 6 (1952) S. 155 – 180. Winkler nennt und kommentiert die sich mit dem „Marburger Fund" befassende Literatur, ohne jedoch auf die Frage, ob die Zeichnungen Vorlagen für Altäre des Mainzer Doms waren, einzugehen.

597. Schmid, Heinrich Alfred: Die Gemälde und Zeichnungen von Matthias Grünewald. 2 Bde. Straßburg 1911.

Verschollene Werke: „Drei Altarwerke mit je zwei, außen und innen bemalten Flügeln in drei Kapellen auf der linken Seite des Chors im Mainzer Dom": Mutter Gottes mit Kind, Darstellung eines „blinden Einsiedlers", und ein Altar ohne Beschreibung. (Textband S. 246, vgl. auch S. 302 – 305). – Vgl. dazu: Rez.: Rudolf Kautzsch: Die neuere Literatur über Matthias Grünewald. In: Internationale Monatsschrift für Wissenschaft, Kunst und Technik 7 (1913) Sp. 1393 – 1397. – Kautzsch macht ergänzend aufmerksam auf die „Kopie des Bildes aus dem Mainzer Dom mit dem Martyrium des blinden Einsiedlers, der auf dem Eis erschlagen wird, von Phil. Uffenbach gemalt und bezeichnet (1520!)" (Sp. 1396). – Hinweis auf das Marienbild, 1498 gemalt; vgl. Schmid, S. 276.

598. Zülch, W(alther) K(arl): Die Marburger Grünewald-Zeichnungen. In: Aschaffenburger Jahrbuch 1 (1952) S. 140 – 152.

„Auch die andere Vermutung, der Entwurf sei für einen der 3 Mainzer Altäre (1632 untergegangen) bestimmt gewesen, ist nicht haltbar. Den Inhalt zweier Altäre kennen wir, die Marburger Studien passen nicht dazu.“ (S. 143).

Fresko im Kapitelsaal

599. Feuerstein, Heinr(ich): Matthias Grünewald. (= Buchgemeinde Bonn. Religiöse Schriftenreihe, 6 = Jahresreihe 1930,1). Bonn 1930.

Das Fresko im Kapitelsaal: S. 118 – 120. Abb. 47 – 50. „Grünewald malt 1520 für den Mainzer Dom seine verlorenen drei Altarbilder. Dem Stile nach steht nichts im Wege, das Fresko in diese Zeit zu verweisen.“ (S. 120).

600. Metz, Peter: Ein Wandgemälde im Stile Grünewalds. In: Der Cicerone. Halbmonatsschrift für Künstler, Kunstfreunde und Sammler 21 (1929) S. 281 – 286.

601. Schenk zu Schweinsberg,Eberhard: Die Aufschriften auf den Gemälden des Matthias Grünewald. In: Mainzer Zeitschrift 67/68 (1972/73) S. 188 – 194.

Auch: Fresko-Reste im Kapitelsaal um 1520 entstanden.

Marienstatue, die „Schöne Mainzerin“ (Grünewald? Backoffen? Unbekannter Meister?)

602. Fischel, L(illi): Nikolaus Gerhaert und die Bildhauer der deutschen Spätgotik. München 1944.

S. 43 und 192: Marienstatue, die jedoch weder Gerhaert noch Grünewald zugewiesen werden kann.

603. Hotz, Walter: Meister Mathis der Bildschnitzer. Die Plastik Grünewalds und seines Kreises. (= Veröffentlichungen des Geschichts- und Kunstvereins Aschaffenburg, 5). Aschaffenburg 1961.

Die Muttergottes mit St. Martin und St. Bonifatius im Dom zu Mainz: S. 40 – 45. Weiterführende Literatur zum Werk Grünewalds im Erzbistum Mainz: S. 101 – 119 und passim. – Rez.: A. Schaefer, in: Nassauische Annalen 74 (1936) S. 272 – 274.

604. Medding, Wolfgang: Der Meister der spätgotischen Madonna im Marienaltar des Mainzer Domes. In: Mainz und der Mittelrhein in der europäischen Kunstgeschichte. Studien für Wolfgang Fritz Volbach zu seinem 70. Geburtstag. (= Forschungen zur Kunstgeschichte und christlichen Archäologie, 6). Wiesbaden 1966. S. 355 – 372.

Verf. sieht enge stilistische Zusammenhänge zwischen der Mainzer Dommadonna und den Werken von Hans Wydyz (1497 – 1512 urkundlich nachweisbar) in Freiburg.

605. Rauch, Chr(istian): Die schöne Maria von Mainz und andere Darstellungen der Mutter Gottes am Mittelrhein. In: Hessenkunst. Jahrbuch für Kunst und Denkmalpflege 6 (1911) S. 6 – 10.

Betr. auch die linke Bischofsfigur am Memorienportal, der man eine deutliche Beziehung zur Tonplastik anmerkt.

606. Stegmayer, Franz: Die „Schöne Maria“ im Mainzer Dom. In: Volk und Scholle 6 (1928) S. 118 – 119.

607. Tiemann, Grete: Beiträge zur Geschichte der mittelrheinischen Plastik um 1500. (= Veröffentlichungen der pfälzischen Gesellschaft zur Förderung der Wissenschaften, 10). Speyer 1930.

Die Mutter Gottes mit den zwei Bischöfen im Dom zu Mainz, Bonifatiuskapelle: S. 66 – 71. Verf. schreibt sie Nikolaus von Hagenau zu. Vgl. auch Ortsverzeichnis, S. 93, das Aufschluß über nur passim erwähnte Denkmale des Domes gibt.

3. Die Bildhauer Hans Backoffen sowie Peter und Dietrich Schro

a) Hans Backoffen

608. Bernhardt, Johannes: Der Mainzer Bildhauer Hans Backoffen. Mainz o.J. (1949?).
Die Entwicklung der Mainzer Plastik bis zum Auftreten des Bildhauers Hans Backoffen von Sulzbach: S. 4–5. – Des Meisters Lebensbild: S. 6–11. – Die Schöpfungen des Bildhauers Hans Backoffen: S. 12–17. – Die Backoffen-Schule: S. 17–19. – Verzeichnis der Werke: S. 20–23: A) Die Werke des Adalbertmeisters, Backoffens künstlerischem Vorgänger: – Madonna der Palästinafahrer aus Liebfrauen von 1484, im Kreuzgang. – Denkmal des Administrators Adalbert Prinz von Sachsen (gest. 1484). – Grablegung aus Liebfrauen in Mainz, um 1495. – Grabmal des Domdekans Bernhard von Breidenbach (gest. 1497), im Dom. – Grabmal des Domscholasters Gerhard von Ehrenberg (gest. 1498), im Kreuzgang. B) Die Werke des Bildhauers Hans Backoffen: – Denkmal des EBs Diether von Isenburg, errichtet um 1500. – Denkmal des EBs Berthold von Henneberg (gest. 1504). – Grabplatte des EBs Berthold von Henneberg. – Grabstein des Domherrn Johann Engelbert von Nassau (gest. 1508), im Kreuzgang. – Denkmal des EBs Jakob von Liebenstein (gest. 1508). – Christus als Schmerzensmann, um 1510, im Dom-Museum. – Doppelgrab eines Ehepaares, um 1512, im Kreuzgang. – Grabstein des Kanonikus Rudolf von Gruckenstein (gest. 1513). – Denkmal des EBs Uriel von Gemmingen (gest. 1514). C) Ein unbekannter Zeitgenosse Backoffens: – Drei spätgotische Plastiken (um 1510): Maria inmitten zweier Bischöfe, in der Marienkapelle. D) Werke der Backoffen-Schule: – Gruppe: Christus und Thomas, von 1521. – Grabmal des Domherrn Johannes von Hatstein (Hatstein-Pietà) von 1521, im Kreuzgang. – Martinus-Relief an der ehemaligen „Brandenburgischen Kurie“ um 1525.

609. Bier, Justus: Das Augsburger Simpertusgrabmal ein Jugendwerk Backofens? In: Pantheon 6 (1930) S. 516–520.
Ausführlicher Vergleich mit dem Denkmal des EBs Berthold von Henneberg.

610. Braune-Plathner, Gertrud: Hans Backoffen. Diss. Halle 1934.
Das Henneberg-Denkmal: S. 9–17. – Das Liebenstein-Denkmal: S. 23–28. – Das Gemmingen-Epitaph: S. 40–46.

611. Dehio, Georg: Der Meister des Gemmingendenkmals im Dom zu Mainz. In: Jahrbuch der königlich-preuszischen Kunstsammlungen 30 (1909) S. 139–152.
Hans Backoffen; Artikel betrifft auch die Denkmäler Bertholds von Henneberg und Jakobs von Liebenstein. Backoffen schuf auch das Votivrelief des Scholastikers Dietrich von Zobel, 1526 im Dom errichtet.

612. Kautzsch, Paul: Der Mainzer Bildhauer Hans Backoffen und seine Schule. Leipzig 1911. (= Überarbeitete Fassung seiner philosophischen Dissertation unter dem Titel: Die Werkstatt und Schule des Bildhauers Hans Backoffen in Mainz. Ein Beitrag zur Geschichte der Mainzer Plastik von 1500–1530. Halle a. S. 1909).
Das Hennebergdenkmal Taf. VII,24 und die Frage nach der Herkunft des Meisters: S. 23–29. – Das Liebensteindenkmal Taf. VII,25 und das Streben des Meisters nach einem eigenen Stil: S. 29–33. – Das Gemmingendenkmal Taf. VIII und die anderen Werke des ausgeprägten Stiles: S. 33–41. – Die Thomasgruppe im Mainzer Dom Taf XI,35 (einem Schüler zugeschrieben): S. 56–58. – Fragmente eines Grabmales im Mainzer Domkreuzgang: S. 58. – Die Pietà im Mainzer Domkreuzgang: S. 58–61. – Rez. F(ranz) R(ieffel), in: Mainzer Zeitschrift 7 (1912) S. IV-V.

613. Rauch, Chr(istian): Zur mittelrheinischen Kunst. In: Hessen-Kunst. Jahrbuch für Kunst und Denkmalpflege in Hessen und im Rhein-Main-Gebiet 9 (1914) S. 28–31.
Betr. Hans Backoffen: Denkmal des EBs Jakob von Liebenstein (gest. 1508): S. 29. Denkmal EBs Uriel von Gemmingen (gest. 1514): S. 29–30. – Die Thomasgruppe (1521 entstanden) wird einem Schüler Backoffens zugeschrieben: S. 29.

614. Schaefer, Albert: Hans Backoffen und die mittelrheinische Plastik. In: Nassauische Heimatblätter 45 (1955) S. 41–49.
„Es liegt uns daran, an einem Hauptwerk das Besondere einer Art deutlich zu machen. Wir wählen dazu das Gemmingen-Denkmal.“ (S. 44).

b) Peter und Dietrich Schro

615. Großmann, Otto: Graf Philipp zu Solms. In: Hessen-Kunst. Jahrbuch für Kunst und Denkmalpflege in Hessen und im Rhein-Main-Gebiet 9 (1914) S. 18–22.

Betr. Vita von Dietrich Schro, Künstler der Grabdenkmäler von EB Albrecht von Brandenburg und EB Sebastian von Heusenstamm.

616. Lühmann-Schmid, Irnfriede: Peter Schro. Ein Mainzer Bildhauer und Backoffen-Schüler. Phil. Diss. Mainz 1970. Auch in: Mainzer Zeitschrift 70 (1975) S. 1–62. 71/72 (1976/1977) S. 57–100.

1. Die Christus-Thomas-Gruppe am Pfeiler zwischen südlichem Seitenschiff und Allerheiligenkapelle: 70 (1975) S. 33–36. – 2. Fragmente eines Epitaph-Altares im Domkreuzgang, Südflügel: 70 (1975) S. 41–42. – 3. Das Epitaph des Johann von Hattstein (gest. 1518) im Domkreuzgang, Südflügel: 70 (1975) S. 45–48. – 4. Das Frühwerk des Dietrich Schro (= Liebenstein-Epitaph in der Memorie): 71/72 (1976/9177) S. 88. – 5. Die Grabplatte Albrechts von Brandenburg versuchsweise Dietrich Schro zugeschrieben: 71/72 (1976/1977) S. 90–91. – Die von Dietrich Zobel von Giebelstadt gestiftete Christus-Thomas-Gruppe des Mainzer Domes, das vermutlich von dem in Rom studierenden Kanoniker Marquard von Hattstein in Auftrag gegebene Hattstein-Epitaph im Mainzer Domkreuzgang, der von dem Domherrn Johann Specht von Bubenheim gestiftete Altar, nur als Fragment im Mainzer Domkreuzgang erhalten, und das Gesims eines Kamins, vermutlich aus der Kurie des Lorenz Truchseß von Pommersfelden im Mainzer Domkreuzgang bekunden humanistische Gesinnungen: 70 (1975) S. 7, Anm. 5.

617. Schneider, Friedrich: Der Meister D. S. in der Stadtkirche zu Kronberg im Taunus. Mainz 1895. Auch in: Frankfurter Zeitung Nr. 247 vom 6. Februar 1895. Auch in: Darmstädter Zeitung Nr. 204 vom 25. Juli 1889. Neuabdruck in: Schneider, Friedrich: Kunstwissenschaftliche Studien. Gesammelte Aufsätze. 1. Bd.: Kurmainzer Kunst. Hrsg. von Erwin Hensler. Wiesbaden 1913. S. 45–50.

Betr. auch die von Dieter Schro geschaffenen Denkmale des EBs Sebastian von Heusenstamm (S. 47) und des EBs Albrecht von Brandenburg (S. 47).

618. Strübing, E(dmund): Der Mainzer Bildhauer Dietrich Schro und sein Kreis. In: Mainzer Zeitschrift 15/16 (1920/1921) S. 62–66.

Zwischen 1545 und 1554 schuf Schro das Denkmal des Kardinals Albrecht von Brandenburg, 1559 das Denkmal EB Sebastian von Heusenstamm, 1564 das Denkmal des Domkantors Georg Göler von Ravensburg in der Memorie. Zu seinem Kreis gehört Endres Wolff von Heilbronn, der 1572/73 die Wächterstube erbaute und das Brendelsche Epitaph 1563 gestaltete.

4. Das Brendelsche Chorgestühl und die Pfarrkanzel, Gerhard Wolff zugeschrieben

a) Chorgestühl

619. Arens, Fritz (Viktor): Gerhard Wolff, der Bildhauer des Brendelschen Chorgestühls im Mainzer Dom. Eltville a.Rh. 1979.

620. Arens, Fritz Viktor: Die Schloßkirche St. Gangolph in Mainz. Ein unbekanntes Meisterwerk deutscher Renaissance. Mainz 1940.

Von der Ausstattung dieser Kirche befinden sich heute im Dom das Brendelsche Chorgestühl. Einige Herzurnen, die aus der kurfürstlichen Gruft unter dem Hochaltare stammen, und einige Reliefs, die vermutlich am Bassenheimer Altar angebracht worden sind, befinden sich heute im Dom (S. 22). – S. 5–7: Kurze Biographie des kurmainzischen Baumeisters Joris Robyn.

621. Busch, Rudolf: Deutsches Chorgestühl in sechs Jahrhunderten. Hildesheim/Leipzig 1928.

Verf. weist ein Chorgestühl des Domes anhand eines Wandteppichs (jetzt Dom-Museum) aus dem 14. Jahrhundert nach (S. 51) und das „Brendelsche“ Chorgestühl, ehemals St. Gangolph, jetzt Nikolauskapelle, aus der Mitte des 14. Jahrhunderts: S. 60 und Taf. 40, 41.

622. Lehnert, Georg, u.a. (Hrsg.): Illustrierte Geschichte des Kunstgewerbes. Bd. 1: Das Kunstgewerbe im Altertum, im Mittelalter und zur Zeit der Renaissance. Bd. 2: Das Kunstgewerbe in Barock, Rokoko, Louis-XVI, Empire und Neuester Zeit, im Gebiete des Islams und in Ostasien. Berlin (1907).

Das Brendelsche Chorgestühl (Abb. und Text): Bd. 1, S. 572 – 573; Trinkgefäß im Mainzer Domschatz (frühgotisch): Bd. 1, S. 322; Emailbecher (14. Jh.): Bd. 1, S. 314.

623. Lühmann-Schmid, Irnfriede: Das Brendelsche Chorgestühl in der Nikolauskapelle des Mainzer Domes und das Problem der Meisterfrage. In: Mainzer Zeitschrift 73/74 (1978/79) S. 1 – 19.

624. Mainz 25. und 26. Februar (Brendelsches Chorgestühl mit Hinweis auf Nohl, Nr. #625, und das von Hermann angefertigte Chorgestühl im Westchor). In: Mainzer Abendblatt. Beilage zum Mainzer Journal Nr. 47 und Nr. 48 vom 26. und 27. Februar 1863.

625. Nohl, M. / Bogler, R. (Hrsg.): Die Chorgestühle im Kapitelsaale des Domes zu Mainz. Mit einer kunstgeschichtlichen Einleitung von Wilhelm Lübke. 22 Tafeln. Glogau 1863.

626. Schneider, Friedrich: Die Brendelschen Chorstühle im Dom zu Mainz. In: Kunstgewerbeblatt 2 (1886) H. 11. ND in: Schneider, Friedrich: Kunstwissenschaftliche Studien. Gesammelte Aufsätze. Bd. 1: Kurmainzer Kunst. Hrsg. von Erwin Hensler. Wiesbaden 1913. S. 24 – 32.

627. Schneider, Friedrich: Die Kunst der Renaissance unter Kurfürst Brendel von Mainz 1555 – 1582. In: Correspondenz-Blatt des Gesammtvereines der deutschen Geschichts- und Alterthumsvereine 24 (1876) S. 5 – 8.

Verf. gab dem „Brendelschen Chorgestühl" in der Nikolauskapelle diesen Namen nach den viermal an den Gestühlsresten angebrachten Wappen, die auf den Auftraggeber des Gestühls, EB Daniel Brendel von Homburg weisen, der die Schloßkapelle St. Gangolph nebst Ausstattung errichten ließ.

b) Die zerstörte Pfarrkanzel und Beiträge zu den anderen Kanzeln

628. F(alk, Franz): Mainz 8. September (Über die drei Kanzeln im Dom; die bis zur Mitte des 19. Jahrhunderts im Pfarrchor stehende Kanzel, „von welcher die Sage ging, daß auf ihr St. Crescens zuerst den Mainzern das Evangelium verkündet, war aus der Paulskirche hierher übertragen worden ..." (1657). „Zu Ehren des hl. Crescens hielt etliche Mal im Jahre der Dompfarrer oder Prediger eine Predigt." ... „Besagte Kanzel, gothischen Styls, also nicht über 500 Jahre alt", „steht nunmehr im Garten zur Seite des Domkreuzganges."). In: Mainzer Journal Nr. 208 vom 8. September 1881.

629. Knorre, Alexander v.: Die Pfarrkanzel des Gerhard Wolff von 1585/87 im Mainzer Dom und Bemerkungen zu den beiden anderen Domkanzeln. In: Mainzer Zeitschrift 71/72 (1976/1977) S. 158 – 163.

630. Die Mainzer Domkanzel. In: Katholische Sonntagsblätter zur Belehrung und Erbauung Nr. 14 vom 8. April 1849, S. 110 – 112. Nr. 15 vom 15. April 1849, S. 115 – 118. Nr. 16 vom 22. April 1849, S. 123 – 125. Nr. 17 vom 29. April 1849, S. 131 – 132. Nr. 18 vom 6. Mai 1849, S. 140 – 142.

Über Verkünder und Verkündigung des Evangeliums von der Domkanzel. Geschichtlich-erbauliche Abhandlung.

631. Lorenz, Hans: Die Landgrafengräber und der Hochaltar in der lutherischen Pfarrkirche zu Marburg. In: Marburger Jahrbuch 1 (1924) S. 99 – 194.

Gerhard Wolffs Stellung in der Mainzer Kunst. Der architektonische Gedanke. (Mainzer Domkanzel und Testatorgrab): S. 125 – 140. – Betr. auch: Denkmäler der Familien Brendel von Homburg und von der Gabelentz, Denkmal von EB Sebastian von Heusenstamm, das im Domkreuzgang aufgestellte Denkmal des Vizedoms Heinrich von Selbolt, den Nassauer Altar (1601), das Grabmal Wennemars von Bodelschwingh, den Scharfensteiner und Bassenheimer Altar, sowie (S. 183) den Fürstenbergaltar von Hans Juncker. – Vita, vgl.: S. 111 – 115. Endres Wolff, Vater von Gerhard, schuf 1572 die Wächterstube (S. 113).

632. Schuster, Joseph: Zwei neue Funde zu seinem Werk. Der Mainzer Bildhauer Gerhard Wolff, der Meister des sogenannten Ebersteinischen Epitaphs in Wertheim. In: Mainzer Zeitschrift 50 (1955) S. 32 – 37.

Kurzbiographie (ca. 1557 – 1618): S. 33 – 34; schuf auch die untergegangene Pfarrkanzel des Mainzer Domes (1586: S. 34.37). S. 36 – 37 weiterführende Literatur zu Wolff.

5. Altäre

633. F(alk), F(ranz): Der alte Hochaltar im Stiftschore des Mainzer Doms. In: Kirchenschmuck. Ein Archiv für kirchliche Kunstschöpfungen und christliche Alterthumskunde 13 (1869) Bd. 26, S. 1 – 5.

Hochaltar im Westchor; auch über die drei Reliquienschreine, die auf Säulen hinter dem Altar standen. Falk meint, daß Reliquien als auch die Pergamente aus dem Halleschen Heiltum stammten. Verf. berichtet auch über die seit 1228 festgelegten Aufgaben der Sakristane, die bis 1783 im Dom mit Hunden als Wächter schlafen mußten.

634. Falk, (Franz): Künstler aus der Klosterzelle im Mainzer Karmeliterkloster. In: Zeitschrift für christliche Kunst 1 (1888) Sp. 329 – 330. Auch in: Mainzer Journal Nr. 162 vom 14. Juli 1932.

Vermutlich veranlaßte der Karmeliterprior Dietherus de Moguntia um 1517 die Anfertigung eines Klappschrankes, der in einer südlichen Seitenkapelle des Domes aufgestellt ist. Der Schrank zeigt im Mittelstück die Hl. Dreifaltigkeit in Verbindung mit Mariä Krönung in Flachrelief.

635. Nassauer Altar. In: Mainzer Journal Nr. 262 vom 10. November 1899.

17. Jh., eigentlicher Name des Altars: Petri ad vincula. Inschriften in lateinischer und deutscher Sprache hier mitgeteilt. Bs Haffner wurde vor dem „Nassauer Altar“ begraben.

636. Lehmann, Paul: Mitteilungen aus Handschriften, I. Vorgetragen am 10. November 1928. (= Sitzungsberichte der Bayerischen Akademie der Wissenschaften. Philosophisch-historische Abteilung 1929, Heft 1). München 1929.

S. 50 – 51: Umschrift um den Hochaltar im Mainzer Dom („Aurea Moguncia, sancte Romane ecclesie vera filia. Assis nobis in agone, venerabilis patrone, tua benedictione, Martine o bone, ut tue simus corone consortes et glorie“). Diese Inschrift ist so zitiert unter Berufung auf eine Chronik aus Bremen in einer Wolfenbütteler Handschrift „Rapularius“ von Tokes).

637. Rivoir, Auguste: Typenentwicklung des Altars vom Ausgang der Gotik bis zum Klassizismus im Gebiete des Mittelrheins. Phil. Diss. Frankfurt. Masch. 1925.

„Die Reihe der Mainzer Domaltäre des frühen 17. Jahrhunderts, die mit Hans Juncker und Nicolaus Dickhardt in Zusammenhang zu bringen sind, geben den gotisierenden Epitaphaltar in reiner Ausprägung.“ (S. 16). – Nassauer Altar, um 1601 entstanden: S. 17 – 18. – Epitaphaltar des Wormser Bischofs Philipp Kratz von Scharpfenstein, 1609 entstanden: S. 18 – 19. – Altar des Domherrn Theodorich (sic!) Waldboth von Bassenheim (gest. 1613) und der des Domherrn Jodokus von Riedz (gest. 1622): S. 20 – 22. – Altar des Domherrn Friedrich von Fürstenberg (gest. 1608): S. 24. – Greifenclauer Altar: S. 26. – Saulheimer Altar (1665), der erste Barockaltar im Dom: S. 26 – 28. 30 – 31. 34 – 35. – Die Mainzer Domaltäre der 60er Jahre: S. 29 – 32 (Altar in der Michaelskapelle: S. 31; der vom Dompropst von Mainz und Speyer Georg Anton von Rodenstein (gest. 1652) gestiftete Altar für die Bonifatiuskapelle: S. 32). – Laurentius-Altar und der halb zerstörte Barbara-Altar: S. 43 – 44. – Zwei Nebenaltäre aus dem Ostchor, um 1700 von Frölicher errichtet, heute in Bodenheim: S. 60 – 62.

638. St. Bartholomäus. In: Mainzer Journal Nr. 194 vom 23. August 1933, S. 9.

Hinweis, daß der sog. Nassauer Altar (nach 1601 errichtet) dem o.g. Heiligen geweiht ist. Vgl. jedoch Nr. #635.

639. Schneider, Friedrich: Conrat Gobel, Giesser zu Frankfurt um die Mitte des 16. Jahrhunderts. In: Archiv für Frankfurts Geschichte und Kunst NF 6 (1877) S. 415–422. – Vgl. dazu: Frankfurter Journal Nr. 1 vom 1. Januar 1878.

Verlorengegangener Kronleuchter im Westchor wurde von Conrat Gobel 1556 gegossen. Verf nimmt an, daß Gobel auch die Metallsäulen des alten Ciborienaltars im Westchor und das „säulengetragene Broncegerüst, welches zur Aufstellung von drei Reliquienschreinen diente“ (S. 422), schuf.

640. Schrohe, H(einrich): Beiträge zur Geschichte älterer Mainzer Bildwerke. In: Mainzer Journal Nr. 7 vom 9. Januar 1901.

Betr. auch den Altarschrein in der Fürstenbergischen Kapelle, der 1517 errichtet wurde. Stifter: Diether von Mainz (gest. 16. Juni 1519), Prior bei den Mainzer Karmelitern. Der Altarschrein bildete den Hochaltar der Karmeliterkirche, bis Juliana Biboleth einen neuen Hochaltar stiftete. – Vgl. auch Friedrich Schneider: Mittelalterliche Ordensbauten in Mainz. Die Kirchen der Dominikaner und Karmeliten. Mainz 1879. S. 21. – Heinrich Hubert Koch: Die Karmeliterklöster der Niederdeutschen Provinz, 13. bis 16. Jahrhundert. Freiburg 1889. S. 50.

6. Epitaphien

Thomas Ruscher (gest. 1510) und Johann Schreiber (gest. 1493)

641. Roth, F(erdinand) W(ilhelm) E(mil): Schwäbische Gelehrte des 15. und 16. Jahrhunderts in Mainzer Diensten. In: Württembergische Vierteljahrshefte für Landesgeschichte NF 9 (1900) S. 292–310.

Thomas Ruscher (S. 294–298) wurde am Eingang zur Godhardkapelle am nördlichen Kreuzarm vor dem Altar St. Peter ad vincula (= Nassauer Altar) beigesetzt. Der Grabstein ist stark beschädigt. Im 19. Jahrhundert ließ Wetter die Randumschrift wegmeißeln (S. 296). – Johann Schreiber, d.i. Scriptoris (S. 300–302), wurde bei der Nikolauskapelle begraben. Ihm zu Ehren wurde eine Wandtafel angebracht, vgl. Arens, Nr. #482, Nr. 238.

Hofmarschall Eitel Wolf von Stein (gest. 1515)

642. Falk, F(ranz): Der Mainzer Hofmarschall Eitel Wolf von Stein. In: Historisch-politische Blätter 111 (1893) S. 877–894.

Grabmal des Eitel Wolf im nordwestlichen Querschiff, rechts des Eingangs in die St. Gotthardkapelle. Schon Gudenus, Nr. #117 (I, 942), und auch Bourdon, Nr. #484, hatten Schwierigkeiten, die Inschriften zu entziffern. „Jetzt“ (1893) ist jegliche Spur verschwunden: S. 892–893.

Johann von Hattstein (gest. 1518)

643. Heidrich, Ernst: Eine deutsche Kopie vom Jahre 1518 nach Michelangelos Pietà. In: Kunstchronik. Wochenschrift für Kunst und Gewerbe NF 18 (1906/1907) Sp. 403–407.

Epitaph des Kanonikus Johann von Hattstein im Domkreuzgang. Das hohe Relief zeigt in der Mitte Maria, ... „eine trotz vielfacher Abweichungen unverkennbare Kopie nach Michelangelos Pietà“. (Sp. 404).

644. Storck, Willy F.: Die Pietà Michelangelos in Sankt Peter zu Rom und die Pietà des Hatsteinepitaphs (sic!) im Domkreuzgang zu Mainz. Betrachtungen über deutsche und italienische Kunst. In: Mainzer Anzeiger Nr. 242 vom 16. Oktober 1909.

Johannes Specht von Bubenheim (gest. 1522)

645. (Schneider, Friedrich): Vom Mainzer Dom. In: Darmstädter Zeitung Nr. 49 von 1874. Auch in: Correspondenz-Blatt des Gesammtvereines der deutschen Geschichts- und Alterthums-Vereine 22 (1874) S. 14 – 15.
Betr. Denkmal des Domherrn Johannes Specht von Bubenheim, der auch Custos von St. Alban gewesen und in Folge seiner Reise nach Jerusalem Ritter des heiligen Grabes wurde.

Erzbischof Albrecht von Brandenburg (gest. 1545)

646. Falk, Franz: All hernach – All hernach. In: Mainzer Journal Nr. 218 vom 18. September 1897. Auch in: Wissenschaftliche Beilage zur Germania 1 (1896 – 1897) S. 367.
Zur Inschrift am Grabstein.

647. F(alk), F(ranz): Das Denkmal des mainzer Kurfürsten Albrecht von Brandenburg. In: Organ für christliche Kunst 21 (1871) S. 202.
Nach einer Notiz des Eichstätter Pastoralblattes Nr. 51 von 1868, S. 198.

648. Lessing, Julius: Die Grabtafel des Erzbischofs Albrecht II. von Mainz. In: Studien aus Kunst und Geschichte. Friedrich Schneider zum siebzigsten Geburtstag gewidmet von seinen Freunden und Verehrern. Freiburg i.Br. 1906. S. 261 – 264.
Die Grabtafel wurde von Conrad Gobel in Frankfurt a.M. 1540 gegossen und befand sich bis 1792 (?) im Dom, 1906 im Kgl. Kunstgewerbe-Museum Berlin. Zu Conrad Gobel als Gießer vgl. Schneider, Nr. #639.

Domdekan Lorenz Truchseß von Pommersfelden (gest. 1543)

649. Kißling, J(ohann) B(aptist): Lorenz Truchseß von Pommersfelden (1473 – 1543), Domdechant von Mainz. Ein Zeit- und Lebensbild aus der Frühzeit der Kirchenspaltung. Mainz 1906.
Die einzige Erinnerung an den Domdechanten befindet sich als fragmentarische Inschrift im Domkreuzgang. Sie war wohl auf einem Kaminsturz innerhalb der ehemaligen Kapitelsräume angebracht (S. 92).

650. Schneider, Friedrich: Ein Inschrift-Denkmal des Mainzer Domdechanten Lorenz Truchseß von Pommersfelden im Domkreuzgang. (Von den Denkmälern des Mainzer Domes. II.) In: Mainzer Journal Nr. 125 vom 30. Mai 1903. Auch: Mainz 1903.
Fragmente der Inschrift wurden in der Grebenstraße 1891 gefunden. „Die Fundstätte dicht bei den alten Kapitelsgebäuden deutet ferner darauf hin, daß es in einem der Räume des einstigen Kapitelhauses seine Stellung hatte.“ (SD, S. 7). Heute befindet sich die Inschrift im östlichen Flügel des Kreuzganges.

Gerhard Ising (gest. 1558)

651. Roth, F(erdinand) W(ilhelm) E(mil): Westfälische Gelehrte zu Mainz im XV. und XVI. Jahrhundert. 1442 – 1591. In: Zeitschrift für vaterländische Geschichte und Alterthumskunde 57 (1899) S. 104 – 124.
S. 113 – 116: Gerhard Ising der Ältere 1533 – 1558. Er wurde im Domkreuzgang begraben. – Grabinschrift: S. 115.

Simon Bagen (gest. 1569)

652. Roth, F(erdinand) W(ilhelm) E(mil): Simon Bagen, Kurmainzer Staatsmann des sechzehnten Jahrhunderts. In: Der Katholik 78 (1898) I (= 3.F. 17. Bd.), S. 159 – 173.
S. 171: Im Domkreuzgang das Epitaph Bagens.

Janus a Delden (gest. 1589)

653. F(alk, Franz): Ausflug in's Rheingau. In: Beilage zum Mainzer Journal Nr. 267 vom 16. November 1878.
Hinweis auf das von Christian Klapperbach 1592 gegossene Epitaph des Janus a Delden, Bürger zu Kopenhagen und Weinkäufer des Königs von Dänemark. Das Epitaph war für den Mainzer Dom bestimmt. Vgl. Arens, Nr. #482, S. 256.

Brüder von Drohe und Vizedomus Heinrich von Selbolt (gest. 1578)

654. Renaissance-Grabmäler im Kreuzgang renoviert. Beitrag zur Domfeier. Farbgebung schwierig. In: Allgemeine Zeitung (Mainz) Nr. 76 vom 2. April 1975, S. 13.
Josef Löwe renovierte das Grabdenkmal der drei Brüder von Drohe (1596 errichtet, Darstellung der Taufe Christi im Jordan) und das Grabdenkmal des Vizedomus Heinrich von Selbolt.

Erzbischof Wolfgang von Dalberg (gest. 1601)

655. Heim, Hugo Eberhart: Wolfgang Erzbischof und Kurfürst zu Mainz aus dem hohen Geschlechte der Kämmerer von Worms und Reichsfreyherren von Dalberg. Mainz (1787).
Enthält eine Kupferstichansicht des Denkmals. Sie wurde von H.H. Cöntgen gestochen; Beschreibung des Denkmals: S. 42 – 43.

7. Die Wilgefortis- oder Kümmernisplastik

656. Hattemer, Jakob: Die Wilgefortis oder Kümmernisplastik zu Elsheim. (Zur Geschichte und Deutung eines alten Bildwerkes). In: Gedenkschrift zur Einweihung des Hauses Mauritius in Stadecken-Elsheim und zum 25jährigen Bestehen des Kirchenchores Cäcilia Elsheim. (Mainz 1971). S. 35 – 42.
Das Wilgefortisbild des Domes gelangte nach 1800 in die katholische Pfarrkirche zu Elsheim in Rheinhessen, S. 35; Angaben nach Falk, Nr. #144, S. 222 – 223.

657. Kohl, J.: Die Verehrung des heiligen Kümmernis in unserer Gegend. In: Katholischer Kirchenkalender für Bingen und Bingen-Büdesheim 20 (1936) S. 4 – 10.
Auch „St. Gehulf" oder St. Wilgefortis im Dom. (Kupferstich von Rücker als Abbildung) und St. Kümmernisstein aus Ebersheim, im Dommuseum aufbewahrt.

658. Peus, Busso: Das Wilgefortis- oder Kümmernisbild von Wörth am Main. In: Aschaffenburger Jahrbuch für Geschichte, Landeskunde und Kunst des Untermaingebietes 3 (1956) S. 244 – 248.
Hinweis auf Mainzer Dom: Wilgefortis-Kreuz, auch „sanct Gehulff" genannt, seit 1631 nachweisbar. (S. 247 und Abb. 85).

659. Schnürer, Gustav / Ritz, Joseph M.: Sankt Kümmernis und volto santo. (= Forschungen zur Volkskunde, 13 – 15). Düsseldorf 1934.

S. 273 – 275, Abb. 87: Über das St. Gehulff-Bild = Wilgefortis-Bild im Mainzer Dom. Es verschwand in der Zeit der Französischen Revolution (S. 275). – Aus Ebersheim kam eine gute, dem späteren 18. Jahrhundert angehörende Kümmernisfigur ins Dommuseum (S. 275 – 276, Abb. 89).

VIII. DER DOM IN DER ZEIT DES BAROCK UND DES ROKOKO (ca. 1650 – 1800)

A. Baugeschichte

1. Übergreifende Beiträge

660. Arens, Fritz (Viktor): Mainz im Jahre 1660. In: Mainzer Zeitschrift 39/40 (1944/1945) (Mainz 1947) S. 41 – 54.

Reisebericht der Bollandisten Daniel Papebroch und Gotfried Henschenius, lateinisch mit deutscher Übersetzung und Anmerkungen; S. 42 – 43: Dom. S. 51 – 53: Domsakristei mit Domschatz. S. 53 – 54: Dombibliothek.

661. Der Dom zu Mainz um das Jahr 1740. Nach Gudenus, Nr. #117, pars II. pag. 728 ff. und pag. 815 ff. (Plan, 1 Bl.)

Vorhanden in der Bibliothek des Bischöflichen Priesterseminars in Mainz.

662. Gessner, Adolf: Traditionen im Westchor des Mainzer Domes. In: Mainzer Kalender 1950 (Mainz 1949), S. 40 – 43.

Chorgestühl und Neumannturm.

663. Neeb, Ernst: Von den Stiftsgebäuden des Mainzer Domes. In: Mainzer Journal Nr. 141 und 149 vom 20. und 30. Juni 1919. Nr. 152 vom 3. Juli 1919.

Skizze: Dom mit Kreuzgang und Stiftsgebäuden um 1790. Auch über den zweigeschossigen Kreuzgang (Nr. 152).

664. (Risbek, Joh(ann) Kaspar): Briefe eines Reisenden Franzosen über Deutschland. An seinen Bruder zu Paris. Uebersetzt von K.R. 2 Bde. O.O. 1783.

Bd. 2, Briefe 64 – 67: Mainz: S. 426 – 508; Dom: S. 428 – 430. Auch: Grabmal eines „verstorbenen Domprälaten, Herrn von Dahlberg, welches der Bildhauer Melchior verfertigte". (S. 429).

665. Villinger, Carl J.H.: Der Mainzer Dom in einer Reisebeschreibung des 18. Jahrhunderts. In: Mainzer Journal. Sonder-Nr. vom 15. Oktober 1928.

Aus: Dielhelm, Johann Hermann: „Rheinischer Antiquarius oder Ausführliche Beschreibung des Rheinstromes ..." Coblenz [1]1739. [2]1744. [3]1786.

666. Wir blättern in der Mainzer Geschichte. Wie sah Mainz im 18. Jahrhundert aus? Aus einer alten Chronik. In: Mainzer Journal Nr. 95, 96, 97, 98 und 99 vom 24., 25., 26., 27. und 29. April 1935.

Nr. 97 vom 26. April: „Merkwürdig ist unter den geistlichen Gebäuden der dasige Dom..." (Hauptaltar, Domschatz, Domrenovierung von 1755 – neuer Putz und neue Fenster – , Dombrand von 1767).

2. Die 1748 von Jacob Mollinger gefertigte Domuhr und ihre Vorgängerin

667. Arens, Fritz Viktor: 200 Jahre Mainzer Domuhr. In: Mainzer Kalender 1949 (Mainz 1948) S. 90 – 97.

668. Domuhr. In: Mainzer Journal Nr. 187 vom 12. August 1896.

669. Schneider, F(riedrich): Die erste Uhr des Mainzer Domes zu Frankfurt gemacht. In: Mittheilungen an die Mitglieder des Vereins für Geschichte und Alterthumskunde in Frankfurt a.M. 5 (1874 – 1879) Nr. 4 (Mai 1879), S. 607 – 608.
Die Uhr wurde von Domkapitular Philipp von Trohe (gest. 1596) gestiftet. Sie schlug am 14. Mai 1574 erstmals.

3. Der Brand von 1767 und die Errichtung eines steinernen Westvierungsturmes durch Franz Ignaz Michael Neumann

a) Der Brand

670. Mainz 22. Mai: Der Dombrand zu Mainz am 22. Mai 1767. In: Mainzer Abendblatt. Beilage zum Mainzer Journal Nr. 120 vom 23. Mai 1867.
Überblick über die Dombrände mit besonderer Beachtung des Dombrandes von 1767.

671. Reitzel, Adam Michael: Vor zweihundert Jahren: Blitz legte den hölzernen Domturm in Schutt und Asche. In: Allgemeine Zeitung (Mainz) Nr. 115 vom 20./21. Mai 1967, S. 5.

672. Schmidt, Aloys (Hrsg.): Der Mainzer Dombrand vom 22. Mai 1767 gleichzeitiger Bericht des P. Christopheros Lacroix aus dem Kloster Eberbach. Mainz 1923. Auch in: Mainzer Journal Nr. 90 vom 21. April 1923.

673. Schrohe, Heinrich: Ein Gedenktag in der Geschichte des Mainzer Domes (22. Mai 1767, Brand des alten Westturms). In: Mainzer Journal. Beilage: Feierstunde Nr. 115 – 117 vom 18., 19. und 21. Mai 1917. Auch SD.

674. W(e)r(t), W.: Der Dombrand zu Mainz am 22. Mai 1767. In: Täglicher Anzeiger Nr. 17 vom 22. Mai 1853.

b) Der Westvierungsturm

675. Döbler, Ferdinand: Johann Anton Valentin Thoman, General-Feldmarschall-Lieutenant und Obrist des oberrheinischen Kreisinfanterieregimentes Pfalz-Zweibrücken, Architekt und Ingenieur im hohen Erzstift Mainz (1695 – 1777). Ein Beitrag zu seinem Lebensbild. In: Mainzer Zeitschrift 10 (1915), S. 1 – 57. Zusammenfassung unter dem Titel: Ein Mainzer Baumeister des 18. Jahrhunderts. In: Mainzer Journal Nr. 50 vom 29. Februar 1916.
S. 43 – 44: Nach dem Brand vom 22. Mai 1767 war Thoman mit der Wiederherstellung der Nordseite des Domes beschäftigt (dagegen Schneider, Nr. 113 (Berlin 1886), Sp. 43, der diese Arbeiten als Werk des jüngeren Neumann betrachtet). Im April 1770 übergab er dem Domkapitel seine „Bedenklichkeit in Betreff des neuen hohen Domturms bau wegen“, die sich gegen die Pläne Neumanns richteten.

676. Hohmann, Jakob: In Betrachtung des Neumannturmes. In: Mainzer Kalender 1949 (Mainz 1948) S. 98 – 104.

677. Kamphausen, Alfred: Gotik ohne Gott. Ein Beitrag zur Deutung der Neugotik und des 19. Jahrhunderts. Tübingen 1952.
Kamphausen wie auch Schmitz, Nr. #683, vermuten, daß Neumann bei der Gestaltung des Westvierungsturmes von Laugier S.J. beeinflußt wurde, der 1765 in einer in Paris erschienenen Schrift forderte, daß bei gotischen Kirchen Erweiterungsbauten in angepaßtem Stil ausgeführt werden sollten (vgl. S. 86).

678. Keller, Ph. Joseph: Balthasar Neumann, Artillerie- und Ingenieur-Obrist, fürstlich Bambergischer und Würzburger Oberarchitekt und Baudirektor. Eine Studie zur Kunstgeschichte des 18. Jahrhunderts. Würzburg 1896.

S. 130. 185 – 186: Denkmäler von EB Johann Philipp und Lothar Franz von Schönborn. – S. 130, Anm. 1: Brief des Mainzer Domkapitels an Balthasar Neumann vom 15. März 1769. Das Domkapitel bittet um Urlaub für dessen Sohn Ignaz Michael, damit dieser den abgebrannten Westturm neu konstruiere.

679. (Klein, Karl August Frh. von): Einige Resultate, welche sich aus choragraphimetrischen Messungen ergaben. Der mainzer Domthurm. Mainz o.J. (um 1840).

Autor nach Angaben der Stadtbibliothek Mainz.

680. Knorre, Alexander von: Turmvollendungen deutscher gotischer Kirchen im 19. Jahrhundert. Unter besonderer Berücksichtigung von Turmabschlüssen mit Maßwerkhelmen. Diss. Köln 1973. (= 5. Veröffentlichung der Abteilung Architektur des Kunsthistorischen Instituts der Universität Köln). Köln 1974.

Westvierungsturm von Franz Ignaz Michael Neumann zwischen 1769 und 1774 erbaut, 1845 stark vereinfacht: S. 13 – 14. Kurz auch über die Mollersche Kuppel von 1828 über dem Ostvierungsturm: S. 14. 228.

681. Ladendorf, Heinz: Wiederaufnahme von Stilformen in der bildenden Kunst des 15. bis 19. Jahrhunderts. In: Forschungen und Fortschritte. Nachrichtenblatt der deutschen Wissenschaft und Technik 25 (1949) S. 98 – 101.

Verf. sieht im Westvierungsturm von Neumann eine schöpferische Vermischung des Formengutes und kennzeichnet diese als eine besondere, spätbarocke Richtung des 18. Jahrhunderts (vgl. S. 99).

682. Leitermann, (Heinz): Neumanns kühne Domturm-Pläne. (= Die großen Baumeister von Mainz, 20). In: Allgemeine Zeitung (Mainz) Nr. 138 vom 17./18. Juni 1967, S. 5.

Auch Zeichnung des Architekten Bernhard Hundeshagen aus der Zeit vor 1845. „Der ursprüngliche Schmuck des Westturms in seiner kühnen Mischung verschiedener Stilelemente (wirkte) reicher und filigraner als heute."

683. Schmitz, Hermann: Die Gotik im deutschen Kunst- und Geistesleben. Berlin 1921.

Verf. sieht in der von F.J.C. Neumann gestalteten Turmlösung vom Westvierungsturm eine Verbindung von Louis-Seize-Stil und gotischem Formengut (vgl. S. 175 und 178; Abb. S. 180).

684. Schneider, Friedrich: Die Gothik nach ihrer Zeit am Mainzer Dom. In: Correspondenz-Blatt des Gesammtvereins der deutschen Geschichts- und Alterthums-Vereine 24 (1876) S. 47 – 49.

1767 Aufbau der drei oberen Stockwerke des westlichen Mittelturms; Bauleitung: Franz Ignaz Christian Neumann. Verf. verweist auch auf die Vornamen Neumanns, der fälschlicherweise (?) Franz Ignaz Michael genannt wird.

685. (Schneider, Friedrich): Neumann's Plan zum Thurmbau am Mainzer Dom vor der Pariser Akademie 1770. Betrachtungen des 1907 verstorbenen Prälaten Friedrich Schneider, Mainz. In: Mainzer Journal. Beilage: Sonntagsblatt Nr. 42 vom 18. Oktober bis Nr. 51 vom 20. Dezember 1931. – Erstveröffentlichung in: Darmstädter Zeitung Nr. 22. 24 – 29 vom 23., 25. – 30. Januar 1881.

686. Treek, Peter van: Franz Ignaz Michael von Neumann. (= Mainfränkische Studien, 6). Würzburg/Schweinfurt (1972).

Die Wiederherstellung des Domes zu Mainz: S. 119 – 148. – „Die Untersuchung konzentriert sich auf die Wiederherstellung des Vierungsturmes..." (S. 119).

687. Wagner, W(ilhelm) / (Schneider, Friedrich): Neumann's Entwurf zu dem Westthurm des Mainzer Domes vor der Pariser Akademie 1770. Eine Bau-Intrigue aus dem vorigen Jahrhundert. In: Deutsche Bauzeitung 15 (1881) S. 146 – 148.

Referat über einen Vortrag Friedrich Schneiders, gehalten im Verein zur Erforschung der rheinischen Geschichte und Alterthümer. Kurze Zusammenfassung auch unter: Mainz 19. Januar. In: Mainzer Journal Nr. 15 vom 19. Januar 1881. Betr. die Pläne Franz Ignaz Michael Neumanns für den Westturm. Gegen sie opponieren Mainzer Künstler, u.a. Thomann.

688. Weiler, Clemens: Franz Ignaz Michael von Neumann (1733 – 1785). In: Mainzer Zeitschrift 32 (1937) S. 1 – 45.

S. 12 – 22: Wiederherstellungsarbeiten am Dom zu Mainz.

4. Der Brand von 1793

689. (Goethe, Johann Wolfgang von): 100jähriger Erinnerungstag (Auszug aus Goethes Tagebuch über den Brand des Domes infolge der Beschießung von Mainz durch die Deutschen). In: Mainzer Journal Nr. 148 vom 28. Juni 1893.

690. Hundertjährige Gedenktage: 1793 – 1893. In: Mainzer Journal Nr. 146 vom 26. Juni 1893.

Zerstörungen in Mainz durch die Belagerung der vereinten deutschen Mächte, mit sehr kurzen Angaben zur Baugeschichte, u. a. der Dompropstei.

691. Metzger, Joh(annes): Die furchtbare und folgenschwere Beschiessung von Mainz durch die Deutschen im Jahre 1793. (= Lose Blätter Mainzer Spezialgeschichten). In: General-Anzeiger Nr. 297 vom 23. Dezember 1894.

692. Reitz, Heinrich: Der Mainzer Dombrand im Jahre 1793. In: Mainzer Journal. Sonder-Nr. vom 15. Oktober 1928.

EXKURS: Die 1793 zerstörte Dompropstei (und Beiträge über frühere Propsteien)

693. Arens, Fritz (Viktor) (Hrsg.): Nicolaus Person, Novum Architecturae Speculum. Hrsg. von Fritz (Viktor) Arens mit Beiträgen von Elisabeth Geck und Reinhard Schneider. (= Beiträge zur Geschichte der Stadt Mainz, 23). Mainz 1978. – (Nachträge dazu in: Mainzer Zeitschrift 73/74 (1978/79) S. 234.).

Dompropstei von Christoph Rudolph von Stadion (1697 erbaut): S. 10 und Taf. 4 und 5. – Grabmal des Dompropstes Heinrich Ferdinand von der Leyen, gest. 1714: S. 18 und Taf. 49. – Spitze des Westturms: S. 21 und Taf. 67, 68.

694. Arens, Fritz (Viktor): Die Pläne der Mainzer Dompropstei und anderer Bauten von François Ignaçe Mangin. In: Mainzer Zeitschrift 50 (1955) S. 56 – 68.

695. Bischoff, Karl: Johann Sebastian Barnabas Pfaff, ein Bildhauer in Mainz (1747 – 1794). Phil. Diss. Frankfurt, Darmstadt 1927.

Die Arbeiten für die Dompropstei: S. 81 – 86.

696. Blum, Hans: Kunstwerke des Rheingebietes im Spiegel der Reisebeschreibungen. Phil. Diss. Köln 1947. (Masch.).

Dom: S. 24 – 27. 87. 114 – 115. 117. 120. 133. – Grabmäler: S. 100. 117. 121. – Dompropstei von Damian Friedrich von der Leyen: S. 85 – 87. 111. 118.

697. Dittscheid, Hans-Christoph / Schneider, Reinhard: François Ignaçe Mangin und die Baukunst des französischen Klassizismus. Zu seinen Bauten und Planungen in Trier, Mainz und Wallerstein. In: Mainzer Zeitschrift 76 (1981) S. 125 – 144.

S. 133 – 140: Dompropstei.

698. Dorst, Friedrich: Charles Mangin und seine Bauten in den Trierer und Mainzer Landen (1779 – 1793). In: Mainzer Zeitschrift 12/13 (1917/1918) S. 89 – 114.

Dompropstei (1781 – 91) von Dompropst Damian Friedrich von der Leyen. – Vgl. auch Pierre du Colombier: Die wahre Geschichte des französischen Architekten Mangin in Mainz. In: Antares 2 (1954) Heft 3, S. 15.

699. Kissel, Clemens: Alt-Mainzer Häuser. Mainzer Gebäulichkeiten, ihre Geschichte und Eigenart. XI: Die alte Dompropstei zu Mainz. In: Mainzer Journal Nr. 19 vom 23. Januar 1909.

700. Neeb, E(rnst): Beiträge zur Kenntnis des Bildhauers Johann Sebastian Barnabas Pfaff. In: Mainzer Zeitschrift 2 (1907) S. 57 – 74.

Pfaff schuf den reichen, noch teilweise erhaltenen Figurenschmuck für die von dem französischen Architekten Mangin entworfene Dompropstei, die Damian Friedrich von der Leyen, nachdem er die Breidbachsche Dompropstei 1782 mitsamt der Kapelle niedergelegt hatte, errichten ließ.

701. Neeb, Ernst: Zur Lage und Baugeschichte der Mainzer Dompropstei. In: Mainzer Zeitschrift 12/13 (1917/1918) S. 184 – 190.

Früheste Angabe über die Wohnung des Mainzer Dompropstes, die Dompropsteikurie, (kurz genannt „Dompropstei“) ca. 1364 (vgl. Vigener, Nr. #703, S. XVIII-XIX). Neeb beschreibt ausführlicher die verschiedenen Dompropsteien bis 1793: 1.) Propstei von Propst Christof Rudolf von Stadion, um 1700 fertiggestellt: S. 118. – 2.) Propstei von Propst und Stadtgerichtskämmerer Karl Emmerich von Breidenbach, 1738 – 1743, erbaut: S. 189 – 190. – 3.) Propstei von Propst Damian Friedrich von der Leyen, Baubeginn 1782. Diese wurde bereits 1793 durch Artilleriebeschuß zerstört.

702. Reber, Horst: Ein Bozetto von Joh. Sebastian Barnabas Pfaff und sein Vorbild. In: Mainzer Zeitschrift 73/74 (1978/79) S. 271 – 273.

Figuren für die Dompropstei des Damian Friedrich von der Leyen nach antiken Vorbildern.

703. Vigener, Fritz: Die Mainzer Dompropstei im 14. Jahrhundert. Aufzeichnungen über ihre Besitzungen, Rechte und Pflichten aus den Jahren 1364 – 1367. (= Quellen und Forschungen zur hessischen Geschichte, 1). Darmstadt 1913.

Auch: Nikolauskapelle: S. 3 – 4.

B. Innenaustattung

1. Übergreifende Beiträge

704. Arens, Fritz Viktor: Handwerkerinschriften aus dem Mainzer Dom. In: Aus Dom und Diözese Mainz. Festgabe Georg Lenhart, Domkapitular. Zur Vollendung des 70. Lebensjahres gewidmet. Mainz 1939. S. 172 – 177.

1. Inschrift am Altar der St. Barbarakapelle: S. 172 – 173. (1660). – 2. Inschrift auf der alten Domorgel: S. 174. (Domorgel wurde 1928 vernichtet. Die Inschrift weist auf eine Reparatur im Jahre 1700 hin, die vom Organisten Johann Nicolaus Sommereis durchgeführt wurde). – 3. Inschrift im Gewölbe der Marienkapelle: S. 174 – 175. (Inschrift deutet auf eine Renovierung im Jahre 1743 hin, die in der Literatur nicht nachzuweisen ist). – 4. Mauerinschrift aus der Osteingruft: S. 175. (1763). – 5. Inschrift im Westchorgewölbe: S. 175 bis 176. (Weist auf Restaurierungen in den Jahren 1756, 1758 und 1784 hin). – 6. Inschrift aus der Gruft des Kurfürsten Damian Hartard von der Leyen, gest. 1678: S. 176. (Laurentiuskapelle: Gruft war offensichtlich vor 1831 aufgebrochen und durchwühlt worden).

705. Arens, Fritz Viktor: Mainzer Kunstwerke und deren Meister zwischen 1650 und 1750. In: Mainzer Zeitschrift 46/47 (1951/52) S. 87 – 99.

Betr. eine von Arens kommentierte Liste Johann Peter Schunks (1744 – 1814), die Plastiken und Malereien aufführt. Aus dem Mainzer Dom werden angeführt: „1. Die assuntio (!) B.V. im Pfarrchor ist von Jean Baptist Ruel“ (seit 1868 in Lörzweiler): S. 88. – „2/3. Martyrium S. Laurentii in der Marmorkapelle und die mater dolorosa daselbst von de Ruel“ (Marmorkapelle: kurzlebige Bezeichnung einer Kapelle; Bildwerke nicht mehr erhalten): S. 88. – „4. Nativitas Christi in einer Nebenkapelle von Joa. Thomas Ipenar, einem Lehrmeister Ruels“ (nicht mehr erhalten): S. 88. – „5. Francisc. Seraphicus in der ersten Nebenkapelle von Castor“ (wahrscheinlich verlorenes Gemälde, Meister: nicht identifizierbar): S. 88. – „6. Ecce homo Altar im Pfarrchor von Frelinger" (seit 1870 in Bodenheim, Bildhauer: Johann Wolfgang Frölicher aus Frankfurt am Main): S. 88. – „7/8. Das Lamberg und Ingelheim Epitaphium" (beide von Frölicher): S. 88–91. – „9. Der mater-dolorosa-Altar von Christian Roosaler, einem Tyroler" (seit 1870 in Bodenheim, Gegenstück zu Nr. 6): S. 91–93. – „10. Das Kruzifix in einer Nebenkapelle, von Christian Braun aus Ulm" (in der Barbarakapelle, 1659 entstanden. Geßner, Nr. #725, S. 191–192, weist das Kreuz Rauchmüller zu; dagegen Arens, Nr. #720): S. 93. – „11. Das Epitaphium von Dam Hartard (!) vom alten Hanisch": S. 93. – „12. und das Nikenische (erg. Epitaphium) von Oehninger, einem Westphälinger" (Epitaph des Dompropstes Heinrich Ferdinand von der Leyen zu Nickenich, gest. 1714; Bildhauer: Johann Mauritz Gröninger (Schreibfehler: Oehninger!): S. 93–95. Die Zitate sind der Liste Schunks entnommen.

706. Brinckmann, A. E.: Barockskulptur. Entwicklingsgeschichte der Skulptur in den romanischen und germanischen Ländern seit Michelangelo bis zum 18. Jahrhundert. (= Handbuch der Kunstwissenschaften). Berlin-Neubabelsburg 1917–20. 3. verbesserte Auflage Potsdam (1939).

1. Auflage, S. 190: Hans Juncker wird als Bildhauer des Johannesaltars (= Fürstenberger Altar) genannt. 3. Auflage, S. 320: Rauchmüller-Kruzifix. – S. 327: „Vlämisch beeinflußt sind die Arbeiten von Harnisch im Mainzer Dom: Denkmal des Georg Christian von Hessen-Homburg 1677 und des Kurfürsten Damian Hartard von der Leyen 1679."

707. Herzog, Erich / Ress, Anton: Der Frankfurter Barockbildhauer Justus Glesker. In: Schriften des historischen Museums Frankfurt, 10. (Frankfurt 1962) S. 53–148.

Verschollene Werke: 1. Der Partenheimer Altar des Mainzer Domes: S. 125–127. – Der Stifter des Altares wurde in der Nazarius-Kapelle beigesetzt. Gleskers Skulpturen für den o. g. Altar entstanden zwischen Juli 1662 und März 1664. Der Altar ging in den Wirren der französischen Besatzungszeit, bzw. der Säkularisation unter.

708. Neeb, (Ernst): Von den Schicksalen der Denkmäler im Dome zu Mainz während der Zeit der franz. Herrschaft. In: Mainzer Journal Nr. 237, 239 und 249 vom 10., 13. und 14. Oktober 1914. Auch in: Mainzer Tagblatt Nr. 274, 275, 277, 288 und 289 von 1914.

Enthält auch einen Bericht von F. Lehne, um 1802 erschienen. Neeb kann den Erscheinungsort nicht nachweisen. Die Angaben bei Wetter, Nr. #177, S. 149, sind falsch.

709. Peiper-Diener, E(rika): Mittelrheinische Barockplastik. Ein Beitrag zur Kunstgeschichte und Stilentwicklung des 17. und 18. Jahrhunderts. Phil. Diss. Frankfurt a.M. 1923. In im wesentlichen unveränderter Form und ohne Zusätze in: Mainzer Zeitschrift 24/25 (1929/1930) S. 1–46.

Betr. viele Werke im Mainzer Dom und deren Künstler: Arnold Harnisch (S. 3–6), Johann Wolfgang Fröhlicher und Justus Glesker* (S. 6–12), Franz Mathias Hiernle (S. 12–23), Burkhard Zamels (S. 23–26), Johann Kaspar Hiernle (S. 26–27), Nicolas Bindriem* (S. 27–32), Peter Hencke* (S. 32–35), Heinrich Jung (S. 35–39), Johann Jakob Juncker* (S. 39–41), Johann Sebastian Pfaff* (S. 41–43). Von den mit * gekennzeichneten Künstlern weist Verf. keine Werke im Dom nach.

710. Schrohe, H(einrich): Neue Aufsätze und Nachweise zur Mainzer Kunstgeschichte. In: Mainzer Zeitschrift 15/16 (1920/1921) S. 66–69.

S. 68–69: Die Marmorierer Johann Michael und Bartholomäus Hoyer. In der Werkstätte Johann Michael Hoyers wurden nach fremden Entwürfen die Denkmäler des Dompropstes Karl Emmerich Franz von Breidbach-Bürresheim (gest. 1743), des Domdechanten Georg Adam von Fechenbach (gest. 1773) und des Domsängers Karl Franz Philipp Valentin von und zu Frankenstein zu Ockstadt (gest. 1774) angefertigt.

711. Schrohe, H(einrich): Zur Mainzer Kunstgeschichte in der zweiten Hälfte des 17. Jahrhunderts. In: Mainzer Zeitschrift 2 (1907) S. 88–105.

„Die zweite Hälfte des 17. Jahrhunderts bringt in Mainz mannigfache künstlerische Leistungen hervor. Am besten zeigt dies der Dom mit seinen vielen plastischen Kunstdenkmälern." (S. 88).

1. Mathias Rauchmüller (S. 89–91): hier besonders über das Kruzifix, das Domdekan Johann von Heppenheim, genannt von Saal, gestiftet hatte.

2. Der Bildhauer Arnold Harnisch (S. 91–94): von ihm wurde der Laurentiusaltar, 1676, und das Denkmal EB Damian Hartard von der Leyen, 1679, sowie der Altar Mariä Himmelfahrt, 1683, (heute Pfarrkirche zu Lörzweiler) geschaffen.

3. Bildhauer und Maler, die ihren Werken nach nicht bekannt sind (S. 94–102): betr. nicht Mainzer Dom.

2. Altäre

712. Arens, Fritz (Viktor): Die Künstler der Seitenaltäre in der Bodenheimer Kirche. In: 1200 Jahre Bodenheim am Rhein. FS zur Jubiläumsfeier vom 2. – 10. Juni 1956. Oppenheim 1956. S. 51 – 54.

Die Altäre standen ursprünglich zusammen mit einem mittleren Altar (heute in Lörzweiler) im Ostchor des Mainzer Domes. Es sind dies der Ecce-homo-Altar, von Johann Wolfgang Frölicher aus Frankfurt (2. Hälfte des 17. Jahrhunderts) geschaffen, und der Mater-dolorosa-Altar des aus Tirol stammenden Mainzer Meisters Christian Rosaler (Anfang des 18. Jahrhunderts).

713. Mainz 25. Januar („Die Kirche von Bodenheim hat die beiden Seitenaltäre des Pfarraltars im Dom ... um den Preis von 500 fl erworben ..."). In: Mainzer Abendblatt. Beilage zum Mainzer Journal Nr. 20 vom 25. Januar 1870.

714. Mayer, Carl Jos(eph): Die Laurenzikapelle bei Gau-Algesheim. Ein Gedenkblatt. Mainz 1906.

Der St. Lambert-Altar (= Metternich-Altar) befindet sich seit 1730 (?) in der Wallfahrtskapelle auf dem Laurenziberg bei Gau-Algesheim (S. 9).

715. Metz, Peter: Mainzer Rokokoplastik. Phil. Diss. Gießen 1928. Masch. Auszug: Gießen 1928.

Metz schreibt die Engel mit den Leidenswerkzeugen am Altar der schmerzhaften Muttergottes Joh. Jakob Junker zu (um 1750). Der o.g. Altar stand früher im Ostchor vor den Pfeilerreihen auf der Nordseite und kam nach der Pfeilerbeseitigung 1870 in die katholische Pfarrkirche zu Bodenheim. – Die vollständige Diss. konnte nicht eingesehen werden.

716. Neeb, (Ernst): Vom Hochaltar im Westchor des Mainzer Domes. In: Mainzer Journal. Beilage: Feierstunde Nr. 264 vom 13. November 1916.

Skizze: Der Westchor um 1745 nach dem Dom-Grundriß bei Gudenus, Nr. #661.

717. Oidtman, E. v.: Die Künstler des Greiffenclau-Altares und der Greiffenclau-Grabplatte im Dom zu Mainz. In: Mainzer Zeitschrift 20/21 (1925/1926) S. 1 – 4.

Johann Fries und sein Sohn Johann Balthasar Fries schufen, teilweise unterstützt durch Bildhauer Mathias Pfister aus Worms, die o.g. Gegenstände. Der Steinmetz Martin Harnisch von Schubach lieferte das zugerichtete Material an Marmor und war vielleicht an der Aufrichtung des Altars selbst beteiligt. Der Altar wurde erst 1662 vollendet.

718. (Werner, Adam Alois): Ein seither unbekanntes Kunstwerk in Rheinhessen. In: Mainzer Journal Nr. 162 vom 13. Juli 1895.

Altarbild in der Pfarrkirche zu Lörzweiler, bis 1684 im Mainzer Dom.

719. Winkler, Adam: Materialien zur Geschichte der Pfarrei St. Gereon Nackenheim. (= Nackenheimer heimatkundliche Schriftenreihe, 3). Nackenheim 1952.

1697 stiftete der Domdekan Johann Philipp Greiffenclau zu Vollraths zum Ersatz für einen Martinusaltar, der im Schiff des Domes stand und 1683 entfernt worden war, einen Martinsaltar, der im Ostchor aufgestellt wurde. 1869 wurde dieser Greiffenclau-Altar für 800 Gulden der Nackenheimer St. Gereonkirche verkauft: S. 14 – 19.

3. Erörterungen zum „Rauchmüller-Kruzifix" in der Barbarakapelle

720. Arens, Fritz (Viktor): Ist das Kreuz im Mainzer Dom von Rauchmüller? In: Mainzer Zeitschrift 41/43 (1946/1948) S. 91 – 96.

Das Kreuz gehört zum Altar der Barbarakapelle. Verf. verneint seine Frage.

721. Birke, Veronika: Studien zu Mathias Rauchmiller. 2 Bde. Diss. phil. Wien vom 19. Dezember 1974.

Autorenreferat in: Das Münster. Zeitschrift für christliche Kunst und Kunstwissenschaft 30 (1977) S. 59 – 62: „Im Verlauf der Untersuchungen mußte nochmals auf die Problematik des Mainzer Kruzifix eingegangen werden.

Es zeigte sich, daß die Arbeit nicht von Rauchmillers Hand sein kann. Es bleibt daher die künstlerische Anonymität dieser hervorragenden Arbeit die Grundlage jeder ferneren Betrachtung" (Autorenreferat, S. 60).

722. Birke, Veronika: Zum Frühwerk Matthias Rauchmillers im Rheingebiet. In: Mainzer Zeitschrift 71/72 (1976/1977) S. 164 – 175.

Der Aufsatz ist mit geringfügiger Änderung ein Teil von Birke, Nr. #721. Das Kruzifix: S. 172 – 175.

723. Gessner, Adolf: Bemerkungen aus Topographie und Ikonographie zum Schönbornepitaph Matthias Rauchmüllers. In: Jahrbuch für das Bistum Mainz 4 (1949) = FS August Reatz, S. 339 – 345.

Das Epitaph befindet sich in der Geisenheimer Pfarrkirche. Hinweise auch auf den Künstler des Kruzifixes in der Barbarakapelle.

724. Gessner, Adolf: Das Epitaph des Philipp Erwin von Schönborn. Ein Beitrag zur Rauchmüllerforschung. In: Jahrbuch für das Bistum Mainz 3 (1948) I, S. 75 – 88.

Kruzifix in der Barbarakapelle: S. 84 – 87.

725. Gessner, Adolf: Das Schönbornepitaph und die Rauchmüllerforschung. In: Zeitschrift für Kunstwissenschaft 5 (1951) S. 191 – 202.

Kontroverse mit Arens über das Kruzifix in der Barbarakapelle des Mainzer Domes. Gessners Ansicht (S. 202): „Von dem Mainzer Werk, dessen vollendete Aktbehandlung und sensibler Stimmungsgehalt das Versprechen auf die seelisch und formell verwandte Kunst Georg Raphael Donners in sich tragen, darf man daher abschließend sagen: Das Kreuz der Barbarakapelle gehört aufs engste zu einer Gruppe von Kunstwerken, von denen einige urkundlich, andere auf Grund stilkritischer Erkenntnis dem Werk Rauchmüllers angehören. Des Künstlers eigene Hand in ihm zu erblicken, steht stilistisch nichts im Wege."

726. Haendcke, Berthold: Mathias Rauchmüller, der Bildhauer. In: Repertorium für Kunstwissenschaft 25 (1902) S. 89 – 97. Auch SD Berlin 1902.

Kruzifix in der Barbarakapelle: S. 96 – 97: „Traditionell als Rauchmüller bezeichneter Christus am Kreuz." „Das ebenfalls im Mainzer Dom aufgestellte prächtige Marmordenkmal v. d. Leyen's († 1714), das auch Rauchmüller zugewiesen wird, lässt in der Technik eine allgemeine Verwandtschaft mit unseres Künstlers Art wahrnehmen, ist aber jedenfalls weder von ihm noch von seiner Werkstatt gearbeitet worden" (S. 97).

727. Metz, Peter: Spätgotische Reminiszenzen in der Plastik des deutschen Barock. In: FS Friedrich Winkler. Berlin 1959. S. 330 – 339.

S. 335, Anm. 12: Kruzifixus im ehemaligen Barbara-Altar im Mainzer Dom vermutlich nicht von M. Rauchmüller geschaffen.

728. (Schneide)r, F(riedrich): Das Kruzifix von Matthias Rauchmüller im Dom. In: Mainzer Journal Nr. 268 vom 18. November 1902.

Über seine unsachgemäßen Renovierungen im 19. Jahrhundert.

729. Schneider, Friedrich: Von den Denkmälern des Mainzer Domes. I. Das große Kruzifix des Mathias Rauchmüller, 17. Jahrhundert. In: Mainzer Journal Nr. 147 vom 27. Juni 1902. SD Mainz 1902. Neuabdruck in: Schneider, Friedrich: Kunstwissenschaftliche Studien. Gesammelte Aufsätze. Bd. 1.: Kurmainzer Kunst. Hrsg. von Erwin Hensler. Wiesbaden 1913. S. 135 – 141.

„Ist bei dem Denkmal von der Leyen auf seinen (Rauchmüllers) Namen zu verzichten, so vertritt nunmehr das Kruzifix den Namen und die Kunst Rauchmüllers mit noch höheren Ehren." (zit. nach Kurmainzer Studien, S. 141).

4. Johann Wolfgang Frölicher

730. Erni, Erika: Johann Peter Frölicher 1662 – 1723. Ein Solothurner Barockbildhauer. In: Jahrbuch für Solothurnische Geschichte 50 (1977) S. 5 – 150.

S. 113 – 125: Johann Wolfgang Frölicher (ein älterer Bruder des o.g.). Dieser schuf den vom Mainzer Domscholastiker und Dompropst zu Trier, Johann Friedrich von Eltz (gest. 1686) gestifteten Ecce-Homo-Altar: S. 115 – 116. – Denkmal von Karl Adam von Lamberg (gest. 6.9. 1689): S. 120. – Denkmal für EB Anselm Franz von Ingelheim: S. 121.

731. Erni, E(rika): Johann Wolfgang Frölicher (1653 – 1700), ein Bildhauer aus Solothurn in Frankfurt. In: Unsere Kunstdenkmäler 24 (1973) Heft 4, S. 320 – 334.

Frölicher (vgl. zur unterschiedlichen Schreibweise: S. 334, Anm. 2) schuf folgende Werke für den Dom: Grabmal des Reichsgrafen und Obersten Karl Adam von Lamberg (gest. 1689): S. 322. 330 – 331. Grabmal von EB Anselm Franz von Ingelheim (gest. 1695): S. 323. 329 – 330. – Ecce-Homo-Altar: S. 327.

732. Lamberg-Denkmal im Mainzer Dom. In: Mainzer Journal Nr. 210 vom 9. September 1909.

Carl Adam von Lamberg, gefallen am 6.9.1689.

733. Reber, Horst: Der Frankfurter Bildhauer Johann Wolfgang Fröhlicher und seine Arbeiten in Trier. In: Schriften des Historischen Museums Frankfurt am Main, 12. Frankfurt a. M. 1966. S. 65 – 141.

Betr. auch Fröhlichers Arbeiten im Mainzer Dom: Ecce-homo-Altar, heute Bodenheim. Grabmal für Karl Adam von Lamberg. Grabmal für Kurfürst Anselm von Ingelheim. Passim: Kruzifix in der Barbarakapelle (S. 65 – 68), das kein Werk Rauchmüllers ist: „Stilistische Übereinstimmungen des Mainzer Domkruzifixes zu gesicherten Werken Fröhlichers, die über Gemeinsamkeiten des Zeitstiles hinausgehen, bestehen nicht." (S. 139, Anm. 121).

734. Rensing, Theodor: Monumenta memoriae. In: Westfalen. Hefte für Geschichte, Kunst und Landeskunde 36 (1958) S. 60 – 90.

Grabdenkmal des Dompropstes Heinrich Ferdinand von der Leyen (gest. 1714): S. 75 – 78. – Grabdenkmal des EBs Anselm Franz von Ingelheim (gest. 1695): S. 84 – 87. – Über das Kruzifix des Ingelheim-Denkmals: S. 87.

735. Utz, Hildegard: Johann Wolfgang Frölicher (1652 – 1700). In: Mainzer Zeitschrift 73/74 (1978/79) S. 27 – 48.

Frölicher schuf für den Dom das Grabmal für Oberst Karl Adam von Lamberg (gest. 6.9.1689); es gelangte aus dem Ostchor in das nördliche Seitenschiff (S. 33) und das erst 1698 fertig gewordene Grabmal des EBs Anselm Franz von Ingelheim (gest. 1695, S. 33). Weitere Literatur zu Frölicher und seiner Werkstatt vgl. diese Arbeit. Anhang: Matthias Rauchmüller: S. 43 – 48.: Kruzifix in der Barbarakapelle nicht von Rauchmüller. – Vgl. zur gesamten Arbeit die kritischen Anmerkungen von Curt Schweicher: J.W. Frölicher und die mainzisch-trierische Bildhauerwerkstatt des 17. Jahrhunderts. In: Landeskundliche Vierteljahrsblätter 25 (1979) S. 150 – 153.

736. Vom Grabdenkmal des Reichsgrafen von Lamberg im hohen Dome zu Mainz. Von einem Mainzer Kunstfreund. In: Katholisches Kirchenblatt Nr. 6 vom 8. Februar 1931.

Frölicher schuf 1690 das Denkmal. Artikel vorhanden in: Stadtbibliothek Mainz, Mog: 2°: 66 Nr. 2748.

5. Epitaphien

Erzbischöfe Johann Philipp (gest. 1673) und Lothar Franz (gest. 1729) von Schönborn

737. Reuther, Hans: Balthasar Neumann. Der mainfränkische Barockbaumeister. München 1983.

S. 202: Erwähnung der 1745 nach Entwürfen von Balthasar Neumann geschaffenen Epitaphe im Westchor hinter dem Chorgestühl. – S. 254 – 256 weiterführende Literatur zum Leben und Werk Balthasar Neumanns. – Rez.: Helmut-Eberhard Paulus, in: Kunstchronik 37 (1984) S. 537 – 542.

738. Sedlmaier, Richard: Wolfgang v.d. Auveras Schönborn-Grabmäler im Mainfränkischen Museum und die Grabmalkunst der Schönborn-Bischöfe. (= Mainfränkisches Heft, 23). Würzburg 1955.

Mainz, Dom: S. 27 – 28 und passim. Abb. 12: Grabmal Lothar Franz von Schönborn; Abb. 13: Grabmal Johann Philipp von Schönborn und Chorgestühl (1759 – 65) im Westchor; Abb. 32 und 33: Johann Wolfgang van der Auvera, Erster Entwurf zum Grabmal Johann Philipp, bzw. Lothar Franz von Schönborn im Mainzer Dom. (Entwürfe 1945 verbrannt); Abb. 34 und 35: Zweiter Entwurf der o.g. Grabmäler (ebenso 1945 verbrannt); Abb. 36: Ideenskizze zu den Schönborngrabdenkmälern (1739) im Mainzer Dom.

Landgraf Georg Christian von Hessen-Homburg (gest. 1677)

739. Schneider, Friedrich: Aus einer fürstlichen Verlassenschaft des 17. Jahrhunderts. Nach den Acten des Grossherzoglichen Haus- und Staatsarchiv zu Darmstadt Hessen-Homburgischen Antheils, Fasc. 1522. In: Mittheilungen an die Mitglieder des Vereins für Geschichte und Alterthumskunde in Frankfurt 5 (1874–1879) Heft 4 (1879) S. 567–591. Erstveröffentlichung in: Darmstädter Zeitung Nr. 73, 75, 76 und 77 vom 14., 16., 17. und 18. März 1875.

Die Herstellung des Denkmals im Dom von Mainz nahm ... geraume Zeit in Anspruch. 1680 Lieferung der Materialien, 1682 annähernd fertig. „Ueber die Kosten des Denkmals und den ausführenden Künstler enthalten die Acten keinerlei Angabe." (S. 591).

Dompropst Johann Wilhelm von Metternich-Gracht (gest. 1694)

740. Mainz 7. Mai (Grabstätte und eine kupferne Grabplatte mit Inschrift des Dompropstes Johann Wilhelm von Metternich-Gracht wurde im Ostchor gefunden). In: Mainzer Journal Nr. 107 vom 8. Mai 1874.

Dompropst Heinrich Ferdinand von der Leyen (gest. 1714)

741. Bruhns, Leo: Von der Peterskirche zum Würzburger Schloß. (= Die Meisterwerke. Eine Kunstgeschichte für das Deutsche Volk, 7). Leipzig 1934. Auch: Wiesbaden-Berlin o.J. mit dem Untertitel: Architektur und Plastik.

Grabdenkmal des Dompropstes: S. 357–360. In der Ausgabe Wiesbaden-Berlin: S. 284–286. Bildhauer: „Wahrscheinlich der Westfale Johann Mauriz Gröninger aus Münster. Sein begabter Sohn Johann Wilhelm wird ihm geholfen haben; der Entwurf aber zum architektonischen Aufbau dürfte von Maximilian vom Welsch stammen..." (S. 360).

742. Einsingbach, Wolfgang: Johann Maximilian von Welsch. Neue Beiträge zu seinem Leben und zu seiner Tätigkeit für den Fürsten Georg August von Nassau-Idstein. In: Nassauische Annalen 74 (1963) S. 78–170.

Einsingbach bezweifelt, daß der architektonische Rahmen des Grabmals des Dompropstes Heinrich Ferdinand v.d. Leyen zu Nickenich (gest. 1714) von Welsch entworfen worden sei: S. 97.

743. Feulner, Adolf: Das Denkmal des Dompropstes Heinrich Ferdinand von der Leyen in Mainz. In: Zeitschrift für bildende Kunst 62 (1928/29) S. 93–96.

„Das Denkmal ist Kollektivarbeit" (S. 96). „Die monumentale großzügige Architektur wird von einem Architekten entworfen sein. Es liegt nahe, an Maximilian von Welsch zu denken, der seit 1704 im Dienste des Kurfürsten Lothar von Schönborn stand" (S. 95). „Der Schöpfer des von der Leyen-Denkmals kann niemand anderes sein als Johann Mauritz Gröninger, der Hofbildhauer des Bischofs von Münster" (S. 94). „Man geht nicht fehl, wenn man seinem Sohn, dem jungen Johann Wilhelm Gröninger (1675–1725) ... schon einen starken Anteil an beiden Denkmälern (= Denkmal des Kurfürsten Anselm Franz von Ingelheim und Denkmal des Propstes von der Leyen) zubilligt" (S. 95). – Vgl. auch: F. Koch: Die Gröninger. Münster 1908.

Domherr Karl Kaspar Wilhelm von Gymnich (gest. 1739)

744. Arens, Fritz (Viktor): Ein Grabstein aus „Opus Melitense" im Mainzer Dom. In: Mainzer Zeitschrift 76 (1981) S. 102–124.

Grabplatte in der Allerheiligenkapelle.

Erzbischof Philipp Karl zu Eltz (gest. 1743)

745. Roth, F.W.E.: Geschichte der Herren und Grafen zu Eltz unter besonderer Berücksichtigung der Linie vom Goldnen Löwen zu Eltz. 2 Bde. Mainz 1889 – 1890.

Bd. 2, S. 332 – 334: Grabmal des EBs Philipp Karl zu Eltz von Burckard Zammels und dem Hofmaler Johann Robeyns 1741 – 1742 geschaffen. „Das Denkmal ist eine Meisterarbeit, aber in der Draperie schwulstig und maniriert, die trauernde Frauensperson in Gesicht und Haltung vorzüglich, aber verfehlt im Faltenwurf des Gewandes. Gelungen ist die Darstellung des Todes, am besten und wahrheitsgetreu das Medaillenportrait des Kurfürsten gehalten.“ (S. 333). – Bd. 2, S. 54 – 55: Ecce-homo-Altar, von Johann Friedrich zu Eltz für den Ostchor 1686 an Stelle eines von Marquard von Praunheim 1437 im eisernen Chor zu Ehren des hl. Egidius gestifteten Altar. Seit 1872 befindet sich der Ecce-homo-Altar in Bodenheim.

Erzbischof Johann Friedrich von Ostein (gest. 1763)

746. Neumann, Balthasar: Die Briefe Balthasar Neumanns von seiner Pariser Studienreise 1723. Mitgeteilt von Karl Lohmeyer. Düsseldorf 1911.

S. 58 – 60: Denkmal des EBs Joh. Friedrich von Ostein. Neumann bemerkt zu dem Grabmal, daß es „nicht so fein im Dessein“ (S. 60) sei.

Erzbischof Emmerich Joseph von Breidbach-Bürresheim (gest. 1774)

747. Hofmann, Friedrich (Hermann): Johann Peter Melchior 1742 – 1825. (= Einzeldarstellungen zur süddeutschen Kunst, 2). München, Berlin, Leipzig 1921.

748. Johann Peter Melchiors Projekt zum Grabdenkmal des Kurfürsten Emmerich Josef von Mainz. In: Mainzer Journal Nr. 52 vom 3. März 1897.

„Wir lernen hier eine kleine Denkschrift kennen, in der sich Johann Peter Melchior, von 1779 bis 1794 Modellmeister der Frankenthaler Porcellanmanufactur, in interessanter Weise über künstlerische Probleme ausspricht.“ – Melchior schuf für den Mainzer Dom das Grabdenkmal des Dompropstes Karl Emmerich Franz von Breidbach zu Bürresheim (gest. 1743) und vermutlich auch die Genien am Denkmal des Domherrn von Fechenbach. Das Grabdenkmal des Ebs Emmerich Josef von Breidbach-Bürresheim kam nicht zur Ausführung (S. 125).

749. Zais, Ernst: Melchiors Projekt zum Grabdenkmal des Kurfürsten Emmerich Josef von Mainz. In: Monatsschrift des Frankenthaler Altertumsvereines 5 (1897) S. 1 – 3. Neuabgedruckt in: Hofmann, Nr. #747, S. 17 – 19.

6. Das Chorgestühl im Westchor

750. Arens, Fritz (Viktor): Das Chorgestühl im Mainzer Dom. In: Der Katholik. Beiblatt: Aus der Bischofsstadt, Nr. 20 vom 4. Oktober 1931.

751. Arens, Fritz (Viktor): Entwürfe zum Mainzer Bischofsthron. In: Jahrbuch für das Bistum Mainz 5 (1950) = Aus Kirche – Kunst – Leben, FS Albert Stohr, S. 545 – 551.

Zwei nicht ausgeführte Entwürfe von ca. 1751 für einen Bischofsthron im Chorgestühl des Westchors des Mainzer Domes von dem Schreinermeister Johann Förster und Franz Anton Hermann.

752. Arens, Fritz (Viktor): Meisterrisse und Möbel der Mainzer Schreiner. (= Beiträge zur Geschichte der Stadt Mainz, 14). Mainz 1955.

Taf. 122: Entwurf für den Bischofsthron im Mainzer Domchorgestühl von Franz Anton Hermann, etwa 1759. – Taf. 123: Entwurf für das Mainzer Domchorgestühl vermutlich von Johann Försten 1759. – Taf. 124: Das Chorgestühl von Franz Anton Hermann, 1759 – 65. – Taf. 125: Kniebank des Gestühls im Westchor. – Taf. 133 und 135: Beichtstuhl. – Taf. 140: Sakristei, 1804.

753. Arens, Fritz (Viktor): Weitere neuentdeckte Entwürfe zum Mainzer Domchorgestühl. In: Universitas. Dienst an Wahrheit und Leben. FS für Bischof Dr. Albert Stohr. Im Auftrag der katholisch-theologischen Fakultät der Johannes Gutenberg-Universität Mainz hrsg. von Ludwig Lenhart. 2. Bd. Mainz 1960. S. 324 – 329.

754. Gessner, Adolf: Das Gestühl im Westchor des Mainzer Domes. (= Ergänzungsbände zum Jahrbuch für das Bistum Mainz, 1). Mainz 1950.

755. Girshausen, Theo Ludwig: Die Bauten der Kirche und des Adels am Mittelrhein von 1600 bis 1760. Masch. o.O. (1941). Frankfurt a.M. Phil. Habilitations-Schrift vom 8. März 1941.
Chorgestühl. Diese Arbeit konnte nicht eingesehen werden.

756. Keil, Herman: Mainzer Ornamentik. Die Stilwandlung im 18. Jahrhundert. (= Beiträge zur Kunstgeschichte Hessens und des Rhein-Main-Gebietes, 2). Marburg 1918.
Chorgestühl. Der starke Schwung der Blattranken „verursacht einen Wirbel der Bewegung in der Ornamentik des pompösen Chorgestühls im Westchor des Domes 1767." (S. 97). Keil bringt sonst keine direkten Bezüge zur Ornamentik des Domes.

757. Neeb, E(rnst): Das Chorgestühl im Westchore des Mainzer Domes. In: Mainzer Journal Nr. 175 vom 30. Juli 1910. Auch SD.
Schema der Anordnung der Figuren und Wappen am Chorgestühl im Westchor des Mainzer Doms.

758. Vom Westchore des Mainzer Domes. In: Mainzer Journal. Beilage: Feierstunde Nr. 263 vom 11. November 1916.

IX. DER DOM IM 19. JAHRHUNDERT

Übergreifende Literatur

759. Brück, Anton Ph(ilipp): Briefe von August Reichensperger (1808 bis 1895) an Friedrich Schneider (1836 – 1907) in Mainz. In: Archiv für hessische Geschichte und Altertumskunde NF 31 (1971/72) S. 136 – 165.
Renovierung des Mainzer Domes: Briefe 7 – 11.

760. Duchhardt-Bösken, Sigrid: Der Mainzer Dom im 19. Jahrhundert. In: Willigis und sein Dom. FS zur Jahrtausendfeier des Mainzer Domes 975 – 1975. Hrsg. von Anton Ph(ilipp) Brück. (= QAMrhKG, 24). Mainz 1975. S. 439 – 499.

761. Hartung, Giselher: Eisenkonstruktionen des 19. Jahrhunderts. Mit einer Einführung von Günter Behnisch. Darmstadt 1983.
Moller'sche Domkuppel.

762. Heinrich, J(ohann) B(aptist Vincenz): Ein Blick in die religiöse Vergangenheit, Gegenwart und Zukunft der Stadt und des Bishums (!) Mainz. Eine Predigt gehalten am Kirchweihfeste im Dom zu Mainz. Mainz 1849.
Betr. nur am Rande den Dombau.

763. K(lein), B. C. A. v.: Ansicht der östlichen Thürme des Domes von Mainz, entworfen von B. C. A. v. K. Mainz o.J. 1 Bl. (Mitte 19. Jh.)
Vorhanden in: Stadtarchiv Mainz, Schneider: 14,3 Nr. 1.

764. Lenhart, L(udwig): Des Bischofs Sorge um seinen Dom. In: Martinusblatt. Katholisches Volksblatt für alle Stände. Bistumsblatt für die Diözese Mainz Nr. 28 vom 11. Juli 1937, S. 4–5.

765. Lenhart, L(udwig): Bischof Ketteler und der Mainzer Dom. Zum 60. Todestage Kettelers am 13. Juli. In: Ketteler-Feuer 48 (1937) Nr. 26, S. 10–11, und Nr. 27, S. 3. – Auch in: Ketteler-Licht 32 (1937) Nr. 26 und 27.

Bes. über Kettelers Anteilnahme an der Domrestaurierung.

766. Rey, Gottfried: Die rechtliche Stellung des Domes. In: Der Kölner Dom. FS zur Siebenhundertjahrfeier 1248–1948. Hrsg. vom Zentral-Dombau-Verein. Köln 1948. S. 297–323.

Betr. die Stellung der deutschen Dome nach 1803. Mainzer Dom: S. 306–307.

767. Sartorius, (Johannes): Vom Ostchor des Mainzer Domes. In: Mainzer Journal Nr. 239 vom 12. Oktober 1928.

Überblick über die baulichen Veränderungen im 19. und 20. Jahrhundert.

768. Schmitt, Franz Jakob: Von der ehemaligen Erzbischöflichen Metropolitan-Domkirche Sankt Martinus in Mainz. In: Historisch-politische Blätter 141 (1908) S. 615–621.

Überblick über Baugeschichte; Kritik an Cuypers Renovierungen.

769. Sperlich, Günther: Die Ostkuppel des Mainzer Domes. In: Frölich, Marie / Sperlich, Günther: Georg Moller, Baumeister der Romantik. Darmstadt 1959. S. 285–292.

Baudirektor Arnold bearbeitete auf Regierungsauftrag den Ausbau der östlichen Chorgruppe; Moller entwarf für den Ostturm eine Metallkuppel; hier: Rechtfertigung der Form, Konstruktion der Kuppel und ihre Demolierung 1870. Zur Biographie Mollers vgl. a.a.O., S. 17–50.

770. Thiemann-Stoedtner, Ottilie: Johann Baptist Scholl d.J., ein hessischer Bildhauer, Zeichner und Maler der Spätromantik. Darmstadt 1965.

Verf. bemerkt auf S. 19, daß Scholl für einige Tage am Mainzer Dom arbeitete, ohne jedoch näher auf die Art des Wirkens einzugehen.

A. Der Dom bis ca. 1850

1. Der zerstörte und notdürftig restaurierte Dom unter Bischof Colmar

a) Baugeschichte

771. Dombauakten I und II. Bedachung der Domkirche 1810, 1811 und 1813. Verschiedene Handschriften.

Vorhanden in Stadtarchiv Mainz, Schneider 13,7 N° 5 und 6.

772. Ein Jahrhundertjubiläum in der Geschichte des Mainzer Domes. In: Mainzer Journal Nr. 260 vom 7. November 1903.

Nach Josef Selbst: Joseph Ludwig von Colmar, Bischof von Mainz 1802–1818. Ein Zeit- und Lebensbild zum Jahrhundert-Gedächtnis. Mainz 1902.

773. Eine Domweihe vor 124 Jahren. In: Die alte Heimat. Blätter für Heimatkunde und Heimatpflege 4 (1928) S. 155–156.

Nachdem Ende Januar 1804 die französische Besatzung den Mainzer Dom geräumt hatte, konnte mit der Instandsetzung begonnen werden. Am 15. August 1804 weihte Bs Colmar den Dom.

774. Die französische Regierung und der Mainzer Dom 1797 – 1814. In: Mainzer Anzeiger Nr. 248 von 1914.

775. Gedächtnis. In: General-Anzeiger Nr. 187 vom 15. August 1894.
90. Jahrestag der Wiedereinweihung des Domes durch Bischof Colmar.

776. Lenhart, Ludwig: Bischof Joseph Ludwig Colmar (1802 – 1818). Der Neubegründer des Mainzer Bistums und Retter des Mainzer Domes. In: Mainzer Almanach. Beiträge aus Geschichte und Gegenwart 1960, S. 61 – 74.

777. Lenhart, Ludwig: Bischof Joseph Ludwig Colmar und seine Rolle in der tragischen Schicksalsgemeinschaft des Mainzer und Speyerer Domes zur Zeit Napoleons. In: 900 Jahre Speyerer Dom. FS zum Jahrestag der Domweihe 1061 – 1961. Im Auftrage des Domkapitels hrsg. von Ludwig Stamer. Speyer 1961. S. 224 – 239.
„Die Rettung des Mainzer Domes als Modellfall für den gleichfalls gefährdeten Speyerer Dom“: S. 227 – 232.

778. Schrohe, H(einrich): Die Schicksale des Mainzer Domes in den Jahren 1792 – 1802. Mainzer Journal. Beilage: Feierstunde Nr. 194 – 201 vom 22., 23., 24., 25., 27., 29. und 30. August 1917. Auch SD Mainz 1917.

779. Wanderung durch den Mainzer Dom im Jahre 1806*. Aus den Denkwürdigkeiten eines alten Mainzer Bürgers. In: Stimmen vom Rhein. Zeitschrift für Literatur, Kunst und Bürgerleben Nr. 32 vom 26. April 1845, S. 125 – 126. Nr. 33 vom 29. April 1845, S. 129 – 130. Nr. 34 vom 3. Mai 1845, S. 133 – 135. Nr. 35 vom 6. Mai 1845, S. 137 – 138. Nr. 36 vom 10. Mai 1845, S. 141 – 142. Nr. 37 vom 13. Mai 1845, S. 145 – 147. Nr. 38 vom 16. Mai 1845, S. 149 – 150. Nr. 39 vom 20. Mai 1845, S. 153 – 154. Nr. 40 vom 23. Mai 1845, S. 157 – 158. Nr. 44 vom 6. Juni 1845, S. 173 – 174. *Titeländerungen: Nr. 35: ... im Jahre 1813. Nr. 36 – 39: ... im Jahre 1815. Nr. 40: ... im Jahre 1819. Nr. 44: ... im Jahre 1821.

780. Zur Geschichte des Mainzer Domes. In: Mainzer Tagblatt = Mainzer Zeitung Nr. 219 vom 15. August 1894.
Kostenvoranschlag für die Restaurierung vom 16. Oktober 1802: Der Dom kann für 50.000 Francs wiederhergestellt werden. Am 4. Februar 1803 wurde der Wiederaufbau genehmigt. Am 15. August 1804 erfolgte die Wiedereinweihung.

b) Die Domuhr

781. Boettger, E.: Mit dem Bruder Antonin zur Turmuhr und den Glocken des Mainzer Domes. In: Der Katholik Nr. 11 vom 2. August 1931.

782. (Colmar), Josef Ludwig: Joseph Ludwig, Bischof von Mainz, an die Bewohner der Stadt Mainz. (Aufruf zu Beiträgen für eine neue Domuhr. Beginnt: „Seit dem Brande vom Jahre 1793 ...“) Mainz, den 6. Jänner 1809.
Auch in französischer Sprache.

783. Die Domuhr. In: Mainzer Wochenblatt Nr. 136 von 1865.

784. Mainz 3. Juni und Mainz 6. September (Renovierung der Zifferblätter der Domuhr). In: Mainzer Abendblatt. Beilage zum Mainzer Journal Nr. 130 vom 4. Juni 1865 und Nr. 208 vom 7. September 1865.

785. Von der Domuhr. Gez.: L. In: Mainzer Journal Nr. 255 vom 4. November 1930.

Artikel enthält Auszüge aus der Glockenpredigt des Bs Joseph Ludwig Colmar vom 24. September 1809 (vgl. Schunk, Nr. #171). Die Zifferblätter vom Dompropst von Elz 1767 geschenkt, wurden 1845 durch die jetzigen ersetzt. 1925 kamen die alten Zifferblätter ins Dommuseum.

c) Die Glocken von 1809 und ihre Vorgänger

Die früheren, zerstörten Glocken

786. (Falk, Franz): Die ehemaligen Glocken im mainzer Dome. In: Geschichtsblätter für die mittelrheinischen Bisthümer 2 (1884 – 1885) Sp. 246 – 248.

Inschriften wurden von Bourdon, Nr. #484, abgeschrieben. Glocken im Stiftsturm: 1490, 1296, 1490, 1618. Glocken im Pfarrturm: 1598, 1490, 1721, 1407. Die Glocken gingen 1767 und 1793 (Dombrand) zu Grunde. 1809 wurden 4 neue Glocken für den Stiftsturm gegossen.

787. F(alk, Franz): Mainzer Glockeninschriften. I. Dom. In: Mainzer Journal Nr. 61 vom 14. März 1874.

Betrifft die von Zechbauer unter Bs Josef Ludwig Colmar gegossenen Glocken. Hinweis auf die Marienglocke von 1748.

788. Fritzen, Hans: Glockengiesser des Rhein-Main-Gebietes. I. Die Mainzer Glockengießer. In: Mainzer Zeitschrift 44/45 (1949/50) S. 82 – 103.

Verf. weist die Glockengießer und ihre Glocken vom 14./15. Jahrhundert bis zum 19. Jahrhundert nach. Vom Mainzer Dom finden Erwähnung: die 1298 von Amon Albrech (?) für den westlichen Hauptturm gelieferte Glocke (S. 83), die Bretzelglocke im Ostchor, 1407 von Meister Hans gefertigt (S. 85), die Kreuz- und Gewitterglocke auf dem Ostturm von Nikolaus Queck, 1490 hergestellt (S. 85), die 1598 von Hieronymus Hack gegossene ehemalige 12-Uhr-Glocke im Ostturm (S. 88), die 1618 von Peter Reuter gefertigte vierte Glocke vom Westturm, genannt „Bemberle" (S. 89 – 90), die vier von Johann Martin Roth 1773 geschaffenen Domglocken (S. 97) sowie über Josef Zechbauer (gest. 1828), der 1809 die heutigen Domglocken schuf (S. 98).

789. Link, Ludwig: Die Glocken des Mainzer Domes. In: Mainzer Almanach. Beiträge aus Geschichte und Gegenwart 1959, S. 58 – 94. Auch: SD Mainz 1959.

Glocken vor 1767 (älteste Glocke von 1298). Die Zeit von 1793 bis 1804. Die Bemühungen Bischof Colmars bei Napoleon I. um eine Beigabe zur Glockenspeise. Glockenguß und Glockenweihe im Jahre 1809. Die Glockenpredigt Bischof Colmars. Joseph Zechbauer, der Gießer der Domglocken. Beschreibung der Domglocken von 1809. Läuteordnung vom 28.10.1809. Elektrisches Glockengeläute. Die Rettung der Colmar'schen Glocken in den beiden Weltkriegen. Nicht von Colmar herrührende Domglocken.

790. Rico: Von Domglocken, Domuhr und den Menschen um sie. In: Die alte Heimat. Blätter für Heimatkunde und Heimatpflege 4 (1928) S. 156 – 160.

Enthält auch eine Episode über den treuen Hüter der Domsakristei Diehl (S. 160), der 1919 den französischen Obergeistlichen von Mainz der Sakristei verwies.

Das neue Geläut

791. Im Dom zu Mainz am 24. September 1809. Eine Federzeichnung zu einer Jahrhundertfeier. In: Katholisches Volksblatt für alle Stände. Beilage Nr. 39 vom 26. September 1909, S. 3.

Jahrhundertfeier der Domglocken; auch über die Domuhr.

792. Loew, Rosa: Zu Besuch bei vier Geweihten. Napoleons Geschenk an die Mainzer. Kanonen wurden zu Glocken. In: Mainz. Vierteljahreshefte für Kultur, Politik, Wirtschaft, Geschichte 5 (1985) Heft 4, S. 88 – 91. – Vgl. auch: Mit Genehmigung Napoleon

Bonapartes: Aus Kanonen-Bronze wurden Glocken. Das Mainzer Domgeläute feiert den hundertfünfzigsten Geburtstag. Gez.: Lk. In: Allgemeine Zeitung (Mainz) Nr. 253 vom 31. Oktober / 1. November 1959, S. 5.

793. Mittnacht, Wilh(elm): Ueber Geläute in der Diözese Mainz. 1. Glocken des Mainzer Domes. In: Martinus-Blatt. Katholisches Volksblatt für alle Stände Nr. 42 vom 18. Oktober 1931, S. 10–11; Nr. 43 vom 25. Oktober 1931, S. 10.
Betr. die Domglocken von 1809.

794. Zum Jubiläum der Domglocken. 1809 – 24. September – 1909. Gez.: O.S. In: Mainzer Journal Nr. 223 vom 24. September 1909.
Beschreibung der Glocken, Inschriften in Latein und Deutsch. „Einen besonderen poetischen Zug gab Colmar der Weihe dadurch, daß er – wie er selbst sagt – bei der Auswahl von sog. Paten ein Auge auf die Unschuld warf: den Glocken standen je zwei Kinder als Pate zur Seite." – Die größte Glocke zeigt als Bildschmuck den reitenden St. Martin.

795. Zwei Jubiläen auf einen Schlag. In: Mainzer Journal Nr. 188 vom 14. August 1909.
Neunhundertjahrfeier der Einweihung des Domes, 29. August 1909, Hundertjahrfeier der Glockenweihe, 1. Oktober 1909.

2. Wiederherstellungs- und Verschönerungsarbeiten bis 1850

a) Übergreifende Beiträge

796. Darapsky, Elisabeth: Zur Geschichte der Stadt und des Domes. Mainzer Geschichtsschreiber (VII). In: Das Neue Mainz 1964, Heft 3, S. 9–10.
Besonders über Domdekan Werner, „Retter des Mainzer Doms".

797. Dombauakten III, betr. Herstellung der Abseitendächer der Domkirche. (1821, 1823, 1824). Verschiedene Handschriften.
Vorhanden in Stadtarchiv Mainz, Schneider 13,7 N° 7.

798. Dombauakten IV, betr. Ausbau der drei östlichen Türme (1826, 1827). (Schreiben und Gutachten von Georg Moller).
Vorhanden in Stadtarchiv Mainz, Schneider 13,7 N° 9.

799. Duchhardt-Bösken, Sigrid: „...die Zierde der Stadt vollendet zu sehen". Ein Bericht Franz Werners über die Wiederherstellung des Mainzer Doms. In: Mainz. Vierteljahreshefte für Kultur, Politik, Wirtschaft, Geschichte 1 (1981) Heft 1, S. 95–103.
1831.

800. Schneider, Friedrich: Domdekan Franz Werner, der heil. Schrift und Weltweisheit Doktor und Commandeur des Großh. Hess. Ludwigsordens. Geboren 21. October 1770 zu Mainz, gestorben daselbst 16. Februar 1845. Ein Gedenkblatt. Mainz 1899.
Rez. in: Mainzer Journal Nr. 252 vom 28. October 1899. Zusammenfassung unter dem Titel: Ein Gedenkblatt für Domdekan Werner. Gez.: r. In: Mainzer Journal Nr. 254 vom 31. October 1899. „Mit Nachdruck wird zugleich des Verlebten erfolgreiches Eintreten für die Rettung und Herstellung des altehrwürdigen Domes nach den Kriegsstürmen als unvergängliches Verdienst gefeiert." (Nr. 254). – In der Memorie ist ein Gedenkstein für Werner errichtet.

b) Notizen für die Jahre 1821 bis 1850

801. (Kurze Nachricht über einen Besuch des Geheimrats von Wiebeking im Dom und über Pläne zu der Restauration des Domes). In: Mainzer Zeitung Nr. 119 von 1821.

802. Aufruf an Deutschlands Mächtige, Edle und Gute. In: Der Katholik 3 (1823) Bd. 9, Beilage IX, S. XXXIII-XXXVIII. Auch SD. Mainz 1823.

Aufforderung (von Johann Baptist Pitschaft?), zur Erhaltung und Instandsetzung des Mainzer Domes beizusteuern. Auch als Broschüre gedruckt „im August 1823". Unterzeichnet: J.J. Humann, Frhr. von Jungenfeld, W. Dietler, Fr. Werner, Neus, Pitschaft, Lauteren, Baron Mappes. Vgl. auch: (Zu dem) Aufruf an Deutschlands Mächtige, Edle und Gute. In: Der Spiegel Nr. 15 von 1823.

803. B(ooss, Konrad): Zum Gedächtnistage der Ueberführung und Errichtung des St. Bonifatius-Denkmales im hohem Dome zu Mainz am 11. Juli 1823. In: Mainzer Journal Nr. 157 vom 8. Juli 1905.

In einer an die Johanniskirche anstoßenden Kapelle (erbaut zwischen 755 und 823) ließ EB Rhabanus Maurus in der Form eines Sarkophages ein Denkmal errichten. Diese wurde unter EB Gerlach von Nassau (1346–1371) in der Form eines Hochgrabes erneuert. Weitere Renovierungen erfolgten. 1823 Überführung in den Dom. Friedrich Schneider befreite es 1896 von seinem schmutzigen, graubraunen Ölfarbenanstrich und ließ es neu fassen.

804. Mainz, vom 18ten Mai (Über freiwillige Beiträge der Stadt Frankfurt für die Wiederherstellung des Mainzer Domes). In: Neue Mainzer Zeitung Nr. 138 vom 18. Mai 1824.

805. Mainz, vom 10ten und 12ten Juni (Zum Blitzschlag im Dom im Juni 1827). In: Neue Mainzer Zeitung Nr. 160 und 161 vom 11. und 12. Juni 1827.

806. Mainz, vom 29ten Oktober (Anzeige des ersten Gottesdienstes nach der Wiederherstellung des Domes). In: Neue Mainzer Zeitung Nr. 301 vom 30. Oktober 1831.

807. Burg, Josef Vitus: Einladung zu Beiträgen für die Errichtung eines Denkmals in der Domkirche zu Mainz. Mainz 1832.

Für Bs Ludwig Colmar.

808. M(üller), N(ikolaus): Plastik. In: Mainzer Zeitung. Sonntags-Beiblatt Nr. 41 vom 11. Oktober 1835.

Josef Scholl schuf das Denkmal für Johann Philipp Hyacinth M.F.W. Graf von Kesselstatt 1828, das Denkmal für Bs Josef Ludwig Colmar, 1835 aufgestellt, und vollendete 1836 die Denkmäler für Bs Josef Vitus Burg und Bs Johann Jakob Humann.

809. Kirchliche Mittheilungen: Mainz, 17. Juli (Ausgeführte Reparaturen). In: Der Katholik 26 (1846) S. 396.

810. Mainz, 22. Juli (1846). (Notiz über die Schenkung zweier Glasgemälde des Großherzogs von Hessen-Darmstadt. Notiz, daß die Restaurierung des Hauptturmes und der Uhr unter der Leitung des Baurats Rödler vollendet sind). In: Katholische Sonntagsblätter zur Belehrung und Erbauung Nr. 30 vom 26. Juli 1846. S. 239.

811. Mainz, 17. Juni (Zur Absicht des Bs Ketteler, die Pfarrtürme auszubauen.). In: Mainzer Zeitung Nr. 198 vom 18. August 1850.

812. Kreuter, Karl: Der Mainzer Maler Hofrat Dr. Eduard von Heuß. Zu seinem 50. Todestag am 24. Oktober. In: Mainzer Journal Nr. 246 und 247 vom 23. und 24. Oktober 1930.

Heuß schuf das Altarbild in der Laurentiuskapelle (um 1850–60).

B. Die umfassenden Restaurierungsarbeiten

1. Der Dombauverein

a) Konstituierung

813. Mainz (Dombauverein). In: Organ für christliche Kunst 6 (1856) S. 262–263. 285; 7 (1857) S. 35; 9 (1859) S. 106.

814. Der Dom zu Mainz. Gez.: L. In: Mainzer Wochenblatt Nr. 59 vom 20. Mai 1856, S. 551. Nr. 74 vom 24. Juni 1856, S. 680.

Aufruf, einen „Dombauverein" zu gründen, damit endlich einmal ein Anfang (der Domrestaurierung) gemacht werde. „Unser Losungswort sei: Viribus unitis et Deus providebit."

815. Der Dom zu Mainz. Gez.: G. In: Mainzer Wochenblatt Nr. 75 vom 26. Juni 1856, S. 688.

Gründung des Dombauvereins, „vertrauend auf die Zustimmung der Mainzer".

816. Kirchliche Mittheilungen: Mainz (Gründung des Dombauvereins in Mainz und Worms). In: Der Katholik NF 1856, Bd. 14, S. 48. – Vgl. auch: Mainzer Zeitung Nr. 155 von 1856.

817. Kirchliche Mittheilungen: Mainz. (Zur Konstituierung des Dombauvereins). In: Katholische Sonntagsblätter zur Belehrung und Erbauung Nr. 27 vom 6. Juli 1856, S. 214.

818. Mainz 1. Juli (Konstituierung eines Dom(bau)vereins). In: Mainzer Journal Nr. 153 vom 2. Juli 1856.

819. Mainz 4. Juni (muß Juli heißen, Anm. des Bearb.) (Notiz über das provisorische Komitee des Dombauvereins: Knyn, Seitz, Gredy, Vogel, Gödecker). In: Mainzer Journal Nr. 156 vom 5. Juli 1856.

820. Der Mainzer Dombauverein. In: Mainzer Journal Nr. 160 vom 10. Juli 1856.

821. Mainzer Dombau-Verein: Aufruf (vom 27. November 1856). In: Der Katholik NF 1856, Bd. 14, S. 521–524. Auch in: Mainzer Anzeiger Nr. 278 von 1856. – Mainzer Zeitung Nr. 280 von 1856. – Katholische Sonntagsblätter zur Belehrung und Erbauung Nr. 48 vom 30. November 1856, S. 383–384. – Mainzer Journal Nr. 280 vom 29. November 1856. – Mainzer Wochenblatt Nr. 142 von 1856. – SD Mainz 1856.

822. Worms 17. Juli (Angst des Wormser Dombauvereins, daß der Mainzer Verein eine Konkurrenz werde. Redakteur des Mainzer Journals dazu beschwichtigend: „... so läge es vielleicht auch nicht im Bereiche der Unmöglichkeit, einen Centralverein für die Restauration beider Dome zu bilden."). In: Mainzer Journal Nr. 168 vom 19. Juli 1856.

823. Worms 28. Juli (Angst des Wormser Dombauvereins, daß Mainz, „dessen Dom in seinen Fundamenten Jahrtausenden trotzend dasteht", nicht die Priorität des Wormser Vereins anerkennt und dadurch indirekt zum eventuellen Ruine desselben beiträgt). In: Mainzer Journal Nr. 177 vom 30. Juli 1856.

824. Zum Mainzer Dombau. In: Rheinische Blätter für Unterhaltung und gemeinnütziges Wirken. Ein Beiblatt zum Mainzer Journal Nr. 154 vom 3. Juli 1856, S. 616, und Nr. 157 vom 6. Juli 1856, S. 627–628.

Gründung eines Dombauvereins, der folgende Ziele hat: 1. Ausbau der beiden Türme an der Ostseite des Domes. 2. Das Innere des Domes mit Fresken zu schmücken. – Hoffnung, daß auch Nicht-Katholiken für diese Aufgabe spenden.

b) Statuten

825. Dombauverein zu Mainz. In: Mainzer Wochenblatt Nr. 8 vom 17. Januar 1857, S. 63. ND: Nr. 11 vom 24. Januar 1857, S. 89.

Auszug aus den Statuten und Einladung zur Generalversammlung.

826. Dombau-Verein zu Mainz. Statuten. Mainz 1856.

c) Mitgliederverzeichnis

827. Namensverzeichnis der bis zum 27. Januar 1857 dem Mainzer Dombau-Verein Beigetretenen. Mainz 1857.

828. Verzeichnis sämmtlicher Mitglieder und Beförderer des Dombau-Vereins zu Mainz. Aufgestellt im Januar 1859.

829. Nachtrag zu dem im Januar 1859 aufgestellten Verzeichnisse sämmtlicher Mitglieder und Beförderer des Dombau-Vereins zu Mainz. Angefertigt im Dezember 1860.

2. Die Dombaumeister

a) Josef Laske (1857 – 1863)

830. Kissel, Clemens: Aus dem alten Mainz. Bilder und Erinnerungen aus der Vergangenheit. VII.Teil. XVIII.Teil. XXII.Teil. In: Mainzer Journal Nr. 57 vom 7. März 1908. Nr. 126 vom 30. Mai 1908. Nr. 196 vom 24. August 1908. Auch: Gesamtausgabe. Mainz 1908.
Nr. 57: Stadt- und Dombaumeister Laske (u.a.). – Nr. 126: Philipp Veit (u.a.). – Nr. 196: Kurzer Abriß über den Mainzer Dom in älterer Zeit (19. Jh.).

831. Kissel, Clemens: Mainzer Erinnerungen. Geschichten und Anekdoten aus dem alten Mainz. XXVII: Der Stadtbaumeister Josef Laske. 1857 – 1863. In: Mainzer Journal Nr. 156 vom 7. Juli 1911.

832. Mainz 3. April (Wahl Laskes auch zum Dombaumeister am 31. März). In: Mainzer Journal Nr. 80 vom 4. April 1858.

833. Mainz 23. November (Tod und Begräbnis des Stadt- und Dombaumeisters Johann Joseph Karl Laske. Wilhelm Usinger übernimmt provisorisch die Arbeiten). In: Mainzer Abendblatt. Beilage zum Mainzer Journal Nr. 274 vom 24. November 1863.

b) Ludwig Metternich (1864 – 1867)

834. Mainz 31. December (L. Metternich wird die Arbeiten am Dom übernehmen). In: Mainzer Abendblatt. Beilage zum Mainzer Journal Nr. 1 vom 1. Januar 1864.

c) Joseph Wessicken (1868 – 1873)

835. Dombau-Angelegenheit. In: Mainzer Wochenblatt Nr. 139 vom 17. Juni 1868.
Dombaumeister Schmitt, Wien, und Denzinger, Regensburg, haben, nach dem Tod des Mainzer Stadt- und Dombaumeisters Laske, einen Mann empfohlen, der sich „tüchtig bewährt hat". Name wird jedoch nicht genannt.

836. Ueber unseren Dombau schreibt man der A. A. Ztg. („In der Restauration unseres Domes ist eine Krisis eingetreten, indem der seitherige Baumeister Wessicken den Bau verlassen hat.") In: Mainzer Tagblatt früher Mainzer Wochenblatt Nr. 99 vom 29. April 1873.

837. Oberbaurat Wessicken †. In: Mainzer Journal Nr. 255 vom 2. November 1918.
Wessicken konnte seine Pläne für den Ausbau des Ostturms nicht durchsetzen. Er verließ Mainz und starb 1918 in Salzburg. Im hier genannten Nachruf erkennt man die Favorisierung seiner Pläne durch die Mainzer Bevölkerung aus dem Abdruck eines Spottgedichts: „... Wie war Dein Plan doch schöner viel / Als Cuypers Löschhorndutenstil."

d) Peter Joseph Hubert Cuypers (1873 – 1879)

838. Mainz 24. April („Zur Besetzung der hiesigen Dombaumeisterstelle ist Concurrenz ausgeschrieben und sind Offerten innerhalb vier Wochen beim hiesigen hochw. Domcapitel einzureichen.") In: Mainzer Journal Nr. 95 vom 24. April 1873.

839. Mainz 31. Mai (Cuypers, Amsterdam, erhält den Auftrag, „das vollständige Restaurationswerk des Mainzer Domes, die innere Ausstattung, wie das Mobiliar, sowie die höhere Leitung und Projectierung der Pläne für die ganze bischöfliche Verwaltung" zu übernehmen). In: Mainzer Journal Nr. 126 vom 31. Mai 1873.

840. Dombaumeister (Kontroverse um die Ernennung von Cuypers). In: Mainzer Tagblatt, früher Mainzer Wochenblatt Nr. 128 vom 4. Juni 1873.

841. Mainz 6. Juni (Erwiderung auf eine Kritik im Mainzer Anzeiger (Nr. 128 vom 4. Juni 1873: Neuer Dombaumeister), daß kein Deutscher die Dombaumeisterstelle zugewiesen bekam. Nach Auskunft des Mainzer Journals „hat an der eigentlichen Bewerbung sich weder ein Mainzer noch ein Inländer betheiligt".) In: Mainzer Journal Nr. 131 vom 7. Juni 1873.

842. Die Restauration des Mainzer Doms. In: Darmstädter Zeitung Nr. 15 vom 15. Januar 1874. Nach: Zeitschrift für bildende Kunst.
Über den Wechsel des Dombaumeisters.

843. Dr. P.J.H. Cuypers. 1827 – 1897. Een Man van Beteekenis. (Festartikel zu seinem 70. Geburtstag). Gez.: Th.v.E. In: De Nieuwe Koerier Nr. 56 vom 15. Mei 1897.
Darin auch: Een Levens – en Karakterschets (von Cuypers) (Auszug aus einem Artikel von Th. Molkenboer in Woord en Beeld) und: Roermonds hulde... Dr. P.J.H. Cuypers. Vita, ohne auf seine Arbeit am Mainzer Dom einzugehen. Vorhanden in: Stadtarchiv Mainz, Schneider M XI N° 31.

844. Architectura Nr. 20 v. 16. Mei 1897. Uitgegeben door het genootschap „Architectura et Amicitia" ter herdenking van den 70 geboortedag v. Dr. P.J.H. Cuypers. Maastricht 1897.
Enthält Glückwunschadressen zum Geburtstag des Dombaumeisters. Vorhanden in: Stadtarchiv Mainz, Schneider M XI N° 32.

845. Der Restaurator des Mainzer Domes. In: Mainzer Journal Nr. 130 vom 5. Juni 1897.
Kurzbiographie und Ehrungen anläßlich des 70. Geburtstages von J.P.H. Cuypers.

846. Stuers, Victor de: Dr. P.J.H. Cuypers (Bij het Portret). In: Stemmen onzer eeuw. Katholiek Algemeen Weekblad onder redactie van Alph. Laudy 1 (1905) Nr. 12 vom 25. März. (Beiblatt zu De Tijd. Amsterdam 1905). Vgl. auch: ders., in: Elsevier's Geillustreerd Maandschrift 1900 (März).
Vita, ohne auf seine Arbeit am Mainzer Dom einzugehen. Vorhanden in: Stadtarchiv Mainz, Schneider M XI N° 34 und 35.

847. Klinkhamer, Jakob F.: Redeoering uitgeproken... bij gelegenheid der promotie van Dr. P.J.H. Cuypers tot Doctor in de Technische wetenschappen eershalve op 8. Januari 1907. In: Bouwkundig Weekblad 27 (1907) Nr.3, S. 31 – 34.
Betr. kurz (S. 32) seine Mainzer Tätigkeit. Vorhanden in: Stadtarchiv Mainz, Schneider M XI N° 36.

e) Joseph H.A. Lucas (1879 – 1909)

848. Mainz 18. Juli (Architekt Lucas ist vom 1. August 1879 an zum Baumeister der bischöflichen Dotation ernannt. Lucas stand bereits fast sechs Jahre dem Dombaubüro vor). In: Mainzer Journal Nr. 165 vom 18. Juni 1879.

3. Finanzierung der Restaurierung – Ausbau des nordöstlichen Seitenturms – Vorbereitende Pläne zur Entfernung des Pfeilers im Ostchor (1856 – 1859)

1856

849. Die Restauration des Domes zu Mainz. In: Mainzer Journal Nr. 178 vom 31. Juli 1856. Nr. 179 und 180 vom 1. und 2. August 1856.

850. Mainz 26. November (Das Domkapitel hat dem Dombaukomitee für sechs Jahre die Summe von 3000 fl jährlich für den Ausbau und die Verschönerung des Domes zugesagt). In: Mainzer Journal Nr. 278 vom 27. November 1856.

851. Kirchliche Mittheilungen. Mainz (Bitte des Dombau-Vereins an den Großherzog von Hessen, das Protektorat über den Verein zu übernehmen. Die Bitte wurde angenommen. Notiz, daß das Domkapitel sechs Jahre lang 3000 fl. jährlich für den Ausbau und die Verschönerung zur Verfügung stellt). In: Katholische Sonntagsblätter zur Belehrung und Erbauung Nr. 48 vom 30. November 1856, S. 381.

1857

852. Mainz (Domrenovierung wird vom Großherzog von Hessen-Darmstadt finanziell unterstützt). In: Organ für christliche Kunst 7 (1857) S. 119.

853. Mainz (Der Dom soll ausgemalt werden). In: Organ für christliche Kunst 7 (1857) S. 70.

854. Mainz 29. Januar (Notiz, daß Dr. Knyn zum Präsidenten des Mainzer Dombauvereins gewählt wurde. Erstes Ziel des Vereins: Restaurierung der Osttürme. Der Verein zählt bereits 295 Mitglieder). In: Katholische Sonntagsblätter zur Belehrung und Erbauung Nr. 5 vom 1. Februar 1857, S. 39.

855. Die erste Generalversammlung des Dombauvereines zu Mainz. In: Mainzer Journal Nr. 28 vom 3. Februar 1857. – Mainz 10. Februar (Ergänzung). In: Mainzer Journal Nr. 36 vom 12. Februar 1857. – Vgl. auch: Mainzer Wochenblatt Nr. 15 vom 3. Februar 1857, S. 121. – Anzeigeblatt für Rheinhessen Nr. 9 vom 31. Januar 1857, S. 34.
Ziel des Dombauvereins: „Herausnahme des in jeder Hinsicht anstößigen Pfeilers zwischen dem Ostchor und dem Mittelschiffe ... wodurch wieder bedeutendes Material zum Ausbau der beiden Thürme ... erhalten wird." (Nr. 36). – J.J. Davis, Mainz, spendete 100 fl.

856. Mainz. (Im Vorstand des Dombauvereins: Knyn, Seitz, Vogel, Goedekker. Beschluß, daß alle Mainzer Architekten begutachten sollen, ob der mitten im Eingang zum St. Martinschor stehende Pfeiler ohne Gefährdung des Oberbaues beseitigt werden kann). In: Katholische Sonntagsblätter zur Belehrung und Erbauung Nr. 7 vom 15. Februar 1857, S. 53.

857. Mainz 23. März (Notiz über Einnahmen des Dombau-Vereins). In: Mainzer Journal Nr. 71 vom 25. März 1857.

858. Mainz. (Notiz, daß eine unter den Mitgliedern des Verwaltungsrates der Bank für Handel und Industrie und der Bank für Süddeutschland in Darmstadt veranstaltete Sammlung 1800 fl für die Herstellung des Mainzer Domes erbrachte). In: Katholische Sonntagsblätter zur Belehrung und Erbauung Nr. 13 vom 29. März 1857, S. 102.

859. Mainz 6. Mai (Notiz über die Stiftung des hessen-darmstädtischen Großherzogs für den Mainzer Dombauverein). In: Mainzer Journal Nr. 108 vom 8. Mai 1857.

860. Mainz 27. Juni (Zur Wegnahme des Pfeilers am Ostchor). In: Rheinhessisches Volksblatt Nr. 52 vom 1. Juli 1857.

861. Mainz 27. Juni (Eine Untersuchung beginnt, in welcher Weise und mit welchen Kosten der Pfeiler im Ostchor entfernt werden kann). In: Mainzer Journal Nr. 149 vom 28. Juni 1857.

862. Den Dombauverein betreffend. Gez.: M.r. In: Mainzer Wochenblatt Nr. 76 vom 30. Juni 1857, S. 671.
Laske, Lothary und Roos prüfen, ob der Stützpfeiler im Ostchor entfernt werden kann. – Aufforderungen zu Spenden werden vermutlich so lange zurückgehalten, bis mit der Restaurierung wirklich begonnen ist. – Freude über das gelungene Vereinssiegel, entworfen von Ludwig Lindenschmitt, angefertigt von Graveur Querbach.

863. Mainz 7. Juli (Notiz, daß Freiherr v. Dorth zu Neckarsteinach 200 Gulden zum Ausbau des Domes bestimmt hat). In: Mainzer Journal Nr. 157 vom 8. Juli 1857.

864. (Ketteler, Wilhelm Emmanuel Frh. von): Erlass des Hochwürdigsten Herrn Bischofs von Mainz zum Besten des Mainzer Dombaues. In: Katholische Sonntagsblätter zur Belehrung und Erbauung Nr. 30 vom 26. Juli 1857, S. 233–234. (Vgl. dazu auch: Katholisches Volksblatt für alle Stände Nr. 16 von 1857). – Auch in: Mainzer Wochenblatt Nr. 92 von 1857. – Auch SD. Mainz 13. Juli 1857.

865. Mainz 12. November (Notiz über die Spende des Kaisers für den Dombau). In: Mainzer Journal Nr. 266 vom 13. November 1857. Ergänzung: Mainz 16. November. In: Mainzer Journal Nr. 270 vom 18. November 1857.

866. Zur Erneuerung des Mainzer Domes. In: Mainzer Journal Nr. 114 vom 16. Mai 1911.
Zeitungsausschnitt vom 14. November 1857, in dem über die bevorstehenden Restaurierungsarbeiten berichtet wird.

867. Mainz 11. Dezember. (Notiz, daß der Dom nach der Pulverturmexplosion in Mainz am 18.11. trotz der zertrümmerten Fenster wieder geöffnet wird). In: Katholische Sonntagsblätter zur Belehrung und Erbauung Nr. 50 vom 13. Dezember 1857, S. 399.

868. Aufruf um Unterstützung (nebst Bericht über die Pulverturmexplosion: Notiz, daß die „herrlichen Glasgemälde der Domkirche zertrümmert sind“). In: Mainzer Journal Nr. 271–274 vom 19.–22. November 1857. – Ähnliche Notiz auch im „Extrablatt zum Mainzer Journal. Mainz den 19. November 1857.“

1858

869. Mainz. (Domrenovierung; Türme). In: Organ für christliche Kunst 8 (1858) S. 168.

870. Dombau-Angelegenheit. In: Mainzer Wochenblatt Nr. 13 vom 30. Januar 1858, S. 105.
Hinweise auf Gutachten von Hübsch, Karlsruhe, und Zwirner, Köln, die beide die Entfernung des Pfeilers im Ostchor begrüßen würden.

871. Der Mainzer Dombau-Verein (hat durch Vermittlung des Ritters von Steininger eine Spende von Erzherzog Albrecht von Österreich erhalten). Gez. D. In: Mainzer Journal Nr. 65 vom 18. März 1858.

872. Mainz 16. April. (Über den Ausbau der östlichen Seitentürme nach einem Vorschlag des Kölner Dombaumeisters Zwirner). In: Mainzer Journal Nr. 91 vom 18. April 1858. – Vgl. auch: Vermischte Nachrichten 41). In: Anzeiger für Kunde der deutschen Vorzeit NF 5 (1858) Sp. 176.

873. Kirchliche Mittheilungen. Mainz 19. April: (Zum Ausbau der Türme und zur Erneuerung der Glasfenster). In: Katholische Sonntagsblätter zur Belehrung und Erbauung Nr. 17 vom 19. April 1858, S. 135.

874. Kirchliche Mittheilungen. Mainz 1. Juli („... König Ludwig von Bayern äußerte sich beifällig über den ihm zur Prüfung vorgelegten Zwirner'schen Plan, nach welchem der Ausbau der östlichen Seitenthürme des Domes vorgenommen werden soll ..."). In: Katholische Sonntagsblätter zur Belehrung und Erbauung Nr. 26 vom 27. Juni 1858, S. 214.

875. Zum Mainzer Dombau. Mainz 1. Juli. In: Mainzer Journal Nr. 152 vom 2. Juli 1858. – Vgl. auch: Vermischte Nachrichten 62). In: Anzeiger für Kunde der deutschen Vorzeit NF 5 (1858) Sp. 244.

Der nordöstliche Seitenturm soll 1858 noch bis zu den Giebelspitzen vollendet werden. Kostenvoranschlag: 20.000 fl.

876. Angelegenheiten des Dombauvereines. In: Mainzer Wochenblatt Nr. 77 vom 3. Juli 1858, S. 691.

Entwürfe für den Ausbau des nordöstlichen Treppenturmes lagen von Moller, Gladbach, Zwirner und Müller vor. Ludwig, König von Bayern, sprach sich für den Plan Zwirners aus.

877. Mainz 31. Juli (Vorschlag des Dombauvereins, vor Beginn der Herstellungsarbeiten am Dom einen Gottesdienst zu feiern). In: Mainzer Journal Nr. 178 vom 1. August 1858.

878. Kirchliche Mittheilungen. Mainz 30. Juli (Hochamt zur Erflehung göttlichen Segens bei den Bauarbeiten im Dom). In: Katholische Sonntagsblätter zur Belehrung und Erbauung Nr. 31 vom 1. August 1858, S. 247.

879. Mainz 9. August (Bittamt zu Beginn der Domrestaurierung). In: Mainzer Journal Nr. 186 vom 11. August 1858.

880. Mainz 12. September (Zimmermeister F.G.J. König vollendete das Gerüst am nordöstlichen Seitenturm). In: Mainzer Journal Nr. 215 vom 14. September 1858.

881. Kirchliche Mittheilungen. Mainz, den 11. September (Restaurierung des nordöstlichen Seitenturmes und Wiederherstellung der durch die Pulverturmexplosion vom 28. November 1857 zerstörten Fenster). In: Katholische Sonntagsblätter zur Belehrung und Erbauung Nr. 38 vom 19. September 1858, S. 303.

882. Mainz 19. September (Notiz über den Beginn der Wiederherstellungsarbeit am nordöstlichen Seitenturm). In: Mainzer Journal Nr. 221 vom 24. September 1858.

883. In Sachen des Dombauvereins. In: Mainzer Wochenblatt Nr. 118 vom 7. Oktober 1858, S. 1062 – 1063.

Ausbau des nordöstlichen Treppenturms, obwohl noch ein kurioser Bauplan eines Laien eingereicht worden war (hier kurz beschrieben).

884. Ideen zur Restauration des Domes zu Mainz. Gez.: V. In: Rheinische Blätter für Unterhaltung und gemeinnütziges Wirken. Ein Beiblatt zum Mainzer Journal Nr. 272 vom 20. November 1858, S. 1082 – 1083. Nr. 273 vom 21. November 1858, S. 1086 – 1087. Nr. 274 vom 23. November 1858, S. 1090 – 1091. Nr. 275 vom 24. November 1858, S. 1094 – 1095.

1859

885. Mainz (Dombaurenovierung: Prinzregent Wilhelm von Preußen bewilligt eine Beihilfe von 2000 Talern). In: Organ für christliche Kunst 9 (1859) S. 82.

886. Kirchliche Mittheilungen. Mainz 18. Februar (Das Gerüst um den nördlichen Seitenturm wurde durch einen Orkan herabgerissen). In: Katholische Sonntagsblätter zur Belehrung und Erbauung Nr. 9 vom 27. Februar 1859, S. 71.

887. Mainz 16. März (Notiz über eine Spende des preußischen Prinzregenten Wilhelm für die Domrestaurierung). In: Mainzer Journal Nr. 64 vom 18. März 1859.

888. Mainz 18. März (Renovierung des Dominnern mit Verschönerung und Ausschmückung des Westchores wird in Angriff genommen). In: Mainzer Journal Nr. 67 vom 22. März 1859.

889. Kirchliche Mittheilungen. Mainz 22. März (Restaurierungsarbeiten am nordöstlichen Seitenturm und im Inneren nach Plänen von Stadtbaumeister Laske). In: Katholische Sonntagsblätter zur Belehrung und Erbauung Nr. 13 vom 27. März 1859, S. 102.

890. Der nordöstliche Seitenthurm des Domes. In: Mainzer Wochenblatt Nr. 83 vom 16. Juli 1859, S. 735.

Der o.g. Turm ist ausgebaut. Zur Sicherung des alten Teiles dieses Turmes ließ Dombaumeister Laske eiserne Durchzüge anbringen. Die Großherzogliche Oberbaudirektion wird den alten Teil noch untersuchen.

891. Mainz 12. April (Rechenschaftsbericht über die Tätigkeit des Dombauvereins). In: Mainzer Journal Nr. 87 vom 14. April 1859.

892. (Vorstand des Dombauvereins versichert, daß „der seit einigen Wochen vollendete nordöstliche Seitenturm des Domes bezüglich seiner Festigkeit und Haltbarkeit durchaus keine Ursache zu irgend welcher Befürchtung darbietet.“) In: Mainzer Wochenblatt Nr. 112 von 1859.

893. Dombauverein zu Mainz. Aufruf. In: Mainzer Wochenblatt Nr. 115 vom 29. September 1859, S. 1015 – 1016 und Nr. 116 vom 1. Oktober 1859, S. 1025.

Auszug aus den Statuten. Plan, von Haus zu Haus eine Sammlung von Beitrittserklärungen vorzunehmen. Ziel: Ermöglichung des Ausbaues des südöstlichen Seitenturmes.

894. Mainz 13. Juli (Ende der Restaurierung des nordöstlichen Seitenturms; Aufstellung eines Kreuzes auf dem Turm). In: Mainzer Journal. Beilage zu Nr. 162 vom 15. Juli 1859.

895. Kirchliche Mittheilungen. Mainz 13. Juli („Der Eine von den nach Zwirner's Plan auszubauenden östlichen Seitenthürmen unseres Domes ist vollendet“). In: Katholische Sonntagsblätter zur Belehrung und Erbauung Nr. 30 vom 24. Juli 1859, S. 231 – 232.

896. Mainz (Nordöstlicher Seitenturm ist fertiggestellt). In: Organ für christliche Kunst 9 (1859) S. 190.

897. Kirchliche Mittheilungen. Mainz 25. August (Farbige Fenster im Westchor des Domes). In: Katholische Sonntagsblätter zur Belehrung und Erbauung Nr. 35 vom 28. August 1859, S. 279.

898. Die Restauration des Domes zu Mainz. Gez.: V. In: Mainzer Journal Nr. 195 vom 24. August 1859.

Die geplante Restaurierung des Westchores wurde wegen der eingetretenen politischen Verhältnisse nicht begonnen. Notiz, daß die Glasfenster des Kölner Glasmalers Baudri bald vollendet sein werden. Bitte, dem Dombauverein fördernd beizutreten.

899. Mainz 2. September (Zweigvereine des Dombauvereins und Spenden von Schülern). In: Rheinische Blätter für Unterhaltung und gemeinnütziges Wirken. Ein Beiblatt zum Mainzer Journal Nr. 205 vom 5. September 1859, S. 820.

900. Kirchliche Mittheilungen. Mainz 8. September (Dombau-Verein beschloß, den Wiederaufbau des südöstlichen Seitenturms ruhen zu lassen). In: Katholische Sonntagsblätter zur Belehrung und Erbauung Nr. 37 vom 11. September 1859, S. 294.

901. Dombauverein zu Mainz. Aufruf. In: Mainzer Journal Nr. 225 vom 28. September 1859. – Vgl. auch: Mainzer Anzeiger Nr. 225 von 1859.

4. Die Innenrenovierung, insbesondere die Ausmalung (1860 – 1869)

a) Philipp Veit

902. Armbruster, Susanne: Philipp Veit. In: Personen und Wirkungen. Biographische Essays. Hrsg. von der Landesbank Rheinland-Pfalz Girozentrale, Mainz. Mainz 1979. S. 172 – 176.

Auch über seine Fresken im Dom.

903. Bone, Heinrich: Philipp Veit. In: Deutscher Hausschatz 1876, S. 103 ff. Auch vollständig in: Mainzer Journal Nr. 294, 295, 296, 297, 299 und 300 vom 19., 20., 21., 22., 27. und 28. December 1877.

Nr. 299 und 300: Werke Veits im Mainzer Dom, die von seinen Schülern Settegast, Herrmann und Lasinsky ausgeführt wurden.

904. Cardauns, Hermann: Philipp Veit und Ernst Lieber. In: Vereinsschriften und Jahresberichte der Görres-Gesellschaft Heft 2 (Köln 1920) S. 25 – 76.

Veit über die Domfenster, 1859: „Hätte man mich früher um meine Meinung gefragt, so würde ich sie gesagt haben; jetzt sage ich sie nicht; jetzt kann ich nichts thun, als den Herrn zu dem Skandal gratuliren“ (S. 34). – Passim eine Reihe von Urteilen über die Domrenovierung (Pfeilereinbau 1867: S. 38; Ausmalung: S. 39 – 41).

905. Jungnitz, Ingobert: Die Nazarener-Fresken im Mainzer Dom. Zum 100. Todestag von Philipp Veit. Fotos von Winfried Georg Popp. (Mainz 1976). Anbei englische Übersetzung von Berthold Weidmann: The Nazarens-Frescos in the Cathedral of Mainz. In commemoration of the 100th anniversary of Philipp Veit's death. (Mainz 1976).

Rez.: Das Alterswerk des Philipp Veit. Zu dem Bändchen „Die Nazarener-Fresken im Mainzer Dom“. Gez.: AS. In: Allgemeine Zeitung (Mainz) Nr. 8 vom 11. Januar 1977, S. 13.

906. Klein, K(arl): Mainz und seine Umgebung. Mainz 1857. 2. Aufl. vermehrt mit den Beschreibungen von Alzey, Bingen, Nieder- und Ober-Ingelheim und Oppenheim. Mainz 1868.

Dom: S. 7 – 57. – Wandgemälde: S. 35 – 37. – Frauenlob altes und neues Denkmal: S. 51 – 52. – Rez.: F(ranz) F(alk), in: Rheinische Blätter für Unterhaltung und gemeinnütziges Wirken. Beiblatt zum Mainzer Abendblatt Nr. 162 vom 13. Juli 1868, S. 648. In der zweiten Auflage wird erstmals eine Beschreibung der Wandgemälde im Dom mit Angabe der Inschriften, Stifter und ausführenden Künstler gegeben (Rez.: S. 648). – Die Stadtbibliothek Mainz besitzt ein Exemplar der 2. Auflage mit vielen handschriftlichen Anmerkungen: Mog 4°/146.

907. Mainz 20. April (Beschreibung von acht „Cartons", die Philipp Veit für die in acht Felder geteilten Fenster der Allerheiligenkapelle des Domes entworfen hatte. Die „Cartons" zeigen Mainzer Heilige). In: Mainzer Journal Nr. 92 vom 20. April 1880.

908. Sartorius, (Johannes): Der Maler Philipp Veit und die Ausmalung des Mainzer Domes nach den Tagebüchern von Dr. Ernst Lieber. In: Mainzer Journal Nr. 30 und 33 vom 4. und 8. Februar 1933.

909. Spahn, M.: Philipp Veit. (= Künstler-Monographien, 51). Bielefeld und Leipzig 1901.
Philipp Veit (13.2.1793 – 18.12.1877), seit 1854 in Mainz: „Das Leben (in Mainz, Anm. d. Bearb.) ... verfloß nicht nur ohne eigene künstlerische Impulse, sondern entkräftete auch diejenigen, die von außen her ihm zuströmten." ... „Sein Lebenswerk sollte mit dieser bedeutsamen Aufgabe (Freskenreihe im Mainzer Dom, Anm. d. Bearb.) beschlossen werden. Mangel an Mitteln verhinderte jedoch von Jahr zu Jahr die Entschließung. Und als sie anfangs der sechziger Jahre erfolgte, gab es organisatorische Schwierigkeiten, die zu ordnen der aristokratisch-passiven Natur Veits widerstrebte, und endlich versagte auch seine Schaffenskraft." (S. 97).

b) Chronologisch geordnete Berichte

1860

910. Die neuen Malereien im Innern des Doms. Gez.: M. In: Mainzer Wochenblatt Nr. 38 vom 29. März 1860, S. 321 – 322.
Kritik an der Gewölbemalerei: zu klein und zu bunt, die Farben sind zu matt.

911. Dombauverein zu Mainz. In: Mainzer Journal Nr. 100 vom 28. April 1860.
Bericht über den Stand der Arbeiten: Die Restaurierungsarbeiten im Innern des Westchores schreiten zügig voran, dagegen können sie am südöstlichen Seitenturm wegen Geldmangel nicht ausgeführt werden. Erneut soll eine Hauskollekte organisiert werden.

912. Mainz 25. October (Ausmalung des Westchores: „Wir fühlen uns durch den älteren, dem erhabenen Baustyle des Tempels ganz angemessenen Typus der Malerei in hohem Grade befriedigt und hegen das feste Vertrauen, daß dieselbe in Bezug auf richtige Auffassung und künstlerische Durchführung allen Anforderungen der Kritik vollkommen entsprechen."). In: Mainzer Journal Nr. 252 vom 27. October 1860.

913. Kirchliche Mittheilungen. Mainz 27. December (Beschluß des Dombau-Vereins, die Westkuppel und das Stiftchor mit beiden Kreuzschiffen ausmalen zu lassen). In: Katholische Sonntagsblätter zur Belehrung und Erbauung Nr. 53 vom 30. December 1860, S. 422. – Vgl. dazu: Die Ausschmückung des westlichen Domchores zu Mainz. In: Organ für christliche Kunst 10 (1860) S. 279 – 281.

914. Vermischte Nachrichten 38): Die St. Gotthardskapelle am Dome in Mainz (wird restauriert, um als Versammlungssaal des christlichen Kunstvereins zu dienen. – Zum Diözesan-Museum ist eine Halle im Ostchor bestimmt). In: Anzeiger für Kunde der deutschen Vorzeit NF 7 (1860) Sp. 109.

1861

915. Mainz (Tätigkeit des Kunstvereins bei der Domrenovierung). In: Organ für christliche Kunst 11 (1861) S. 33 – 34.

916. Mainz (Domrenovierung: Nazarenerbilder). In: Organ für christliche Kunst 11 (1861) S. 118 – 119.

917. Mainz (Ausmalung der westlichen Domkuppel). In: Organ für christliche Kunst 11 (1861) S. 263 – 264.

918. Mainzer Dombau. Mainz 24. Juli (Ausmalung der Westchorkuppel). In: Rheinische Blätter für Unterhaltung und gemeinnütziges Wirken. Ein Beiblatt zum Mainzer Journal Nr. 173 vom 27. Juli 1861, S. 690 – 691.

919. (Dombau-Angelegenheiten). In: Mainzer Anzeiger Nr. 261 und 264 von 1861.

920. Mainz 11. November (König Johann von Sachsen spendet 150 Taler für die Domrestaurierung. Die Ausmalung, nach Entwürfen von Philipp Veit durch J. Settegast ausgeführt, verleiht dem Westchor „die wahre Weihe"). In: Mainzer Journal Nr. 264 vom 13. November 1861.

921. Mainz 18. December. Gez.: F. (Im nördlichen Kreuzarme des Domes wird in diesen Tagen das von N. Usinger ausgeführte Fenster in die große Rosette eingesetzt. Wunsch, daß auch die übrigen Fenster des Kreuzschiffes die vorgesehene farbige Verglasung bald erhalten). In: Mainzer Journal Nr. 296 vom 20. December 1861.

922. Mainz 22. December (Die Dekorationsarbeiten in der Westkuppel und dem nördlichen Kreuzarm sind beendet). In: Mainzer Journal Nr. 299 vom 24. December 1861.

1862

923. Schneider, Friedrich: Notizen bei der Domrestauration in den Jahren 1862 ff. Kleine handschriftliche Zettel.
Vorhanden in Stadtarchiv Mainz, Schneider 13,5 N° 2.

924. Schneider, Friedrich: Bauchronik des Domes von Mainz 1862 – 1871. Notizen, handschriftlich.
Vorhanden in Stadtarchiv Mainz, Schneider 13,5 N° 1.

925. Mainzer Dombau. Gez.: M-r. In: Mainzer Wochenblatt Nr. 7 vom 16. Januar 1862, S. 58 – 59.
Über die Ausmalung: „... die (westliche) Kuppel ist mit glücklicher Wahl der Farben und Motive prachtvoll, dabei aber so gemalt, daß einerseits die überaus herrliche Architektur hervorgehoben, andrerseits den Gemälden kein allzu großer Eintrag gethan wird." (S. 58).

926. Mainz 18. März (Domrestaurierung: „Je mehr aber das ganze Werk vorrückt, desto brennender wird die Frage bezüglich des Pfeilers" im Ostchor). In: Mainzer Journal Nr. 66 vom 20. März 1862.

927. Mainz 24. März (Domrestaurierung: Ausmalung der Westkuppel durch J. Settegast nach Entwürfen Ph. Veits. Plan, den Pfeiler beim Ostchor zu entfernen, durch welchen „diese so brennende Frage wohl in kürzester Frist zu einer günstigen Lösung gelangen dürfte"). In: Mainzer Journal Nr. 71 vom 26. März 1862.

928. Die Restauration des Domes. Gez.: M. In: Mainzer Wochenblatt Nr. 113 vom 25. September 1862, S. 995.

929. Der Pfeilereinbau im mainzer Dom. In: Organ für christliche Kunst 12 (1862) S. 176 – 177.

930. Restauration des Domes zu Mainz. In: Organ für christliche Kunst 12 (1862) S. 163 – 164.

931. Mainz 23. Juni (Konzert des Cäcilienvereins zu Gunsten des Dombauvereins). In: Mainzer Journal Nr. 144 vom 24. Juni 1862.

932. Mainz 30. Juni (Kaiser Franz Joseph überwies 3700 Gulden für die Domrestaurierung). In: Mainzer Journal Nr. 151 vom 2. Juli 1862. – Vgl. auch: Vermischte Nachrichten 139). In: Anzeiger für Kunde der deutschen Vorzeit NF 9 (1862) Sp. 310.

933. Mainz 1. Juli (Ausmalung der Ecknischen in der Westkuppel durch Herrmann und Lasinsky nach Entwürfen von Ph. Veit vollendet). In: Mainzer Journal Nr. 151 vom 2. Juli 1862.

934. Mainz 3. Juli (Fortgang der Ausmalung: „Es muß indessen auffallen, daß auch diesmal weder Herr Direktor Veit, noch ein anderer von den Künstlern, welche mit der Ausführung der Wandgemälde betraut sind, zu dieser Besprechung über rein technische Fragen gezogen war."). In: Mainzer Journal Nr. 154 vom 5. Juli 1862.

935. Mainz 30. Juli (Ausmalung der Kuppel fast vollendet. „Es ist jedoch für den unbefangenen Beobachter nicht recht klar, wie die Ausschmückung der Schiffsgewölbe ... gefördert werden kann, da bis jetzt ... die verlangten Decorationspläne noch nicht vorgelegt worden sind."). In: Mainzer Journal Nr. 176 vom 31. Juli 1862.

936. Die Decoration im Dom zu Mainz. Ein Gespräch. In: Rheinische Blätter für Unterhaltung und gemeinnütziges Wirken. Ein Beiblatt zum Mainzer Journal Nr. 186 vom 12. August 1862, S. 751–753. Nr. 187 vom 13. August 1862, S. 755–787.

937. Zur Frage über die Decorationsarbeiten im hiesigen Dome. In: Rheinische Blätter für Unterhaltung und gemeinnütziges Wirken. Ein Beiblatt zum Mainzer Journal Nr. 197 vom 26. August 1862, S. 795–796.
Forderung, „einen technischen Ausschuß als bleibende Stelle zu organisieren, dessen Thätigkeit die künstlerische Begutachtung der Entwürfe umfassen müßte." (S. 795).

938. Mainz 14. October. Gez.: M. (Ausmalung des Mittelschiffs: ein Mitglied des Dombauvereins schlug vor, „die wichtigsten Momente der deutschen, insbesondere Mainzer Kirchengeschichte malen zu lassen"). In: Mainzer Abendblatt. Beilage zum Mainzer Journal Nr. 241 vom 16. October 1862.

939. Mainz 12. December. Gez.: L. (Die 1448 und 1757 erfolgte Erhöhung des Fußbodens im Mainzer Dom soll abgetragen werden, damit der gefundene Sockel eines Pfeilers im Westchor freigelegt werden kann). In: Mainzer Abendblatt. Beilage zum Mainzer Journal Nr. 289 vom 13. December 1862.

940. Mainz 13. December. Gez.: R. (Die alten Sockel der Kuppelpfeiler im Westchor sind freigelegt. Ausmalung im Mittelschiff: geplant sind Darstellungen aus dem Leben Jesu). In: Mainzer Abendblatt. Beilage zum Mainzer Journal Nr. 290 vom 14. December 1862. – Vgl. auch: Vermischte Nachrichten 8). In: Anzeiger für Kunde der deutschen Vorzeit NF 10 (1863) Sp. 38.

941. Mainz 18. December. Gez.: L. (Umsetzung einiger Grabdenkmäler: Grabdenkmal des EBs Siegfried III. auf den Platz des EBs Philipp Karl von Eltz, so daß jetzt die gleichartigen Monumente Siegfrieds III. und des EBs Peter von Aspelt gegenüber stehen. Ausmalung des Mittelschiffes, sobald Geld vorhanden ist. Ziel für 1863: Renovierung des südlichen Seitenschiffs). In: Mainzer Abendblatt. Beilage zum Mainzer Journal Nr. 294 vom 19. December 1862.

1863

942. Mainz 13. März (Domrenovierung ist fortgeschritten). In: Mainzer Abendblatt. Beilage zum Mainzer Journal Nr. 61 vom 14. März 1863.

943. Mainz 9. April (Christlicher Kunstverein stiftet die Ausmalung einer Nische im Hauptschiff). In: Mainzer Abendblatt. Beilage zum Mainzer Journal Nr. 83 vom 10. April 1863.

944. Mainz 15. April (Renovierung des südlichen Seitenschiffs). In: Mainzer Abendblatt. Beilage zum Mainzer Journal Nr. 88 vom 16. April 1863.

945. Mainz 25. Mai (Umsetzung von Grabdenkmälern: das des EBs Philipp Karl von Eltz vom letzten Pfeiler des Langhauses zur rechten Seite des Pfarraltars soll in den südlichen Kreuzarm neben dem Denkmal des EBs von Ostein aufgerichtet werden). In: Mainzer Abendblatt. Beilage zum Mainzer Journal Nr. 121 vom 27. Mai 1863.

946. Mainz 19. Juni (Für die Wandmalereien werden Gerüste aufgestellt) In: Mainzer Abendblatt. Beilage zum Mainzer Journal Nr. 141 vom 20. Juni 1863.

947. Mainz 19. September (Die ersten beiden Wandbilder auf der Südseite des Mittelschiffes sind fast fertig: „Die edle Einfachheit der Composition, die markige Behandlung, welche namentlich durch den gemusterten Goldgrund auf's Vorteilhafteste gehoben wird, alles Dies sichert den Bildern den wahrhaft monumentalen Charakter, der sie mit zu den schönsten Zierden des Domes machen wird.") In: Mainzer Abendblatt. Beilage zum Mainzer Journal Nr. 219 vom 20. September 1863.

948. Die Gemälde im Mainzer Dom. In: Rheinische Blätter für Unterhaltung und gemeinnütziges Wirken. Beiblatt zum Mainzer Abendblatt Nr. 241 vom 16. October 1863, S. 963 – 964.
Fertigstellung der ersten Bilder im Westchor: Settegast schuf die Verkündigungsszene, Lasinsky malte die Darstellung Jesu im Tempel.

949. Mainz 22. October und 12. November (Verlegung von Gasröhren, um die alten Öllampen durch helle Gasflammen zu ersetzen). In: Mainzer Abendblatt. Beilage zum Mainzer Journal Nr. 247 vom 23. October 1863 und Nr. 265 vom 13. November 1863

950. Mainz 18. November (Plan, südöstlichen Seitenturm im kommenden Jahr auszubauen). In: Mainzer Abendblatt. Beilage zum Mainzer Journal Nr. 270 vom 19. November 1863. – Vgl. auch: Vermischte Nachrichten 226). In: Anzeiger für Kunde der deutschen Vorzeit NF 10 (1863) Sp. 453.

951. Mainz 21. December. Gez.: L. (Ausmalung des südlichen Seitenschiffs. Die beiden ersten Blenden der nördlichen Seite des Hauptschiffes sind fast fertig). In: Mainzer Abendblatt. Beilage zum Mainzer Journal Nr. 298 vom 22. December 1863.

1864

952. Dombauverein zu Mainz. Mainz (1880).
Bericht über den Verlauf der Domrestaurierung von 1864 – 1879, Rechnungsaufstellung über die in den Jahren 1864 – 1879 gemachten Einnahmen und Ausgaben.

953. Quast, v.: Aus den Domen zu Mainz und Speier. In: Correspondenz-Blatt des Gesammtvereines der deutschen Geschichts- und Alterthums-Vereine 12 (1864) S. 27 – 29.

954. Mainz 7. Januar (Gerüste vom südlichen Seitenschiff werden entfernt). In: Mainzer Abendblatt. Beilage zum Mainzer Journal Nr. 6 vom 8. Januar 1864.

955. Mainz 10. März (Fortgang der Renovierungsarbeiten im nördlichen Seitenschiff). In: Mainzer Abendblatt. Beilage zum Mainzer Journal Nr. 59 vom 11. März 1864. – Vgl. auch: Vermischte Nachrichten 56). In: Anzeiger für Kunde der deutschen Vorzeit NF 11 (1864) Sp. 160.

956. Zwei neue Bilder im Dome zu Mainz. In: Mainzer Abendblatt. Beilage zum Mainzer Journal Nr. 96 vom 24. April 1864.
Entwurf von Philipp Veit, Ausführung von Settegast und Herrmann.

957. Mainz 29. April (Kleine Fensterscheiben werden repariert). In: Mainzer Abendblatt. Beilage zum Mainzer Journal Nr. 101 vom 30. April 1864.

958. Mainz 30. April (Aufstellung eines Gerüsts im Mittelschiff: „Es ist sehr erfreulich, daß die innere Ausschmückung unserer Kathedrale immer mehr ihrer Vollendung entgegengeht.") In: Mainzer Abendblatt. Beilage zum Mainzer Journal Nr. 103 vom 3. Mai 1864.

959. Dombauverein zu Mainz. In: Rheinische Blätter für Unterhaltung und gemeinnütziges Wirken. Beiblatt zum Mainzer Abendblatt Nr. 105 vom 5. Mai 1864, S. 417–420. Auch SD Mainz 1864.
Bericht und Abrechnung über die Arbeiten seit der Gründung. Ziele, Einnahmen und Ausgaben; Namensliste des Ausschusses des Dombauvereins.

960. Mainz 23. Mai. Gez.: L. (Dombauverein erhielt nach seinem öffentlichen Rechenschaftsbericht eine größere Geldspende von Damian Leiden aus Köln). In: Mainzer Abendblatt. Beilage zum Mainzer Journal Nr. 119 vom 24. Mai 1864.

961. Mainz 31. August (Auszug aus der Allgemeinen Zeitung „Die Ausmalung des Domes zu Mainz"). In: Mainzer Abendblatt. Beilage zum Mainzer Journal Nr. 203 vom 1. September 1864. Auch in: Kölnische Blätter. Beilage Nr. 258 von 1864, S. 2021–2022.

962. Mainz 24. October. Gez.: L. (Ausmalung im nördlichen Seitenschiff ist beendet: „Das Ganze gewährt einen wahrhaft großartigen, majestätischen Anblick, welcher nur durch den noch übertünchten Ostchor und Kapellenkranz einigermaßen gestört wird." Nächste Aufgabe: Ausbau des südöstlichen Treppenturms). In: Mainzer Abendblatt. Beilage zum Mainzer Journal Nr. 249 vom 25. October 1864.

963. Mainz 1. December (Vier weitere Bilder werden nach dem Gerüstabbau sichtbar, allerdings auch die Schäden an der Kanzel und an Denkmälern). In: Mainzer Abendblatt. Beilage zum Mainzer Journal Nr. 281 und Nr. 282 vom 2. und 3. December 1864.

964. Die neuen Bilder im Dome zu Mainz. In: Rheinische Blätter für Unterhaltung und gemeinnütziges Wirken. Beiblatt zum Mainzer Abendblatt Nr. 244 vom 19. October 1865, S. 974–975. Nr. 245 vom 20. October 1865, S. 978–979.
Bildinhalte: Vierzehnjähriger Jesus im Tempel. Die Heilige Familie. Die Taufe Christi. Die Hochzeit zu Cana.

1865

965. Mainz 21. Januar (Aufzählung der Gründe, die für die Entfernung des Stützpfeilers im Ostchor sprechen). In: Mainzer Abendblatt. Beilage zum Mainzer Journal Nr. 19 vom 22. Januar 1865.

966. Mainz 16. März (Spende für die Domrenovierung ohne Namensnennung). In: Mainzer Abendblatt. Beilage zum Mainzer Journal Nr. 64 vom 17. März 1865.

967. Mainz 21. April (Ausmalung im Mittelschiff geht voran. „Was weitere Restaurationsarbeiten im Dom betrifft, so scheint für dieses Jahr eine Pause eintreten zu sollen.“) In: Mainzer Abendblatt. Beilage zum Mainzer Journal Nr. 94 vom 22. April 1865.

968. Mainz 6. Juni (Viele Besucher bewunderten während der Pfingsttage die erfolgte Renovierung). In: Mainzer Abendblatt. Beilage zum Mainzer Journal Nr. 131 vom 7. Juni 1865.

969. Christliche Kunst (Hinweis auf Domrenovierung: Dekoration und Malerei legen Zeugnis davon ab, „daß auch hier der Sinn für christliche Kunst erwachsen“ ist und daß „die Herstellung des Domes den rechten Händen anvertraut“ ist, nämlich Oberbausekretär Metternich). In: Mainzer Abendblatt. Beilage zum Mainzer Journal Nr. 138 vom 15. Juni 1865.

970. Mainz 7. September (Hoffnung, daß Ph. Veit bald neue Entwürfe für die Ausmalung des Domes entwirft. Die Bilder werden dann von Settegast, Lasinsky und Herrmann ausgeführt). In: Mainzer Abendblatt. Beilage zum Mainzer Journal Nr. 211 vom 10. September 1865.

971. Mainz 23. September (Zwölf Dombilder sind vollendet). In: Mainzer Abendblatt. Beilage zum Mainzer Journal Nr. 223 vom 24. September 1865.

972. Mainz 5. October (Arbeiten am Westturm gehen ihrem Ende entgegen). In: Mainzer Abendblatt. Beilage zum Mainzer Journal Nr. 233 vom 6. October 1865.

973. Aus dem Mainzer Dom. Gez.: H. In: Rheinische Blätter für Unterhaltung und gemeinnütziges Wirken. Beiblatt zum Mainzer Abendblatt Nr. 244 vom 19. October 1865, S. 974–975. Nr. 245 vom 20. October 1865, S. 978–979.
Zur Fertigstellung von vier neuen Bildern: Hochzeit zu Cana. Bergpredigt. Stiftung der Kirche. Verklärung Jesu.

1866

974. Mainz 23. Mai (Die Dombaumeister Schmidt aus Wien und Denzinger aus Regensburg sollen Gutachten über die Entfernung des Pfeilers im Ostchor erstellen). In: Mainzer Abendblatt. Beilage zum Mainzer Journal Nr. 118 vom 24. Mai 1866.

975. Mainz 14. Juni (Ausmalung: „Es werden einstweilen nur noch zwei Bilder ausgeführt, da man noch mit dem Gedanken umgeht, den Pfeiler in dem Pfarrchore herauszunehmen.“). – Vgl. auch: Mainz 15. Juni (Ausmalung). In: Mainzer Abendblatt. Beilage zum Mainzer Journal Nr. 136 und Nr. 137 vom 15. und 16. Juni 1866.

976. Mainz 27. October (Ein weiteres Domgemälde, Hl. Veronika darstellend, ist fertig geworden). In: Mainzer Abendblatt. Beilage zum Mainzer Journal Nr. 251 vom 28. October 1866.

1867

977. Der Dom zu Mainz und Philipp Veit. Aus: Kölner Zeitung. In: Mainzer Anzeiger Nr. 146 von 1867.
Zur Ausmalung.

978. Mainz 26. Juli („Nach längerer Unterbrechung“ Sitzung des Dombauvereins: Entfernung des Stützpfeilers im Ostchor. Vorschläge dazu von den Dombaumeistern Denzinger, Regensburg, und Schmitt, Wien). In: Mainzer Abendblatt. Beilage zum Mainzer Journal Nr. 173 vom 27. Juli 1867.

979. Der Dom zu Mainz. In: Mainzer Zeitung Nr. 198 vom 27. August 1867.
Zur Ausmalung durch Philipp Veit und zur Frage der Wegnahme des Pfeilers am Ostchor. Aus: The Chronicle Nr. 21 vom 17. August 1867, S. 494 – 495, mit dem Titel: The Cathedral of Mentz.

1868

980. Dombau-Angelegenheit. In: Mainzer Wochenblatt Nr. 167 vom 19. Juli 1868. Nr. 185 vom 9. August 1868. Nr. 196 vom 23. August 1868.
Nr. 167: Zur Unmöglichkeit der Herausnahme des Pfeilers am Ostchor. Nr. 185: Über die Zerstörungen im Dom. Nr. 196: Herausnahme des Pfeilers.

981. Dombau-Angelegenheit. In: Mainzer Anzeiger Nr. 182 und 185 von 1868.
Besonders über die Gefährdung des Ostchores und die Pfeilerfrage. – Nr. 185 mit Untertitel: Die Zerstörung des Ostchors unseres Domes.

982. (Falk), Fr(anz): Vom Mittelrheine. In: Kirchenschmuck. Ein Archiv für kirchliche Kunstschöpfungen und christliche Alterthumskunde 12 (1868) Bd. 24, S. 30 – 32.
Notiz, daß Baumeister Wessicken, einem Schüler Fr. J. Denzinger's und Fr. Schmidt's in Wien, die Untersuchung des Ostteils des Domes zugewiesen worden sei. Resultat: Abtragung des Pfarrturms ist notwendig. Die Restaurierung betrug bislang ca 90.000 Gulden. – Hinweis auf ein wahrscheinlich aus Mainz stammendes romanisches Prozessionskreuz, das sich heute im Speyerer Domschatz befindet.

1869

983. Mainz (Notiz über die Restaurierungsarbeiten im südlichen und nördlichen Seitenschiff des Domes). In: Organ für christliche Kunst 14 (1869) S. 70. 131 – 132.

984. Mainz 25. Januar (Sitzung des Dombauvereines „nach längerer Unterbrechung“. Beratung über die Abtragung der „Moller'schen Kuppel“ und Entfernung des Stützpfeilers im Innern des Domes). In: Mainzer Abendblatt. Beilage zum Mainzer Journal Nr. 20 vom 25. Januar 1869.

985. Mainz 26. Mai (Generalversammlung des Dombauvereins. Begründung, warum seit dem 22. Dezember 1862 keine Generalversammlung stattgefunden habe. – Pläne über Pfeilerentfernung und Restaurierung des Ostchores). In: Mainzer Abendblatt. Beilage zum Mainzer Journal Nr. 127 vom 28. Mai 1869.

986. (Dombauangelegenheit). In: Mainzer Anzeiger vom 23. Mai 1869.
Beschluß des Bischofs und des Domkapitels, den Pfarrturm abzubrechen.

EXKURS: Der 1865 gestiftete Martinus-Teppich

987. Mainz 17. Mai (Stiftschor erhält einen gestickten Fußteppich). In: Mainzer Abendblatt. Beilage zum Mainzer Journal Nr. 116 vom 18. Mai 1865.

988. Der Martinus-Teppich. In: Mainzer Abendblatt. Beilage zum Mainzer Journal Nr. 254 vom 31. October 1865.

989. Mainz 14. November (Martinus-Teppich findet große Anerkennung). In: Mainzer Abendblatt. Beilage zum Mainzer Journal Nr. 266 vom 15. November 1865.

990. Der Martinus-Teppich im hohen Chor des Doms zu Mainz. Gez.: J.H.-H. In: Kirchenschmuck. Ein Archiv für kirchliche Kunstschöpfungen und christliche Alterthumskunde 10 (1866) Bd. 19, S. 11 – 15.

Der 1865 von Frauen fertiggestellte Teppich soll über die Stufen des Hochaltars gebreitet werden. Notiz dazu in: Mainzer Wochenblatt Nr. 120 von 1869. – Vgl. dazu auch die Kritik an dem Teppich. In: Mainzer Anzeiger Nr. 260 von 1865.

5. Restaurierungsarbeiten im Ostteil (1870 – 1879): Die Entfernung des Pfeilers – Entdeckung und Wiederherstellung der Krypta – Neugestaltung der Türme

a) Übergreifende Beiträge

991. Cuypers, P(eter) J(osef) H(ubertus): Der Dom zu Mainz, seine Gründung, Erweiterung und Herstellung. Eine Festschrift zur Jubelfeier des Hochwürdigsten Herrn Wilhelm Emmanuel Freiherrn von Ketteler. Mainz 1875.

Gefunden auch mit der handschriftlichen Ergänzung: „vorgetragen vom Dombaumeister, verfaßt von Dr. Friedrich Schneider". Vgl. Anzeige und Zusammenfassung unter dem Titel: Zum Mainzer Dom. In: Historisch-politische Blätter für das katholische Deutschland 76 (1875) S. 788 – 792. – Der Dom zu Mainz. Seine Gründung, Erweiterung und Herstellung. In: Mainzer Journal Nr. 186 vom 11. August 1876. Dieser Artikel ist, gez. U.O., dem Beiblatt zur Zeitschrift für bildende Kunst 11 (1876) Nr. 36 vom 16. Juni, S. 570 – 574, entnommen. – Rez. Reichensperger, in: Literarische Rundschau 2 (1876) Nr. 1, Sp. 30 – 32.

992. Eine Restaurationsfrage. In: Organ für christliche Kunst 22 (1872) S. 16 – 19.

Krypta; nach: Schneider, Nr. #994.

993. Schneider, Friedrich (gest. 1907): Der Dom zu Mainz und sein Ostturm. In: Mainzer Journal Nr. 181 und 185 vom 7. und 10. August 1937.

Überblick über die Baugeschichte des Ostturms.

994. Schneider, Friedrich: Die Krypta des Mainzer Domes und die Frage ihrer Wiederherstellung. In: Rheinische Blätter für Unterhaltung und gemeinnütziges Wirken. Beiblatt zum Mainzer Abendblatt (= 2. Tagesausgabe des Mainzer Journals) Nr. 267 vom 15. November 1871, S. 1065 – 1066. Nr. 268 vom 16. November 1871, S. 1069 – 1070. Nr. 269 vom 17. November 1871, S. 1073 – 1074. Nr. 270 vom 18. November 1871, S. 1077 – 1079. Auch SD Mainz 1871. SD enthält zwei Beilagen: 1. Die Grabstätte Bardo's: S. 22 – 24. – 2. Die Grabstätten des Ostchores: S. 26 – 28.

Rez. unter dem Titel „Zur Frage von Kirchenrestaurationen", in: Historisch-politische Blätter 69 (1872) S. 452 – 457. – Rez. gez. A.E., in: Anzeiger für Kunde der deutschen Vorzeit NF 18 (1871) Sp. 385 – 387.

995. (Schneider, Friedrich): Der Ostthurm des Mainzer Domes. In: Mainzer Abendblatt. Beilage zum Mainzer Journal Nr. 76 und 77 vom 1. und 2. April 1870. Auch SD Mainz 1870.

996. War die Niederlegung der Ostchorkuppel am Dome zu Mainz technisch geboten? Gez.: Prof.Dr.A. In: Neuester Anzeiger Nr. 89 vom 15. April 1911.

997. Zur Geschichte des Mainzer Dombaues. In: Mainzer Journal Nr. 206 vom 5. September 1878.

Über die seit 1869 durchgeführten Restaurierungsarbeiten, besonders über den Ausbau der Osttürme.

b) Chronologisch geordnete Berichte

1870

998. Mainz 7. Februar. (Durch das Niederlegen der Seitenaltäre im Pfarrchore des Domes sind die alten Kryptaeingänge zu Tage getreten. Ostkrypta wird zur ältesten Bauperiode des Domes gerechnet (vor 1036)). Gez.: F. In: Mainzer Abendblatt. Beilage zum Mainzer Journal Nr. 31 vom 7. Februar 1870.

999. Zur Geschichte des Mainzer Domes. In: Mainzer Wochenblatt Nr. 52 vom 4. März 1870.

1000. Mainz 4. April (Innerhalb von 14 Tagen wurde die Mollersche Kuppel vom Ostturm herabgenommen. Domspenglermeister Funk kaufte die Eisenteile). In: Mainzer Abendblatt. Beilage zum Mainzer Journal Nr. 79 vom 5. April 1870.

1001. Mainz 21. und 30. April (Mauerwerk des Ostturmes wird abgebrochen). In: Mainzer Abendblatt. Beilage zum Mainzer Journal Nr. 93 und 100 vom 22. und 30. April 1870.

1002. Mainz 17. Mai (In der Mitte des Dompfarrchores werde eine Türe auf den Liebfrauenplatz gebrochen. – Der Grabstein von Bs Burg wurde daher gehoben und an einem Pfeiler unter der Kanzel aufgerichtet). In: Mainzer Abendblatt. Beilage zum Mainzer Journal Nr. 114 vom 17. Mai 1870.

1003. Mainz 10. Juni (Abbruch des Ostturmes geht voran. – Von den Kreuzblumen über den Wimpergen waren nur zwei alt, die anderen alle 1828 ergänzt. – Die alten Wasserspeier „befinden sich in sehr verstümmeltem Zustand".). In: Mainzer Abendblatt. Beilage zum Mainzer Journal Nr. 134 vom 11. Juni 1870. – Vgl. auch: Mainz 30. Juni (Abbrucharbeiten beim Ostturm). In: Mainzer Journal Nr. 150 vom 1. Juli 1870.

1871

1004. Mainz 20. März („Die Arbeiten am Ostthurme des Domes wurden heute wieder aufgenommen; zunächst wird mit Abtragung des Kuppelgewölbes begonnen."). In: Mainzer Abendblatt. Beilage zum Mainzer Journal Nr. 67 vom 20. März 1871.

1005. Ueber die Krypta des Mainzer Domes und die Frage ihrer Wiederherstellung. In: Mainzer Wochenblatt Nr. 271 von 1871. – Vgl. auch: Die neueste Dombaufrage. In: Mainzer Wochenblatt Nr. 284 und 285 von 1871.
Besprechung und Diskussion zu Schneider, Nr. #994.

1006. Vermischte Nachrichten 80): „Aus Mainz erfahren wir, daß der Abbruch des Octogons über dem Ostchore des Domes nunmehr vollendet ist." In: Anzeiger für Kunde der deutschen Vorzeit NF 18 (1871) Sp. 322–323. – Vgl. dazu: Mainzer Tagblatt Nr. 5 von 1872.

1872

1007. Mainz 20. Januar (Teil der alten Krypta im Ostchor freigelegt. Fragmente vom Lettner gefunden). In: Mainzer Abendblatt. Beilage zum Mainzer Journal Nr. 17 vom 20. Januar 1872.

1008. Mittheilungen aus dem Publikum. In: Mainzer Anzeiger Nr. 19 von 1872.
Verf. bittet um Auskünfte hinsichtlich der Wiederherstellung der Krypta.

1009. Mainz 24. Januar (Beschluß des Bischofs und des Domkapitels, die Krypta im Ostchor wieder herstellen zu lassen). In: Mainzer Abendblatt. Beilage zum Mainzer Journal Nr. 21 vom 25. Januar 1872. – Vgl. auch: Vermischte Nachrichten 5). In: Anzeiger für Kunde der deutschen Vorzeit NF 19 (1872) Sp. 68.

1010. Dombau. In: Mainzer Tagblatt Nr. 22 von 1872.

„Ziemlich sicheres Gerücht", daß die Krypta wiederhergestellt werden soll. – „In der That kann man sich bitteren Schmerzes nicht enthalten, wenn man unseren Dombauverein und sein Leben und Wirken mit dem Frankfurter u. a. vergleicht. Ein trauriger Beitrag zur ganzen neuesten Geschichte unserer aurea Moguntina."

1011. Mainz 5. Februar (Alle Sorge „soll auf die Erforschung der alten Grabstätten im Ostchor und insbesondere jener der beiden Erzbischöfe Konrad I. und Siegfried III. verwendet werden". Dies ist u. a. der Wunsch des historischen Vereins von Oberbayern, der sich für Konrad I. von Wittelsbach besonders interessiert). In: Mainzer Abendblatt. Beilage zum Mainzer Journal Nr. 30 vom 5. Februar 1872.

1012. Mainz 10. Februar (Nachgrabungen im Ostchor. Stufen, die zur Krypta führen, wurden gefunden). In: Mainzer Abendblatt. Beilage zum Mainzer Journal Nr. 35 vom 10. Februar 1872.

1013. Lübke, Wilhelm: Die Krypta des Doms zu Mainz. In: Beilage zur Allgemeinen Zeitung (Augsburg) Nr. 45 vom 14. Februar 1872.

„Wo wir aber tabula rasa vorfinden, wie im Chor des Doms zu Mainz, da gilt es das Verschwundene zu ergänzen, um die alte Harmonie in ihr Recht wieder einzusetzen."

1014. Mainz 22. Februar (Versetzung der Denkmäler des Landgrafen Georg Christian von Hessen und des Grafen Karl Adam von Lamberg vom Ostchor an den Chorpfeiler. Über den Ort der Aufstellung der steinernen Kanzel aus dem Ostchor herrscht noch Unklarheit). In: Mainzer Abendblatt. Beilage zum Mainzer Journal Nr. 44 vom 22. Februar 1872.

1015. Der Mainzer Dom. In: Katholisches Volksblatt für alle Stände Nr. 47 vom 24. November 1872, S. 370 – 371.

Zur Freilegung der Ostkrypta gelegentlich der Restaurierung.

1016. Mainz, 26. Febr. (Wiederherstellung der Krypta, deren „gesammte Architektur ... das Gepräge eines einheitlichen Baues aus dem Schlusse des 12. Jahrhunderts" trägt). In: Beilage zur Allgemeinen Zeitung (Augsburg) Nr. 61 von 1872.

1017. Mainz 22. März (Wandarchitektur der Ostkrypta auf der nordöstlichen Seite ist freigelegt. Die Fundamente ruhen auf angeschwemmtem Boden). In: Mainzer Abendblatt. Beilage zum Mainzer Journal Nr. 69 vom 22. März 1872.

1018. Mainz 25. März (Bruchstücke des Lettners bei der Suche nach der ehemaligen Krypta im Ostchor gefunden). In: Mainzer Abendblatt. Beilage zum Mainzer Journal Nr. 71 vom 25. März 1872.

1019. Mainz 11. Juni (Sitzung des Dombauvereins „nach fast dreijähriger Unterbrechung". Thema: Renovierung des Ostteiles. Für den östlichen Hauptturm liegen acht Modelle, „sämmtliche im romanischen Stile" vor. J. Wessicken und F. Schmidt, Wien, befürworten einen Turm, der aus dem Quadrate ins Achteck übergeht, oben von einer Galerie umkränzt und in einem mit Wimpergen versehenen Helm abschließt). In: Mainzer Journal Nr. 134 vom 11. Juni 1872.

1020. Mainz 3. Juli (Restaurierungsarbeiten im Ostchor gehen voran. Das Denkmal des Grafen Karl Adam von Lamberg wurde in das nördliche Kreuzschiff übertragen. Der Renaissance-Altar, eine Stiftung des Dompropstes Philipp Kratz von Scharpfenstein wird zusammengestellt). In: Mainzer Journal Nr. 153 vom 3. Juli 1872. – Vgl. dazu: Dombau. In: Mainzer Tagblatt Nr. 157 von 1872.

1021. Mainz 20. Sept. (Archäologenversammlung besichtigt den Mainzer Dom. Annahme, daß in der kleinen Krypta im Langschiff Reliquien des Hl. Martinus aufbewahrt worden seien. Bewunderung, daß die Ostkrypta so gut wiederhergestellt werde). In: Allgemeine Zeitung (Augsburg) Nr. 269 von 1872.

1022. Mainz 27. September (Mitglieder der Darmstädter Archäologen-Versammlung begutachten die Pläne für den neuen Ostturm). In: Mainzer Journal Nr. 227 vom 28. September 1872.

1023. (Schneider, Friedrich): Vom Mainzer Dom. Fortgesetzt unter dem Titel: Die Ausgrabungen im Ostchore des Domes. In: Mainzer Journal Nr. 243 und 244 vom 17. und 18. October 1872. Nr. 254 vom 30. October 1872. Nr. 291 und 292 vom 13. und 14. December 1872. – Vgl. dazu auch: Mainzer Anzeiger Nr. 244, 255, 292 und 293 von 1872.

1024. Schneider, Friedrich: Vermischte Nachrichten 115): Die Herstellungsarbeiten an der Ostparthie. In: Anzeiger für Kunde der deutschen Vorzeit NF 19 (1872) Sp. 362–364. Vgl. dazu: Mainz (Restaurierungsarbeiten am Dom. Öffnung von Gräbern). In: Organ für christliche Kunst 22 (1872) S. 251–252. 263.

1025. Schneider, Friedrich: Die Gräberfunde im Ostchore des Domes zu Mainz. In: Archiv für hessische Geschichte und Alterthumskunde 13 (1872–74) Heft 3 (1874) S. 321–384. Nachtrag: S. 534–538. Auch: Mainz 1874.
Bericht über die Ausgrabungen im Jahre 1872.

1873

1026. Die Ausgrabung und Wiederherstellung der Krypta unter dem Ostchor des Mainzer Domes. Aus: A(ugsburger) A(llgemeine) Z(eitung). In: Mainzer Tagblatt, früher Mainzer Wochenblatt Nr. 3 vom 4. Januar 1873.

1027. Mainz 5. Januar („Die Beisetzung aller im Ostchore erhobenen Gebeine ist in diesen Tagen nunmehr beendet worden." Auflistung, wo die sterblichen Überreste verschiedener Erzbischöfe ihre Ruhestätte im Dom gefunden haben). In: Mainzer Journal Nr. 5 vom 7. Januar 1873.

1028. Ein neuer Grabfund. In: Mainzer Journal Nr. 169 vom 23. Juli 1873.
Fund des silbernen Amuletts des Erzbischofs Johann Schweikard von Kronberg im Boden des Ostchors im Dom.

1029. Zum Mainzer Dombau. In: Mainzer Tagblatt Nr. 221 und 266 von 1873. – Vgl. auch: Mainzer Anzeiger Nr. 265 von 1873.

1030. (Schneider, Friedrich): Zum Mainzer Dombau. In: Mainzer Journal Nr. 183 vom 8. August 1873. Nr. 219 vom 20. September 1873. Nr. 263 vom 12. November 1873. Nr. 273–276 vom 24., 25., 26. und 27. November 1873.
Nr. 183: Arbeiten am Ostchor. – Nr. 219: Setzung des ersten Steines am Arcus triumphalis. – Nr. 263: Abschluß der Chorbogen gegen die Marktseite hin. Dieser Teil ist gekennzeichnet mit F.S. und der Anmerkung: „Unlieb verspätet". – Nr. 273–276: Enthält den Bericht des Dombaumeisters Cuypers über das Baujahr 1873 und über

seine Pläne für 1874: Ostturm. Nr. 273–276 entspricht Cuypers, Nr. #1032. – Nr. 219 wurde vom Mainzer Tagblatt, früher Mainzer Wochenblatt unter dem Titel: Zum Mainzer Dombau, in Nr. 221 vom 23. September 1873 übernommen. Nr. 263 wurde ebenfalls vom Mainzer Tagblatt, früher Mainzer Wochenblatt unter dem Titel: Zum Mainzer Dombau, in Nr. 266 vom 15. November 1873 übernommen.

1031. Mainz 20. November (Sitzung des Dombauvereins: Cuypers berichtet über seinen Plan für den Ostturm). In: Mainzer Journal Nr. 271 vom 21. November 1873.

1032. Cuypers, P(eter) J(osef) H(ubertus): Zum Mainzer Dombau. In: Organ für christliche Kunst 23 (1873) S. 278–282. Auch SD. o. J.

1. Bericht des Dombaumeisters über das Baujahr 1873. – 2. Bericht des Dombaumeisters (über Pläne für 1874). Der Bericht ist auch im Mainzer Journal mit Vorbemerkungen von Schneider abgedruckt: Nr. #1030, Nr. 273–276.

1033. Ueber die Restauration des Mainzer Domes. Aus: Zeitschrift für bildende Kunst. In: Deutsche Bauzeitung. Organ des Verbandes deutscher Architekten- und Ingenieur-Vereine 7 (1873) S. 392–393.

Neubau des Kuppelturmes: „Ob es in dieser stilistischen Schlichtheit die Menge befriedigen wird, steht dahin; der Kunstarchäologe aber und jedermann, dem es darum zu thun ist, das wahre Urbild des alten Domes von Mainz in der Erneuerung zu schauen, wird dem Cuyper'schen Entwurfe seine Zustimmung nicht versagen können, vielmehr sich freuen über die in diesem Falle befolgten allein richtigen Grundsätze der Restauration vaterländischer Monumentalarchitektur." (hier: S. 393).

1034. (Zur Domrestaurirung). In: Mainzer Anzeiger Nr. 280 vom 2. Dezember 1873. – Vgl. auch: Vermischte Nachrichten 84). In: Anzeiger für Kunde der deutschen Vorzeit NF 20 (1873) Sp. 374.

Cuypers wird Dombaumeister, Projekte von Wessicken sind verworfen.

1035. Mainz 11. December (Abschluß des Chorbogens auf der Südseite). In: Mainzer Journal Nr. 289 vom 12. December 1873.

1036. (Domrestauration). Gez.: -ch. In: Neuer Mainzer Anzeiger Nr. 76 vom 30. Dezember 1873.

Über die Pläne Cuypers: „Das vorliegende Restaurations-Project sucht in einseitigst archäologischer, anstatt in künstlerischer Weise seine Aufgabe zu lösen."

1037. Mainz 29. December (Schlußstein des Arcus triumphalis wird am 31. Dezember gesetzt). In: Mainzer Journal Nr. 302 vom 30. December 1873.

1874

1038. (Schneider, Friedrich:) Vom Mainzer Dombau. In: Mainzer Journal Nr. 1, 16 und 18 vom 2., 20. und 22. Januar 1874. Nr. 58 vom 11. März 1874.

Nr. 1: Schlußstein im Triumphbogen versetzt, jetzt kann die Herausnahme des Stützwerkes und des Mittelpfeilers im Ostchor in Angriff genommen werden. Rückblick auf die bislang geleistete Arbeit. Geschichtlicher Rückblick: EB Konrad von Wittelsbach hatte den Triumphbogen über dem Eingang des Ostchores nach dem schweren Brand wölben lassen. Jetzt ist er in der alten Form wiederhergestellt. – Nr. 16: Fortgang der Renovierungsarbeiten: Pfeiler wird abgetragen. – Nr. 18: Im Domkreuzgang werden eine Reihe von den bei den Umbauten gefundenen Denkmälern aufgestellt. Besonders beschrieben ist das Denkmal des Domherrn Johannes Specht von Bubenheim (gest. am 21.3.1522), jetzt im Kreuzgang. – Nr. 58: Auffindung eines Pfeilerträgers, eines „vorzüglichen Werkes aus der höchsten Blüthezeit gotischer Kunst", Ende 13. Jahrhundert. Die Fragmente gehören vielleicht zu einer die Ostkrypta nach dem Schiffe hin abschließenden Säulenarchitektur. – Vgl. dazu auch (anonym vom selben Autor): Mainzer Tagblatt Nr. 41 von 1874.

1039. Mainz 2. Januar (Bericht über die Festlichkeiten bei der Einsetzung des Schlußsteines am östlichen Chorbogen). In: Mainzer Journal Nr. 2 vom 3. Januar 1874.

1040. Mainz 26. Januar (Ein adlerartiger Vogel krönte bis zu Beginn des 19. Jahrhunderts als Schlußornament den Ostgiebel des Chores. Fragmente wurden gefunden und im Kreuzgang aufgestellt). In: Mainzer Journal Nr. 21 vom 26. Januar 1874.

1041. Mainz 14. Februar (Pfeilerabriß. Der Pfeiler besteht nicht aus Quadern, sondern ist mit geringem Bruchsteinmauerwerk von ungenügender Festigkeit ausgefüllt). In: Mainzer Journal Nr. 38 vom 14. Februar 1874.

1042. Mainz 22. Februar (Pfeilerabriß: Einbau des Pfeilers wird ins 15. Jahrhundert datiert). In: Mainzer Journal Nr. 45 vom 24. Februar 1874.

1043. Ueber die Arbeiten am Mainzer Dom. In: Deutsche Bauzeitung. Organ des Verbandes deutscher Architekten- und Ingenieur-Vereine 8 (1874) S. 46.
Nach einer Mitteilung aus dem Mainzer Journal über den Fortgang der Restaurierung.

1044. Mainz 2. März (Gerüste für den Neubau des Ostturmes werden aufgeschlagen). In: Mainzer Journal Nr. 51 vom 3. März 1874.

1045. Mainz 14. März (Ausführung der Maurerarbeiten des Ostturms übernimmt B. Usinger). In: Mainzer Journal Nr. 61 vom 14. März 1874.

1046. Mainz 20. März (Abbruch der Fundamente des Pfeilers ergeben neue Anhaltspunkte für die Bauabschnitte im Ostchor zwischen dem 13. und dem 15. Jahrhundert: frühgotischer Chorabschluß, sicher in Verbindung mit einem Altarbau, am Eingang des Ostchores, spätgotischer Lettner, der im 17. Jahrhundert wegen der anspruchsvollen Altarbauten abgerissen wurde). In: Mainzer Journal Nr. 66 vom 20. März 1874. – Vgl. dazu auch die Zusammenfassung (Vermischte Nachrichten 57) in: Anzeiger für Kunde der deutschen Vorzeit NF 21 (1874) Sp. 133 – 134.

1047. Historischer Verein (Bemerkungen von Hofrat Dr. Schäfer über entdeckte Baureste bei Entfernung des Pfeilers. Besonders wichtig sei die lebensgroße Figur (Pfeilerträger) aus dem 13. Jahrhundert). In: Darmstädter Zeitung Nr. 70 von 1874.

1048. Schmitt, Franz Jakob: Ueber die Restauration des Mainzer Domes. In: Deutsche Bauzeitung. Organ des Verbandes deutscher Architekten- und Ingenieur-Vereine 8 (1874) S. 63 – 64.
Betr. die „richtige Gestaltung des Ostchores" (S. 64); Verf. bedauert, daß Cuypers andere Pläne hegte als Wessicken.

1049. Mainz 28. April (Schneller Fortschritt beim Bau des Ostturmes durch die Beförderung des Baumaterials mit einer Dampfmaschine). In: Mainzer Journal Nr. 99 vom 29. April 1874.

1050. Wessicken, J.: Zur Gestaltung des Thurmbaues am Ostchore des Mainzer Domes. In: Deutsche Bauzeitung. Organ des Verbandes deutscher Architekten- und Ingenieur-Vereine 8 (1874) S. 169 – 170. Zusammenfassung unter dem Titel: Die Restauration unseres Domes. In: Mainzer Anzeiger Nr. 131, 132 und 137 vom 9., 10. und 16. Juni 1874.

1051. Mainz 5. Juni (Der Neue Mainzer Anzeiger fordert in Nr. 128 vom 4. Juni 1874, daß auch Cuypers seine Pläne für den Ostturm veröffentlichen solle und stellt die Vermutung auf, „er scheue sich mit seinem Projecte vor das Forum deutscher Architekten zu treten". Das Mainzer Journal stellt sich hinter Cuypers und versichert, daß Cuypers bereits vor längerer Zeit der Berliner Bauzeitung seine Pläne und Skizzen eingereicht habe). In: Mainzer Journal Nr. 129 vom 6. Juni 1874.

1052. Die Restauration des Doms in Mainz. In: Beilage zur Allgemeinen Zeitung (Augsburg) Nr. 174 vom 23. Juni 1874, S. 2707 – 2708. – Auch in: Mainzer Tagblatt Nr. 148 von 1874.

Entwürfe Cuypers zum Ostturm werden gelobt.

1053. Unser Dom. In: Mainzer Tagblatt Nr. 144 vom 24. Juni 1874. – Vgl. dazu auch: Mainzer Anzeiger Nr. 142 von 1874.

Kritik am Ausbau des Ostturmes nach den Plänen Cuypers. „Nicht das 11. sondern vielmehr das 12. Jahrhundert hätte maßgebend sein müssen", weil in den Rheinlanden erst dann die romanische Architektur ihre würdigste Repräsentation gefunden hatte.

1054. Zum Mainzer Dombau. In: Mainzer Journal Nr. 153 vom 4. Juli 1874.

Gegenüberstellung der Pläne von Cuypers und Wessicken für den Ostturm.

1055. Cuypers, P(eter) J(osef) H(ubertus): Zum Ausbau des Ostchores des Mainzer Domes. In: Deutsche Bauzeitung. Organ des Verbandes deutscher Architekten- und Ingenieur-Vereine 8 (1874) Nr. 53 vom 4. Juli, S. 209 – 212.

1056. Zum Mainzer Dombau. In: Mainzer Journal Nr. 159 vom 11. Juli 1874.

Prof. W. Lübke, Stuttgart, empfiehlt den Plan von Wessicken für den Ausbau des Ostturms. Auch Auszüge von Cuypers Plänen.

1057. Darmstadt im Juli (Generalversammlung der deutschen Alterthumsvereine). In: Allgemeine Zeitung (Augsburg) Nr. 193 vom 12. Juli 1874, S. 3016.

Heftige Kontroverse, wie die Osttürme zu gestalten seien.

1058. Zum Mainzer Dombau. In: Mainzer Journal Nr. 160 und 161 vom 13. und 14. Juli 1874.

Gegenüberstellung der Pläne Wessickens und Cuypers für den Ausbau des Ostturmes.

1059. Zum Umbau des Domes. Gez.: H. In: Mainzer Zeitung Nr. 162 vom 15. Juli 1874.

„Wir würden die Ausführung dieses Cuyper'schen Planes als eine ästhetische Calamität für unsere Stadt ansehen. Dieses auf das Mauerwerk aufgestülpte, einem niedergedrückten Zuckerhute ähnliche Dach, diese plumpen, ungezierten Massen täglich in den Straßen vor Augen zu haben oder aus der Ferne des schönen Rheinlandes zu sehen, ist für uns keine erfreuliche Aussicht."

1060. Zum Mainzer Dombau. In: Mainzer Journal Nr. 165 vom 18. Juli 1874.

Zur Kritik der „Neuen Frankfurter Presse" und dem „Mainzer Tagblatt" (Nr. #1053) an den Plänen Cuypers zum Ausbau des Ostturmes.

1061. Herr Lübke und der Mainzer Dombau. In: Mainzer Journal Nr. 167 und 168 vom 21. und 22. Juli 1874.

Lübkes Kritk an Cuypers Plan für den Ausbau des Ostturmes und sein „Schwärmen für das Wessicken'sche Projekt" werden dargelegt und kritisch kommentiert. Das Mainzer Journal bleibt auf der Seite Cuypers.

1062. Die Restauration unseres Domes. In: Mainzer Anzeiger Nr. 167 und 169 vom 21. und 23. Juli 1874.

1063. Wessicken, J.: Zur Gestaltung des Thurmbaues am Ostchore des Domes zu Mainz. In: Deutsche Bauzeitung. Organ des Verbandes Architekten- und Ingenieur-Vereine 8 (1874) S. 243 – 245.

1064. Zum Dombau. In: Neuer Mainzer Anzeiger Nr. 170, 171 und 172 vom 24., 25. und 26. Juli 1874. Nr. 182, 183 und 184 vom 7., 8. und 9. August 1874.

Kritik und Gegenkritik. Cuypers Lösung „monumental die bessere". – Ab Nr. 182 Titel geändert in: Zum Mainzer Dombau.

1065. Zum Dombau. Gez.: F. In: Neuer Mainzer Anzeiger Nr. 172 vom 26. Juli 1874.

Rückblick über die Kontroverse über die Pläne Wessicken-Cuypers, den Ausbau der Osttürme betreffend.

1066. Zum Mainzer Dombau. In: Mainzer Journal Nr. 173 vom 28. Juli 1874.

Die Diskussion um die Ausbaupläne des Ostturmes ist zu einem Stillstand gekommen. Abschließend Auszug eines Referates von Cuypers, entnommen dem Mainzer Anzeiger Nr. 109 von 1874.

1067. Der Ausbau der Ost-Parthie des Domes zu Mainz. Gez.: -r. In: Mainzer Tagblatt Nr. 178 vom 2. August 1874.

1068. Den Mainzer Dom betreffend. Gez.: A.R. In: Kölner Domblatt. Monatsschrift. Amtliche Mittheilungen des Central-Dombau-Vereins mit geschichtlichen, artistischen und literarischen Beiträgen Nr. 299 vom 29. August 1874.

Über die Schäden im Ostchor.

1069. F(ritsch, K.E.O.): Zur Gestaltung des Thurmbaues am Ostchore des Mainzer Domes. In: Deutsche Bauzeitung. Organ des Verbandes deutscher Architekten- und Ingenieur-Vereine 8 (1874) S. 274 – 275. Neuabdruck unter dem Titel: Zum Mainzer Dombau. In: Mainzer Tagblatt Nr. 204 vom 3. September 1874.

Zur Kontroverse Wessicken-Cuypers in dieser Zeitschrift. „In Uebereinstimmung mit der öffentlichen Meinung, die sich unter dem zunächst betheiligten Publikum von Mainz sehr lebhaft geltend gemacht hat, können auch wir die von Hrn. Cuypers gewählte Detailgestaltung des Thurms für keine glückliche halten." (S. 275).

1070. Darmstadt, 29. November (Versammlung der Kunstgenossenschaft, in welcher Cuypers über die von ihm geleitete Restaurierung des Domes referiert. „Allgemein fand sein Plan die größte Anerkennung"; resümierend bezeichnet v. Ritgen (Gießen) „den Plan als den im höchsten Grade stilgemäßen."). In: Darmstädter Zeitung Nr. 332 vom 30. November 1874. – Vgl. dazu: Mainzer Zeitung Nr. 281 von 1874.

1071. Die Restaurationsangelegenheit des Ostchores am Mainzer Dom. In: Deutsche Bauzeitung. Organ des Verbandes deutscher Architekten- und Ingenieur-Vereine 8 (1874) S. 873.

Über die Versammlung der Kunstgenossenschaft in Darmstadt am 28. November 1874, bei der Cuypers über die von ihm geleitete Resturierung des Mainzer Domes sprach. „Allgemein fand der Cuyper'sche Plan die größte Anerkennung" (S. 873).

1072. (Wagner (Darmstadt)): In der Angelegenheit des Thurmbaues von Mainz. In: Deutsche Bauzeitung. Organ des Verbandes deutscher Architekten- und Ingenieur-Vereine 9 (1875) S. 7 – 8.

Berichtigung zu Nr. #1071.

1073. Der Restauration unseres Domes droht Gefahr... (Verf. befürchtet, daß bei Einstellung der Arbeit im Winter gleichzeitig die Auflösung der Bauhütte stattfinden würde. Der Verlust der geschulten Kräfte wäre zu bedauern.) In: Neuer Mainzer Anzeiger Nr. 287 vom 9. December 1874. – Dazu: Mainz 9. December (Berichtigung: Die Arbeit wird nicht eingestellt). In: Mainzer Journal Nr. 288 vom 10. December 1874. – Vgl. dazu auch: Die Unterbrechung des Dombaues. In: Neuer Mainzer Anzeiger Nr. 291 vom 13. December 1874. (Verf. vermutet, daß die Restaurierungsarbeiten nicht weiter finanzierbar seien.)

1074. Mainz 18. Dezember. Gez.: Y. (Auflistung der Mittel, die von der Domfabrik für die Restaurierung des Domes ausgegeben wurden: 1) 1857 – 1868: 58.914 fl. 2) 1868 – 1873: 107.636 fl. 3) 1874: 145.565 fl. Zur Vollendung des Mittelturmes der Kuppel und der Krypta für 1875: 51.771 fl. Für die Seitentürme sind 85.000 fl gefordert). In: Mainzer Journal Nr. 295 vom 18. December 1874.

1075. Vermischte Nachrichten 3) (Überblick über die Restaurierungsarbeiten, „doch leider liegt der ganze Raum noch immer wüst."). In: Anzeiger für Kunde der deutschen Vorzeit NF 22 (1875) Sp. 29 – 30.

1076. Mainz 15. Januar (Ostturm wird vor Einflüssen der Witterung geschützt). In: Mainzer Journal Nr. 12 vom 15. Januar 1875.

1077. Mainz 2. März (Stillstand im Kirchenbauwesen in der Diözese Mainz wegen des bevorstehenden Kirchenkonflikts. Der östliche Domturm soll noch vollendet werden). In: Mainzer Journal Nr. 50 vom 2. März 1875.

1078. Mainz 5. April („Mit dem heutigen Tage wurden die Arbeiten am Dombau wieder aufgenommen." Ziel, bis Juli den Ostturm fertiggestellt zu haben). In: Mainzer Journal Nr. 78 vom 5. April 1875.

1079. Dom-Restauration. In: Mainzer Anzeiger Nr. 94 vom 23. April 1875.

Über die verschiedenen Modelle für den Ostturm. Moller'sche Kuppel, für die Wessicken den Abbruch mit der Begründung forderte, „daß sich diese Eisenconstruction des Mainzer Domes vorzüglich zu einem Gewächshause eigne". Verf. hofft, daß die Cuyper'schen Pläne nur ein Modell bleiben und den Beweis erbringen, daß die „neue Ostkuppel eben in dieser Bauform nicht errichtet werden darf."

1080. (Cuypers, Peter Josef Hubert): Zum Mainzer Dombau. In: Mainzer Journal Nr. 96 und 97 vom 26. und 27. April 1875. – Vgl. auch: Darmstädter Zeitung Nr. 115 vom 26. April 1875. – Neuer Mainzer Anzeiger Nr. 98 vom 28. April 1875.

Bericht des Dombaumeisters an das Domkapitel über die Bautätigkeit vom Dezember 1873 bis zum November 1874 und über seine Pläne für 1875.

1081. Mainzer Dom-Restauration. In: Neue Hessische Volksblätter Nr. 100 vom 30. April 1875. – Auch in: Neuer Mainzer Anzeiger Nr. 132 vom 10. Juni 1875. – Vgl. auch: Beilage zur Allgemeinen Zeitung (Augsburg) Nr. 301 vom 28. October 1875, S. 4710.

Beim Abriß der Ostkuppel wurde auch ein höchst merkwürdiges romanisches Rundbogenfenster total weggerissen. „Ein solches vandalisches Verfahren ist wirklich ganz unverantwortlich...". „Cuypers ... war es vorbehalten, das Einreißen des sehr interessanten Rundfensters auszuführen und dafür ein Stück Bogenöffnung zu gewinnen, das in seiner ungemein häßlichen Gestalt und Form durchaus nicht geeignet ist, das Auge des Beschauers zu befriedigen." – Vgl. dazu die Entgegnung Cuypers, zusammengefaßt unter dem Titel: Zur Dom-Restauration. Gez.: -x-. In: Neuer Mainzer Anzeiger Nr. 136 vom 15. Juni 1875.

1082. Mainz 21. Mai (Eisenkonstruktion des Ostturmhelmes ist fertig). In: Mainzer Journal Nr. 116 vom 21. Mai 1875.

1083. Zur Dom-Restauration. Gez.: e. In: Neuer Mainzer Anzeiger Nr. 128 vom 5. Juni 1875.

Fratzen sollen am Ostturm angebracht werden. Bildhauer Blees soll die Modelle nach Zeichnungen anfertigen. – Vgl. dazu auch: Dom-Restauration. Gez.: Q. In: Neuer Mainzer Anzeiger Nr. 138 vom 17. Juni 1875. – Verf. hält den Plan für sehr unglücklich und befürchtet, „daß der Volkswitz in den zunächst nur allegorischen Gebilden alsbald die Portraitköpfe jetzt lebender Personen finden dürfte..."

1084. Zur Dom-Restauration. In: Mainzer Anzeiger Nr. 135 vom 13. Juni 1875.

Tadel des Mittelrheinischen Architekten- und Ingenieur-Vereins, daß bei der Restaurierung keine Fachkräfte zur Beratung herangezogen wurden. Der Verein „verurtheilt ebenso das in Ausführung begriffene Projekt von Hrn. Cuypers."

1085. Mainz 14. Juni (Eisenkonstruktion des Ostturmhelmes wird montiert. Gewölbedekoration in der Muttergotteskapelle ist fertig). In: Mainzer Journal Nr. 136 vom 15. Juni 1875.

1086. Mainz 17. Juni (Kreuz für den Ostturm wird geliefert. Maße: 8,75 m lang, Querbalken 1,90 m, Gesamtgewicht 625 kg. Hergestellt von den Firmen Pfeiffer und Ph. Fr. Kapp). In: Mainzer Journal Nr. 138 vom 17. Juni 1875. – Vgl. auch: Vom Dome. In: Neuer Mainzer Anzeiger Nr. 140 vom 19. Juni 1875.

1087. Nochmals die Dom-Restauration. In: Neuer Mainzer Anzeiger Nr. 140 vom 19. Juni 1875.

Der Mittelrheinische Architecten-Verein fordert vom Großherzoglichen Ministerium in Hessen-Darmstadt, daß dieses sich um die Mainzer Domrestaurierung kümmere. Es reagierte jedoch nicht. Vgl. dazu: Mainzer Anzeiger vom 19. September 1875.

1088. Schneider, F(riedrich): Vermischte Nachrichten 112) (Überblick über die geleisteten Restaurierungsarbeiten. Verf. lobt die „decorative Ausstattung" der Muttergotteskapelle). In: Anzeiger für Kunde der deutschen Vorzeit NF 22 (1875) Sp. 226–227. – Vgl. konträr dazu (Mainzer Dom: „Ein Beispiel der Geschmacksverirrung im gothischen Style", dadurch, daß „ein Theil des nördlichen Seitenschiffes mit den buntesten Farben eine schöne Architektur in barbarischer Weise verunstaltet"). In: Neuer Mainzer Anzeiger Nr. 152 vom 3. Juli 1875.

1089. Mainz 16. Juli (Turm fast vollendet, Kreuz wird vergoldet). In: Mainzer Journal Nr. 163 vom 16. Juli 1875.

1090. (Haneberg, Daniel Bonifacius von / Holzwarth, F. J. / Ketteler, Wilhelm Emmanuel Frhr. v.): Predigten zur Feier des fünf und zwanzigjährigen Bischofsjubiläums des Hochw. Bischofs von Mainz Wilhelm Emmanuel Freiherrn von Ketteler, gehalten am 25. und 26. Juli 1875 ... nebst der Ansprache des ... Bischofs von Mainz bei Aufrichtung des Kreuzes auf dem Ostthurme des Domes. Mainz 1875.

Ansprache von Bs Ketteler: S. 43–47. Thema: Das Kreuz als Zeichen der Erlösung. – Keine Beschreibung oder Abb. des Domkreuzes.

1091. „Ad perpetuam rei memoriam ... " (= Urkunde, die am 26. Juli 1875 in den Knauf des Kreuzes am Ostturm des Mainzer Domes eingelegt wurde. Moguntiae (1875). Abgedruckt in: Schneider, Nr. #168, Sp. 140, Anm. 3.

1092. Muttergotteskapelle im Mainzer Dom. In: Mainzer Journal Nr. 176 vom 31. Juli 1875. – Vgl. dazu auch die Stellungnahme von Philipp Veit: Die christliche Kunst in Mainz. In: Mainzer Anzeiger Nr. 160 von 1875. – Die Marienkapelle des Domes. In: Mainzer Anzeiger Nr. 174 von 1875.

Fertigstellung der Marienkapelle.

1093. Hahn (-Hahn), Ida Gräfin: Die Kunst in der Muttergottes-Kapelle des Domes zu Mainz. In: Deutscher Hausschatz 2 (1876) Nr. 30. Auch SD Mainz o.J.

Der 15seitige Separatdruck beschreibt auf S. 10–15 die Marienkapelle und ihre Renovierung von 1875. Die Verf. protestiert gegen die kunstlose Ausmalung. „Und ich wollte ja sprechen von der Kunst in der Mutter-Gottes-Kapelle zu Mainz; und auch ich bin stumm! Ja; das ist es eben: die Kunst, wo ist sie hier?!" (SD: S. 15). – Rez. in: Mainzer Anzeiger Nr. 88 vom 14. April 1876. – Neg. Rez., gez.: U.O., in: Beiblatt zur Zeitschrift für bildende Kunst 11 (1876) Nr. 41 vom 21. Juli, Sp. 658–659.

1094. Zur Maienkönigin. In: Starkenburger Bote Nr. 37 vom 10. Mai 1876.

Muttergotteskapelle. Der Verf. sieht in der Gestaltung der Kapelle „wiedererstandene christliche Kunst".

1095. Die Restaurationsarbeiten am Dom. In: Mainzer Anzeiger Nr. 230 vom 3. October 1876.

Bes. zur neugestalteten Muttergotteskapelle: „Alle Epochen der Kunstgeschichte hatten Geschmacksverirrungen aufzuweisen, eine solche, wie wir sie jetzt leider vorführen können, steht ziemlich vereinzelt da ..."

1096. Mainz 21. December (Zur Fertigstellung des Ostturmes). In: Mainzer Journal Nr. 297 vom 21. December 1875. – Vgl. auch: Neuer Mainzer Anzeiger Nr. 298 vom 22. December 1875.

Drei Schieferplatten an der Spitze des Turmhelmes tragen als Aufschrift Gedichte über die Bauherren – Bischof und Domkapitel -, über die Baumeister – Cuypers, Lucas, Philipp Hettergott und Philipp Funck – und über die Baugeschichte: Als man im zwölften Hundert war Und zählte neunzig und etliche Jahr, Da ward zerstöret dieser Turm Vom Teufel wohl durch einen Sturm. Im vierzehnten Jahrhundert dann Man gar verkehrten Bau begann: Der Helm zu schwer den Mauern war, Und fünfzehnhundertfünfzig gar, Da mußte man sich halt bequemen Den hohen Helm herabzunehmen. Und siebzehnhundertneunzig drei Kam die Belagerung gar herbei Wo, bei des Domes großen Brand, Der Thurm in hellen Flammen stand. Der Schaden wurde reparirt Und Moller's Kuppel aufgeführt. Doch achtzehnhundertsiebzig dann Des Thurmes Abbruch man begann Und neu er nun erbauet ward Nach Mittelalters Styles Art. Gesichert steht wohl jetzt der Thurm: Wenn freilich Gott ihn nicht beschützt Der Menschen Vorsicht wenig nützt; Drum bitte Du an Gottes Thron, Sankt Martin, starker Schutzpatron! (—— = Zeilenanfang beim Gedicht).

1876

1097. Mainz 7. Februar (Innenkonstruktion des Helmes des Ostturmes: die verwendeten Messinghaken zur Befestigung der Schieferplatten sind gebrochen). In: Mainzer Journal Nr. 31 vom 7. Februar 1876.

1098. Mainz 16. Februar („Seit gestern ist man mit dem Abdecken des schädlichen Domthurmes beschäftigt."). In: Mainzer Journal Nr. 39 vom 16. Februar 1876.

1099. Protest-Versammlung der Raben auf dem Mottenthurm. Gez.: K. In: Mainzer Zeitung Nr. 43 vom 20. Februar 1876.

Gedicht gegen den Cuyperschen Ostturm: „... So lange steht das goldne Mainz / Sah ein solch Meisterstück noch keins. / Versperren den Liebfrauenplatz Jahr um Jahr, / Hämmern, meißeln in großer Schaar, / Singen dann gar ein Tedeum / Bei einem großen Jubiläum, / Und jetzt hat's mit den Haken einen ‚Haken'... – Bedenkt, der Baumeister hat ganz recht, / Daß er gemacht den Thurm so schlecht, / Denn das sieht doch ein nun alle Welt, / Jetzt verdienen die Dachdecker noch einmal Geld, / Und der Beutel der Pfaffen ist ja groß, / Und das Domkapitel hat noch viel – ‚Moos'..."

1100. (Der neue Domthurm). In: Mainzer Anzeiger Nr. 78 vom 2. April 1876.

„Wer an der Vertauschung des Kupfers mit Messing die Schuld trägt und wer die daraus entstandenen Verluste zu tragen hat, scheint ein Geheimnis zu sein."

1101. Mainz 13. April (Die verwendeten Messinghaken zur Befestigung der Schieferplatten im Ostturm sind gebrochen, da das Messing mit Eisen in Berührung kam). In: Mainzer Journal Nr. 87 vom 13. April 1876.

1102. Mainz 28. Juni („Mit dem Abbruch der Baugerüste am östlichen Mittelthurm des Domes wurde gestern begonnen."). In: Mainzer Journal Nr. 148 vom 28. Juni 1876.

1103. Mainz 7. August (Cuypers hat für den Ausbau der beiden östlichen Seitenturme einen neuen Plan vorgelegt). In: Mainzer Journal Nr. 182 vom 7. August 1876.

1877

1104. Mainz 5. Juli (Entfernung der Bretterwand im Ostchor: Dom erscheint „majestätischer wie früher"). In: Mainzer Journal Nr. 154 vom 5. Juli 1877.

1105. Die Beisetzung des Hochseligen Bischofs Wilhelm Emmanuel Freiherrn von Ketteler im hohen Dome zu Mainz am 18. Juli 1877. In: Mainzer Journal Nr. 165 vom 19. Juli 1877.

Bs Ketteler wurde in der Gruft der Marienkapelle beigesetzt. Bei der Ausgrabung stieß man auf die tausendjährigen Fundamente des alten Domes. Auch die von Friedrich Schneider verfaßten Inschriften sind hier abgedruckt.

1106. Zur neuen Treppenanlage im Ostchor unseres Domes. In: Mainzer Anzeiger Nr. 186 vom 12. August 1877.

Ostchor: „Die Treppe ist, wie sie jetzt projektirt ist, unter allen Umständen zu steil."

1107. Kleine Mittheilungen (Die Restaurierung des Mainzer Domes). In: Frankfurter Zeitung Nr. 220 vom 8. August 1877.

Entfernung des Pfeilers; Wiederherstellung der alten Krypta unter dem Ostchore.

1878

1108. Mainz 27. März (Ausbau der beiden Türme am Ostchor vom Dombauverein beschlossen. Die Geldmittel sind vorhanden, die Bauleitung übernimmt Fr.J. Usinger). In: Mainzer Journal Nr. 72 vom 27. März 1878. – Vgl. auch: Mainzer Anzeiger Nr. 73 und 76 von 1878.

1109. Curiosum (Dilettantismus bei dem Aufbau des südöstlichen Seitenturms). In: Mainzer Tagblatt Nr. 170 von 1878.

1110. Mainz 26. Juli (Ausbau des nordöstlichen Seitenturms fast vollendet, mit dem südöstlichen Turm wird demnächst begonnen. Beide Türme sollen als Abschluß einen Helm auf Eisenträgern bekommen). In: Mainzer Journal Nr. 172 vom 26. Juli 1878.

1111. Mainz 9. August (Abbruch des südöstlichen Turmes geht rasch voran, da der aus gotischer Zeit stammende Aufbau aus Backsteinen besteht). In: Mainzer Journal Nr. 184 vom 9. August 1878.

1112. Vom Dombau. In: Mainzer Journal Nr. 197 vom 26. August 1878.
Ausbau der östlichen Seitentürme: nach ihrem Abriß konnte man den „Dom des 11. Jahrhunderts“ erahnen.

1113. Der südliche Ostthurm des Domes. In: Mainzer Anzeiger Nr. 202 vom 31. August 1878.

1114. Vom Mainzer Dombau. In: Mainzer Journal Nr. 205 vom 4. September 1878.
Gegen den o.g. Artikel des Mainzer Anzeigers Nr. 202, der mit der Restaurierung der östlichen Seitentürme unzufrieden ist. Das Mainzer Journal bedauert, „daß ein Werk von der Bedeutung der Restauration des Mainzer Domes in den Kreisen der ‚Fachmänner‘ neben einzelnen verspäteten und verdrossenen Aeußerungen in der Localpresse keine lebhaftere Theilnahme finden konnte, als sich bei der Ausschreibung der Stelle eines Dombaumeisters, bei dem Bekanntwerden der Restaurationspläne und dem Fortschritt der Arbeiten von Anfang bis zum Ende gezeigt hat“.

1115. Mainz 11. September (Der südöstliche Seitenturm, dessen Bausubstanz sehr schlecht ist, muß tiefer als vorgesehen abgebrochen werden. Die Steine können nur in geringem Maße wieder genutzt werden). In: Mainzer Journal Nr. 211 vom 11. September 1878.

1116. Zum Thurmbau am Dom. In: Beilage zum Mainzer Journal Nr. 214 vom 14. September 1878. Mainzer Journal Nr. 223 vom 25. September 1878. Beilage zum Mainzer Journal Nr. 226 vom 28. September 1878.
Grundsätzliche, gegensätzliche Meinungen zum Ausbau des südöstlichen Seitenturms.

1117. Der Dombau. In: Mainzer Journal Nr. 232 vom 5. October 1878.
Das obere Stockwerk des südöstlichen Seitenturms wird auf Beschluß des Dombau-Vereins in seiner alten Gestalt wieder hergestellt, weil „die Lust zu Neubauten bei Wiederherstellung alter historischer Baudenkmäler sich auf das Notwendigste zu beschränken habe“.

1118. Der Dom zu Mainz. In: Neuer Mainzer Anzeiger Nr. 245 – 248 von 1878.
Zum Ausbau der Osttürme.

1879

1119. Mainz 22. April (Aufrichtung des Steinkreuzes auf dem Chorgiebel an der Ostseite des Domes). In: Mainzer Journal Nr. 93 vom 22. April 1879.

1120. Mainz 9. Juni (Äußere Restaurierung des Domes geht der Vollendung entgegen. Dachgesims der östlichen Apsis muß erneuert werden, die Apsis selbst erhält eine niedrigere Bedachung). Gez.: R. In: Mainzer Journal Nr. 133 vom 10. Juni 1879.

1121. Mainz 17. Juli (Bei der Versenkung des Blitzableiters vor dem Ostportal wurde ein Steinsarg ohne Inhalt entdeckt. „Was die nähere Bestimmung dieser Grabstätten betrifft, so läßt die unmittelbare Nähe bei dem Ostchor nicht anders als auf eine der Erbauung dieser Theile (zwischen 1000 und 1200, Anm. des Bearb.) folgende Zeit schließen.") In: Mainzer Journal Nr. 164 vom 17. Juni 1879.

6. Verschönerungsarbeiten in den Jahren 1881 bis ca. 1900

1122. Die Kirche zu Schornsheim (Rheinhessen). Nach: Darmstädter Zeitung. In: Mainzer Journal Nr. 170 vom 25. Juli 1881.

„Ein interessantes messingenes Vortragskreuz wurde ... von der katholischen Gemeinde für die Domkirche in Mainz erworben und wird daselbst bewahrt."

1123. Mainz 6. August (Die Michaelskapelle im Dom hat ein reiches Farbenfenster erhalten. Stiftung von Karl Finck. Entwurf: Alexander Linnemann. Ausführung: J. Lettow und Johann Cahn in Frankfurt. „Wir stehen nicht an, das neue Fenster ... zu den anerkennenswerthesten Leistungen auf dem Gebiete monumentaler Glasmalerei zu zählen. Nur höchst selten wird man einem so verständnißvollen Anschließen an die alten Vorbilder begegnen, ohne daß dabei auf eine ächt künstlerische Behandlung verzichtet wäre."). In: Mainzer Journal Nr. 182 vom 8. August 1881. – Vgl. Mainz 10. August (Korrektur). In: Mainzer Journal Nr. 184 vom 10. August 1881.

1124. Die Herz-Jesu-Kapelle im Dom zu Mainz. In: Mainzer Journal Nr. 257 vom 4. November 1882. – Vgl. auch: Katholisches Volksblatt für alle Stände Nr. 47 von 1882.

Auf Wunsch des verstorbenen Bs Ketteler in der letzten Kapelle links vom Ostchor eingerichtet. Die Ausmalung erfolgt durch Settegast, ist jedoch wegen Geldmangels noch nicht vollendet.

1125. Der Herz-Jesu-Altar im Dom zu Mainz. In: Mainzer Journal Nr. 224 vom 26. September 1883.

1126. Die neuen Fenster in unserem Dome. In: Mainzer Tagblatt Nr. 260 von 1885. – Vgl.: Mainz. In: Quartalblätter des historischen Vereins für das Grossherzogtum Hessen 1885, Nr. 4, S. 53–54.

„Wir wollen hoffen, daß baldmöglichst eine dünne Farbendecke den schrillen Mißton mildert, der durch das rohe Werk dieser Fenster unseren Dom verunziert."

1127. (Glasfenster/-gemälde im Dome). In: Mainzer Journal Nr. 65 vom 18. März 1887 und Nr. 109 vom 9. Mai 1888.

1128. (Vom Dom.) Gez.: a. In: Mainzer Journal Nr. 259 vom 6. November 1888.

Bardo-Kapelle unter dem Mittelschiff zeigt „bedenkliche Sprünge".

1129. Mainz, 8. Nov. (Schäden an der sog. Bardo-Krypta). In: Darmstädter Zeitung Nr. 313 von 1888.

1130. (Schneider, Friedrich:) Mainz 10. November („Ueber die an der sog. Bardo-Krypta unter dem Mittelschiff des Doms hervorgetretenen Schäden schreibt man von hier der Darmstädter Ztg."). In: Mainzer Journal Nr. 263 vom 10. November 1888. Auch in: Quartalblätter des historischen Vereins für das Großherzogtum Hessen 4 (1888) S. 89–90.

Bericht über die aufgetretenen Schäden. „Uebrigens beruht die Bezeichnung ‚Bardokapelle' auf Willkür. Mit Bardo hat die Anlage nichts zu thun." (Die Artikel sind anonym erschienen).

1131. Die Bardo-Kapelle im Mainzer Dom. In: Katholisches Volksblatt für alle Stände Nr. 47 vom 18. November 1888, S. 369.

Sehr kurze Beschreibung. Die Krypta stand bei Hochwasser immer unter Wasser.

1132. Vom Dom. In: Mainzer Journal Nr. 256 vom 3. November 1890.

Sammelbecken westlich vor der Unterkapelle der Nassauer Erzbischöfe entdeckt. Zweck nicht bekannt; ausgeschlossen ist wohl sicher der Zusammenhang mit kirchlichen Zwecken.

1133. Mainz 28. Jan.: Der Herzog von Nassau und der Dom zu Mainz. In: Mainzer Journal Nr. 23 vom 28. Januar 1891.

Herzog Adolf von Nassau hat für die Renovierung der Unterkapelle im Mittelschiff (= Nassauer-Kapelle) 3000 M gestiftet.

1134. Mittheilung aus dem Publikum. Bitte an das Hochwürdige Domkapitel. Gez.: Ein alter Mainzer. In: Mainzer Journal Nr. 66 vom 19. März 1897.

Bitte, wenigstens 100 bis 200 Kirchenstühle anzuschaffen: „Wir wollen nun diesem System der Kirchenstühle und der Abschaffung der Kirchenbänke durchaus nicht das Wort reden, obgleich es im hiesigen Dome bei der in Aussicht stehenden Benützung des Ostchores beinahe zur Nothwendigkeit werden wird."

7. Ketteler-Denkmal und Ketteler-Altar (Baldachin-Altar im Ostchor) – Das Denkmal für Bischof Haffner

a) Das Ketteler-Komitee

1135. An die Katholiken der Diöcese Mainz – Das Comité für Errichtung eines Denkmals des Bischofs von Mainz Wilhelm Emmanuel. In: Mainzer Journal Nr. 123 vom 17. Mai 1882.

Aufruf zu einer Versammlung, die beschließen soll, was mit den Spenden für das Ketteler-Denkmal geschehen soll, nachdem die Familie derer von Ketteler ein Grabdenkmal bereits gestiftet und aufstellen hat lassen.

1136. Mathy, Helmut: Das Ketteler-Komitee vor 100 Jahren. Eine Herausforderung an die Bischof-Ketteler-Initiative heute. Vortrag im Bildungszentrum Erbacher Hof zu Mainz am 14. November 1978. Hrsg. 1980 von der Bischof-Ketteler-Initiative e.V. Mainz. Darmstadt 1980.

Grabmonument in der Marienkapelle heute kritisch beurteilt. – Aktivitäten des Diözesan-Comités unter Nicola Racké. – Plan eines Baldachins im Ostchor von Moufang verworfen. – Überlegung ohne Polemik angemahnt. – Altarbau mit Kompromissen vom Domkapitel genehmigt. – Ausführung des Ketteler-Altars. – Abriß bei der großen Domrestaurierung 1928. – Sturm der Entrüstung: „Wenig echter Kettelergeist." – Der Ausweg von Domkustos Lenhart. (S. 8 – 17).

1137. N(iesel)-L(essenthin), F(elicitas): „Ketteler-Komitee vor 100 Jahren". Ein Beitrag zur Diözesan- und Stadtgeschichtsforschung. In: Allgemeine Zeitung (Mainz) Nr. 235 vom 9. Oktober 1980, S. 15.

1138. Niesel-Lessenthin, Felicitas: Ut omnes unum sint. Die Mainzer Initiative für ein Ketteler-Denkmal. In: Mainz. Vierteljahreshefte für Kultur, Politik, Wirtschaft, Geschichte 2 (1982) Heft 2, S. 44 – 45.

Über die 1978 gegründete Bischof-Ketteler-Initiative Mainz e.V. mit ihrem Ziel, „das geistige Fundament für ein Ketteler-Denkmal zu schaffen" (S. 45), zumal der Ketteler-Altar im Ostchor des Domes abgerissen wurde und das Grabmal nichts über Kettelers epochemachendes Wirken aussagt. – Abb. des Baldachinaltars und des Ketteler-Grabes.

b) Chronologisch geordnete Berichte

1139. Mainz 11. August (Plan, Bs Ketteler im Dom ein Denkmal zu setzen). In: Mainzer Journal Nr. 185 vom 11. August 1877.

1140. Mainz 1. December (Über das von Architekt Hertel in Münster entworfene Hochgrab Kettelers). In: Mainzer Journal Nr. 279 vom 1. December 1881.

1141. Das Grabdenkmal des Bischofs Wilhelm Emmanuel von Ketteler. In: Mainzer Journal Nr. 29 vom 3. Februar 1882. Neuabdruck in: Mainzer Journal Nr. 171 vom 25. Juli 1931. – Vgl. auch: Denkmals-Enthüllung. In: Mainzer Tagblatt Nr. 27 vom 1. Februar 1882.

Beschreibung des Grabdenkmals in der Marienkapelle. – Vgl. dazu auch: Mainz 31. Januar (Notiz über ein feierliches Seelenamt für Bs Ketteler aus Anlaß der Aufstellung des Grabdenkmals). In: Mainzer Journal Nr. 26 vom 31. Januar 1882.

1142. Das Denkmal für Bischof Ketteler. In: Mainzer Tagblatt Nr. 126 vom 31. Mai 1882.

1143. Mainz 2. Juni (Beschluß, einen Hochaltar im West- oder Ostchor zu Ehren Kettelers zu errichten). In: Mainzer Journal Nr. 127 vom 2. Juni 1882. – Vgl. dazu auch: Im Frankfurter Hof (Beschluß, einen Hochaltar zu Ehren Kettelers im Ostchor zu errichten). In: Mainzer Tagblatt Nr. 129 vom 3. Juni 1882.

1144. Das Bischofsdenkmal. In: Mainzer Journal Nr. 135 vom 13. Juni 1882.

Erörterung, wo und wie der Altar zu Ehren Kettelers errichtet werden soll.

1145. Die Büste des † Bischofs von Ketteler. In: Neuester Anzeiger (= Neuer Mainzer Anzeiger) Nr. 66 vom 20. März 1883.

Über das Hochgrab Kettelers: „Allein rein thatsächlich und vom künstlerischen Standpunkte aufgefaßt, ist es eine so klägliche, unter den verschiedensten Gesichtspunkten verfehlte Leistung, daß diesselbe weder des Mannes, dem es gewidmet ist, noch dem Dom mit seinem herrlichen Denkmälerkranze, noch der deutschen Kunst würdig ist.“

1146. Aus der Diözese (Beschreibung des Hochgrabes von Bs Ketteler: „Ganz im Hintergrunde ... ruht, schläft der Bischof, der sich keine Ruhe gönnte, den wir nie ruhend gesehen, eine ganz sonderbar schlappe Mitra auf dem Haupte, vor uns ...“. Forderung, ein Standbild mit der Aufschrift „Wilhelm Emmanuel dem Großen – seine dankbare Diözese“ im Dom aufzustellen). In: Mainzer Journal Nr. 265 vom 13. November 1889.

1147. Kirchliche Kunst (Beschreibung des Metallkreuzes, das auf den Baldachin-Altar (= „Ketteler-Altar“) im Ostchor errichtet werden soll. Entwurf: Ludwig Becker, Mainz; Ausführung: Philipp Fritsch, Mainz). In: Mainzer Journal Nr. 58 vom 10. März 1890.

1148. Mainz 8. Dec. (Fertigstellung des Baldachin-Altares im Ostchor). In: Mainzer Journal Nr. 288 vom 9. December 1891.

1149. Der neue Hochaltar im Ostchor des Mainzer Domes. In: Katholisches Volksblatt für alle Stände Nr. 29 vom 17. Juli 1892, S. 226.

1150. Denkmal für Bischof Wilhelm Emmanuel Freiherrn v. Ketteler. In: Mainzer Journal Nr. 161 vom 12. Juli 1892.

Neuer Altar im Ostchor des Domes nach dem Entwurf des Architekten Ludwig Becker in Mainz. Ergänzung und Berichtigung vom Bischöflichen Baumeister Jos. Lucas in: Mainzer Journal Nr. 164 vom 15. Juli 1892. Gegenerklärung von Nic. Racké, Vorsitzender des Comités für Errichtung eines Ketteler-Denkmals. In: Mainzer Journal Nr. 167 vom 19. Juli 1892. Dazu von Jos. Lucas: Gegenerklärung, betreffend den Baldachin-Altar im Dom zu Mainz. In: Mainzer Journal Nr. 168 vom 20. Juli 1892. Dazu wiederum Nic. Racke: Zur Richtigstellung. In: Mainzer Journal Nr. 169 vom 21. Juli 1892. – Lucas Plan für den Baldachin-Altar war abgelehnt worden.

1151. Die Consecration des neuen Hochaltars im Ostchor des Domes. In: Mainzer Journal Nr. 162 vom 13. Juli 1892.

1152. An der bischöflichen Grabstätte in der Marien-Kapelle unseres Domes. Gez.: v. F.-L. In: Mainzer Journal. Beilage: Feierstunde Nr. 182 vom 7. August 1911.

c) Das Denkmal für Bischof Paulus Leopold Haffner

1153. Das Denkmal des Bischofs Haffner im Mainzer Dom. In: Mainzer Journal Nr. 280 vom 30. November 1912.

U.a. Auszug aus einem Artikel von Daniel Greiner in „Zeitschrift der Vereinigung zur Förderung der Künste in Hessen und im Rhein-Maingau-Gebiet" über den Münchener Professor Georg Busch, der die Grabmalsfigur des Bs Haffner gestaltet hat. – Vorschlag des anonymen Verfassers, mit elektrischer Beleuchtung das Denkmal zu fotographieren.

1154. Eiff, von: Zum 100. Geburtstag von Professor Georg Busch. Bedeutender Vorkämpfer christlicher Kunst. In: Glaube und Leben. Kirchenzeitung für das Bistum Mainz Nr. 13 vom 1. April 1962, S. 230.

1155. Ein Meister und Förderer christlicher Kunst. In: Mainzer Journal Nr. 60 vom 11. März 1922.

Georg Busch.

1156. Falk, Franz: Die Begräbnisstätte des Hochsel. Bischofs Paulus Leopold Haffner. In: Mainzer Journal Nr. 272 vom 22. November 1899.

Haffner wurde vor dem „Nassauer Altar" begraben. – Ausgehend von der Tatsache, daß die Memorie die eigentliche Begräbnisstätte angesehener Geistlicher war, stellt Falk im Folgenden berühmte Personen und Grabsteine zusammen, die im Querschiffarm zu finden sind: 1. Gablenz'sches Familiengrab (16. Jh.): a) Christoph (gest. 21.4.1535 als Generalvikar), b) Johann Bernhard (gest. 2.2.1592), Stiftsherr zu St. Alban und Liebfrauen. – 2. Neben dem Familiendenkmal der Gablenz steht das Grabmal Bernhard von Breidenbachs (gest. 1497). – 3. Grabstein des Weihbischofs und Dompredigers Thomas Ruscher (gest. 1510), auf dem Boden. – 4. Grabstein des Weihbischofs Georg Neumann (= Neander) vor dem Nassauer Altar. – 5. Grabstein des Eitel Wolf von Stein (gest. 10.6.1515) stößt an den Sockel der Wand der Gotthardskapelle an.

1157. Rothes, Walter: Georg Busch. (= Die Kunst dem Volke, 50). München 1923.

Über das Grabmal des Bs Paul Leopold Haffner: „Ein bedeutender Kopf, voller Geist und Energie! Das Beten eines starken Mannes, erhobenen Hauptes, ein Oberhirt, der im Bewußtsein: im Weinberg des Herrn tatkräftig gearbeitet zu haben, Gott kühn in das Vaterauge blicken darf." (S. 22, siehe auch Abb. 19, S. 11).

1158. (Schneide)r, F(riedrich): Das Grabdenkmal des Bischofs Paulus Leopold im Dom zu Mainz. In: Mainzer Journal Nr. 263 vom 12. November 1902.

X. „DOMFREIHEIT", EIN PROBLEM DES 19. UND 20. JAHRHUNDERTS: UMBAUUNG ODER FREILEGUNG DES DOMES?

1. Übergreifende Beiträge

1159. Arens, Fritz (Viktor): Zur Freilegung von Kirchen und Monumentalbauten. In: Das Münster. Zeitschrift für christliche Kunst und Kunstwissenschaft 1 (1947/1948) S. 184–186.

In den Artikel aufgenommen ist die wörtliche Wiedergabe eines Aufsatzes von Prälat Dr. Friedrich Schneider aus dem Mainzer Anzeiger vom 28. u. 29. April 1896. – Arens spricht von der „vorbildlichen Mainzer Domumbauung" (S. 184).

1160. Bayer, Georg Maria: Der Dom zu Mainz und seine Umgebung im 19. und 20. Jahrhundert. Eine Betrachtung zur Verbesserung des Dombildes. In: Aus Dom und Diözese Mainz. Festgabe für Georg Lenhart, Domkapitular. Zur Vollendung des 70. Lebensjahres gewidmet. Mainz 1939. S. 241 – 243.

1161. Bittens, Gerhard: Der Dom in Mainz und seine Umgebung im Laufe der Jahrhunderte. In 3 Tafeln dargestellt. In: Jahrbuch der Volks- und Heimatforschung in Hessen und Nassau (1933 – 1938) S. 35 – 51. Auch: TH Darmstadt, Diss. vom 27. Februar 1937.
Umgebung vom Dom, in Tafeln von 1239, 1500 und 1790 graphisch dargestellt und beschrieben.

1162. Bornheim, Werner gen. Schilling: Zur Umgebungsgestaltung der Dome von Köln, Mainz und Worms. In: Kultur und Wirtschaft im rheinischen Raum. FS Christian Eckert anläßlich der Vollendung seines 75. Lebensjahres. Mainz (1949). S. 149 – 155.
„Ganz allgemein zeigen die geringen Abstände der Nachbarbauten um die Dome, in welch hohem Maße der Betrachter der Architektur damals auf die Nahdistanz angewiesen war, und wie er diese Betrachtungsweise auch suchte." (S. 151).

1163. Burkard, Hans: Zur Geschichte der Mainzer Domstiftsfreiungen. In: Stadt und Stift. Beiträge zur Mainzer Geschichte. FS für Heinrich Schrohe. (Mainz 1934). S. 136 – 142.
Immunitätsbereich um den Mainzer Dom seit dem 14. Jahrhundert. Burkard behandelt im wesentlichen die Zeit vom 16. Jahrhundert bis zum Jahre 1802.

1164. Geißler, Veit: Die Mainzer Domplätze. In: Das Münster. Zeitschrift für christliche Kunst und Kunstwissenschaft 28 (1975) S. 31 – 38.
Überblick mit acht Skizzen über die Entwicklung der Domplätze von ca. 1240 bis zu der Neugestaltung der den Dom umgebenden Plätze 1973 – 1975.

1165. Gruber, Karl: Architektonisches Bild von Mainz. Zur Gestaltung der Dom-Umgebung. In: Jahrbuch für das Bistum Mainz 4 (1949) = FS für August Reatz, S. 50 – 67.

1166. Höllein, Hans Joachim: Neugestaltung der Plätze um den Mainzer Dom. In: Mainz Magazin, März 1975, S. 9 – 21.
Vgl. dazu auch die Skizzen S. 5 – 7, die den Dom mit seinen Plätzen von der romanischen Zeit bis heute vorstellen.

1167. Saufaus, Ph.: Die Plätze von Mainz und ihre Geschichte. In: Mainzer Journal Nr. 81, 82 und 83 vom 8., 9. und 11. April 1910. Nr. 111 und 112 vom 14. und 17. Mai 1910.
Nr. 112: Im Zusammenhang mit dem Marktplatz: Willigis-Bardo-Bau.

1168. Schuchert, A(ugust) / Bayer, G(eor)g: Zur Gestaltung der Umgebung des Mainzer Domes. Forderungen und Hinweise der zuständigen Sachverständigen des Bischöflichen Stuhles zu Mainz. In: Jahrbuch für das Bistum Mainz 3 (1948) II, S. 333 – 334.

2. Die „Verbauung des Domes": 1832

1169. Mainz, vom 28ten April (Domfreiheit: zu einem Bericht in der Zeitschrift „Didaskalia" vom 26ten April über die „Verbauung des Domes"). In: Neue Mainzer Zeitung Nr. 121 vom 1. Mai 1832.

1170. Mainz, vom 2ten Mai (Domfreiheit: gegen die Errichtung von Kaufläden zu den Füßen des Domes; wenn unbedingt nötig, dann jedoch nur einstöckig). In: Neue Mainzer Zeitung Nr. 133 und 134 vom 13. und 14. Mai 1832. – Vgl. dazu auch: (ohne Überschrift). In: Neue Mainzer Zeitung. Beilage zu Nr. 135 vom 15. Mai 1832.

1171. Auszug aus der Geschichte der Domkirche und des Dombaues, mit Rücksicht auf dessen Umgebung. In: Neue Mainzer Zeitung. Beilage zu Nr. 146 vom 26. Mai 1832. – Vgl. dazu: Mainz, vom 31ten Mai. Gez.: J.W. In: Neue Mainzer Zeitung Nr. 159 vom 8. Juni 1832. – Dazu wiederum: Mainz, vom 8ten Juni. In: Neue Mainzer Zeitung Nr. 161 vom 10. Juni 1832.

3. Die „Domfreiheit": 1896/1934

1172. Der Dom und seine Umgebung. In: Mainzer Tagblatt Nr. 156 von 1888.
Forderung, daß aus dem Domfond den Häusern rund um den Dom eine „Unterhaltung in Anstrich u.s.w." gewährt wird.

1173. Neubau des Halenza-Hauses. In: Mainzer Journal Nr. 97 vom 25. April 1896. – Auch: Mainzer Anzeiger Nr. 97 von 1896.
Korrespondenz des Bürgermeisters mit der bischöflichen Dotations-Verwaltung. Letztere schreibt: „Die Frage der Freilegung des Domes ist zur Zeit nicht spruchreif, da die ersten Autoritäten darüber nicht einig sind. Wenn eine solche überhaupt hier angeregt werden sollte, so müßten gleichzeitig andere ungleich mehr störende Zubauten entfernt werden. Bei Projektirung unseres Neubaues ist auf dessen Nachbarschaft mit dem Dom volle Rücksicht genommen."

1174. Eingabe in Sachen des Halenza'schen Hauses. In: Mainzer Journal Nr. 109 vom 9. Mai 1896. – Vgl. auch: Zur „Freilegung" am Dom. In: Mainzer Anzeiger Nr. 109 von 1896.
„Es kann dabei keineswegs unsere Aufgabe sein, auf die ... aufgeworfene Frage der ‚Domfreiheit' näher einzugehen, welche mit dem vorliegenden Projekt in absolut keinem directen Zusammenhang steht... Der Wunsch der Mainzer Bevölkerung ist vielmehr darauf gerichtet, mit dem Einrücken des Neubaues in das Alignement die Freilegung und Erweiterung des Marktes bewerkstelligt zu sehen ..."

1175. Mittheilung aus dem Publikum: (Domfreiheit betreffend) Gez.: Moguntia. In: Mainzer Journal Nr. 95 vom 23. April 1896.

1176. Mittheilung aus dem Publikum: (Domfreiheit betreffend) Gez.: Cives. In: Mainzer Journal Nr. 97 vom 25. April 1896.

1177. Domfreiheit. In: Mainzer Neueste Nachrichten Nr. 98 und 100 vom 27. und 29. April 1896. Nr. 109 vom 9. Mai 1896.
Für und Wider des Wiederaufbaus des Halenza-Hauses. Wichtigstes Argument sei nicht die Domfreiheit, sondern eine Marktvergrößerung (Nr. 100). Der Bischof solle ein Machtwort für die Domfreilegung wenigstens zur Marktseite hin sprechen.

1178. Zur Freilegung des Domes. In: Mainzer Journal Nr. 98 vom 27. April 1896. – Vgl. auch: Mainzer Anzeiger Nr. 98 vom 27. April 1896.

1179. Stadtverordnetensitzung vom 29.April 1896 (u.a. über die Domfreilegung). In: Mainzer Journal Nr. 101 vom 30. April 1896. – Vgl. auch: Domfreiheit. In: Mainzer Anzeiger Nr. 101 von 1896.

1180. (Fischbach, Friedrich): Gutachten über das Zubauen des Westchores des Mainzer Domes. In: Mainzer Journal Nr. 108 vom 8. Mai 1896.
Kontroverse um den Wiederaufbau des Halenza-Hauses. Verf. wendet sich gegen den Wiederaufbau des Halenza-Hauses, da kein kirchliches, sondern ein materielles Interesse vorliege. Dem materiellen darf aber die Schönheit des freigelegten Westchores nicht geopfert werden.

1181. Marktfreiheit. („Durch das Comité für Nichtwiederaufbauung des ehemal. Halenza'schen Terrains wurde dem Domkapitel eine mit über 500 Unterschriften versehenen Petition überreicht.") In: Mainzer Journal Nr. 110 vom 11. Mai 1896.

1182. Eine Denunziation. (Angriff auf Friedrich Schneider und seine Stellung zur Freilegung der Domfreiheit). In: Mainzer Anzeiger Nr. 111 von 1896.

1183. Mittheilungen aus dem Publikum: Markt-Erweiterung. In: Mainzer Journal Nr. 112 vom 13. Mai 1896.

Verf. wendet sich u.a. gegen das Gutachten Fischbachs, Nr. #1180, und tritt für einen Wiederaufbau des Halenza-Hauses ein, da eine Markterweiterung nicht nötig erscheint.

1184. Mittheilungen aus dem Publikum (1. Zuschrift: Gez.: g.; 2. Zuschrift: Gez.: Siegmund Friedberg. Betr. Domfreiheit). In: Mainzer Journal Nr. 114 vom 16. Mai 1896.

1185. Domfreiheit. Gez.: N.G. In: Mainzer Tagblatt = Mainzer Zeitung Nr. 115 vom 29. April 1896. Nr. 122 vom 6. Mai 1896. – Vgl. auch: Neuester Anzeiger Nr. 97 und 109 von 1896.

Betr. den Halenza-Bau; Abbruch vom Verf. erwünscht.

1186. Die Beseitigung der Vorbauten zwischen Höfchen und Markt. In Mainzer Tagblatt = Mainzer Zeitung Nr. 115 vom 29. April 1896. – Vgl. auch: Neuester Anzeiger Nr. 103 von 1896.

Gegen Friedrich Schneider. – Verf. meint, daß bereits 1834 ein großer Fehler begangen wurde, indem man die Erlaubnis zur Erbauung der Kalthof'schen Häuser gab.

1187. Zur Bauspekulation der bischöflichen Verwaltung. Ein letzter Mahnruf. Gez.: L. In: Mainzer Tagblatt = Mainzer Zeitung Nr. 152 vom 9. Juni 1896. – Vgl. auch: Mainzer Neueste Nachrichten Nr. 132 von 1896. – Vgl. auch: Neuester Anzeiger Nr. 135 von 1896.

1188. Zur Marktvergrößerung. In: Mainzer Tagblatt = Mainzer Zeitung Nr. 153 vom 10. Juni 1896. – Vgl. auch: Neuester Anzeiger Nr. 112 von 1896.

Gegen den Neubau des Halenza-Hauses.

1189. In Sachen der Domfreiheit. In: Mainzer Tagblatt = Mainzer Zeitung Nr. 154 vom 11. Juni 1896.

Gegen den Vorschlag von Baurat Hofmann, Worms, „von dem Halenza-Bau, von der Geldkist nach der Nähkist, einen Torbogen zum Anschlusse des Höfchens zu spannen".

1190. Halenza-Bau (In Gegenwart des Baumeisters Hofmann aus Worms einigten sich die Vertreter der Stadt und des Domkapitels über den Wiederaufbau des Hauses, jedoch um ein Stockwerk tiefer als geplant). In: Mainzer Journal Nr. 136 vom 13. Juni 1896.

1191. Reinigt das Mainzer Dombild! In: Mainzer Anzeiger Nr. 59 vom 10. März 1934.

Zur Abtragung von zwei Stockwerken des Brechtel'schen Hauses.

1192. Zur Verschönerung von Alt-Mainz. Ein Beitrag zur Verbesserung des Mainzer Dombildes. In: Mainzer Anzeiger Nr. 81 vom 7. April 1934.

4. Die „Domumbauung": 1966/1967

1193. Sorgen um Kleinod der Baukunst. Soll der Dom-Westchor künftig hinter einer mehrgeschossigen Häuserfront fast verschwinden? Gez.: wth. In: Allgemeine Zeitung (Mainz) Nr. 116 vom 19./20. Mai 1966, S. 4.

1194. Dompläne: Nur noch Zwerggalerie soll künftig erhalten bleiben. In: Allgemeine Zeitung (Mainz) Nr. 281 vom 3./4. Dezember 1966, S. 4.
Domumbauung: Die Domhäuser im Bereich des Höfchen sollen so hochgezogen werden, daß von dem Westchor künftig noch die Zwerggalerie zu sehen sein wird.

1195. Wirth, Helmut: Wird die Domumbauung zum Politikum? In: Allgemeine Zeitung (Mainz) Nr. 286 vom 10./11. Dezember 1966, S. 5.
Verf. ist gegen die dreigeschoßige Umbauung.

1196. Mainzer Dom. Gez.: E.M.D. In: Frankfurter Allgemeine Zeitung für Deutschland Nr. 289 vom 13. Dezember 1966, S. 20.
Gegen die dreigeschoßige Domumbauung: „Der Blick auf den Mainzer Dom darf nicht behindert werden."

1197. Domumbauung vom Stadtrat in drei Geschossen genehmigt. In: Allgemeine Zeitung (Mainz) Nr. 290 vom 14. Dezember 1966, S. 5. – Vgl. dazu ausführlicher: Das zähe Tauziehen um den Tausendjährigen. In: Allgemeine Zeitung (Mainz) Nr. 291 vom 15. Dezember 1966, S. 4.

1198. Baustart mit unklarem Ziel. Mauern fallen vor dem Dom. In: Allgemeine Zeitung (Mainz) Nr. 155 vom 7. Juli 1967, S. 4.
Domumbauung am Höfchen. Bislang keine Entscheidung ob zwei- oder dreistöckig gebaut werden soll.

1199. Würfel sind gefallen. Domsicht bleibt frei. In: Allgemeine Zeitung (Mainz) Nr. 283 vom 5. Dezember 1967, S. 4.

1200. Kirchliches Verständnis für Mainzer Belange gewürdigt. In: Allgemeine Zeitung (Mainz) Nr. 51 vom 29. Februar 1968, S. 14.
Domumbauung am Höfchen.

5. Die Gestaltung der Domplätze: 1973 – 1975

1201. Wettbewerb für die Domplätze: Die Jury vergab nur zwei Preise. In: Allgemeine Zeitung (Mainz) Nr. 116 vom 19. Mai 1973, S. 9. – Vgl. dazu auch: Domplätze: den Auftrag vergeben. In: Allgemeine Zeitung (Mainz) Nr. 148 vom 29. Juni 1973. – Vgl. dazu auch: Schmidt, Marion: Vorfahrt für Fußgänger. In: Das Neue Mainz 1973, Heft 7, S. 11–13. (Fotos von Klaus Benz).
1. Preis: Erdmann Baier und Wolfram Becker (beide Mainz; sie erhielten auch den Auftrag). 2. Preis: Rolf Romero und Lothar Willius. – Modell in Abb.

1202. Planquadrat Martinsdom: Einzelplätze gut zusammengeführt. In: Allgemeine Zeitung (Mainz) Nr. 118 vom 22. Mai 1973, S. 11. Nr. 119 vom 23. Mai 1973, S. 13. Nr. 120 vom 24. Mai 1973, S. 13. Nr. 121 vom 25. Mai 1973, S. 9.

1203. Mainz, Platzflächen Mainzer Dom. In: Das Münster. Zeitschrift für christliche Kunst und Kunstwissenschaft 26 (1973) S. 408.
Preisverleihung an die Architekten, die Pläne für die Gestaltung der Domplätze eingereicht hatten.

1204. Umbau der Domplätze im Frühjahr. In: Allgemeine Zeitung (Mainz) Nr. 241 vom 16. Oktober 1973, S. 13. – Vgl. auch: Allgemeine Zeitung (Mainz) Nr. 31 vom 6. Februar 1975.

1205. Neubauten sollen Domplätze gliedern. In: Allgemeine Zeitung (Mainz) Nr. 267 vom 15. November 1973, S. 9.

1206. Noch zeigen die Domplätze ihr „Innenleben“ – Bald wird das Pflaster verlegt. In: Allgemeine Zeitung (Mainz) Nr. 161 vom 16. Juli 1974, S. 9.

1207. Neue Attraktionen für die Domplätze. In: Allgemeine Zeitung (Mainz) Nr. 38 vom 14. Februar 1975, S. 13.
Abguß der Statue des hl. Bonifatius, die 1750 von Johann Kaspar Hiernle geschaffen wurde. Das Original befindet sich im Dom- und Diözesanmuseum.

1208. Hof, Roland: Mainz hat einen Hauch von Gold zurückgewonnen. Wiederbelebung der Innenstadt. Dom-Plätze vom Verkehr befreit – Fußgängerbereich erweitert. In: Darmstädter Echo vom 7. Juni 1975.
Gestaltung der Domplätze.

XII. DER DOM IM 20. JAHRHUNDERT

A. Verschönerungs- und Herstellungsarbeiten 1900 bis 1924–25

1. Die Neuvergoldung des Wetterhahnes 1901 und 1926 (auch Notizen aus früheren Jahrhunderten)

1209. Der Hahn auf dem Domthurme. Gez.: H. In: Mainzer Journal Nr. 179 vom 2. August 1889.
Neuvergoldung.

1210. Mainz 6. Juli (Der Wetterhahn des Domes). In: Mainzer Journal Nr. 155 vom 6. Juli 1901.
In einem Bleiköcher sind dem Hahn verschiedene Urkunden, sowie die beiden Zeitschriften „Der Katholik“ (Nr. 111 vom 14. September 1845) und „Katholisches Sonntagsblatt“ (Nr. 41 vom 12. October 1845) sowie das Mainzer Journal mit dem Aufsatz von Schneider, Nr. #1212, beigegeben.

1210a. Mittenzwei, Stefanie: Wenn der Domgickel los ist. Erlebtes und Erfundenes um einen Wetterhahn. – Märchen von Helga Höfle. In: Mainz. Vierteljahreshefte für Kultur, Politik, Wirtschaft, Geschichte 5 (1985) Heft 4, S. 92–95.

1211. Ritz, Karl: Weihespruch des Wetterhahn's auf dem Dome zu Mainz. Aus dem Kreise des Elektrotechnikers und Domuhrmachers Carl Ritz dahier. In: Mainzer Journal Nr. 151 vom 2. Juli 1901.

1212. Schneider, Friedrich: Der Wetterhahn auf dem Dom zu Mainz. In: Mainzer Journal Nr. 149 vom 29. Juni 1901, Nr. 151 und 152 vom 2. und 3. Juli 1901. SD Mainz 1901. Auszug (anonym) in: Mainzer Journal Nr. 273 und 274 vom 23. und 24. November 1926.
Der Hahn wurde 1773 durch J.G. Hebel angefertigt. Artikel betrifft auch die Restaurierungen des Westturms im 19. Jahrhundert. Im Stadtarchiv Mainz, Schneider 16,3 Nr. 44 auch Zusammenstellung der Kosten der Herstellung des Hahnes.

1213. „Vexillum hoc anno 1773...“ (= Urkunde über die Herstellung des Wetterhahns auf dem Dom zu Mainz). Einblattdruck (Mainz 1901).

1214. Vom Mainzer Dom. In: Mainzer Journal Nr. 272 vom 22. November 1926.
Wetterhahn nach erneuter Vergoldung wieder aufgestellt.

1215. Der Wetterhahn des Mainzer Domes. In: Katholisches Volksblatt für alle Stände. Zugleich Vereinsblatt für die Mitglieder des Allg. Vereins der christlichen Familien Nr. 28 vom 14. Juli 1901, S. 220.

2. Chronologisch geordnete Beiträge

1216. Die „St. Gotthardskapelle" (wird einer „gründlichen Renovation" unterzogen). In: Mainzer Journal Nr. 113 vom 15. Mai 1901.

1217. Zum Hinscheiden des Hochw. Herrn Bischofs. (Aufbewahrung, Kondolenzen. Grabstätte von Bs Heinrich Brück in der Nähe der Grabstätte des Bs Paulus Leopold Haffner). In: Mainzer Journal Nr. 259 vom 6. November 1903.

1218. Das Grab des † Bischof Brück. In: Mainzer Journal Nr. 186 vom 11. August 1904.
Zur Fertigstellung der Deckplatte; Inschrift im Wortlaut.

1219. Bericht über die Herstellungsarbeiten am Dome zu Mainz von Ende 1909 bis Ende 1912. Mainz 1913.
Der Verfasser des Berichtes ist aus dem Text nicht zu erschließen. Die Mainzer Stadtbibliothek weist ihn sowohl Ludwig Becker als auch Wilhelm Grein zu.

1220. Die Restaurierung des Mainzer Domes. In: Mainzer Journal Nr. 57 vom 9. März 1909.
Über die Finanzierungsmöglichkeiten: Gründung eines neuen Dombauvereins und Einführung einer Dombau-Lotterie.

1221. (Bendix, Ludwig): Zum Gedächtnis der 900jährigen Einweihung des Mainzer Domes. (Vortragsreferat). In: Mainzer Journal Nr. 52 vom 3. März 1909.
Neben kurzem Überblick über die erste Domweihe Pläne für weitere Restaurierung: „1. Der Ausbau der noch nicht wiederhergestellten Teile (Kreuzgang); 2. die Restauration des Verwitterten (Westchor); 3. die Vollendung des Inneren (Ostchor)."

1222. Diözesan-Kirchenvorstand der Diözese Mainz. In: Mainzer Journal Nr. 262 und 263 vom 10. und 11. November 1909.
Nr. 262: Für die Restaurierung des Domes sollen im Jahre 1910 3000 Mark bereitgestellt werden, da sie „dringend notwendig" geworden ist. Schäden bei dem Ostturm, „die auf Einfluß der Eisenkonstruktion des Helmes zurückzuführen sind". Verwitterungen an vielen Teilen. „Endlich läßt sich die Herstellung des Ostchores im Innern nicht mehr lange hinausschieben." – Nr. 263: Liste der Mitglieder des Diözesan-Kirchenvorstandes.

1223. Tagung des Diözesan-Kirchenvorstandes. In: Mainzer Journal Nr. 261 vom 10. November 1910.
Vorstand bewilligt für die Domrestaurierung 3000 Mark.

1224. Dom-Restaurierung. In: Mainzer Journal Nr. 73 vom 27. März 1911.
Ludwig Bendix machte der hessischen Ersten Kammer die Mitteilung, daß die großen Grundpfeiler durch die Entwässerung und damit durch das Sinken des Grundwassers unterspült worden sind.

1225. Die Restauration der Mainzer Kathedrale. Gez.: J.P. In: Neuester Anzeiger Nr. 78 von 1911.

1226. Das Hausteinwerk als Grundlage der Lebensdauer der Bauschöpfungen der Dome zu Köln und Mainz. Gez.: Cives. In: Mainzer Journal Nr. 84 vom 8. April 1911.
Verf. fordert, daß bei der Restaurierung von alten Gebäuden keine frisch gebrochenen Steine verwendet werden. Bei der zukünftigen Domrestaurierung sollten wieder die tiefroten Sandsteine aus der Umgebung von Miltenberg benutzt werden.

1227. Mittel zur Herstellung des Mainzer Domes. In: Mainzer Journal Nr. 84 vom 8. April 1911.

Einsender schlägt vor, daß zur Finanzierung der Restaurierung ein Eintrittsgeld verlangt werden solle, wie es z.B. in Nürnberg, St. Sebaldus, üblich sei.

1228. Tagung des Diözesankirchenvorstandes der Diözese Mainz. In: Mainzer Journal Nr. 244 vom 19. Oktober 1911.

Für die Domrenovierung werden 3000 RM bewilligt.

1229. Tagung des Diözesanvorstandes der Diözese Mainz. In: Mainzer Journal Nr. 248 vom 23. Oktober 1912.

Um die Finanzierung der Restaurierung des Domes zu erleichtern, werden folgende Vorschläge gemacht: 1. Gründung eines Dombauvereins. 2. Schaffung einer Dombaulotterie. 3. Bitten um Zuschüsse durch das Reich und das Großherzogtum Hessen-Darmstadt. Der Diözesanvorstand bewilligt 3000 RM.

1230. Tagung des Diözesan-Kirchenvorstandes. In: Mainzer Journal Nr. 254 vom 31. Oktober 1913.

Für die Restaurierung des Domes werden für 1914 3000 RM bereitgestellt.

1231. Grein, (Wilhelm): Bericht über die Herstellungsarbeiten am Dome zu Mainz im Jahre 1913. Mainz 1914.

1232. Die angebliche Gefährdung des Mainzer Domes. In: Neuester Anzeiger Nr. 16 und 17 von 1914.

1233. Vom Mainzer Dom. (Notizen u.a. in den Frankfurter Nachrichten über eine angebliche Gefährdung des Domes sind gegenstandslos und sind „ganz unverkennbar nur auf das Sensationsbedürfnis berechnet"). In: Mainzer Journal Nr. 39 vom 16. Februar 1914. – Vgl. dazu: Restaurierung des Mainzer Domes durch die Presse. In: Mainzer Volkszeitung. Sozialpolitisches Organ für Mainz und Umgebung Nr. 40 vom 17. Februar 1914.

1234. Mainzer Dom. (Eine Menge Neugieriger versammelte sich um den Mainzer Dom, um den Einsturz des Westturmes zu beobachten, den die Frankfurter Nachrichten frivol vorhergesagt haben. Ein Einsturz sei, so das Mainzer Journal, nicht zu befürchten). In: Mainzer Journal Nr. 40 vom 17. Februar 1914.

1235. Wiederherstellung des Mainzer Doms. (Forderung des hessischen Denkmalrates, daß die Zeitungen vor ihrer Berichterstattung über notwendige Renovierungen sich bei zuständiger Stelle informieren). In: Mainzer Journal Nr. 62 vom 14. März 1914.

1236. St. Joseph im Mainzer Dom. Gez.: R.A. In: Mainzer Journal Nr. 66 vom 19. März 1915.

Neue Statue in der Michaelskapelle des Domes. Entwurf; Grein: Ausführung: Ludwig Lipp.

1237. Von den Domtauben. In: Mainzer Journal Nr. 240 vom 21. Oktober 1916. – Vgl. dazu: Nochmals die Domtauben. In: Mainzer Journal Nr. 247 vom 23. Oktober 1916. – Vgl. dazu: Und nochmals die Domtauben. In: Mainzer Journal Nr. 249 vom 25. Oktober 1916. – Vgl. dazu: Und abermals die Domtauben. In: Mainzer Journal Nr. 250 vom 26. Oktober 1916.

Kontroverse, ob die Domtauben von der Stadtverwaltung vernichtet werden sollen. In Nr. 249 Aussage von Friedrich Schneider: „Einen Dom könnte ich mir ohne Tauben gar nicht denken; sie sind gleichsam ein Architekturstück."

1238. Vom Grabe des hochseligen Bischofs Georg Heinrich Kirstein. Gez.: R.A. In: Mainzer Journal Nr. 84 vom 14. April 1923.

Ausgeführt von Ludwig Lipp, aufgestellt in der Johannes-Kapelle. Neuerworben wurde eine Pietà aus der ersten Hälfte des 17. Jahrhunderts, die ebenfalls in der Johannes-Kapelle aufgestellt wurde. – Gedenkblatt mit Abb. des Denkmals und der Grabplatte als SD. Mainz 1923.

1239. Becker, L(udwig): Bau-Bericht II des Dombaumeisters über die Herstellungsarbeiten am Dome zu Mainz von 1913 bis zur Einstellung der Arbeiten im Jahre 1918 und Wiederaufnahme der Arbeiten im Jahre 1925. Mainz 1925.

3. Der Dombaumeister Ludwig Becker (1909 – 1940)

1240. Becker, (Ludwig): Meine Arbeit als Dombaumeister. In: Mainzer Anzeiger. Sonder-Beilage zu Nr. 241 vom 15. Oktober 1928.

1241. Bringmann, Michael: Der Architekt Ludwig Becker (1855 – 1940) als Mainzer Dombaumeister – ein Stein des Anstoßes? In: Kunst und Kultur am Mittelrhein. FS für Fritz Arens zum 70. Geburtstag. Hrsg. von Joachim Glatz und Norbert Stuhr. Worms 1982. S. 191 – 206.

1242. Dombaumeister Prof. Becker und der Mainzer Dom. Seine Verdienste um das Bauwerk. Ein Gedenkblatt zu Ehren des Meisters aus Anlaß der Vollendung des 75. Lebensjahres. Gez.: SS. In: Mainzer Journal Nr. 268 vom 19. November 1930.

1243. Dombaumeister Professor Becker vollendet das 75. Lebensjahr. Dem Erbauer von hunderten Kirchen und Restaurator des Mainzer Domes zu seinem Ehrentag. In: Mainzer Journal Nr. 266 vom 17. November 1930. – Vgl. auch: Mainzer Anzeiger Nr. 266 und 267 vom 17. und 18. November 1930. – Mainzer Tageszeitung Nr. 318 vom 19. November 1930, identisch mit: Mainzer Volkszeitung Nr. 266 vom 18. November 1930.

1244. Goldenes Jubiläum des Dombaumeisters Professor Becker. In: Mainzer Journal Nr. 302 vom 30. Dezember 1933, S. 14.

1245. Jubiläum von Professor Becker. In: Mainzer Journal Nr. 300 vom 24. Dezember 1909.
25jähriges Geschäftsjubiläum des neuernannten Dombaumeisters. Hinweis auf seine bisherigen Arbeiten. Wunsch, daß er „das große Werk der Domrestauration glücklich zu Ende" führe.

1246. Kautzsch, Rudolf: Aus Hessen. In: Die Rheinlande. Monatsschrift für deutsche Art und Kunst 9 (1909) (= Bd. 17), S. 144.
Zur beabsichtigten Anstellung eines Diözesanbaumeisters (zugleich Dombaumeisters) in Mainz. Forderung, daß „die Herstellung des Mainzer Doms ein Beispiel dafür werde, wie ein solcher Bau gesichert und hergestellt werden kann, ohne daß sein künstlerisch gegebenes, nun einmal festgeformtes Gepräge irgendwie merkbar oder störend verändert wird. Der Mainzer Dombaumeister wird seiner Aufgabe um so vollkommener gerecht werden, je weniger sein Wirken am Dom auffällt."

1247. Professor Ludwig Becker zu seinem siebzigsten Geburtstage. In: Mainzer Journal Nr. 269 vom 18. November 1925.
Vita; bes. über seine Arbeit am Mainzer Dom.

1248. Sartorius, Joh(annes): Dombaumeister Prof. Ludwig Becker gestorben. Er rettete die Mainzer Kathedrale und schuf dreihundertsiebzehn Kirchendenkmale. In: Mainzer Journal Nr. 164 vom 15. Juli 1940.
Langer Nachruf mit ausführlicher Würdigung seiner Sicherungsmaßnahmen am Dom.

1249. Sartorius, Johannes: Dombaumeister Professor Ludwig Becker in Mainz. In: Jahrbuch für das Bistum Mainz 4 (1949) = FS August Reatz, S. 68 – 82.
Becker: geb. am 19.11.1855 in Köln, unter Bs Georg Heinrich Kirstein als Dombaumeister berufen; unter seiner Leitung Sicherung des Mainzer Doms in zwei Bauperioden (1909 – 1917 und 1925 – 1930). Gest. am 13. Juli 1940 in Mainz.

1250. Zum 80. Geburtstage von Dombaumeister Prof. Ludwig Becker. Gez.: Ss. In: Mainzer Journal Nr. 270 vom 19. November 1935.

B. Der Dom von 1924/25 bis zur Bombardierung 1942/45

1. Übergreifende Beiträge

1251. Die an der Restaurierung des Mainzer Domes beteiligten Unternehmer und Lieferfirmen. In: Mainzer Journal. Sonder-Nr. vom 15. Oktober 1928.

1252. Becker, L(udwig): Baugeschichtliches und Bautechnisches über den Mainzer Dom. In: Rueth, Georg (Hrsg.): Sicherungsarbeiten am Mainzer Dom. Amöneburg bei Biebrich a. Rh. (1928). S. 6 – 17.

1253. Becker, L(udwig): Baugeschichtliches und Bautechnisches über den Mainzer Dom. In: Mainzer Journal. Sonder-Nr. vom 15. Oktober 1928.

1254. Becker, Ludwig: Der Dom zu Mainz, seine Schäden und seine Wiederherstellung. In: Zeitschrift für Denkmal-Pflege 1 (1926/27) S. 55 – 67.

1255. Becker, Ludwig: Ursachen der Schäden am Dom zu Mainz und deren Beseitigung. In: Die alte Heimat. Blätter für Heimatkunde und Heimatpflege 4 (1928) S. 149 – 153.
Die Restaurierungsarbeiten im 20. Jahrhundert mit Notizen über frühere Instandsetzungen.

1256. Busch, (Rudolf): Neues aus dem Dom. In: Die alte Heimat. Blätter für Heimatkunde und Heimatpflege 4 (1928) S. 153 – 155.
Über die Veränderungen nach den Renovierungsarbeiten von 1925 – 1928.

1257. Clemen, Paul: Die Dome von Mainz, Köln und Xanten. Drei Paradigmen der heutigen Denkmalpflege. In: Kölnische Zeitung Nr. 503 vom 14. September 1930.

1258. Gedanken zur Rettung des Mainzer Domes. In: Mainzer Journal Nr. 42 vom 19. Februar 1929.
Gedicht.

1259. Jungenfeld, (Edmund Frh.) von: Zur Behandlung der Ueberreste Mainzer Verstorbener während der Dombauarbeiten. In: Mainzer Journal Nr. 183 vom 7. August 1928.
Stellungnahme gegen einen Artikel der Mainzer Warte. Wochenschrift für Kultur und Sport, Kritik und Leben, Nr. 31 vom 4. August 1928: „Mainzer Erzbischöfe in Pappschachteln". (Auszug im Mainzer Journal w.o. angegeben). – Vgl. dazu: Die berichtigten Pappschachteln. In: Mainzer Warte Nr. 32 vom 11. August 1928. – Die Artikel der Mainzer Warte richten sich u. a. gegen den geistlichen Dombauleiter: „Aber zahlreiche Katholiken sind empört über (seine) Methoden ... und sie würden es für einen Skandal halten, wenn diesem Mann bei der Domeinweihung besonders auffällige Ehrungen zuteil würden." (Mainzer Warte Nr. 32).

1260. Knopp, Ed.: Baupraktische Durchführung der Sicherungsarbeiten am Mainzer Dom. In: Mainzer Journal. Sonder-Nr. vom 15. Oktober 1928. Auch in: Mainzer Anzeiger. Sonder-Beilage zu Nr. 241 vom 15. Oktober 1928. – Auch in: Rueth, Georg (Hrsg.): Sicherungsarbeiten am Mainzer Dom. Amöneburg bei Biebrich a. Rh. (1928). S. 69 – 79.

1261. Protokolle über die Öffnung der Domgräber bei der großen Sicherung und Wiederherstellung des Domes zwischen 1925 – 1928. (Mainz, Bischöfliches Archiv).

1262. Rüth, G(eorg): Bautechnische und statische Ursachen der Schäden am Mainzer Dom und die Sicherungsarbeiten zur Erhaltung des Bauwerkes. Nach dem Vortrag, gehalten auf der 29. Hauptversammlung des Deutschen Betonvereins am 5. März 1926 zu Berlin. In: Der Bauingenieur. Zeitschrift für das gesamte Bauwesen 7 (1926) H. 25–26. Auch SD Berlin (1926). In veränderter und erweiterter Form in: Georg Rueth (Hrsg.): Sicherungsarbeiten am Mainzer Dom. Amöneburg bei Biebrich a. Rh. (1928). S. 21–44.

1263. Rueth, Georg (Hrsg.): Sicherungsarbeiten am Mainzer Dom. Amöneburg bei Biebrich a. Rh. (1928).

Betr. „die Instandsetzungs- und Sicherungsarbeiten am Mainzer Dom, die in den Jahren 1925 bis 1928 vorgenommen worden sind, in verschiedenen Artikeln namhafter Mitarbeiter“ (Vorwort).

1264. Rüth, G(eorg): Sicherungsarbeiten an gefährdeten alten Bauwerken. In: Zentral-Blatt der Bauverwaltung 49 (1929) S. 249–254. 265–268.

Dom: S. 249–254. – Ausführliche Besprechung: „Zur Domfeier“. In: Mainzer Volkszeitung Nr. 239 vom 13. Oktober 1928.

1265. Rüth, G(eorg): Die Sicherungsarbeiten zur Erhaltung der Westgruppe des Mainzer Domes. Nach dem Vortrag, gehalten auf der 30. Hauptversammlung des Deutschen Betonvereins am 19. März 1927 zu Berlin. In: Der Bauingenieur. Zeitschrift für das gesamte Bauwesen 8 (1927) Heft 46/47. Auch SD Berlin (1927). Erweiterte Fassung in: Georg Rueth (Hrsg.): Sicherungsarbeiten am Mainzer Dom. Amöneburg bei Biebrich a.Rh. (1928) S. 47–65. Die Überschrift lautet: Die weiteren Sicherungsarbeiten insbesondere zur Erhaltung des Westturmes.

1266. Rüth, G(eorg): Die technischen Sicherungsarbeiten am Mainzer Dom. In: Mainzer Journal. Sonder-Nr. vom 15. Oktober 1928. – Auch in: Mainzer Anzeiger. Sonder-Beilage zu Nr. 241 vom 15. Oktober 1928. (Hier Titel nur: Die Sicherungsarbeiten ...).

1267. Sartorius, (Johannes): Die Rettung des Mainzer Domes. In: Mainzer Journal Nr. 242 vom 16. Oktober 1928. Auch in: Beilage zum Martinus-Blatt Nr. 44 vom 28. Oktober 1928.

1268. Strempel, Aloys: Die heutige Ostchoranlage des Mainzer Domes. In: Der Katholik. Beiblatt: Aus der Bischofsstadt Nr. 7 vom 14. Februar 1932.

1269. Strempel, (Aloys) (Hrsg.): Der Mainzer Dom in Gefahr. Nach den Berichten von Rüth, Becker, Neeb, Knopp, Roos. Kempten (1926).

Der Dom vor 1869; Der Mainzer Dom in Gefahr (Witterungsschäden, Ostturm). Die gefährdete Westgruppe. (Auszug aus dem Vortrag, den Herr Prof. Rüth in Berlin am 5. März 1926 auf dem Betontag hielt). Auch in englischer Fassung, übersetzt von Douglas R. Benet und Kurt Roos. (Mainz) 1926.

1270. Strempel, Aloys: Die Rettung des Mainzer Domes. Hrsg. vom Caritasverband der Diözese Mainz. Mainz 1928.

Daten aus der Baugeschichte: S. 17–22. – Sicherungsarbeiten von 1909–1916: S. 23–28. – Fundamentensicherung in den Jahren 1925 und 1926: S. 29–42. – Die Ostgruppe: S. 45–50. Die Westgruppe (Westchor, Querschiff, Westturm, Außenflächen des Domes, Bildhauerarbeiten, Bischofsgruft, Sakristeianbau und Gothardskapelle, Westchorumbauten, Leichhofportal, Geläute, Turmuhr, Chorschranken, Domorgel): S. 51–71. – Tieferlegung des Fußbodens, Altäre, Marktportal: S. 73–80. – Grabfunde: S. 81–90. Beleuchtung und Heizung: S. 91–94. – Ausmalung: S. 95–106. – Domorgel: S. 107–114. – Aus dem Bautagebuch des Architekten Knopp: S. 115–118. – Finanzierung: S. 119–122. 135 Tafeln. – Rezensionen: Rudolf Kautzsch und Ildefons Herwegen, in: Mainzer Journal Nr. 242 vom 16. Oktober 1942. Herwegen auch in Beilage zum Martinus-Blatt Nr. 44 vom 28. Oktober 1928. – Paul Clemen, in: Zeitschrift für Denkmalpflege 3 (1928) S. 163–164. – Zur Domfeier. Gez.: B. In: Mainzer Volkszeitung Nr. 239 vom 13. Oktober 1928. – Auszug: vgl. Nr. #1306.

1271. Strempel, Aloys (Hrsg.): Die Rettung des Mainzer Domes. Eine Sammlung von Zeichnungen, Plänen und Bildern. Mainz 1944.

Die Sicherungsarbeiten am Dom zu Mainz 1924 bis 1930. – Die Sicherungsarbeiten am Dom zu Mainz 1942 bis 1944. (Unpaginiertes Folio-Exemplar vorwiegend mit Plänen und Fotographien).

1272. Vom Mainzer Dom. In: Martinus-Blatt. Katholisches Volksblatt für alle Stände Nr. 42 vom 14. Oktober 1928.

Geschichte der Wiederherstellung.

2. Die grundlegenden Renovierungsarbeiten (1924/25 bis 1928): Sicherung der Fundamente, Innenrestaurierung, Gestaltung des Ostchores mit Entfernung des Ketteler-Altars

1924/25

1273. Lenhart, Georg / (Hugo), Ludwig Maria, Bischof von Mainz: Die Notglocke des Mainzer Domes läutet. Mainz 8.9.1924. 1 Bl.

Aufruf zur Spendenaktion für die Fundamentierung des Domes.

1274. (Lenhart, Georg): Der Mainzer Dom. In: Mainzer Journal Nr. 251 vom 6. November 1924.

Erwiderung auf einen Artikel in der Frankfurter Zeitung Nr. 825 vom 4. November 1924 unter dem Titel: Der Mainzer Dom in Gefahr. Vgl. dazu das Gutachten von R. Kautzsch in: Frankfurter Zeitung vom 5. November 1924, der zwar eine Untersuchung der Domfundamente fordert, aber zu einer wirklichen Besorgnis keinen Anlaß sieht. – Lenharts Ausführungen sind auch im Mainzer Anzeiger Nr. 251 von 1924 unter dem Titel: „Vom Mainzer Dom“ abgedruckt.

1275. Die Sicherungsarbeiten im Mainzer Dom. In: Mainzer Journal Nr. 16 vom 20. Januar 1925.

1276. Neeb, (Ernst): Die Wiederherstellungsarbeiten am Mainzer Dome. In: Mainzer Journal Nr. 20 vom 24. Januar 1925. – Vgl. auch: Mainzer Anzeiger Nr. 20 von 1925.

Kurzer Bericht über die gemeinsame Sitzung von Vertretern des Domkapitels, der staatlichen Denkmalpflege und der Bauleitung des Domes über die anstehenden Renovierungen.

1277. Becker, L(udwig): Zu den Sicherungsarbeiten am Mainzer Dom. In: Mainzer Journal Nr. 74 vom 28. März 1925.

1278. Der Mainzer Dom stand in der Luft! Gez.: Bruder Maurus. In: Martinus-Blatt. Katholisches Volksblatt für alle Stände Nr. 36 vom 6. September 1925, S. 7.

1279. Die Gefahren des Mainzer Domes. In: Mainzer Anzeiger Nr. 185 von 1925. – Vgl. auch: Mainzer Tageszeitung Nr. 184 von 1925.

1280. Dom-Renovation. In: Mainzer Journal Nr. 223 vom 25. September 1925.

Unterfangungsarbeiten des östlichen Teils vollendet. Gottesdienst wird in den Ostchor verlegt, um die Sicherungsarbeiten im Westchor beginnen zu können. Fertigstellung der Westgruppe soll bis Weihnachten erledigt sein.

1281. Rüth, G(eorg): Sicherungsarbeiten am Mainzer Dom. In: Mainzer Journal Nr. 224 vom 26. September 1925. Auch in: Mainzer Tageszeitung Nr. 224 von 1925.

1282. Becker, L(udwig): Neues über den baulichen Zustand des Domes. In: Mainzer Journal Nr. 259 vom 6. November 1925. – Auch in: Mainzer Tageszeitung Nr. 264 von 1925. – Vgl. auch: Mainzer Anzeiger Nr. 259 von 1925.

Fundamentsicherung des Hochschiffes war bereits im September fertiggestellt. – Notwendige Unterfangungsarbeiten im Westchor werden begonnen.

1283. Der bauliche Zustand des Mainzer Domes. In: Mainzer Journal Nr. 275 vom 25. November 1925.
Untersuchungen der Westgruppe lassen erkennen, daß die Schäden sehr umfangreich sind.

1284. Vom Mainzer Dom. In: Mainzer Journal Nr. 280 vom 1. Dezember 1925.
Die Gesellschaft für volkstümliche Vorlesungen engagiert Dombaumeister Becker für zwei Lichtbildvorträge über den desolaten Zustand des Domes.

1285. (Becker, Ludwig / Rüth, Georg): Die Schäden und Sicherungsarbeiten am Mainzer Dom. In: Mainzer Journal Nr. 282 vom 3. Dezember 1925.
Zusammenfassung der Vorträge von Becker und Rüth, vgl. Nr. #1284.

1286. Becker, L(udwig): Weiterführung der Sicherungsarbeiten am Dome zu Mainz. In: Mainzer Journal Nr. 290 vom 12. Dezember 1925. Auch in: Mainzer Anzeiger Nr. 290 von 1925.

1287. Erhaltet den Dom! In: Mainzer Tageszeitung Nr. 280 von 1925. – Vgl. auch: Die Arbeiten an der Mainzer Kathedrale. In: Mainzer Tageszeitung Nr. 289 von 1925.

1288. Aussprache über den Mainzer Dom und den Kölner Dom im Reichstag. In: Mainzer Journal Nr. 296 vom 19. Dezember 1925.
Für die Instandsetzungsarbeiten sind als Reichsbeihilfe 1 Million Mark vorgesehen. „Diese Summe wird jedoch ... für absolut unzureichend gehalten."

1289. Der Mainzer Dom in der Berliner Scherlschen „Woche". In: Mainzer Journal Nr. 23 vom 28. Januar 1926.
Kurt Roos in der Beilage (?) „L'Illustration" der Zeitung „Woche" vom Oktober 1925 über die Restaurierungsarbeiten. Hier: kurzer Auszug.

1926

1290. (Hugo, Ludwig Maria:) Für die Erhaltung des Mainzer Domes. In: Mainzer Journal Nr. 1 vom 2. Januar 1926.
Erlaß des Bischofs (hier in Auszügen), für den Dom zu spenden (Weihnachtskollekte).

1291. Schmidtgen, Otto: Ueber Funde von Tierknochen bei den Arbeiten am Mainzer Dom. In: Mainzer Journal Nr. 15 vom 19. Januar 1926. – Vgl. auch: (Mainzer) Volkszeitung Nr. 15 von 1926. Mainzer Anzeiger Nr. 15 von 1926. Mainzer Tageszeitung Nr. 18 von 1926.

1292. Zum Mainzer Dombau. In: Mainzer Journal Nr. 37 vom 13. Februar 1926.
Stadtverordnetenversammlung übernimmt die Verzinsung und Amortisation auf 10 Jahre für das von der bischöflichen Behörde aufgenommene Darlehen von 400 000 Mark. Bislang habe die Kirche 230 000 Mark selbständig aufgebracht, ohne die Erträgnisse aus Lotterien und Kollekten mitzurechnen. Stadtverordneter Bell, Sozialdemokrat, wünscht, daß die Arbeiten nicht nur an Architekten vergeben würden, die dem Zentrum angehören.

1293. Der Mainzer Dom vollständig geschlossen. In: Mainzer Tageszeitung Nr. 41 von 1926.

1294. (Becker, Ludwig): Ueber die Sicherung und Wiederherstellung des Mainzer Domes. (Vortragsreferat). Gez.: S. In: Mainzer Journal Nr. 63 vom 16. März 1926.

1295. Eine Kundgebung für den Mainzer Dom. Vortrag im hessischen Landtag. In: Mainzer Anzeiger Nr. 65 von 1926.

1296. Der Dom zu Mainz. Die Gefährdung und Sicherung des historischen Bauwerks. In: Mainzer Volkszeitung. Sozialpolitisches Organ für Mainz und Umgebung Nr. 66 von 1926.

1297. Laengsdorff, Julia Virginia: Goldenes Mainz. In: Deutsche Allgemeine Zeitung. Sonntags-Beilage vom 7. März 1926.

Im Dom: Betrachtungen und Stimmungsbilder, anläßlich der Nachricht, daß der Dom wegen Einsturzgefahr geschlossen sei.

1298. (Hugo, Ludwig Maria): Bischof Dr. Hugo über die Wiederherstellung des Mainzer Domes. In: Mainzer Journal Nr. 67 vom 20. März 1926.

Rede des Bs im Wortlaut.

1299. Um den Mainzer Dom. Zum Fortgange des Restaurierungswerkes. In: Mainzer Journal Nr. 87 vom 15. April 1926.

1300. Die Renovierung des Mainzer Domes. In: Mainzer Journal Nr. 134 vom 12. Juni 1926.

Über den Fortgang der Arbeiten. – Fotografie des eingerüsteten Westturmes. Renovierung soll etwa ein Jahr dauern.

1301. Die Sicherungsarbeiten am Mainzer Dom. In: Mainzer Journal Nr. 143 vom 23. Juni 1926.

Zu falschen Pressenachrichten über die Restaurierung. „Es ist unrichtig, einerseits von einseitigen statistischen Einstellungen und andererseits von denkmalpflegerischen Uebergriffen und Hemmungen zu sprechen."

1302. Lenhart, (Georg): Ein Blick in alte Domgräber. In: Mainzer Journal Nr. 192 vom 19. August 1926.

Zur Tieferlegung des Fußbodens im Dom und der damit nötig gewordenen Öffnung von Gräbern. Abbildungen: Bemalte Ostwand der Nassauer Gruft, Fresko von 1419. Gräber vermutlich von EB Adolph I. und Johann II. von Nassau. – Vgl. dazu auch unter dem gleichen Titel: Mainzer Anzeiger Nr. 192 von 1926.

1303. Zur Auffindung der Bischofsgräber im Mainzer Dom. Gez.: A. In: Mainzer Journal Nr. 202 vom 31. August 1926.

Funde geben einen „interessanten Einblick in die Begräbnisgebräuche des späteren Mittelalters".

1304. Vom Ketteler-Grab im Mainzer Dom. In: Mainzer Journal Nr. 215 vom 15. September 1926.

Zur kleinen Feier bei der Tieferlegung des Grabes. Beschreibung der Grabplatte.

1305. Grabfund im Mainzer Dom. In: Mainzer Journal Nr. 243 vom 18. Oktober 1926.

Unter dem westlichen Hochaltar Grab des EBs Aribo, gest. am 6. April 1031.

1306. Strempel, Aloys: Die Gräberfunde im Dom. In: Mainzer Anzeiger. Sonder-Beilage zu Nr. 241 vom 15. Oktober 1928.

Auszug aus Strempel, Nr. #1270.

1307. Roos, Kurt: Der Mainzer Dom in Gefahr. In: Stadt Gottes. Illustrierte Familienzeitschrift 50 (1926/27) Heft 4, S. 182–184.

1308. Strempel, (Aloys): Der Mainzer Dom in Gefahr. In: Mainzer Journal Nr. 258 vom 5. November 1926. – Auch in: Mainzer Anzeiger Nr. 258 von 1926.

Zur Mitteilung der Frankfurter Zeitung vom 1. November 1926 über die „Verschönerungsgefahr". – Vgl. dazu: Der Mainzer Dom in Gefahr. In: Mainzer Tageszeitung Nr. 307 von 1926. – Übersicht über die nach Meinung Strempels gut geleistete Arbeit als Gegendarstellung.

1309. Schaefer, Karl: Aribo und Gutenberg. In: Mainzer Journal Nr. 269 vom 18. November 1926.

Über den sensationellen Fund des Grabes von EB Aribo im Dom. Hoffnung, daß auch das Grab Gutenbergs gefunden wird.

1310. (Rüth, Georg): Sicherungsarbeiten am Westturm und den westlichen Flankentürmen des Mainzer Domes. In: Mainzer Journal Nr. 299 vom 24. Dezember 1926. – Auch in: Mainzer Anzeiger Nr. 300 von 1926.

1311. Diepenbach, Wilhelm: Das Wahrzeichen des Mainzer Domes. In: Mainzer Journal. Sonder-Nr. vom 15. Oktober 1928.

1312. Eine Mainzer Erinnerung – Das Martinusfest 1926. Gez. Ph.G. In: Kirchliche Nachrichten für das Bistum Mainz 2 (1946) S. 167 – 168.

1313. Kneib, Karl: Notschrei des Wetterhahns (Dumsgickel!) auf dem Dom an die Bevölkerung der Stadt Mainz. In: Mainzer Wochenschau. Verkehrs-Nachrichtenblatt für Mainz und Umgebung. Sondernummer zu Gunsten der Martinusspende 2 (1926) Nr. 34 vom 22. August 1926, S. 844 – 845.
Spendenaufruf für die Rettung der Plastik.

1314. Martinusspende aus Amerika. In: Mainzer Journal Nr. 234 vom 7. Oktober 1926.

1315. St. Martinus Siegeszug. In: Mainzer Journal Nr. 201 vom 30. August 1926. – St. Martinus Dank. In: Mainzer Journal Nr. 211 vom 10. September 1926.
Maßnahmen einer Bürgerinitiative zur Erhaltung des St. Martinus auf dem Mainzer Dom.

1316. Schrohe, (Heinrich): Der Mainzer Dom. In: Mainzer Wochenschau. Verkehrs-Nachrichtenblatt für Mainz und Umgebung. Sondernummer zu Gunsten der Martinusspende 2 (1926) Nr. 34 vom 22. August 1926, S. 840 – 843.

1317. Wahrzeichen St. Martinus auf dem Dom. In: Mainzer Journal Nr. 188 vom 14. August 1926.
Bildung eines „Festausschusses zur Erhaltung des Mainzer Wahrzeichens", der eine Haus- und Straßensammlung plant.

1927

1318. (Hugo), Ludwig Maria: Notruf für den Mainzer Dom. In: Mainzer Anzeiger Nr. 53 vom 4. März 1927.

1319. Witthaus, Wernher: Die Wiederherstellung des Mainzer Doms. In: Kölnische Zeitung vom 19. März 1927.

1320. Bronner, (Karl): Die Tieferlegung des Fußbodens im Mainzer Dom. In: Mainzer Anzeiger Nr. 72 vom 26. März 1927.
„Es unterliegt keinem Zweifel, daß die leider schon in der Ausführung begriffene Tieferlegung in dem immerhin beträchtlichen Maße von 60 Zentimeter eine Verunstaltung des Domes bedeutet."

1321. Dombaufragen. In: Mainzer Warte. Wochenschrift für Kultur und Sport, Kritik und Leben Nr. 12 vom 26. März 1927.
Zu den Wiederherstellungsarbeiten.

1322. (Becker, Ludwig:) Von den Sicherungs- und Wiederherstellungsarbeiten am Mainzer Dom. (2. Vortrag, gehalten von Herrn Dombaumeister Prof. Becker in der Gesellschaft für volkstümliche Vorlesungen in Mainz.) In: Mainzer Journal Nr. 56 vom 12. April 1927.
Auch über die neue Bischofsgruft unter dem Westchor, in der 45 Grabkammern vorgesehen sind.

1323. Zur Wiederherstellung des Mainzer Domes. In: Mainzer Journal Nr. 97 vom 27. April 1927.
Die Reichsregierung gewährt dem Land Hessen als Bürgen zur Finanzierung der Sicherungsarbeiten am Mainzer Dom ein Darlehen von 1,659.118,-- RM. Das Land Hessen übergibt dem Bischof und Domkapitel der Diözese

Mainz unter Bürgschaft des Bistums das Darlehen. Zur Rückzahlung stehen der Kirche insbesondere die Einnahmen aus der Dombaulotterie zur Verfügung. Es wird mit 3% verzinst. Die Rückzahlungsraten belaufen sich auf jährlich 200.000,-- RM.

1324. Strempel, Al(oys): Besichtigung des Mainzer Domes. In: Mainzer Journal Nr. 98 vom 28. April 1927.

Die Sicherungsarbeiten in den Hoch- und Seitenschiffen des Domes sind vollendet. Der Dom wird acht Tage zur Besichtigung freigegeben.

1325. Ein Domfest. In: Mainzer Journal Nr. 134 vom 11. Juni 1927.

Da die Renovierung des Domes noch nicht abgeschlossen ist, wird das geplante Fest aufgeschoben. – Vgl. auch: Zum Domfest 1927. In: Mainzer Journal Nr. 133 vom 10. Juni 1927.

1326. Die finanzielle Hilfe für den Mainzer Dom. In: Mainzer Anzeiger Nr. 253 vom 31. Oktober 1927.

1. „Die Sicherung und Wiederherstellung des Mainzer Doms ist Sache der katholischen Kirche als der Eigentümerin des Domes." 2. „... das Land Hessen (hat) formell das Darlehen vom Reich übernommen." 3. „Wenn trotzdem der Eindruck erweckt wird, als ob die hessische Regierung Landesmittel für den Mainzer Dom ausgebe, während für die Erwerbslosen kein Geld vorhanden sei, so ist dies eine bewußte Irreführung der Oeffentlichkeit..."

EXKURS: Die Tagung für Denkmalpflege

1327. Außerordentlicher Tag für Denkmalpflege und Heimatschutz in Mainz (3. bis 5. März). In: Mainzer Journal Nr. 46 vom 24. Februar 1927.

„... denn was am Mainzer Dom geleistet worden ist, das bezeichnete vor kurzem ein berufener Mund als die ‚grandioseste Restaurierungsarbeit, die auf europäischem Boden seit Dezennien geleistet wird'."

1328. Benkard, Ernst: Um das Schicksal des Mainzer Domes. In: Frankfurter Zeitung Nr. 171 vom 9. März 1927.

Über die Verhandlungen bei der Denkmalstagung in Mainz. Betr. vor allem die Tieferlegung des Fußbodens.

1329. (Clemen, Paul (Hrsg.)): Tag für Denkmalpflege und Heimatschutz. Mittelrheinische Studienfahrt für Denkmalpflege Mainz 1927. Tagungsbericht nebst Beiträgen zur Kunstgeschichte des Mainzer Doms und des Rheingaus. Berlin 1927.

Behandlung der bei den Wiederherstellungsarbeiten sich ergebenden Fragen. Enthält Berichte über Vorträge von: A. Strempel: Die Rettung des Mainzer Domes: S. 14 – 20. R. Kautzsch: Kunstgeschichtliche Probleme am Mainzer Dom: S. 21 – 35 (= Baugeschichte). – G. Rüth: Die technische Sicherung des Mainzer Domes: S. 37 – 54. – L. Becker: Beobachtungen bei der Sicherung der Fundamente: S. 58 – 62. – Hofmann (Darmstadt): Die Gefährdung und die Sicherung des westlichen Vierungsturmes. Statische Fragen: S. 63 – 65. – Hiecke (Berlin): Die Zwickelkonstruktion am westlichen Vierungsturm: S. 66 – 67. – R. Kautzsch: Die Frage der Ausmalung: S. 72 – 76. – Jan Kalf: Zur Frage der Außenerscheinung des Steinmaterials: S. 80 – 82. – Meißner (Darmstadt): Tieferlegung des Fußbodens und Behandlung der Altäre: S. 87 – 89. – Hiecke (Berlin): Gestaltung des Ostturmes: S. 91 – 95. – Anmerkungen zu den Abbildungen.

1330. Drei Tage Denkmalpflege und Heimatschutz. Mittelrheinische Studienfahrt. – Der Mainzer Dom im Brennpunkt der Tagung. Die Rettung – kunstgeschichtliche Probleme und technische Sicherung des Willigiswerkes. In: Mainzer Journal Nr. 53 vom 4. März 1927. – Vgl. auch: Mainzer Anzeiger Nr. 53 vom 4. März 1927. Mainzer Tageszeitung Nr. 64 vom 6. März 1927.

1331. Drei Tage Denkmalpflege und Heimatschutz. Der zweite Tag ausgedehnter Verhandlungen. – Besichtigung der Zerstörungen und Restaurierungsarbeiten am Dom. – Prof. Rüth, der Meister statischer Berechnungen. Was geschieht mit dem Ostturm? In: Mainzer Journal Nr. 54 vom 5. März 1927. – Vgl. auch: Mainzer Anzeiger Nr. 54 vom 5. März 1927. Mainzer Tageszeitung Nr. 65 vom 7. März 1927.

1332. Denkmalpflege und Heimatschutz. Die Rettung des Mainzer Domes. In: Mainzer Journal Nr. 54 vom 5. März 1927. – Vgl. auch: Mainzer Anzeiger Nr. 55 vom 7. März 1927. Mainzer Tageszeitung Nr. 67 vom 9. März 1927.

Vorträge von A. Strempel und G. Rüth über die Restaurierungsarbeiten. Sehr detaillierter Bericht.

1333. Ueber die Arbeiten am Mainzer Dom. Gez.: N.R. In: Frankfurter Zeitung Nr. 353 vom 13. Mai 1927.

Erwiderung eines Mainzer Steinmetzen auf den Aufsatz von Benkard, Nr. #1328. Benkard erhob den Vorwurf, daß die Steinmetzen zu wenig geschult seien.

1334. Zur Restaurierung des Mainzer Domes. In: Zeitschrift für Denkmalpflege 1 (1926/27) S. 187 – 188.

Anregungen der Tagung für Denkmalpflege wurden weitgehend aufgegriffen; jedoch: „Eine bange Frage ist noch immer die Ausgestaltung des Ostchores, die zur Zeit durch Aufstellung von Schablonen im Innern studiert wird. Auch für die Umgestaltung des Pyramidendaches des östlichen Vierungsturmes ... wird eine befriedigende Lösung noch zu suchen sein.“ (S. 188).

1928

1335. (Gilles, Karlsruhe): Die innere Ausgestaltung des Domes durch Bemalung. (Vortrag). In: Mainzer Journal Nr. 80 vom 3. April 1928. – Vgl. dazu: Die Ausmalung des Mainzer Domes. In: Mainzer Anzeiger Nr. 79 vom 2. April 1928. – Die Ausmalung des Mainzer Domes. In: Frankfurter Zeitung, Stadtblatt vom 5. April 1928. – Die innere Ausgestaltung des Mainzer Domes. In: Mainzer Tageszeitung Nr. 79 vom 6. April 1928.

1336. Mollweide, W.: Die farbige Neugestaltung des Mainzer Doms. In: Mainzer Journal Nr. 173 vom 26. Juli 1928.

Künstler: Paul Meyer-Speer.

1337. Schuchert, (August Bernhard): Die Neuausmalung. In: Mittelrheinische Volks-Zeitung (Bingen) Nr. 240 vom 13. Oktober 1928.

1338. Meyer-Speer, Paul: Die farbige Abstimmung des Domes zu Mainz anläßlich seiner Restaurierung. In: Die christliche Kunst 26 (1929/1930) S. 148 – 154. – Vgl. auch: Meyer-Speer, Paul: Einblicke in den Farbraum. In: Color. Magazin der Farbe. Europäische Zeitschrift für kreative Farbpraxis 5 (1968) S. 11 – 16.

1339. Vom Mainzer Dom! In: Mainzer Journal Nr. 125 vom 1. Juni 1929.

Zu der Ausmalung im 19. und 20. Jahrhundert. Auszug aus Wetter, Nr. #177, und Strempel, Nr. #1270, S. 106.

1340. Der Kampf um den Ketteleraltar. In: Mainzer Warte. Wochenschrift für Kultur und Sport, Kritik und Leben Nr. 18 vom 5. Mai 1928.

Zur Beseitigung des Ketteleraltars im Dom: „Gipfel der Unbegreiflichkeiten.“

1341. Der Ketteleraltar verläßt Mainz. Gez.: Ein Altmainzer Katholik. In: Mainzer Warte. Wochenschrift für Kultur und Sport, Kritik und Leben Nr. 36 vom 8. September 1928.

Altar wird der größten Arbeiterpfarrei der Diözese Mainz, Bürstadt im Ried, übergeben.

1342. Die Uhr auf dem Domturm (wurde mit elektrischem Läutewerk ausgerüstet). In: Mainzer Journal Nr. 90 vom 17. April 1928.

1343. Die Dom-Glocken läuten zu Pfingsten. In: Mainzer Journal Nr. 121 vom 24. Mai 1928.

Der elektrische Antrieb ist fertiggestellt.

1344. Arens, F(ritz) V(iktor): Der Mainzer Erzbischof Aribo. Bearbeitet auf Grund von den „Regesten zur Geschichte der Mainzer Erzbischöfe" von Böhmer, Band 1. In: Mainzer Journal Nr. 130 und 132 vom 7. und 10. Juni 1929.
Auch die neugestaltete Inschrift auf Sandstein von 1928, die in der nördlichen Seitenkammer der Bischofsgruft angebracht wurde. Die Überreste des EBs (Ring und Kleiderreste) sind im Dom- und Diözeanmuseum.

3. Das Domweih-Fest 1928

a) Vorbereitung

1345. Vom Mainzer Dom. In: Mainzer Journal Nr. 14 vom 17. Januar 1928.
Dementi, daß am 27. und 28. Mai ein Domfest stattfinden werde.

1346. Die Rettung des Mainzer Domes. Vor dem Abschluss der Sicherungsarbeiten. Keine Gefahr mehr für das Bauwerk. In: Frankfurter Zeitung, Stadtblatt vom 4. März 1928.

1347. G(eiger), W(erner): Domweihe in Mainz am 15. und 16. Oktober. Kirchliche und weltliche Feier. – Fackelzug der kath. Verbände. – Dombeleuchtung und Anstrahlung. – Volksfest in der Stadthalle. In: Mainzer Journal Nr. 211 vom 10. September 1928.

1348. Domfeier in Mainz. In: Mainzer Tageszeitung Nr. 253 vom 12. September 1928.

1349. Vom Mainzer Dom. In: Mainzer Journal Nr. 228 vom 29. September 1928.
Zur Vollendung der Sicherungsarbeiten.

1350. Mainz und Speyer. Zum Domfest der erneuerten Kathedrale von Mainz am 16. Oktober. (Auszug aus der „Pfälzer Zeitung") In: Mainzer Journal Nr. 229 vom 1. Oktober 1928. Auch in: Martinus-Blatt. Katholisches Volksblatt für alle Stände Nr. 41 vom 7. Oktober 1928.

1351. G(eiger), W(erner): Der Mainzer Dom in Erwartung seiner Weihe. Was bedeutet die Weihe? Man rüstet im Innern zum Fest. Ost- und Westchor vor der Vollendung. – Die neue Domorgel steht. – Der neue Kreuzaltar ein wahres Meisterwerk. In: Mainzer Journal Nr. 234 vom 6. Oktober 1928.

1352. Zum Domfest (15. und 16. Oktober). Zur Altarweihe. In: Mainzer Journal Nr. 238 vom 11. Oktober 1928.
Notiz, welche Altäre geweiht werden.

1353. Zum Domfest (15. und 16. Oktober). Das Feuerwerk bei der Domfeier. In: Mainzer Journal Nr. 239 vom 12. Oktober und Nr. 240 vom 13. Oktober 1928.

1354. Der Mainzer Dom wiederhergestellt. Zur Eröffnungsfeier am 15. u. 16. Oktober. In: Das Illustrierte Blatt Frankfurt a.M. Nr. 41 vom 13. Oktober 1928.

1355. Wir Mainzer und unser Dom. In: Mainzer Warte. Wochenschrift für Kultur und Sport, Kritik und Leben Nr. 41 vom 13. Oktober 1928.

1356. Zur Feier der Errettung des Mainzer Domes. Das Werk ist vollbracht. Mainz hat seinen grossen Festtag. Bingen freut sich mit. In: Mittelrheinische Volks-Zeitung (Bingen) vom 13. Oktober 1928.
Aufzählung der Glücks- und Unglückstage, vgl. Nr. # 127.

1357. Zur Wieder-Weihe des Mainzer Domes. Gez.: W.M. In: Frankfurter Zeitung, Stadtblatt vom 14. Oktober 1928.

1358. Zur Neuweihe des St. Martinus-Domes zu Mainz am 16. Oktober 1928. In: Martinus-Blatt. Katholisches Volksblatt für alle Stände Nr. 42 vom 14. Oktober 1928.
Gedicht.

1359. Der Mainzer Dom zur Feier seiner Wiederherstellung am 15. und 16. Oktober. (= Mainzer Anzeiger. Sonder-Beilage zu Nr. 241 vom 15. Oktober 1928.)

1360. Der Mainzer Dom in Vergangenheit, Gegenwart und Zukunft. In: Mainzer Volkszeitung Nr. 240 vom 15. Oktober 1928.

1361. Neeb, Ernst: Der Mainzer Dom. Baugeschichte und Bauschäden. In: Mainzer Anzeiger. Sonder-Beilage zu Nr. 241 vom 15. Oktober 1928.

b) Das Programm

1362. Domfeier am 15., 16. und 17. Oktober in Mainz. Einladung an den Hochwürdigen Welt- und Ordensklerus der Diözese. (1928. Programm. Mainz. 1 Bl).

1363. Domfest zu Mainz am 16. X. 1928. (Mainz 1928). (Maschinenschriftlich, vervielfältigt).
Rubriken zum organisatorischen Ablauf der Feier.

1364. 16. Oktober 1928. Mainzer Domfeier zur Wiedereröffnung des Domes nach den großen Sicherungsarbeiten in den Jahren 1925 – 1928. Mainz (1928).
Einladung und Programm zur Domfeier mit Altarweihe, entworfen und gedruckt von der Druckerei des katholischen Lehrlingshauses in Mainz. Mit Bild des hl. Martin. Sehr schöne bibliophile Ausgabe.

1365. Das Festprogramm zum Domfest in Mainz. In: Mainzer Journal Nr. 239 vom 12. Oktober 1928. – Auch in: Mainzer Journal. Sonder-Nr. vom 15. Oktober 1928. – Vgl. auch: Mainzer Anzeiger Nr. 226 vom 27. September 1928.

c) Die theologische Bedeutung des Festes

1366. Dyroff, Adolf: Dom und Volk. In: Mainzer Anzeiger. Sonder-Beilage zu Nr. 241 vom 15. Oktober 1928.

1367. Lenhart, G(eorg): Gott sei Dank: Die Pforten des Domes öffnen sich wieder. Predigtansprache in der Elf-Uhr-Messe der Seminarkirche am 14. Oktober 1928. In: Mainzer Journal. Sonder-Nr. vom 15. Oktober 1928. ND in: Lenhart, Nr. # 1368, S. 15 – 30.

1368. Lenhart, Georg: Die Seele des Mainzer Domes. Symbole des Glaubens in Wort und Bild. Hrsg. von Ludwig Lenhart. Mainz 1970.
„Anlaß und Thema boten die 1928 zum Abschluß gelangten zehnjährigen Sicherungsarbeiten am Mainzer Dom. Gegenstand der Vorträge waren die redenden Steine des Domes, der Dom als Sinndeutung der christlichen Existenz." (Kassius Hallinger im Vorwort, S. 5). Das Buch enthält Vorträge und mehr als fünfzig Kanzelreden in der Elf-Uhr-Messe gehalten. Hier sei stellvertretend eine Rede zum Abschluß der Dom-Fundamentierungsarbeiten im Frankfurter Hof zu Mainz genannt: „Was der Mainzer Dom seinen Besuchern von seiner Gefährdung und der Sicherung seiner Fundamente zu erzählen weiß." (S. 275 – 285). – Rez.: Carl Glotzbach unter dem Titel: Der Mainzer Dom als Glaubenssymbol. In: Das Neue Mainz Nr. 5, Mai 1970, S. 13. Auch Abb. Georg Lenhart's.

1369. Lenhart, (Georg): Die Steine reden. Gedanken aus dem Mainzer Dom: 57 Predigten zur Wiedereröffnung des Mainzer Domes nach 3jährigen Sicherungsarbeiten. – In: Martinus-Blatt. Katholisches Volksblatt für alle Stände Nr. 41 vom 11. Oktober bis

Nr. 52 vom 27. Dezember 1931. Nr. 1 vom 3. Januar 1932 bis Nr. 47 vom 20. November 1932. ND in Lenhart, Nr. #1368.

Diese Predigtsammlung enthält eine Reihe von Abbildungen. – Verf. erklärt das Bauwerk mit seinen Denkmälern und meditiert über ihre theologischen Aussagen.

1370. Lenhart, G(eorg): Warum erleben wir in unserer Domfeier etwas Großes? In: Mainzer Journal. Sonder-Nr. vom 15. Oktober 1928.

1371. Schmidt, Jakob Wilhelm: Zum Mainzer Domfest: Mainzer Domfeste in früheren Tagen. In: Mainzer Journal Nr. 222 vom 22. September 1928.

1372. Stohr, (Albert): Das Domweihfest, ein ernster Tag. In: Mainzer Journal. Sonder-Nr. vom 15. Oktober 1928.

d) Berichte über die Feierlichkeiten

1373. Beginn der Feierlichkeiten zur Domweihe in Mainz. Empfang Sr. Exz. des Nuntius Pacelli – Uebertragung der Reliquien – Fackelzug und Serenade. In: Mainzer Journal Nr. 242 vom 16. Oktober 1928. – Vgl. auch: Mainzer Anzeiger Nr. 242 vom 16. Oktober 1928.

1374. Die Domweih-Feier in Mainz. Altarweihe und Pontifikal-Amt. – Fest-Akt und Festversammlung. – Eine bedeutsame Rede des Nuntius Pacelli. In: Mainzer Journal Nr. 243 vom 17. Oktober 1928. – Auch in: Beilage zum Martinusblatt. Katholisches Volksblatt für alle Stände Nr. 44 vom 28. Oktober 1928. – Vgl. auch: Mainzer Tageszeitung Nr. 287 und 288 vom 16. und 17. Oktober 1928.

1375. (Hugo, Ludwig Maria): Zur Domweih-Feier in Mainz. Rede des Hochwürdigsten Herrn Bischofs Dr. Ludwig Maria Hugo. In: Mainzer Journal Nr. 245 vom 19. Oktober 1928.

Bei der Begrüßung des Nuntius.

1376. Von der Domweih-Feier in Mainz. In: Mainzer Journal Nr. 246 vom 20. Oktober 1928.

Rede des Bs Ludwig Maria Hugo bei dem Akademischen Festakt im Kurfürstlichen Schloß.

1377. Die Domerneuerung ein nationales Symbol. Der Mainzer Dom als Wunder einer neuen Zeit. – Die akademische Feier im Schloß: Ansprachen hoher Gäste. Oeffentliche Festversammlung in der Stadthalle. – Das nächtliche Mainz im Feuerglanz. In: Mainzer Anzeiger Nr. 243 vom 17. Oktober 1928.

1378. Die Mainzer Domfeier. In: Volkszeitung (Mainz). Beilage zu Nr. 242 vom 17. Oktober 1928.

1379. Die Mainzer Domfeier. Der festliche Montag. In: Frankfurter Zeitung, Stadt-Blatt vom 16. Oktober 1928.

1380. Die Weihe des Doms in Mainz. (Sonderbericht der „Frankfurter Zeitung"). Gez.: -ck. In: Frankfurter Zeitung Nr. 775, 777, 778 und 780 vom 16., 17., 17. und 18. Oktober 1928.

Die Daten nach Angaben der Stadtbibliothek: Mog 2°: 66 Nr. 1195. 1197 – 1199.

1381. Mainzer Dom und deutsche Geschichte. Zur Wiedereinweihung der altehrwürdigen rheinischen Kathedrale. In: Volkszeitung (Mainz). Beilage zu Nr. 242 vom 17. Oktober 1928.

1382. Geiger, Werner: Die Macht der kath. Festesfreude über die Menschenherzen: Ein Nachwort zum Mainzer Domfest. In: Mainzer Journal Nr. 246 vom 20. Oktober 1928.
Rechtfertigung der äußeren Feier.

1383. Rund um die Domweihe. In: Mainzer Warte. Wochenschrift für Kultur und Sport, Kritik und Leben Nr. 42 vom 20. Oktober 1928.

1384. Die Domfeier in Mainz am 15. und 16. Oktober 1928. In: Martinus-Blatt. Katholisches Volksblatt für alle Stände Nr. 43 vom 21. Oktober 1928.
Kurzer Bericht.

1385. Das Mainzer Domfest. In: Der Feuerreiter (Köln) Nr. 44 vom 27. Oktober 1928.

1386. Geiger, Werner: Der Mainzer Dom nach der Domweihe. In: Mainzer Journal Nr. 252 vom 27. Oktober 1928.
Auch: Domorgel.

1387. Gentges, Maria: Dem neuerstandenen Mainzer Dom! In: Mainzer Journal Nr. 255 vom 31. Oktober 1928.
Gefühlvoller Leserbrief über den Dom.

1388. (Zur Domfeier in Mainz). In: Kölnische Zeitung Nr. 622 vom 11. November 1928.
Der Bischof der französischen Besatzungsarmee, Bs Remond, weihte den Laurentiusaltar, „um seinen Namen und das Andenken an Frankreich in die heiligen Steine des deutschen Nationaldenkmals“ einzusiegeln (so informiert die französische Zeitung „Croix“). Verf. der Nachricht in der Kölnischen Zeitung kritisiert, daß ein französischer Bischof, Angehöriger der Besatzung, eine so wichtige kirchliche Handlung vornimmt. „Zurückhaltung aus Achtung vor den Gefühlen des besetzten Gebietes“ wäre besser gewesen.

1389. Diehl, Anton: Mainzer Domweihe. Rückblicke und Ausblicke. In: Allgemeine Rundschau 25 (1928) S. 649 – 651.

1390. Roy, Maurice: Restauration et Reconsécration de la Cathédrale de Mayence. In: La Revue Rhénane. Rheinische Blätter 9 (1928/29) Nr. 1, S. 4 – 12.

1391. Sartorius, (Johannes): Dome und Menschen. In: Rheinischer Volkskalender 53 (1930) S. 17 – 18.
Rückschau auf das Mainzer Domweihfest 1928.

4. Berichte aus den Jahren 1929 – 1945

1392. Ein Mißstand vor der Gothardkapelle des Domes. Gez. Ein Kunstfreund. In: Mainzer Journal Nr. 180 vom 5. August 1929.
Da Fahrzeuge die untere Partie des Baudenkmals verdecken, kann die Schönheit der Architektur nicht bewundert werden. Bitte des Verf. an die Stadtverwaltung, diesen Mißstand zu beseitigen.

1393. Schaefer, Karl: Das Farbenspiel des Mainzer Domes. In: Mainzer Journal Nr. 208 vom 7. September 1929.
Besonders „nachts bei elektrischer Bestrahlung: der Dom erhält als Monumentalbau gleichsam ein ätherisches Gepräge.“

1394. Abschluß der Dombau-Arbeiten. In: Mainzer Journal Nr. 86 vom 11. April 1930.
Als Dank für den Abschluß stiften die Bauunternehmer Hauswaldt, Schmitt und Brandel, und Mertens eine Nachbildung der „Madonna der Palästinafahrer“ (1484 von den Domherren Bernhard von Breidenbach und Philipp von Bicken nach ihrer Palästinafahrt gestiftet, jetzt im Domkreuzgang), die an der Dombuchhandlung mit Blick auf den Liebfrauenplatz angebracht wird.

1395. Ausprobieren des Wasserdrucks am Mainzer Dom. In: Mainzer Journal Nr. 208 vom 9. September 1931.

Übung der Feuerwehr, ob bei einem etwaigen Großbrand genug Wasserdruck zur Löschung des Domes vorhanden wäre.

1396. K(essler), P(eter) T(addäus): Erhebende Feierstunde. In: Mainzer Anzeiger. Weihnachtsbeilage zu Nr. 299 vom 24. Dezember 1931.

Freilegung des Grabes des EB Aribo im Dom.

1397. Lenhart, G(eorg): Der neue Kreuzweg in der Godehard-Kapelle des Mainzer Domes. In: Der Katholik. Beilage: Aus Bischofsstadt und Diözese Nr. 17 vom 29. April 1934.

1398. Mainz füttert die Tauben des Domes. Ein alltägliches und doch immer wieder das Allgemeininteresse beanspruchendes Idyll. Gez.: kli. In: Mainzer Journal Nr. 118 vom 24. Mai 1934.

1399. Zur Ketteler-Ehrung im Mainzer Dom: Die katholische Arbeiterschaft überbringt Hochofen-Feuer aus dem Industriegebiet zur Entzündung der Ketteler-Leuchte. In: Mainzer Journal Nr. 160 vom 13. Juli 1934. – Vgl. auch: Mainzer Journal Nr. 129 vom 7. Juni 1934.

Zweiseitiges Festblatt, darin Abb. der Ketteler-Leuchte und des Ketteler-Grabes im Dom.

1400. Katholisches Werkvolk aller Gaue ehrt den Künder sozialer Würde: Die Weihe der von den katholischen Arbeitervereinen Deutschlands für das Ketteler-Grab im hohen Dom zu Mainz gestifteten Ketteler-Leuchte. In: Mainzer Journal Nr. 161 vom 14. Juli 1934. – Vgl. dazu auch: Martinus-Blatt. Katholisches Volksblatt für alle Stände Nr. 28 und 29 vom 15. und 22. Juli 1934.

1401. Schwank-Telfan, F(ritz) H.: Katholisches Werkvolk am Ketteler-Grab. In: Der Katholik Nr. 25/32 vom 12. August 1934, S. 4.

1402. Die Tagung des Diözesan-Kirchenvorstandes. Bericht und Entlastung / Beratung des Voranschlages für 1935. In: Mainzer Journal Nr. 51 vom 1. März 1935.

„Mit Befriedigung wurde Kenntnis genommen von der Verminderung der Domschuld infolge der im letzen Jahre durchgeführten Umwandlung der Bankdarlehen in Tilgungsschulden."

1403. In der Bischofsgruft des hohen Domes. Gedanken und Erinnerungen / Die Grabkammer im Strom der Jahrhunderte. Gez.: L.F. In: Mainzer Journal Nr. 80 vom 4. April 1935.

Verf. wünscht, daß auf die Grabplatte des Bs Hugo das epitheton ornans „Der deutsche Mann und deutsche Bischof" gesetzt wird.

1404. F(ischer), L(udwig): 1036 Mainzer Domjubiläum 1936 am 15. November 1936. In: Mainzer Journal Nr. 268 vom 16. November 1936.

Skizze: Rekonstruktion des frühchristlichen Domes (IV.-IX. Jahrhundert) nach Dombaumeister L. Becker. – Überblick über Baugeschichte. – „Nach außern fand die Feier ihren Ausdruck in der Anstrahlung des Jubiläumsdomes."

1405. Zum 900jährigen Domjubiläum am 11. November. In: Mainzer Journal Nr. 261 vom 7. November 1936. – Vgl. auch: Mainzer Journal Nr. 264 vom 11. November 1936.

Brand vom 29.8.1009. 1036 Einweihung des Neubaues durch EB Bardo.

1406. Sartorius, J(ohannes): 900jähr. Jubiläum des Mainzer Doms. Einweihung durch Bardo am 11. November 1036. In: Der Katholik Nr. 45 vom 8. November 1936, S. 7.

1407. Sartorius, Joh(annes): Zum 900 jährigen Jubiläum der Einweihung des Mainzer Domes durch Erzbischof Bardo (11. Nov. 1036). In: Rheinischer Volkskalender 59 (für das Jahr 1936) S. 20–23.

1408. Restaurierung des Domviertels. Einheitliche Gestaltung der Hauptstraßen-Vorschriften für eine vornehm sachliche Werbung – Das Rondell vor dem Bahnhof verschwindet. In: Mainzer Journal Nr. 142 vom 22. Juni 1938.

Ziel u.a.: „... daß der Dom selbst noch wirkungsvoller in Erscheinung tritt. Bis 1940 ... wird sich das Bild um den Dom wesentlich verändert haben."

1409. Mainzer Glocken klingen dreimal über die Erde. Das Geläute des Doms und der Christuskirche im Weihnachtsprogramm des Reichssenders Frankfurt. In: Mainzer Journal Nr. 294 vom 17. Dezember 1938.

1410. Einladung zur Mainzer Domfeier 1939. Hrsg. vom Bischöflichen Domkapitel Mainz. (Mainz 1939).

„Am 4. Juli 1939 sind 700 Jahre verflossen, seitdem unser Mainzer Dom durch Erzbischof Siegfried III. von Eppstein seine kirchliche Weihe erhalten hat." – Auch: Domweih-Lied.

1411. Der Mainzer Dom. 700 Jahre Zeuge deutscher Baukunst. Gez.: J.R. In: Mainzer Journal Nr. 150 vom 1. Juli 1939.

1412. Arens, Fritz (Viktor): Zerstörte Kunst. Die kirchlichen Kunstdenkmäler von Mainz im Kriege 1939–1945. In: Das Münster. Zeitschrift für christliche Kunst und Kunstwissenschaft 1 (1947/1948) S. 50–52.

Dom: S. 50.

1413. Schuchert, August: Fliegergeschädigte Kirchen, Pfarrhäuser und Klöster im Bistum Mainz 1939–1945. Ein Dokumentarbericht mit 2 Bildtafeln und Zeichnungen von Philipp Preis und H(ans) Leitermann. In: Jahrbuch für das Bistum Mainz 6 (1951–1954) = FS Jakob Schmidt, S. 15–35.

Der Dom, sein Kreuzgang und das Dommuseum wurden während des Krieges beschädigt, bombardiert und teilweise zerstört am 12. August 1942, am 8., 9. und 13. September 1944, am 14. und 27. Februar 1945 und am 25. März 1945.

1414. Schuchert, A(ugust): Luftschutzmaßnahmen, Fliegerschäden und Wiederherstellungsarbeiten am Mainzer Dom 1939/45. In: Jahrbuch für das Bistum Mainz 1 (1946) S. 24–53.

1415. Schuchert, A(ugust): Die Mainzer Kulturdenkmäler. In: Rheinischer Merkur Nr. 4 vom 26. März 1946, S. 3.

Über die Kriegsbeschädigungen am 11./12.8.1942 und am 27.2.1945.

C. Wiederherstellungsarbeiten nach dem II. Weltkrieg

1. Die Renovierung bis 1960

a) Übergreifende Beiträge

1416. Arens, Fritz (Viktor): Denkmalpflege in Rheinland-Pfalz. Einzelberichte: Mainz. Kirchliche Denkmäler – Profandenkmäler. In: Jahrbuch für Geschichte und Kunst des Mittelrheins und seiner Nachbargebiete 4/5 (1952/1953) S. 137–147.

Domkreuzgang, Memorie und Nikolauskapelle: S. 137–138. Dominneres: S. 138. Gotthardkapelle: S. 138.

1417. Arens, (Fritz Viktor): Die Denkmalpflege in Mainz nach dem Kriege. In: Jahrbuch für Geschichte und Kultur des Mittelrheins und seiner Nachbargebiete 2/3 (1950/51) S. 269 – 296.

Dom: S. 271 – 272.

1418. Arens, Fritz V(iktor): Denkmalpflege in Rheinland-Pfalz. Einzelberichte. Mainz. Kirchliche Denkmäler – Profandenkmäler. In: Jahrbuch für Geschichte und Kultur des Mittelrheins und seiner Nachbargebiete 6/7 (1954/1955) S. 213 – 224.

St. Gotthard-Kapelle: S. 213 – 214. – Domumbauung: S. 218 – 219.

1419. Arens, Fritz Viktor: Zerstörte Kunst und Wiederaufbau. Die Wiederherstellung der Mainzer Kirchen 1949/50. In: Das Münster. Zeitschrift für christliche Kunst und Kunstwissenschaft 4 (1951) S. 237 – 240.

Dom: S. 237.

1420. Borgwardt, Ernst / Teuchert, Wolfgang: Tagung der deutschen Denkmalpfleger. In: Deutsche Kunst und Denkmalpflege 21 (1963) S. 50 – 73.

Protokoll der Tagung. Dom: S. 50 – 52, vor allem Innenanstrich im 20. Jahrhundert.

1421. Bornheim (genannt Schilling, Werner): Denkmalpflege in Rheinland-Pfalz. Einzelberichte. Untersuchungen, Sicherungen und Wiederherstellungen von Wandmalereien und Tafelbildern. In: Jahrbuch für Geschichte und Kultur des Mittelrheins und seiner Nachbargebiete 6/7 (1954/1955) S. 227 – 243.

Dommuseum: S. 233: Die Putzstellen der Matthias Grünewald zugeschriebenen Wandmalerei im zweiten Saale des Dommuseums wurden mit Speis ausgeworfen.

1421a. Hegemann, Hans Werner: Zur neuen Farbraumgestaltung im Dom zu Mainz. In: Detail. Zeitschrift für Architektur und Baudetail. Heft 2/1964. – Auch in: Deutsche Maler-Zeitschrift „Die Mappe". Heft 4/1964. Auch SD.

Paul Meyer-Speer leitete wie bereits 1927/28 die Farbraumgestaltung 1958/59. Vgl. auch seinen „Authentischen Kommentar" in dieser Festschrift.

1422. Jung, Wilhelm: Aus dem Unheil ist Heil erwachsen. Gedanken zur Teileröffnung des Mainzer Domes am Tage des Bischofsjubiläums. In: Allgemeine Zeitung (Mainz) Nr. 164 vom 16./17. Juli 1960.

Überblick über die Restaurierungsarbeiten 1942 – 1960.

1423. Jung, Wilhelm: Beobachtungen am Mainzer Dom anläßlich der Wiederherstellungsarbeiten 1955 – 1960. In: Deutsche Kunst und Denkmalpflege 1962. S. 25 – 34. Auch in leicht veränderter Form unter dem Titel „Baubeobachtungen ... " in: Collationes ex Historia Artium. Schülerfestschrift Friedrich Gerke. Mainz 1960. S. 50 – 66. (Masch.).

1424. Schuchert, August: Die Gottesmutter im Mainzer Dom. Gedanken zu den neuen Domfenstern. In: Glaube und Leben. Katholisches Kirchenblatt für das Bistum Mainz Nr. 33 vom 15. August 1954, S. 449.

Über Mariendarstellung im Dom und bes. über den Entwurf des Glasfensters von Alois Stettner, Koblenz.

1425. Schuchert, August: Neue Domfenster in Mainz. Die christliche Kunst unserer Tage schließt eine jahrhundertalte Lücke. In: Glaube und Leben. Katholisches Kirchenblatt für das Bistum Mainz Nr. 6 vom 7. Februar 1954, S. 71. – Vgl. auch: Allgemeine Zeitung Mainz vom 3. Februar 1954. – Deutsche Tagespost (Augsburg) Nr. 18 vom 15. Februar 1954, S. 6.

Liste der eingereichten Entwürfe. Entwurf von Alois Stettner, Koblenz, wurde ausgewählt.

1426. Schuchert, August: Neuverglasung des staufischen Westchores im Mainzer Dom. In: Das Münster. Zeitschrift für christliche Kunst und Kunstwissenschaften 7 (1954) S. 122 – 123.
Über den Entwurf von Alois Stettner, Koblenz.

1427. Schuchert, A(ugust): Wiederherstellungsarbeiten an Mainzer Kirchen 1946. In: Jahrbuch für das Bistum Mainz 2 (1947) I, S. 308 – 310.
Dom, Domkreuzgang: S. 308.

1428. Stockinger, Jakob: Die Domrenovationen des 20. Jahrhunderts. In: Willigis und sein Dom. FS zur Jahrtausendfeier des Mainzer Domes 975 – 1975. Hrsg. von Anton Ph(ilipp) Brück. (= QAMrhKG, 24). Mainz 1975. S. 515 – 543.
Außenrenovierung (1955 – 58): S. 515 – 519. – Innenrenovierung (1958 – 60): S. 519 – 523. – Memorie, Nikolauskapelle, Präsenzkammer (1960): S. 524. – Die Gothardkapelle (1964): S. 525 – 526. – Die Domsakristei (1965): S. 526 – 527. – Der Domkreuzgang (1960 – 66): S. 527 – 528. – Bischofs- oder Lulluskrypta (1960 – 72, Westkrypta): S. 528 – 529. – Die Domorgel (1960 – 66): S. 529 – 530. – Die Domglocken: S. 530 – 532. – Baubefund und Wiederherstellung der Ostgruppe: S. 533 – 536. – Baubefund und Sicherungsarbeiten der Ostturmkonstruktion und -dächer: S. 536 – 539. – Befund und Ergebnis der Fundamentuntersuchungen: S. 539 – 541. – Baubefund und Wiederherstellung der Westgruppe: S. 541 – 542. – Die äußere Farbgestaltung: S. 543.

b) Notizen für die Jahre 1948 – 1960*

1429. Borrmann, G.: Der Dom hat wieder sein Dach. In: Das Neue Mainz 1956, Heft 9, S. 6 – 7.

1430. Bald ist der Dom wieder ohne Gerüst. Dombauamt rechnet mit einem Vierteljahr. / Bleigießen in schwindelnder Höhe. / Zentnerblöcke auf Seilbahn. In: Allgemeine Zeitung (Mainz) Nr. 198 vom 28. August 1957, S. 4.

1431. Mehr Licht im Mainzer Dom. Neue Beleuchtungskörper für das Mittelschiff. Hochaltar unter Flutlicht. In: Allgemeine Zeitung (Mainz) Nr. 121 vom 28./29. Mai 1959, S. 4.

1432. L(eiterma)nn, (Heinz): Im südlichen Seitenschiff des Domes: Monumentale Architektur in neuer Sicht. Der Querhausflügel strahlt in festlicher Weite. / Harmonie der Farben. In: Allgemeine Zeitung (Mainz) Nr. 134 vom 13./14. Juni 1959, S. 4.

1433. Am 14. September letzter Gottesdienst. Der Mainzer Dom schließt seine Pforten. Chöre und Mittelschiff werden restauriert. Wiedereröffnung im Frühjahr 1960. In: Allgemeine Zeitung (Mainz) Nr. 209 vom 10. September 1959, S. 4.

1434. Ein neues Kapitel in der Geschichte des ältesten Geläuts. Achtstimmig erklingen die Glocken vom Dom. Weihe in den ersten Julitagen. Erweiterungsarbeiten in fünfundsechzig Metern Höhe. In: Allgemeine Zeitung (Mainz) Nr. 140 vom 18./19. Juni 1960, S. 5.

1435. Jung, Wilhelm: Die neuen Fenster des Domes. Farbige Höhepunkte des Raumes / Eine Mainzer Kirchengeschichte in Glas. In: Allgemeine Zeitung (Mainz) Nr. 164 vom 16./17. Juli 1960.

c) Das Domfest 1960

1436. Feierliche Zeremonie im Südschiff des Domes. Bischof Albert weihte die neuen Glocken. Erster Ruf am Jubiläumstag des Oberhirten. Messeläuten von nun an mit der kleinsten

* (chronologisch geordnet)

Glocke. Gez.: H.K. In: Allgemeine Zeitung (Mainz) Nr. 153 vom 4. Juli 1960, S. 4. – Vgl. auch den Vorbericht Nr. 146 vom 25./26. Juni 1960, S. 4.

1437. Feierlichkeiten zur Wiederherstellung des Mainzer Domes 1960. Übertragung des Reliquienschreines der Mainzer Heiligen aus der Seminarkirche in den Hohen Dom. Samstag, 12. November 1960.
Meß- und Liedertexte.

1438. Lenhart, L(udwig): Das Phönix-Los des Mainzer Domes. Zur gottesdienstlichen Indienstnahme der Kathedrale durch Nuntius Conrado Bafile am 13. November. In: Allgemeine Zeitung (Mainz) Nr. 266 vom 12./13 November 1960, S. 35.
Dombrände: 1009, 1081, 1137, 1183, 1767, 1793, 1942/45. Neuer Altar 1960.

1439. Der Papst gedenkt des Mainzer Domfestes. Altarweihe und Pontifikalamt des Nuntius waren die Höhepunkte. Lübke gratuliert dem Bischof. Gez.: H.K. In: Allgemeine Zeitung (Mainz) Nr. 267 vom 14. November 1960, S. 4.

EXKURS: Der goldene Schrein in der Ostkrypta

1440. Brück, Anton Ph(ilipp) / Weiland, Richard: Der goldene Schrein der Domkrypta zu Mainz. Mainz 1960. 2. erweiterte Auflage 1961.
1960 von Richard Weiland (gest. 1967) zum silbernen Bischofsjubiläum von Albert Stohr geschaffen. Der Schrein wurde von Mainzer Bürgern gestiftet.

1441. Hänlein, Ludwig (Generalvikar): Reliquiar der Mainzer Heiligen. In: Allgemeine Zeitung (Mainz) Nr. 265 vom 11. November 1960, S. 10.

1442. Im neuen Heiligenschrein symbolisiert. Vier große Epochen Mainzer Geschichte. Eine künstlerische Goldschmiedearbeit für die Reliquien von 22 Glaubenszeugen der Diözese. Gez.: pf. In: Allgemeine Zeitung (Mainz) Nr. 266 vom 12./13. November 1960, S. 4.

1443. Mainzer Heilige bewachen den Schrein. Kostbares Reliquiar in der Ostkrypta des Domes. / Zweijährige Arbeit von Meister Weiland. In: Allgemeine Zeitung (Mainz) Nr. 255 vom 31. Oktober / 1. November 1979, S. 13.

2. Arbeiten zwischen 1960 und 1984

a) Übergreifende Beiträge mit besonderer Berücksichtigung des „Färbelns"

1444. Domwestchor: Rotfärbelung ist beschlossen. In: Allgemeine Zeitung (Mainz) Nr. 144 vom 26. Juni 1974, S. 13.

1445. Georg Günther Zeuner – Maler und Bildhauer. Speyer (1981?).
Der von Zeuner herausgegebene und finanzierte Bildband zeigt seine Werke in hervorragenden Abbildungen und ergänzt diese z.T. durch kleine Artikel aus Zeitungen. – S. 20–21: Ehrender Auftrag für G.G. Zeuner. Der Speyerer Künstler schuf Leuchte für den Mainzer Dom. Gez.: co. (Gotthardkapelle). – S. 36, Abb. S. 37–41, auch Abb. S. 9: Dom legt für das Jubiläum sein letztes Schmuckstück an. Schweres Bronzekreuz für den Westchor. Gez.: eke. (Artikel veröffentlicht in: Allgemeine Zeitung (Mainz) Nr. 67 vom 20. März 1975, S. 13. – Vgl. auch: Nr. 72 vom 26. März 1975, S. 10). – Abb. S. 56: Westkrypta im Dom zu Mainz, 1. Sandstein-Tympanon, „Der Engel am Grab"; 2. Travertin-Altar. – Zwei von Zeuner geschaffene Bronzeplatten für die Ostkrypta werden im Buch nicht erwähnt.

1446. Der „gefärbelte“ Stein. Oder: Sehnsucht nach der Welt von gestern. Gez.: MR. In: Allgemeine Zeitung (Mainz) Nr. 177 vom 3. August 1974, S. 12.

1447. Heufelder, Gerhard: St. Martin in Mainz. Ein gescheckter Dom wird rot. Am neuen Kleid der Kirche entbrannte der Disput. In: Mainz Magazin, Juni 1974, S. 3 – 10.

1448. Jung, Wilhelm: Die Rotfärbelung des Mainzer Domes 1971 – 1978. Ein Beitrag zum Verständnis farbiger Architektur. In: Neues Jahrbuch für das Bistum Mainz. Beiträge zur Zeitgeschichte der Diözese 1978, S. 63 – 70.

1449. Jung, Wilhelm: Der 1000jährige Dom des hl. Martinus zu Mainz – ein Bau- und Kunstdenkmal von abendländischem Rang. In: Lebendiges Rheinland-Pfalz 12 (1975) S. 35 – 38.

S. 38: Die große Domrettung 1924 – 1928, 1971 – 1975.

1450. Jung, Erich (muß Wilhelm heißen): Werden in Mainz die Kirchen rot? In: Allgemeine Zeitung (Mainz) Nr. 77 vom 30./31. März 1974, S. 18. Dazu (Presser, Helmut): Sorge um den Dom. (Leserbrief). In: Allgemeine Zeitung (Mainz) Nr. 78 vom 2. April 1974, S. 11. – Vgl. auch Leserbrief von H.E. v. Steinwehr. In: Allgemeine Zeitung (Mainz) Nr. 86 vom 11. April 1974, S. 16.

1451. Lebhafte Diskussion um Domfassade. In: Allgemeine Zeitung (Mainz) Nr. 96 vom 25. April 1974, S. 13. – Vgl. auch: Mitspracherecht bei Domgestaltung. (FDP fordert Mitspracherecht; sie ist gegen das Rotfärbeln des Domes.) In: Allgemeine Zeitung (Mainz) Nr. 88 vom 16. April 1974, S. 9.

1452. Leuck, Klemens: Die Restaurierungsarbeiten am Mainzer Dom in den Jahren 1971 – 1975. Ein Beitrag zur Baugeschichte des Hohen Domes zu Mainz. In: Neues Jahrbuch für das Bistum Mainz. Beiträge zur Zeitgeschichte der Diözese 1981, S. 9 – 100.

1453. Rahms, Helene: Wie rot war der Mainzer Dom? Vom „Färbeln“ und der dazugehörigen Philosophie. In: Frankfurter Allgemeine Zeitung vom 2. Juli 1974.

1454. Stockinger, Jakob: Die Renovierung des Mainzer Doms 1971 – 1975. In: Glaube und Leben. Katholische Kirchenzeitung für das Bistum Mainz 31 (1975) Nr. 20 (Pfingsten) S. 15.

1455. Stockinger, Jakob: Sicherungs- und Wiederherstellungsarbeiten am Dom zu Mainz. In: Neues Jahrbuch für das Bistum Mainz. Beiträge zur Zeitgeschichte der Diözese 1977, S. 18 – 41.

Betr. die Jahre 1962 – 1977. Ausführlich: Domorgel: S. 21 – 25.

b) Notizen für die Jahre 1960 – 1975

1456. L(eiterma)nn, (Heinz): Kunstwerke des Domes in neuer Umgebung. Der Saulheimer Altar und der Rauchmüller-Kruzifixus tauschten die Standorte. / Gothard-Kapelle. In: Allgemeine Zeitung (Mainz) Nr. 74 vom 28. – 30. März (Ostern) 1964, S. 5.

Betr. auch Udenheimer Kruzifixus in der Gotthardkapelle.

1457. Leitermann, (Heinz): Die Gothard-Kapelle am alten Bischofshof. Architektonisches Kleinod wurde erneuert. / Udenheimer Kruzifixus als Mittelpunkt. In: Allgemeine Zeitung (Mainz) Nr. 83 vom 9. April 1964, S. 5. – Vgl. dazu auch: G(lotzbach), C(arl): Gothard-Kapelle restauriert. In: Das Neue Mainz 1964, Heft 5, S. 15.

1458. Bronzetür für St. Gothard. In: Allgemeine Zeitung (Mainz) Nr. 90 vom 17. April 1964, S. 5.
Theo Graffé, Mainz, gestaltete die Tür.

1459. Restaurierung des Kreuzganges wird im Spätherbst beendet. In: Allgemeine Zeitung (Mainz) Nr. 168 vom 24. Juli 1969, S. 10.

1460. Im Domkreuzgang: Inschriften des 11. Jahrhunderts entdeckt. In: Allgemeine Zeitung (Mainz) Nr. 206 vom 6./7. September 1969, S. 9. – Vgl. dazu auch: Zeugnisse des 11. Jahrhunderts. In: Allgemeine Zeitung (Mainz) Nr. 256 vom 4. November 1969, S. 10.
Inschriften von EB Ruthard und Dompropst Godeboldus sind im Domkreuzgang zu sehen.

1461. Schleichschicht ist eine Gefahr für Ostturm des Mainzer Domes. In: Allgemeine Zeitung (Mainz) Nr. 106 vom 8./9. Mai 1971, S. 9.
Die Fundierung des Ostturms ruht auf einer Schleichschicht; die Fundamente auf die darunter befindliche Kiesschicht aufzusetzen, war bei der Restaurierung in den zwanziger Jahren wegen des vordringenden Grundwassers nicht möglich. Dachkonstruktion und Turmdachdeckung müssen ebenfalls kontrolliert werden.

1462. Bo(rrmann, G.): Der Dom wird überholt. In: Das Neue Mainz 1971, Heft 10, S. 4.

1463. Sicherungsarbeiten am Ostchor des Mainzer Doms gehen weiter. In: Allgemeine Zeitung (Mainz) Nr. 51 vom 1. März 1972, S. 13.

1464. Altarweihe in der Dom-Westkrypta. In: Allgemeine Zeitung (Mainz) Nr. 225 vom 28. September 1972, S. 14.
Lullus-Altar.

1465. Stahlgerüst über die Ostfassade. In: Allgemeine Zeitung (Mainz) Nr. 289 vom 13. Dezember 1972, S. 13.
Sicherung des alten Sandsteingemäuers der Ostfassade.

1466. Dom: 45 Tonnen Schieferplatten wurden vom Ostturm abgeseilt. In: Allgemeine Zeitung (Mainz) Nr. 126 vom 1. Juni 1973, S. 9.

1467. Turmspitze des Doms in neuem Goldglanz. In: Allgemeine Zeitung (Mainz) Nr. 208 vom 7. September 1973, S. 9.
Hauptturmspitze am Ostturm. Die Goldfolie beträgt ein Millionstel Millimeter.

1468. Meister Löwe kuriert die Karies der lombardischen Domlöwen. In: Allgemeine Zeitung (Mainz) Nr. 230 vom 3. Oktober 1973, S. 13.
Löwen am Liebfrauenportal werden von Josef Löwe restauriert.

1469. Stahlbandagen umgürten Hauptturm der Ostgruppe. In: Allgemeine Zeitung (Mainz) Nr. 235 vom 9. Oktober 1973, S. 11.

1470. Mit Spaten, Löffel und Bagger. Neue Kirche vor dem Dom entdeckt. In: Mainz Magazin, Februar 1974, S. 17.

1471. Mainzer Dom auf einer Sondermarke. In: Allgemeine Zeitung (Mainz) Nr. 33 vom 8. Februar 1974, S. 2.
Die Briefmarke soll am 15. Januar 1975 erscheinen.

1472. Umfangreiches Festprogramm zum Domjubiläum. In: Allgemeine Zeitung (Mainz) Nr. 58 vom 9. März 1974, S. 6 und 9.

1473. Sankt Martin wurde entwaffnet. In: Allgemeine Zeitung (Mainz) Nr. 104 vom 6. Mai 1974, S. 14.
Das Schwert des hl. Martin (Westgruppe) wurde mit einem Besen vertauscht. Dabei Schäden an einer Schieferkehle.

1474. Verwitterte Figuren werden erneuert. In: Allgemeine Zeitung (Mainz) Nr. 125 vom 31. Mai 1974, S. 10.

Engel und Steinknospe (Original im Dommuseum) vom Nord-Süd-Querhaus des Westchores.

c) Das Domfest 1975

1475. Dom und Bistum im Heiligen Jahr 1975. Hrsg. von der Öffentlichkeitsarbeit des Bistums Mainz. (Mainz 1974).

Veranstaltungen des Jubiläumsjahres. Wilhelm Jung: 1000 Jahre Mainzer Dom 975 – 1975. Hermann Kardinal Volk: (Sinn und Aufgaben des Jubiläumsjahres).

1476. Baron, Ruth: 1000 Jahre Mainzer Dom. Eine Stadt lebt mit ihrem Gotteshaus. Spiegelbild freud- und leidvoller Geschichte am Rhein. In: Mainz Magazin, März 1975, S. 3 – 4.

Essay zum Jubiläum.

1477. Brück, Anton Ph(ilipp): Der Mainzer Dom als Schauplatz deutscher Geschichte. In: Glaube und Leben. Katholische Kirchenzeitung für das Bistum Mainz 31 (1975) Nr. 20, S. 7 – 8. – Auch in: Arzt und Auto, Mai 1976, S. 45 – 46.

1478. Geißler, Veit: Tausend Jahre Mainzer Dom 975 – 1975. In: Das Münster. Zeitschrift für christliche Kunst und Kunstwissenschaft 28 (1975) S. 235 – 237.

Überblick über die Jubiläumsveranstaltungen: „Mischung aus Volksfest und Besinnlichem" (S. 236). „In seltener Weise präsentierte sich die Kirche in Mainz, die sonst eher durch Zurückhaltung, Volksnähe und Unscheinbarkeit das Vorbild ihres Oberhirten nachlebt" (S. 237).

1479. Jung, Wilhelm: Der tausendjährige Dom des hl. Martinus zu Mainz: ein Bau- und Kunstdenkmal von abendländischem Rang. In: Glaube und Leben. Katholische Kirchenzeitung für das Bistum Mainz 31 (1975) Nr. 20 (Pfingsten) S. 5 – 6.

1480. Der Mainzer Dom: Geistlicher Mittelpunkt des Bistums. In: Bistum Mainz. Kirche auf dem Weg. Hrsg. vom Bischöflichen Ordinariat Mainz. Redaktion: Abteilung Öffentlichkeitsarbeit. OR Ingobert Jungnitz. Eltville (1975). S. 25 – 27.

1481. Mainzer Dom 975 – 1075. Ausstellung im Mainzer Rathaus-Foyer vom 22.2. – 15.5.1975. Der Dom im Bild fotografiert von Winfried Popp.

Broschüre, die folgende Grußworte enthält: Oberbürgermeister J. Fuchs, Kulturdezernent der Stadt Mainz Anton M. Keim; Wilhelm Jung (Direktor des Dommuseums) stellt auf einer Seite „1000 Jahre Mainzer Dom 975 – 1975" vor.

1482. Seidel, Walter (Hrsg.): Kirche aus lebendigen Steinen. Mainz 1975.

Auswahl von Reden, Vorträgen und Predigten anläßlich des Jubiläumsjahres: Beiträge von Hans Urs von Balthasar: Haus des Gebetes: S. 11 – 29. – Josef Ratzinger: „Auferbaut aus lebendigen Steinen": S. 30 – 48. – Wilhelm Nyssen: Nr. #330. – Josef Pieper: Das Gedächtnis des Leibes. Von der erinnernden Kraft des Geschichtlich-Konkreten: S. 68 – 83. – Bernhard Vogel: Kirche in der Welt: S. 84 – 89. – Julius Kardinal Doepfner: Was bedeutet uns dieser Dom? Predigt: S. 90 – 94. – Hermann Schäufele: Das Erbe des heiligen Bonifatius. Predigt: S. 95 – 101. – Hermann Kardinal Volk: „Die Freude am Herrn ist eure Stärke." Predigt: S. 102 – 111.

1483. Strickstrock, Jürgen: Das Fest des Jahres 1975: 1000 Jahre Mainzer Dom. In: Neues Jahrbuch für das Bistum Mainz. Beiträge zur Zeitgeschichte der Diözese 1977. S. 42 – 46.

1484. Schwaderlapp, Werner: Geschichtchen statt Geschichte. Zum Mainzer Jubiläum: 1000 Jahre Dom. In: Publik-Forum vom 27. Juni 1975, S. 14.

Kritisch-polemische Gedanken zum Domjubiläum.

1485. 1000 Jahre Mainzer Dom (975–1975). Werden und Wandel. Ausstellungskatalog und Handbuch. Hrsg. von Wilhelm Jung i.A. des Diözesanbischofs und des Domkapitels. Mainz 1975.

Titel sind einzeln aufgenommen. Zusammenfassung der wichtigsten Ergebnisse vgl. Friedhelm Jürgensmeier: Das Schrifttum der Jahre 1971 bis 1975 zur mittelrheinischen Kirchengeschichte bis 1500. In: Archiv für mittelrheinische Kirchengeschichte 27 (1975) S. 281–328, bes. S. 295–296.

1486. Volk, Hermann Kardinal: Feiern heißt Zusammenhänge bedenken. In: Glaube und Leben. Katholische Kirchenzeitung für das Bistum Mainz 31 (1975) Nr. 20 (Pfingsten), S. 3.

Sinn des Jubiläums.

1487. Volk, Hermann Kardinal: Werden und Wandel. 1000 Jahre Mainzer Dom. In: Rheinischer Merkur vom 30. Mai 1975. – Vgl. auch: Heimat-Bote Offenbach vom 30. Mai 1975.

Über die theologische Bedeutung des Domjubiläums.

1488. Willigis – der Kanzler der den Staatsdom baute. Beginn der Feierlichkeiten zum 1000jährigen Jubiläum des Mainzer Doms. In: Allgemeine Zeitung (Mainz) Nr. 43 vom 20. Februar 1975, S. 4. – Gekürzt auch in: Offenbacher Post vom 20. Februar 1975. – Vgl. auch K(arl) H(einz) Hock: Willigis, Erzbischof und Kanzler. Vor tausend Jahren wurde der Grundstein des Mainzer Doms gelegt. In: Gießener Allgemeine Zeitung vom 20. Februar 1975. – Vgl. auch: Karl Heinz Hock: Einst der Staatsdom des Reiches. In: Bergsträßer Anzeiger vom 21. Februar 1975. – Vgl. auch: Nach dem Vorbild der Peterskirche erbaut. In: Ruhr-Nachrichten (Essen) vom 22. Februar 1975.

1489. (Plakate für das Domjubiläum in Abb.). In: Allgemeine Zeitung (Mainz) Nr. 51 vom 1. März 1975, S. 18.

1490. Bewahren und Erneuern. 1000-Jahrfeier des Mainzer Doms eröffnet. Gez.: -ic-. In: Glaube und Leben. Kirchenzeitung für das Bistum Mainz Nr. 9 vom 2. März 1975, S. 13.

1491. Bischofskreuz und offizielle Festmedaille. In: Glaube und Leben. Kirchenzeitung für das Bistum Mainz Nr. 10 vom 9. März 1975, S. 20.

1492. Baron, Ruth: Milenario de la catedral de Maguncia. Aus: Vorwärts vom 20. Februar 1975. In: Tribuna Alemana Nr. 549 vom 20. März 1975.

1493. Stempelmotive ergänzen die Markenbilder. In: Gießener Anzeigen Nr. 102 vom 3. Mai 1975, S. 9.

Abb. eines Ersttagsstempels mit dem Ostbau des Mainzer Doms für die Sonderbriefmarke „1000 Jahre Mainzer Dom".

1494. Rumstadt, Alphons: Symbol von Kirche und Welt. Tausendjahrfeier des Mainzer Domes. In: Darmstädter Echo vom 24. Mai 1975, S. 21.

1495. Clausen, Franz: 1000 Jahre Mainzer Dom. Reifstes Werk der Romanik am Rhein. In: Deutsche Tages-Post Nr. 38 vom 28./29. März 1975.

1496. Der tausendjährige Dom. Gez.: E.S. In: Frankfurter Allgemeine Zeitung Nr. 122 vom 30. Mai 1975, S. 7.

1497. Noll, Reinhold: Drei Baustile aus fünf Jahrhunderten als Folge einer wechselvollen Geschichte. Tausend Jahre Mainzer Dom: die Bürger feiern mit einer Festwoche das Jubiläum. In: Mannheimer Morgen vom 31. Mai 1975.

1498. Joeckle, Rudolf: Bistum und Stadt gedenken der Gründung des Staatsdomes des 1. Reiches der Deutschen. Der 1000jährige Dom des heiligen Martin zu Mainz. Renovation abgeschlossen – Neue Ordnung im Innern der Basilika – Festwoche mit vielen Veranstaltungen. In: Die Rheinpfalz Nr. 123 vom 31. Mai 1975.

1499. Mit dem Dom verwachsen. In: Glaube und Leben. Katholische Kirchenzeitung für das Bistum Mainz 31 (1975) Nr. 20 (Pfingsten) S. 8.
Domkapitel, Domarchiv, Dommuseum, Domchor, Dommusik, Domorgel, Domglocken: jeweils Notizen über Entstehung und Bedeutung.

1500. 1000 Jahre Mainzer Dom. Programm der Festwoche vom 30. Mai bis 8. Juni 1975. In: Glaube und Leben. Katholische Kirchenzeitung für das Bistum Mainz 31 (1975) Nr. 20 (Pfingsten) S. 14.
In Einzelbildern die Gäste der Festwoche.

1501. 1000 Jahre Mainzer Dom. Festwoche vom 30. Mai bis 8. Juni 1975. Festprogramm. Hrsg. vom Domkapitel Mainz.

1502. Armbruster, Susanne: Vom Staatsdom zur Mutterkirche des Bistums Mainz. Die Jubiläums-Ausstellung als Dokumentation einer tausendjährigen Geschichte. In: Allgemeine Zeitung (Mainz) Nr. 124 vom 2. Juni 1975, S. 13. – Vgl. zum Domjubiläum auch: S. 13 – 14.

1503. 3000 füllten den Dom. Papst hebt enge Verbundenheit mit Mainzer Kirche hervor. In: Rhein-Zeitung (Koblenz) vom 2. Juni 1975.

1504. Miesen, Karl-Jürgen: Ein Dom wird 1000. In: Rheinische Post vom 2. Juni 1975.

1505. Mainz blickt zurück und vorwärts. Feier des Domjubiläums und der Neugestaltung des Domviertels. Ausstellung „Tausend Jahre Mainzer Dom“. In: Trierischer Volksfreund vom 3. Juni 1975.

1506. Schreiber, Hermann: Der Mainzer Dom – ein steinernes Bilderbuch der Geschichte. Die Kathedrale am Rhein ist 1000 Jahre alt. In: Saarbrücker Zeitung vom 6. Juni 1975, S. 12.

1507. Antwort auf wichtige Fragen. Tausende erlebten „Festliche Stunde“ zum Ausklang. Gez.: wth. In: Allgemeine Zeitung (Mainz) Nr. 130 vom 9. Juni 1975, S. 13.
S. 13 berichtet von verschiedenen Veranstaltungen zum Mainzer Domjubiläum.

1508. Dom das Herzstück des Bistums Mainz. Botschaft Papst Pauls VI. an Kardinal Volk und die Katholiken der Diözese Mainz anläßlich der Tausendjahrfeier. In: Deutsche Tagespost Nr. 69 vom 10. Juni 1975.
Schreiben im Wortlaut.

1509. Eberts, Gerhard: Der Heilige Stuhl am Rhein. In: Weltbild vom 11. Juni 1975, S. 14 – 17.

1510. Lerch, Harry: Willigis, Willigis nit vergiß... Ein Bericht vom 1000 Jahre alten Dom zu Mainz. In: Rhein-Zeitung (Koblenz) vom 13. Juni 1975.

1511. W(aschbüsch), A.: Ewiges Rom und Mainzer Dom. Kardinal Volk eröffnete Fotoausstellung beim deutschsprachigen Pilgerbüro in Rom. In: L'Osservatore Romano (Deutsche Ausgabe) vom 17. Oktober 1975, S. 2. – Vgl. auch: Glaube und Leben. Kirchenzeitung für das Bistum Mainz Nr. 43 vom 26. Oktober 1975, S. 7.

1512. Viel Anklang in Rom: „Mainzer Dom im Bild.“ In: Allgemeine Zeitung (Mainz) Nr. 261 vom 10. November 1975, S. 13.

Hermann Kardinal Volk eröffnete am 10. Oktober eine Fotoausstellung über den Mainzer Dom in Rom.

1513. Volk, Hermann Kardinal: Nach dem Jahr des Domjubiläums. In: Glaube und Leben. Kirchenzeitung für das Bistum Mainz Nr. 2 vom 11. Januar 1976, S. 7–8.

d) Notizen für die Jahre 1976–1984*

1514. Bronzeplatte. Am Denkmal des heiligen Bonifatius auf dem Domplatz. In: Allgemeine Zeitung (Mainz) Nr. 178 vom 4. August 1977, S. 10.

1515. Steine vom Schmutz befreit. Das Mauerwerk der St.-Gotthard-Kapelle wird erneuert. / Geschichte der St.-Gotthard-Kapelle. In: Allgemeine Zeitung (Mainz) Nr. 196 vom 26. August 1981, S. 9.

Verf. weist auch auf die verschiedenen Schreibweisen hin: Gotthard – Gothard – Godehard.

1516. Steinmetze „kurieren“ Dom. Vom „Zahn der Zeit“ zernagte Bauteile werden ersetzt. In: Allgemeine Zeitung (Mainz) Nr. 211 vom 11./12. September 1982, S. 13.

Restaurierung des nördlichen Seitenschiffs. Die Ersatzstücke werden aus dem roten Mainsandstein von Miltenberg gearbeitet.

1517. „Dom-Information“ vor Marktportal. Service für Besucher erhielt jetzt ein eigenes Domizil. In: Allgemeine Zeitung (Mainz) Nr. 76 vom 31. März 1983, S. 10.

1518. Symbolerfüllte Handlung. Renovierte St.-Gotthard-Kapelle geweiht. / Neue Orgel gespielt. In: Allgemeine Zeitung (Mainz) Nr. 298 vom 23. Dezember 1983, S. 13.

1519. Jung, Wilhelm: St.-Gotthard-Kapelle renoviert. Bedeutendstes Bauwerk im Ensemble der Mainzer Domanbauten. In: Allgemeine Zeitung (Mainz) Nr. 293 vom 17./18. Dezember 1983, S. 25. – Vgl. auch: Glaube und Leben. Kirchenzeitung für das Bistum Mainz Nr. 1 vom 1. Januar 1984, S. 15.

1520. Jung, Wilhelm: Die Gotthardkapelle des Mainzer Domes. Zum Abschluß umfassender Restaurierungsarbeiten. In: Neues Jahrbuch für das Bistum Mainz. Beiträge zur Zeitgeschichte der Diözese 1983, S. 9–30. Auch SD Mainz 1985

ANHANG

I. DER MAINZER DOMSCHATZ – DAS DOM- UND DIÖZESANMUSEUM

A. Der Schatz – Das Halle'sche Heiligtum

1. Übergreifende Beiträge

1521. Ausstellung: Moguntia Sacra. Der alte und der neue Domschatz. Das Bistum Mainz von 1802–1961. 2. Juni bis 29. Juli 1962.

Prospekt zur Ausstellung. Knappe Skizze zur Geschichte des alten Erz- und heutigen Bistums Mainz.

* (chronologisch geordnet)

1522. Bösch, Hans: Die kirchlichen Kleinodien des Kardinals Albrecht, Erzbischofs und Kurfürsten von Mainz, Markgrafen von Brandenburg. In: Mitteilungen aus dem germanischen Nationalmuseum zu Nürnberg 2 (1887 – 1889) S. 123 – 152.
Inventar des Halle'schen Heiligtums.

1523. Bösken, Sigrid: Die Mainzer Goldschmiedezunft. Ihre Meister und deren Werke vom Ende des 15. bis zum ausgehenden 18. Jahrhundert. (= Beiträge zur Geschichte der Stadt Mainz, 21). Mainz 1971.
Dom: S. 16 – 18. Besonders EB Johann Philipp von Schönborn veranlaßte Neuanfertigungen, nachdem der Domschatz zuletzt während der schwedischen Besetzung im Dreißigjährigen Krieg (1631 – 1636) Verluste erlitten hatte.

1524. Borenius, Tancred: The Treasure of the Cathedral of Mainz. In Aid of the Mainz Diocesan charities (Caritasverband). London 1932.

1525. Burkard, Hans: Das Ende des Mainzer Domschatzes. In: Beiträge zur Kunst und Geschichte des Mainzer Lebensraumes. FS für Ernst Neeb. Mainz 1936. S. 190 – 203.

1526. Der Domschatz von Mainz und die Ermordung Erzbischofs Arnold. In: Ahasver Nr. 68, 69, 70, 71, 72, 73 und 74 vom 6., 8., 11., 13., 15., 18. und 20. Dezember 1836.

1527. (Falk, Franz): Von den Hällischen Heiligthümern, welche der Erzbischof Albertus 1543 nach Mayntz gebracht und von Halle [mit Recht] entwendet. In: Organ für christliche Kunst 21 (1871) S. 130 – 131.
Betr. auch Baldachin, den EB Albrecht dem Dom schenkte.

1528. (Falk, Franz): Zur Geschichte des Mainzer Domschatzes. In: Correspondenz-Blatt des Gesammtvereines der deutschen Geschichts- und Alterthums-Vereine 23 (1875) S. 7 – 8.
Urkunde vom 19. November 1355: Domkapitel zu Mainz übernimmt allen Anspruch auf den von EB Peter dem Erzstifte geschenkten goldenen Sessel und verspricht, ihn nie aus der Stadt zu bringen.

1528a. Grote, Ludwig: Arbeiten des Nürnberger Goldschmieds Martin Krafft für das Hallesche Heiltum. In: Anzeiger des Germanischen Nationalmuseums 1967, S. 30 – 35.

1529. Gündel, Christian: Der Mainzer Domschatz. Manuskript. Mainz 1954. Mainz (Bischöfliche Kanzlei) 1962.
Gegenstände des 10. bis 12. Jahrhunderts.

1530. Hess, Manfred: Johannes Ledent, ein Mainzer Goldschmied des 18. Jahrhunderts. In: Mainz und der Mittelrhein in der europäischen Kunstgeschichte. Studien für Wolfgang Fritz Volbach zu seinem 70. Geburtstag. (= Forschungen zur Kunstgeschichte und christlichen Archäologie, 6). Wiesbaden 1966. S. 493 – 520.
1671 – 1735; schuf eine Vielzahl von sakralen Gegenständen wie Ziborien (z. B. von 1719, Mainzer Domschatz), Meßgarnituren (z. B. von 1720, Mainzer Domschatz) und Monstranzen.

1530a. Holst, N. v.: 1632 in Aschaffenburg erbeuteter Pokal wurde 1966 in Stockholm wiederentdeckt. In: Main-Echo (Aschaffenburg) 1966, Nr. 247, S. 4.
Der Pokal gehörte zum Mainzer Domschatz.

1531. Jung, Wilhelm: Aus der Geschichte des Mainzer Domschatzes. In: 1000 Jahre Mainzer Dom (975 – 1975). Werden und Wandel. Ausstellungskatalog und Handbuch. Hrsg. von Wilhelm Jung im Auftrag des Diözesanbischofs und des Domkapitels. Mainz 1975. S. 176 – 185.

1532. Jung, Wilhelm: Aus der Geschichte des Mainzer Domschatzes. In: Willigis und sein Dom. FS zur Jahrtausendfeier des Mainzer Domes 975 – 1975. Hrsg. von Anton Ph(ilipp) Brück. (= QAMrhKG, 24). Mainz 1975. S. 331 – 357.
Teilweiser Neuabdruck der Quellen, die Veit, Nr. #1549, zitiert.

1533. Liber de calamitate ecclesiae Moguntinae (auch Chronicon Moguntinum des Christian genannt). In: MGH Scriptores 25. Hannover 1880. S. 236 – 242.
Um 1250 verfaßt.

1534. (Luther, Martin): New Zeitung vom Rein. (Wittenberg) 1542. Hrsg. von Josef Benzing. Walter Menn zum 60. Geburtstag am 4. Juni 1950 überreicht von den Mitarbeitern der Universitätsbibliothek zu Mainz als Faksimile. Wiesbaden 1950.
Der Faksimile-Druck enthält eine Reihe vom Abbildungen des „Halleschen Heiligtumsbuches" von 1520 (Holzdruck). Kardinal Albrecht von Brandenburg vermachte seine Reliquiensammlung dem Mainzer Dom, wohin auch der größte Teil des Schatzes überführt wurde (vgl. hier: Text Luthers – ohne Seitenzählung – und Erklärungen des Hrsg., S. 20). S. 26, Anm. 4 – 5: Literatur zum Halleschen Heiltum und über den Verbleib einzelner Gegenstände der Sammlung.

1535. Merkel, Joseph (Hrsg.): Der Mainzer Domschatz. In treuen Abbildungen nach einem in der königlich-bayerischen Hofbibliothek zu Aschaffenburg befindlichen Miniaturwerke aus dem sechzehnten Jahrhunderte. Aschaffenburg 1848.
Aus der Miniaturhandschrift der Hofbibliothek in Aschaffenburg „Verzeichniss und Zoeignung des hochlobwirdigen Heiligthumbs der Stifftskirchen der heil. Sanct Moritz und Marien Magdalenen zu Halle".

1536. Metzger, Joh(annes): Der frühere Mainzer Domschatz. (= Lose Blätter Mainzer Spezialgeschichten). In: General-Anzeiger Nr. 286 vom 11. Dezember 1894.

1537. Minkus, Fritz: Der Kirchenschatz von Mainz im XII. Jahrh(undert). In: Zeitschrift für christliche Kunst 10 (1897) Sp. 85 – 90.
Nach dem Chronicon Moguntinum.

1538. Neeb, Ernst: Die letzten drei fehlenden Blätter vom Aschaffenburger Prachtcodex des Halleschen Heiligtums aus der Zeit des Erzbischofs Albrecht von Brandenburg. In: Mainzer Zeitschrift 17/19 (1921/1924) S. 35 – 40.
S. 35 – 37: Geschichte des Mainzer Domschatzes bis Ende des 18. Jahrhunderts.

1538a. Rasmussen, Jörg: Untersuchungen zum Halleschen Heiltum des Kardinals Albrecht von Brandenburg. In: Münchner Jahrbuch der bildenden Kunst 3.F. 27 (1976) S. 59 – 118. 3.F. 28 (1977) S. 91 – 132.
Grundlegende Arbeit unter Berücksichtigung der älteren Forschung, ohne auf die besondere Beziehung zum Mainzer Domschatz einzugehen.

1539. Redlich, Paul: Cardinal Albrecht von Brandenburg und das Neue Stift zu Halle. 1520 – 1541. Viertes Kapitel: Das Heiligtum. Eine kirchen- und kunstgeschichtliche Studie. Diss. phil. Leipzig. Mainz 1900.
Darin: Entstehung des Halleschen Heiltums, Herkunft einzelner Stücke, Vererbung und spätere Schicksale. Hier Auszug aus Diss., 4. Kap. Ganze Diss. soll ebenfalls in Mainz erschienen sein. Dieses 4. Kap. beschreibt nur das Halle'sche Heiltum, ohne auf seine spätere Zugehörigkeit zum Mainzer Domschatz einzugehen.

1540. Ordinarium sive Registrum praesentarium secundum chorum ecclesiae Maguntinae. HS 92 im Bischöflichen Priesterseminar, Mainz.
Fol. 170: Verzeichnis der Kleinodien des Domes und der Reliquien, die alle sieben Jahre am Kirchweihfeste (4. Juli) gezeigt werden, nach einer Inventaraufnahme von 1418. – Fol. 188 – 218: Detailliertes Verzeichnis der Kleinodien, Paramenten und Reliquien, die EB Albrecht von Brandenburg dem Domschatz vermachte.

1541. Sauer, (Wilhelm): Regesten zur Geschichte der Mainzer Stiftsfehde und der Verpfändung des Mainzer Domschatzes während derselben (1461 – 1476). Aus ungedruckten Urkunden des Staatsarchives Wiesbaden. In: Zeitschrift des Vereins zur Erforschung der rheinischen Geschichte und Alterthümer in Mainz 3 (1868 – 1887) S. 273 – 282.

1542. S(chneider), F(riedrich): Ein päpstlicher Gesandter über Mainz im Jahre 1762. (Fortgesetzt unter dem Titel:) Ein päpstlicher Gesandter über Mainz. Garampi's 2. Reise im

Jahre 1764. In: Mainzer Journal Nr. 17, 24 und 25 vom 21., 29. und 31. Januar 1898. Nr. 27,28 und 29 vom 2., 3., und 4. Februar 1898.

Nuntius Garampi hatte noch am 16. Mai 1764 die Cranach zugeschriebenen Bilder des hl. Martin und der hl. Ursula im Mainzer Domschatz bewundert (s. Nr. 25 vom 29. Januar 1898).

1543. Schneider, Friedrich: Wiedergewinnung von Miniaturen aus dem Aschaffenburger Prachtcodex des Halleschen Heiligtums, einer Stiftung des Kardinals Albrecht von Brandenburg. In: Hohenzollern Jahrbuch 1 (1897) S. 174–186. Kurzfassung unter dem Titel: Vom Kirchenschatz des Cardinal-Erzbischofs Albrecht von Mainz. Ein kunsthistorischer Fund. In: Mainzer Journal Nr. 295 vom 18. December 1897.

Schneider wendet sich u.a. gegen Terey, Nr. #1547, S. 10: „Wenn er die Benennung ‚Mainzer Domschatz' beseitigt, so ist er zwar im Rechte, sofern es sich um die ursprüngliche Zugehörigkeit handelt; immerhin machte das Hallesche Heiligtum nach seiner Ueberführung einen Teil des ‚Mainzer Domschatzes' aus ... Es ist vielmehr angezeigt, die Benennung ‚Hallesches Heiligtum' aufrechtzuerhalten ..." (S. 175).

1544. Schnütgen, Alexander: Die alte Abbildung des Reliquienkreuzes im „Halle'schen Domschatze" und das Original im Nationalmuseum zu Stockholm. In: Zeitschrift für christliche Kunst 11 (1898) Sp. 65–74.

1545. Schnütgen, (Alexander): Bischofsstab Albrecht's von Brandenburg im Nationalmuseum zu Stockholm. In: Zeitschrift für christliche Kunst 11 (1898) Sp. 109–112.

1546. Schwarz, E.: Das sogenannte Christiani Chronicon Moguntinum. In: Archiv für hessische Geschichte und Altertumskunde NF 1 (1894) S. 521–575.

„Der Chronist bezweckt, den Verlust des Mainzer Kirchenschatzes zu schildern und den Druck zu beschreiben, welcher seit 100 Jahren auf der Mainzer Kirche lastet." (S. 524). Daran schließt sich der geschichtliche Teil, „welcher mit der Absetzung Heinrichs I. (1153) beginnt und mit der Christian II. (1251) endigt." (S. 525).

1547. Térey, Gabriel von: Cardinal Albrecht von Brandenburg und das Halle'sche Heiligthumsbuch von 1520. Eine kunsthistorische Studie. Strassburg 1892.

Abhandlung über die Reliquienverzeichnisse und deren Abbildungen vom kunstgeschichtlichen Standpunkt. „Die uncorrecte Bezeichnung ‚Mainzer Domschatz' [für das ‚Hallesche Heiltum', Anm. des Bearb.] kann nur dadurch entstanden sein, dass der noch damals zum Theil vorhandene Kirchenschatz der Stiftskirche im Jahre 1540 in Folge der eingetretenen Reformation von Halle nach dem Mainzer Dome überführt wurde ... Die irrige Bezeichnung ‚Mainzer Domschatz' stammt unseres Wissens von Jos. Merkel (Die Miniaturen und Manuscripte der k. bayer. Hofbibl. Aschaffenburg, Pergay 1836) her; beseitigen wir sie wieder..." S. 10, Anm. 1.

1548. Veit, A(ndreas) L(udwig): Etwas über den Mainzer Domschatz. In: Mainzer Journal. Beilage: Feierstunde Nr. 133 und 134 vom 10. und 11. Juni 1912.

1549. Veit, Andreas L(udwig): Der Mainzer Domschatz – sein Entstehen und Vergehen. In: Mainzer Journal Nr. 203 vom 1. September 1917. Nr. 204 vom 2. September. Nr. 215 vom 15. September 1917. Nr. 221 vom 22. September 1917. Nr. 227 vom 29. September 1917. Nr. 232 vom 5. Oktober 1917. Nr. 233 vom 6. Oktober 1917. Nr. 239 vom 13. Oktober 1917. Nr. 251 vom 27. Oktober 1917. Nr. 262 vom 10. November 1917.

1550. Waldmann, Emil: Was ist mit dem Mainzer Domschatz? Kunstwerke des deutschen Mittelalters als Leihgaben in einer Londoner Kunsthandlung. In: Der Mittag (Düsseldorf) Nr. 109 vom 11. Mai 1932.

Verf. fragt nach dem Grund dieser privaten Ausstellung des Kunsthändlers Spink: „Oder ob das Mainzer Domkapitel in Geldnot ist? Ob es, nach dem Vorgang des Welfenschatzes zu erwarten steht, daß auch diese Werke Deutschland verlassen sollen? Ob Mainz verkaufen will oder am Ende gar schon verkauft hat?"

1551. Was man von London über den Mainzer Domschatz hört. In: Mainzer Journal Nr. 108 vom 10. Mai 1932. – Vgl. auch: Martinus-Blatt. Katholisches Volksblatt für alle Stände Nr. 20 vom 14. Mai 1932.

Zur Ausstellung des Mainzer Domschatzes in London. Der Artikel enthält Auszüge von dem in englischer Sprache verfaßten Ausstellungskatalog von Georg Lenhart. – Zwei Ausstellungsstücke in Abbildung. Vgl.:

Mainzer Journal Nr. 106 vom 7. Mai 1932. – Die Ausstellung wurde am 24. Mai 1932 geschlossen: Mainzer Journal Nr. 121 vom 27. Mai 1932.

2. Beiträge zu einzelnen Gegenständen

1552. Arens, Fritz (Viktor): Beigaben in Bischofsgräbern. Der Ring aus dem Grabe des Erzbischofs Adolph I. von Nassau im Mainzer Dom. Anhang: Das Grab des Erzbischofs Adolph von Nassau im Mainzer Dom. In: Mainzer Zeitschrift 60/61 (1965/66) S. 118–124 (Anhang: S. 121–122).

Der Ring befindet sich heute im Dom- und Diözesanmuseum.

1553. Arens, Fritz Viktor: Ein gotischer Kelch aus Worms. In: Der Wormsgau. Zeitschrift der Kulturinstitute der Stadt Worms und des Altertumsvereins Worms 2 (1942) Heft 6, S. 388.

Im heutigen Mainzer Domschatz. Anfang des 16. Jahrhunderts.

1554. Baldachine des alten Domschatzes von Mainz. In: Organ für christliche Kunst 12 (1862) S. 273–274.

1555. F(alk, Franz): Ein Kunstwerk aus dem ehemaligen Mainzer Domschatz. In: Mainzer Journal Nr. 196 vom 25. August 1873.

Auszug aus Falk, Nr. #1558. – Weihwasser-Gefäß, das vor dem Hochaltar des Domes hing. Um 1134 von Snello angefertigt. Es befindet sich im Speyerer Domschatz.

1556. (Falk, Franz): Der Martinssessel im alten Mainzer Domschatze. In: Kirchenschmuck. Ein Archiv für kirchliche Kunstschöpfungen und christliche Alterthumskunde. Neue Folge. Sammlung von Vorlagen für kirchliche Stickereien, Holz- und Metallarbeiten und Glasmalereien 1 (1873) Heft 2, S. 7–8.

Anfang 14. Jahrhundert. Dieser Sessel wurde von König Johann dem Blinden zur Erinnerung an seine zu Prag stattgefundene Krönung dem ihn krönenden EB Peter von Mainz geschenkt.

1557. Falk, (Franz): Romanisches Tragkreuz mit symbolischen Darstellungen im Domschatze zu Mainz. In: Kirchenschmuck. Ein Archiv für kirchliche Kunstschöpfungen und christliche Alterthumskunde 12 (1868) Bd. 24, S. 56–57.

11./12. Jahrhundert

1558. F(al)k, (Franz): Verschollene und vernichtete Kunstwerke des Mittelalters in Mainz. In: Kirchenschmuck. Ein Archiv für kirchliche Kunstschöpfungen und christliche Alterthumskunde 12 (1868) Bd. 24, S. 52–54.

Aus dem Dom: erzvergoldetes Weihwassergefäß, das von Berthold, Abt von St. Alban (1116–1119) geschenkt, von Hartwich entworfen und von Snello vermutlich angefertigt wurde. – Fragment einer steinernen Altarrückwand von ca. 1317 in der Allerheiligenkapelle. – Vor dem Altar der hl. Anna (unter der Orgel) waren an der Wand acht Bischofsstatuen. – In der Domsakristei wurde ein Stück vom Schweißtuch Christi aufbewahrt. – Vgl. Falk, Nr. #1669. – 1756 fand man in der Sakristei viele liturgische Bücher und Priestergewänder; vgl. Dürr, Nr. #1656, S. 42. – 1770 beseitigte man ein am Triumphbogen des Pfarrchors angebrachtes Bildwerk, Christus mit Maria und Johannes darstellend.

1559. (Falk, Franz): Der Weihwasserkessel im speyerer, ehemals mainzer Dom. In: Geschichtsblätter für die mittelrheinischen Bisthümer 1 (1883–1884) Sp. 18–19.

Ein Weihegeschenk des Abtes Berthold (1116–1119) von St. Alban, Mainz, an den Klosterpatron Hl. Alban. Noch 1722 im Mainzer Dom.

1560. Flechsig, Eduard: Cranachstudien. Leipzig 1900.

Die hl. Ursula und der hl. Martin von 1524, ehemals im Mainzer Domschatz, jetzt verschollen: S. 162–166 im 1. Teil (mehr nicht erschienen).

1561. Fink, Otto: Riesen-Kruzifix aus reinem Gold. Im Rheingau versteckter Mainzer Domschatz unauffindbar. In: Allgemeine Zeitung (Mainz) Nr. 189 vom 17. August 1978, S. 4.

1631 wurde der Mainzer Domschatz wegen des Einmarsches der schwedischen Truppen an verschiedenen Stellen geborgen. „Hartnäckig hält sich aber das Gerücht, daß immer noch der Schatz irgendwo im Rheingau auf sein Heben wartet!" – Artikel beschreibt das Willigis- Kreuz (= „Benna-Kreuz").

1562. Haffner, Franz: Fragment der Ulfilas-Bibel in Speyer. In: Pfälzer Heimat 22 (1971) S. 1 – 5.

Herkunft des Fragmentes nicht eindeutig bestimmbar. Verf. sagt global: „Die Reliquien stammen vorwiegend aus dem ehemaligen Speyerer Domschatz, aus Kloster-, Pfarr- und Stiftskirchen in Stadt und Erzdiözese Mainz, aus dem Mainzer Dom und aus der 1802 säkularisierten Benediktinerabtei Amorbach" (S. 3, Anm. 3.).

1563. Kempf, Theodor K.: Benna Treverensis, Canonicus de Sancti Paulini patrocinio. In: Mainz und der Mittelrhein in der europäischen Kunstgeschichte. Studien für Wolfgang Fritz Volbach zu seinem 70. Geburtstag. (= Forschungen zur Kunstgeschichte und christlichen Archäologie, 6). Wiesbaden 1966. S. 179 – 196.

Betr. das von Benna im Auftrag von EB Willigis für den Dom gestaltete überlebensgroße Kreuz, das mit starken Goldplatten verkleidet war. Vgl. auch: Kraus, Nr. #350, S. 115, Nr. 247 mit umfangreichen Quellenangaben.

1564. Lauer, Rolf: Mainzer Buchmalerei der Willigiszeit. In: 1000 Jahre Mainzer Dom (975 – 1975). Werden und Wandel. Ausstellungskatalog und Handbuch. Hrsg. von Wilhelm Jung im Auftrag des Diözesanbischofs und des Domkapitels. Mainz 1975. S. 58 – 69.

Im Mainzer Domschatz: Sakramentar (S. 65) und Evangeliar (S. 68). Vgl. zum Ganzen: Lauer, Rolf: Studien zur ottonischen Mainzer Buchmalerei. Diss. Bonn 1974. (Masch).

1565. Neeb, Ernst: Über das Schicksal zweier Tafelbilder des Mainzer Domes aus der Zeit des Kurfürsten Albrecht von Brandenburg. In: Mainzer Zeitschrift 15/16 (1920/1921) S. 83 – 86.

Zwei Lukas Cranach dem Älteren zugeschriebene Ölgemälde: EB Albrecht von Brandenburg in der Gestalt des heiligen Martin als Bischof und Ursula Redinger in der Gestalt ihrer Namenspatronin. Die Bilder, die zum Domschatz gehörten, wurden 1801 versteigert.

1566. Otte, Heinrich / Aus'm Weerth, E.: Zur Ikonographie des Crucifixus. In: Jahrbücher des Vereins von Alterthumsfreunden im Rheinlande 44 – 45 (1868) S. 195 – 233.

„Vortragekreuz von vergoldeter Bronze mit gravirten Darstellungen aus der Sacristei des Domes zu Mainz (Taf. VIII u. IX)": S. 194 – 197; (ca. 12. Jahrhundert).

1567. Otto, Rita: Zu einem frühottonischen Goldschmiedekreuz im Mainzer Domschatz. In: Mainzer Zeitschrift 70 (1975) S. 63 – 66.

„Von dem reichen Domschatz des Erzkanzlers Willigis scheint unser Kreuz das einzige überkommene Goldschmiedewerk zu sein."

1568. Das goldene Kreuz Benna im Mainzer Dom zur Zeit Willigis. In: Rheinischer Antiquarius II, 18 (Coblenz 1870) S. 514 – 523.

1569. Schneider, Friedrich: Die Gestaltung des Ringes vom Mittelalter bis in die Neuzeit. SD Nürnberg 1878. Aus: Kunst und Gewerbe 12 (1878) Nr. 12. – Auch in: Anzeiger für Kunde der deutschen Vorzeit NF 25 (1878) Sp. 3 – 5 unter dem Titel: Ringe der Renaissanceperiode.

Verschiedene Ringe (vom 13. bis zum 18. Jahrhundert) aus Grabfunden im Mainzer Dom; heute im Mainzer Domschatz.

1570. Schneider, Friedrich: Ostasien und mittelalterliche Kunstgebilde. Ein Blatt zur Geschichte von Cultus und Kunst in Ost und West. Aus: Kirchenschmuck. Graz 1900. SD Mainz 1901.

Weihrauch spendende Kraniche, im Chronicon Moguntinum, Nr. #1546, zum Domschatz gehörend, aufgeführt. Verf., SD, S. 5 – 9, beschreibt und deutet die Silberfiguren.

1571. Vaasen, Elgin: Die Werkstatt der Mainzer Riesenbibel in Würzburg und ihr Umkreis. In: Archiv für Geschichte des Buchwesens 13 (1973) Sp. 1121 – 1428. Auch SD Frankfurt am Main 1973.

Der Mainzer Domscholar Vulpert von Ders (gest. 1478) stiftete die Riesenbibel dem Mainzer Dom. Sie kam 1824 in die Würzburger Universitätsbibliothek. Vulperts Grabdenkmal befindet sich im Domkreuzgang.

1572. Vaasen, Elgin: Zur mittelrheinischen Buchmalerei um 1400: Handschriften in Aschaffenburg und Mainz. In: Mainzer Zeitschrift 70 (1975) S. 94 – 100.

B. Das Dom- und Diözesanmuseum

1. Seine Geschichte

a) Übergreifende Beiträge

1573. Appuhn, Horst: Schatzkammern in Deutschland, Österreich und der Schweiz. Führer zu kirchlichen und weltlichen Kostbarkeiten. (= Hermes Handlexikon). Düsseldorf 1984.

Mainz: Domschatz (Dom- und Diözesanmuseum): S. 163 – 166.

1574. Arens, Fritz Viktor: Mittelrheinische Kunst im Mainzer Dom-Museum. In: Mainzer Journal. Beilage: Wandern und Schauen Nr. 9 (September) 1930, S. 1 – 3.

1575. (Bernhardt, Johannes): Geschichtliche Zeugen in Mainz. 3. T. In: Mainzer Journal Nr. 259 vom 2. November 1940.

Dom: Baugeschichte (Überblick); Dom- und Diözesanmuseum.

1576. Geiger, Werner: Das Mainzer Dom-Museum, als Stätte einer für die Religion werbenden Kunst. In: Mainzer Journal. Sonder-Nr. vom 15. Oktober 1928.

1577. Jung, Wilhelm: Das bischöfliche Dom- und Diözesanmuseum Mainz. In: Das Münster. Zeitschrift für christliche Kunst und Kunstwissenschaft 22 (1969) S. 409 – 410.

1578. Jung, Wilhelm: Mainz. Führer durch das Bischöfliche Dom- und Diözesanmuseum. Mainz 1971.

S. 3 – 13: Geschichte. S. 14 – 63: Westflügel.

1579. Jung, Wilhelm: Moguntia Sacra und „Weltkunstwerke“. Das Bischöfliche Dom- und Diözesanmuseum. In: Mainz. Porträt einer wiedererstandenen Stadt. Hrsg. von Helmut Beichert. Mainz 1984. S. 191 – 194.

1580. Klingelschmitt, F(ranz) Th(eodor): Führer durch das Bischöfliche Dom- und Diözesan-Museum zu Mainz. Bearbeitet im Anschluß an die Neuordnung der Denkmäler im Jubiläumsjahr 1925. Mainz 1925.

1581. Knorre, Alexander von: Katalogteil der Ausstellungsobjekte. In: 1000 Jahre Mainzer Dom (975 – 1975). Werden und Wandel. Ausstellungskatalog und Handbuch. Hrsg. von Wilhelm Jung im Auftrag des Diözesanbischofs und des Domkapitels. Mainz 1975. S. 275 – 330.

Ausstellungsobjekte aus dem Dom- und Diözesanmuseum.

1582. Neeb, Ernst: Stadt berühmter Museen. In: Festnummer: 90 Jahre Mainzer Journal vom 4. Juni 1938.

Darin: Das bischöfliche Dom- und Diözesanmuseum mit Hinweis auf wichtige Stücke: Muttergottes von der Fuststraße, Lettner, Sippenteppich von 1501, Brendelsche Chorgestühl und Chorbücher des ehemaligen Karmeliterklosters.

1583. Schuchert, August (Bernhard): Neuerwerbungen des Mainzer Dom- und Diözesanmuseums. In: Mainzer Zeitschrift 36 (1941) S. 81 – 91.

Reste vom Ost- und Westlettner des Domes aus dem 13. Jahrhundert: S. 83 – 85. Verschiedene Plastiken und Grabplatten, die zum Dom gehörten.

b) Beiträge zur Geschichte des 1925 eröffneten Museums*

1584. Zur Eröffnung des Mainzer Dom- und Diözesanmuseums. In: Mainzer Journal Nr. 125 vom 30. Mai 1925.

1585. Eröffnung des Mainzer Dom- und Diözesanmuseums. In: Mainzer Journal Nr. 138 vom 17. Juni 1925.

1586. Bischöfl. Dom- und Diözesanmuseum Mainz. In: Mainzer Journal Nr. 49 vom 27. Februar 1926.

Das Museum ist ab 28. Februar wieder der Öffentlichkeit zugänglich, während der Dom geschlossen bleibt.

1587. G(eiger), W(erner): Neues vom Mainzer Dom und vom Diözesan-Museum. Die wachsende Bedeutung des Diözesan-Museums. – Der zweite Saal im Kapitelshause ist eingerichtet. – Teile des alten Westlettners sind untergebracht. – Ein echter Grünewald gefunden? – Schenkung einer Kettelerbüste. – Rüstiger Fortgang der Arbeiten im Dom-Inneren. – Das überraschende Ostchor. In: Mainzer Journal Nr. 216 vom 15. September 1928.

1588. Vom Dom- und Diözesan-Museum. In: Mainzer Journal Nr. 205 vom 5. September 1930.

Aufstellung des renovierten Steinsarkophags des EBs Aribo.

1589. Der neue Kettelersaal im Mainzer Dom-Museum. Zum Gedächtnis des hochseligen Bischofs Wilhelm Emmanuel Freiherrn v. Ketteler. Gez.: Ss. In: Mainzer Journal Nr. 160 vom 13. Juli 1935. – Auch in: Martinus-Blatt. Katholisches Volksblatt für alle Stände Nr. 29 vom 21. Juli 1935, S. 11.

1590. Im Dom- und Diözesanmuseum entsteht eine neue Abteilung. In: Allgemeine Zeitung (Mainz) Nr. 42 vom 19. Februar 1964, S. 4. – Vgl. auch: G(lotzbach), C(arl): Dom-Museum in zügigem Ausbau. In: Das Neue Mainz 1964, Heft 4, S. 19.

1591. Mainzer Dommuseum aus neuer Sicht. Ausstellungen, Vorträge und Führungen. Gez.: Th.H. In: Allgemeine Zeitung (Mainz) Nr. 119 vom 18. Juli 1969, S. 14.

Beschreibung einiger ausgestellter Stücke.

1592. Glotzbach, C(arl): Neuordnung im Mainzer Dommuseum. In: Das Neue Mainz 1969, Heft 9, S. 13. – Vgl. auch: Dommuseum neu geordnet. In: Das Neue Mainz 1969, Heft 12, S. 5.

Geschichtlicher Überblick über das Dom- und Diözesanmuseum.

* chronologisch geordnet

1593. Hoffnung auf eine fruchtbare Begegnung mit der alten Kunst. In: Allgemeine Zeitung (Mainz) Nr. 249 vom 27. Oktober 1969, S. 11.

Neueröffnung des Dommuseums.

2. Auswahl an Ausstellungsobjekten, die ursprünglich nicht zum Inventar des Domes gehörten

a) Das „Große Weltgericht"

1594. Arens, Fritz: Die Figurenfunde in Undenheim und das „Große Weltgericht" im Mainzer Dommuseum. In: Festschrift zur Restaurierung der katholischen Pfarrkirche Undenheim 1976 – 1979. Beiträge aus Geschichte und Gegenwart. Hrsg. von der katholischen Pfarrei Undenheim. Nördlingen 1979. S. 190 – 196.

Abb. 34: Die Apostel des Domsakristei-Daches im Dommuseum Mainz. Abb. 35: Fünf in Undenheim gefundene Apostel, jetzt im Dommuseum Mainz. Zusammenfassung des Aufsatzes: 1) Die bei Abb. 34 und 35 genannten Apostelfiguren gehörten ursprünglich zu einem Lettner mit der Darstellung des Weltgerichtes in der Mainzer Augustinerkirche. Entstehungszeit des Lettners: um 1260. – 2) Im 17. Jahrhundert Abbruch des Lettners. „Wenn die verlorene, nur in Kupferstichen überlieferte Figur des Weltenrichters im untergegangenen Fünfwundenkapellchen vor den Mauern von Mainz, die 1699 aus dem Dom dorthin gebracht wurde, wirklich zu dem Zyklus gehörte, wäre wenigstens diese Skulptur schon zu Ende des 17. Jahrhunderts in dem Dom gelangt." (S. 196). – 3) Zwischen 1769 und 1774 erhält die Domsakristei ein Steindach, „auf dem inmitten einer Martinsgruppe seitlich davon vom Augustinerlettner sieben Apostelfiguren und der knieende Johann Baptist, nachdem deren Reliefgrund abgemeißelt wurde, aufgestellt wurden. Zwei Bischofsfiguren bildeten die Bekrönung von zwei Strebepfeilern an der Sakristei-Westwand. Die restlichen fünf Apostel wurden wahrscheinlich nach ... Undenheim gebracht." (S. 196). – 4) „1840er Jahre: Die Figuren der Apostel und anderen Heiligen werden vom Sakristeidach des Mainzer Dom herabgenommen und sechs Apostel an den Strebepfeilern des Kreuzganges aufgestellt. Beide Bischofsfiguren von den Strebepfeilern der Sakristei gehen (wann?) verloren." (S. 196). – 5) 1926 Fund der Johann Evangelist-Figur, 1929 Fund der fünf Apostelfiguren in Undenheim. Seit 1929 im Dommuseum.

1595. Arens, Fritz (Viktor): Der Figurenzyklus des „Großen Weltgerichts" im Dommuseum und der Lettner der Augustinerkirche in Mainz. In: Städel-Jahrbuch NF 8 (1981) S. 57 – 66.

Betr. die sechs sitzenden Apostelfiguren zusammen mit einem knieenden Johannes dem Täufer und einem stehenden Bischof (früher: Sakristeidach, seit 1925: Dom- und Diözesanmuseum); hinzu kamen die in Undenheim gefundenen Apostelfiguren.

1596. Arens, Fritz (Viktor): Die Kunstdenkmäler der Stadt Mainz, Teil 1: Kirchen, St. Agnes bis Hl. Kreuz (= Kunstdenkmäler von Rheinland-Pfalz IV,1). München 1961.

S. 297 – 298: Fünfwundenkapelle mit Gnadenbild, das nachweislich aus dem Dome stammte. Es stellte eine sitzende bekleidete Christusfigur dar, die große Ähnlichkeit mit Christusfiguren aus Weltgerichtsdarstellungen des mittleren 13. Jahrhunderts aufwies. Schmitt, Nr. #394, meint, im Gnadenbild die fehlende Christusfigur des „Großen Weltgerichts" (um 1250, jetzt: Dommuseum) gefunden zu haben. – S. 415 – 426: Patroziniumsgeschichte und alter Dom an Stelle von St. Johannis.

1597. Heidenhain, L.: Quellen zum Stil des Erminoldmeisters. In: Jahrbuch der Preuszischen Kunstsammlungen 48 (1927) S. 183 – 208.

Darin auch Nachprüfung der These von Johann Schinnerer, daß die sechs sitzenden Apostel im Mainzer Dom-Kreuzgang dem Regensburger Erminoldmeister zuzuschreiben seien. (S. 183 und passim). Ergebnis: Den Erminoldmeister verbindet mit den Mainzer Statuen nur die gemeinsamen Wurzeln Magdeburg-Bamberg.

1598. Schmidt, Gerhard: Beiträge zum Erminoldmeister. In: Zeitschrift für Kunstwissenschaft 11 (1957) S. 141 – 174.

„Die Datierung der Mainzer Sitzfiguren (= 12-Apostel-Figuren, Anm. d. Bearb.) ist gänzlich ungesichert, doch sind sie gewiß jünger als die Figuren des Straßburger Lettners. Panowsky (Erwin, in: Die deutsche Plastik des elften bis dreizehnten Jahrhunderts. München 1924. S. 177) sieht in den Mainzern Ausläufer des Naumburger Stiles ..." (S. 144).

1599. Schmitt, Otto: Zum Grossen Mainzer Weltgericht. In: Jahrbuch für das Bistum Mainz 3 (1948) I, S. 310–320.

1699 stiftete das Mainzer Domkapitel oberhalb der Mainzer Kartause eine Kapelle und ein steinernes Gnadenbild aus dem Dom, das den Schmerzensmann mit fünf gut sichtbaren Wunden darstellt. Verf. versucht, den Nachweis zu erbringen, daß dieses 1793 zerstörte Gnadenbild die ursprüngliche Mittelfigur des Großen Weltgerichts im Dommuseum ist. Zum Gnadenbild vgl. Schrohe, Nr. #1600.

1600. Schrohe, Heinrich: Das ehemalige Fünfwundenkapellchen oberhalb der Kartause bei Mainz. In: Beiträge zur Kunst und Geschichte des Mainzer Lebensraumes. FS für Ernst Neeb. Mainz 1936. S. 171–179.

Schrohe erwähnt (S. 171), daß das Gnadenbild aus dem Dom stammt.

b) Madonna von der Fuststraße

1601. Boeck, Wilhelm: Eine Muttergottes des 13. Jahrhunderts im Bamberger Dom und ihre Zusammenhänge mit Magdeburg und Mainz. In: Mainz und der Mittelrhein in der europäischen Kunstgeschichte. Studien für Wolfgang Fritz Volbach zu seinem 70. Geburtstag. (= Forschungen zur Kunstgeschichte und christlichen Archäologie, 6). Wiesbaden 1966. S. 273–288.

Verf. versucht durch die Einbeziehung der Bamberger Muttergottes in die stilistische Betrachtung das Dreieck Bamberg-Magdeburg-Mainz nachzuweisen, „ohne daß indes die komplizierten Fäden der Verbindung greifbar werden“ (S. 228).

1602. Stix, Alfred: Die Plastik der frühgotischen Periode in Mainz. In: Kunstgeschichtliches Jahrbuch der K.K. Zentral-Kommission für Kunst und Historische Denkmale 1909, S. 99–132.

Die Madonna von der Fuststraße: S. 100–107. – Die Apostelstatuen vom Firste der Sakristei des Domes: S. 107–115. – Rest eines Lettners aus St. Alban (= Relief „Unterwerfung der Mainzer“): S. 115–125.

1603. Schneider, Friedrich: Ein Meisterwerk mittelalterlicher Kunst in Mainz. In: Beilage zum „Mainzer Journal“ Nr. 193 vom 22. August 1900. Auch in: Schneider, Friedrich: Kunstwissenschaftliche Studien. Gesammelte Aufsätze. Bd. 1: Kurmainzer Kunst. Hrsg. von Erwin Hensler. Wiesbaden 1913. S. 128–130.

c) Priesterstein aus St. Alban (?)

1604. Hamann-MacLean, Richard: Merowingisch oder frühromanisch? Zur Stilbestimmung der frühmittelalterlichen primitiven Steinskulptur und zur Geschichte des Grabmals im frühen Mittelalter. In: Jahrbuch des Römisch-Germanischen Zentralmuseums Mainz 4 (1957) S. 161–199.

S. 175–178: „Stein von St. Alban“, 1. Hälfte des 11. Jahrhunderts.

1605. Schmidt, Ursula: Der Priesterstein zu Mainz. In: Mainz und der Mittelrhein in der europäischen Kunstgeschichte. Studien für Wolfgang Fritz Volbach zu seinem 70. Geburtstag. (= Forschungen zur Kunstgeschichte und christlichen Archäologie, 6). Wiesbaden 1966. S. 141–164.

Entstehungszeit: 1. Hälfte des 9. Jahrhunderts.

1606. Schneider, Friedrich: Zur Kreuzeskunde. In: Correspondenz-Blatt des Gesammtvereines der deutschen Geschichts- und Alterthums-Vereine 23 (1875) S. 45–48.

Betr. den 1875 im Garten des ehemaligen Kapuzinerklosters gefundenen Priesterstein.

1607. Zeh, Ernst: Johannes Evangelist im Priestergewand. Eine ikonographische Vorstudie. In: Jahrbuch für das Bistum Mainz 6 (1951 – 1954) = FS Jakob Schmidt, S. 254 – 265.

S. 258 – 259 über eine karolingische Steinplastik aus St. Alban, heute im Kreuzgang des Mainzer Doms, die Christus im priesterlichen Ornat mit dem Kreuz in der Rechten zeigt.

d) Taufsteine

1608. Böcher, Otto: Die Entwicklung des Löwentaufsteins in der hessischen und rheinfränkischen Gotik. In: Der Wormsgau 5 (1961/62) S. 31 – 84.

Im Dom- und Diözesan-Museum werden folgende Löwentaufsteine verwahrt: aus Mainz, St. Stephan (S. 40); Mainz, St. Christoph (S. 46) (jetzt wieder in St. Christoph); Mainz-Weisenau (S. 52); Bodenheim (S. 52); Heppenheim an der Wiese/Rhh. (S. 57 – 58).

1609. Böcher, Otto: Gotische Löwentaufsteine im Gebiet der ehemaligen Bistümer Mainz, Worms und Speyer. In: Der Wormsgau 4 (1959/60) S. 97 – 102.

1610. Schuchert, August (Bernhard): Taufe und Taufstein. Zur Neuerwerbung eines romanischen Taufsteins für das Mainzer Dom- und Diözesan-Museum. In: Universitas. Dienst an Wahrheit und Leben. FS für Bischof Dr. Albert Stohr. Im Auftrag der katholisch-theologischen Fakultät der Johannes Gutenberg-Universität Mainz hrsg. von Ludwig Lenhart. Bd. 2. Mainz 1960. S. 330 – 336.

e) Wandteppiche

1611. Bode W. von / Volbach, W. F.: Mittelrheinische Ton- und Steinmodel aus der ersten Hälfte des XV. Jahrhunderts. In: Jahrbuch der Königlich Preuszischen Kunstsammlungen 39 (1918) S. 89 – 134. Taf. I-VIII.

Passim: Kleiner Wandteppich (Abb. 25), S. 118 – 119: zwei Teppichstreifen mit Jünglingen, Jungfrauen und Fabeltieren (identisch mit Taf. 172/173 bei Kurth, Nr. #1615, Anm.).

1612. Böcher, Otto: Zur jüngeren Ikonographie der Wurzel Jesse. In: Mainzer Zeitschrift 67/68 (1972/73) S. 153 – 168.

Betr. auch den sogenannten Sippenteppich im Bischöflichen Dom- und Diözesanmuseum in Mainz, inschriftlich datiert auf das Jahr 1501. „Seit Franz Falk (Nr. #1613) wird immer wieder in der Literatur behauptet, der Bildteppich stamme aus dem ehemaligen Mainzer Zisterzienserinnenkloster Altmünster, der Jubilar (Arens) machte mich jedoch liebenswürdigerweise darauf aufmerksam, daß auch eine Provenienz aus der untergegangenen Mainzer Benediktinerabtei St. Jakob auf dem Berge in Frage komme" (S. 154).

1613. F(alk), F(ranz): Der Prachtteppich mit dem Stammbaume Christi im Mainzer Dome. In: Kirchenschmuck. Ein Archiv für kirchliche Kunstschöpfungen und christliche Alterthumskunde 12 (1868) Bd. 24, S. 8 – 11. – Falk, (Franz): Nachträgliches zum Teppich im Mainzer Dome. In: Kirchenschmuck. Ein Archiv für kirchliche Kunstschöpfungen und christliche Alterthumskunde 12 (1868) Bd. 24, S. 64.

1501 angefertigt. Der Teppich stammt aus dem Kloster Altenmünster in Mainz.

1614. Kirchliche Mittheilungen. Mainz 8. März (Beschreibung des Prachtteppichs von 1510, den Dr. Gröser dem Dom schenkte, der ursprünglich dem Stift Dahlheim bei Mainz gehörte. Beschreibung eines Teppichs mit Wappen EB Albrecht von Brandenburg. Ausgestellt war auch eine Predella des Domes aus dem 15. Jahrhundert). In: Katholische Sonntagsblätter zur Belehrung und Erbauung Nr. 11 vom 11. März 1860, S. 87 – 88.

1615. Kurth, Betty: Die deutschen Bildteppiche des Mittelalters. 3 Bde. Wien 1926.

Tafel 172/173 und S. 247 in Bd. 1: zwei Teppichstreifen mit Jünglingen, Jungfrauen und Fabeltieren. Mainz, Kapitelsaal, 15. Jh. – Tafel 174 und S. 247 in Bd. 1: Teppich mit wilden Leuten auf der Jagd. Mainz, Kapitelsaal, 15. Jh. – Tafel 175 und S. 247 – 248 in Bd. 1: Zwei Rücklaken mit Damen und Blumengeistern, 15. Jh. – Tafel 212 – 214 und S. 152 – 154 in Bd. 1: Sippenteppich im Kapitelsaal.

1616. Kurth, Betty: Ein Erzeugnis mittelrheinischer Bildwirkerkunst. In: Mainzer Zeitschrift 10 (1915) S. 87 – 89.

Hinweis auf den „Sippenteppich" (Darstellung des Stammbaums Christi), datiert auf 1501.

f) Willigiskelche und -kasel

1617. Falk, (Franz): Die sogenannten Willigiskelche im Mainzer Dome und ihre wahre Bedeutung. In: Kirchenschmuck. Ein Archiv für kirchliche Kunstschöpfungen und christliche Alterthumskunde 12 (1868) Bd. 23, S. 14. – Vgl. auch: F(alk), F(ranz): Willigis-Alterthümer. In: Kirchenschmuck. Ein Archiv für kirchliche Kunstschöpfungen und christliche Alterthumskunde 13 (1869) Bd. 26, S. 11 – 13.

Die Kelche gehörten der Stephanskirche in Mainz.

1618. Jung, Wilhelm: Bestellte Kopie oder Fälschung? Die Emails im Mainzer Stephanskelch. In: Mainzer Zeitschrift 54 (1959) S. 31 – 32.

Domdekan Franz Werner (1770 – 1845) erwarb 1802 den im 14. Jahrhundert angefertigten Kelch aus dem Schatz von St. Stephan für den Mainzer Dom. Bs Ketteler wünschte, daß dieser Kelch nach einer sorgfältigen Reinigung und Renovierung wieder in Gebrauch genommen werden sollte. Der in Köln beauftragte Goldschmied wechselte die acht alten Emaillemedaillons aus und fertigte neue an. Vier der alten Platten befinden sich im Kölner Schnütgen-Museum.

1619. Schneider, Friedrich: Der Stephans-Kelch des Mainzer Domes. Ein rheinisches Goldschmiede- und Email-Werk des XIV. Jahrhunderts. In: Jahrbücher des Vereins von Alterthumsfreunden im Rheinlande 87 (1889) S. 97 – 117. Auch SD Bonn 1889.

Der Kelch gehörte nicht zum alten Domschatz, sondern dem Stephansstift. – Verzeichnis der von EB Kardinal Albrecht von Brandenburg 1540 dem Dom zu Mainz übergebenen Kostbarkeiten, die mit Schmelzwerk (= Emaillearbeiten) verziert sind: S. 116 – 117.

1620. Strate, Ursula / Völker, Angela: Die Kasel des hl. Willigis aus St. Stephan, heute im Bischöflichen Dom- und Diözesanmuseum, Mainz; Byzanz 10. Jahrhundert. In: 1000 Jahre Mainzer Dom (975 – 1975). Werden und Wandel. Ausstellungskatalog und Handbuch. Hrsg. von Wilhelm Jung im Auftrag des Diözesanbischofs und des Domkapitels. Mainz 1975. S. 54 – 58.

g) Sonstige Objekte

1621. Arens, Fritz Viktor: Die „Auferweckung des Lazarus" im Mainzer Dom-Museum. In: Der Katholik. Beiblatt: Aus Bischofsstadt und Diözese Nr. 17 vom 13. September 1931.

Um 1520.

1622. Arens, Fritz (Viktor): Ein Blatt aus den Mainzer Karmeliterchorbüchern. In: Jahrbuch für das Bistum Mainz 8 (1958 – 1960) = FS August Schuchert, S. 341 – 346.

Heute in der Handschriftenabteilung der Staatsbibliothek zu München; um 1430 von Johannes Fabri (seit 1449 Prior des Mainzer Karmeliterklosters) angefertigt. Sechs fast vollständige Chorbücher aus dem Karmeliterkloster befinden sich heute im Dommuseum.

1623. Arens, Fritz / Böcher, Otto: Studien zur Bauplastik und Kunstgeschichte der Johanneskirche zu Worms. In: Der Wormsgau 5 (1961/62) S. 85 – 107.

S. 103 – 105 über romanische Kopfkonsolen mit Löwe und Sphinx, die aus Worms stammen, früher im Mainzer Domkreuzgang waren und jetzt im Dommuseum sind.

1624. Arens, Fritz: Verlorene und verschleppte Ausstattung von St. Stephan. In: FS zum 600jährigen Bestehen der St. Stephanskirche Mainz. Mainz 1938. S. 37–47.

Im Dom- und Diözesanmuseum wurden aufgestellt die „Steinigung des hl. Stephanus“ (ca. 1300): vgl. S. 44; zwei Altarfiguren, den hl. Johannes den Täufer und den hl. Sebastian darstellend, aufgestellt im Domkreuzgang: vgl. S. 40. – Standbild des hl. Bonifatius im Kreuzgang. Abguß in Sandstein seit 1975 auf dem Mainzer Marktplatz: S. 42; vgl.: Allgemeine Zeitung (Mainz) vom 24. April 1975. – Im Domschatz befinden sich folgende Gegenstände aus St. Stephan: Willigiskelch (14. Jh.), Kelch mit reichen Emaille-Malereien (14. Jh.), ein Lektionarium (10. Jh., Einband 14. Jh.), Zeremonienstab aus Messing (18. Jh.): S. 45–46.

1625. Der ehemalige Hochalter der Karmeliterkirche. In: Mainzer Journal Nr. 232 vom 14. Oktober 1924.

Reste des Barock-Altars lagern im oberen Geschoß des Ostflügels des Mainzer Domkreuzganges.

1626. Geiger, Werner: Eine Lorscher Altarmensa im Mainzer Dommuseum. In: Mainzer Zeitschrift 31 (1936) S. 40–42.

Entstehungszeit zwischen 1248 und 1550.

1627. Kopf von ‚Lazarus'-Gruppe gestohlen. In: Allgemeine Zeitung (Mainz) Nr. 190 vom 18. August 1972, S. 9. – Vgl. auch: Allgemeine Zeitung (Mainz) Nr. 54 vom 5. März 1974, S. 10.

Wertvolles Schnitzwerk eines unbekannten Meisters um 1520 aus dem Dom- und Diözesanmuseum. – In Nr. 54: Bericht über die vollendete Renovierung.

1628. Mainz 8. Juni (Steinbild eine Abtes oder Bischofs aus dem Privathaus Augustinerstraße 42 wurde im Domkreuzgang aufgestellt). In: Mainzer Journal Nr. 131 vom 8. Juni 1881.

1629. Metz, Peter: Die Figur eines Engels im Mainzer Dommuseum. Ein Beitrag zu dem Problem der Bildhauer Franz Matthias Hiernle und Burkard Zamels. In: Aus Dom und Diözese Mainz. Festgabe Georg Lenhart, Domkapitular. Zur Vollendung des 70. Lebensjahres gewidmet. Mainz 1939. S. 178–195.

Werk Zamels, Mitte 18. Jahrhundert.

1630. Schuchert, A(ugust): Eine unbekannte thronende Madonna im Mainzer Dom- und Diözesanmuseum. In: Mainzer Zeitschrift 37/38 (1942/1943) S. 55–57.

Holzplastik um 1420; gehörte nicht zur Einrichtung des Domes.

II. DOMARCHIV UND DOMBIBLIOTHEK

1. Archiv

1631. Brück, Anton Ph(ilipp): Das Dom- und Diözesanarchiv (in Mainz). In: Der Archivar 28 (1975) Sp. 310–312.

1632. Duchhardt-Bösken, Sigrid: Aus der Geschichte und der Arbeit des Dom- und Diözesanarchivs Mainz. In: Neues Jahrbuch für das Bistum Mainz. Beiträge zur Zeitgeschichte der Diözese 1977, S. 151–158.

1633. Schneider, Friedrich: Handschriftliches aus dem Bauschutte des Mainzer Domes. In: Anzeiger für Kunde der deutschen Vorzeit NF 22 (1875) Sp. 43–45.

Zwei kleine Pergamenthandschriften (12. und 13. Jh.). „Es liegt die Vermuthung nahe, daß in dem hochgelegenen Oratorium (des nördlichen Kreuzarmes vom Ostchore, Anm. d. Bearb.) sich ehedem das Archiv des Domes befunden habe...“

1634. Wann, Wolfgang: Die alten Mainzer Archive. In: Archivalische Zeitschrift 60 (1964) S. 100 – 130.

Das alte Domarchiv: S. 101 – 102.

2. Bibliothek

1635. Binz, Gustav: Literarische Kriegsbeute aus Mainz in schwedischen Bibliotheken. In: Mainzer Zeitschrift 12/13 (1917/1918) S. 157 – 165.

Binz gibt eine Zusammenfassung der Ergebnisse einer schwedischen Dissertation von O. Walde: Storhetstidens litterära krigsbyten. En kulturhistorisk-bibliografish studie. I. Uppsala & Stockholm 1916, die sich S. 138 – 168 mit den Bibliotheken von Mainz beschäftigt. Nach Walde/Binz sind keine Bestände der Mainzer Dombibliothek nach Schweden gekommen. Falk, Nr. #1637, S. 61, spricht dagegen von einer Doppelverschleppung, welche die Dombibliothek in der Schwedenzeit betroffen haben soll.

1636. C(oens), M(aurice): Anciennes Litanies des saints. In: Analecta Bollandiana 54 (1936) S. 5 – 37.

Auf S. 18 – 20: Litanies provenant de Mayence. Ergänzungen und Berichtigungen zu einer von Franz Falk veröffentlichten Litanei aus der 2. Hälfte des 9. Jahrhunderts, stammend aus einem Codex der ehemaligen Mainzer Dombibliothek: Litanei der Mainzer Kirche aus dem 8. – 9. Jahrhundert. In: Geschichtsblätter für die mittelrheinischen Bisthümer 1 (1884) Sp. 108 – 111.

1636a. Falk, Franz: Die alte Mainzer Dombibliothek. In: Serapeum. Zeitschrift für Bibliothekswissenschaft, Handschriftenkunde und ältere Litteratur 30 (1869) S. 193 – 200.

1637. Falk, Franz: Die ehemalige Dombibliothek zu Mainz, ihre Entstehung, Verschleppung und Vernichtung nach gedruckten und ungedruckten Quellen. (= Zentralblatt für Bibliothekswesen, Beiheft 18). Leipzig 1897. Repr. Wiesbaden 1968.

Burg, Fritz: (Berichtigung zu Franz Falk, Die ehemalige Dombibliothek zu Mainz. 1897, S. 90 – 92). In: Centralblatt für Bibliothekswesen 15 (1898) S. 231. – Rez. unter dem Titel: Geschichte einer Dombibliothek. In: Mainzer Journal Nr. 249 vom 25. October 1897. – Vgl. auch: Ehwald, Rudolf: Geschichte der Gothaer-Bibliothek. Vortrag. In: Centralblatt für Bibliothekswesen 18 (1901) S. 434 – 463: Die Gothaer Bibliothek enthält eine Reihe von Codices und Bücher der Dombibliothek, die während der Schwedenzeit geraubt wurden. (= Ergänzung zu Falks Buch über die Dombibliothek).

1638. F(alk), F(ranz): Moguntina in München. In: Rheinische Blätter für Unterhaltung und gemeinnütziges Wirken. Beiblatt zum Mainzer Abendblatt Nr. 193 vom 19. August 1871, S. 772.

Schriften aus der Mainzer Dombibliothek, die 1824 von Aschaffenburg nach München gebracht wurden.

III. LITURGIE, BRAUCHTUM UND RELIQUIEN

1. Liturgie im Mittelalter bis zur Gegenwart

a) Übergreifende Beiträge

1639. Berg, Hermann (Hrsg.): Calendarium des Stiftsgottesdienstes im Mainzer Dom. Stiftsjahr 1976/77. Eltville/Rh. 1977.

Erscheint jährlich.

1640. Chorgebet im Mainzer Dom. Das kirchliche Stundengebet im Stiftsgottesdienst des Mainzer Domkapitels. Hrsg. von der Bischöflichen Kanzlei. Mainz 1963.

Liturgische Texte.

1641. Duchhardt-Bösken, Sigrid: Pontifikalhandlungen der Weihbischöfe Volusius und Stark in Mainz. In: Mainzer Zeitschrift 67/68 (1972/73) S. 230 – 233.

Betr. u. a. die Weihe folgender Altäre im Dom: Laurentius-, Martins-, Christophs-, Ägidius-, Kreuz-, Kilians- und Maria-Himmelfahrts-Altar sowie zwei Kelchweihen. (1678 – 1698). Die Angaben sind dem Liber Pontificalium, Ordinationes ab anno 1676 usque ad annum 1702 Moguntinae (= Rückentitel) entnommen, das heute im Dom- und Diözesanarchiv aufbewahrt wird.

1642. Haenlein, L(udwig): Der Stiftsgottesdienst im Mainzer Dom. (Mainz) 1962. Masch.

Beschreibung des Verlaufs von Stiftsgottesdiensten. Die Statuten sind unter Beachtung des Can. 391 § 1 CIC festgelegt.

1643. Haenlein, Ludwig: Der Stiftsgottesdienst im Mainzer Dom. In: Glaube und Leben. Katholische Kirchenzeitung für das Bistum Mainz 31 (1975) Nr. 20 (Pfingsten) S. 12.

1644. Im Mainzer Dom vor 70 Jahren. In: Mainzer Journal. Beilage: Feierstunde Nr. 42 vom 19. Februar 1924.

Betr. Gottesdienste, Beleuchtung u. a.

1645. Jagdhornklang im Mainzer Dom. Erstmals Hubertusmesse. / Prof. Dr. Adam hielt die Predigt. In: Allgemeine Zeitung (Mainz) Nr. 261 vom 10. November 1970, S. 12.

Die Hubertusmessen finden seit 1970 regelmäßig statt.

1646. Kirchweihfest des Domes. In: Mainzer Journal Nr. 153 vom 4. Juli 1916.

Das Fest wurde früher in der Oktav des am 9. November gefeierten Festes „Dedicatio Ecclesiae" begangen. Durch eine neue kirchliche Verordnung auf den 4. Juli, Fest des Hl. Bonifatius, verlegt.

1647. Lenhart, Ludwig: Zum Gottes- und Chordienst des Mainzer Domstiftes beim Ausgang des späten Mittelalters. In: Universitas. Dienst an Wahrheit und Leben. FS für Bischof Dr. Albert Stohr. Im Auftrag der katholisch-theologischen Fakultät der Johannes Gutenberg-Universität hrsg. v. Ludwig Lenhart. Bd. 1. Mainz 1960. S. 478 – 492.

1648. Messbub im Dom. Von einem Ungenannten. In: Mainzer Journal. Sonder-Nr. vom 15. Oktober 1928.

Um 1870.

1649. Reifenberg, Hermann: Gottesdienst im Mainzer Dom im Spannungsfeld eines Jahrtausends. – Schwerpunkte seiner liturgischen Entwicklung und Ausdrucksformen. In: 1000 Jahre Mainzer Dom (975 – 1975). Werden und Wandel. Ausstellungskatalog und Handbuch. Hrsg. von Wilhelm Jung im Auftrag des Diözesanbischofs und des Domkapitels. Mainz 1975. S. 161 – 174.

1650. Reifenberg, Hermann: Der Mainzer Dom als Stätte des Gottesdienstes. Tausend Jahre Liturgie im Koordinatensystem von Kirche und Welt. In: Willigis und sein Dom. FS zur Jahrtausendfeier des Mainzer Domes 975 – 1975. Hrsg. von Anton Ph(ilipp) Brück. (= QAMrhKG, 24). Mainz 1975. S. 251 – 330.

1651. Veit, Andr(eas) L(udwig): Beiträge zur Geschichte der sakramentalischen Andachten in der alten Erzdiözese Mainz. In: Mainzer Journal Nr. 136, 137, 139, 146 und 149 vom 13., 14., 17., 26. und 29. Juni 1911.

Nr. 146: „Die Feier des Zehnstundengebets im hohen Dom zu Mainz am 11. November 1658."

1652. Zur Nachricht (Verordnung des Domkapitels, betr. das Verhalten der Besucher des Domes, Mainz 1748). In: Chur-Mayntzische Wochentliche Frag- und Anzeigungs-Nachrichten Nr. 76 vom 28. September 1748.

b) Hl. Grab und Auferstehungsfeier

1653. Das heilige Grab im Mainzer Dom. Gez.: H. In: Mainzer Journal Nr. 75 vom 30. März 1929.

Auf Beschluß des Domkapitels wurde für die Karliturgie „das heilige Grab" in der geräumigen Ostkrypta errichtet.

1654. Sartorius, Joh(annes): Das Heilige Grab im alten Dome. Nach gedruckten und ungedruckten Quellen. In: Mainzer Journal Nr. 68 vom 21. März 1932.

Im Martins-Chörlein (1417 erbaut, 1683 abgerissen) wurde das „Hl. Grab" für die Karliturgie errichtet.

1655. Veit, (Andreas Ludwig): Heiliges Grab und Auferstehungsfeier im Hohen Dom zu Mainz vor 1800. In: Mainzer Journal Nr. 73 vom 27. März 1933.

Das Martins-Chörlein wurde nach Verf. nicht schon 1683 sondern erst 1686 abgerissen.

2. Brauchtum

1656. Dürr, Franciscus Antonius: Commentatio historica de Moguntino S. Martini monasterio qua variae antiquitates Ecclesiasticae & Moguntinae illustrantur, ac potissimum, an Ecclesia Metropolitana Moguntina quondam fuerit Ordinis s. Benedicti monasterium, inquiritur. Moguntia (1756).

S. 44: Die Protzer.

1657. F(alk, Franz): Alte Gebräuche im Dome zu Mainz. In: Kirchenschmuck. Ein Archiv für kirchliche Kunstschöpfungen und christliche Alterthumskunde 12 (1868) Bd. 23, S. 64.

1. Armenseelenlotterie: Verzeichnis von Gebeten für die Armen Seelen, die im nördlichen Teil des Querschiffes gegen Westen hing. Daneben stand ein Kasten mit Würfeln. Wer etwas aus dieser „Lotterie" gewinnen wollte, würfelte und betete nach der geworfenen Zahl eine von den zwölf verschiedenen Meinungen. – 2. Über die „Protzer", die den EB in der Karwoche bei Tisch bedienten und ihm am Gründonnerstag die Füße wuschen. „Warum sie Protzer hießen, ist schwer zu sagen." (S. 64).

1658. Falk, (Franz): Die „Protzer" im Dom zu Mainz. In: Monatsschrift für rheinisch-westfälische Geschichtsforschung und Alterthumskunde 1 (1875) S. 384–385.

„Protzer": 12 mittellose Männer, die während der Karwoche von Gründonnerstag bis Ostersonntag im Dom die Büßer darstellten. Albrecht von Brandenburg schenkte testamentarisch dem Domstift 860 Gulden für die Belohnung der Männer. Dieser Brauch hielt sich bis 1793.

1659. S(chneider), F(riedrich): Mainz 4. Sept. (Ueber den Ort der Wahlproklamation im Mainzer Dom: Wahlergebnisse wurden von der Plattform einer hohen gewölbten Bühne zwischen Westchor und Schiff verkündet). In: Mainzer Journal Nr. 206 vom 4. September 1897.

1660. St. Nikolaus-Kapelle im Dome zu Mainz. In: Mainzer Journal. Beilage: Feierstunde Nr. 51 vom 28. November 1903, S. 203.

Abb. der Kapelle am Tage der Bischofswahl; Beschreibung, wie eine Bischofswahl in Mainz vonstatten geht.

3. Reliquien

1661. An die Domkirche („gelangte jüngst jener Kreuzpartikel, welchen Maria Stuart bei sich trug." Geschenk des Domkapitulars Thoms. „Die Reliquie ist nur ein Theil aus der fraglichen Kreuzpartikel und erhielt in neuerer Zeit eine veränderte Fassung."). In: Mainzer Journal Nr. 139 vom 15. Juni 1892. – Vgl. auch: Quartalblätter des Historischen Vereins für das Großherzogtum Hessen Nr. 8 (1892) der NF 1 (1891–1895) S. 244. – Vgl. auch C(arl) G(lotzbach): Das „Stuart-Kreuz". In: Das Neue Mainz 1967, Heft 9, S. 5.

1661a. (Bruder, Peter): Die liturgische Verehrung des hl. Bonifatius, Apostels der Deutschen, in der Diözese Mainz. In: Der Katholik 85 (1905) I (= 3.F. 31.Bd.), S. 241 – 263. 334 – 348. 85 (1905) II (= 3.F. 32.Bd.), S. 16 – 46.

Betr. auch die Reliquien im Dom.

1662. (Falk, Franz): Aus einem ungedruckten Reliquienverzeichnis des Doms zu Mainz. In: Geschichtsblätter für die mittelrheinischen Bisthümer 1 (1883 – 1884) Sp. 83 – 84.

Vermutlich 1319, Abschrift aus dem 17. Jahrhundert.

1663. Falk, Franz: Bonifatiusfest, -Reliquien und -Hymnen. In: Geschichtsblätter für die mittelrheinischen Bisthümer 1 (1883 – 1884) Sp. 3 – 8, 37 – 40.

„Der Dom zu Mainz verwahrte bis zum Beginn der französischen Zeit eine Unterarmröhre des hl. Bonifatius, in eine schwere Wachshülle gefaßt; sie befindet sich jetzt in der Schloßkapelle zu Aschaffenburg." (Sp. 6).

1664. (Falk, Franz): Curiosa und Raritäten in den Kirchen. In: Geschichtsblätter für die mittelrheinischen Bisthümer 1 (1883 – 1884) Sp. 76 – 78.

Dom: an der Wand der St. Andreaskapelle hängt in einem Kästchen ein Nierenstein des am 16. Januar 1446 gestorbenen Domdekans Echter von Mespelbrunn. (Sp. 76).

1665. Falk, (Franz): Das Haupt der hl. Margareta von Ungarn im ehemaligen Domschatz zu Mainz. In: Der Katholik 86 (1906) II (= 3.F. 34. Bd.), S. 57 – 62.

1666. Falk, Franz: Die Heiligthümer in der Schlosscapelle zu Aschaffenburg. In: Der Katholik 60 (1880) II (= NF 44. Bd.), S. 191 – 202.

Alte Mainzer Reliquien, die lange verschollen waren: Eine Schweißtuchreliquie aus dem Dom; ein Dorn von der Krone Christi; Reliquien der Bischöfe Sulpicius und Austregisilis (von Bourges) und des hl. Oswald; Reliquie der hl. Justina, früher in St. Alban, später Dom; Reliquie des hl. Rupertus, früher auf dem Rochusberg bei Bingen, dann im Dom; Reliquien des hl. Bonifatius aus Dom und St. Johann; eine Casula des hl. Willigis, früher St. Victor gehörig, dann in St. Johann; eine Reliquie der hl. Afra.

1667. Falk, (Franz): Mainzer Reliquienzettel. In: Archiv für hessische Geschichte und Altertumskunde NF 3 (1904) S. 472 – 474.

Reliquienzettel aus dem „Alten Dom" (= St. Johann). „Nach Vollendung des neuen größeren Domes übertrug Bardo res cunctae cum dote et congregatione in den neuen Dom und damit auch die Reliquien, soweit sie übertragbar waren" (S. 473).

1668. F(alk, Franz): Das Schweißtuch (Sudar) U. H. Jesu Christi zu St. Emmeran in Mainz. In: Mainzer Journal Nr. 74 vom 28. März 1891.

1. Das Schweißtuch, welches ehemals im Dom war. – 2. Das Schweißtuch in St. Emmeran.

1669. Falk, Franz: Zu den „Reliquien des Herrn". In: Kirchenschmuck. Ein Archiv für kirchliche Kunstschöpfungen und christliche Alterthumskunde 11 (1867) Bd. 21, S. 53 – 55. – Auch in: Mainzer Journal Nr. 73, 74 und 75 vom 28., 30. und 31. März 1874.

Eine Partikel der „Tunika" kam durch EB Albrecht von Brandenburg in den Mainzer Domschatz. 1570 schenkte EB Daniel der Erzherzogin und Kaiserin Maria obige Partikel mit anderen Reliquien. (S. 53). – Nr. 74 vom Mainzer Journal: Das Schweißtuch des Herrn ehemals im Dome. – Es ging vermutlich während der französischen Besatzung am Ende des 18. Jahrhunderts verloren.

1670. F(alk), F(ranz): Zum ehemaligen Reliquienfest im Dome zu Mainz. In: Der Katholik 86 (1906) II (= 3.F. 34. Bd.), S. 240.

Das Reliquienfest war von EB Albrecht von Brandenburg testamentarisch angeordnet. Es sollte am Sonntag nach Bartholomäi, bzw. am Samstag nach Mariä Geburt gefeiert werden.

1671. Das hl. Schweißtuch Christi in der St. Emmeranskirche. In: Mainzer Journal Nr. 71 vom 26. März 1910.

Die Hl. Bilhildis schenkte eine Hälfte dem Altenmünster-Kloster, die andere dem Dom. Der Teil aus dem Altenmünster-Kloster seit 1802 in St. Emmeran und wird dort verehrt.

1672. Jung, Wilhelm: Eine Herren-Reliquie in Mainz. Hl. Schweißtuch-Reliquiar fand Platz in der Ostkrypta des Domes. In: Glaube und Leben. Kirchenzeitung für das Bistum Mainz Nr. 52 von Weihnachten 1982, S. 15.

1673. Würdtwein, Stephan Alexander: Commentatio historico-liturgica de stationibus Ecclesiae Moguntinae. Mainz 1782.

S. 174: Über die Verehrung des hl. Schweißtuches in der Osternacht im Mainzer Dom.

IV. DOMMUSIK

1. Übergreifende Beiträge

1674. Gottron, Adam (Bernhard): Kirchenmusik im Dom zu Mainz im 19. Jahrhundert. 1. Domchor und Domkapellmeister. 2. Domorganisten. 3. Dommusiker. In: Sechzig Jahre Cäcilienverein des Bistums Mainz. 1876 – 1936. FS zum diamantenen Jubiläum. Mainz 1936. S. 15 – 20.

1675. Gottron, Adam: Mainzer Musikgeschichte von 1500 bis 1800. (= Beiträge zur Geschichte der Stadt Mainz, 18) Mainz 1959.

Der Mainzer Domstift-Chor und der Choralgesang um 1520: S. 7 – 10. – Das Geläute: S. 18 – 20. – Die Orgeln des Mainzer Domes, Organisten und Orgelbauer: S. 20 – 26. – Die Domorgeln von 1700 – 1793: S. 105 – 106. – Die Dommusik von 1696 – 1792: S. 107 – 108. – Der letzte Kurmainzer Domkapellmeister Caspar Josef Lizius (1760 – 1824): S. 204 – 208.

1676. Gottron, Adam: Sängerpulte im Mainzer Dom. Zur ersten Diözesancäcilientagung in Mainz. Musik aus nächster Nähe des Altares. Die Alten waren große Praktiker. Meisterwerke katholischer deutscher Kunst. In: Der Katholik Nr. 49 vom 3. Dezember 1933, S. 7.

1677. Gottron, Adam (Bernhard): Tausend Jahre Musik in Mainz. (= Mainz. Geschichte und Kultur einer deutschen Stadt, 2). Berlin 1941.

Betr. u.a. folgende Domorganisten bzw. Domkapellmeister: Heinrich Brumann (S. 12), Jan le Febure (S. 12), Gabriel Plautz (gest. 1641; S. 13), Daniel Bollius (S. 13), Friedrich Philipp Buchner (S. 14), Philipp Jakob Baudrexel (S. 14 – 15); Frauenlob und die Meistersänger (S. 23 – 25; ohne Denkmal).

1678. Vom Mischpult: der gute Ton für den Dom. Sonntag für Sonntag steuert Josef Dollmann seit rund drei Jahrzehnten die Verstärkeranlage. In: Allgemeine Zeitung (Mainz) Nr. 300 vom 27. Dezember 1980, S. 9.

2. Die Domorgeln und Domorganisten

a) Die Orgeln

1679. Bösken, Franz: Quellen und Forschungen zur Orgelgeschichte des Mittelrheins. Bd. 1: Mainz und Vororte – Rheinhessen – Worms und Vororte. (= Beiträge zur mittelrheinischen Musikgeschichte, 6). Mainz 1967.

Die Orgeln im Dom: S. 67 – 111. – Geschichtlicher Überblick ab 1334. „Da die älteren Quellen für die Orgelforschung besonders wichtig sind, sollen sie wörtlich abgedruckt werden ...“ (S. 67).

1680. Drescher, P. / Bachem / Roß, Anselm O.S.B.: Die Mainzer Dom-Orgel. In: Mainzer Journal Nr. 202 vom 31. August 1929. – Auch in: Mainzer Anzeiger Nr. 202 vom 31. August 1929.

Gutachten vom 13. August 1929: „Das großartige Orgelwerk ist des monumentalen Domes würdig."

1681. Eine Orgel für die St.-Gotthard-Kapelle. In: Allgemeine Zeitung (Mainz) Nr. 292 vom 16. Dezember 1983, S. 9.

1682. Gottron, Adam: Beiträge zur Mainzer Musikgeschichte. VII. Folge. 1. Älteste Mainzer Domorgeln. In: Mainzer Zeitschrift 41/43 (1946/1948) (Mainz 1950) S. 118 – 120.

Mit Ludolfus, organista de Maguntia, beginnt 1417 die ziemlich lückenlose Liste der Mainzer Domorganisten. Hier Beschreibung der von Hans Tugi von Basel erbauten Domorgel (vor 1490).

1683. Gottron, Adam (Bernhard): Beiträge zur Mainzer Musikgeschichte. VIII. Folge. – 1. Stefan Lilienbaum, ein Mainzer Domvikar und Orgelbauer im 16. Jahrhundert. – 2. Johann Zach. Kurmainzer Hofkapellmeister. Nachträge und Ergänzungen zum thematischen Verzeichnis seiner Kompositionen. (Von Adam Gottron und Walter Senn). In: Mainzer Zeitschrift 50 (1955) S. 80 – 81. 81 – 94.

Stefan Lilienbaum (gest. 24. Dezember 1560, im Domkreuzgang beigesetzt) reparierte 1546 das „kleine Werk" der Domorgel und erhielt daraufhin den Auftrag, auch das „große Werk" zu reparieren. Diese Reparatur erfolgte bis zum 20. Dezember 1546. Am 7. Juli 1556 wurde er daran erinnert, daß er sich verpflichtet habe, das neue Werk auf seine Kosten zu reparieren. Er behauptete, sich nicht darauf besinnen zu können. 2. (Johann Zach) betrifft nicht unser Thema.

1684. Gottron, Adam (Bernhard): Die ehemalige Langhausorgel im Mainzer Dom (1502 – 1793). In: Mainzer Almanach. Beiträge aus Geschichte und Gegenwart 1961, S. 123 – 127.

1685. Gottron, A(dam Bernhard): Die Orgeln des Mainzer Doms. In: Mainzer Zeitschrift 32 (1937) S. 53 – 58.

1. Ostchororgel (S. 53): Soll am 5. August 1468 aufgestellt worden sein. – 2. Langschifforgel (S. 53): Zwischen 1468 und 1514 von einem unbekannten Meister eingebaut. – 3. Westchororgel (S. 53): 1547 auf dem Lettner über dem Chor, 1571 bereits wieder abgeschlagen. – 4. Große Langschifforgel (S. 53 – 54): 1565 durch Meister Veit von Köln erbaut; 1793 weitgehend zerstört. – 5. Chorettenorgel (S. 54 – 55): 1702 gestiftet. – 6. Die Notorgel (S. 55): 1857 – 1858 im Dom, dann nach St. Stephan gebracht. – 7. Die Chororgel (S. 55 – 56): 1867 – 1925. – 8. Die neue Domorgel (S. 56): 1929 erbaut. Artikel enthält eine Liste der Dom-Stifts-Organisten von 1515 bis 1930 und die Orgelbauer von 1514 bis 1929.

1686. Gross, Heinrich:: Johann Ludwig Cüntzer und seine Stiftungen in Gernsheim und Mainz. In: Mainzer Zeitschrift 8 – 9 (1913 – 1914) S. 124 – 126.

Cüntzer stiftete eine Orgel für den Dom.

1687. Mainz 29. December (Abbau der kleinen provisorischen Orgel, die nach Freiweinheim a.Rh. verkauft wurde). In: Mainzer Abendblatt. Beilage zum Mainzer Journal Nr. 302 vom 31. December 1862.

1688. Mainz 13. August (Zweite Domorgel, „die ausschließlich für den so herrlichen Chorgesang bestimmt ist". Angefertigt in der Werkstatt des Orgelbauers Embachs). In: Mainzer Abendblatt. Beilage zum Mainzer Journal Nr. 188 vom 14. August 1867.

1689. (Walter, Karl): Die neue Orgel im Dom zu Mainz. In: Mainzer Journal Nr. 18 vom 22. Januar 1929.

1690. Schneider, Heino: Die Mainzer Dommusik und die Orgelwerke. In: 1000 Jahre Mainzer Dom (975 – 1975). Werden und Wandel. Ausstellungskatalog und Handbuch. Hrsg. von Wilhelm Jung im Auftrag des Diözesanbischofs und des Domkapitels. Mainz 1975. S. 175.

1691. Schneider, Heino: Die Mainzer Domorgel. Zum 25. Gedenktag ihrer Erbauung. In: Allgemeine Zeitung (Mainz) Nr. 247 vom 23. Oktober 1953, S. 9. – Vgl. dazu auch Abb.: Die alte Domorgel (= Cünzer'sche Orgel 1702 gestiftet, 1928 aus dem Dom endgültig entfernt). In: Allgemeine Zeitung (Mainz) Nr. 248 vom 24./25. Oktober 1953.

1692. Schneider, Heino: Die neue Ostchororgel im Mainzer Dom. Die Gründe für den Umbau der früheren Orgel. In: Allgemeine Zeitung (Mainz) Nr. 141 vom 20. Juni 1962, S. 4.

1693. Schneider, Heino: Von Hauptwerk, Brustwerk und Pedal. Die neue Orgel in der Gotthard-Kapelle des Mainzer Domes. In: Mainz. Vierteljahreshefte für Kultur, Politik, Wirtschaft, Geschichte 4 (1984) Heft 4, S. 107–108.

1693a. Schönberger, Albert: Die Orgeln des Mainzer Domes. Mit Beiträgen von Erich Breitmann und Achim Seip. SD aus: Neues Jahrbuch für das Bistum Mainz. Ausgabe 1984. Mainz 1985.

Breitmann, Erich: Orgelpflege – Orgelstimmung: S. 28. – Seip, Achim: Zur Geschichte der Mainzer Domorgeln: S. 29–31.

1694. Stempel, Werner: Die Orgelanlage im Dom zu Mainz. In: „Musica sacra". Cäcilien-Verbands-Organ für die Länder der deutschen Sprache 91 (1971) S. 136–142.

„Seit Dezember 1965 verfügt der Mainzer Dom über eine der modernsten, eigenwilligsten und größten Orgelanlagen in Deutschland." (S. 136).

1695. Technisch perfekt und anspruchsvoll. Neue Orgel der St.-Gotthard-Kapelle im Dom vorgestellt. Gez.: B/L. In: Glaube und Leben. Kirchenzeitung für das Bistum Mainz Nr. 44 vom 28. Oktober 1984, S. 13.

1696. Wunderle: Musikalisches vom Domweihefest des wiedererstandenen Mainzer Domes. Aus: Musica sacra. Monatsschrift für Kirchenmusik und Liturgie 1928, Nr. 12, S. 363. In: Mainzer Journal Nr. 292 vom 14. Dezember 1928.

Musik bei der Domfeier und detaillierte Vorstellung des neuen Orgelwerkes.

b) Einige Organisten *

1697. Gottron, Adam Bernhard: Beiträge zur Mainzer Musikgeschichte. 1. Heinrich Brumann, ein Humanist an der Mainzer Domorgel ca. 1485–1541. In: Mainzer Zeitschrift 37/38 (1942/43) S. 58–62.

1698. Gottron, Adam Bernhard: Neue Beiträge zur Mainzer Musikgeschichte. 3. Die Stiftungen des Mainzer Domorganisten Johann Gerhard Münch in Rauenthal. In: Mainzer Zeitschrift 39/40 (1944/45) (Mainz 1947). S. 75–83.

Münchs Lehrer (gest. 19.9.1719) war vielleicht der Domorganist Michael Dorfschmit (= Darscheid?), der ab 1666 sein Amt innehatte. Betr. auch Geschichte der Domorgeln.

1699. Geistl. Rat Dompräbendat Jakob Schömbs †. In: Mainzer Journal Nr. 98 vom 28. April 1930. – Vgl. auch: „Beerdigung". In: Mainzer Journal Nr. 101 vom 1. Mai 1930.

geb. 11.12.1854 zu Urberach; 12.8.1877 Priesterweihe; 15.10.1877 Domorganist (Vorgänger: Scheurer); ab 11.10.1890 auch tätig in der Bischöflichen Kanzlei; 15.1.1896 Dompräbendat; 23.12.1915 Geistlicher Rat.

1700. Köllner, Georg Paul (Hrsg.): Heino Schneider. 30 Jahre Domorganist 60 Jahre alt. Mainz (1970).

* nach ihrer Tätigkeitszeit geordnet

1701. L(ewinski, Wolf-Eberhard) v.: Neuer Organist am Dom. Albert Schönberger spielte ausgefallene und neue Werke. In: Allgemeine Zeitung (Mainz) Nr. 111 vom 14. Mai 1983, S. 25.
Vita Schönbergers, 1949 in Augsburg geboren.

3. Der Domchor

a) Übergreifende Beiträge

1702. Ein Wappenbild des Domchors. Neues heraldisches Wahrzeichen soll auch als Plakette verliehen werden. In: Allgemeine Zeitung (Mainz) Nr. 95 vom 24. April 1963, S. 4.

1703. (Hain, Heinrich): Bericht über das Stiftsjahr 1971/72. Domchor. Als Manuskript gedruckt. Mainz 1972.
Die Berichte über die Stiftsjahre erscheinen regelmäßig.

1704. Hain, Heinrich: Der Mainzer Domchor. In: 1000 Jahre Mainzer Dom (975 – 1975). Werden und Wandel. Ausstellungskatalog und Handbuch. Hrsg. von Wilhelm Jung im Auftrag des Diözesanbischofs und des Domkapitels. Mainz 1975. S. 174.

1705. Hain, Heinrich: Mainzer Domchor 700 Jahre 1276 – 1976. FS. Mainz 1976. (Masch.)
Rez. in: Mitteilungen der Arbeitsgemeinschaft für mittelrheinische Musikgeschichte Nr. 34 (April 1977), S. 275. – ND in: (Hain, Heinrich:) Mainzer Domchor. Stiftsjahr 1976/77. Mainz 1977 (Masch). S. 23. – In der FS werden die ersten Jahrhunderte nur sporadisch erwähnt. Ausführlich sind die letzten 110 Jahre des Domchors behandelt.

1706. (Hain, Heinrich): Zehn Jahre Exkantoristen. In: Mainzer Domchor. Stiftsjahr 1980/81, S. 39 – 45. (Als Manuskript gedruckt).

1707. Köllner, Georg Paul: Hundert Jahre Mainzer Domchor. Festbericht. Mainz 1966.

1708. Köllner, G(eorg) P(aul): 100 Jahre Mainzer Domchor. In: Martinus-Kalender 1967, S. 26 – 32.

1709. Köllner, Georg Paul: Der Mainzer Domchor 1866 – 1966. In: Mainzer Almanach. Beiträge aus Geschichte und Gegenwart 1967, S. 65 – 77.
Besonderer Aspekt dieses Artikels: „Drei Domkapellmeister in hundert Jahren" (S. 65). Georg Viktor Weber (1866 – 1904): S. 65 – 69. – Albert Rudolf Vogt (1904 – 1940): S. 69 – 73. – Georg Paul Köllner (1940 – 1971): S. 73 – 77.

1710. Köllner, Georg Paul: Der Mainzer Domchor als Träger der Regensburger Tradition. In: „Musicus-Magister". Festgabe für Theobald Schrems zur Vollendung des 70. Lebensjahres. Hrsg. von Georg Paul Köllner. Regensburg 1963. S. 157 – 169.

1711. L(eue), M(argrit): Beharrliches Wirken. Hundert Jahre Mainzer Domchor. In: Frankfurter Allgemeine Zeitung für Deutschland Nr. 274 vom 25. November 1966, S. 10.

1712. Leue, M(argrit): Freu' Dich, Erd' und Himmelszelt. Hodie Christus natus est. Weihnachten mit festlicher Chormusik im hohen Dom und in der Christuskirche. In: Allgemeine Zeitung (Mainz) vom 24. Dezember 1963.
Geschichte des Mainzer Domchors.

1713. Leue, Margrit: Weißes Chorhemd – rotes Birett. Hundert Jahre Mainzer Domchor. In: Allgemeine Zeitung (Mainz) Nr. 261 vom 9. November 1966. – Vgl. auch: dies.: Hundert Jahre Mainzer Domchor. In: Das Neue Mainz 1966, Heft 11, S. 6 – 7. – Vgl. auch: Geschichte der Mainzer Kirchenmusik. Eine Ausstellung zum 100jährigen

Bestehen des Domchors. In: Allgemeine Zeitung (Mainz) Nr. 269 vom 19./20. November 1966, S. 25.

1714. Rögner, Ernst: Mainzer Erinnerungen / Die Domspatzen. In: Mainzer Journal Nr. 84 vom 9. April 1936.
Über den 1866 gegründeten Domchor.

1715. Steinhardt, G.M.: Der Mainzer Domchor. In: Mainzer Kalender 1951 (Mainz 1950), S. 23 – 29.
Betr. vorwiegend die musikalische Ausrichtung und die Verbindung mit der „Regensburger Schule".

1716. Vogt, (Albert): Die Domspatzen. Eine kirchenmusikalische Plauderei. In: Rheinischer Volkskalender 53 (1930) S. 43 – 47.
Geschichte des Domchors und die Ausbildung der Domchorknaben.

b) Kleine Beiträge*

1717. Der Mainzer Domchor zu Homburg v. d. Höhe. In: Rheinische Blätter für Unterhaltung und gemeinnütziges Wirken. Beiblatt zum Mainzer Abendblatt Nr. 206 vom 4. September 1871, S. 824.
Über ein Kirchenkonzert; passim die Regensburger Tradition des Chores.

1718. Mainzer Domchor: Vorstellung und Gesang im Ketteler-Haus. In: Allgemeine Zeitung (Mainz) Nr. 262 vom 11. November 1969, S. 10.
Über die Ausbildung der Domchorknaben.

1719. Papst-Audienz für Domchor. In: Allgemeine Zeitung (Mainz) Nr. 52 vom 3. März 1970, S. 11. – Vgl. auch: Allgemeine Zeitung (Mainz) Nr. 84 vom 11./12. April 1970, S. 10.

1720. Mainzer Domchor in Loreto bei internationalen Festspielen. In: Allgemeine Zeitung (Mainz) Nr. 76 vom 2. April 1970, S. 15. – Vgl. auch: Allgemeine Zeitung (Mainz) Nr. 80 vom 7. April 1970, S. 12.
„Als besondere Ehre dürfen die Mainzer für sich verbuchen, daß sie für das ‚Konzert der Nation', bei dem nur ein Chor aus jedem europäischen Land beteiligt sein wird, ausgewählt wurden."

1721. G(lotzbach), C(arl): Palestrina-Medaille für Mainzer Domchor. In: Glaube und Leben. Kirchenzeitung für das Bistum Mainz Nr. 8 vom 21. Februar 1971, S. 17.

1722. Paul, Diether: Mit dem Mainzer Domchor in Tours. Choräle und Bläserchöre für St. Martin. In: Allgemeine Zeitung (Mainz) Nr. 90 vom 18. April 1972, S. 9.

1723. Vielseitige Aufgaben des Domchores im Stiftsjahr 1973. In: Allgemeine Zeitung (Mainz) Nr. 35 vom 11. Februar 1974, S. 9.
Auch Rückblick auf 1972.

1724. Mit viel Fleiß, Eifer und Können. Vielfältige Aufgaben des Domchors weit über Diözese hinaus. In: Glaube und Leben. Kirchenzeitung für das Bistum Mainz Nr. 7 vom 17. Februar 1974, S. 20.

1725. Der Musica sacra in Treue gedient. Domchor hielt Jahresrückblick in heiterer Atmosphäre. In: Allgemeine Zeitung (Mainz) Nr. 261 vom 9. November 1977, S. 10.

* chronologisch geordnet

1726. Der Domchor in Wien. Reise zum „Pueri-Cantores“-Treffen. In: Allgemeine Zeitung (Mainz) Nr. 167 vom 22./23. Juli 1978, S. 25.

Der Domchor besuchte auch Göttweig. Abt Lashofer OSB erinnerte an die Beziehungen zwischen Mainz und Göttweig, die auf den Mainzer EB Lothar Franz von Schönborn zurückgehen.

1727. Lob für Mainzer Domchor. Gez.: P. In: Glaube und Leben. Kirchenzeitung für das Bistum Mainz Nr. 5 vom 4. Februar 1979, S. 18.

Bericht über das Stiftsjahr 1977/78.

1728. „Stiftsgottesdienst ist erste Aufgabe“. Domchor-Nachmittag im Schloß mit Jahresbericht 1978/79 / Nach acht Jahren neue Schallplatte. In: Allgemeine Zeitung (Mainz) Nr. 272 vom 22. November 1979, S. 10.

1729. Papst begrüßte Mainzer Chorbuben. Domchor sang in Rom und bei den Festspielen von Loreto. In: Allgemeine Zeitung (Mainz) Nr. 94 vom 22. April 1980, S. 13.

1730. Papst lobte Mainzer Sänger. Domkapellmeister Hain hielt Rückblick auf das Stiftsjahr. In: Allgemeine Zeitung (Mainz) Nr. 274 vom 25. November 1980, S. 13.

1731. Nachwuchs auf der Wunschliste. Mainzer Domchor sucht Jungen / Auftritt im Kurfürstlichen Schloß. In: Allgemeine Zeitung (Mainz) Nr. 261 vom 10.November 1982, S. 10.

Die Folge nur geringer Zugänge sei, „daß wir im Bubenchor weder die erste noch die zweite Reihe voll besetzt haben. Das hat auch Auswirkungen auf die Chorliteratur“ (Domkapellmeister Heinrich Hain).

1732. Gute Nachwuchsstimmen fehlen. Mainzer Domchor besorgt. / Mithilfe zugesagt / Treffen im Schloß. Gez.: ko. In: Allgemeine Zeitung (Mainz) Nr. 260 vom 8. November 1983, S. 14.

Seit Herbst 1978 registriert man einen deutlichen Rückgang der Anmeldungen.

1733. Mainzer Domchor in Straßburg. Eindrucksvolle Erlebnisse einer Kurzreise nach Frankreich. In: Allgemeine Zeitung (Mainz) vom 9. Mai 1984.

1734. Domchor erstmals unter neuem Chef. In: Allgemeine Zeitung (Mainz) Nr. 56 vom 7. März 1985, S. 13.

c) Domkapellmeister und Domchorleiter*

Philipp Jacob Baudrexel (gest. 1691)

1735. Gottron, Adam: Dr. Philipp Jacob Baudrexel 1627–1691. Ein Kurmainzer Hof- und Domkapellmeister im 17. Jahrhundert. In: Mainzer Zeitschrift 35 (1940) S. 55–61.

„Es ist der einzige, der in einer Person Hofkapellmeister und Leiter der Dommusik war, zugleich der erste nachweisbare Mainzer Domkapellmeister“ (S. 57). Er wurde auf dem Domfriedhof beerdigt. S. 60, Anm. 37: Liste der Mainzer Dom- und Hofkapellmeister von 1600 bis 1940.

Johann Michael Breunich (gest. 1755)

1736. Gottron, Adam Bernhard: Neue Beiträge zur Mainzer Musikgeschichte. 2. Johann Michael Breunich 1695–1755. Mainzer Domkapellmeister – Sächsischer Hofkapellmeister, ein Musikerleben des beginnenden 18. Jahrhunderts. In: Mainzer Zeitschrift 39/40 (1944/1945) (Mainz 1947) S. 66–74.

* nach ihrer Tätigkeitszeit geordnet

Georg Viktor Weber (gest. 1911)

1737. Mainz 4. November (Der spätere Domkapellmeister Weber geht für längere Zeit nach Regensburg, um sich dort in Kirchenmusik ausbilden zu lassen). In: Mainzer Abendblatt. Beilage zum Mainzer Journal Nr. 258 vom 5. November 1865.

1738. Wiesbaden 29. Januar (Domchor von Mainz gab ein Konzert mit Domkapellmeister Weber in Wiesbaden). In: Mainzer Journal Nr. 24. vom 29. Januar 1878.

1739. Domkapitular Weber †. In: Mainzer Journal Nr. 223 vom 25. September 1911.

1740. Kirchenmusikalischer Vortrag im Frankfurter Hof. Gez. F. In: Mainzer Journal Nr. 62 vom 14. März 1907.
Vortrag von Domkapellmeister Vogt, auch über Domkapellmeister Weber nach Otto Pfülf, Bischof von Ketteler (1811 – 1877). Eine geschichtliche Darstellung. 3 Bde. Mainz 1899. Hier: Bd. 2, S. 118, und Bd. 3, S. 209.

1741. Gottron, Adam: Domkapellmeister Georg Viktor Weber. 1838 – 1911. In: Jahrbuch für das Bistum Mainz 8 (1958 – 1960) = FS August Schuchert, S. 118 – 127.

Albert Rudolf Vogt (gest. 1945)

1742. 25 Jahre Domkapellmeister. Gez.: V. In: Mainzer Warte. Wochenschrift für Kultur und Sport, Kritik und Leben Nr. 34 vom 24. August 1929. – Vgl. auch: Franz Wilms, in: Mainzer Anzeiger Nr. 190 vom 17. August 1929.
Albert Vogt dirigierte den Domchor erstmals im September 1904.

1743. Reitz: 25jähriges Jubiläum des hochw. Herrn Domkapellmeisters Vogt. In: Mainzer Journal Nr. 187 vom 13. August 1929. – Auch in: Mainzer Warte. Wochenschrift für Kultur und Sport, Kritik und Leben Nr. 33 von 1929.

1744. (Ledroit, Johannes): Dreißig Jahre Domkapellmeister. In: Mainzer Journal Nr. 212 vom 13. September 1934.

1745. Köllner, (Georg Paul): Domkapellmeister Albert Rudolf Vogt zur Vollendung seines 70. Lebensjahres. In: Martinusblatt. Katholisches Volksblatt für alle Stände Nr. 6 vom 9. Februar 1941, S. 3.

1746. Köllner, (Georg Paul): Domkapellmeister Albert Rudolf Vogt †. In: Kirchliche Nachrichten für das Bistum Mainz Nr. 12 vom 9. September 1945, S. 43 – 44.

1747. Köllner, Georg Paul: Albert Rudolf Vogt (1871 – 1945). Zum 100. Geburtstag am 9. Februar 1971. In: Mainzer Almanach. Beiträge aus Geschichte und Gegenwart 1970/71, S. 51 – 65.

Georg Paul Köllner (gest. 1971)

1748. Jubilare im Dienst der Kirchenmusik. Domkapellmeister Professor Köllner und Domorganist Heino Schneider wirken seit fünfundzwanzig Jahren. In: Allgemeine Zeitung (Mainz) Nr. 253/254 vom 30. Oktober bis 1. November 1965, S. 6.

1749. Ehrung für den Mainzer Domkapellmeister. Zur Hundertjahrfeier des Domchors: Professor Dr. Köllner erhielt Bundesverdienstkreuz und Gutenberg-Plakette. In: Allgemeine Zeitung (Mainz) Nr. 265 vom 14. November 1966, S. 4.

1750. Um Musica sacra verdient. Mainzer Domkapellmeister Köllner vollendet heute das 65. Lebensjahr. Gez.: R.B. In: Allgemeine Zeitung (Mainz) Nr. 135 vom 14. Juni 1967, S. 5.

1751. L(eue), M(argrit): 28 Jahre Mainzer Domkapellmeister. Zur Verabschiedung Professor Dr. Paul Köllners aus seinem Amt. In: Allgemeine Zeitung (Mainz) Nr. 258 vom 5. November 1968, S. 15.

1752. L(eue), (Margrit): Ein Hüter katholischer Kirchenmusik. Zum Tode von Domkapellmeister i.R. Georg Paul Köllner. In: Allgemeine Zeitung (Mainz) Nr. 165 vom 21. Juli 1971, S. 11.

1753. Bösken, Franz: Domkapellmeister Msgr. Prof. Dr. Georg Paul Köllner †. In: Archiv für mittelrheinische Kirchengeschichte 23 (1971) S. 374 – 376.

Heinrich Hain

1754. Leue, Margrit: Der neue Domkapellmeister (Heinrich Hain). In: Das Neue Mainz 1969, Heft 10, S. 8.

Mathias Breitschaft

1755. Zum Domkapellmeister berufen. Domkantor Mathias Breitschaft wechselt von Limburg nach Mainz. In: Allgemeine Zeitung (Mainz) Nr. 252/253 vom 31. Oktober / 1. November 1984, S. 13.

Vita: 1950 in Würzburg geboren; 1970: Assistent des Limburger Domkapellmeisters; 1973: Leiter des Limburger Domchors; 1977: Ernennung zum Domkantor.

1756. Domkantor und Stimmbildner. Dem Domkapellmeister Mathias Breitschaft steht ab 1. April Eberhard Metternich zur Seite. Gez.: M.B. In: Glaube und Leben. Kirchenzeitung für das Bistum Mainz Nr. 12 vom 24. März 1985, S. 15.

1757. Heufelder, Gerd: Der neue Domkapellmeister. Mathias Breitschaft und die Arbeit mit dem Knabenchor. In: Mainz. Vierteljahreshefte für Kultur, Politik, Wirtschaft, Geschichte 5 (1985) Heft 4, S. 40 – 41.

REGISTER

Der Asteriskus * verweist auf die Anmerkung bei der entsprechenden Nummer

Autorenregister

Heiligenregister

Ortsregister

Personenregister

Die Anordnung und Schreibweise der Namen erfolgt i.A. nach den Richtlinien der Neuen Deutschen Biographie, Bd. 1, Berlin 1953, S. XIII. Daher sind alle Angehörigen regierender Fürstenhäuser und alle geistlichen Fürsten unter ihrem Vornamen eingeordnet, sodann solche Persönlichkeiten des Mittelalters, deren Beinamen lediglich Herkunfts-, Standes- oder Berufsbezeichnungne sind. Verweise ermöglichen im Zweifelsfall das rasche Finden der gesuchten Personen.
Fehlen Vornamen, so sind zur Identifizierung nach Möglichkeit die Berufe angegeben.

Sachregister

DIE AUTOREN

Fritz Arens, Dr. phil., geboren 1912, seit 1978 pensionierter Professor für Kunstgeschichte an der Johannes Gutenberg-Universität in Mainz. Veröffentlichungen aus der Mainzer und mittelrheinischen Kunstgeschichte, vgl. Schriftenverzeichnis für die Jahre 1936 – 1971, in: Mainzer Zeitschrift 67/68 (1972/73) S. IX-XII. Dreißig Jahre lang Schriftleiter der „Mainzer Zeitschrift" und der „Beiträge zur Geschichte der Stadt Mainz".
Anschrift: In den Gärten 11, 6500 Mainz-Bretzenheim.

Friedhelm Jürgensmeier, Dr. hist eccl., geboren 1936, Professor für „Historische Theologie: Kirchengeschichte" an der Universität Osnabrück, 1960 zum Priester geweiht. Seit 1980 auch Leiter des Instituts für Mainzer Kirchengeschichte. Veröffentlichungen aus dem Bereich der Kirchengeschichte des 12. und 13., des 17. bis 19. Jahrhunderts sowie der Mainzer Bistumsgeschichte.
Anschrift: Obere Waldstraße 1b, 4500 Osnabrück-Pye.

Wilhelm Jung, Dr. phil., geboren 1922, Diözesankonservator und Direktor des Bischöflichen Dom- und Diözesanmuseums Mainz. Studium der Kunstgeschichte, Geschichte und Kirchengeschichte in Mainz. Zahlreiche Publikationen, Vorträge und Führungen.
Anschrift: Liebfrauenplatz 6, 6500 Mainz.

Karl Lehmann, Dr. phil., Dr. theol., geboren 1936, Bischof von Mainz, Honorarprofessor der Albert-Ludwigs-Universität Freiburg i.Br. und der Johannes Gutenberg-Universität in Mainz. 1983 Ernennung und Weihe zum Bischof von Mainz, 1985 Stellvertretender Vorsitzender der Deutschen Bischofskonferenz. Veröffentlichungen aus dem Bereich der systematischen und ökumenischen Theologie, vgl. Bibliographie 1962 – 1983. Freiburg i.Br. 1983.
Anschrift: Bischofsplatz 2a, 6500 Mainz.

Helmut Mathy, Dr. phil., geboren 1934, Ministerialrat und Referent für Landesgeschichte in der rheinland-pfälzischen Staatskanzlei; Honorarprofessor im Fachbereich 16 (Geschichtswissenschaft) der Johannes Gutenberg-Universität in Mainz. Mitarbeit in Historischen Vereinen und Kommissionen. Veröffentlichungen zur Landesgeschichte vom Mittelalter bis zu Gegenwart sowie zur Wissenschafts- und Universitätsgeschichte.
Anschrift: Hans-Böckler-Straße 52b, 6500 Mainz-Bretzenheim.

Paul Meyer-Speer (†), s. Anmerkung bei seinem Beitrag.

Friedrich W. Riedel, Dr. phil., geboren 1929, Professor für Musikwissenschaft an der Johannes Gutenberg-Universität in Mainz, seit 1978 Orgelsachverständiger des Landesamtes für Denkmalpflege Rheinland-Pfalz. Veröffentlichungen

aus dem Bereich der Musikgeschichte, u. a. musikalische Landeskunde, Kirchenmusik- und Liturgiegeschichte des 16. bis 19. Jahrhunderts.
Anschrift: Im Münchfeld 7, 6500 Mainz.

Regina E. Schwerdtfeger, geboren 1953, Wissenschaftliche Mitarbeiterin am Institut für Mainzer Kirchengeschichte. Studium der Geschichte und Theologie in Rom, Regensburg und Mainz. Bibliographische Veröffentlichungen zur Mainzer Kirchengeschichte.
Anschrift: Am Elmerberg 11, 6500 Mainz-Finthen.

Jakob Stockinger, geboren 1925, Dombaumeister, Architekturstudium in Mainz, seit 1962 Leiter des Dombauamtes. Berichte über die Restaurierungsarbeiten am Dom.
Anschrift: Obere Zahlbacher Straße 2, 6500 Mainz.

Dethard von Winterfeld, Dr. phil., geboren 1938, Professor für Kunstgeschichte an der Johannes Gutenberg-Universität in Mainz. 1961/72 Mitarbeit am Dom in Speyer und bei Stadtsanierungen in Speyer und Heidelberg. Publikationen zur mittelalterlichen Architekturgeschichte, u. a. Dom in Bamberg.
Anschrift: Am Gonsenheimer Spieß 8, 6500 Mainz.

ABBILDUNGSVERZEICHNIS

FOTONACHWEIS

Archiv Dom- und Diözesanmuseum:	7: 1
Arens, Fritz, Mainz:	14, 15, 32, 33, 34
Dombauamt, Mainz:	7: 2–8
Foto Popp, Mainz:	2, 4, 11, 12, 13
Gruber, Renate, Darmstadt:	20, 22, 24, 25, 26, 27, 35, 36
Kreuder, Rolf, Tann/Rhön:	21, 23
Sammlung Stopp, Mainz:	1
Schmidt-Glassner, Helga, Stuttgart:	5, 6
Stadtarchiv Mainz, Plan- und Bildstelle:	18, 19, 30, 31
Stiftung Walter M. Schwarzkopf, Universität Salzburg:	3, 8, 9, 10, 28, 29

Sanct Peters Kirch ein Mutter ist,
Du Mayntzer kirch ein Dochter bist,
Dein Werth thut nie veralten.
Crescentij lehr dich gros gemacht,
Daß himmlisch heer dich angelacht,
Bonifaci, hatt erhalten.
Dich edles
Wie sagt die
Villigisus hatt
Ein felzen hart
Du ohne schart,
Bardoni